와인이 있는 100가지 장면 2

영화 속 와인 안내서

와인이 있는 100가지 장면 2

영화 속 와인 안내서

글 · 엄정선, 배두환
그림 · 김지희

bottlepress

Prologue

독자 여러분과 다시 만날 순간을 목전에 둔 지금, 『와인이 있는 100가지 장면』 첫 편을 세상에 내놓을 때의 감정이 생생히 살아납니다. 당시 출간본을 손에 들고 저희는 설레면서도 두려웠습니다. 그리고 기대를 뛰어넘는 관심을 보여주신 덕분에 다시 한 걸음 더 깊이, 와인과 영화의 세계로 걸어 들어갈 용기를 얻었습니다.

세상에는 수많은 영화가 존재하고 필름 속 와인 장면 또한 헤아릴 수 없이 많겠지만, 그중에서 와인이 의미를 갖는 특별한 순간을 찾아내기 위해 끊임없이 영화를 찾아왔습니다. 그렇게 100편을 모았고, 지금 또 다른 100편을 향해 느리지만 결국 걸어왔네요.

책을 쓰는 내내 영화 속 와인 장면에 얽힌 이야기를 풍부하고 입체적으로 풀어내고 싶었습니다. 그럼에도 필력이 따라주지 않을 때마다 괴로웠고, 1편보다 더 많은 것을 담겠다는 욕심에 글의 방향성을 놓치기도 했습니다. 신나게 도전했던 1편보다는 고민이 큰 4년이었습니다. 그리고 그 시간 동안 『와인이 있는 100가지 장면』을 읽고 보내주신 따뜻한 응원과 격려의 한마디가 저희를 끝까지 달려오게 해준 가장 큰 힘이었습니다. 이 책의 모든 페이지에는 독자 여러분을 향한 감사의 마음이 담겼다고 해도 과언이 아닙니다.

글을 쓰며 가장 간절했던 것은 '이 장면을 누군가와 나눌 수 있다면' 하는 바람이었습니다. 영화를 보며 떠오른 그 감정의 결을 와인 한 잔과 함께 전달할 수 있기를, 누군가의 책상 위, 침대 옆, 혹은 여행 가방 안에서 이 책이 그런 순간을 함께할 수 있기를 바라며 글을 써내려 갔습니다.

글로 다 담을 수 없던 감정과 분위기를 페이지 위에 깊고 또렷하게 표현해주신 일러스트레이터 김지희 작가님, 1편과 2편 사이의 간극을 잇고 완성도를 높이기 위해 섬세하게 조율해주신 주소은 편집장님, 디자이너 렐리시 님께도 깊이 감사드립니다.

와인을 사랑하는 당신, 영화를 사랑하는 당신, 그리고 둘을 함께 사랑하는 당신께 이 책을 바칩니다. 부디 이 책이 여러분의 책장에서 오랜 시간 머물며 와인과 영화가 필요한 순간에 펼쳐질 수 있기를 고대합니다. 또 한 번, 와인 흘린 자국을 남겨가면서 말이죠. 즐거운 발견과 긴 여운을 누리는 시간 되시기를 바랍니다. 감사합니다.

2025년 봄,
와인쟁이부부 엄정선, 배두환

1 ———————— 36

1 ———— 12
「다키스트 아워」와 처칠의 샴페인
    Wine 샴페인 폴 로저(프랑스 샹파뉴)

2 ———— 17
「두 교황」과 교황의 와인
    Wine 이탈리아 라치오 지역의 와인

3 ———— 23
「호텔 뭄바이」와 마시지 못한 와인
    Wine 샤토 라투르(프랑스 보르도)

4 ———— 28
「트립 투 그리스」, 토착 품종의 천국
    Wine 그리스 와인

5 ———— 35
「설국열차」, 마지막 칸에서 마주한
와인과 스테이크
    Wine 스테이크와 어울리는 와인

6 ———— 40
「냉정과 열정 사이」와
피에몬테산 네비올로
    Wine 이탈리아 피에몬테 지역의
    네비올로

7 ———— 46
「프렌치 키스」, 와인의 시작에 관하여
    Wine 포도나무와 클론

8 ———— 52
「킹덤 오브 헤븐」, 십자군 전쟁과 와인
    Wine 수도원과 와인

9 ———— 57
「엘리제궁의 요리사」,
대통령 전속 셰프의 와인
    Wine 도멘 위에 슈냉 블랑
    디디에 다그노 실렉스
    니콜라 졸리 쿨레 드 세랑
    클로 루지아르 카베르네 프랑
    (프랑스 루아르)
    샤토 하야스(프랑스 론)

10 ———— 63
「보헤미안 랩소디」와 샤토 몽페라
    Wine 샤토 몽페라(프랑스 보르도)

11 ———— 67
「아델라인: 멈춰진 시간」,
핫도그와 피노 누아
    Wine 벨레 그로스 피노 누아
    (미국 캘리포니아)

12 ———— 71
「경계선」과 세관을 통과하는 와인
    Wine 와인의 가격은 어떻게
    정해질까?

13 ———— 75
「하우스 오브 구찌」, 구찌 가문의 와인
    Wine 샴페인 블랭저(프랑스 샹파뉴)
    칸티나 베라 모스카토 다스티
    (이탈리아 피에몬테)
    볼라 프로세코(이탈리아 베네토)

14 ———— 80
「프렌치 디스패치」와
웨스 앤더슨의 와인 세계
    Wine 미지의 와인, 샤토 쇼스탈

15 ———— 84
「레 미제라블」, 프랑스 혁명이
와인 산업에 미친 영향은?
    Wine 프랑스 혁명 속 격변의 프랑스
    와인 산업

16 ———— 90
「연인」,
애틋한 소녀와 청년이 마시던 와인
    Wine 샤토 레오빌 바르통
    (프랑스 보르도)

⑰ ─── 95
「향수: 어느 살인자의 이야기」와
와인의 향
　Wine 와인의 향을 맡는 법

⑱ ─── 100
「와니와 준하」, 해물탕과 화이트 와인
　Wine 해물 스튜에 어울리는 각국의
　화이트 와인

⑲ ─── 104
「포드 V 페라리」, 카 레이싱과 샴페인
　Wine 샴페인 터트리기의 원조는?

⑳ ─── 108
「컨택트」, UFO와 와인
　Wine 샤토뇌프 뒤 파프(프랑스 론)
　르 시가르 볼랑(미국 캘리포니아)

㉑ ─── 113
「레터스 투 줄리엣」의
이탈리아 미식 여행
　Wine 카피르조 브루넬로 디
　몬탈치노(이탈리아 토스카나)

㉒ ─── 119
「그랑 블루」와 물속에서 마시는 와인
　Wine 화산섬에서 탄생한
　시철리아 와인

㉓ ─── 124
「사랑을 카피하다」,
와인의 결함을 대하는 자세
　Wine 와인의 결함

㉔ ─── 129
「더 메뉴」의 코스 메뉴와 와인 매칭
　Wine 음식과 와인의 페어링

㉕ ─── 139
「리플리」와 화산에서 태어난 와인
　Wine 이탈리아 캄파니아 와인

㉖ ─── 144
「9명의 번역가」가 밤에 마시는 와인
　Wine 샴페인 태탱저(프랑스 샹파뉴)

㉗ ─── 149
「하와이언 레시피」와
트로피컬 향 머금은 하와이 와인
　Wine 하와이 와인(미국 하와이)

㉘ ─── 154
「아이 엠 러브」, 궁극의 디저트 와인
　Wine 샤토 디켐(프랑스 보르도),
　그리고 알자스 그랑 크뤼

㉙ ─── 160
「더 페이버릿: 여왕의 여자」와
영국 왕실이 사랑한 와인
　Wine 영국 왕실과
　보르도 와인의 성공

㉚ ─── 165
「파운더」, 햄버거에는 와인을!
　Wine 햄버거에 어울리는 와인

㉛ ─── 170
「빅 쇼트」와 위기의 와인
　Wine 위기의 캘리포니아 와인 산업

㉜ ─── 178
「어나더 라운드」, 인생은 취해야
즐겁다!
　Wine 와인과 알코올의 상관관계

㉝ ─── 184
「아마데우스」와 모차르트의 와인 사랑
　Wine 헝가리의 토카이
　이탈리아의 마르제미노

㉞ ─── 188
「레이」와 시각 장애인을 위한 와인
　Wine 엠 샤푸티에(프랑스 론)

㉟ ─── 192
「바롤로 보이즈」와 바롤로 전쟁
　Wine 엘리오 알타레
　(이탈리아 피에몬테)

㊱ ─── 197
「아임 낫 데어」, 밥 딜런과 와인
　Wine 레 테라제 비전스 오브
　제이(이탈리아 마르케)

37 ── 204
「빅 나이트」, 형제의 마지막 만찬
　　Wine 안티노리와 슈퍼 투스칸
　　(이탈리아 토스카나)

38 ── 211
「메이드 인 이태리」,
화해의 순간을 함께한 와인
　　Wine 아르지아노
　　(이탈리아 토스카나)

39 ── 216
「언차티드」, 그거 빈티지 와인이야!
　　Wine 마르케스 드 라
　　콘코르디아(스페인 리오하)
　　그리고 와인의 빈티지

40 ── 221
「아이 필 프리티」와
자존감을 찾게 해줄 와인
　　Wine 조단 카베르네 소비뇽(미국
　　캘리포니아)

41 ── 225
「시카리오: 암살자의 도시」,
마약왕이 마신 마지막 와인은?
　　Wine 멕시코 와인

42 ── 230
「팬텀 스레드」,
피로연에서 마시는 와인
　　Wine 페트뤼스(프랑스 보르도)

43 ── 235
「로맨틱 홀리데이」와
와인이 있는 연말 파티
　　Wine 연말 파티에 가져가고 싶은
　　와인

44 ── 240
「와인 패밀리」, 알리아니코 와인
　　Wine 알리아니코

45 ── 244
「다웃」, 성스러운 와인 성찬주
　　Wine 성찬주와 마주앙 미사주

46 ── 249
「베스트 오퍼」, 당신의 베스트 오퍼는?
　　Wine 와인 경매의 베스트 오퍼 9

47 ── 255
「탑건」과 매버릭의 슈냉 블랑
　　Wine 찰스 크루그 슈냉 블랑
　　(미국 캘리포니아)

48 ── 259
「보일링 포인트」와
가장 비싼 화이트 와인
　　Wine 소비뇽 블랑

49 ── 263
「왓 위민 원트」,
카베르네 소비뇽처럼 터프하고
메를로처럼 부드럽게!
　　Wine 카베르네 소비뇽과 메를로

50 ── 267
「파비안느에 관한 진실」과
진심을 말하게 하는 와인
　　Wine 사토 퀸투스(프랑스 보르도)

51 ── 271
「히트」, 도둑맞은 와인들
　　Wine 도둑이 훔쳐간 와인

52 ── 275
「콘스탄틴」, 지옥 같은 인생에서
만나는 와인
　　Wine 물에서 와인이 되는 마법,
　　마시지 못한 와인,
　　담배를 피우며 마시는 레드 와인

37 ──────── *70*

53 —— 279
「보르도 우정여행」,
친구들이 생각 나는 와인
　　Wine 굴과 와인, 샤토 랭쉬 바쥬와
　　미셸 랭쉬(프랑스 보르도)

54 —— 284
「나폴레옹」, 전장의 신이 즐겼던 와인
　　Wine 샹베르탱(프랑스 부르고뉴)

55 —— 290
「완벽한 가족」, 생애 마지막 샹베르탱
　　Wine 도멘 아르망 루소 샹베르탱
　　그랑 크뤼(프랑스 부르고뉴)

56 —— 294
「크루엘라」, 빌런의 샴페인
　　Wine 샴페인을 오픈할 때는 눈 조심

57 —— 298
「토탈 이클립스」,
시인의 세 번째 눈: 압생트와 와인
　　Wine 와인을 찬미한 시인들

58 —— 302
「지푸라기라도 잡고 싶은 짐승들」,
독주가 되어버린 샴페인
　　Wine 아르망 드 브리냑(프랑스 샹파뉴)

59 —— 306
「도굴」, 보물창고로 안내하는
기가 막힌 와인 셀러
　　Wine 와인 보관의 정석

60 —— 312
「리틀 이태리」,
로미오와 줄리엣의 피자 버전
　　Wine 정통 나폴리 피자와 람브루스코

61 —— 317
「멋진 하루」를 마무리하는 상그리아
　　Wine 상그리아

62 —— 322
「안녕, 나의 소울메이트」,
인생이 원샷한 와인
　　Wine 중국 와인의 비상

63 —— 327
「언터처블: 1%의 우정」과 귀족의
샴페인
　　Wine 샴페인 포므리(프랑스 샹파뉴)

64 —— 331
「어쩌면 우린 헤어졌는지 모른다」,
내추럴 와인의 세계
　　Wine 유니코 젤로와 내추럴 와인

65 —— 335
「타짜의 와인」,
와인은 무엇으로 마시는가?
　　Wine 와인 위조와 사기

66 —— 340
「고흐, 영원의 문에서」,
아를의 붉은 포도밭
　　Wine 아를의 붉은 포도밭과 와인 산지

67 —— 346
「클로이」,
와인을 주문하며 매력을 발산하는 법
　　Wine 마이바흐(미국 나파 밸리)

68 —— 350
「뷰티 인사이드」,
다른 얼굴을 하고 있어도
알아볼 수 있는 와인
　　Wine 몬테스 알파(칠레 콜차구아 밸리)

69 —— 355
「물방울을 그리는 남자」,
김창열 화백의 와인
　　Wine 파토리아 니타르디
　　(이탈리아 토스카나)

70 —— 360
「수상한 그녀」,
와인도 잘 마시는 수상한 그녀
　　Wine 보데가 마츠(스페인 토로)

71 ──────── 365
「화장」, 지공디스를 닮은 남자
　　Wine 엠 샤푸티에 지공다스
　　（프랑스 론）

72 ──────── 370
「하녀」,
와인을 다루는 매력적인 주인의 자세
　　Wine 샴페인 크루그(프랑스 상파뉴)

73 ──────── 375
「에브리바디 파인」,
사랑하는 자식들을 위한 와인 준비
　　Wine 와인 어플리케이션 활용법

74 ──────── 379
「타오르는 여인의 초상」,
외딴 섬에서 마시는 레드 와인
　　Wine 카베르네 프랑

75 ──────── 384
「어디선가 누군가에
무슨 일이 생기면 틀림없이 나타난다
홍반장」이 준비한 와인
　　Wine 샤토 탈보(프랑스 보르도)

76 ──────── 388
「신세계」,
거 와인 마시기 딱 좋은 날씨네
　　Wine 윈덤 에스테이트
　　（호주 헌터 밸리）

77 ──────── 392
「보리 vs 매켄로」, 윔블던의 샴페인
　　Wine 샴페인 랑송(프랑스 상파뉴)

78 ──────── 397
「하늘을 걷는 남자」,
한 남자의 집념을 담아낸 와인
　　Wine 코트 드 부르의 와인
　　（프랑스 보르도）

79 ──────── 402
「코다」,
편견 없이 모두를 위한 와인
　　Wine 90+ Cellars(아르헨티나)

80 ──────── 406
「마지막 4중주」,
현악 사중주와 와인
　　Wine 샴페인 페리에 주에(프랑스 상파뉴)
　　현악기가 그려진 와인 레이블

81 ──────── 412
「사랑의 레시피」,
세 단어로 표현하는 와인 테이스팅
　　Wine 야카 패독 빈야즈 돌체토
　　（호주 애들레이드 힐스）

82 ──────── 417
「타르」,
여성의 손에서 만들어지는 예술
　　Wine 이노바투스(미국 나파 밸리)

83 ──────── 423
「피닉스」,
전쟁에 휘말린 와인 산업과
유대인의 코셔 와인
　　Wine 샤토 무통 로칠드(프랑스 보르도)
　　코셔 와인

84 ──────── 430
「쉐프」, 분자 요리에는 분자 와인?
　　Wine 질소를 채운 샴페인과
　　포므롤 스피릿!?

85 ──────── 434
「라스트 홀리데이」와 비즈니스
식사 자리에 어울리는 와인
　　Wine 샤토 뒤크뤼 보카이유
　　（프랑스 보르도）

86 ──────── 441
「누구나 아는 비밀」,
와인과 포도즙의 차이
　　Wine 모나스테리오 데 라스
　　비나스(스페인 카리녜나)

87 ──────── 448
「디스트릭트 9」과
남아공 와인의 부활
　　Wine 남아프리카공화국의 와인 산업

71 ———————————— 100

88 ———— 455
「폭로」, 유혹의 사르도네
    Wine 팔메이어 사르도네(미국 나파 밸리)

89 ———— 459
「눈먼 자들의 도시」와
어둠 속에서 탄생한 와인
    Wine 블라인드 와인메이커

90 ———— 464
「시작은 키스!」와
낮술로 즐긴 와인
    Wine 샤토 라 미시옹
    오브리옹(프랑스 보르도)

91 ———— 468
「굿 보스」의 미식 생활
    Wine 하몽과 와인

92 ———— 473
「더 기프트」,
환영받지 못한 와인 선물
    Wine 상상력을 자극하는 와인

93 ———— 478
「해피 투게더」,
열정적인 탱고의 선율을 닮은
아르헨티나 와인
    Wine 아르헨티나 와인

94 ———— 484
「캡틴 판타스틱」,
나도 와인 좀 줄래요?
    Wine 와인을 마시는 감각

95 ———— 488
「돈 룩 업」,
모든 상황에 어울리는 와인
(그게 종말의 순간일지라도)
    Wine A to Z(미국 오리건),
    조쉬(미국 캘리포니아)

96 ———— 493
「티켓 투 파라다이스」,
샴페인 한 잔, 아니 한 병 주세요
    Wine 샴페인 파이퍼 하이직
    (프랑스 샹파뉴)

97 ———— 497
「그것만이 내 세상」,
찬장에서 꺼낸 와인
    Wine 와인의 수명을
    연장시켜주는 도구들

98 ———— 501
「샤인」, 피아니스트의 와인
    Wine 피아니스트가 만드는 와인

99 ———— 507
「크리스마스는 포도밭에서」,
가라지스트
    Wine 가라지 와인

100 ———— 513
「시네마 천국」, 필름이 모여 영화로,
영화는 추억으로, 추억은 인생으로
    Wine 추억의 와인

일러두기
- ◆ 인명, 지명, 와인 이름을 비롯한 고유명사의 외래어 표기는 국립국어원 외래어표기법을 따랐으며, 관례로 굳어진 것은 예외로 두었다.
- ◆ 단행본은 『 』, 영화와 신문, 잡지, 음악 등은 「 」로 표시했다.

「다키스트 아워」와
처칠의 샴페인

Darkest Hour

Director	조 라이트
Cast	게리 올드만(윈스턴 처칠)
	크리스틴 스콧 토마스(클레멘타인 처칠)
	릴리 제임스(엘리자베스 레이튼)
	벤 멘델슨(조지 6세)
Wine	샴페인 폴 로저(프랑스 샹파뉴)

윈스턴 처칠은 많은 수식어를 가졌다. 영국인이 존경하는 총리, 노벨 문학상 수상 작가, 위대한 연설가, '찰스 모린'이라는 이름으로 활동한 우울한 화가, 빅토리(승리)를 의미하는 V사인을 만들어낸 사람까지. 그는 인간이 오를 수 있는 어떤 경지를 여러 번 넘어선 입지전적인 인물이다.

그렇다면 세상살이에 필요한 지식을 대부분 영화와 와인을 통해 습득해온 필자가 기억하는 처칠은? 바로 샴페인 애호가다. 처칠은 샴페인 중에서도 '폴 로저Pol Roger'를 지독히 사랑한 영국인이었다.

「다키스트 아워」가 개봉했을 때 기쁜 마음으로 영화관에 달려간 것도 처칠의 샴페인 사랑을 스크린에서 볼 수 있다는 생각 때문이었고, 역시나 아침 식사부터 시가와 샴페인을 놓지 않는 그를 마주하며 상상해오던 모습이 그대로 재현된 것 같아 흥분된 마음으로 영화를 즐겼다. 그리고 윈스턴 처칠을 연기한 게리 올드만의 역사에 남을 연기, 제2차 세계대전의 됭케르크 철수 작전이 진행되기까지의 긴박감 있는 연출은 영화를 내내 빛나게 한다.

1979년 데뷔 이후 수많은 작품에서 뛰어난 연기력을 보여주던 게리 올드만은 「다키스트 아워」에 본인 연기 인생의 모든 것을 쏟아부은 듯했다. 그는 완벽한 연기를 보여주기 위해 처칠을 다룬 모든 다큐멘터리와 기록을 찾아 공부했고, 그 결과 처칠의 목소리, 말투, 행동, 걸음걸이, 입 모양의 움직임까지 모사한, 그야말로 처칠 그 자체가 되어 스크린에 등장했다.

이 영화를 수작으로 만든 데는 감독을 맡은 조 라이트의 섬세한 연출력도 한몫했다. 그중에서도 5월 19일 윈스턴 처칠의 라디오 연설 장면은 정말 인상적이다. 연설문을 손보던 처칠 앞에 방송 시작을 알리는 붉은 불빛이 켜지고 잠깐의 정적이 흐른다. 순간 카메라는 진지하게 시간을 들여서 입술을 달싹거리는 윈스턴 처칠의 모습을 클로즈업한다. 카메라의 시선과 배우의 연기가 만들어낸 호흡에 경외감이 들 정도였다.

이제 영화 속 처칠의 샴페인 사랑 이야기로 돌아가보자. 총리에 오른 처칠은 본인의 의무를 다하기 위해 매주 월요일 점심에 조지 6세를 알현하는 자리를 마련한다. 식사 자리에서 거침없이 샴페인을 마시는 처칠을 보고 조지 6세는 어찌 그렇게 낮술을 잘하는지 묻는다.

"연습하면 됩니다."

처칠의 말처럼 주량이 연습으로 얻어지는 것이라면 그는 평생 모범적인 훈련을 했다고 할 수 있다. 실제로 아침부터 잠이 드는 순간까지 위스키와 샴페인을 손에서 놓지 않았으니 말이다. 처칠이 남긴 수많은 어록 중에는 물론 샴페인에 관한 것도 있다.

"승리의 순간에 샴페인은 당연하다. 그건 패배의 순간에도 마찬가지이다."

"내 입맛은 아주 단순하다. 나는 최고에 쉽게 만족한다."

매일 두 병의 샴페인을 마셨다는 윈스턴 처칠만이 할 수 있는 말이다. 처칠은 처음 폴 로저의 샴페인을 맛본 뒤로 세상을 떠나는 순간까지 이 샴페인을 지독하게 사랑했다. 특히 1928년산 폴 로저를 아주 좋아했던 것으로 알려져 있으며, 실제로 폴 로저 샴페인 하우스에 자신이 평생 마실 양의 폴 로저 빈티지 브륏 샴페인을 주문한 것으로 유명하다. 폴 로저 샴페인 하우스 또한 처칠에게 존경과 예우를 보였다. 처칠을 위해 2만 병의 와인을 따로 보관하는가 하면, 처칠이 작고하자 샴페인 병목에 검은 리본을 달아 애도하기도 했다. 처칠의 10주기인 1975년부터는 그를 추모하는 의미로 최상급 샴페인인 '폴 로저 퀴베 서 윈스턴 처칠*Pol Roger Cuvee Sir Winston Churchill*'을 만들어왔다.

처칠의 샴페인, 폴 로저

많은 샴페인 하우스가 그렇듯, 폴 로저는 회사를 설립한 사람의 이름에서 유래했다. 폴 로저는 변호사였던 아버지가 불치병에 걸려서 더 이상 가족을 부양할 수 없게 되자 어린 나이에 사업에 뛰어들었고, 18살이 되던 1849년에 자신의 이름을 딴 샴페인 하우스를 시작했다. 그로부터 4년 후인 1853년에 첫 샴페인을 선보이며 사업은 나날이 번창했는데, 브륏*brut* 스타일 샴페인 생산에 주력하면서 날개를 달게 된다. 샴페인에서 브륏은 달지 않고 드라이한 당도를 뜻한다. 사업에 능했던 폴 로저는 영국인들이 달지 않은 샴페인을 선호한다는 것을 알고 있었다. 덕분에 폴 로저는 불과 30년 만에 전 세계에서 손에 꼽히는 샴페인 하우스로 입지를 공고히 다졌다.

물론 위기는 있었다. 1900년 2월 23일 셀러의 일부가 무너지는 사고를 당하면서 샴페인을 숙성 중이던 500개의 커다란 통과 샴페인 150만 병이 손실됐다. 이후 두 번의 세계대전도 회사 운영을 어렵게 만들었는데, 아이러니하게 처칠과의 인연을 쌓은 것도 이 시기부터다. 기록에 따르면 처칠은 1908년부터 폴 로저의 샴페인을 마시기 시작했고, 1944년에는 당시 오너인 오데트 폴 로저를 직접 만나서 우정을 쌓기도 했다. 처칠의 폴 로저 사랑은 그의 애마의 이름마저 폴 로저였다는 데서 짐작할 수 있다. 처칠의 샴페인으로 명성을 얻은 폴 로저는 독보적인 샴페인 하우스로 승승장구해왔고, 대형 샴페인 하우스로는 드물게 92헥타르(약 28만 평)에 달하는 포도밭을 직접 소유하고 있다.

폴 로저 정도의 대형 샴페인 하우스는 전 세계 수요에 응하기 위해 포도를 구매해서 와인을 양조하는 비중이 크다. 이렇게 대부분의 포도를 사서 샴페인을 만들면 NM(Négociant-Manipulant), 직접 재배한 포도로 샴페인을 만들면 RM(Récoltant-Manipulant)이라고 한다. 우리가 아는 대부분의 대형 샴페인 하우스, 예를 들어 모엣 샹동, 뵈브 클리코 등은 NM에 속한다. 폴 로저는 전체 샴페인의 55%를 자사 포도밭에서 난 포도로 만들지만 포도를 사서 만드는 양도 적지 않기에 NM으로 분류된다. 다만 폴 로저는 양조에 사용하는 모든 포도를 회사의 본사가 위치한 에페르네 근방에서 수급한다는 게 강점이다. 신선함이 생명인 샴페인 생산에서 갓 수확한 포도를 빠르게 본사 공장으로 옮길 수 있기 때문이다.

폴 로저 샴페인 메이킹의 특이점은 오크통 사용을 철저히 배제한다는 점이다. 그만큼 포도의 신선함이 강조된 샴페인을 만드는 데 주력하고 있다. 또, 2차 병 숙성 중인 샴페인을 조금씩 돌려주는 작업인 르뮈아주remuage(리들링riddling)를 전부 직접 손으로 한다는 것도 특징 중 하나다. 폴 로저에서 일하는 르뮈에르(르뮈아주를 전문적으로 하는 사람)는 하루에 5~6만 병의 와인을 돌릴 수 있다고 한다.

폴 로저가 처칠에게 헌정한 퀴베 서 윈스턴 처칠은 샴페인에 주로 쓰이는 품종인 피노 누아, 피노 뫼니에, 샤르도네 중에서도 피노 누아를 메인으로 만든다. 정확한 품종 블렌딩 비율은 여전히 비밀에 부쳐져 있다. 또한 빈티지 샴페인이기 때문에 작황이 정말 뛰어났던 해에만, 그랑 크뤼로 분류된 포도밭의 오래된 포도나무에서 얻은 포도로 만든다.

양질의 포도를 스테인리스 스틸 탱크에서 저온 발효하고, 빈티지 샴페인이기에 블렌딩 없이 바로 병 발효에 들어간다. 병 숙성은 폴 로저가 소유한 지하 셀러의 가장 깊은 지하 공간에서 무려 10년 동안 천천히 이뤄진다. 시간을 충분히 들인 숙성 덕분에 퀴베 서 윈스턴 처칠은 매우 섬세한 기포, 다채로운 과일 향, 이국적인 향신료 향을 가진 와인으로 탄생한다. 테이스팅해보면 언제나 입안을 크림처럼 감싸는 부드러운 기포와 세월을 느끼게 하는 깊이감이 매우 뛰어난 와인이다.

"우린 절대 굴복하지 않습니다. 승리가 없으면 생존도 없기 때문입니다"라고 연설하며 제2차 세계대전을 승리로 이끈 윈스턴 처칠. 필자는 그의 연설문 중 1941년, 모교인 영국 해로우 고등학교의 연단에 서서 부르짖은 연설을 마음에 새기고자 한다.

"절대로 굴복하지 마라. 절대로 굴복하지 마라. 절대, 절대, 절대, 절대로! 그것이 위대하든, 아주 작든, 크든, 사소한 것이든, 그 무엇에도 - 명예로운 신념과 양심을 제외하고, 그 무엇에도 굴복하지 마라(Never give in. Never give in. Never, never, never, never! - in nothing, great or small, large, or petty - never give in, except to convictions of honor and good sense.)."

『와인이 있는 100가지 장면』 두 번째 이야기를 시작하는 원고로 「다키스트 아워」를 선택한 이유가 바로 이 구절 때문이다. 후속편으로 독자 여러분을 만날 수 있다는 건 작가로서 무한한 영광이지만, 동시에 고된 여정의 시작이기 때문이다. 나의 게으른 자아에 굴복하지 않기 위해 매일 싸울 것이며, 최소 몇 달은 마감에 쫓길 것이며, 답답한 필력에 벽에 머리를 박고 있을 미래가 너무 뻔하다. 하지만 절대 포기하지 않겠다. Never give up. Never, never, never, never!

「두 교황」과 교황의 와인

The Two Popes

Director   페르난도 메이렐레스
Cast   앤서니 홉킨스(베네딕토 16세 교황, 라칭거 추기경)
         조나단 프라이스(프란치스코 교황, 베르고글리오 추기경)

Wine   이탈리아 라치오 지역의 와인

「두 교황」은 바티칸 교황에 추대된 지 불과 8년 만에 자진 사임을 발표한 교황 베네딕토 16세와 그 뒤를 이어 추대된 프란치스코 교황, 두 사람의 실화를 바탕으로 각색한 영화다. 두 인물은 성장부터 대조되는 삶을 살았다. 베네딕토 16세는 독일 출신으로 바티칸 신앙교리성 장관을 지내며 '가톨릭 전통 신앙의 파수꾼'이라고 불릴 정도로 엄격하고 보수적인 전통과 규율을 내세웠던 인물이다.

반면 프란치스코 교황은 아르헨티나에서 빈민 사목을 하며 개혁을 단행했던 진보 성향의 인물로, 성인이 될 때까지 평범한 삶을 살다가 연인에게 청혼하러 가는 길에 신의 부름을 받고 신학의 길로 들어섰다고 한다. 이렇듯 두 사람은 살아온 삶도 이념도 상반된 인물이다. 그러나 둘은 종교 안에서 서로의 차이를 인정해 나가며 교류했고, 영화는 두 교황의 만남부터 8년의 세월을 유쾌하게 풀어낸다. 이를 통해 우리는 신과 가장 가까운 곳에 있는 성인의 모습이 아닌 인간으로서의 고뇌와 삶의 무게를 견뎌내고 있는 두 사람의 내면을 들여다볼 수 있다.

영화는 두 사람이 모두 추기경이던 2005년 4월, 선대 바오로 2세 교황의 뒤를 이을 새 교황을 추대하는 콘클라베에서 시작한다. 콘클라베는 교황을 선출하는 추기경들의 모임으로, 어원은 '열쇠로 걸어 잠글 수 있는 방'이라는 뜻을 가진 라틴어 'conclave'에서 유래했다. 실제로 콘클라베가 진행되는 방은 외부와의 접촉을 완전히 차단하기 위해 밖에서 걸어 잠근다. 중요한 의식인 만큼 영화에서도 콘클라베를 상당한 공을 들여 묘사했다. 투표용지가 붉은 실에 꿰어지는 모습, 투표 결과에 따라 굴뚝과 난로에서 검은색, 흰색 연기가 피어오르는 과정이 상세히 그려진다. 또한 촬영 허가가 나지 않아 실제와 비슷한 크기의 세트로 제작한 시스티나 성당의 디테일도 눈이 즐거운 볼거리다.

「두 교황」에서는 후임 교황으로 4명의 추기경을 선출해 투표를 시작하는데, 유력한 후보자는 라칭거 추기경과 베르고글리오 추기경 두 사람이다. 여기서 라칭거 추기경은 규율의 중요성과 전통을 강조하며 표심을 모아주길 바라고, 베르고글리오 추기경은 본인이 후보에 오른 것조차 당황스러워하며 교황의 자리에는 관심을 두지 않는 인물로 그려진다. 결국 근소한 표 차이로 라칭거 추기경이 교황으로 추대되고, 선대 교황의 이름인 베네딕토를 이어받아 베네딕토 16세로 즉위한다. 참고로 교황은 종신직으로, 죽음의 순간까지 사명을 다해야 한다.

시간은 빠르게 흘러 7년 뒤, 교회는 더욱 보수적으로 돌아서고 바티칸은 각종 추문에 휩싸인다. 그리고 저 멀리 아르헨티나에서 사역을 감당하던 베르고글리오 추기경은 교황청에 은퇴 의사를 담은 서신을 몇 차례 보내지만, 교황청은 묵묵부답이다. 결국 베르고글리오 추기경은 은퇴 허락을 받기 위해 바티칸으로 직접 가서 담판을 짓고자 마음먹는데, 마침 교황으로부터 바티칸으로 와서 이야기하자는 서신을 받는다. 그리고 둘은 베네딕토 16세 교황이 머무는 여름 별장에서 재회한다.

이미 7년 전 콘클라베가 열리는 시스티나 성당의 화장실에서 처음 만났던 두 사람은 그 짧은 조우에서도 서로 매우 다른 성향의 사람이라는 걸 보여준 바 있다. 7년 뒤의 대화에서도 둘은 양극에 대립한 서로의 신념을 확인한다. 그러면서도 별장에서 지내는 시간만큼 서로에 대한 이해의 폭을 넓혀간다.

뜨거운 토론을 거친 날 밤. 베네딕토 16세는 휴게실에서 축구를 보고 있는 베르고글리오 추기경과 다시 마주한다. 처음 분위기는 한낮의 뜨거움이 가시지 않은 듯 하지만, 베네딕토 16세가 가슴 깊숙한 이야기를 꺼내면서 둘은 서로의 직분을 내려놓고 인간적인 대화를 나누며 따뜻한 시간을 보낸다. 베네딕토 16세는 해맑은 미소를 띠며 피아노 연주를 하고, 베르고글리오 추기경은 저녁 식사에 마시던 와인을 가져와 잔을 채운다. 혹여나 교황의 와인이라 불리는 프랑스의 샤토뇌프 뒤 파프*Châteauneuf-Du-Pape*가 나오는 건 아닌가 했는데, 이탈리아 라치오*Lazio* 주의 와인이었다. 약간의 실망감이 스칠 뻔했지만 사실 라치오 와인이 나오는 것은 자연스러운 일이다. 로마와 교황청이 있는 주가 라치오이기 때문이다.

라치오의 와인?

라치오의 와인을 마셔본 일이 있을까? 필자들은 오랜 시간 와인을 공부하고 마셔왔지만, 손에 꼽을 만큼 적다. 그만큼 한국 시장에 라치오 와인은 알려진 바가 많지 않다. 그나마 희한한 이름의 '에스트! 에스트!! 에스트!!!' 정도? 장난이 아니라, 실제로 있는 와인이다.

라치오는 이탈리아의 수도인 로마가 있는 주이지만 와인 생산지로서는 그다지 유명하지 않다. 그러고 보면 와인 생산국 중 수도가 있는 지역이 유명한 곳은 별로 없다. 프랑스 파리 인근도 먼 옛날에는 포도밭을 가꾸고 와인을 만들었지만 지금은 흔적조차 찾을 수 없다. 다른 점은 로마 인근에는 여전히 포도밭이 많고, 국내에는 많이 알려지지 않았지만 보석 같은 와인들이 생산되고 있다는 것이다. 이탈리아는 모든 지역에서 와인을 생산한다는 특징을 지니고 있는데, 라치오는 20개 주 중에서 와인 생산량 8위를 차지한다. 그리고 이 중 무려 40%가 이탈리아의 고급 와인 등급인 DOC, DOCG급 와인을 만들고 있다.

우선 라치오에서 가장 유명한 와인은 체자네제 델 필리오*Cesanese del Piglio* DOCG다. 간단히 필리오라고 부르기도 하는데, 중세 시대 때 왕과 귀족들에게 큰 사랑을 받았다. 교황 이노첸초 3세와 보니파시오 8세는 체자네제 델 필리오를 와인의 왕이라고 극찬하기도 했다. 이름에 붙어 있는 체자네제가 이 DOCG 와인을 만드는 주요 품종으로, 라치오에서 오래전부터 재배된 토착 품종이다. 학자들은 최소한 고대 로마 이전부터 이곳에서 재배됐을 것으로 추정한다. 다만 체자네제는 포도가 익는 데 오랜 시간이 걸리는 만생종으로 타 지역에서는 찾아보기 힘들다. 체자네제로 만든 최고급 와인이 바로 체자네제 델 필리오로, 100% 체자네제만으로 만든다. 와인의 특색으로는 진한 자주빛을 띠고, 꽃과 과일의 뉘앙스와 부드러운 타닌을 지녔다.

두 번째는 카넬리노 디 프라스카티Cannellino di Frascati DOCG다. 말바지아를 메인으로 트레비아노, 벨로네, 봄비노, 그레코, 트레비아노를 블렌딩해서 만드는 스위트 와인으로, 귀부병에 걸린 포도도 부분적으로 활용을 하고 있기 때문에 귀한 편이다. 세 번째는 치르치오Circeo와 아프릴리아Aprilia DOC다. 두 지역은 본래 습지대였는데, 무솔리니 통치 시절 대대적인 개간 사업을 진행하면서 지금은 비옥한 곡창지대가 됐다. 다만 배수를 유지하고 바닷물의 역류를 방지하기 위해 지속적인 관리가 필요하다고 한다. 두 지역은 재배하는 품종도 비슷하고 와인 스타일도 차이가 별로 없다. 청포도는 트레비아노, 샤르도네, 말바지아, 적포도는 메를로, 카베르네 소비뇽, 산지오베제 위주로 재배한다. 레드, 화이트, 로제까지 다양한 스타일의 와인을 만드는데, 치르치오는 트레비아노, 샤르도네, 말바지아로 스푸만테도 생산한다.

마지막은 위에서 언급한 에스트! 에스트!! 에스트!!! 디 몬테피아스코네EST! EST!! EST!!! di Montefiascone DOC다. 괴상한 이름의 이 DOC는 세계적으로 유명한 이탈리아 와인 중 하나로, 라치오라는 지역명보다 더 유명하다. 때는 1111년, 독일의 요하네스 데푸크 주교가 신성 로마 제국 황제인 헨리 5세의 즉위식에 참석하러 이탈리아로 향하며 벌어진 일이다. 주교는 미리 시종을 보내 좋은 와인을 팔고 있는 숙소를 알아보고, 그곳에 'EST'라고 표시해둘 것을 지시한다. EST는 'It is'를 뜻하는 라틴어다. 시종은 몬테피아스코네의 여관에서 아주 훌륭한 와인을 발견하고 한 단어로는 부족했는지 "EST! EST!! EST!!!"라고 표시한다. 뒤따라 도착한 주교 또한 그 와인의 향과 맛에 반해 버리고 만다. 요하네스 데푸크 주교의 와인에 대한 애정이 얼마나 깊었는지 은퇴 후 생의 마지막을 몬테피아스코네에서 지냈다고 한다. 그가 사망한 뒤 후손들은 그가 세상을 떠난 날마다 에스트 와인 한 병을 묘비 위에 부어주었고, 주교의 사랑을 받은 와인을 기념해 이 지역 와인을 에스트, 에스트, 에스트로 부르고 있다. 에스트는 현지에서 프로카니코 *Procanico*라고 부르는 트레비아노 토스카노 품종(프랑스에서는 우니 블랑 *Ugni Blanc*이라고 부른다)을 메인으로 소량의 말바지아, 트레비아노 지알로로 만들며, 화이트 와인과 스파클링 와인으로 생산된다. 대체로 향긋한 사과 향과 상쾌한 산도가 특징이다.

전통적인 생산지에서 만든 새로운 와인

영화에 등장한 와인은 병에 'MATUTA'라는 단어가 살짝 보인 덕분에 라치오의 카살레 델 길리오 *Casale del Giglio*라는 와이너리에서 생산하는 최고급 와인인 '마터 마투타 라치오 로쏘 *Mater Matuta Lazio Rosso IGT*'라는 걸 알 수 있었다.

카살레 델 길리오는 두 가지 면에서 예상을 깬다. 첫 번째는 1967년에 설립된 신생 와이너리라는 점이다. 67년부터면 전통 있다고 생각할 수 있지만 역사가 100년 넘는 와이너리가 수두룩한 이탈리아에서는 좀 다른 얘기다. 두 번째는 이 와이너리에서 주력하는 포도 품종이 이탈리아 토착 품종이 아니라 샤르도네, 소비뇽 블랑, 시라, 프티 베르도, 카베르네 소비뇽 등 프랑스가 고향인 국제 품종이라는 것이다. 어떻게 이탈리아에서 가장 전통적인 와인 생산지에서 국제 품종을 재배하고 있는지 그 역사를 들여다 볼 필요가 있다.

와이너리는 1967년 베라르디노 산타렐리에 의해 설립됐다. 그의 선조들도 계속해서 와인 산업에 종사하던 상인들이었고, 사업이 나날이 번창하면서 11곳의 지점을 가질 정도였다고 한다. 이 돈을 바탕으로 초기에 산타렐리 SpA라는 회사를 차려 라치오의 전통적인 와인을 주로 판매했고, 수출로도 소득을 얻었다. 그러다 아그로 폰티노 계곡의 재배 환경을 알아보고 그곳에서 와이너리의 역사를 시작하게 된다. 아그로 폰티노 계곡은 포도 재배 측면에서 미지의 영역이었지만, 베라르디노의 아들인 안토니오가 와이너리에 합류하고 여러 저명한 학자들이 참여한 프로젝트를 통해 포도 재배의 가능성을 발견한 곳이다. 그 포도 품종이 바로 언급한 국제 품종이다. 연구 결과를 인정한 EU에서 이 생소한 재배지에서의 국제 품종 재배를 승인했고, 비로소 새로운 와인들이 탄생할 수 있게 된 것이다.

영화에서 등장한 마터 마투타 라치오 로쏘 IGT는 시라 85%에 프티 베르도가 15%가 블렌딩된 와인이다. 마터 마투타라는 이름은 다산과 출산의 수호자인 고대 이탈리아의 새벽의 여신의 이름에서 유래했는데, 와이너리가 있는 레 페리에르 마을은 고대 로마 때 사트리쿰이라 불렸고 그곳의 사원에서 마터 마투타를 모셨다고 한다. 마터 마투타는 충분히 잘 익은 두 포도를 각각 양조한 뒤 블렌딩해 오크통에서 22~24개월 숙성하고 10~12개월 동안 병 숙성 뒤 출시한다. 프티 베르도는 와인에 탄탄한 구조감을 부여하고, 시라는 부드러운 타닌, 블랙체리, 향신료의 강렬한 향을 더한다.

영화에서 두 주인공이 이 와인을 나눠 마신 지 1년이 지나 베네딕토 16세는 가톨릭 역사에 충격을 주는 발표를 한다. 바로 은퇴 선언이다. 앞서 말했듯, 교황은 종신직이다. 교황의 은퇴 선언은 1294년 첼레스티노 5세 이후 처음 있는 일이었다. 사실 베네딕토 16세는 지쳐 있었다. 굳은 신념을 가지고 엄격한 규율을 내세웠으나 신도들의 반발을 겪었고, 연이어 각종 스캔들과 의혹이 제기되면서 교황직을 내려놓게 된다. 영화 속에서 베르고글리오 추기경은 베네딕토 16세 교황에게 은퇴는 있을 수 없는 일이라며 손사래를 쳤지만, 콘클라베에서 무려 다섯 차례의 투표 끝에 프란치스코라는 이름으로 교황에 추대된다. '가난한 이들의 벗'이라 불리며 평생 인류의 화합과 사람다운 삶을 고민했던 그는 2025년 4월 21일 하늘의 부름을 받아 선종했다. 그가 이제 무거운 짐을 내려놓고 영원한 평온 속에서 안식을 누리기를 기도한다.

「호텔 뭄바이」와
마시지 못한 와인

Hotel Mumbai

Director 앤서니 마라스
Cast 데브 파텔(아르준)
  아미 해머(데이비드)
  나자닌 보니아디(자흐라)

Wine 샤토 라투르(프랑스 보르도)

「호텔 뭄바이」는 2008년 11월 26일부터 11월 29일까지 나흘간 일어난 뭄바이 연쇄 테러 사건을 소재로 제작된 실화 바탕의 영화다. 주 무대는 100여 년 전통의 초호화 호텔 '타지마할'로, 호텔에서 펼쳐지는 테러 현장을 생생하게 묘사하는 한편 테러에 맞섰던 호텔 직원들의 희생과 생존을 강렬하게 그려냈다. 러닝타임 내내 몰입도 높은 장면으로 꽉 채운 이 작품은 놀랍게도 앤서니 마라스 감독의 첫 장편영화다.

일용직으로 호텔에 출근하는 아르준, 뭄바이로 향하는 테러범, 그리고 타지마할 호텔에 투숙하는 VIP 고객인 자흐라, 데이비드 부부를 번갈아 보여주며 영화가 시작된다. 자흐라는 미국인인 건축가 남편 데이비드와 갓 태어난 아들, 그리고 유모와 함께 호텔에 머물게 된다. 호텔의 전 직원은 VIP의 딸인 자흐라를 맞이하기 위해 만반의 준비를 하는데, 어느 정도인가 하면 부부가 레스토랑을 찾을 것을 대비해 호텔 내 모든 식당의 자리를 먼저 예약해둘 정도다. 그들의 예상대로 부부는 유모에게 아기를 맡긴 뒤 레스토랑으로 향하고, 여기서 아르준이 두 사람이 앉은 테이블의 서비스를 맡게 되면서 처음으로 만난다.

아르준은 임신한 아내와 어린 딸을 부양하는 책임감 있고 다정다감한 캐릭터다. 특히 호텔 직원으로서도 뛰어난 실력을 갖춘 것으로 보이는데, 동료 직원이 메인 셰프가 사오라고 시킨 술 이름의 발음을 계속해서 틀리는 장면에서는 그에게 정확한 발음과 함께 그 술이 코냑이라는 것을 알려주기도 한다. 아르준은 메뉴판을 보고 어떤 와인과 음식을 고를지 고민하는 자흐라 부부에게 정중하게 와인을 제안한다.

"2003년은 유달리 뜨거웠던 해였고, 보르도의 작황이 매우 좋았습니다. 그리고 샤토 라투르는 놀라울 만한 깊이감과 실키한 다크 프루트의 파워풀함, 긴 여운을 보여주는 매우 좋은 와인입니다."

5성급 호텔의 최고급 레스토랑에서 파는 '샤토 라투르*Château Latour*'라니 손이 떨리지만, 정말 한 병 과감히 주문하고 싶을 만큼 담백하고 훌륭한 설명이다. 자흐라 부부도 아르준의 제안에 만족스러운 표정을 지었으나 아쉽게도 샤토 라투르의 2003년 빈티지를 마시지는 못한다. 곧장 테러의 공포와 패닉이 몰려왔기 때문이다. 그런데 과연 아르준의 설명은 맞았을까? 뭄바이의 빈민가에서 호텔로 출퇴근하는 그가 샤토 라투르를 맛볼 기회가 있었을까? 샤토 라투르는 『와인이 있는 100가지 장면』 1편 「라따뚜이」에서 짧게 소개했지만 이번 기회에 좀 더 자세하게 이야기를 펼쳐 보기로 한다.

지독한 완벽주의가 만들어내는 샤토 라투르

보르도 그랑 크뤼 클라세 1등급에 속한 다섯 곳의 와이너리 중 하나인 샤토 라투르는 워낙 명성이 알려졌기에 이 와인을 찬양하는 미사여구들이 많다. 로버트 파커는 그의 저서 『The Greatest Wine』에서 샤토 라투르에 대해 다음과 같이 이야기했다. "좋은 빈티지에서건 나쁜 빈티지에서건 변함없이 뛰어난 품질을 만들어낸, 결점이 없는 와인의

대명사." 또 『신의 물방울』에서는 샤토 라투르를 러시아 음악의 거장 라흐마니노프의 교향곡 2번에 비교하며, 신비한 깊은 숲의 향기와 강한 생명력이 넘치는 와인으로 묘사했다.

그렇다면 샤토 라투르 2003년은 어떨까? 한마디로 수백 년의 샤토 라투르의 역사상 가장 기념비적인 평가를 받은 와인이다. 대부분의 전문 평가자가 만점에 가까운 점수를 주면서 극찬했는데, 그중 로버트 파커는 98~100점(사실상 만점이다)을 주면서 다음과 같이 이야기했다.

"지금까지 내가 마셔본 어린 보르도 와인 중 가장 뛰어난 와인으로 꼽을 만하며, 이 빈티지 최고의 와인 후보다. 소름 끼치도록 풍미가 풍부하고 농도가 진한 전형적인 포이약Pauillac 성향의 와인으로, 과숙된 느낌이나 너무 무겁다는 느낌은 들지 않는다. (중략) 놀랍도록 순도가 높고 거의 70초나 지속되는 긴 피니시를 가진 이 와인은 현대의 와인 생산이 탄생시킨 또 하나의 전설이자 대작품이다."

그는 2010~2040년 사이에 최상의 상태를 보일 거라고 덧붙였는데, 뭄바이 테러가 2008년에 일어났다는 걸 생각하면 아직은 마시기 어려웠을 수 있다. 겨우 10,000상자만 생산된 이 와인은 이제 부르는 게 값일 것이다. 카베르네 소비뇽 81%, 메를로 18%, 프티 베르도 1%를 블렌딩했고, 수확한 포도 중 퀄리티가 좋은 53%만 와인을 만드는 데 쓰였다고 한다.

샤토 라투르의 'Latour'는 프랑스어로 '탑'이라는 뜻이다. 라투르의 와인 레이블에도 탑이 그려져 있다. 라투르의 땅은 14세기부터 쭉 포도밭이었고, 테루아가 워낙 좋아서 이곳에서 생산된 와인은 높은 가치가 있었다고 한다. 포도밭은 오랜 시간 동안 영주의 공동 소유지였는데, 16세기 말 뮐레 가문이 여러 군데에 퍼져 있던 소유지를 자신의 이름 아래 한데 모으는 데 성공했다. 이후 샤반느 가문, 클로젤 가문의 손을 거쳤는데 클로젤 가문의 마리 테레즈가 보르도 메독 지역의 뛰어난 와이너리들을 모두 소유했던 세귀르 가문의 니콜라 알렉상드르와 결혼하며 샤토 라투르는 보르도 최고의 와이너리 반열에 오르게 된다.

세귀르 가문은 뛰어난 와인을 생산해 영국에 수출했으며, 루이 15세는 니콜라 알렉상드르를 포도밭의 왕자라고 칭하기도 했다. 1714년에 라투르 한 배럴은 전형적인 보르도 와인 한 통보다 4~5배 비쌌고, 1729년에는 13배, 1767년에는 20배로 상승했다고 한다. 니콜라의 사후에는 네 딸 중 셋이서 라투르를 공동으로 소유했고, 운영을 대신한 대리인이 라투르의 영지를 지극정성으로 보살펴 이 시기에 라투르의 품질은 더 좋아졌다.

위대한 샤토에도 위기는 찾아왔으니, 프랑스 대혁명 때 토지가 갈가리 찢기면서 경매를 통해 매각된 일이다. 하지만 라투르에 대한 세귀르 가문의 집착으로 1842년 극적으로 재매입에 성공해 가문의 소유를 이어갈 수 있었다. 다행인 것은 이 과정에서 품질 저하가 없었다는 점이다. 그 덕분에 1855년에 있었던 전설적인 등급 분류에서도 라투르는 당당히 1등급에 올랐다.

두 번째 위기는 1962년에 찾아왔다. 당시 대를 이었던 세귀르 가문 후손들이 와인에 관심이 없었는지 아니면 돈이 급했는지 라투르의 지분을 영국에 매각했고, 수백 년에 걸친 라투르와 세귀르의 연은 막을 내리게 된다. 라투르는 프랑스의 자랑이었기에 매각 당시에는 프랑스의 자존심이 무너졌다는 이야기를 듣기도 했는데, 실제로 샤토 라투르의 새로운 주인들은 라투르를 방치하지 않았다. 오히려 적극적인 품질 연구와 포도밭 확장에 기여했으며, 보르도에서 최초로 오래된 오크 발효통을 스테인리스 스틸 탱크로 교체하는 등 시설을 현대화했다. 또한 어린 포도나무에서 수확한 포도로 세컨드 와인을 만들기 시작했고, 메인 와인은 1759년에 니콜라 알렉상드르가 세 딸에게 물려줬던 포도밭에서만 만드는 것으로 한정했다. 세계적인 와인 저널리스트인 휴 존슨과 해리 워흐가 라투르의 고문으로 일한 것도 이때다.

잠시 영국인의 손에 있었던 샤토 라투르는 프랑스의 부호인 프랑수아 피노가 8천 6백만 파운드에 인수하면서 다시 프랑스인 소유로 돌아가게 된다. 대단한 완벽주의자로 알려진 프랑수아 피노는 오로지 품질 하나에만 집중했고, 그 결과 샤토 라투르는 섬세함과 강인함을 갖춘 와인으로 현재도 최고의 자리를 굳건히 지키고 있다.

「트립 투 그리스」, 토착 품종의 천국

The Trip to Greece

Director   마이클 윈터바텀
Cast   스티브 쿠건(스티브 쿠건)
                롭 브라이든(롭 브라이든)

Wine   그리스 와인

「트립 투 그리스」는 영국의 유명 배우인 스티브 쿠건과 롭 브라이든의 와자지껄하고 유쾌한 미식 로드 트립 시리즈의 완결편이다. 이전 편들과 동일하게 영국 매거진 「옵저버」의 제안으로 6일 동안 그리스로 다시 여행을 떠나며 이야기가 시작된다. 그리고 언제나 그렇듯 스티브와 롭은 레스토랑을 취재하며 흡사 경쟁하듯 쉴 틈 없이 떠들고 먹고 마신다.

한국에서는 2015년 「트립 투 이탈리아」가 가장 먼저 개봉해 2020년까지 다섯 작품이 연달아 소개되었지만, 실제 영화는 2010년부터 제작을 시작해 10년의 긴 호흡으로 관객을 만나왔다. 감독 마이클 윈터바텀과 두 주인공은 영국, 이탈리아, 스페인을 거쳐 그리스까지 유쾌한 여정을 함께했다. 특히 스티브 쿠건은 마이클 윈터바텀 감독의 2002년 작 「24시간 파티 피플」에 출연한 뒤 쭉 작품을 함께한 감독의 페르소나다. 이후 롭 브라이든이 감독의 또 다른 작품 「수탉과 황소 이야기」에 출연하면서 세 사람의 인연이 시작되었다.

사실 촬영할 때만 해도 두 동갑내기 배우는 동료일 뿐 절친까지는 아니었다고 한다. 작품이 끝나고 감독이 두 배우를 불러 점심 식사를 했는데, 이때 둘의 엄청난 케미스트리를 포착하게 됐다. 원래도 개그 감이 충만했던 두 배우가 촬영장이 아닌 사석에서 만나니 식사 내내 서로 경쟁하듯 농담 섞인 대화를 나눴고, 이 모습을 지켜보던 마이클 감독의 머릿속에 '트립 투 시리즈'의 구상이 떠오르게 된 것이다.

영화에서 두 배우는 실제 자신을 연기한다. 다만 스티브는 야망은 크지만 인기가 시들해진 중년 배우, 롭은 나이 든 지금이 휴식기라 생각하며 세상을 편안한 시선으로 바라보는 인물이라는 약간의 영화적 설정은 있다. 놀랍게도 정형화된 대본은 없었고, 대신 감독과 배우들은 사전 준비를 1년 이상 진행했다. 감독은 스티브와 롭을 여러 차례 만나 식사하면서 영화의 윤곽을 그렸고, 두 배우가 가게 될 지역의 정보나 문화적 특징을 전달하기 위해 부단히 노력했다. 그런 시간이 쌓여 촬영을 할 때는 별다른 디렉팅 없이도 배우들이 쏟아내는 생생한 대화를 담을 수 있었다고 한다.

마이클 감독은 말 많고 재밌는 두 배우와의 마지막 이야기를 아름답게 끝맺기 위해 많은 고민을 한 듯하다. 「트립 투 그리스」 여정의 시작점은 터키다. 영화에서 롭이 스티브에게 "그리스 여행을 왜 터키에서 시작하느냐"고 묻자 스티브는 "출판사에서 오디세이 느낌을 살리라고 했다"고 대답한다. 호메로스의 대서사시 『오디세이』는 트로이 전쟁의 영웅 오디세우스가 고향으로 돌아오는 10년 동안의 모험을 다룬 이야기다. 똑똑한 마이클 감독은 자신과 두 배우가 함께한 10년의 모험을 오디세우스의 여정에 빗댄 것이다.

영화에는 와인이 쉴 새 없이 등장하지만, 가장 인상 깊었던 장면은 그리스의 남쪽 끝에 있는 마니*Mavn*에서 방문한 레스토랑 신이다. 스티브와 롭은 절벽 위 테라스 자리에 앉아 아드리아해의 오후 햇살을 맞으며 마치 그 햇살을 담은 듯한 그리스의 로제 와인으로 식사를 시작한다. 레스토랑의 쾌활한 여자 직원이 테이블에 샐러드를 내려놓으면서 음식에 대한 가벼운 설명을 곁들인다.

"샐러드로 시작합니다. 가운데 놓을게요. 거기 찍어서 드시고 빵은 곧 가져다드릴게요."

그리고 와인 추천을 이어 나가려다 식전주로 마시고 있는 로제 와인을 발견하고 이렇게 말한다.

"이미 즐기고 계시네요(Already enjoy)."

롭은 직원의 말이 멋지다며 티셔츠에 써두고 싶다고 말한다. 그러자 스티브는 빵을 가지고 돌아온 직원에게 그 농담을 자신이 떠올린 것처럼 능청스럽게 "이미 즐기고 계시네요"라는 당신의 말을 티셔츠에 새겨 넣고 싶다고 말한다. 그러자 직원은 다시 웃으며 화답한다. "이제 완벽하게 즐기세요."

토착 품종의 천국, 그리스 와인

그리스가 가진 유구한 역사는 와인에 있어서도 마찬가지다. 고대 그리스는 기원전 3세기쯤 진정한 의미의 와인 산업을 시작했고, 와인은 올리브, 곡류와 함께 그리스의 매우 중요한 무역품이었다. 역사적 자료에 따르면 기원전 5세기 무렵, 그리스 와인은 이미 지금의 프랑스에 해당하는 여러 지방과 이집트, 흑해 주변, 도나우강 주변에서 활발히 거래됐다. 서유럽 곳곳에 포도 재배 기술과 문화를 전파하며 와인 역사의 중심이 되었던 그리스는 현재 '와인 강국'이 아닌 '주변국'의 이미지가 짙다. 오랜 와인 역사와 전통적 양조 방식은 계승되어 오고 있지만 와인 생산량과 품질, 국제적 인기가 받쳐주지 못한 결과다. 왜 이렇게 됐을까?

그리스 와인이 현대에 들어 도태된 데는 수탈의 역사가 한몫했다. 고대 그리스는 메소포타미아 문명과 이집트 문명을 바탕으로 에게해에서 강대한 제국을 이뤘다. 하지만 쇠퇴를 거듭하다 이탈리아 반도에서 세를 불린 로마에 멸망했고, 이후 오스만 제국에 의해 무려 400년 가까이 가혹한 통치를 받으면서 오랜 시간 피정복민의 신세로 살아야 했다. 문제는 오스만 제국이 술을 금지하는 이슬람 국가였다는 것이다. 장대한 역사를 자랑하는 그리스 와인은 오스만 제국의 금주법에 의해 철저하게 무너졌고, 동네에서 밀주를 담그는 방식으로 근근이 명맥을 유지했다. 그리스는 유럽 열강의 도움으로 1830년 독립을 쟁취할 수 있었지만, 그 이후로도 잦은 전쟁에 시달렸으며, 군부에 의한 독

재 정치로 꽤 몸살을 앓았다. 민주화가 일어난 시기는 1974년으로 그리 오래되지 않았다.

와인 산업도 정치 상황과 크게 다르지 않다. 독립 후 그리스의 와인 산업은 두 차례에 걸친 세계대전과 전 세계 포도밭을 황폐화시킨 필록세라, 각종 정치적 이슈와 곤두박질친 경제 상황으로 기지개를 전혀 켜지 못했다. 특히 2009년 그리스가 극심한 경제 위기에 처했을 때, 와인에 붙는 주세가 23%로 폭등하면서 저렴한 대용량 와인의 판매가 급증하기도 했다. 국제와인기구에 따르면 그리스의 와인 생산량은 2023년 기준 1.4mhl로 세계 20위이며, 대부분 자국에서 소비된다. 수출되는 와인 비중이 점차 늘고 있지만 전 세계 와인 소비자 중에서는 그리스 와인을 낯설게 느끼는 사람이 많다.

아이러니하게도 오랜 시간 국제 와인 시장의 기류에 편승하지 못했다는 사실은 그리스 와인의 정체성을 유지하는 데는 장점으로 작용했다. 가장 큰 긍정적 영향은 토착 품종의 보존이다. 카베르네 소비뇽, 메를로, 피노 누아, 시라 등 프랑스의 유명 포도 품종들이 전 세계 포도밭을 점령하는 동안 그리스의 토착 품종들은 변함없이 그리스 땅을 지키고 있었고, 현대에 들어서도 큰 변화 없이 21세기를 맞았다. 아기오르기티코*Agiorgitiko*, 아시르티코*Assyrtiko*, 시노마브로*Xinomavro*가 그리스를 대표하는 와인 양조용 포도 품종이다. 발음하기도, 외우기도 쉽지 않은 이름들이다.

기억해두면 좋을 그리스 포도 품종을 살펴보자면, 첫 번째는 아시르티코다. 산토리니섬이 원산지인 청포도 품종으로, 그리스 전역에서 뛰어난 화이트 와인으로 만들어진다. 대개 패션프루트, 부싯돌, 레몬, 미묘한 쓴맛, 후미의 짠맛이 특징적이다. 만약 레이블에 'Nykteri'라는 단어가 있다면 오크통에서 숙성시킨 와인이라는 뜻이다. 이 경우 레몬 브륄레, 파인애플, 회향, 크림이나 구운 파이 크러스트 향을 보인다. 하얀 섬으로 유명한 산토리니에서는 수령 70년을 우습게 넘기는 오래된 아시르티코 포도밭을 쉽게 찾아볼 수 있으며, 심지어 그들 대다수가 접목하지 않았다. 즉, 필록세라의 폐해를 입지 않았다는 뜻이다. 연구자들은 아시르티코가 필록세라에 저항성을 가진 유일한 유럽종이라고 말하는데, 그 이유는 포도 품종 자체의 내성 덕분이라기보다 산토리니의 척박한 화산토에 있다고 추측하고 있다.

다음 품종은 모스코필레로 Moschofilero다. 청포도이기는 하지만 껍질이 밝은 붉은색을 띤다. 펠로폰네소스 주가 주요 재배지인데, 여기서는 장미, 복숭아, 달콤한 레몬 향이 나는 사랑스럽고, 드라이하며 향긋한 화이트 와인을 만든다. 만약 와인을 더 숙성시키면 구운 헤이즐넛, 아몬드, 복숭아, 살구 향이 진해진다. 달큰한 모스카토 다스티를 좋아한다면 분명 모스코필레로도 마음에 들 것이다. 또 다른 유명 청포도인 사바티아노 Savatiano는 잘 만들면 프랑스의 샤블리와 비슷한 풍미를 지닌다. 라임, 풋사과, 달콤한 멜론 뉘앙스가 특징적이며, 오크통에서 숙성하면 레몬 커드, 왁스, 레몬 빵과 크리미한 풍미를 보여준다.

그리스는 독특한 양조 기술을 계승해왔다. 특히 렛치나 Retsina는 그리스를 대표하는 화이트 와인 종류로, 와인에 송진을 넣어서 만들기에 독특한 향과 맛이 있다. 렛치나의 기원은 적어도 2,000년 전으로 거슬러 올라가며, 고대에 소나무 송진으로 와인 저장 용기를 밀봉하는 관습에서 탄생했다. 실제로 암포라에 수지(소나무, 전나무 등에서 분비되는 점도 높은 액체)를 사용하는 것에 대한 최초의 기록은 1세기 로마의 작가인 콜루멜라의 작품 「De Re Rustica」이며, 여기서 그는 와인에 사용할 수 있는 각종 수지에 대해 자세히 설명하고 있다. 렛치나 와인은 라임 껍질, 사과, 장미, 그리고 은은한 솔향이 특징적이다. 렛치나는 여러 품종으로 만들며, 아시르티코와 사바티아노를 가장 많이 쓴다.

아기오르기티코는 그리스에서 가장 인기 있고 널리 재배되는 적포도 품종이다. 전통적으로 펜네폰네소스와 네메아 지역에서 재배됐지만, 인기에 힘입어 이제는 전국 어디서든 찾아볼 수 있다. 그리스 신화 속 헤라클레스가 네메아의 사자를 무찔렀을 때, 사자가 흘린 피가 아기오르기티코가 되었다고 한다. 그래서 이 품종의 별명이 '헤라클레스의 피'다. 아기오르기티코는 가벼운 로제에서부터 프랑스 보졸레 와인처럼 탄산가스 침용으로 만든 부드럽고 과일 향이 강한 레드 와인, 스파이시한 캐릭터와 강한 타닌을 가진 와인까지 다양한 스타일을 만들 수 있다. 그중 가장 좋은 예는 네메아 지역에서 탄생하며, 달콤한 라즈베리, 블랙커런트, 자두, 허브, 육두구, 부드러운 타닌의 캐릭터를 보인다. 아기오르기티코는 메를로와 비슷하지만, 스파이시한 뉘앙스가 약간 더 많다. 「트립 투 그리스」에서 두 배우가 마시던 로제 와인은 짐작하건대 아기오르기티코로 만든 것일 가능성이 높다.

그리스 포도를 이야기할 때 빼놓을 수 없는 또 하나의 품종은 시노마브로다. 바위가 많은 올림푸스 산의 경사면에서 재배되는 적포도로, 특히 나우사 지역 고지대의 시노마브로를 최고로 친다. 여기서 탄생하는 레드 와인은 그리스 내에서 가장 존경받는 와인 중 하나이다. Naoussa PDO는 1971년 제정되었으며, 시노마브로 100%로 와인을 만들어야 한다. 가장 좋은 예는 높은 산도와 타닌을 지닌 와인으로 종종 이탈리아의 명품 와인인 바롤로와 비견하기도 한다.

산토리니섬에서 만들어지는 빈 산토 *Vin Santo*도 빼놓을 수 없다. 빈 산토는 포도를 말려서 당분이 농축된 포도로 만든 스위트 와인이다. 기원에 대해서는 의견이 분분하지만, 그리스의 산토리니섬이 오스만 제국에 의해 지배당할 때 달콤한 디저트 와인 생산이 장려되었고, 산토리니의 약어인 산토만 떼어져 산토의 와인이라는 의미의 빈 산토라 불렀다는 주장도 있다. 오늘날에는 이탈리아의 빈 산토가 더 유명하기는 하지만, 산토리니섬도 빈 산토도 국제적인 명성을 가지고 있다.

그리스의 멋진 풍경을 배경으로 와인을 마시는 두 주인공을 보며 반가운 마음에 그리스 토착 품종에 관한 이야기를 했는데 사실 이는 아주 일부분이다. 그리스에는 무려 300여 종이 넘는 토착 품종이 존재한다. 그리스 최초로 마스터 오브 와인을 취득한 콘스탄티노스 라자라키스에 따르면 "그리스는 포도 품종의 쥐라기 공원 같은 곳"이라고 한다. 호기심 많은 와인 애호가들에게는 분명 흥미로운 와인 생산국이다.

「설국열차」, 마지막 칸에서 마주한 와인과 스테이크

Snowpiercer

Director   봉준호
Cast   크리스 에반스(커티스)
               송강호(남궁민수)
               에드 해리스(윌포드)
               존 허트(길리엄)
               틸다 스윈튼(메이슨)
               고아성(요나)

Wine   스테이크와 어울리는 와인

    2031년 지구의 빙하기, 인류 마지막 생존자들을 태우고 18년째 전 세계를 1년에 한 바퀴 도는 기차가 있다. 이 파격에 가까운 설정을 스크린에 구현한 봉준호 감독의 「설국열차」는 그 시작부터 기대와 관심을 끌기 충분했던 작품이다. 영화는 세계관을 설명하는 자막으로 시작한다.

    "지구 온난화 대책에 고심하던 79개국 정상들은 많은 논란 속에서 대기권 상층에 인공 냉각 물질 CW-7을 살포한다. 지구 온도가 다시 적정 수준으로 내려가면 온난화의 위기에서 벗어날 것이란 기대는 처참히 실패하고 거대한 한파가 지구를 덮쳐 빙하기가 시작된다. 거의 모든 생명체가 멸종된 망가진 지구에 인류의 마지막 생존자들이 타고 있는 기차만이 외롭게 지구를 자전하고 있다."

    봉준호 감독은 그의 초기작부터 사회의 이면을 담아왔고, 그중에서도 「설국열차」는 계급 사회를 가장 극적으로 보여준 작품이다. 101칸으로 구성된 기차는 완벽하게 생태계의 먹이사슬과도 같다. 가장 밑바닥은 기차에 무임으로 탑승한 인간들이 바글바글 모여 사는 꼬리 칸이다. 열차에 올라타 간신히 생명을 부지한 천 명의 꼬리 칸 사람들은 그 어떤 것도 공급받지 못했고, 결국 굶주림을 견디지 못하고 서로를 잡아먹는 상황까지 치닫는다.

이때 꼬리칸의 연로한 탑승자 길리엄은 스스로 자기 팔을 잘라 사람들에게 내놓는다. 그저 살기 위해 인간의 존엄성을 버리고 혼란의 중심이 되었던 커티스는 길리엄의 희생에 감명받아 새 사람으로 거듭나고, 꼬리 칸의 정신적 지도자가 된 길리엄과 함께 꼬리 칸 사람들을 이끌며 열차 안 먹이사슬의 꼭대기이자 열차의 주인 윌포드를 향한 마지막 반란을 준비한다.

이들의 목표는 뚜렷하다. 윌포드가 있는 곳, 열차의 심장인 엔진 칸을 점령하는 것이다. 꼬리 칸의 문을 부순 그들은 열차의 총독 메이슨을 인질로 잡아 앞을 향해 한 칸씩 나아간다. 그리고 반란의 성공을 위해 반드시 필요한 인물인 열차의 설계자 남궁민수와 그의 딸 요나를 감옥에서 구출한다. 전진하기 위해 마주하는 모든 이들과 싸우며 지칠 대로 지친 커티스와 남궁민수는 엔진 칸의 문을 앞에 둔 상황에서 서로 대립한다. 커티스의 목표는 엔진 칸을 점령하는 것이었지만 남궁민수가 원한 것은 기차 바깥으로 나가는 출입구를 여는 것이었기 때문이다. 이 팽팽한 대립 앞에 윌포드는 스스로 엔진 칸을 열어 커티스를 자신의 저녁 식사에 초대한다. 기차의 최종 보스 윌포드가 준비한 저녁 식사는 과연 무엇이었을까?

어떠한 무장도 하지 않고 잠옷 차림에 로브를 걸친 윌포드는 프라이팬에 직접 소고기를 굽고 있다. 소금을 치고 고기가 잘 익었는지 확인하며 커티스를 향해 묻는다. "미디엄 레어?"

18년째 즐길 수 있는 와인 페어링을 찾아서

필자는 새로움에 대한 호기심이 크다. 그래서 아무리 배우고 마셔도 끝이 없는 와인의 다채로움에 꽂혀 지금껏 열렬히 좋아하고 있는 것 같다. 모은 돈을 탈탈 털어 와인 산지를 찾아다니는 이유도 마찬가지다. 만약 영화적인 발상으로 이제부터 더 이상 새로운 와인이 한 방울도 나오지 않는다 해도 필자에게는 음식 페어링이라는 카드가 있다. 와인의 향과 맛은 음식을 만났을 때 비로소 완성된다고 생각하는 사람으로서 세상에 아직 경험해보지 않은 식재료와 조리 방법은 많고 거기에 대입할 수 있는 와인 페어링의 수는 무궁무진하다.

그런데 기차 한 칸이 경험할 수 있는 세계의 전부인 「설국열차」에 살면 어떨까? 스테이크 한 덩이에 와인 한 잔이면 인생 더 이상 뭐 있나 싶은 만족감이 들지도 모르지만, 그 식사가 18년째 반복되었다면? "이 망할 열차 안에 갇힌 건 모두가 마찬가지야"라는 윌포드의 말에는 기차의 주인인 자신도 물론 포함된다. 이 세계에서 최고 권력자인 그가 누릴 수 있는 풍요의 끝도 결국 프라이팬에 스테이크를 굽고 와인 한 잔 곁들이는 게 다였다.

게다가 윌포드가 접시에 담아내는 스테이크는 미디엄 레어가 아닌 웰던이다. 습관처럼 뻣뻣한 스테이크를 썰어 입에 넣는 그의 모습은 맛을 음미하는 것과는 영 거리가 멀어 보인다. 새로운 도구도 재료도 하나 없이 지루한 식사를 반복하다 보니 매사에 무덤덤해진 것일까? 의문을 뒤로하고, 여기서는 윌포드도 누리지 못한 스테이크와 와인 페어링에 대한 이야기를 해보려 한다.

'스테이크에는 레드와인'이라는 조합은 와인에 관심이 없는 사람들에게도 익숙할 정도이지만, 조금 더 섬세하게 와인을 고르면 한없이 즐거운 입안의 조화를 즐길 수 있다. 가장 흔하게 즐기는 등심은 대체로 육즙과 마블링이 풍부하기 때문에 미디엄 풀바디의 신대륙 레드와인과 잘 어울린다. 육질을 즐길 수 있으면서 고소함까지 놓치지 않은 채끝살에는 프랑스 보르도의 그랑 크뤼 와인이나, 프랑스 론의 풀바디 와인, 미국의 카베르네 소비뇽, 이탈리아 토스카나의 슈퍼 투스칸처럼 묵직한 와인이 페어링하기에 좋다.

부드러운 육질의 안심은 좀 더 우아한 와인이 어울린다. 프랑스 부르고뉴의 피노 누아, 이탈리아 피에몬테의 네비올로라면 고기와 와인 둘 다 업그레이드된 맛을 느낄 수 있을 것이다. 육즙도 풍부하고 적당

한 마블링이 있는 살치살은 미디엄 풀바디의 거의 모든 레드 와인이 잘 어울린다. 이탈리아 토스카나에서 생산되는 부르넬로 디 몬탈치노, 스페인의 리오하와 리베라 델 두에로의 무게감 있는 와인들, 포르투갈의 묵직한 토착 품종 와인들까지 페어링할 수 있는 와인들이 넘쳐난다. 부채살은 가운데 힘줄이 흠이지만 제거하고 나면 살 부위가 담백해서 스테이크용으로 손색없다. 개인적으로 고급 와인보다는 미디엄 바디인 메를로 품종 와인들과 함께하면 좋은 페어링을 보여준다고 생각한다.

  부위에 따라 떠오르는 와인을 적었지만, 사실 고기의 굽기도 와인을 선택할 때 아주 중요한 포인트다. 육즙을 즐기는 레어, 미디엄 레어라면 추천한 와인들의 바디감을 좀 더 라이트하게 내릴 필요가 있다. 굽기가 중간 정도라면 와인의 바디도 미디엄으로 맞추는 것이 좋다. 그리고 고기를 미디엄 웰던 이상으로 구워낼 경우 무조건 높은 바디감을 택하기보다 부드러운 질감과 약간의 산미가 필요하다. 고기의 다소 단단한 질감을 후추 향이 감도는 미디엄 바디의 스페인 와인들과 함께하면 맛 좋게 즐길 수 있다. 그리고 만약 고기를 팬프라이가 아닌 그릴에 불 향을 입혀 구워냈다면 오크 향이 스모키하게 올라오는 와인이 잘 어울린다. 물론 이 추천들은 취향에 기반한 것이고 스테이크와 레드 와인의 조합은 대부분 성공적이므로 가벼운 마음으로 즐기도록 하자.

「냉정과 열정 사이」와 피에몬테산 네비올로

Calmi Cuori Appassionati

Director   나카에 이사무
Cast   다케노우치 유타카(준세이)
　　　　진혜림(아오이)
　　　　왕민덕(마빈 레이)

Wine   이탈리아 피에몬테 지역의 네비올로

　영화 「냉정과 열정 사이」는 서로 사랑했던 남녀가 이별 후에 재회하기까지의 10년을 담아낸 작품이다. 준세이와 아오이는 일본에서 결혼을 약속할 만큼 깊이 사랑하는 연인 사이로, 10년 후 아오이의 서른 번째 생일이 되면 피렌체의 대성당(두오모)에 가기로 약속한다. 그러나 첫사랑은 이루어지지 않는다는 불문율을 깨지 못한 채 헤어짐을 맞이하고, 이탈리아에서 각자의 삶을 산다. 피렌체에서 준세이는 유화를 복원하는 일에 몰두하고 있다. 전문적으로는 이 일을 하는 사람을 콘서베이터 *Conservator* 라고 하는데, 수백 년이 흘러 낡은 그림을 복원해 생명을 부여하고 수명을 연장시킨다. 준세이는 여자친구 메미가 있지만, 마음속에서 여전히 아오이를 놓지 못하고 있다. 전날 밤 자신을 아오이라고 잘못 부른 것에 화를 내며 키안티 와인을 몸도 못 가눌 만큼 마시는 메미를 보면서도 그는 사과를 거듭할 뿐 아오이에 대해서는 한마디 설명조차 하지 않는다.

　그러던 어느 날, 준세이에게 중요한 작품이 맡겨진다. 바로 16세기

말 피렌체의 대표 화가였던 로도비코 치골리의 작품 복원을 단독으로 맡게 된 것이다. 준세이는 온전히 치골리의 작품에 몰두한다. 작업이 끝나갈 무렵, 이탈리아로 출장을 온 대학 친구 타카시가 아오이의 소식을 들고 그를 찾아온다.

밀라노의 보석가게에서 일하는 아오이를 봤다는 타카시의 말은 준세이의 잔잔했던 마음을 깊게 흔든다. 그는 작품을 남겨두고 아오이를 찾아 밀라노로 향한다. 아오이가 일한다는 보석 가게에 찾아간 준세이. 아오이는 자리에 없지만 가게 주인을 통해 행선지를 알게 되고, 그날 저녁 파티장을 찾아간다. 수년 만에 재회하게 된 둘. 준세이는 말없이 아오이를 바라보고, 준세이를 발견한 아오이는 잠시 당황한 기색을 보이지만 이내 반가움의 미소를 짓는다. 빈손으로 서 있는 준세이에게 아오이는 와인 한 잔을 건넨다.

"받아, 피에몬테산 네비올로야."

이탈리아의 유명한 와인 산지이기도 한 토스카나 주의 피렌체가 배경인 이 작품에는 실제로 준세이와 메미의 데이트 장면, 아오이와 준세이의 재회 장면, 그리고 아오이의 남자친구인 마빈의 집에서 촬영된 여러 장면에서 와인이 소품으로 자주 쓰인다. 와인이 나오는 장면은 늘 반갑지만 그중에서도 이 "피에몬테산 네비올로" 장면이 가장 기억에 남는다. "네비올로 와인이야"라고 하면 될 것을 굳이 "피에몬테산"의 네비올로라고 한 이유가 뭘까? 아마도 네비올로의 잠재력을 200% 끌어낸 와인을 만드는 곳이 피에몬테이기 때문일 것이다.

피에몬테산 네비올로

산지오베제와 함께 이탈리아를 대표하는 적포도 품종인 네비올로는 다른 인지도 높은 양조용 포도들이 세계 곳곳에서 재배되어 고유의 개성을 지닌 와인으로 탄생하는 것과 달리 대부분 이탈리아 안에서만 재배된다는 특징이 있다. 설령 다른 지역에서 재배해 양조한다고 해도 인상적인 와인을 찾아보기가 매우 힘들다. 까다로운 품종이지만 제대로 다루면 평론가들이 극찬하는 황홀한 와인으로 탄생하기 때문에 많은 사람들이 희소성과 품질을 갖춘 네비올로를 사랑한다.

네비올로 Nebbiolo는 이탈리아어로 안개를 뜻하는 '네비아 Nebbia'에서 유래했다. 이름에 얽힌 두 가지 설 중 하나는 잘 익은 네비올로의 껍질에 있는 흰 가루가 마치 안개 같아서 이런 이름이 붙게 됐다는 것이다. 다른 하나는 네비올로는 10월 중순에서 11월 초 사이에 수확하는 만생종인데, 수확기가 되면 주요 재배지인 피에몬테의 랑게와 로에로 지방을 뒤덮는 안개에서 비롯됐다는 설이다.

진실이 무엇이든 분명한 건 네비올로는 재배하기 정말 까다롭다는 점이다. 일찍 싹을 틔우는 품종이라 서리 피해의 우려가 있고, 10월 말까지 잘 익기를 기다려야 해서 수확 적기에 비가 내릴까 노심초사해야 한다. 습기에도 매우 취약해서 피에몬테의 그레이트 빈티지를 살펴보면 유독 건조한 날씨가 이어진 해가 많다. 이런 특성 때문에 주요 재배지에서는 조금이라도 더 햇빛을 받을 수 있도록 비탈진 구릉에서 네비올로를 재배한다. 특히 석회질이 포함된 이회토에서 잘 자라는데 최고의 네비올로 와인이 탄생하는 바롤로와 바르바레스코 마을의 토양이 바로 이회토다.

네비올로의 와인메이킹은 전통적인 방식과 현대적인 방식으로 나뉜다. 전통적인 방식은 오랜 시간 네비올로를 다뤄온 관습과 연관이 있다. 지금처럼 발효통의 온도 조절을 자유자재로 할 수 없었던 과거에는 늦게 수확한 네비올로를 통에 넣으면 이미 날씨가 추워서 발효가 더디게 진행되었다. 추위가 일찍 찾아오면 발효가 아예 멈췄기 때문에 당분이 알코올로 다 바뀌지 않아서 한때 네비올로 와인은 스위트 와인이었다.

발효가 지연되면 자연스럽게 긴 침용을 유도하게 되어 네비올로 포도가 지닌 풍부한 산과 타닌 등의 폴리페놀이 와인에 많이 우러난다. 그래서 과거 생산자들은 와인의 높은 산도와 강한 타닌을 부드럽게 하기 위해서 시멘트나 큰 나무통에서 5년 이상의 장기 숙성을 할 수밖에 없었다. 바롤로가 장기 숙성 와인의 대명사가 된 이유다. 문제는 과

거의 와인 생산자들은 위생 개념이 별로 없었다는 건데, 대를 이어 물려받은 연도 미상의 나무통에서 와인을 숙성했다. 당연히 오염이 심한 통에서의 숙성은 박테리아 감염을 유발했고, 좋지 못한 향과 맛을 지닌 와인이 만들어지기도 했다.

이런 상황에 반기를 들고 프랑스에서 배워 온 포도재배와 양조기술로 혁신을 꾀한 곳이 '바롤로 보이즈'라는 단체다. 지금도 그렇지만 와인의 세계에서 프랑스와 이탈리아는 서로가 최고라고 자부하는 경쟁구도를 이어왔고, 프랑스에서 배워 온 기술과 장비로 와인을 만들겠다고 한 바롤로 보이즈는 선대의 입장에서는 패륜이나 다름없었다. 하지만 바롤로 보이즈의 수장이었던 엘리오 알타레는 아버지와 연까지 끊으면서 바롤로의 현대화를 부르짖었고, 이에 동참한 여러 와인 생산자에 의해 결국 바롤로 와인의 국제적 성공을 이뤄냈다(더 자세한 내용은 192쪽 「바롤로 보이즈」 참고). 새로운 세대가 만든 현대적인 바롤로는 긴 침용 대신 저온 침용으로 네비올로의 과실 향과 맛을 보존하고 작은 사이즈의 프랑스산 오크통에서 짧게 숙성을 거쳐 보다 직관적인 맛을 보이는 게 특징이다.

이렇게 다른 방식으로 만든 네비올로는 당연히 풍미도 다르다. 전통적인 방법으로 만든 네비올로 와인은 벽돌색 혹은 나아가 오렌지색을 띠고 있고, 향에서도 장미, 제비꽃, 타르, 스모키, 트러플, 마른 허브 향이 감미롭게 다가온다. 입에서는 기분 좋은 산도와 오밀조밀한 타닌이 부드럽게 혀를 감싼다. 한편 현대적인 방법으로 생산된 네비올로 와인은 색에서도 선명한 루비색을 지니고, 체리, 장미, 가죽, 아니스, 감초 등의 강렬한 아로마와 부케가 인상적이다. 입안을 가득 채우는 힘과 좋은 결의 타닌 그리고 긴 여운이 특징이다. 네비올로는 산도와 타닌이 풍부하기 때문에 어떤 방식으로 만들었든 병입 후에도 오랜 시간 숙성할 수 있다. 대개 10년 이상 가능하고, 바롤로나 바르바레스코 같은 최상급 와인은 30년 넘게 병에서 진화하기도 한다.

꼭 덧붙이고 싶은 부분은, 이제는 전통주의자의 바롤로와 모던 바롤로의 경계가 없어지고 있다는 것이다. 전통주의자라고 일컬어지는 생산자들도 현대적인 양조 기술을 적극적으로 도입하고 있고, 극단적인 모더니스트라 불리는 생산자들도 대형 슬라보니안 오크통에서 긴 숙성을 거친 와인을 생산하기도 한다. 즉, 과거 대립했던 두 이념의 장점만 버무린 이상적인 바롤로가 탄생하고 있다. 그래서 우리는 바롤로의 전통을 지키려던 전통주의자의 냉정과 변화를 추구하던 모더니스트의 열정 사이 어디쯤의 와인을 맛볼 수 있게 됐다.

「프렌치 키스」,
와인의 시작에 관하여

French Kiss

Director 로렌스 캐스단
Cast 멕 라이언(케이트)
 케빈 클라인(뤼크)
 티모시 허튼(찰리)

Wine 포도나무와 클론

종종 제목이나 포스터가 익숙해 이미 봤다고 착각하는 영화들이 있다. 영화 「프렌치 키스」가 그랬다. 해맑은 미소를 머금은 포스터 속 멕 라이언을 보면서 '분명 본 것 같은데 기억이 가물가물하다'며 영화를 틀었는데 태어나서 처음 보는 영화였다. 도심에서 펼쳐지는 두 남녀의 로맨스일 거라고 생각했지만 이 작품의 주 무대는 남프랑스다. 심지어 와인이 또 하나의 주인공처럼 느껴질 만큼 중요하게 다뤄진다.

캐나다에서 역사 선생님으로 일하는 케이트는 의사인 약혼자 찰리와 결혼을 앞두고 있다. 찰리는 파리에서 열리는 세미나에 케이트와 함께 가기를 바라지만, 심각한 비행기 공포증이 있는 케이트는 그를 혼자 보낼 수밖에 없었다. 사랑의 도시에 약혼자를 혼자 보낸 게 화근이었을까? 일하러 간다던 찰리는 프랑스 여자와 눈이 맞아 파리에 눌러앉아 버린다. 이렇게 속수무책으로 사랑을 잃을 수 없는 케이트는 찰리의 마음을 어떻게든 다시 돌리기 위해 목숨을 거는 심정으로 파리행 비행기에 오른다.

겁에 질린 토끼처럼 잔뜩 움츠린 채 좌석에 앉아 있는 케이트 옆에 뤼크라는 남자가 탄다. 공포증에 시달리는 속내도 모르고 뤼크는 케이트를 신기해하며 괴팍한 농담을 던지기 시작한다. 그의 농담을 받아치는 데 진을 빼느라 비행기가 출발하는지도 몰랐으니, 뤼크는 케이트의 구원자였을까?

안타깝게도 뤼크가 케이트에게 관심을 보인 이유는 자신이 이용할 만한 타깃이기 때문이었다. 사실 뤼크는 비행기에 들고 타면 안 되는 두 가지를 가지고 있었다. 하나는 포도 묘목이고, 하나는 훔친 다이아몬드 목걸이다. 의아한 조합이지만 그에게는 인생을 걸 만큼 중요한 것들이다. 포도 묘목이 무사히 세관을 통과할 수 없다는 걸 아는 뤼크는 묘목을 케이트의 가방에 몰래 숨긴다.

뤼크의 집안은 사실 남프랑스에서 와이너리를 운영하고 있다. 도박에 빠졌던 그는 아버지가 유산으로 물려준 포도밭까지 날려버리고 집안에서 쫓겨난 후 극중 그의 말처럼 거지 같은 삶을 살고 있다. 언젠가 금의환향해서 자신의 포도밭을 일구고 와인을 만들 꿈을 가지고 있는데, 포도 묘목과 목걸이가 중요한 밑천이었던 것이다. 극 중 뤼크의 손에 들린 포도 묘목을 화가 난 케이트가 냅다 쳐 버리는 장면이 나오는데 그때 대사가 참 인상적이다.

뤼크   두 번 다시는 내 포도나무를 건들지 마시오. 당신은 모르겠지만, 이건 내 미래요. 이걸로 위대한 포도밭을 일궈서 이 거지 같은 생활을 청산할 거요.

케이트   그거 하나론 포도밭 못 만들어요.

뤼크   하나가 아니요! 이 미국 종을 다른 종과 교배해서 새로운 걸 만들 거요!

케이트는 "당신이 하는 말은 죄다 헛소리예요!"라며 소리친다. 케이트의 마음도 이해는 간다. 비행기에서 만난 이 남자 때문에 모든 계획이 다 엉망이 됐으니까. 그런데 뤼크의 말이 전부 헛소리는 아니다. 시간이 좀 오래 걸려서 그렇지, 가능한 이야기다.

포도밭에서 포도나무가 자라기까지

아름답고 광활한 포도밭은 어떻게 탄생할까? 포도씨를 뿌려서 포도나무가 자라기를 기다려야 할까? 대개 그렇지 않다. 할 수는 있겠지만, 시간이 너무 오래 걸리는 데다 일정한 품질의 와인을 만들 수가 없다. 같은 종의 씨를 뿌려도 일정한 맛과 품질의 포도를 얻을 수 없는 이유를 이해하려면 먼저 포도나무가 어떻게 자라는지 알아야 한다.

포도나무의 꽃 속에는 암술과 수술이 함께 있고, 꽃뚜껑으로 덮여 있다. 그러다 수꽃의 꽃실이 성장하는 힘에 의해 꽃뚜껑이 떨어져 나가면 비로소 암술과 수술이 노출되면서 수분과 수정이 이루어지게 된다. 물론 바람이나 곤충에 의해 번식할 수도 있다. 즉, 엄마와 아빠가 만나서 새로운 포도 품종이 탄생하는 것이다.

이쯤에서 한 가지 예를 들어보자. 내가 가꾸는 정원에 향과 맛이 매우 좋은 포도나무가 자라고 있다. 나는 동일한 나무를 더 얻기 위해 옆 정원에 이 포도나무의 씨를 심어서 포도나무를 길렀다. 그렇다면 새로 키운 포도나무는 본래 포도나무와 같은 포도를 생산할 수 있을까? 이번에도 그렇지 않다. 우리의 부모님이 앞으로 동생을 더 낳는다고 해도 절대로 나와 완전히 같은 생명체를 낳을 수 없는 것과 같은 이치다.

이처럼 번식에 얽힌 유전적 다양성은 생명체가 변화하는 환경에 적응하기 위한 자연적인 현상이자 인류가 진화해온 과정이다. 하지만 포도 재배자에게는 달가운 얘기가 아니다. 이들에게 중요한 건 매년 일정한 품질의 와인을 소비자에게 전달하는 건데, 만약 시간과 돈을 들여서 일군 포도밭이 매년 다른 성격의 포도를 생산한다면 그것만큼 골치 아픈 게 없다. 그래서 포도 재배자는 포도나무를 꺾꽂이로 번식시킨다.

꺾꽂이를 할 때는 성장한 포도나무 줄기를 잘라서 땅에 심는다. 이를 전문용어로 삽목이라고 한다. 신비롭게도 대충 가지만 꺾어서 땅에 심어도 포도나무는 자란다. 동물과 달리 식물의 모든 세포는 전분화능 全分化能(줄기세포와 같이 여러 종류의 세포로 분화할 수 있는 능력)이 있기 때문이다. 이렇게 모체에서 잘라낸 가지는 모체와 동일한 DNA를 갖는 복제품이다. 즉, 모체와 같은 능력을 가지고 있다. 이걸 클론이라고 하며, 이 클론이야말로 포도 재배자가 원하는 일관성 있는 포도를 얻게 해주는 열쇠다.

다만 요즘 와이너리에서는 삽목이 아닌 접목 재배를 한다. 접목은 눈 또는 눈이 붙은 줄기를, 뿌리가 있는 줄기 또는 뿌리(대목)에 접착하는 방법을 말한다. 용어가 복잡하지만 간단히 말하면 포도나무 가지를 땅이 아닌 뿌리에 붙이는 방법이다. 접목 재배를 하는 이유는 19세기 전 세계 포도 재배자들을 공포에 몰아넣었던 작은 진딧물, 필록세라 때문이다.

포도나무의 뿌리에 기생해 수액을 빨아먹는 필록세라는 19세기 말 전 세계 포도나무를 괴멸시키다시피 했다. 유일한 해결책은 이 진딧물에 저항력이 있는 미국산 포도나무의 뿌리 대목을 활용하는 것이었다. 그래서 현재 전 세계 와인 양조용 포도나무의 대부분이 미국산 뿌리를 갖고 있으며, 여기에 원하는 유럽산 포도 품종의 가지를 접목해서 키우고 있다. 영화에서 뤼크가 미국에서 가져온 묘목을 가지고 들어왔다는 건, 이 대목을 활용해서 포도밭을 일굴 가능성이 있다는 이야기다. 또한 그의 말처럼 교배해 볼 수도 있다.

와인을 깊이 있게 즐기다 보면 반드시 클론에 대한 이야기를 듣게 된다. 예를 들어 "이 와인은 피노 누아 품종 중에서도 다종 클론으로 만든 와인이야" 같은 말들. 클론은 안 그래도 다양한 와인의 종류를 더 다채롭게 만드는 주제이며, 클론을 이해하면 같은 피노 누아 품종으로 만든 와인이 서로 다른 캐릭터를 갖는 것에 대해서도 일부분이지만 설명이 가능하다.

클론은 영어로 복제를 의미한다. 그런데 와인 생산자들은 왜 포도 품종을 복제할까? 복제의 대상이 되는 포도 품종으로 만든 와인이 맛있고 인기가 있기 때문이다. 와인을 만든다는 건 결국 많은 돈과 시간과 노력이 필요한 작업이므로 누구나 시간 낭비를 줄이는 동시에 품질이 보장된 와인을 만들고 싶어 한다. 그래서 장점이 뚜렷하게 입증된 어떤 품종을 복제해서 자기 포도밭에 심는다면 좋은 와인을 빨리 만들 수 있는 가능성이 커지게 된다.

재밌는 사실은 접목을 통해 클론을 재배해도 토양이나 기후 등 환경적 요소로 인해 유전적 돌연변이가 탄생한다는 점이다. 어떤 유전적 돌연변이는 긍정적이며, 이런 클론은 사람들에 의해 선택되고 고유의 이름을 갖게 된다. 유명한 적포도인 피노 누아는 재배 역사가 긴 만큼 다양한 클론의 종류를 자랑하며 고유의 이름을 가지고 있다. 포마르 클론, 디종 클론, 바덴스빌 클론 등이 그것인데 이 클론들은 특성이 조금씩 다르다 보니, 피노 누아로 와인을 만들려는 생산자는 어떤 클론을 쓸지도 결정해야 한다. 다만 클론의 특성이 달라도 품종을 구분할 때는 같은 품종이다. 모체의 성격을 물려받았지만, 성격이 좀 다른 것일 뿐이다. 새로운 품종은 반드시 어머니와 아버지가 만나야 탄생할 수 있다.

뤼크가 마치 자신의 클론처럼 소중히 여기던 포도 묘목은 영화의 어느 순간부터 사라진다. 혹시 놓친 걸까 싶어 여러 번 돌려 보았지만, 그야말로 어느 시점부터 그의 손에 포도 묘목이 들려 있지 않다. 별다른 언급도 없이 말이다. 감독의 실수거나 편집 과정에서 일어난 해프닝일까? 아니면 뤼크는 꿈을 포기한 걸까? 이쯤이면 포도 묘목의 행방을 필자만큼 궁금해한 사람이 또 있었을지가 더 궁금해진다.

영화에는 한 번 더 인상적인 와인 장면이 등장한다. 케이트와 뤼크가 뤼크의 가족이 운영하는 남프랑스 와이너리에 방문했을 때다. 어린 시절 뤼크가 지내던 방을 둘러보던 두 사람은 오래된 상자를 발견한다. 그 안에는 허브나 버섯 따위가 들어 있는 유리병이 여러 개 들어 있다. 무엇인지 궁금해하는 케이트에게 우선 와인을 마셔보라는 뤼크.

뤼크   와인의 맛을 표현할 수 있겠어요?
케이트   좋은 레드 와인이에요.
뤼크   더 잘 표현할 수 있을 거 같은데요?
케이트   세련미가 있고 선이 굵은 와인이에요. 그리고 가식 없이 담백하네요. (잠시 쉬었다가) 사실 그냥 나에 대해서 표현해봤어요. 어떻게 표현해야 할지 잘 모르겠네요.
뤼크   아니에요. 틀리지 않았어요. 와인도 사람과 같죠. 포도나무도 사는 동안 주위 환경의 영향을 받아요. 그리고 그것들을 흡수해서 고유의 개성을 갖게 돼요.

뤼크는 케이트가 궁금해하던 유리병을 열어서 냄새를 맡게 해준다.

케이트   로즈마리네요. (다음 유리병) 이건 버섯 종류?
뤼크   훌륭해요. 커런트, 카시스, 민트, 라벤더, 전부 이곳의 땅과 공기 속에 묻어 있는 향이죠. 이제 다시 와인 맛을 봐요. 눈을 감고.

와인의 향을 표현하는 매력적인 장면이다. 영화에서 뤼크의 가족이 운영하는 와이너리는 프랑스 남부의 샤토 발 요하니Château Val Joanis에서 촬영했다. 필자들이 프로방스를 여행하면서 방문했을 때는 미처 「프렌치 키스」의 촬영지라는 사실을 알지 못했다. 그래도 이 와이너리를 확실히 기억하게 하는 것이 있다. 바로 정원이다. 이곳의 정원은 와인보다 유명할 정도인데 프랑스 문화부에서 2005년 선정한 '뛰어난 정원(Jardin Remarquable)'이었으며, 2008년에는 '올해의 가든'에 선정되기도 했다.

와이너리 이름인 'Château Val Joanis'에서 'Val'은 '계곡'이라는 뜻이고, 'Joanis'는 사람 이름이다. 와이너리에 있는 샤토(성)가 과거 나폴리 왕국 루이 3세의 비서였던 장 드 요하니Jean de Joanis의 소유였기 때문에 이런 이름이 붙었다. 지금도 요하니 가문의 문장을 건물에서 찾아볼 수 있다. 요하니의 땅은 17세기 아르노 가문에 의해 관리되다가 19세기에는 거의 버려진 황무지로 방치되었다. 현재의 와이너리 모습을 갖추게 된 건 1977년 이곳을 사들인 장 루이 샹셀의 노력 덕분이다. 그는 1979년부터 1999년까지 거의 20년 동안 황무지를 재건하는 데 온 힘을 기울였고, 무려 186헥타르(약 56만 평)에 달하는 땅에 포도밭을 조성했다. 이때 지금의 와이너리와 정원도 만들어졌다. 혹시 프로방스 여행을 계획하고 있다면 샤토 발 요하니를 방문 리스트에 넣어도 넣어도 좋을 것이다. 「프렌치 키스」를 먼저 감상하고 간다면 더 각별하게 와이너리의 곳곳을 눈에 담을 수 있을 것이다.

「킹덤 오브 헤븐」, 십자군 전쟁과 와인

Kingdom of Heaven

Director 리들리 스콧
Cast 올랜도 블룸(발리앙)
  에바 그린(시빌라 공주)
  제레미 아이언스(티베리어스)
  리암 니슨(고드프리)
  에드워드 노튼(예루살렘 왕 보두앵 4세)
  가산 마수드(살라흐 앗 딘)

Wine 수도원과 와인

「킹덤 오브 헤븐」은 십자군 전쟁을 배경으로, 주인공인 발리앙이 살라흐 앗 딘에 맞서서 예루살렘을 지켜내는 이야기다. 144분 분량의 극장판이 개봉했을 때는 평이 엇갈리며 손익분기점을 넘지 못했는데, 무려 190분에 달하는 감독판, 194분 분량의 완전판이 공개되며 명작으로 재평가되었다. 이동진 평론가는 이 영화의 감독판에 별 4개(5개 만점)를 주면서 다음과 같은 평가를 남겼다. "공존 자체를 거부하면 '아무것도 아니'지만 공존의 윤리를 받아들이면 모두에게 '전부'가 되는 그때 그 예루살렘, 지금 이 세계."

십자군 전쟁은 1095년부터 1291년까지 간헐적으로 일어난, 예루살렘을 중심으로 레반트 지역의 지배권을 놓고 일어난 전쟁이다. 당시 서유럽에서 기독교가 번성하면서 신도들은 예수가 일생을 마쳤던 예루살렘으로 가기 위해 기나긴 순례의 길을 떠나곤 했는데, 이를 성지순례라고 불렸다. 문제는 예루살렘이 647년부터 이슬람에 점령당했다는 것인데, 예루살렘을 지배했던 아랍 왕조들은 기독교인들의 순례 여행이 국가 경제에 큰 도움이 됐기 때문에 그들을 대체로 보호해 주었다.

그런데 셀주크 제국이 순례자들을 박해하며 기존 질서를 파괴했고, 엎친 데 덮친 격으로 셀주크로부터 예루살렘을 재탈환하려는 파티마 왕조와의 분쟁이 일어나며 이 지역은 혼란의 도가니가 되었다. 이 과정에서 많은 순례자가 목숨을 잃었다.

교황 우르바노 2세는 십자군을 위한 여론 조성에 나섰고, 이에 동참한 민중과 서유럽의 실세들은 1096년부터 200여 년간 총 여덟 차례에 걸쳐 십자군을 파견하게 된다. 1차 십자군 때 예루살렘을 잠시 탈환하면서 예루살렘 왕국을 세웠지만 금세 다시 빼앗겼고, 붉은 수염왕 프리드리히 1세, 사자심왕 리처드 1세, 존엄왕 필립 2세가 참전한 제3차 십자군도 성지 탈환에 실패하면서 예루살렘은 끝내 기독교의 품으로 돌아가지 못했다. 영화는 제2차 십자군 전쟁의 시기를 다루고 있다. 그 당시 십자군 전쟁은 유럽의 와인 산업에도 커다란 영향을 끼쳤다.

십자군 전쟁과 수도원, 그리고 와인의 발전

십자군 전쟁이 어떻게 와인 산업에 영향을 끼쳤는지 이해하려면 우선 이와 관련이 깊은 교회 이야기를 먼저 해야 한다. 이때부터 교회는 엄청난 부를 쌓은 막강한 집단이었고, 왕이나 귀족으로부터 받은 땅을 포도밭으로 개간해서 와인을 만들었다. 왜 와인이었을까? 그 시절 와인은 예수의 피로 간주되었고 성체를 받아 모시는 의식에 필수였기 때문이다. 만든 와인을 외부에 판매해 수도원의 경영에 크게 이바지할 수 있다는 것도 주요했다. 포도 재배와 와인 생산은 노동집약적 산업이라 수도사들의 육체 및 정신 수양에도 도움이 되었다.

그리고 수도원과 교회는 포도밭을 유지하는 데 있어서 일반인보다 확실한 이점이 있었는데, 바로 상속할 필요가 없다는 것이었다. 당시 상속법은 지방마다 달랐지만 대개 전 재산을 한 사람에게 물려주는 것을 금지하는 곳이 많았다. 그렇게 조상의 토지는 후대에 전해지면서 점점 더 쪼개질 수밖에 없었다. 하지만 수도원의 포도밭들은 상속할 필요가 없었기에 큰 규모로, 그리고 안정적으로 형태를 유지한 채 남아 있을 수 있었다.

시토 수도원이 소유했던 프랑스 부르고뉴의 유명 포도밭인 클로 드 부조 Clos de Vougeot가 그 예로, 부르고뉴 최상급 와인을 일컫는 그랑 크뤼 포도밭의 규모로만 따지면 코르통 Corton과 더불어 가장 큰 넓이를 자랑한다. 지금도 이 클로 드 부조 포도밭은 과거 수도사들이 이 포도밭을 구분하기 위해 돌로 쌓은 담장(clos)으로 경계가 구분되어 있다.(부르고뉴 포도밭에 관한 자세한 이야기는 『와인이 있는 100가지 장면』 1편 231쪽 「부르고뉴, 와인에서 찾은 인생」 참고)

중세 와인 역사의 빛나는 한 부분을 차지하고 있는 시토회는 베네딕토회에서 분리되어 나온 종파다. 베네딕토회 수사 무리가 성 베네딕토의 규율을 더욱 엄격하게 따르기 위한 목적으로 1098년 프랑스 부르고뉴 지방 시토 마을에 대수도원을 건립한 것이 시초다. 초창기 멤버인 베르나르 클레르보가 시토회를 널리 알리고 규모를 키운 장본인으로 알려져 있는데, 그가 1136년 독일에 설립한 에베르바흐 수도원은 현재 247헥타르(약 75만 평으로 독일 최대 규모)에 달하는 포도밭을 소유한 와이너리이기도 하다. 정식 와이너리 이름은 바인굿 클로스터 에베르바흐 Weingut Kloster Eberbach이다.

또 다른 종파인 베네딕토 수도회의 경우, 날마다 와인을 마시는 것이 정례화되어 있었다고 한다. 로드 필립스의 『와인의 역사』에 따르면, 베네딕토 수도회를 창설한 성 베네딕토는 "와인은 수도사에게 어울리는 음료가 아니다. 하지만 이를 인정하지 않는 수도사들이 많은 만큼, 취하지 않을 정도만 마시도록 허용하는 편이 낫다"라고 이야기했다. 또한 당시 병에 걸린 수도사는 수도원장의 재량으로 와인의 양을 늘릴 수 있었다고 한다. 여행하다 수도원에 머무는 사람들은 와인을 대접받는 것을 당연하게 생각했고, 수도원장이 연회를 열 때도 와인은 필수였다.

수도원의 포도밭이 비약적으로 확장된 시기는 십자군 전쟁과 밀접한 연관이 있다. 예루살렘까지 가는 긴 여정 동안, 전쟁터에서 언제 목숨을 잃을지 몰랐던 기사들은 사후 영혼을 위한 기도를 청하며 수도원에 재산을 헌납했다. 시토회의 교리를 따르던 수도원은 12세기 동안 적어도 포도밭을 하나 이상은 기부받았다고 한다. 또한 수도원은 국가 차원의 특혜를 받았다. 1171년 교황 알렉산더 3세는 시토회에서 생산한 포도에 대해서 십일조를 면해주는가 하면, 프랑스의 왕 루이 7세는 이들 와인의 수송과 판매에 따르는 세금을 면제해 주기도 했다. 또한 수도사들은 포도 재배 방법을 연구해 와인 양조를 과학적으로 발전시키는 역할을 했다. 땅을 다지는 방법, 가지치기, 접붙이기를 개선했고, 서로 다른 밭에서 나온 와인이 해가 지나면 다른 향과 맛을 가진다는 사실을 깨달았다. 바로 이 때문에 포도밭을 돌담으로 구분하기 시작해 현재 부르고뉴의 포도밭 형태의 기초를 만들었다.

영화에도 와인이 종종 등장한다. 초반부 연회 장면에서도 등장하고, 발리앙의 아버지인 고드프리는 옆구리에 박힌 화살촉을 뺀 뒤 고통을 잊기 위해 와인을 마신다. 이후에도 기독교인들이 모여서 뭔가를 마시고 있을 때는 대개 물이 아니라면 와인이다. 옛날 사람들은 오염된 물을 마시고 이질 따위에 걸려 죽는 일이 많았기 때문에 알코올의 일종인 와인을 섞어서 먹는 게 흔한 일이었다. 아니면 아예 물 대신 와인을 마시곤 했다.

「킹덤 오브 헤븐」에는 좋은 장면들이 무수히 많다. 특히 이 영화를 결코 잊지 못하게 만든 것은 후반 즈음 발리앙과 살라흐 앗 딘의 대화 장면이다. 십자군 전쟁에 회의를 느낀 티베리아스는 예루살렘을 떠나고, 발리앙은 살라흐 앗 딘의 대병력에 맞서 홀로 예루살렘을 수호한다. 양측의 피해가 커지기만 하고 끝이 나지 않자, 살라흐 앗 딘은 발리앙에게 일대일 회담을 제안한다. 그리고 예루살렘 내 모든 사람들의 안전을 약속할 테니 이제 그만 항복하라고 권한다. 이미 전쟁의 의미를 잃은지 오래인 발리앙 역시 살라흐 앗 딘의 제안을 수락한다. 그렇게 몇 마디의 짧은 대화로 전쟁을 끝낸 발리앙은 이제 진짜 궁금한 것을 묻는다.

"What is Jerusalem worth?"(당신에게 예루살렘이 어떤 의미입니까?)
고민할 새도 없이 살라흐 앗 딘이 말한다.

"Nothing."(아무것도 아니지.)
짧은 대답 후, 돌아서서 몇 걸음 걷던 그가 발리앙을 향해 다시 말한다.
"Everything."(모든 것이기도 하고.)

이 문장은 지금까지 봐온 수많은 영화 중에서도 가장 강렬한 대사로 기억에 남아 있다. 만약 와인을 오래 찾아 다녔고 삶의 일부가 된 우리에게 누군가 삶에 와인이 어떤 의미인지 묻는다면 필자 역시 이렇게 답하고 싶다. "아무것도 아닌 동시에, 전부입니다."

「엘리제궁의 요리사」, 대통령 전속 셰프의 와인

Les Saveurs du Palais

Director 크리스티앙 뱅상

Cast 카트린느 프로(오르탕스 라보리)
장 도르메송(대통령)
아르튀르 뒤퐁(니콜라)

Wine 도멘 위에 슈냉 블랑
디디에 다그노 실렉스
니콜라 졸리 쿨레 드 세랑
클로 루지아르 카베르네 프랑(프랑스 루아르)
샤토 하야스(프랑스 론)

  영화 「엘리제궁의 요리사」는 미식에 대한 자부심이 하늘을 찌르는 프랑스에서, 그것도 입맛이 까다롭기로 유명했던 미테랑 전 대통령의 식사를 전담한 엘리제궁 최초의 여성 셰프 다니엘레 마제 델푀 *Danièle Mazet-Delpeuch*의 실화를 담아내고 있다.

  실존 인물인 델푀는 프랑스 남서부, 트러플과 푸아그라가 유명한 페리고르에서 태어났다. 푸아그라 농장을 운영하던 부모님 덕에 일찍부터 요리에 눈을 뜬 델푀는 주말 요리 수업을 운영하는가 하면, 지역 최초로 요리 학교를 설립하고, 페리고르 지방 전통 요리를 선보이는 로컬 레스토랑을 오픈하는 등 프랑스 전통 요리에 대한 헌신과 애정이 넘쳤다. 델푀의 탁월함은 세계 최고의 셰프로 꼽히는 조엘 로부숑을 통해 미테랑 대통령의 귀에 들어갔고, 부름을 받은 그는 1988년부터 1990년까지 대통령의 전속 요리사로 일하며 뛰어난 실력을 인정받았다.

델푀의 도전은 엘리제궁에서 끝나지 않았다. 10년 뒤에는 크로제 군도에 있는 프랑스의 남극연구기지에서 대원들의 요리사로 일했다. 더 놀라운 사실은 그가 온라인 광고를 보고 직접 이 일에 지원했다는 것이다. 심지어 기지의 열악한 환경 탓에 50세 이하 남성이라는 지원 자격 제한이 있었음에도 불구하고 말이다.

영화는 남극 연구기지에서 일하는 현재의 라보리(극 중 델푀의 이름)와 엘리제궁에서 일하는 과거의 라보리를 교차 편집해서 보여준다. 관객은 대놓고 무시와 조롱을 받는 남성 위주의 엘리제궁 주방, 척박한 환경이지만 인간으로서 존중받고 그의 요리를 사랑해주는 남극연구기지 사이에서 라보리가 겪는 외로움과 고뇌도 번갈아 지켜보게 된다.

프랑스 요리가 나오는데 와인이 빠질 리 없다. 영화에는 라보리의 요리만큼 근사한 와인들이 줄줄이 나온다. 그중 가장 인상적인 장면은 대통령의 가족 오찬을 책임지게 된 라보리가 루아르강의 식재료를 테마로 음식을 구성하고, 소믈리에가 메뉴 구성에 맞춰서 루아르의 명품 와인들을 매칭하는 장면이다.

"메뉴 콘셉트를 살리려면 와인도 루아르 밸리에 머무는 게 좋겠어요.
신선함과 미네랄에 초점을 맞추고요. 푸아그라에는 위에의 부브레와
다그노의 실렉스가 어울릴 것 같아요. 차우더에는 쿨레 드 세랑.
마지막에는 푸코 형제의 클로 루지아르가 좋겠네요."

이 얼마나 화려하고 설레는 라인업인가! 영화에는 한 번 더 인상적인 와인 장면이 나온다. 늦은 밤 주방에 홀로 찾아온 대통령에게 라보리가 간식과 와인을 챙겨주는 신이다. 라보리는 얇게 구운 빵에 블랙 트러플 슬라이스를 올려 간식을 만들고 여기에 무려 샤토 하야스의 1969년 빈티지를 준비한다. 심플하지만 식재료와 와인 모두 일류다.

루아르강 주변의 전설적인 와이너리들

아름다운 루아르 페어링 와인들을 먼저 살펴보자. 기다란 루아르강

을 따라 와인 산지 또한 길게 늘어져 있는 루아르 밸리는 '프랑스의 정원'이라는 별칭을 지닌 아름다운 곳이다. 강가에 그림처럼 펼쳐진 포도밭, 그 사이를 수놓은 고즈넉한 마을과 고성을 바라만 봐도 황홀했던 기억이 있다.

루아르에서 가장 많이 재배하는 품종은 카베르네 프랑으로 전체의 25%를 차지하며, 소비뇽 블랑(16%), 슈냉 블랑(15%), 뮈스카데(13%), 가메(6.6%), 샤르도네(4.6%), 피노 누아(3.5%), 그롤로(3.2%) 등이 뒤를 잇는다. 루아르는 프랑스 전체 카베르네 프랑의 50%, 뮈스카데(믈롱 드 부르고뉴Melon de Bourgogne라고도 불린다)의 99.9%를 재배하는 곳이다. 슈냉 블랑 또한 프랑스 전체의 93.3%가 루아르에서 재배되고 있다. 전 세계에서 가장 좋은 품질의 카베르네 프랑과 슈냉 블랑 와인이 탄생하는 곳이라고도 할 수 있다.

첫 번째로 언급된 도멘 위에Domaine Huet는 루아르에서 최고의 화이트 와인을 생산하는 부브레Vouvray의 전설적인 와이너리다. 슈냉 블랑 100%로 만드는 부브레의 명품 화이트는 뛰어난 미네랄리티와 산도로 수십 년간 장기 숙성이 가능하며, 그 중심에 바로 도멘 위에가 있다. 슈냉 블랑의 마법사라고 불리는 도멘 위에는 바이오다이내믹 농법에 앞장서는 친환경 와인 생산자이기도 하다.

두 번째로 언급된 다그노의 실렉스는 루아르의 또 다른 전설적인 와인 생산자인 '디디에 다그노Didier Dagneau의 실렉스Silex'를 의미한다. 실렉스는 소비뇽 블랑 100%로 만든 다그노의 역작이다. 다그노의 와이너리는 루아르의 동쪽 끝 상세르Sancerre에 위치해 있다. 상세르는 고대부터 포도 재배가 이루어진 역사적인 현장으로, 12세기 수도원에 의해 큰 발전을 이루었는데 당시에는 피노 누아로 만든 레드 와인이 유명했다. 그러다 19세기 필록세라의 습격으로 많은 포도밭이 황폐화되었고, 이후 포도밭을 재건하는 과정에서 기후와 토양에 적합하다고 판단되는 소비뇽 블랑을 많이 심었다. 상세르에서는 실렉스라고 불리는 부싯돌을 많이 찾아볼 수 있는데, 실제로 이 지역 토양에서 재배된 소비뇽 블랑으로 만든 와인에서는 특유의 부싯돌 향을 맡을 수 있다. 상세르의 소비뇽 블랑은 대개 오크통 숙성 없이 미네랄리티 가득하고 산뜻한 와인을 생산하지만, 디디에 다그노는 젖산 발효와 오크통 숙성을 거쳐 굉장한 소비뇽 블랑을 선보인다.

차우더에 매칭하는 '쿨레 드 세랑Coulée de Serrant'은 바이오다이내믹 와인의 대명사로, 루아르 중부 사브니에르Savennière에 위치해 있다. 사브니에르는 본래 스위트 와인을 생산하는 곳이었지만, 20세기 후반 와인 소비자들의 기호가 드라이 와인으로 옮겨가면서 트렌드에 맞춰 자연스럽게 드라이한 화이트 와인에 집중하기 시작했다. 그리고 사브니에르 안에 쿨레 드 세랑이 있다. 전설적인 포도밭으로 일컬어지는 쿨레 드 세랑은 두 가지 면에서 특별하다. 이 포도밭 명칭 자체가 AOP(AOC)가 된 것, 그리고 AOP 전체가 바이오다이내믹 농법으로 경작된다는 것이다. AOP는 프랑스에서 원산지를 보장하는 등급 명칭 제도로 와인의 산지를 구분하는 기준이다. 포도밭 명칭 자체가 AOP가 되는 경우는 로마네 콩티처럼 프랑스 부르고뉴의 그랑 크뤼 등급 외에는 드물다.

쿨레 드 세랑은 태양왕 루이 14세의 아내인 조세핀이 애호했다고 전해지며, 19세기 말까지 샤토 디켐, 몽라셰와 동급으로 취급받았다. 이런 명성 덕분에 1952년 고유한 AOP로 지정될 수 있었다. 예전에는 사브니에르 쿨레 드 세랑이라고 불리다가 2015년 사브니에르를 삭제하고 쿨레 드 세랑으로 불리고 있다. 이 위대한 포도밭에서 와인을 홀로 독점 생산하는 니콜라 졸리Nicola Joly는 극단적인 친환경 농법인 바이오다이내믹 농법의 선구자다. 졸리 가문은 쿨레 드 세랑을 1961년부터 소유했고, 니콜라 졸리는 1977년에 포도밭을 이어받았다. 바이오다이내믹 농법 창시자인 루돌프 슈타이너의 신봉자였던 니콜라 졸리는 1980년부터 포도밭에 이를 적용했고, 1981년 처음으로 바이오다이내믹 와인을 출시했다. 루아르의 훌륭한 슈냉 블랑 와인 중에서도 꼭 마셔봐야 할 와인으로 꼽히며, 농축된 질감과 다채로운 구조감이 입안을 풍성하게 채워주는 훌륭한 와인이다.

마지막 와인은 루아르 중부 소뮈르 샹피니Saumur-Champigny에 위치한 클로 루지아르Clos Rougeard다. 클로 루지아르를 한마디로 표현하면 고급 카베르네 프랑의 선구자이자 친환경 와인의 선봉장이다. 17세기에 설립되어 오랜 역사를 가지고 있는 클로 루지아르는 푸코 형제의 대에 이르러 크게 유명해졌다. 이들은 와인 세계에 유기농이나 바이오다이내믹 열풍이 불기 한참 전부터 제초제나 화학 비료를 일절 배제한 채 유기농법으로 포도밭을 관리하면서 주변의 와인메이커들에게 많은 영감을 불어넣은 기념비적인 인물들이다. 와인 양조에 있어서도 인간의 개입을 최소한으로 제한해 자연 그대로의 와인을 만든다. "The important thing is to leave the wine in peace(중요한 것은 와인을 평화롭게 놔두는 것입니다)"라는 말에서 그들의 철학을 엿볼 수 있다. 클루루지아르의 명성은 좋은 와인처럼 오랜 시간 쌓아 올려 견고해졌고, 여전히 세계 최고의 카베르네 프랑이라고 칭송받는다.

전설의 샤토뇌프 뒤 파프, 샤토 하야스

프랑스 론의 최고급 와인 생산지인 샤토뇌프 뒤 파프에서 '위대한'이라는 수식어를 단 한 곳에 붙인다면 그건 샤토 하야스*Château Rayas*일 것이다. 전설적인 와인 평론가 로버트 파커는 하야스의 품질의 비밀을 파헤치기 위해 무려 20여 차례나 와이너리를 방문했다고 한다. 그는 "은둔자이자 철학자이며 미식가이자 뛰어난 와인 생산자인 자크 레노는 나를 포함해 그와 그의 와인에 감명받은 많은 사람들에게 큰 영향을 주었다"며 하야스에 대한 애정을 숨기지 않았다.

1880년대에 샤토뇌프 뒤 파프 지역에 설립되어 레노 가문에 의해 대대로 이어져온 샤토 하야스는 아주 독특한 면이 있다. 바로 그들의 샤토뇌프 뒤 파프 레드는 그르나슈 100%로 만든다는 것이다. 샤토뇌프 뒤 파프는 많은 품종을 블렌딩하기로 유명한 생산지이다. 허용되는 품종만 클론을 포함하면 무려 18가지이고, 레드 와인을 양조할 때도 청포도 품종을 섞을 수 있다. 메인으로 사용되어 생산량이 가장 많은 품종은 그르나슈이지만 품종 사용에 대한 비율 제한이 없기 때문에 때로는 무르베드르의 비율이 더 높은 경우도 있다.

샤토 하야스의 또 다른 특징은 매우 소량의 잘 익은 포도만 선별해서 양조하여 생산량이 극도로 적다는 것이다. 현재 샤토 하야스의 이름으로 대략 12헥타르(약 3만 6천 평)의 포도밭을 소유하고 있으며, 이중 레드 와인을 만드는 그르나슈를 위한 밭이 10헥타르(약 3만 평)다. 또한 와인을 숙성시킬 때도 전통 방식을 고수하고 있어서 스테인리스 스틸 탱크나 온도 조절 장치는 찾아볼 수 없으며, 세월을 가늠하기 힘든 대형 콘크리트 통과 오래된 오크통이 전부다.

 샤토 하야스를 신화적인 위치로 끌어 올린 자크의 사망 후 그의 조카인 엠마누엘이 와이너리를 지휘하면서 와인의 품질이 하락하는 시기도 있었으나, 2005년부터는 과거의 명성을 되찾았다고 평가받는다. 샤토 하야스를 사랑한 파커의 말을 다시 빌리면 "마셔본 와인 중에 하야스만큼 라즈베리, 체리, 산딸기의 강렬한 아로마를 잘 담아낸 와인은 본 적이 없다"고 한다. 하야스가 지닌 과실 풍미는 깊고 진하며, 입에서의 질감은 우아하고, 부드럽고, 감각적이다.

 영화에서 라보리가 대통령에게 서빙한 샤토 하야스의 빈티지는 1969년이다. 평생 정치인이 부러워본 적은 없었는데, 「엘리제궁의 요리사」를 보는 동안은 전 세계 정치인 중에 예외적으로 프랑스 대통령의 삶이 너무나 부러워지고 말았다.

2018

「보헤미안 랩소디」와 샤토 몽페라

Bohemian Rhapsody

Director 브라이언 싱어
Cast 라미 말렉(프레디 머큐리)
 루시 보인턴(메리 오스틴)
 귈림 리(브라이언 메이)
 벤 하디(로저 테일러)
 조셉 마젤로(존 디콘)

Wine 샤토 몽페라(프랑스 보르도)

「보헤미안 랩소디」는 전설이 된 밴드 퀸의 보컬 '프레디 머큐리'의 전기 영화다. 그의 본명은 '파로크 불사라'로, 잔지바르 섬의 총독부 공무원의 아들로 태어나 부유한 삶을 살다가 정치적 분쟁에 휘말리며 영국으로 이민을 가게 된다. 영국 기숙사 학교의 선생님들은 파로크라는 발음이 어려워 그를 프레디라는 별명으로 불렀고, 음악을 시작하며 스스로 머큐리라는 성을 붙여 프레디 머큐리가 되었다고 한다. 프레디는 일링 예술대학에서 그래픽디자인을 공부한 엘리트였기에 음악을 직업으로 삼을지 고민이 많았다. 그러다 밴드 퀸을 결성하면서 평생 뮤지션의 길을 걷기로 결심한다. 퀸은 데뷔 앨범 「Queen」을 시작으로 시대를 앞서가는 독창적인 음악과 화려한 퍼포먼스로 관중들을 사로잡으며 이름을 알렸고, 음반사의 반대에도 불구하고 무려 6분 동안 이어지는 실험적인 곡 「보헤미안 랩소디」로 대성공을 거두면서 월드스타 반열에 올랐다.

영화는 2시간 14분의 러닝 타임 동안 프레디 머큐리를 중심으로 20여 곡에 달하는 퀸의 히트곡과 콘서트를 생생하게 재현하는 데 많은 부분을 할애했다. 영화의 시작과 마무리도 전설의 라이브 에이드 콘서트로 장식했으며, 이 콘서트 시퀀스는 무려 20분이나 이어진다.

작품을 보는 내내 퀸의 음악을 즐기면서도 내심 프레디 머큐리의 와인 취향은 어땠는지 궁금했다. 그리고 그 해답은 영화가 아닌 한 웹사이트에서 찾을 수 있었다. 프레디 머큐리의 모든 것을 모아놓은 www.freddiemercury.com에는 'ASK PHOEBE'라는 메뉴가 있다. 프레디의 가까운 친구이자 12년 동안 비서로 일한 피터 푀베 프리스톤이 팬들의 질문에 직접 답해주는 곳이다. 그에 따르면 프레디는 차, 샴페인, 보드카를 애호했다고 한다.

아침에는 트와이닝스의 얼그레이를 즐겨 마셨다. 우유와 설탕을 섞어서 마시는 차로 하루를 시작했고 매일 서너 잔 정도를 마셨다고 한다. 오후부터 이른 저녁에는 샴페인을 주로 마셨는데, 그의 간택을 받은 샴페인은 루이 뢰더러 크리스탈*Louis Roederer Cristal*이다.(『와인이 있는 100가지 장면』 1편 162쪽 참고) 그리고 해가 지면 스톨리치나야*Stolichnaya* 보드카와 얼음을 넣은 슈웹스 토닉을 즐겨 마셨다.

프레디는 식사 때 늘 와인을 마셨고, 스위스 라보*Lavaux* 지역의 생 사포랭*Saint-Saphorin* 화이트 와인을 좋아해 스무 상자를 직접 수입하기도 했다. 스위스 라보의 포도밭은 유네스코 세계문화유산으로 지정된 곳이며, 생 사포랭 마을은 라보 와인에서도 가장 질 좋은 와인을 만든다. 스위스의 대표 양조용 청포도인 펑당*Fendant*, 샤슬라*Chasselas*가 생 사포랭의 주요 품종이므로 아마 프레디는 이 품종들로 만든 화이트 와인을 즐기지 않았나 싶다.

영화에서는 프레디가 파티에서 모엣 샹동을 마시는 장면이 등장하지만, 퀸을 떠올리면 가장 먼저 연상되는 와인이 있다. 바로 퀸의 와인이라고 불리는 '샤토 몽페라*Château Mont-Pérat*'이다.

샤토 몽페라를 마시면 퀸의 노래가 울려 퍼진다?

필자가 와인에 푹 빠져들던 20대 때 샤토 몽페라는 그야말로 선풍적인 인기를 끌던 와인이었다. 당시 와인 애호가들의 필독서라고 불렸던 만화책 『신의 물방울』에 샤토 몽페라가 등장했기 때문이다. 그것도 가장 많은 사람들이 읽은 1권에서, 주인공인 칸자키 시즈쿠는 몽페라를 마시고 이렇게 말한다.

"파워풀하고, 그러면서 녹아내리는 듯한 단맛과 톡 쏘는 듯한 신맛이 확 밀려오는 느낌이야. 그거야말로 퀸의 보컬의 달콤하고도 허스키한 목소리를, 중후한 기타와 묵직한 드럼으로 감싸는 듯한. 뭐랄까, 클래식 같지만, 그렇지도 않아. 이건 보다 모던한 느낌. 역시 '퀸'이에요."

감수성을 풀가동해야 공감할 수 있는 표현이긴 하지만 뛰어난 작화와 디테일한 묘사 덕분에 만화책도, 등장하는 와인들도 큰 인기를 얻었다. 실제로 샤토 몽페라도 갑작스럽게 아시아 시장에서 엄청나게 팔리기 시작했고, 초월적이었던 과거의 인기 때문에 몽페라는 여전히 『신의 물방울』에 나온 와인이라는 꼬리표를 달고 있다.

와인의 모든 정보를 흡수하고 싶었던 20대 때는 닥치는 대로 와인책을 읽었기에 자연스럽게 『신의 물방울』을 접했고 초반 몇 권을 구매했던 기억도 있다. 그러다 몇 가지 이유로 이 시리즈를 내려놓게 되었는데, 몇몇 과격한 표현이 필자가 가고자 하는 와인의 길과 맞지 않았고, 화려한 표현들이 빈번하게 등장하는 작품이다 보니 어떤 와인을 소개할 때 이를 답습할까 두렵기도 했다.

결정적인 이유 중 하나는 '샤토 몽페라에서 퀸의 음악을 느껴야 하는 것'이 부담이었다. 프랑스 보르도에서 메를로, 카베르네 소비뇽, 카베르네 프랑 블렌딩으로 만들어진 몽페라는 저렴한 가격대에 만날 수 있는 구조감과 밸런스가 좋은 와인이다. 그래서 수많은 샤토 몽페라를 마셨는데, 마실 때마다 자꾸만 만화 속 장면이 떠오르며 퀸의 음악을 떠올려보게 되는 것이 아닌가. 이후로는 『신의 물방울』을 읽지 않았고, 샤토 몽페라는 『신의 물방울』의 후유증 같은 와인으로 남았다. 몇 해가 지나고 몽페라의 블렌딩 비율이 바뀌자 와인의 품질을 떠나 많은 이들이 퀸의 캐릭터를 담지 않아 실망했다는 후문도 전해진다.

  와인을 직업으로 삼고 있는 지금은 샤토 몽페라를 마주할 때 부담을 떨치기 힘들지만 언젠가 와인을 설명해야 한다는 부담을 덜어내면, 그때는 한 명의 와인 애호가로 샤토 몽페라를 마시며 『신의 물방울』을 완독하고 싶다.

「아델라인: 멈춰진 시간」, 핫도그와 피노 누아

The Age of Adaline

Director 리 톨랜드 크리거
Cast 블레이크 라이블리(아델라인 바우먼)
미힐 하위스만(엘리스 존스)
해리슨 포드(윌리엄 존스)
엘렌 버스틴(플레밍)

Wine 벨레 그로스 피노 누아(미국 캘리포니아)

「아델라인: 멈춰진 시간」은 제목 그대로 신체 나이가 스물아홉 살에 멈춰진 상태로 무려 한 세기를 산 여자의 이야기다. 너무 일찍 남편을 잃었던 아델라인은 좌절하지 않고 어린 딸을 씩씩하게 키우며 산다. 그러다 어느 겨울밤, 불의의 사고로 차에 탄 채 호수에 빠지게 되고 엎친 데 덮친 격으로 차에 번개가 내리꽂힌다. 그때 아델라인의 DNA에 모종의 작용이 일어나 영원히 나이를 먹지 않게 된 것이다.

자신의 정체를 수상하게 여기는 사람들을 피하기 위해 10년마다 신분을 세탁하고 거처를 옮겨 다니는 삶을 살게 된 아델라인. 그에게 젊음이란 지독히 외로운 것, 타인과의 관계를 방해하고 떠돌게 만드는 것일 뿐이다. 샌프란시스코에서 제니퍼 라슨이란 이름으로 살아가던 아델라인은 또다시 다른 곳으로 떠날 준비를 한다. 하지만 운명이란 알 수 없는 것. 아델라인은 12월 31일 새해전야 파티에서 한 남자와 눈을 마주치는데, 둘은 서로에게 강렬히 끌린다. 그 남자의 이름은 엘리스 존스다.

한동안 엘리스는 끝없이 구애하고, 아델라인은 끝없이 선을 긋는다. 그러나 엘리스는 거절하기 힘들 정도로 매력 있는 남자다. 일찌감치 창업했던 회사를 성공적으로 매각해 상당한 재력가가 되었고, 아델라인이 일하는 도서관에 5만 달러에 달하는 소장 고서를 기증할 정도로 데이트 신청 스케일도 엄청나다. 지금 그는 막대한 자산을 바탕으로 샌프란시스코 역사 보존 협회 활동을 하고 있는데, 샌프란시스코 역사가 곧 자기 삶인 아델라인을 만났으니 그렇게 이야기가 잘 통할 수가 없다. 운명을 만났다고 생각하는 엘리스는 포기하지 않고 아델라인에게 데이트를 신청하고 마침내 약속을 받아낸다.

엘리스가 준비한 회심의 데이트 장소는 아델라인이 이 도시에서 가보지 않은 곳, 바로 자신의 집이다. 사랑하는 여자를 위해 서툴지만 직접 요리까지 하는 그. 그런데 주방에서의 고군분투 끝에 내놓은 비장의 음식은 핫도그다. 그리고 영화 「킹스맨」에서 맥도날드 햄버거에 샤토 라피트 로칠드 1945년 산을 내놓았듯이(『와인이 있는 100가지 장면』 1편 66쪽 참고), 엘리스는 핫도그와 함께할 와인으로 캘리포니아산 고급 와인을 준비하는 센스를 보여준다. 와인은 '벨레 그로스Belle Glos의 피노 누아'다.

핫도그에 캘리포니아 피노 누아를 매칭하는 남자

영화에서는 와인이 자세하게 나오지 않지만, 벨레 그로스의 와인이라는 건 와인의 병목만 봐도 알 수 있다. 레이블 위로 유연하고 섹시하게 흐르는 듯한 빨간색 왁스 디자인은 벨레 그로스만의 특징이기 때문이다. 벨레 그로스는 오로지 피노 누아 한 품종(과 소량의 샤르도네)에 몰두하는 특별한 와이너리다. 설립자는 조셉 와그너인데, 캘리포니아 와인 애호가라면 와그너라는 성이 익숙할지도 모른다. 캘리포니아 고급 와인의 성지인 나파 밸리, 그중에서도 최고의 카베르네 소비뇽 와인을 만들기로 유명한 케이머스Caymus 와이너리의 설립자가 바로 찰리 와그너다.(『와인이 있는 100가지 장면』 1편 216쪽 참고) 그리고 조셉 와그너는 그의 손자다.

조셉 와그너는 케이머스에서 아버지와 함께 일하며 와인메이킹 실력을 쌓았고, 2001년 고품질 피노 누아를 생산할 수 있는 캘리포니아 해안 지역에서 벨레 그로스를 시작했다. 벨레 그로스는 할머니 로르나 벨레 그로스 와그너를 기리기 위한 이름이라고 한다. 케이머스의 공동 창업자이기도 한 로르나는 늘 조셉에게 영감을 주는 인물이었으며, 살아 생전 열렬한 피노 누아 애호가였다. 벨레 그로스는 해안가에 위치한 여러 포도밭에서 수준 높은 싱글 빈야드 피노 누아 와인을 만드는 것으로 유명하다.

영화에서 와인을 마실 때 레이블을 자세히 비춰주지 않아 어떤 싱글 빈야드인지는 알 수 없었다. 하지만 엘리스의 입장에서 추측해본다면, 아델라인을 집에 초대해 대접할 와인으로는 벨레 그로스를 대표하는 클락&텔레폰*Clark & Telephone*을 준비했을 것 같다. 동일한 이름의 밭에서 난 피노 누아 100%로 만든 클락&텔레폰은 매혹적인 붉은빛을 지녔고, 블랙베리, 라즈베리, 감초, 후추, 드라이 체리, 라벤더, 초콜릿 향이 피어오른다. 부르고뉴의 여리여리한 피노 누아와 비교하면 좀 더 강렬하고 볼드한 스타일이다. 이런 특징 때문에 부드러운

안심 스테이크와 잘 어울리고 피자나 샌드위치 등 야채와 육류, 빵이 함께하는 요리와 더할 나위 없이 좋은 매칭을 보인다. 물론 핫도그도 포함이다.

센스 있는 저녁 식사에 기분 좋은 대화까지 무르익자, 아델라인은 와인 잔을 다시 채워주려는 엘리스의 손을 부드럽게 거절한다. 이때 엘리스가 받아 치는 대사가 정말 매력적이다.

"그러지 말아요, 이탈리아 말에도 있잖아요. 햇수, 연인, 와인 잔은 절대로 수를 세지 말아라."

아델라인 역시 거절 못하겠다는 듯한 미소를 지으며 대답한다. "멋진 말이네요." 이탈리아인들의 와인 사랑은 이미 너무나 유명하고, 거기에 나이와 연인도 헤아리지 말라니, 아델라인의 길고 길었던 삶은 이탈리아인들의 셈법으로는 문제도 아니다. 영화 속 둘의 사랑 역시 막을 수 없게 됐다.

「경계선」과
세관을 통과하는 와인

Border

Director	알리 아바시
Cast	에바 멜란데르(티나)
	에로 밀로노프(보레)
Wine	와인의 가격은 어떻게 정해질까?

 이 파격적인 영화에 대해서 어떻게 이야기를 시작해야 할까? 영화를 두 번 연달아 보고 나서는 마치 용암처럼 들끓는 영화라고 생각했다. 작품이 주는 엄청난 에너지와 주제 의식이 보는 이를 압도한다.

 영화의 주인공은 여성으로 보이는 티나다. '보이는'이라는 단어를 선택한 건 그와 또 다른 주인공인 보레의 성별을 인간의 관점에서 특정 짓기가 애매하기 때문이다. 티나의 외모는 평범한 사람과는 다르며, 사람의 죄책감이나 수치심 따위를 냄새로 감지할 수 있는 능력이 있다. 항만 관세청에서 일하는 티나는 이 능력을 십분 발휘해 법에 저촉되는 물건을 가지고 들어오는 제 발 저린 승객을 족집게처럼 적발해 낸다.

 어느 날 세관에서 사람들의 냄새에 집중하던 티나는 멀리서 자신을 보며 걸어오는 낯선 남자에게서 풍기는 강렬한 냄새에 마음이 요동친다. 이 남자의 향은 오로지 자신을 위해 만들어진 것처럼 강한 끌림을 느끼게 하는 체취다. 티나 앞에서 짐을 푸는 남자의 표정에서는 정체 모를 여유가 엿보인다. 그는 티나와 비슷한 얼굴을 하고 있고, 가방에는 애벌레와 이를 키우는 인큐베이터가 있다. 가방을 수색하며 당황하는 티나와 달리 알 수 없는 표정으로 애벌레를 좋아하는지 물어보는 남자.

티나는 수수께끼 같은 남자에게 압도당해 그를 그대로 통과시킨다.

얼마 후 다시 한 번 세관을 지나치는 남자. 이번에는 티나와 동료 직원이 함께 남자의 소지품을 자세히 뒤지고, 남자 직원은 몸수색을 위해 그를 조사실로 데려간다. 혼자 남게 된 티나는 남자의 옷가지에 얼굴을 파묻고 그의 체취를 느낀다. 남자의 체취는 여전히 티나의 마음을 뒤흔들고 있다. 그리고 듣게 된 놀라운 사실. 그가 여성의 생식기를 갖고 있으며, 엉덩이 위쪽에 큰 흉터가 있다는 것이다. 티나는 그 말을 듣고 조사실을 찾아가 정체를 묻지만, 그는 이곳저곳 떠돌며 생활한다는 것과 자기의 이름이 보레이며 근방의 호스텔에서 지낸다는 말만 전하고 떠난다.

티나가 그에게 끌리는 데는 이유가 있다. 티나는 여자의 모습을 하고 있지만 남자의 생식기와 비슷한 무언가를 갖고 있으며, 보레처럼 엉덩이 위에 흉터가 있다. 그리고 나중에 나오는 사실이지만, 보레와 티나 둘 다 벼락에 맞아 생긴 흉터가 있다. 이제 티나는 자신이 염색체에 문제가 있는 기형아가 아닌, 무언가 다른 존재가 아닐까 하는 의문을 가진다. 과연 티나와 보레는 어떤 존재일까? 그리고 둘은 환영받지 못하는 지금의 세계에서 어디로, 어떻게 흘러가게 될까? 분명한 건, 이 영화는 보는 순간 결말이 예상되는 작품이 아니라는 것이다.

이 영화를 관람한 것은 최초에는 이 책과 크게 관련이 없었다. 스웨덴을 배경으로 만든 영화이므로 와인이 등장하지 않을 거라고 생각했기 때문이다. 스웨덴의 술 문화는 매우 엄격하다. 시스템볼라겟 *Systembolaget*이라고 부르는 정부 소유의 주류 가게에서만 알코올 3.5% 이상의 술을 살 수 있으며, 가격도 비싼 편이다. 또한 야외에서 술을 마시는 것도 불법이다. 와인용 포도인 비티스 비니페라가 잘 자라는 위도에서 한참이나 북쪽에 있는 국가라 와인 생산을 하기에도 적합하지 않다. 그런데 뜻밖에도 티나가 보레를 집으로 초대한 날, 둘은 프랑스식 달팽이 요리에 화이트 와인을 마신다. 이란 태생이지만 덴마크에 살고 있는 감독이 스웨덴에서 만든 영화에는 무슨 와인이 등장하는지 정말 궁금했지만 레이블이 나오지 않아 정체를 밝힐 수는 없었다.

「경계선」에서 하고 싶은 와인 이야기는 달팽이 요리에 화이트 와인이 얼마나 훌륭한 페어링을 보여주는지에 대한 것은 아니다. 티나의 직장 관세청에서 벌어지는 일인 '주류에 부과하는 세금'에 대한 이야기를 해보려 한다. 우리나라의 경우 해외에서 술을 반입할 때 2ℓ까지는 세금을 면제해주지만 그 이상은 세금을 매긴다. 왜 여행을 하다가 술을 사오면 세금을 내야 할까? 기초적인 질문이지만 이를 통해 해외에서 수입되는 와인에 어떻게 세금이 붙고, 어떻게 와인의 최종 가격이 결정되는지 살펴보도록 하자.

내가 사 먹는 와인의 가격은 어떻게 결정될까?

우리나라의 와인 가격이 비싸다는 이야기를 들어본 적이 있을 것이다. 물론 비교 대상에 따라 달라지겠지만, 기본적으로 우리나라는 와인 생산국과 거리가 너무 멀고, 수입 주류에 관대하지 않아서 세금을 많이 붙인다. 유럽, 북미와 남미, 호주와 뉴질랜드, 남아공에서 한국으로 와인을 실어오는 운임이 만만치 않으니 우선 기본 공급가가 높다. 계약 형태에 따라 수출자가 운임을 부담하면 조금 낮아지고, 고급 와인의 경우 풍미가 변하는 일을 막기 위해 냉장이 되는 리퍼 컨테이너를 이용하면 더 높아진다.

무역 계약과 컨테이너가 어떻든 부산항에 입고된 와인의 가격이 10,000원이라고 가정해보자. 먼저 관세가 붙는다. 관세는 세관을 통과하는 화물에 부과하는 세금으로, 관세를 붙이는 이유는 수입품으로부터 국내 산업을 보호하기 위해서다. 우리나라는 수입 와인에 15%의 관세를 붙이기 때문에 11,500원이 된다. 그러고 나면 주세와 교육세가 붙는데, 주세는 관세를 합친 11,500원의 30%, 교육세는 주세의 10%다. 여기서는 주세 3,450원, 교육세 345원을 더하면 15,295원이 된다. 그리고 마지막 세금인 부가가치세가 붙는다. 부가가치세는 전체 금액의 10%이므로 합하면 16,824원, 약 17,000원이 된다. 즉, 한국에 와인이 들어오자마자 와인(원가+배송비+보험료) 가격의 70%의 세금이 붙게 된다.

다행히 와인의 출발지가 한국과 FTA 협정을 맺은 국가라면 관세가 면제된다. 한국은 미국, 유럽, 호주, 뉴질랜드, 칠레 등과 FTA 협정을 맺었기 때문에, 한국으로 수입되는 대부분의 와인은 관세가 붙지 않는다고 생각하면 쉽다. 위의 경우 관세를 제외했을 때의 최종 금액은 14,630원으로 약 50%가 붙는다.

하지만 돈이 들어갈 곳은 아직 더 있다. 세관 통과 비용, 창고 보관 비용, 항구에서 수입회사의 창고까지의 운송 비용이 추가된다. 이 비용은 대략 와인의 원가 기준으로 약 8%가 붙는다고 하니, 다시 800원을 더해야 한다. 만 원짜리 수입 와인은 (FTA 적용이 안 됐다면) 한국에 들어온 순간 17,624원이 된다. 거기에 유통 비용, 즉 수입사, 도매상, 소매점에서 남겨야 하는 마진까지 붙는다는 것을 알면 한국 시장에서 와인이 왜 그리 비싼지 납득이 될 것이다.

「경계선」이라는 제목은 더할 나위가 없었다고 생각한다. 이보다 더 이 영화에 어울리는 제목은 아마 찾기 힘들 것이다. 원작이 있기는 하지만, 영화화하기에 다소 리스크가 큰 내용을 알리 아바시 감독이 연출한 이유는 아마도 그의 인생이 경계선 그 자체에 놓여 있기 때문이지 않을까. 이란 태생의 그는 2002년 건축을 공부하기 위해 스웨덴으로 이민을 갔고, 얼마 후 덴마크로 이주해 덴마크 국립 영화학교에서 학위를 취득했다. 현재 그는 덴마크의 코펜하겐에 거주하고 있는데, 여전히 이란 국적을 유지하고 있다고 한다. 그 자신이야말로 이방인과 원주민 사이의 경계선에서 오랜 시간 살아왔을지도 모른다.

우리는 살아가면서 누구나 자기가 속해 있는 가족, 집단, 사회에 선을 그어 놓고 선 밖의 것을 경계하면서 산다. 하지만 곰곰이 생각해보면 가장 무서운 건 물리적인 경계선이 아니라, 나와 다르다는 것에 대한 심리적 경계선이 아닐까 싶다. 우리가 남들과는 다른 사정을 견뎌야 할 때 티나와 보레가 서로에게 그랬던 것처럼 누군가 온전히 이해해주고 보듬어 준다면 조금 다른 삶을 살 수 있지 않을까? 세상의 모든 소외된 자들을 위해 심심한 위로와 함께 와인 한 잔을 건네고 싶은 밤이다.

「하우스 오브 구찌」, 구찌 가문의 와인

House of Gucci

Director 리들리 스콧
Cast 레이디 가가(파트리치아 레지아니)
 애덤 드라이버(마우리치오 구찌)
 자레드 레토(파올로 구찌)
 제레미 아이언스(로돌포 구찌)
 셀마 헤이엑(피나 아우리엠마)
 알 파치노(알도 구찌)
 카미유 코탱(파올라 프란치)

Wine 샴페인 볼랭저(프랑스 샹파뉴)
 칸티나 베라 모스카토 다스티(이탈리아 피에몬테)
 볼라 프로세코(이탈리아 베네토)

 1995년 3월 27일 월요일 오전 8시 30분, 이탈리아 밀라노에서 마우리치오 구찌가 누군가의 총에 맞아 사망하는 사건이 발생했다. 밀라노 한복판에서 총기 사건이 벌어진 것, 게다가 사망한 사람이 이탈리아의 명품 브랜드 구찌의 최고 경영자였다는 사실을 안 사람들은 충격에 휩싸였다. 이탈리아 경찰은 2년간의 끈질긴 수사 끝에 이 살인 사건의 유력한 배후 인물을 지목했는데, 놀랍게도 마우리치오 구찌의 전 부인이었던 파트리치아 레지아니였다.

경찰의 취조를 통해 그가 5억 리라(약 26만 6,000달러)에 마우리치오 구찌의 청부 살인을 의뢰했다는 충격적인 사실이 밝혀졌다. 파트리치아는 1998년 밀라노 법원에서 살인 교사 혐의로 징역 29년을 선고받았다. 그는 연행 당시 우아한 모습을 보여야 한다며 진한 화장을 하고 화려한 장신구를 착용하며 밍크코트를 입고 나타났다고 전해진다. 파트리치아가 어떤 인물이었는지 짐작해볼 수 있는 대목이다.

구찌오 구찌가 피렌체에 설립한 브랜드 '구찌'는 고급 가죽 제품으로 유럽 상류층의 눈에 들면서 입지를 다졌다. 1950년대에는 미국 진출에 성공해 1969년 미국의 10개 매장에서 84,000켤레의 모카신(가죽 신발)이 판매됐고, 한때 뉴욕을 구찌 시티라는 별명으로 부르기도 했다.

그러나 영화 「하우스 오브 구찌」에도 나오듯이 구찌에게도 내리막길이 찾아온다. 마우리치오 구찌는 아버지 로돌포 구찌가 사망한 뒤 지분을 물려받고 삼촌인 알도 구찌와 법적 다툼을 벌여 경영자의 자리를 차지했지만, 그때 구찌는 이미 시장에서 낡은 브랜드라는 인식과 함께 침체기를 겪고 있었다.

그럼 전 아내인 파트리치아 레지아니는 어떤 여자였을까? 그는 이탈리아의 비뇰라라는 작은 도시에서 태어나 가난하게 자랐지만, 어머니가 중공업계의 거부인 페르디난도 레지아니와 결혼하면서 한순간에 신분 상승을 이뤘다. 양아버지는 파트리치아에게 금전적인 지원을 아끼지 않았다. 열다섯 살에 밍크코트로 치장하게 하고, 열여덟 살에는 페라리를 선물할 정도였다. 물질적인 풍요가 가져온 극적인 삶의 변화가 파트리치아로 하여금 부에 대한 집착을 키우게 한 것으로 보인다.

영화에도 나오지만, 마우리치오와의 첫 만남은 1970년 한 파티장에서 이루어졌다. 둘은 한눈에 반했고, 빠르게 사랑을 키워 나갔다. 마우리치오의 아버지 로돌포는 그가 허영심이 많은 여자라는 것을 한눈에 꿰뚫어 보았기에 결혼을 단호히 반대했다. 그러나 결국 둘은 결혼에 골인했고, 자식 이기는 부모가 없는 것인지 로돌포는 아들과 며느리를 위해 뉴욕의 호화로운 펜트하우스를 선물했다고 한다. 뉴요커가 된 파트리치아는 마치 물 만난 물고기처럼 뉴욕의 사교계를 휩쓸었으며, 심지어 영부인과 친구가 될 정도였다.

부부의 결혼 생활은 처음에는 원만해 보였다. 그러나 파트리치아는 남편이 구찌의 권력을 잡자 사업 결정에 개입하는 등 선을 넘기 시작했다. 결국 파트리치아의 허영심과 의부증에 질려 버린 마우리치오는 어느 날 피렌체로 출장을 간다고 한 뒤 돌아오지 않았다. 만남은 화끈했고, 이별은 참 기묘했다. 이때가 1985년이다.

이혼 후 그는 영매술사를 불러 전 남편에게 저주를 퍼붓는 의식을 치른다든지, 폭언이 담긴 테이프를 보내는 등 비상식적인 행동을 일삼았고, 마우리치오는 그의 계획적인 청부 살인으로 사망하게 된다. 마우리치오가 살해된 다음 날, 파트리치아는 당시 마우리치오의 연인이던 파올라에게 둘이 동거하던 고급 아파트에서 나가라는 퇴거 명령을 보냈다고 한다. 그리고 두 딸과 함께 아파트에 입주해 체포당하기 전까지 그곳에서 살았다고 한다. 나쁜 의미에서 대단한 여자다.

파트리치아는 오랜 기간 형을 살던 중 2011년에 직업을 갖고 일한다는 조건으로 가석방 대상이 되었는데 "난 평생 일해본 적이 없다. 당장 뭔가를 다시 시작하기도 어려울 것 같다. 난 자전거를 타고 행복한 것보다 롤스로이스에 앉아 훌쩍이는 게 낫다고 생각한다"며 거부했다고 한다. 그후 결국 2016년 10월 모범수로 석방되었다. 그는 현재 밀라노에서 살고 있는데, 어깨에 앵무새를 앉히고 다녀 여전히 많은 이들의 눈길을 끌고 있다고 한다.

구찌 가문의 와인

영화가 손에 꼽히는 재벌가를 다루고 있기 때문에 와인은 시도 때도 없이 등장한다. 레이블을 정확하게 알아볼 수 있는 와인은 세 가지로 하나는 샴페인 볼랭저*Bollinger*(『와인이 있는 100가지 장면』 1편 325쪽 「007 어나더 데이」 참고)이고, 또 하나는 스치듯 지나가서 알아보기 힘들지만 칸티나 베라 모스카토 다스티*Cantina Bera Moscato d'Asti*, 그리고 영화의 마지막에 잠깐 등장하는 스파클링 와인은 볼라 프로세코*Bolla Prosecco*다.

칸티나 베라는 베라 가문에 의해 설립된 피에몬테 와이너리다. 최초에는 모스카토 다스티(아스티 마을에서 모스카토라는 청포도 품종으로 만드는 달콤한 화이트 와인)로 시작해 명성을 쌓았고, 현재는 네비올로, 돌체토, 바르베라로 피에몬테 전통 레드 와인을 선보이는 한편 프리미엄 스푸만테인 알타 랑가*Alta Langa* DOCG를 출시하고 있다. 참고로 스푸만테는 이탈리아의 스파클링 와인을 부르는 용어이고, 알타 랑가는 2011년 DOCG로 승격된 고급 와인 산지이다. 알타 랑가 DOCG는 해발 고도

250m에 위치하며, 국제 품종인 샤르도네와 피노 누아를 90% 이상 써서 전통 방식으로 양조하는 고급 스푸만테 생산에 매진하는 지역이다. 포도밭의 경사가 매우 가파르기 때문에 손으로만 포도를 수확해야 하고, 철저히 샴페인과 같은 전통 방식으로 만들되 최소 숙성 기간은 30개월, 리제르바 등급은 36개월로 지정되어 있다.

볼라 프로세코는 국내에서도 꽤 인지도를 갖춘 이탈리아 와인이다. 프로세코는 베네토 지역을 대표하는 스파클링 와인으로, 청포도인 글레라Glera로 만들어진다. 평범한 프로세코 와인의 경우 대형 탱크에서 밀폐 발효시켜서 만드는 대중적인 스타일이지만, 프리미엄 프로세코도 있다. 이 경우 코넬리아노 발도비아데네 프로세코Conegliano Valdobbiadene Prosecco DOCG라고 아예 따로 DOCG 레이블을 지정해 놨다. 마찬가지로 글레라가 메인 품종이지만, 샴페인처럼 2차 병 발효 방식으로 만들어져서 복합적인 풍미를 자랑한다. 영화에 등장한 볼라 프로세코가 바로 이 하이클래스 버전으로 만들어진 것이다.

샴페인의 명성에 밀려 이탈리아 스푸만테가 저가 스파클링 와인이라는 이미지가 있는 것은 사실이지만, 그 안에서 세부 와인 산지를 추려내면 훌륭한 품질의 스푸만테를 찾는 것은 어렵지 않다. 오히려 주머니 사정이 넉넉하지 않은 와인 애호가들에게는 보물 찾기와 같이 흥미로운 과정일 수 있다. 영화에 등장한 와인들 모두 가성비 좋은 와인들이니 감독의 선택을 믿고 하나씩 와인을 찾아 시음해 보는 것도 즐거운 시간을 선사할 것이다.

「프렌치 디스패치」와 웨스 앤더슨의 와인 세계

The French Dispatch

Director 웨스 앤더슨

Cast 오웬 윌슨(허브세인트 새저랙)
털다 스윈튼(J.K.L. 베렌슨)
베니시오 델 토로(모세 로젠탈러)
레아 세두(시몬)
애드리언 브로디(줄리안 카다지오)
프란시스 맥도맨드(루신다 크레멘츠)
티모시 샬라메(제피렐리)
리나 쿠드리(줄리엣)
스티브 박(네스카피에 경위)

Wine 미지의 와인, 샤토 쇼스탈

웨스 앤더슨 감독의 신작 소식이 들리면 늘 설렌다. 20여 년 전 「로얄 테넌바움」을 처음 봤을 때 팬이 되었고, 감독의 최고작이라고 생각하는 「그랜드 부다페스트 호텔」, 그리고 「프렌치 디스패치」까지 그의 작품을 볼 때마다 무채색의 영혼을 각성시키는 듯한 아름다운 화면 톤에 연달아 감탄하곤 했다. 또한 제각각 별나지만 악역마저도 사랑스러운 캐릭터들이 꾸려가는 기발한 스토리에 창작자로서 많은 영감을 얻었다.

영화 속에서 50개국에 50만 독자를 거느린 미국의 잡지사 「프렌치 디스패치」는 발행인의 갑작스러운 죽음으로 폐간을 준비한다. 발행인인 아서 하위쳐 주니어가 유언장에 '잡지 발행을 영구적으로 중지할 것'이라는 조항을 넣었기 때문이다. 기자들은 그의 유언에 따라 「프렌치 디스패치」와의 이별을 앞둔 채 폐간호 기사를 쓰고, 영화는 기자들의 마지막 기사를 챕터별로 소개한다. 다시 말해서 이 영화는 잡지의 폐간호를 채워가는 기사의 활자를 웨스 앤더슨의 방식으로 영상화했다.

시작은 편집기자들의 발행인의 부고 기사인 '쇠락과 사망 섹션: 편집장 사망, 향년 75세'이다. 잡지의 탄생과 긴 세월을 함께했던 직원들, 그리고 발행인의 죽음에 관한 내용이다. 그리고 본격적으로 기자들의 기사가 이어진다. 허브세인트 새저랙 기자의 '지역색 섹션: 자전거 타는 기자', J.K.L. 베렌슨 기자가 집필한 '예술과 예술가 섹션: 콘크리트 걸작', 루신다 크레멘츠 기자의 '정치/시 섹션: 선언문 개정', 로벅 라이트 기자의 '맛과 냄새 섹션: 경찰 서장의 전용 식당'이다.

영화를 처음 볼 때는 복잡한 구성과 수많은 등장인물들로 인해 종종 정신이 아득해지기도 한다. 옴니버스 영화인 덕분에 화려한 출연진을 보는 즐거움이 있지만 그들의 쉼 없는 내레이션과 방대한 대사를 따라잡기는 쉽지 않다. 번역을 맡은 황석희 번역가의 말에 따르면 영화 두 편에 해당하는 분량이라고 한다.

감독은 이 작품을 '저널리스트들에게 바치는 러브레터'라고 표현하기도 했다. 웨스 앤더슨은 학창 시절부터 「더 뉴요커」의 열렬한 팬이었고, 등장인물도 실제 「더 뉴요커」에서 활동했던 주요 언론인을 롤 모델 삼아 재창조되었다. 심지어 감독은 영화에 영감을 준 「더 뉴요커」의 기사를 모아 책으로 엮었고, 『편집자의 장례』라는 제목을 붙여 영화 개봉에 맞춰 책을 출판하기까지 했다.

「그랜드 부다페스트 호텔」에 이어(1편 145쪽 참조) 다시 한 번 웨스 앤더슨의 작품을 다루게 된 건, 스크린에 어김 없이 와인이 등장하기 때문이다.

웨스 앤더슨 작품 세계에서의 와인

「그랜드 부다페스트 호텔」과 「프렌치 디스패치」에 등장하는 와인에는 공통점이 있다. 바로 실체가 없다는 것이다. 영화에 와인이 등장할 때는 대개 둘 중 하나다. 어떤 와인인지 정확하게 레이블을 비춰주거나, 반대로 어떤 와인인지 알 수 없도록 교묘하게 레이블을 피해서 노출한다. 하지만 웨스 앤더슨의 작품에서는 와인의 레이블을 명확하게 보여주지만 그 와인은 세상에 존재하지 않는다.

「그랜드 부다페스트 호텔」에 '푸이 주베*Pouilly-Jouvet*'라는 와인을 등장시켜서 필자를 혼란에 빠지게 했던 것처럼, 「프렌치 디스패치」에는 '샤토 쇼스탈*Château Schostal*'을 등장시켜 와인 탐구의 열정을 불태우게 했다. 이번에도 역시나 없는 와인이었다. 물론 그럼에도 이 와인이 등장하는 장면은 무척 매력적이다.

다섯 가지 에피소드 중 새저랙 기자의 자전거 에피소드를 빼고, 각 에피소드마다 와인이 적절히 등장한다. 그중 가장 인상적인 것은 첫 번째 섹션인 '쇠락과 사망 섹션: 편집장 사망, 향년 75세'로, 에피소드가 시작하자마자 와인이 등장한다. 오프닝에서 내레이터가 출판사를 소개할 때, 출판사 건물 1층에 있는 카페인 'Bar TABAC Journaux'의 직원이 출판사 직원들을 위해 각종 음료와 간식거리를 챙기는 장면이다.

직원은 트레이 위에 카페 로고가 새겨진 귀여운 갈색 잔 세 개를 세팅한다. 내용물이 보이지는 않는데, 아마 커피와 우유가 담겨 있지 않을까 생각된다. 그리고 작고 귀여운 와인 잔과 와인이 함께 세팅되고, 정체를 알 수 없는 칵테일 두 잔도 올라온다. 하나는 오렌지색, 다른 하나는 빨간색이다. 상상력을 또 한 번 보태자면 오렌지색은 이탈리아 리큐어인 아페롤*Aperol*, 빨간색은 마찬가지로 이탈리아 리큐어인 베르무스*Vermouth*로 추정된다. 이어서 진한 갈색 음료가 담긴 잔이 추가되는데, 여기에 타바스코 소스와 계란 노른자를 넣은 뒤 굴을 풍덩 빠트린다. 굴이라니?! 처음에는 잘못 봤나 싶어서 돌려 봤는데 정말 굴이었다.

트레이 세팅의 마지막은 아이스크림에 에스프레소를 끼얹은 아포가토, 콜라, 담배와 성냥, 그리고 소다다. 소다는 카페 직원이 서빙가는 길에 자기가 마셔버리는데, 그 이유는 여전히 알 수 없다. 직원은 솜씨 좋게 무거운 트레이를 한 손에 들고 회의 중인 직원들에게 음료를 나눠준다. 온갖 음료와 물건이 올라가 있는 서빙 트레이는 다채로운 캐릭터와 레퍼런스로 무장한 이 영화를 암시하고 있다고 생각한다.

이제 와인의 정체를 파헤쳐보자. 앞 레이블에 '샤토 쇼스탈'이라는 이름과 'Mis en Bouteille au Château'라는 문구가 적혀 있다. 샤토 쇼스탈은 이 와인을 만든 와이너리 이름일 텐데 앞서 말한 것처럼 실존하지 않는다. 쇼스탈이라는 단어의 생김새가 독일어 같아서 독일 와인이 아닐까 잠시 생각했으나, 'Mis en Bouteille au Château(샤토에서 와인을 병입했다)'라는 문구 탓에 이 추측은 틀렸다. 이 문구는 프랑스 와인에만 붙일 수 있기 때문이다. 그리고 와인의 뒤쪽에는 'VIN BLANC SEC'이라고 적혀 있다. 프랑스어로 드라이한(SEC) 화이트(BLANC) 와인(VIN)이라는 뜻이다. 종합해봤을 때 와이너리 이름에서 독일 냄새가 풍기지만, 프랑스 샤토에서 만든 드라이한 화이트 와인이라고 생각할 수 있다.

한 가지 덧붙일 것은 시선을 빼앗아 간 굴이 들어간 이상한 칵테일에 관한 것이다. 굴이 들어간 레시피로 만드는 칵테일은 없지만 연상되는 건 있다. 바로 프래리 오이스터*Prairie oyster*다. 이 칵테일은 코냑에 날달걀(종종 노른자만), 우스터 소스, 매운 소스, 소금, 후추로 만들고, 과학적 근거가 있는 건 아니지만 오랜 시간 숙취 해소제로 여겨져 왔다. 감독은 아마 프래리 오이스터를 살짝 비틀어 굴을 넣은 칵테일을 탄생시킨 것 같다. 비주얼이 먹음직스럽진 않지만, 재료만 있다면 한 번은 경험 삼아 도전해보고 싶다.

「레 미제라블」, 프랑스 혁명이 와인 산업에 미친 영향은?

Les Misérables

Director	톰 후퍼
Cast	휴 잭맨(장 발장)
	러셀 크로우(자베르)
	앤 해서웨이(판틴)
	아만다 사이프리드(코제트)
	에디 레드메인(마리우스)
Wine	프랑스 혁명 속 격변의 프랑스 와인 산업

영화 「레 미제라블」은 프랑스의 위대한 소설가 빅토르 위고가 쓴 동명의 소설을 원작으로 한다. 좀 더 정확히는 소설의 뮤지컬 버전을 다시 영화화한 것이다. 「레 미제라블」이라고 하면 주인공 장발장이 빵을 훔쳐서 감옥에 갇혔다가 탈출한 짧은 스토리로 기억하는 사람이 많은데, 원작은 무려 65만 5,487개의 단어로 쓰였고 한국어 번역본 또한 2,700쪽에 달한다.(민음사 출판본 기준) 긴 분량만큼 프랑스 혁명과 그 이후의 시기를 힘겹게 살아간 이들의 많은 이야기를 품고 있다.

1700년대 후반 프랑스는 계속되는 전쟁으로 국고가 거덜난 상태였다. 여기에 계급 간 격차가 벌어져 면세 특권을 가진 귀족층은 비대해졌고, 왕과 귀족의 사치도 끝이 없었다. 결국 가장 고통받는 건 가혹하게 수탈당하는 평민들이었다. 민중의 불만이 극에 달하면서 1789년 7월 14일 바스티유 감옥 습격으로 피로 얼룩진 프랑스 대혁명이 시작되

었다. 이 과정에서 프랑스 국왕이 처형된 것을 군주제에 대한 도전으로 받아들인 주변국들이 동맹을 맺어 프랑스를 공격했고, 나폴레옹의 등장 이전까지 혁명과 반동은 계속되었다. 그리고 1799년 제1통령으로 나폴레옹이 즉위하고 이른바 나폴레옹의 시대로 접어들면서 공식적으로 혁명이 마무리된다. '왕'을 몰아내기 위해 시작됐던 혁명은 나폴레옹이 '황제'가 되어서야 끝이 난 셈이다. 참으로 아이러니한 결말이다.

그럼 영화 「레 미제라블」은 길고 길었던 프랑스의 혁명과 전쟁 역사 어디쯤 서 있을까? 영화의 초반은 1815년 주인공인 장발장이 가석방된 직후를 다루고 있다. 그해는 나폴레옹이 이끄는 프랑스 제1제국과 영국, 프로이센, 네덜란드의 대프랑스 연합군이 격돌했던 워털루 전투에서 나폴레옹이 대패하면서 프랑스 정세가 그야말로 최악으로 치닫던 시기다. 화면 속 프랑스 하층민들의 비참한 삶이 과장이 아니라는 이야기다.

이후 1823년 몽트뢰유의 시장이 된 장발장의 모습과 그의 정체를 캐는 자베르 경관, 운명처럼 장발장과 엮이게 된 판틴의 모습이 이어진다. 그리고 또 한 번 시간이 흘러 1832년, 판틴의 요청대로 그의 딸 코제트를 거둔 장발장은 이제 파리에서 코제트와 함께 은둔하는 삶을 살고 있다. 이런 격변의 시기에도 막을 수 없는 것은 바로 사랑이었으니, 코제트는 시민 혁명을 지지하는 귀족 청년 마리우스를 만나 사랑에 빠진다.

처절한 시절이 배경인 만큼 「레 미제라블」은 하층민의 삶을 자세히 들여다보고 있고, 심지어 장발장은 후에 큰 부를 축적했음에도 평생을 검소하게 사는 인물이다. 그렇기에 와인 장면을 기대한 영화는 아니었다. 하지만 프랑스인들에게 와인은 생필품과도 같으니, 비참한 삶 속에서도 이들과 함께하는 장면이 등장한다. 영화 초반, 장발장이 길었던 형기를 채우고 나와 길거리에서 굶주림과 추위에 신음할 때 주교가 장발장을 주교관에 들이며 이렇게 말한다.

"들어오게 지친 자여. 밤바람이 차갑네. 우리네 삶은 험난하지만 가진 걸 함께 나누면 되지. 활기를 찾게 해줄 와인과 기운을 내게 해줄 빵이 있네."

음식을 받아든 장발장은 은쟁반에 코를 박고 정신없이 수프를 먹느라 와인을 곁들일 여유는 없다. 그다음 와인이 있는 장면은 장발장을 만나기 전 어린 코제트가 모진 구박을 받으며 일하는 여관에서다. 양심 없는 여관 주인이 "와인에 물을 타서 판다"라는 대사가 나온다. 실제로 이 당시에는 와인에 물을 섞어서 파는 비양심적인 상인이 많았다. 또한 주병 기술이 발달하기 전이라 오크통에 들어 있는 와인을 검은색의 납작한 호리병 형태의 유리병에 담는 장면도 나온다. 당시 와인은 오크통 채로 유통되었고, 소매점은 오크통에서 와인을 병에 담아서 손님들에게 파는 형태였다. 이후 6월 혁명이 이루어지는 과정에서 청년들이 술집에 모여 혁명의 의지를 불태우는 장면에서도 와인이 등장한다.

피비린내 나는 프랑스 혁명은 프랑스 사회와 문화는 물론 국제적으로도 많은 영향을 끼쳤고, 와인 산업 또한 예외는 아니었다. 과연 프랑스 혁명이 와인 산업에 미친 영향은 무엇일까?

프랑스 혁명 속 와인 산업의 변화

사회적으로 큰 문제였던 조세 문제가 혁명의 도화선 역할을 했기 때문에, 우선 와인에 부과되는 세금에 대한 문제가 도마 위에 올랐다. 포도 재배업자들로서는 토지세만 해도 버거운데 시장에 와인을 팔 때마다 세금을 내야 했으니 힘에 부쳤던 게 사실이다. 이때는 와인에 판매세뿐만 아니라 반입세도 부과했다고 한다. 예를 들어 당시 유럽 최대의 도시(50만 명)이자 제일의 와인 소비 도시였던 파리로 와인을 반입하려면 성문과 센 강 입구에서 관세를 내야 했다. 이 관세는 처음에는 금액이 그리 크지 않았지만 시간이 흐르면서 물가 상승률을 앞질렀고, 1789년에는 세금 때문에 와인 가격이 세 배로 치솟을 정도였다고 한다. 게다가 품질이나 종류에 상관없이 용량을 기준으로 책정됐기 때문에 소매가로 따지면 값싼 저급 와인에 부과되는 세금이 값비싼 고급 와인보다 높았다.

이런 상황 탓에 파리에 와인을 반입하는 갖가지 불법적인 행태들이 있었다. 로드 필립스의 저서인 『와인의 역사』를 보면 와인을 실은 수레를 다른 농산물로 덮은 다음에 세관을 통과하는 어설픈 방법부터, 와인이나 브랜디를 주전자에 넣은 뒤 치맛자락 속에 숨기는 수법, 성벽과 가까운 건물에서 와인에 풍선을 달아 날리거나 터널이나 수로를 뚫고 와인을 밀수하는 등 난도 높은 밀반입도 있었다. 가장 노골적인 탈세 방법은 바로 '갱게트 Guinguette'를 활용하는 것이었다.

갱게트는 프랑스어로 '야외에서 먹고 마시며 춤을 추는 교외의 술집'이라는 뜻이다. 와인을 파리로 반입하는 데 돈이 많이 드니 근교에서 술을 마셨던 것이다. 당시에는 갱게트까지 몇 킬로미터만 걸어가면, 훨씬 저렴한 가격으로 와인을 마실 수 있었기 때문에 인기가 많았다. 고흐나 르누아르 등 그 시대를 그린 화가들의 그림에도 갱게트가 자주 등장한다. 기록에 따르면 그 당시 가장 유명했던 갱케트인 '르 탕부르 루아얄'은 1년에 무려 130만ℓ에 달하는 와인을 판매했다고 한다.

혁명 이후 혁명 정부는 간접세를 프랑스 전역에서 모두 폐지했다. 새로운 법안 발효일인 1791년 5월 1일 자정, 200만ℓ의 와인을 실은 수백 대의 수레가 환희에 휩싸인 채 파리 시내에 입성했다고 전해진다.

또한 프랑스 혁명은 포도밭에도 이런저런 영향을 끼쳤다. 첫째, 농경지의 활용에 따르는 여러 제재가 사라졌다. 혁명 이전 정부는 곡물 부족을 우려해서 포도밭을 억제했다. 그리고 세금과 십일조를 곡물로 내야 했기에 서민들은 울며 겨자 먹기로 곡물 농사를 지을 수밖에 없었다. 지금의 상식으로는 이해가 안 되지만 농부의 포도 압착기 소유를 금지해서 영주의 것을 빌려 쓰면서 사용료도 지불해야 했다. 여기서 안타까운 사실은 영주도 압착기를 썼다는 것이다. 그래서 영주가 압착기를 다 쓰길 기다리다가 수확기를 놓치는 일도 빈번했다고 한다. 혁명 이후에는 이런 악습들이 없어지면서 농부들도 원하는 작물을 선택해서 재배할 수 있게 됐다. 기후와 토양 조건만 맞으면 많은 이윤을 올릴 수 있는 포도 농사를 할 수 있게 된 것이다.

둘째, 포도밭이 늘어났다. 포도밭이 확장된 이유는 관세 철폐로 와인의 이동이 자유로워졌고, 이에 따라 와인의 가격이 하락했기 때문이다. 당시 와인 생산자의 가장 큰 고객은 정부였다. 대혁명 이후 나폴레옹이 유럽을 상대로 전쟁을 벌이면서 군인들의 사기 진작을 위해 와인을 많이 구매했다. 또한 전쟁으로 해외 무역이 중단되자 프랑스 소비자들이 자국의 와인으로 눈을 돌렸고, 내수 시장이 활발해지는 결과를 낳았다.

그리고 마지막 세 번째가 가장 중요하다. 바로 포도밭의 재분배다. 혁명 초기에는 교회의 재산이 국유화되었고, 나중에는 외국으로 추방당했거나 정치범으로 기소된 사람들의 재산이 몰수되면서 포도밭의 주인이 많이 바뀌었다. 영화 「호텔 뭄바이」(23쪽)에서 한 차례 설명했던 샤토 라투르의 경우도 프랑스 대혁명을 기점으로 귀족이었던 소유주가 외국으로 도피하면서 포도밭 일부가 경매로 넘어가기도 했었다. 다만 보르도는 교회 소유의 포도밭이 적었고, 파리에서 지리적으로 멀다 보니 대부분의 포도밭이 지금처럼 거대하게 남아 있을 수 있었다. 반대로 교회 소유의 포도밭이 많았던 부르고뉴는 토지가 경매에 의해 쪼개졌고, 세대가 지나면서 땅을 상속하는 과정에서 더욱 잘게 쪼개지면서 복잡한 포도밭 지도가 그려지게 됐다. 현재 두 지역의 와인 산업을 구분하는 특징도 여기서 비롯된 것이다.

결론적으로 프랑스 대혁명은 프랑스의 포도 재배와 와인 산업에 긍정적인 역할을 했다. 혁명 덕분에 포도 재배업자들은 옛 체제 동안 계속되었던 여러 가지 구속에서 해방될 수 있었다. 또한 정부는 국가적인 차원에서나 지역적인 차원에서나 포도 재배와 고급 와인의 생산을 장려하기 시작했다. 정부가 와인 산업에 깊숙이 개입해 와인의 품질을 높일 수 있도록 관리한 것도 이때부터이므로 '세계 최고의 와인 생산국' 프랑스의 탄생에 기여했다고도 할 수 있다.

「연인」, 애틋한 소녀와 청년이 마시던 와인

The Lover

Director 장 자크 아노
Cast 제인 마치(어린 소녀)
양가휘(중국 청년)
프레데릭 메이닌저(어머니)
아르노 지오바니네티(오빠)
멜빌 푸포(남동생)
리사 폴크너(헬렌 라고넬)

Wine 샤토 레오빌 바르통(프랑스 보르도)

 프랑스 영화계의 거장으로 꼽히는 장 자크 아노 감독이 연출한 「연인」이 개봉한 지 어언 30년 넘는 세월이 흘렀다. 그럼에도 이 영화는 여전히 '예술인가? 외설인가?'의 논쟁에서 자유롭지 못하다. 만약 이 지점을 고이 접어둔다면 「연인」은 감독의 섬세한 연출과 아름다운 음악, 배우들의 좋은 연기를 모두 볼 수 있는 작품이다.
 영화는 노년기를 맞은 주인공 '소녀'의 나레이션과 함께 1900년대 초 베트남 메콩강 배 위에 올라탄 그의 앳된 얼굴을 비추며 이야기가 시작된다. 프랑스인인 소녀는 한때 프랑스 식민지였던 베트남에서 학교를 다니고 있다. 프랑스를 떠나면서 가지고 온 돈을 투자로 날린 엄마, 폭력적인 성향의 오빠, 소심한 남동생이 있는 낡은 집에서 방학을 보낸 소녀는 기숙학교로 돌아가는 길이다.

중절모를 쓰고 낡은 드레스를 입은 아름다운 소녀는 배 난간에 기댄 채 홀가분한 표정으로 메콩강을 바라본다. 그리고 소녀를 보고 한눈에 반한 사람이 있다. 바로 양가휘가 연기한 '중국 청년'이다. 그는 베트남 부동산을 장악한 중국인 재벌의 외동아들로, 유일한 상속자이기도 하다. 청년은 긴장되는 기색을 감추지 못한 채 천천히 소녀에게 다가가 묻는다.

"실례지만, 담배 피우실래요?"

소녀는 거절하지만, 긴장감에 손을 떨고 있는 청년에게 이내 호기심을 느낀다. 청년은 걷잡을 수 없이 소녀에게 빠지고 소녀 역시 청년을 거부하지 않는다. 하지만 둘의 만남은 나이와 국가, 빈부 차 외에도 넘어야 할 장벽이 있다. 청년은 정략결혼을 앞두고 있고, 소녀 또한 중국 청년과 연인이 되면서 희생해야 할 것들이 점차 늘어난다. 소녀의 가족들에게 청년은 물주이면서도 있어서는 안 될 스캔들이며, 수치스러운 존재다. 노인이 된 소녀가 과거를 회상하는 것으로 이야기를 시작했다는 것으로 두 사람의 이후 이야기를 짐작할 수 있다.

프랑스 식민지였던 베트남의 아픈 역사를 시대적 배경으로 한 작품이기에 와인을 마시는 장면을 여러 차례 찾아볼 수 있다. 청년의 손에 이끌려 가게 된 밀회의 공간에서도, 청년과 함께하는 식사 자리에서도 와인은 자연스럽게 등장한다. 그중 유독 시선을 끌었던 장면은 소녀가 청년이 홀로 지내는 방 안 침대 위에서 그와 함께 와인을 마시는 장면이다. 이때 등장한 와인은 프랑스 보르도 와인 중에서도 좋은 퀄리티로 손꼽히는 '샤토 레오빌 바르통 *Château Léoville Barton*'이다.

보르도 레드의 묘미, 샤토 레오빌 바르통

'레오빌 바르통', '레오빌 라스카스 *Léoville Las Case*', '레오빌 푸아페레 *Léoville Poyferré*'는 프랑스 보르도 최고급 와인들의 집합인 그랑 크뤼 클라세 2등급에 오른 와인들이다. 레오빌 삼형제라고도 불리는 이들은 역사적으로 한 몸이었고, 후에 분리되면서 각자의 이름을 가지게 되었다.

이야기는 1638년 보르도 의회 소속이자 보르도에 포도밭을 소유하고 있던 장 드 무아티라는 사람으로부터 시작된다. 무아티는 그가 소유하고 있던 포도밭을 '몽 무아티Mont-Moytie'라고 불렀는데, 몽 무아티는 샤토 마고, 라 투르 생 랑베르(샤토 라투르의 전신)와 더불어 보르도 메독 지방 최초의 샤토였다. 몽 무아티는 무아티 가문이 100년 이상 소유했고, 후에 가스크 가문이 인수하면서 레오빌이라는 이름으로 바뀌었다.

가스크 가문은 포도밭 관리와 와인메이킹에서 기발한 아이디어들을 많이 실험했는데, 예를 들어서 당도가 응축될 수 있도록 포도알이 작은 품종으로 포도나무를 교체하고, 와인을 오크에서 발효 및 숙성했으며, 오크통의 청결 유지를 위해 황을 처리했다. 현재로서는 흔한 방법들이지만 당시에는 획기적인 시도들이었다. 이때 레오빌의 규모는 무려 300ha(약 90만 평)로, 보르도에서 비교할 대상이 없었다.

마지막으로 샤토를 소유했던 블레즈 앙투안 알렉산드르 드 가스크가 자식을 낳지 않고 사망하자 이 거대한 샤토를 네 명의 조카들이 물려받는다. 그러나 프랑스 대혁명이 발발하고, 귀족 소유의 토지가 몰수되는 과정에서 레오빌을 물려 받은 후손들은 외국으로 도피한다. 이때 레오빌의 일부가 팔리게 된다.

한편 1722년 27살의 나이로 고향인 아일랜드를 떠나 프랑스로 이주한 젊은이가 있었는데, 바로 토마스 바르통이다. 고향보다 프랑스에 더 잘 적응했던 그는 '프렌치 톰'이라는 별칭으로 불렸고, 사업을 통해 많은 부를 축적했다. 그의 손자 휴 바르통은 선대의 유지를 받들어 파트너인 다니엘 게스티에와 그 유명한 와인 네고시앙인 바르통&게스티에를 설립한다.

네고시앙 사업을 성공적으로 영위한 휴 바르통은 두 개의 걸출한 샤토를 구입하는데, 바로 지금의 레오빌 바르통과 랑고아 바르통(그랑 크뤼 3등급)이다. 레오빌 바르통을 구입한 연도는 1826년으로, 이후 10대째 바르통 가문에 의해서 유지되고 있다. 참고로 2026년은 바르통 가문이 소유한 지 200주년이 되는 해로, 보르도 그랑 크뤼에서 한 가문이 200년 가까이 한 샤토를 유지한 사례는 극히 드물다. 그만큼 바르통 가문이 레오빌 바르통에 가지고 있는 자부심은 대단하다. 현재 샤토는 레오빌 바르통에 국제적 위상을 안겼던 안소니 바르통의 사망 후 딸 릴리앙과 릴리앙의 두 자녀가 관리하고 있다.

  샤토 레오빌 바르통은 보르도 메독 지방의 생줄리앙Saint-Julien 마을에 있다. 프랑스 보르도에서 가장 중요한 와인 산지인 메독을 대표하는 와인 마을 중 하나이다. 생줄리앙에서는 카베르네 소비뇽과 카베르네 프랑, 메를로로 레드 와인을 만든다. 큰 돌이 층층이 박혀 있는 석회암과 점토질의 토양이 대표적이며, 표면에는 작은 자갈들이 빼곡히 쌓여 있는 특성을 가졌다. 필자들이 가장 신뢰하는 보르도 와인 산지 중 하나로, 어떤 와인을 고르든 거의 실패할 확률이 없다고 생각될 정도로 좋은 와인들이 많이 나온다. 그중 하나가 바로 레오빌 바르통이다. 오죽하면 1등급 와인에 비견되는 슈퍼 세컨드라는 별칭이 붙었을까?

  2025년 기준 가장 최근 빈티지는 2023년으로 카베르네 소비뇽 87%, 메를로 10%, 카베르네 프랑 3%가 블렌딩되었다. 레오빌 바르통의 양조에서 가장 큰 특징이라고 한다면, 현대 양조 기술의 대표 산물인 스테인리스 스틸 탱크를 양조에서 배제한다는 점인데, 나무통(온도 조절 가능)에서의 발효와 숙성은 와인을 조금 더 강직하고 복합성 있게 만들어준다. 7~10일 동안 발효를 마친 와인은 15°C가 유지되는 셀러에서 오크통 숙성을 거치며, 이때 새 오크통의 비율은 60%다. 숙성 기간은 16~18개월 정도다.

  레오빌 바르통은 어릴 때는 타닌이 강하고 강직한 스타일을 보여주지만, 시간이 지나면서 와인 고유의 순수한 블랙 커런트 및 카시스 향, 삼나무 향이 우아하게 발전한다. 이런 특징 때문에 대개 레오빌 바르통은 장기 숙성을 권장하는 편이며, 병에서 약 10~15년 정도 숙성하면 최상의 상태에 이르는 것으로 평가된다. 특히 2016 빈티지의 레오빌 바르통은 「와인 스펙테이터」가 선정한 100대 와인 1위에 올랐다. 유난히 명예로웠던 2016년 빈티지가 아니더라도, 레오빌 바르통의 명성과 품질은 항상 와인 애호가들을 설레게 만든다.

「향수: 어느 살인자의 이야기」와 와인의 향

Perfume: The Story of a Murderer

Director   톰 티크베어
Cast   벤 위쇼(그르누이)
   더스틴 호프만(발디니)
   앨런 릭먼(리시)

Wine   와인의 향을 맡는 법

독일의 은둔 작가 파트리크 쥐스킨트의 원작을 바탕으로 한 「향수: 어느 살인자의 이야기」(이하 「향수」)는 '향기'가 인생에 전부였던 그르누이라는 인물의 탄생과 죽음에 관한 영화다. 더럽고 왁자지껄한 저잣거리를 비추며 한 남자의 내레이션으로 이야기가 시작된다.

"18세기는 어디를 가나 악취에 찌들어 있었는데, 그중 가장 심한 곳이 유럽 최대 도시 파리, 그중에서도 생선 시장은 최악이었다. 코를 찌르는 악취를 뚫고 1738년 7월 17일 그는 세상에 태어났다."

중세에서 근대로 넘어가던 시기의 유럽은 인구가 급격히 늘어나며 깨끗한 물이 부족해 점점 불결해졌다. 그래서 사람들은 몸에서 나는 악취를 가리기 위해 향수를 찾았는데, 물론 이는 돈 많은 부르주아나 귀족, 왕족만이 누리던 것이었다. 영화의 주요 배경으로 등장하는 프랑스의 그라스*Grasse*는 향수 발전에 큰 획을 그은 곳이다. 본래 가죽 산업이 발전했던 지역이라서 가죽 특유의 악취를 없애기 위해서 향유를 사용했다. 그러다 이 향유가 상업성이 있다는 걸 깨닫고 그동안 쌓은 노하우를 살려서 향수를 만들기 시작한 것이다. 그라스는 16세기 말에 향료를 바른 가죽 제품을 유행시켰고, 17세기에는 향낭(향주머니)을 만들어 큰 인기를 끌었다. 영화의 시간적 배경인 18세기 중반은 프랑스 향수 산업이 고공 행진할 때였다. 당시 프랑스를 통치한 루이 15세의 궁전은 '향기로운 궁정(a cour parfumée)'이라 불렸으며, 귀족들 사이에서 요일마다 다른 향수를 뿌리는 게 유행이었다고 한다.

그런 시절에 생선 좌판 아래에서 태어난 그르누이는 앞서 태어나자마자 죽음을 맞이한 신생아들과 같은 운명을 맞이할 뻔하지만, 기적적으로 울음을 터트려 사람들에게 구출되고 보육원으로 보내진다. 그에게는 인간의 영역을 넘어선 능력이 있었으니, 바로 동물적인 후각이다. 갓난아기일 때부터 향으로 사물을 인지하고 생존에 대한 위협을 감지하며, 나중에는 향으로 사람의 본성을 간파할 수 있을 정도다.

향에 대한 그의 집념은 살인조차 아랑곳 하지 않을 만큼 무섭게 커져간다. 그르누이는 골목에서 처음 맡는 매혹적인 여성의 체취를 감지하고 뒤를 쫓아간다. 그르누이는 자신을 보고 놀라 저항하는 여인을 죽인 뒤, 사체의 옷을 벗기고 온몸의 향을 끌어모으듯이 만끽한다. 여인의 죽음 이후에 살인을 들키지 않은 그르누이는 후각적 재능을 발판으로 향수 가게에서 일하며, 향기에 대한 광적인 집착을 키운다. 향수 제조법을 익히면서 자신이 죽인 여자의 매혹적인 향기를 구현해내기 위해 끝임없이 시도하고 실패를 반복한다. 결국 죽은 여인의 향을 재현할 실마리를 찾아내고, 이를 위해 그르누이는 기꺼이 연쇄 살인자가 된다. 그르누이가 원하는 궁극의 향수는 여자들의 체취를 뽑아내서 만들어야 하는데, 그러려면 그들을 죽여야 하기 때문이다. 그에게는 열두 개의 노트가 필요하고, 궁극의 노트 하나까지 더해서 열세 명의 여인이 필요하다. 과연 그는 궁극의 향수를 만들기 위한 열세 번째 재료를 얻을 수 있을까? 그리고 마침내 소원대로 궁극의 향수를 만들게 될까?

「향수」에서 와인을 마시는 장면은 두 번 나온다. 초반부에 스승인 앙투안이 그르누이에게 향수 제조법을 알려주고 의기양양하게 테이블에 앉아 레드 와인을 즐기는 장면, 그리고 후반부 귀족들이 연회에서 와인을 즐기는 장면이다. 내내 향기로 가득 찬 영화가 막을 내려도, 우리는 와인의 향에 대해 끝없는 이야기를 나눌 수 있다.

와인의 향기

"와인은 향으로 마신다"는 말이 있을 정도로, 향은 와인의 전부라고 해도 과언이 아니다. 인간이 구별할 수 있는 맛은 단맛, 짠맛, 신맛, 쓴맛, 감칠맛 정도지만 향은 다르다. 연구에 따르면 인간은 무려 만 가지의 향을 구별할 능력이 있다. 세계에서 가장 오래된 향수 회사 겔랑의 조향사 티에리 바세는 "향수를 만들 때 약 3,000가지에 이르는 향을 사용하며, 조향사는 이 향들을 모두 구별하고 기억해낼 수 있어야 한다"고 말했다. 향에 관한 한 인간의 잠재력은 무궁무진한 셈이다.

와인의 향을 맡을 때는 와인을 잔에 따른 뒤 가볍게 한 번 맡고, 다시 잔을 스월링해서 풍부하게 발산되는 향을 느껴본다. 이때 초심자라면 여기서 나는 향이 무엇이라고 표현할 방법을 찾기 힘들 것이다. 향은 누구나 맡을 수 있지만 어떤 향인지 감지하는 데는 훈련이 필요하다. 미각이 어느 정도 선천적인 능력에 의존한다면 향은 후천적인 노력으로 발달시킬 수 있다. 다만 향을 지각하고 암기하는 훈련을 거치지 않으면 언어로 표현하기 힘든 미스터리한 향으로만 남을 뿐이다.

와인의 향은 두 가지로 나뉜다. 아로마*aroma*와 부케*bouquet*다. 아로마는 와인을 만드는 포도 품종이 가지고 있는 고유의 향이고, 부케는 포도로 와인을 만드는 과정, 즉 와인메이킹에서 탄생하는 향을 말한다. 예를 들어 소비뇽 블랑이라는 청포도로 와인을 만든다고 가정했을 때 이 포도 품종이 가지고 있는 고유의 향인 구스베리, 자몽, 복숭아, 패션프루트 같은 것들이 와인에서 그대로 느껴진다면 아로마라고 할 수 있고, 이 품종을 오크통에서 발효시키고 숙성했을 때 나무에서 얻어지거나 숙성 중에 생기는 향들은 부케다. 와인이 병에서 숙성 중에 생기는 향까지 더해 총 세 가지의 향이 있다고 이야기하기도 한다.

그리고 와인의 향은 실제로 분석이 가능한 휘발성 화합물로 와인 안에 존재한다. 예를 들어 카베르네 소비뇽이나 소비뇽 블랑 품종으로 만든 와인에서 특징적으로 나는 잔디 혹은 허브 향은 메톡시피라진

*Methoxypyrazines*에 의한 것이다.

    와인에서 나는 다채로운 향을 느끼는 건 와인을 즐기는 가장 큰 즐거움이지만, 초심자는 물론 와인을 꽤 오랜 시간 즐겼던 사람에게도 스트레스로 다가올 수 있다. 그래서 눈으로 볼 수 있는 아로마 휠이 존재한다. 보통 아로마 휠은 과실 향, 식물 향, 향신료 향, 동물 향, 꽃 향으로 구분해 카테고리마다 대표적인 향들을 모아 놓은 가이드 역할을 한다. 와인을 마시면서 향을 표현하기 어려울 때 참고하면 한결 수월해질 것이다. 구체적인 향까지 골라내기 어렵다면, 크게 과일 향, 향신료 향같이 넓은 범주에서 표현해도 좋다.

    와인을 다루는 직업을 갖고 있다 보니 필자 또한 향을 표현하는 과정을 오랜 기간 훈련해왔다. 처음에는 와인 잔을 코에 갖다 대고는 바로 무슨 향인지 알아내려 하기보다 향이 얼마나 많은지를 그려본다. 개인적으로는 부채를 펼치는 모양을 떠올린다. 많은 향을 담고 있는 와인이라면 활짝 펼쳐진 부채를 연상시키고, 단조로운 와인을 만난다면 조금만 펴지는 식이다. 부채를 펴듯 머릿속에 향을 펼쳐 놓았다면 이제 그 향의 색을 정한다. 대부분 와인의 첫 향은 과실 향, 그중 베리 향이 먼저 올라온다. 이때 베리의 색이 붉은색인지, 검은색인지, 초록인지, 노란색인지 그려본다. 단적인 예로 자두 향이 올라온다면 자두가 붉은 자두인지, 검붉은 자두인지, 아니면 아직 익지 않은 노란빛의 신맛 가득한 자두인지 떠올리는 것이다. 추가로 말린 자두인지도 체크한다. 자두 하나만 떠올려도 바로 네 가지 분류가 생긴다. 이런 식으로 큰 틀 안에서 세분화시키는 작업을 반복한다.

    부케를 맡을 때도 마찬가지다. 만약 나무 냄새가 난다면 숲속에 자라고 있는 나무인지, 방금 베어낸 나무인지, 마른 나무인지, 불에 그슬린 나무인지를 나눠본다. 만약 불에 그슬린 나무 향이 느껴졌다면 다시 살짝 그슬렸는지, 활활 타고 있는지, 다 타고 재로 남은 향인지 또다시 카테고리를 나누며 머릿속의 향을 이미지화한다. 이렇게 떠오른 이미지들이 하나씩 정해지면 이제 머릿속에 빈 바구니를 가져와서 하나씩 떠오른 향들을 담아놓는다. 바구니든, 잔이든, 박스든 뭐든 담을 수 있는 형태면 상관없다. 만약 자두 향이 아주 강렬하게 올라온다면 바구니 안에 자두를 많이 담고, 아몬드 향이 느껴졌다면 그 향의 강도만큼 바구니에 아몬드 자리를 내주는 방식이다.

　어느 정도 향에 관한 생각을 정리했다면 머릿속에 상기하면서 입안에 와인을 넉넉하게 담아 잠시 머금는다. 이때 와인의 향과 맛을 더 살아나게 하기 위해 입안으로 공기를 후루룩 들이마시기도 하는데 사람이 많은 장소에서는 추천하지 않는다. 필자는 입술 양 끝에 공간을 살짝 주어서 산소를 입 안에 넣는 것을 종종 하지만, 맞은편 사람이 알아차리지 못하게 살짝 하는 편이다. 그저 입 모양이 웃는 모양이 되기 때문에 "웃고 있네" 하는 오해는 가끔 받는다.

　그러고 나서 두세 번에 걸쳐 와인을 목구멍으로 넘긴 뒤, 아주 중요한 잔향을 맡는다. 정확히는 잔향의 길이를 재는 것이다. 이때 느껴지는 와인의 여운은 와인의 품질과 가격을 결정하는 중요한 요소다. 잔향을 맡으면서 머릿속에 그렸던 향 바구니 안에 마지막까지 남는 향이 무엇이고 얼마나 오래도록 향이 남는지 그려본다. 시간이 지나면 잔에서 발산하는 와인의 향이 변화한다. 캐러멜 향이 올라온다든지, 원두 향이 난다든지, 처음에 느끼지 못한 향을 감지할 수도 있다. 이 단계를 모두 거쳤다면 와인의 향을 온전히 즐겼다고 할 수 있다.

　와인을 입으로 넘길 때마다 매번 이렇게 하는 것은 아니고, 첫 잔의 첫 모금에는 이 과정을 거친다. 그런 뒤에는 마음 놓고 음식과 와인을 편하게 즐기곤 한다. 복합적인 향이 올라오는 위대한 와인을 만나면 1분을 넘길 수도 있는 일이지만, 일상적으로 즐기는 데일리 와인들은 위의 모든 과정이 30~40초 정도면 끝나므로 그리 번거로운 일은 아니다. 이것이 익숙해지다 보면 음식을 먹을 때도 종종 첫 입은 향을 먼저 맡고 천천히 씹어 넘긴 뒤 잔향까지 느낀다. '테이스팅을 해야지' 하고 의식하는 것이 아니라 거의 무의식적으로 이렇게 음미하며 음식이 더 강렬하고 맛있어지는 효과를 즐기는 정도다. 그럼에도 이 과정들이 귀찮게 느껴진다면? 그냥 마시면 된다. 그저 편하게 마시고 즐기기만 해도 좋은 것이 바로 와인이다.

「와니와 준하」,
해물탕과 화이트 와인

Wanee & Junah

Director 김용균
Cast   김희선(와니)
             주진모(준하)

Wine   해물 스튜에 어울리는 각국의 화이트 와인

한 장면 한 장면이 소중해서 아껴두고 이따금 꺼내보는 영화가 있다. 「와니와 준하」는 필자에게 그런 작품이다. 영화는 두 주인공 와니와 준하의 첫사랑과 주변 인물들의 이야기를 과거와 현재를 오가며 그려낸다. 일관된 것은 과거도 현재도 여름이라는 것이다. 특히 와니는 찬란한 여름에 갇힌 것처럼 과거의 기억에 묶여 있다. 애니메이션 회사의 동화부에서 그림을 그리는 와니는 6년 차라는 경력에 맞게 원화부로 옮겨야 하지만, 동화부에 남아 변화를 주저한다.

시나리오 작가 지망생 준하는 자신의 첫 장편 시나리오를 영화화하기 위해 영화사와 협의 중이다. 손에 쥔 것은 얼마 안 되는 계약금이 전부지만, 자신의 글에 진지하고 와니와 함께하는 일상을 소중히 여기는 남자다. 춘천에 있는 와니의 고향집에 함께 살며 말수 적은 와니를 웃게 만드는 유머도 가지고 있다.

와니는 준하와 일상을 공유하지만, 자신의 과거와 가족에 있어서만큼은 결코 준하에게 자리를 내어주지 않는다. 와니가 마음속에 담아두고 꺼내지 않는 첫사랑의 기억은 정리되지 못한 채 잠겨 있는 이복동생 영민의 방처럼 그대로 방치되어 있다. 그럼에도 준하는 와니를 그

대로 받아들인다.

    퇴근하는 와니를 기다려 같이 장을 보고, 밥을 지어주는 준하의 모습은 열정적으로 타오르는 사랑과는 거리가 멀어 보이지만 깊고 진솔하다. 한 공간 안에 머무는 그들의 일상은 그 자체로 하나의 풍경을 보는 듯 자연스럽게 그려진다. 그러던 어느 날 와니의 이복동생 영민이 귀국한다는 소식이 전해지고, 그와 동시에 와니와 준하의 관계에도 미세한 균열이 생기기 시작한다. 과거의 기억을 마주해야 하는 와니의 복잡한 심정은 준하에게 그대로 전해져 상처가 된다. 준하는 자신의 서울 집을 너무 오래 비웠다는 어쭙잖은 핑계로 와니 곁을 떠난다. 그리고 준하가 없는 빈집에서 그의 온기가 얼마나 고마운 것이었는지 깨달은 와니는 이제야 과거의 사랑과 상처를 정리할 용기를 낸다.

    영화에는 준하가 퇴근한 와니를 위해 해물탕을 끓이고, 화이트 와인을 오픈하는 장면이 나온다. 이때 와니는 기대에 찬 표정으로 해물탕을 맛보고 이어서 와인을 마시더니 해물탕에 와인이 생각보다 잘 어울린다며 웃는다. 해물탕과 화이트 와인(혹은 로제 와인)은 우리에게 익숙한 조합은 아니지만 꼭 시도해볼 만한 좋은 짝꿍이다. 프랑스, 이탈리아, 스페인 등 주요 와인 생산국의 경우, 바다가 인접한 지역에서는 풍부한 해산물이 들어간 다양한 해물 스튜를 맛볼 수 있다. 그리고 사람들은 맛있는 해물 스튜에 어김 없이 그 지역에서 나는 담백한 화이트 와인이나 로제 와인을 곁들인다. 여기서는 각국의 해물 스튜와 그에 어울리는 와인 매칭을 소개하려 한다.

해물탕에 어울리는 와인

❶ 프랑스의 부야베스 *Bouillabaisse*

    부야베스는 프랑스 남부 마르세유 지역의 대표적인 해물탕으로, 지중해에서 갓 잡아 올린 신선한 생선과 프로방스의 채소, 그리고 아프리카와 서아시아의 향신료가 어우러진 생선 스튜다. 지역 어부들이 상품 가치가 떨어진 물고기를 집에 가져와 가족과 함께 끓여 먹던 것에서 시작됐다. 과거에는 바닷물을 사용했으나, 지금은 채소와 향신료로

우려낸 육수를 사용한다. 조개 육수와 토마토로 간을 하고, 국물에는 바게트를 곁들이는 게 정석이다. 17세기에 마늘과 회향, 토마토가 추가되면서 고급스러운 수프로 발전했고, 19세기부터는 육수에 샤프란이 첨가되어 더욱 세련된 음식으로 자리 잡았다. 주 재료로는 쏨뱅이, 아귀, 달고기, 붕장어, 대구 등 다양한 지중해산 생선이 사용되는데, 최소 네 가지 이상의 해물이 들어가야 진정한 부야베스라고 할 수 있다.

WINE 부야베스는 남프랑스의 유명한 항구 도시인 마르세유에서 유래한 음식이고, 현지인들은 근방에서 주로 나는 (단맛이 전혀 없는) 깔끔하고 담백한 로제 와인을 부야베스에 곁들인다. 와인을 추천해보자면 '도멘 탕피에 방돌 로제*Domaine Tempier Bandol Rose*'가 가장 먼저 떠오른다. 로제 와인의 천국인 프로방스에서 야성적인 적포도 품종인 무르베드르로 장기 숙성 와인을 만드는 도멘 탕피에는 로제 와인도 매우 잘 만든다. 신선한 과실 향과 허브 향이 일품이고, 입에서는 신선한 산도와 적당한 무게감이 느껴져 부야베스의 다채로운 맛과 잘 어울린다.

❷ 스페인의 사르수엘라 데 마리스코스 *Zarzuela de Mariscos*

사르수엘라 데 마리스코스는 스페인의 카탈루냐 지방에서 유래된 해산물 스튜로, 새우, 오징어, 조개 등의 다양한 해산물과 토마토 기반의 육수, 향신료, 그리고 와인 등을 조화롭게 사용해 만든다. 해산물의 신선한 맛과 함께 깊고 진한 풍미를 즐길 수 있는 해물탕인데, 특히 스페인의 해변가 레스토랑에서 인기가 많다. 전통적으로 살라미 같은 샤퀴테리를 추가하여 더 깊은 맛을 내기도 하며, 기본적으로는 풍부한 향신료를 더해 입안 가득 퍼지는 향과 맛을 경험할 수 있다. 부야베스보다 약간 더 얼큰한 맛이 있어 한국인의 입맛에 더 잘 맞을 수 있다.

WINE 스페인의 전통 해산물 스튜에는 역시 스페인 화이트 와인을 곁들이는 게 정석이다. 스페인에서 가장 유명한 화이트 와인이라면 역시 알바리뇨*Albariño*를 꼽을 수 있다. 알바리뇨 품종은 높은 산미를 가지고 있고 인근 대서양에서 오는 짭조름한 바다의 특성도 품고 있는 덕분에 해산물 요리와 완벽한 짝을 이룬다. 추천하는 와인은 스페인을 대표하는 소믈리에이자 스페인 최초의 여성 마스터 오브 와인인 알무

데나 알베르카가 이끌고 있는 '라 포다*La Poda*의 알바리뇨'다. 한 모금 머금으면 신선하면서도 짭조름한 미네랄리티가 적당한 산도와 어우러져 알바리뇨의 독특한 개성을 분명하게 보여주므로, 살짝 매콤한 사르수엘라 데 마리스코스의 완벽한 친구가 되어줄 것이다.

❸ 이탈리아의 주파 디 페세 *Zuppa di Pesce*

이탈리아의 전통적인 해산물 스튜로, 신선한 해산물 풍미가 가득한 요리다. 다른 해산물 스튜처럼 어부들이 그날 잡은 다양한 생선을 사용하여 만들던 것에서 유래했는데, 주로 사용되는 생선과 해산물로는 도미, 해삼, 홍합, 조개, 오징어, 새우 등이 있다. 해산물 베이스는 올리브 오일에 마늘과 양파를 볶아 향을 내고, 여기에 잘 익힌 토마토와 와인을 추가해 만든다. 향신료는 주로 바질, 파슬리, 타임 등을 넣고, 페페론치노를 약간 넣어서 매운맛을 더하기도 한다. 이 모든 재료가 어우러지면서 해산물의 맛이 육수에 배어들어 깊고 풍부한 맛을 내는 해물 스튜다.

WINE 주파 디 페세는 이탈리아 각 지역마다 다채로운 스타일로 만들어지기에 어울리는 화이트 와인도 다양하다. 어떤 스타일이든 가장 무난하게 어울리는 것을 꼽자면 바로 트레비아노 토스카노*Trebbiano Toscano* 품종이다. 토스카나 지역뿐 아니라 이탈리아 전역에서 폭넓게 재배하는 청포도 품종으로 특유의 향과 맛이 지나치지 않은 중성적인 캐릭터를 보여주기에 대부분의 해산물 요리에 곁들이기 좋다.

한국의 해물탕이 부야베스나 사르수엘라, 주파 디 페세와 다른 점이 있다면, 허브 대신 채소, 무, 고추 등으로 국물을 내기에 조금 더 시원하고 깔끔한 뒷맛을 가진다는 점이다. 그래서 와인 매칭을 할 때도 깔끔한 해물탕의 풍미를 해치지 않고 공생할 수 있는 와인을 매칭하는 게 좋다. 앞서 소개한 트레비아노 품종은 한국식 해물탕과도 좋은 궁합을 보여줄 것이다.

「포드 V 페라리」,
카 레이싱과 샴페인

Ford v Ferrari

Director   제임스 맨골드
Cast   크리스챤 베일(켄 마일스)
           맷 데이먼(캐롤 셸비)

Wine   샴페인 터트리기의 원조는?

　「포드 V 페라리」는 자동차 내구 레이스 경기인 르망 24를 배경으로 한다. 1923년 프랑스의 르망이라는 도시에서 시작된 르망 24는 아직도 해마다 무려 70만 명에 달하는 관객을 동원하며 권위와 인기를 자랑한다. 내구(오래 견딤) 레이스라는 수식어가 붙은 이유는 르망 24가 24시간 안에 최대한 많은 랩(한 바퀴)을 주파하는 자동차가 우승하는 경기이기 때문이다. 단순히 빠른 속력을 내는 것만으로는 우승할 수 없고, 자동차의 내구력과 레이서의 체력이 반드시 필요하다. 자동차와 인간의 한계를 동시에 시험하는 대회이자 자동차 회사에게는 자사가 자랑하는 최고 모델의 한계를 시험하고 대중에게 증명할 수 있는 기회다.

　그리고 「포드 V 페라리」는 1966년, 미국의 자동차 회사가 르망 24에서 우승컵을 들어올릴 거라고 아무도 생각하지 못했던 시기에 새 역사를 써낸 캐롤 셸비(엔지니어)와 켄 마일스(드라이버 겸 엔지니어)의 도전과 우정을 담고 있다. 1900년대 초 자동차 대량 생산의 기틀을 마련하며 승승장구하던 포드는 크라이슬러, 쉐보레 등에 밀려 시장 점유율을 빼앗기는 위기를 타개하고자 레이싱 대회에서 우승을 거머쥐어 승리하는 차라는 이미지를 만들겠다는 계획을 세운다. 이를 위해 파산 위기였던 페라리를 인수하려 했으나 피아트에 빼앗기고, 거래에 이용당했다며 분노한 포드의 대표 헨리 포드 2세는 설욕을 갚기 위해 최고의 엔지니어와 드라이버를 찾아오라고 명령한다. 그 둘이 바로 캐롤 셸비와 켄 마일스다.

은퇴하고 조용한 삶을 살던 캐롤 셸비, 고집이 세지만 능력은 최고인 켄 마일스는 우여곡절 끝에 GT40이라는 괴물 자동차를 탄생시키고 치열한 레이스를 시작한다. 그리고 GT40은 지금까지도 르망 24에서 우승한 유일한 미국 차로 남아 있다.

영화가 시작할 때부터 가장 기대한 장면은 주인공들이 우승해서 시원하게 샴페인을 터트리는 것이었는데 아쉽게도 찾아볼 수 없었다. 실제로 켄 마일스는 1등으로 결승점을 통과했지만 2등에 머물렀고, 1위는 브루스 맥라렌이 가져갔다. 논란이 많았던 이 결과를 재평가하기에는 많은 시간이 흘렀기에 우리는 르망 24와 샴페인이라는 주제에 집중하고자 한다.

레이싱과 샴페인

모터 스포츠에 별로 관심이 없더라도 레이싱에서 우승한 선수가 시상대에 올라 샴페인을 흔들어서 터뜨린 뒤 분수처럼 폭발하는 샴페인을 주변 사람들에게 뿌리는 장면은 본 적이 있을 것이다. 맛있는 샴페인을 아깝게 다 뿌려버리는 세리머니는 언제부터 시작된 걸까?

우승자에게 샴페인을 쥐어주기 시작한 것은 1950년이었다. 프랑스에서 열린 F1 그랑프리에서 우승한 아르헨티나의 후안 마누엘 판지오에게 모엣 샹동 한 병이 부상으로 증정된 것이다. 와인의 나라 프랑스에서 대회가 개최되었고, 축하 자리에 가장 잘 어울리는 술이기 때문에 자연스러운 일이었다. 이때는 샴페인을 흔들어 터뜨리지 않고 얌전히 마셨다고 한다.

이후 영화의 배경이 된 1966년 르망 24에서 포르쉐 906 인덱스 퍼포먼스 우승자였던 조 시퍼트*Jo Siffert*에게 지급된 샴페인 병 코르크가 온도와 진동을 견디지 못하고 튀어나와 샴페인이 뿜어져 나오는 일이 벌어졌고, 이를 본 관객들은 이색적인 퍼포먼스에 환호했다. 다음해 1967년 댄 거니*Dan Gurney*가 조 시퍼트의 샴페인 세리머니를 재현하자 관객들은 열렬한 환호를 보냈고, 이것이 우승자들의 전통으로 이어지게 됐다.

현재(2024년 기준) 르망 24에서 쓰는 샴페인은 포므리*Pommery*(327쪽 「언터처블 1%의 우정」 참고)이다. 꽤 오랫동안 르망 24의 공식 샴페인 파트너가 포므리였던 것과 달리 F1의 샴페인은 시대별로 계속 변화해왔는데, 모엣 샹동이 1966년부터 1999년까지 30년 동안 F1의 샴페인 자리를 지켰고, 2000년부터 2015년까지 멈*Mumm*이 바통을 이어받았다. 멈은 여전히 사람들에게 가장 익숙한 F1 샴페인이다.

운 좋게도 최근 멈 샴페인 하우스를 방문할 기회가 있었다. 세계 최대 규모의 샴페인 하우스 중 하나답게 압도적인 규모를 자랑하는 곳이었는데, 방문객들을 위한 세심한 배려와 투어 프로그램이 인상적이었다. 그간 방문했던 대다수의 샴페인 하우스는 그들이 생산하는 샴페인을 서빙하고 설명하는 것에 그쳤다. 하지만 멈에서는 여러 디자인의 샴페인 글라스를 준비하고, 샴페인을 각각의 글라스에서 테이스팅하면서 올바른 샴페인 글라스 사용법과 멈 샴페인의 풍미를 오롯이 느낄 수 있는 독특한 테이스팅 세션을 선보였다.

다시 F1 샴페인의 역사로 돌아가보면, 이후 2017년부터 2019년까지는 카흐봉*Carbon*이, 2020년에는 모엣 샹동이 잠시 자리를 꿰찼다가, 2021년부터 이탈리아의 프리미엄 스푸만테 생산자인 페라리*Ferrari*가 낙점되어 2025년까지 F1의 공식 와인으로 쓰인다고 한다.

르망 24처럼 한 샴페인 하우스와의 지고지순한 관계이든 F1처럼 화려한 샴페인 연대기이든 승리의 순간을 가장 빛내주는 것이 스파클링 와인이라는 것은 변함없다. 어떤 음식에 가장 잘 어울리는 와인이 있는 것처럼 승리의 순간과 가장 완벽한 페어링을 보여주는 것은 바로 기포가 뿜어져 나오는 와인일 테니 말이다.

「컨택트」, UFO와 와인

Arrival

Director 드니 빌뇌브
Cast 에이미 애덤스(루이즈 뱅크스)
　　　　제레미 레너(이안 도널리)

Wine 샤토뇌프 뒤 파프(프랑스 론)
　　　　르 시가르 볼랑(미국 캘리포니아)

　테드 창의 소설 『당신 인생의 이야기』를 원작으로 한 「컨택트」는 주인공 루이즈의 내레이션으로 시작한다. "기억이란 이상하다. 생각처럼 흘러가지 않는다." 루이즈는 딸 한나와 행복한 시간을 보내고 있다. 하지만 얼마 지나지 않아 어린 한나가 불치병으로 세상을 떠나고, 루이즈는 슬픔에 오열한다. 그리고 다시 시간이 흘러 평범한 날들을 보내던 어느 날, 12개의 UFO(이하 셸)가 미국, 중국, 러시아를 비롯한 세계 각지 상공에 갑자기 등장하고 전 세계가 발칵 뒤집힌다. 각국은 셸의 정체와 목적을 파악하기 위해 최고의 인력을 소집하고, 언어학자인 루이즈도 미국 팀에 합류한다. 집에서 잠을 자던 그는 마치 납치되듯 정부의 헬기에 타게 되는데, 여기서 물리학자인 이안을 처음 만난다. 이때 헬기에서 이안은 루이즈가 쓴 책의 서문을 읽는다.

　"언어는 문명의 초석이자, 사람을 묶어주는 끈이며, 모든 분쟁의 첫 무기다(Language is the foundation of civilization. It is the glue that holds a people together. It is the first weapon drawn in a conflict)."

영화가 말하고자 하는 이야기 중 하나를 은유적으로 잘 표현한 문장이다. 캠프에 도착한 둘은 거대한 셸*Shell*(조개껍데기라는 뜻으로, 영화 속 UFO의 생김새가 이와 비슷하다)을 목도한다. 이유는 모르지만, 18시간마다 셸의 아래쪽 문이 열린다는 보고를 받은 루이즈는 이안과 함께 셸의 내부로 진입해 외계인과 소통하는 막중한 임무를 맡게 된다. 그들이 마주하는 외계인은 어떤 모습일까? 루이즈와 이안은 그들과 성공적으로 소통할 수 있을까? 그리고 그들이 지구에 온 목적은 무엇일까? 이야기의 끝에 다다른다면 「컨택트」가 말하고 싶었던 것이 결국 사랑이었음에 깊이 감동하게 된다. 영화가 묻는다. 비극으로 끝나는 인생이라도 그 과정이 실로 행복했다면 다시 한 번 똑같은 인생을 살 용기가 있는지를.

스토리 전개상 와인이 등장할 여유가 없을 것 같지만 다행히 루이즈의 취미를 들여다볼 수 있는 몇몇 장면에서 와인이 등장한다. 영화가 시작할 때 카메라가 루이즈의 집 내부를 위에서 아래로 천천히 비추면 테이블 위 와인병과 두 개의 와인 잔이 보인다. 루이즈는 캠프로 떠나기 전에도 집에서 혼자 와인을 홀짝이는데, 와인병이 나오지 않아 그의 와인 취향까지는 알 수 없었지만 와인 애호가임은 분명해 보인다. 대규모 연회장에서도, 루이즈의 집을 한 번 더 비추는 장면에서도 와인이 등장하지만 굳이 무슨 와인인지 알아내려 하지는 않았다. 여기서는 와인과 UFO에 관한 이야기를 해볼 셈이기 때문이다.

포도밭에 UFO 금지!

와인 생산국은 각자 그들 포도밭과 와인의 품질을 보호하기 위해 관련 법을 제정하고 있다. 그런데 아무리 생각해도 이해하기 힘든 법이 하나 있다. 바로 1954년 프랑스의 대표 와인 생산지 중 하나인 샤토뇌프 뒤 파프에 제정된 와인 법으로, 다음과 같은 요상한 조항을 갖고 있다.

제1조   국적 불문, 비행접시 또는 비행시가로 알려진 항공기의 상공 비행, 착륙 및 이륙이 금지된다.

제2조 비행접시 또는 비행시가로 알려진 모든 항공기는 지역 영토에
      착륙하는 즉시 구금된다.

　도대체 왜 이런 법이 생겼을까? 참고로 비행시가는 시가*cigar*처럼 생긴 원통형의 길쭉한 UFO를 이야기한다. 이 법의 정체를 파헤치기 전에 우선 샤토뇌프 뒤 파프라는 와인 산지부터 알아보자. 프랑스의 유명한 와인 산지인 론 밸리는 크게 남북으로 나뉘어 북론, 남론이라고 부른다. 북론은 리용, 남론은 아비뇽이 중심 도시인데 특히 아비뇽은 아비뇽 유수로 대표되는 역사적인 도시이다. 론은 물론 프랑스를 대표한다고 할 수 있는 프리미엄 와인인 샤토뇌프 뒤 파프가 바로 이 아비뇽에서 일어난 '아비뇽 유수'로부터 탄생한 와인이다.

　아비뇽 유수는 1309년부터 1377년까지 이어진 교황청 이전 사건으로, 프랑스 왕권과 교황권이 권력을 두고 대립하다가 결국 프랑스 왕에 굴복한 교황이 거주지와 교황청을 강제로 아비뇽으로 옮겼던 시기를 말한다. 유수幽囚는 '잡아 가둔다'는 뜻이다.

　왜 하필 아비뇽이었을까? 당시 아비뇽은 신성 로마 제국령이었는데 강 하나를 마주하고 프랑스와 맞닿아 있다 보니 프랑스의 입김이 강했다. 아비뇽 유수 이후 교황과 추기경은 프랑스인으로 추대되었고 이후 막장 드라마가 펼쳐졌다. 길고 복잡한 역사 이야기는 접어두고 다시 와인 이야기로 돌아가보자.

　중세에는 교회가 있는 곳에 포도밭과 와인이 있었다. 심지어 교황청이 있었다면? 황무지도 포도밭으로 만들 판이다. 교황청이 아비뇽으로 옮겨오면서 주변 지역의 와인 산업은 활기를 띠기 시작한다. 이는 영성체 때문이기도 하지만, 교황은 물론이요, 그와 함께 온 대규모 사제단 모두가 와인을 즐겼기 때문이다. 기록에 따르면 최초의 아비뇽 교황이었던 클레멘스 5세는 부르고뉴 와인의 열렬한 팬이었다고 한다. 교황으로 부임해서도 부르고뉴 와인을 많이 홍보하고 다녔다. 그의 뒤를 이은 요하네스 22세도 부르고뉴 와인의 열성 팬이었지만, 동시에 교황청의 등장으로 활기를 띠기 시작한 로컬 와인들도 즐겨 마셨다고 한다. 그가 바로 아비뇽 인근 지역의 와인 산업을 부흥시킨 장본인이다. 이

시기부터 아비뇽 와인은 교황의 와인Vin de Pape이라고 불렸고, 나아가 샤토뇌프 뒤 파프(교황의 새로운 성이라는 뜻)가 됐다.

그럼 UFO 와인 법령은 도대체 왜 만들어진 걸까? 실제로 1954년은 프랑스에서 UFO 목격이 빈번했던 이상한 해였다. 1954년 9월 파리 남서쪽으로 2백 50마일 떨어진 방데 지구에서 5~6개 마을 주민 수백 명이 대낮에 마치 UFO를 연상케 하는 이상 현상을 감지했고, 같은 시기 9월 프랑스 북부에 살던 철도 노동자인 마리우스 드윌드는 철길을 걷다 시처럼 생긴 원통형의 길쭉한 물체에서 내리는 외계인을 목격했다. 이와 동시에 10월까지 프랑스 각지에서 UFO 목격 소동이 계속되었는데 증언들에 많은 공통점이 있었다고 한다. UFO 소식은 프랑스 전역에 빠르게 퍼졌고, 당시 프랑스인들은 외계인에 대한 공포로 패닉에 빠졌다. 그리고 이를 꽤 민감한 사안으로 받아들인 샤토뇌프 뒤 파프 지역 시장 루시앙 쥔이 자신들의 귀중한 포도나무를 외계인으로부터 보호하기 위해 UFO가 접근할 수 없도록 관련 법령을 신속하게 통과시킨 것이다.

지금 생각하면 이런 법령이 통과됐다는 것 자체가 받아들이기 힘들지만, 루시앙 쥔의 아이디어는 우리 모두 온라인으로 연결되기 전인 그 시절 신문의 헤드라인을 장식하기 위한 마케팅 전략 중 하나였다. 즉, 이슈를 끌어서 샤토뇌프 뒤 파프의 와인을 유명하게 만들 작정이었던 것이다. 아이디어는 성공적이었고, 무려 70년이 지난 지금도 여전히 유효한 법령으로 남아 있다.

재밌는 건 샤토뇌프 뒤 파프의 UFO 이야기에 영감을 받은 와인이 있다는 점이다. 바로 미국 캘리포니아의 유명 와이너리인 '바니 둔 빈야드Bonny Doon Vineyard'의 르 시가르 볼랑Le Cigare Volant'이다. 와이너리의 설립자인 랜달 그램Randall Grahm이 외계인에 얼마나 진심이냐면 와인 레이블에는 비행접시가 포도밭을 스캔하고 있는 장면을 넣었고, 와이너리 홈페이지의 마우스 포인터까지 녹색 외계인 얼굴이다.

랜달 그램은 우수한 캘리포니아 피노 누아 와인을 만들기 위해 바니 둔을 설립했지만 오히려 프랑스 론 지역에서 재배되는 품종들이 더 이상적인 포도라는 걸 깨닫고 그르나슈, 시라, 생소, 프티 시라가 블렌딩 된 르 시가르 볼랑을 탄생시키면서 업계의 주목을 받았다. 이후 론 품종에 더욱 집중하면서 론 레인저Rhône Ranger(프랑스 론 지역 포도 품종을 사용하는 미국 와인메이커들의 모임)에 속하게 된다. 바니 둔 빈야드는 2004년부터 바이오다이내믹 농법을 적극 도입한 선구자적인 친환경 와이너리이며, 최고급 와인에도 스크루캡 밀봉을 과감하게 실행한 혁신주의자이기도 하다. UFO에 대한 집요한 관심만큼 포도밭 관리에 대한 열정도 대단한 와이너리다.

「레터스 투 줄리엣」의 이탈리아 미식 여행

Letters to Juliet

Director 게리 위닉
Cast 아만다 사이프리드(소피 홀)
크리스토퍼 이건(찰리 와이먼)
바네사 레드그레이브(클레어 스미스 와이먼)
가엘 가르시아 베르날(빅터)

Wine 카파르조 브루넬로 디 몬탈치노(이탈리아 토스카나)

「로미오와 줄리엣」의 배경이 된 아름다운 도시 베로나, 결혼을 앞둔 커플, 그리고 우연히 발견하게 되는 줄리엣의 편지와 사랑 이야기. 「레터스 투 줄리엣」은 몇 가지 단어만 들어도 설레는 영화다. 뉴욕에 사는 주인공 소피는 매거진 「더 뉴요커」에서 일하며 작가의 꿈을 키우고 있다. 그와 결혼을 약속한 연인은 도심 한복판에 이름을 건 레스토랑을 오픈할 예정인 빅터. 둘은 '사랑의 도시'라고 불리는 베로나로 여행을 떠난다.

이 로맨틱한 여행에 한 가지 문제가 있다면 신혼여행이라고 생각하는 소피와 달리 빅터는 레스토랑 오픈을 위한 업체 미팅에 더 많은 기대를 걸고 있다는 것이다. 이탈리아에서 새로운 재료, 새로운 요리법, 좋은 와인을 경험하는 게 빅터의 계획이다. 그는 소피를 데리고 베네토(베로나가 속한 주)에서 가장 오래되고 아름다운 포도밭 투어에 나선다. 지하 셀러에서 이탈리아의 대표 화이트 와인인 소아베*Soave*를 시음하는 것도 빼놓을 수 없다. 빅터는 와인의 품질을 극찬하면서 와인에서 신선한 꽃과 과일 향이 난다고 표현한다. 어떤 와이너리인지 궁금해서 화면을 이리저리 뜯어보다가 오크통에 새겨진 와이너리 설립연도 1898년을 발견했다. 베네토 지방에서 1898년에 설립된 와이너리는 사르토리*Sartori*와 카디스*Cadis* 두 곳이 있다. 둘 중 카디스가 소아베에 집중해서 화이트 와인을 주로 만들고 있는 곳이라서 아마도 이곳이 영화의 배경이 된 게 아닌가 추측해보았다.

빅터의 다음 코스는 올리브 농장에서 신선한 올리브유 맛보기, 그 다음은 가내 수공업 치즈 공장에서 만든 치즈 시식하기였다. 그러고도 그는 이제 막 숲에서 채취한 신선한 트러플을 맛볼 기회가 있다며 120km 떨어진 지방에 가자고 유혹한다. 와인과 미식을 좋아하는 사람이라면 눈을 반짝이며 쫓아다니고 싶은 여행이다.

그러나 안타깝게도 미식에 관심이 없는 소피는 버섯 하나 맛보자고 먼 거리까지 달려가는 것을 이해할 수 없다. 소피는 혼자서 베로나에서 사람들이 가장 많이 찾는 줄리엣의 발코니로 향하고, 그곳에서 신기한 광경을 본다. 전 세계에서 온 여인들이 편지를 써서 줄리엣의 발코니 벽에 붙이면 누군가 편지를 하나하나 수거해가는 것이다. 작가 본능이 발동한 소피는 그를 따라가 일명 '줄리엣의 비서들'을 만난다. 줄리엣의 비서는 줄리엣의 편지함에 도착한 편지에 답장을 해주는 사람들로, 영화에서 만든 가상의 직업이 아니라 실제로 존재한다.

영화에 등장하는 줄리엣의 비서는 네 명이다. 도나텔라는 남편과 51년간 결혼생활을 한 노하우를 살려 부부 사이에 관한 고민 상담 편지에 답장한다. 도나텔라는 "남편은 와인 같아요. 성숙하려면 시간이 오래 걸리죠"라며 상냥하고 진심 어린 조언을 건넬 줄 아는 사람이다. 간호사인 프란체스카는 신체적 아픔이나 사랑하는 이를 상실한 아픔을 담은 편지에 답한다. 그리고 12명의 자식과 29명의 손자, 16명의 증손자가 있는 마리아는 삶에 통달한 듯 어떤 종류의 편지에도 모두 답할 수 있다.

그리고 그들을 소개해준 이자벨라는 눈물로 젖어 글씨를 알아보기 힘든 편지, 그러니까 남녀 간의 애절한 사랑이 담긴 편지에 답장한다.

소피는 그들의 작업에 큰 감명을 받은 채 그곳에서 요리하는 아주머니가 준 빵을 가지고 빅터를 다시 만난다. 하지만 빅터는 소피의 얘기보다 그가 가져온 빵에 더 관심이 많다. 이제 둘은 각자의 관심사를 해결하기 위해 다시 한 번 줄리엣의 비서를 찾는다.

여기서 흥미로운 장면은 빅터가 줄리엣의 비서에서 일하는 요리사에게 '리소토 알'아마로네Risotto all'Amarone'를 배우는 것이다. 아마로네를 좋아하는 필자는 아마로네가 들어간 리소토라는 말에 눈이 휘둥그레져서 레시피를 찾아봤다. 이탈리아 3대 명품 와인이자, 베네토의 프리미엄 와인인 아마로네Amarone로 만드는 리소토다.

영화 속 리소토 알'아마로네 레시피
1   양파를 버터에 볶다가 색이 진해지면 쌀을 넣고 중불에서 몇 분 동안 저어가며 쌀을 익힌다.
2   소금과 후추로 간을 맞추고, 다른 냄비에서 데운 아마로네 와인 반병을 천천히 추가한다.
3   와인이 들어간 리소토가 끓으면 육수를 넣어가며 나무 주걱으로 눌어붙지 않게 계속 저어준다.
4   요리 시간은 맛에 따라 다르지만, 쌀알의 질감이 풀어지면 안 된다.
5   맛을 보고 간을 맞춘 뒤 거의 완성이다 싶으면 불을 끄고 버터 약간과 강판에 간 몬테 베로네제Monte Veronese 치즈를 넣는다.

사실상 몬테 베로네제 치즈가 없다면 완벽한 아마로네 리소토라고 할 수 없다. 몬테 베로네제 치즈는 베네토는 물론, 이탈리아 전체에서 알아주는 최고급 치즈다. 1993년 원산지 명칭 보호를 획득했고, 신선한 스타일과 발효된 하드 치즈로 나뉜다. 리소토에는 하드 치즈를 갈아서 넣는다. 사실 아마로네 와인은 현지에서도 꽤 비싼 와인이기에 무려 반병이나 리소토에 넣는다는 게 상당히 아깝지만, 요리를 맛보면 생각이 달라질 정도로 뛰어난 풍미를 자랑한다고 한다. 소박해 보이지만 굉장히 화려한 식재료를 쓴 음식이다.

빅터가 요리를 배우는 동안 줄리엣의 비서 일을 돕게 된 소피. 그는 편지를 회수하다가 낡은 벽돌 안에 숨겨져 있던 오래된 편지를 발견한다. 편지의 주인공은 클레어로, 부모님의 반대로 이루지 못했던 로렌조와의 사랑에 대한 후회와 슬픔이 담겨 있다. 그리고 소피는 글쓰기 실력을 한껏 발휘해 무려 50년 전 편지에 정성을 들여 답장한다. 그리고 믿기 힘든 일이 일어난다. 편지의 주인공인 클레어가 그의 손자와 함께 베로나에 온 것이다. 이제 소피와 클레어, 손자 찰리는 클레어의 옛사랑을 찾아가는 로맨틱한 여행을 떠난다. 과연 그들은 로렌조를 찾을 수 있을까? 아니 로렌조가 살아 있기는 할까?

모래사장에서 바늘 찾기만큼 힘든 로렌조 찾기는 베네토가 아닌 토스카나 주에서 펼쳐진다. 영화 초반에 베로나의 고풍스러운 도시 구경을 실컷 했다면, 후반부에는 토스카나의 늘씬한 사이프러스 나무와 광활한 포도밭으로 수놓아진 풍경을 만끽할 수 있다.

와인의 나라 이탈리아가 배경인 만큼 와인이 정말 쉴 새 없이 나온다. 특히 한 와이너리가 대놓고 등장하는데, 바로 토스카나의 유명 와이너리인 카파르조Caparzo다.

햇살이 닿는 곳에서 만드는 '브루넬로 디 몬탈치노'

이탈리아는 전국 20개 주 모두에서 와인을 생산하는 진정한 와인의 천국이지만, 그중 세 곳이 압도적인 퍼포먼스를 자랑한다. 베네토, 토스카나, 피에몬테다. 이곳의 대표 와인은 이탈리아 3대 명품 와인이라고 불리며 그 주인공은 베네토의 아마로네, 토스카나의 브루넬로 디 몬탈치노, 피에몬테의 바롤로다. 빅터가 배운 리소토에 반병이나 부은 아마로네는 이탈리아어로 아파시멘토Appassimento라고 부르는 포도 건조 과정을 통해 말린 포도로 만드는 레드 와인을 이야기한다. 보통 코르비나Corvina, 론디넬라Rondinella, 몰리나라Molinara 등 토착 품종을 블렌딩한다. 말린 포도에는 포도의 엑기스만 남아 있기 때문에 이 과정을 통해 만들어진 와인은 묵직한 바디감과 파워풀한 맛을 보여준다.

바롤로는 이탈리아에서 가장 고귀한 포도로 일컬어지는 네비올로로 만드는 장기 숙성 와인이다. (40쪽 「냉정과 열정 사이」, 192쪽 「바롤

로 보이즈」 참고.) 마지막 주인공인 브루넬로 디 몬탈치노*BDM, Brunello di Montalcino*는 산지오베제 품종으로 만드는 이탈리아 최고급 와인이다. 몬탈치노의 브루넬로라는 뜻으로, 이 지역에서는 산지오베제를 브루넬로라고 부른다.

산지오베제는 이탈리아에서 매우 오랜 시간 재배되어 온 전통 품종이다 보니 변종이 꽤 많고, 브루넬로도 그중 하나다. 폴리페놀 성분이 풍부하고 당분도 높아서 장기 숙성할 고급 와인을 만들기에 적합한 품종이다. 실제로 와인 레이블에 브루넬로 디 몬탈치노라는 문구를 쓰려면 최소 4년(이 중 2년은 오크 배럴, 4개월 병 숙성)을 숙성해야 하며, 리제르바*Riserva*라는 상위 버전의 이름까지 획득하려면 최소 5년 숙성(2년 오크 배럴, 6개월 병 숙성)을 해야 한다.

BDM을 만드는 와이너리는 많지 않으며 그중 가장 유명한 곳이 비온디 산티*Biondi Santi*이기는 하지만, 영화에 등장하는 카파르조도 BDM을 대표하는 와이너리다. 카파르조의 어원은 현 지명의 고대 라틴어인 'Ca'Pazzo(place touched by the sun)'에서 유래했다. '햇살이 닿는 곳'이라는 의미처럼, 와이너리는 몬탈치노의 평야 한가운데 아름답고 고즈넉하게 자리 잡고 있다. 설립 초기부터 싱글 빈야드를 따로 관리하고 와인을 만들면서 명성을 쌓았는데, 등급이 높은 브루넬로 디 몬탈치노 DOCG 와인에는 포도밭 이름인 '비냐 라 카사*Vigna La Casa*', 일반 브루넬로 디 몬탈치노 DOC 와인에는 '비냐 라 카두타*Vigna La Caduta*'를 붙여서 와인을 차별화했다. 카파르조는 아그리투리스모(와이너리 민박)를 운영하기 때문에 와인과 함께하는 느긋한 휴가를 보내고 싶은 이들이라면 머물면서 와인을 즐기기에 좋은 곳이다.

영화에서 소피가 로렌조 찾기에 열중할 수 있었던 이유는 빅터가 혼자서 와인 옥션에 참가하겠다며 토스카나의 리보르노로 떠났기 때문이다. 왠지 쓸쓸한 기분이 들기도 하지만 와인 애호가로서는 빅터의 일정이 한없이 부럽기도 했다. 이 책의 독자라면 모두들 그렇지 않을까. 다음번 이탈리아 여행에서는 빅터의 루트를 따라가 보는 것도 좋겠다.

「그랑 블루」와
물속에서 마시는 와인

Le Grand Bleu

Director   뤽 베송
Cast   장 르노(엔조)
        장 마크 바(자크)
        로잔나 아퀘트(조안나)

Wine   화산섬에서 탄생한 시칠리아 와인

「그랑 블루」는 프랑스를 대표하는 감독 뤽 베송의 초기 작품으로, 무려 10대일 때 초안 작업을 한 것으로 알려져 있다. 그의 부모는 파리의 클럽 메드에서 스킨 스쿠버 강사로 일했기에, 그는 어린 시절 대부분을 이탈리아, 유고슬라비아, 그리스 휴양지에서 보냈다. 본래 그의 꿈은 해양 생물학자였으나 17세에 잠수 도중 사고를 당했고, 그에 대한 트라우마 때문인지 더 이상 다이빙을 할 수 없게 되었다. 한순간에 꿈을 상실한 젊은 청년은 앞으로 무슨 일을 할지 고민하다 진로를 영화감독으로 선회한다. 이러한 감독의 배경은 그가 「그랑 블루」를 얼마나 오랜 시간 구상했고, 애정을 가지고 준비했는지 짐작하게 한다.

영화는 어린 시절 그리스에서 자란 자크와 엔조를 비추며 시작한다. 자크는 아버지를 잠수 사고로 잃고, 바다와 돌고래를 벗삼아 외로운 유년 시절을 보냈다. 그에게 엔조는 잠수 실력을 겨루는 경쟁 상대이자 우정을 나눌 수 있는 유일한 친구였다. 시간이 흘러 잠수부로 일하던 자크는 20년 만에 엔조와 재회한다. 프리 다이빙 세계 챔피언이 된 엔조는 10일 뒤 이탈리아 시칠리아의 타오르미나에서 열리는 프리 다이빙 세계 챔피언 대회에 그를 초대한다. 이유는 단 하나다. 자크만이 자신을 꺾을 수 있다고 믿기 때문이다. 자크는 기쁜 마음으로 그의 초대에 응하고, 둘은 타오르미나에서 만나 선의의 경쟁자로서 그리고 오랜 우정을 나눈 진정한 친구로서 인생에 다시 없을 눈부신 시간을 함께한다.

어떤 장면은 오랜 시간이 흘러도 잊히지 않는다. 「그랑 블루」의 마지막 신, 자크가 깊고 고요한 바닷속에서 돌고래와 함께 유영하는 장면이 그랬다. 어린 시절 유일한 벗이었던 바다를 사랑해 그 일부가 되고 싶었던 자크의 대사가 인상적이다.

"가장 힘든 것은 바다 맨 밑에 있을 때야. 왜냐하면 다시 올라와야 할 이유를 찾아야 하거든."

작품 속 자크와 엔조는 실존 인물을 모델로 했다. 프랑스의 전설적인 다이버 자크 마욜, 이탈리아의 엔조 마요르카가 그 주인공이다. 자크 마욜은 1983년 56세의 나이에 단 한 호흡으로 105m를 잠수해 세계 신기록을 경신한 다이빙계의 레전드다. 극 중 자크처럼 돌고래를 사랑해서 '돌고래 인간'이라는 애칭으로 불렸다. 자크의 경쟁 상대이자 친한 친구였던 엔조 마요르카는 시칠리아 태생으로 그 또한 여러 잠수 신기록을 보유한 다이버다. 둘은 실제로 영화에서처럼 라이벌이자 좋은 동료였다고 한다.

시칠리아 섬에서 이야기가 펼쳐지는 덕분에 영화에는 와인이 꽤 자주 등장한다. 와인 애호가로서 가슴 두근거렸던 장면이 여기서 나오는데, 자크와 엔조가 수영장으로 들어가 물속에서 와인을 마시는 순간이다. 대회 전야제 파티에서 거나하게 취한 둘은 누가 물속에서 숨을 오래 참는지 내기하는데, 이때 수영장 바닥까지 내려와 앉은 두 사람은 와인을 들고 있다. 어떤 와인인지 정확히 알 수는 없지만, 스파클링 와인인 건 확실하다.

엔조가 능숙하게 포일과 와이어를 제거하고 코르크를 빼자 병 안에 갇혀 있던 기포가 보글보글 올라온다. 이어 둘은 잔에 와인을 따르고 건배까지 하고는 입에 가져간다. 사실 제대로 잔에 와인을 채운 것인지, 그리고 실제로 입에 와인이 들어가는지는 도무지 알 수 없다. 어떤 느낌이었는지 배우들에게 물어보고 싶은 심정이다. 아마 감독은 그 둘이 물속에서 와인을 마실 정도로 고수라는 걸 보여주고 싶었던 것 같다.

이외에 자크와 엔조가 타오르미나에서 재회해서 오랜만에 식사를 하는 장면에서도, 대회 전야제 파티 장면에서도 사람들은 끊임없이 와인을 마신다. 시칠리아는 이탈리아에서도 손에 꼽히는 와인 생산지이기에 와인 말고 다른 술을 상상하기는 어려웠을 것이다.

화산섬에서 탄생한, 다채로운 시칠리아 와인

이탈리아 남부의 시칠리아섬은 지중해 한복판에 있고 북아프리카와 지리적으로 가까워서 예로부터 이를 둘러싼 국가들의 군사 요충지였다. 덕분에 수많은 세력이 번갈아 지배하면서 다양한 문화가 혼합된 독특한 곳이다. 포도 품종과 와인의 다양성도 이런 역사에서 비롯되었다고 볼 수 있다. 시칠리아 서쪽 끝 마르살라 항구에 위치한 와이너리에 갔을 때는 이탈리아가 아니라 아프리카 어딘가에 와 있는 듯한 인상을 받았다. 그리고 또 한 가지 정말 인상적이었던 건 섬 중앙에 있는 활화산, 에트나Etna다.

시칠리아 중앙에는 제주도의 한라산처럼 에트나 화산이 우뚝 서 있어서 섬 어디서든 연기가 나는 검은 산을 바라볼 수 있다. 포도밭도 화산의 주변을 감싸는 형태로, 주로 서쪽과 남동쪽에 발달해 있다. 시칠리아는 과거 이탈리아를 대표하는 주정강화 와인인 마르살라Marsala로 유명한 섬이었지만, 이제는 에트나의 검은 화산토에서 태어나는 감각적이고 우아한 와인으로 애호가들 사이에서 많은 인기를 누리고 있다. 특히 시칠리아는 이탈리아 다른 지역에 비해 국제 품종의 재배 비율이 높은 편이어서, 토착 품종으로 만들어지는 독특한 와인 외에도 전 세계 와인 애호가들을 만족시킬 만한 와인을 다양하게 선보이는 천혜의 와인 섬이다.

알아두면 좋을 토착 포도 품종으로는 카타라토Catarratto, 카리칸테

Carricante, 그릴로Grillo, 지빕보Zibibbo 등의 청포도, 네로 다볼라Nero d'Abola, 프라파토Frappato, 네렐로 마스칼레제Nerello Mascalese, 네렐로 카푸초 Nerello Cappuccio 등의 적포도가 있다. 이외에도 65가지에 달하는 토착 품종을 재배하고 있어 그야말로 이탈리아 전통 포도 품종의 보고다.

시칠리아 안에서도 유명한 산지로는 유일한 DOCG 와인인 체라수올로 디 비토리아Cerasuolo di Vittoria DOCG를 꼽을 수 있다. 언뜻 '체리'가 연상되는 이름의 체라수올로는 실제로 이탈리아어로 '체리 같은'이라는 뜻인데, 와인의 색과 향이 체리를 연상시켜서 붙은 이름이다. 뒤에 붙은 비토리아는 마을 이름이다.

체라수올로 디 비토리아 와인은 적포도인 프라파토와 네로 다볼라 품종의 블렌딩으로 탄생한다. 프라파토는 독특한 체리 뉘앙스의 밝은 캐릭터를 담당하고, 네로 다볼라는 와인의 골격과 구조감을 받치는 역할을 한다. 국내에서도 수준 높은 체라수올로 디 비토리아를 찾아볼 수 있으니, 이 매력적인 와인을 꼭 한 번 경험해보기를 바란다.

체라수올로 디 비토리아가 전통적인 시칠리아 와인의 계보를 잇고 있다면, 에트나 DOC는 포도 재배에 이상적인 화산토에서 세계 최정상급 와인을 쏟아내는 지역이다. 화이트, 로제, 레드, 스파클링 와인까지 다채로운 스타일을 만든다. 청포도는 카리칸테를 메인으로 카타라토가 블렌딩의 조연으로 활약해서 우아하고 밸런스가 좋은 와인을 선보인다. 또 적포도는 네렐로 마스칼레제를 메인으로, 네렐로 카푸초를 소량 블렌딩해서 우아하고 긴 숙성력을 자랑하는 프리미엄 레드 와인을 만든다. 잘 만든 와인은 고급 부르고뉴 피노 누아에 비견할 정도다.

에트나 지역에서 좋은 품질의 와인을 만드는 비결은 높은 고도에 있다. 실제로 에트나 DOC의 포도밭 중 가장 높은 곳은 해발 1,300m에 위치한 비냐 델 보스코로, 이 고도는 이탈리아는 물론 전 세계 와인 산지 중에서도 견줄 곳이 아르헨티나 멘도사 정도밖에 없다. 시칠리아의 날씨는 무덥고 건조하므로 포도의 열을 식혀줄 수 있는 높은 고도가 중요한 요소다. 덕분에 포도는 서서히 익어가면서 당과 산이 골고루 분포된 좋은 열매를 맺는다. 진취적인 와인 생산자들은 점점 더 높은 고도의 경사면에서 여러 포도 품종으로 실험을 거듭하고 있다. 지금도 대단하지만 미래가 매우 밝은 와인 생산지다.

    달콤한 와인 애호가들의 입맛을 충족시켜줄 와인도 있다. 우선 마르살라 DOC에서 만드는 마르살라는 이탈리아 최고의 주정강화 와인이다. 참고로 주정강화 와인은 와인 양조과정에서 알코올을 첨가해 알코올 도수를 끌어올린 와인을 말한다. 만약 요리에 관심이 있는 독자라면 스테이크에 끼얹는 마르살라 소스를 기억할 것이다. 이 소스를 만들 때 쓰는 와인이 바로 마르살라다. 알코올 도수가 높고, 은은한 단맛이 있어서 소스 재료로 오랜 시간 사랑받아 왔다.

    마르살라가 유명해진 배경에는 흥미로운 일화가 전해진다. 때는 1773년. 영국 리버풀의 수상인 존 우드하우스가 상거래를 위해 마르살라 항구에 엘리자베스호를 정박시켰다. 그리고 항구의 선술집에서 자연적으로 산화가 진행되어 특이한 와인 맛에 반해 50파이프(파이프는 개당 412ℓ)를 고국으로 보내기로 결정했다. 이때 그는 항해하는 동안 와인이 변질되는 것을 막고자 소량의 브랜디를 첨가했다. 바로 이 스타일이 마르살라의 원형이라고 할 수 있다.

    마지막으로, 시칠리아가 자랑하는 사랑스러운 스위트 와인이 있다. 섬 안의 섬, 판텔레리아 섬에서 탄생하는 와인이다. 이곳에서는 지빕보라고 불리는 귀여운 이름의 품종으로 화이트, 스파클링, 스위트, 주정강화 와인을 만든다. 판텔레리아에서 와인을 만들 때는 지빕보를 수확해서 반드시 말려야 하고, 말리는 정도는 어떤 스타일의 와인을 만들지에 따라 달라진다. 판텔레리아의 퀄리티 좋은 스위트 와인은 단맛과 신맛의 절묘한 앙상블이 한 병에 잘 녹아 있다. 한국에서 판텔레리아 지빕보를 경험하고 싶다면, 시칠리아의 최대 와이너리인 '돈나푸가타 *Donnafugata*의 벤 리에*Ben Ryé*'를 마셔보기를 추천한다.

    시칠리아 와인은 호기심 많은 이탈리아 와인 애호가들에게 도전 정신을 불러일으키기 충분히 매력적인 산지이다. 다만 이 도전 목록에서 영화 속 장면처럼 물속에서 마시는 와인은 제외해야 한다. 실제로 물속에서 와인을 마시는 행위는 와인의 맛과 향을 느낄 수 없을 뿐더러 무척 위험하다. 영화에서도 두 사람은 물속에서 와인을 마시다가 결국 나란히 병원에 실려 갔으니 말이다.

「사랑을 카피하다」, 와인의 결함을 대하는 자세

Certified Copy

Director 압바스 키아로스타미
Cast 줄리엣 비노쉬(엘르)
 윌리엄 쉬멜(제임스 밀러)

Wine 와인의 결함

 영국 작가 제임스 밀러가 본인의 책 『기막힌 복제품』의 출간 기념회를 위해 이탈리아 토스카나를 방문한다. 강연 참석자 중에는 프랑스 출신으로 이탈리아에 건너와 작은 골동품 가게를 운영하는 엘르가 앉아 있다. 엘르는 밀러의 신작을 이미 여섯 권이나 구입해 지인들에게 선물할 만큼 작가와 작품에 대한 애정이 있다. 하지만 엄마의 팬심에 전혀 관심이 없는 사춘기 아들은 배가 고프다며 보채고 엘르는 할 수 없이 아들의 손에 이끌려 강연장을 떠나게 된다. 엘르는 황급히 자리를 떠나면서 밀러의 통역사에게 자신의 번호를 남긴다.
 강연을 끝낸 밀러는 한참 남은 기차 출발까지 시간을 때울 겸 마을을 둘러볼 겸 엘르의 골동품 가게로 향한다. 이때부터 영화는 골동품 가게에서 만난 엘르와 밀러를 중심으로 이야기를 끝까지 끌어가는데, 두 남녀의 대화가 매력적인 작품으로 손꼽히는 「비포 선라이즈」를 떠올리게할 만큼 끊임없는 대화로 장면을 채워나간다. 제임스 밀러가 쓴 책의 제목 『기막힌 복제품』의 부제가 '하나의 훌륭한 복제품이 열 개의 원본 못지않다'라는 것에 대해서, 모나리자도 어차피 (모델이라고 여겨지는) 조콘다 부인을 복제한 것이니 진정한 원본은 모델이라는 것에 대해서, 앤디 워홀이나 재스퍼 존스에 의해 그려진 일회용품들이 왜 미술관에 걸리는 순간 예술 작품으로의 가치를 지니게 되는지 그리고 고유의 모습을 한 아름다운 나무 한 그루도 예술 작품이라고 할 수 있지 않을까 같은 주제까지 둘의 대화는 물 흐르듯 흘러 간다. 이야기를 따라가다 보면 예술에 있어서 진정한 오리지널은 무엇인지, 그리고 이를 인생에 대입했을 때 어떤 결론에 이를 수 있는지에 대해 관객은 고민하게 된다.

이 영화를 감상하게 된 것은 배경이 토스카나라는 이유에서였다. 또 하나의 와인이 있는 장면을 발견하게 되리라는 기대가 있었는데 정말 의미 있는 신을 만났다. 레스토랑에 들어가 레드 와인을 주문한 밀러는 엘르에게 "여기 와인 괜찮아요?"라고 묻고, 엘르는 "영국 와인보다는 낫고, 프랑스 것만은 못하죠"라고 대꾸한다. 영국인인 밀러와 프랑스인인 엘르 사이를 대변하는 듯한 재치 있는 농담이다.

엘르가 화장실에 간 사이 밀러는 혼자 와인을 시음하는데, 돌아온 엘르에게 갑자기 불평을 늘어놓는다.

밀러   괜히 여기로 왔네요. 마셔봐요.

엘르   어째 좀… 부쇼네! 못 마시겠네요. 바꿔요.

밀러   이미 바꾸려고 했는데 바꿔주지도 않고 아예 상대도 안 해줘요.
이럴 거면 뭐 하러 와인을 미리 마셔보라고 하죠?

엘르   원래 한 번 마셔보고는 좋다고 하는 게 관례잖아요.

밀러   바보 같은 관례요! 와인을 따라주면 흔들어 보고 냄새를 맡은 뒤 마셔보고, 괜찮으면 칭찬하겠지만 안 괜찮으면 바꿔줘야죠!

엘르   당신 너무 까탈스러워요. 시골 레스토랑에서 최고급 와인을 기대했어요? 맛이 그리 나쁜 것도 아니고.

밀러   당신은 좋아요? 하긴 프랑스인은 와인 전문가니까! 좋아, 맛있다면 혼자 다 마셔요!

화를 내며 엘르의 잔에 와인을 가득 따르는 밀러. 그의 행동에 화가 난 엘르도 지지 않고 말다툼을 이어간다. 독자 여러분은 밀러의 편일까, 아니면 엘르의 편일까?

소믈리에가 와인을 서빙하며 손님의 와인잔에 와인을 조금 따라주는 건, 와인의 상태를 확인해 달라는 것이다. 손님은 그 와인을 마셔보고 괜찮으면 와인을 본격적으로 서빙해도 좋다는 표시를 한다. 만약 와인에 문제가 있다면 소믈리에와 함께 와인을 테이스팅하면서 어떻게 할지 결정을 내려야 한다. 마셔도 괜찮은지, 아니면 교환해야 하는지. 영화에 나온 소믈리에는 잘못이 있다. 적어도 문제를 제기하는 손님에게 친절히 응대하며 바꿔줘야 하는 수준인지 확인했어야 한다.

그런데 와인의 결함은 도대체 어떤 상태를 말하는 걸까? 여기서는 밀러의 화를 돋운 와인의 몇 가지 결함들에 관해서 이야기를 하려고 한다.

와인의 결함

와인도 식품이다 보니 종종 변질이 발생한다. 다만 알코올이 있는 술이기 때문에 완전히 부패하지는 않고 향과 맛이 변한다. 와인의 결함은 여러 원인에 의해서 발생한다. 오염된 포도로 만들었거나 와인을 만드는 과정에서 청결하지 않은 기구를 사용하거나 산소와 지나치게 오랜 시간 접촉하는 경우 변질될 수 있다. 그런데 와인의 향이나 맛의 표현은 주관적인 판단에 의해 내려지기에, 누군가는 와인이 변질됐다고 얘기해도 누군가의 입장에서는 아니라고 할 수 있다. 후에 설명할 '브렛'이 대표적이다. 우선 와인에서 가장 흔하게 볼 수 있는 결함인 '코르크 오염'에 관해서 이야기를 나눠보자.

코르크 오염은 영어로는 '코르키드 와인*Corked Wine*', 프랑스어로는 '부쇼네*Bouchonné*'라고 한다. 와인 매거진 「와인 인수지애스트*Wine Enthusiast*」의 2023년 기사에 의하면, 매년 코르크로 밀봉된 300억 병의 와인 중 약 3%인 10억 병이 코르크 오염의 피해를 입는다고 한다. 적은 양이라고 생각할 수도 있지만, 코르크 오염에 노출된 와인을 마신 소비자들은 브랜드에 대한 신뢰가 떨어지고 재구매 의사도 급격히 하락하기에 와인 생산자의 입장에서는 심각한 골칫거리이다.

부쇼네 와인에서는 곰팡이가 낀 지하실 냄새, 젖은 신문지 냄새, 먼지 냄새 같은 불쾌한 향과 맛이 올라와서 와인을 잘 몰라도 와인에 무슨 문제가 있음을 직감적으로 알 수 있다. 이런 고약한 풍미는 2,4,6 트라이클로로아니솔*Trichloroanisole*(이하 TCA)에 의한 것이다. TCA는 자연적으로 생기는 물질이 아니다. 흔히 목재를 가공할 때 활용하는 살균제인 염소 처리된 페놀 화합물과 자연에서 발생하는 곰팡이가 반응하면 만들어진다. 페놀 화합물은 염소와 반응해서 클로로페놀이라는 물질을 생성하는데, 이 클로로페놀은 유기체에 대한 독성이 커서 예로부터 세균, 해충, 잡초 따위를 없애는 용도로 사용해왔다.

천연 코르크는 코르크나무의 껍질을 가공해서 만든다. 즉 목재의 일부다. 과거에는 염소가 포함된 용액으로 코르크의 살균 처리를 하는 게 흔했다. 결국 나무의 껍질에 자연적으로 존재하는 페놀 화합물과 염소가 반응해 클로로페놀이 생성되고, 이게 코르크에 자연적으로 발생할 수 있는 곰팡이와 다시 반응해 TCA가 생성되는 것이다. 그리고 만약에 와이너리에서 염소가 포함된 세제로 장비를 청소했을 경우 그 장비 또한 TCA에 오염될 가능성이 있다. 왜냐하면 와인을 숙성하는 발효통이나 숙성통이 나무로 이루어져 있는 경우가 많기 때문이다. 이 경우 코르크로 밀봉한 와인이 아니더라도 와이너리 내부 장비에 의한 오염으로 TCA가 발생할 수 있다. 다만 1980년대에 와인의 악취에 TCA가 연관되어 있다는 게 알려지면서 코르크나 와이너리 장비 세척이나 살균에 염소가 포함된 화합물 사용이 점차 줄어들고 있다.

이밖에 '산화'도 종종 와인에서 발견되는 결함이다. 와인이 공기 중의 산소와 지나치게 많이 접촉이 됐을 때 발생한다. 와인을 만드는 과정에서 산화가 이루어질 수도 있고, 마시고 난 와인을 제대로 밀봉하지 않았을 때도 겪을 수 있다. 와인이 산화되면 색이 퇴색하고 향이나 맛에서 힘과 생기를 잃는다. 화이트 와인은 점차 갈색으로 변하고, 레드 와인은 주황빛을 띠게 된다. 사과가 갈변되는 것과 비슷한 이치다. 식초처럼 톡 쏘는 향이 나고 맛도 시큼해진다. 마실 수 없는 건 아니지만 와인에서 식초화가 진행되고 있는 것이므로 썩 마시고 싶은 맛은 아니다.

이외에 와인 애호가들 사이에서 논란의 대상이 되는 '브렛'도 와인을 마시다 보면 종종 경험할 수 있는 현상이다. 굳이 결함이라고 하지 않는 건, 브렛을 즐기는 사람도 있기 때문이다. 브렛은 브레타노미세스 Brettanomyces의 약자다. 브레타노미세스는 자연에서 서식하는 효모이기에 포도밭은 물론, 와이너리 어디서나 발견된다. 브레타노미세스의 영향을 받은 와인은 좋게 발현되면 시골에서 맡을 수 있는 쿰쿰하고 구수한 향을 내고, 좀 과하면 젖은 양말 냄새 같은 악취를 낸다. 브레타노미세스가 활약하는 걸 원치 않는 대다수의 와인메이커는 와인에 아황산염(Sulfites) 처리를 한다. 흥미로운 점은 어떤 변종 브렛의 경우 와인에 스모키, 가죽과 같은 긍정적인 부케를 주기도 한다는 것이다. 특히 남프랑스에서는 브렛이 이 지방 와인의 향미 프로파일에 오랜 시간 중추적인 역할을 했다.

와인에서 뭔가 불쾌한 냄새나 맛이 느껴진다면 엘르와 밀러처럼 티격태격할 필요 없이 바로 소믈리에나 직원에게 확인 요청을 하는 것이 좋다. 물론 와인에 정말 결함이 있을 때만 교환이 가능하며, 오픈한 와인이 개인의 취향에 안 맞아서 맛없게 느껴지는 상황은 제외다. 소믈리에가 자신의 역할을 해야 하듯, 고객 또한 자신의 선택에 책임을 지는 것까지가 와인을 대하는 바람직한 자세다.

「더 메뉴」의
코스 메뉴와 와인 매칭

the Menu

Director 마크 미로드

Cast 랄프 파인즈(슬로윅)
안야 테일러 조이(마고)
니콜라스 홀트(타일러)

Wine 음식과 와인의 페어링

"한 끼에 1,250달러(약 165만 원)인 특별한 저녁식사, 이를 위해 모이는 열두 명의 사람들, 음식을 예술의 경지로 끌어올린 셰프가 선보이는 코스 요리와 와인들…"

영화 소개를 보고 낭만적인 미식 영화를 기대했다면 금세 당황할지도 모른다. 위대한 셰프 슬로윅에게는 숨겨온 비밀이 있고, 참석자 중 한 명인 여주인공 마고가 심상치 않은 기운을 감지하며 기이한 일들이 펼쳐지기 때문이다. 타일러와 마고 커플을 제외하고 초대에 응한 사람들은 모두 1,250달러라는 저녁 식사 가격이 부담되지 않을 만한 유명인이거나 돈이 많은 사람들이다. 돈이 있어도 예약하기 힘든 호손 레스토랑에 무려 열 번 방문한 부자 부부, 슬로윅을 지금의 위치에 있게 한 유명한 음식 평론가와 그의 편집자, 한물간 영화배우와 그의 애인, 호손 레스토랑이 있는 섬의 주인인 더그 배릭의 동료들. 나머지 한 사람은 슬로윅의 어머니인데, 다른 사람들이 배를 타고 레스토랑이 있는 섬으로 오는 것과 달리 그는 처음부터 레스토랑에 앉아서 혼자 와인을 마시고 있다.

 배에서 내린 일행들은 비싼 비용에 걸맞은 대접을 받는다. 섬 곳곳을 둘러보면서 식재료가 어디서 어떻게 만들어지는지 살펴보기도 하고, 슬로윅과 그의 셰프 군단이 창조한 기상천외한 코스 요리를 드라마틱하게 경험하게 된다. 여기서 펼쳐지는 일은 영화를 통해 감상하기로 하고, 이제부터는 「더 메뉴」에서 서빙된 음식과 그에 맞춰 등장한 와인들을 알아보기로 하자. 와인이 매칭되지 않은 음식에는 상상력을 동원해 어울릴 만한 와인을 골라보았다. 각 코스에 어떤 와인이 어울릴지 맛을 상상해보는 것도 영화 감상의 또 다른 재미가 되어줄 것이다.

❶ WELCOME MENU ◦ 미뇨네트, 레몬 캐비어, 오이스터 리프를 곁들인 지역 굴 *Lemon Caviar Serve On Raw Oyster With Mignonette & Oyster Leaf*

 FOOD 아마도 음식에 일가견이 있는 사람이 아니라면 이 요리에서 익숙한 식재료는 굴 하나뿐일 것이다. 미뇨네트는 서양에서 굴 위에 뿌려 먹는 새콤한 소스인데, 보통 다진 샬롯, 간 후추, (와인) 식초로 만든다. 영화에서 등장하는 미뇨네트는 소스를 갈아서 만든 고운 거품의 형태. 그리고 레몬 캐비어는 우리가 아는 그 철갑상어의 알이 아니라 과일이다. 손가락만 한 애호박 모양 열매인데, 안에 마치 캐비어처럼 생긴 노랗고 투명한 알들이 빽빽하게 들어 있다. 레몬과 자몽을 섞은 듯한 맛을 낸다. 서양에서는 석화를 먹을 때 대개 레몬즙을 뿌려서 먹는데 이를 응용한 것이다. 레몬 캐비어는 희귀한 과일이라서 가격이 꽤 비싸다. 검색한 자료마다 가격이 좀 달랐는데, 대략 킬로당 300유로 정도다. 마지막 오이스터 리프는 번역하면 굴 잎인데, 허브의 한 종류다. 신기하게도 어패류를 연상하게 하는 짠맛, 흙 맛, 미네랄 맛이 난다고 한다.

 WINE 영화에서는 웰컴 메뉴에 와인을 따로 준비하지 않았다. 굴 위에 입안을 상큼하게 해주고 굴의 비린 맛을 잡아줄 소스와 부재료를 가득 올린 것만으로도 충분했을 것이다. 그래도 고급 샴페인 한 잔 정도는 선택사항으로 준비했다면 어땠을까? 영화 분위기와 어울리는 고가의 샴페인이라면 어떤 브랜드이든 다 괜찮을 것 같은데, 필자라면 호손 레스토랑의 명성에 맞는 웰컴 샴페인으로 크루그 그랑 퀴베Krug Grande Cuvée를 골랐을 것 같다. 크루그는 1843년 조셉 크루그에 의해 시작된 샴페인 하우스로 그랑 퀴베의 경우 서로 다른 10개 빈티지의 120여 종의 와인을 세심하게 블렌딩해 만든다. 서로 다른 해의 와인을 블렌딩하기 때문에 빈티지 샴페인이라고 부를 수는 없지만, 출시하는 그랑 퀴베마다 에디션 넘버를 붙여 출시하고 있어서 번호를 보면 블렌딩 레시피를 알 수 있다. 크루그 홈페이지의 샴페인 노트에서 번호를 검색해 레시피 정보를 찾아보는 재미도 있다. 예를 들어 171번은 12가지 빈티지 내의 총 131가지 와인이 섞였다. 가장 어린 빈티지는 2015 빈티지이고, 가장 오래된 빈티지는 2000년 빈티지이다. 사용된 포도 품종은 피노 누아 45%, 샤르도네 37%, 피노 뫼니에 18%가 블렌딩되었고, 7년간 셀러 숙성을 거쳐 시장에 출시했다. 최고급 레스토랑 호손의 코스 메뉴를 시작하기에 더할 나위 없이 훌륭한 샴페인이다.

❷ 아뮤즈 부쉬 Amuse Bouche

FOOD 아뮤즈 부쉬는 프랑스어로 "입을 즐겁게 하는"이라는 뜻을 가지고 있다. 코스 메뉴에는 포함되지 않는 헤드 셰프의 서비스이고, 손님들은 아뮤즈 부쉬를 통해 셰프의 음식에 관한 철학이나 스타일을 엿볼 수 있다. 영화 속 아뮤즈 부쉬는 절인 오이와 멜론을 블렌더로 갈아 젤라틴으로 점성을 준 뒤 사탕처럼 동그랗게 만든 것을 검은 접시 위에 가지런히 올린다. 이 검은 접시는 '새까맣게 탄 레이스(charred lace)'라고 불리는 일종의 과자로, 밀가루, 오징어 먹물, 베지 오일, 물을 섞어서 팬에 구운 것이다. 음식 주변에는 염소 우유 파우더를 넣은 밀크 스노우를 뿌리면 완성이다.

WINE 영화에서는 로제 와인을 매칭했다. 다만 레이블이 나오지 않아서 또 한 번 호손의 소믈리에에 빙의해 샤토 데스클랑 가루스Château d'Esclans Garrus를 제안해본다. 프랑스 남부 프로방스 지역에 위치한 샤토 데스클랑은 로제 와인 업계에서 독보적인 위치에 있는 곳으로, 저명한 와인 평론가인 잰시스 로빈슨이 세계 최고의 로제 와인 생산자라고 극찬하기도 했다. 그중 가루스는 이들이 생산하는 로제 와인 중에서 가장 진중하며, 깊이 있는 텍스처를 자랑한다. 로제 와인은 저가 와인이라는 편견이 있는 사람들도 오렌지 핑크빛의 샤토 데스클랑 가루스와 함께라면 절대 실망하지 않을 것이다.

❸ FIRST COURSE ○ 섬 *The Island*

FOOD 대망의 첫 번째 코스는 이름 그대로 레스토랑이 있는 섬을 형상화해서 만든 요리다. 조리 방법은 단순하다. 섬의 꼭대기에는 해안에서 잡아 올린 신선한 관자가 날것 그대로 올라가 있고, 섬의 경사면을 따라 섬에서 채취한 신선한 해조류와 풀이 마치 돌에서 피어난 듯 자연스럽게 놓여 있다. 포인트는 관자 주위로 뿌려준 얼린 바닷물인데, 점차 녹으면서 섬의 경사면을 따라 흐르게 되므로 채소와 해초에 간을 해준다. 자연에서 얻은 식재료 그대로를 일체의 조리 없이 먹는 요리다.

WINE 드디어 영화에서 소믈리에가 와인 설명을 곁들인다! 첫 번째 코스에 페어링한 와인은 캐롤린 모레이의 샤샤뉴 몽라셰 프르미에 크뤼*Caroline Morey Chassagne-Montrachet Premier Cru* 2014. 소믈리에는 "단일 포도밭 정도가 아닌 단일 이랑의 포도만 사용했다"며 "마법 같은 맛"이라고 강조한다. 프랑스 부르고뉴의 경우 한 포도밭을 여러 생산자가 나눠서 소유한 경우가 흔하고, 소믈리에가 이야기한 것처럼 불과 몇 개의 이랑만 가지고 있는 경우도 심심치 않게 볼 수 있다.

캐롤린 모레이는 부르고뉴의 유명한 와인 생산자인 장 마크 모레이의 딸이다. 모레이 가문은 샤샤뉴 몽라셰 마을에서 16세기 중반부터 거주한 역사적인 가문으로, 이들의 샤샤뉴 몽라셰는 화사한 꽃과 과일의 풍미 그리고 독특한 미네랄 뉘앙스로 오랜 시간 평단과 애호가 사이에서 사랑을 받아왔다. 장 마크는 2014년 은퇴했고, 장녀인 캐롤린 모레이가 자신의 이름을 걸고 아버지의 명성을 잇고 있다. 캐롤린 모레이는 샤샤뉴 몽라셰 마을에 여러 프르미에 크뤼 포도밭을 소유하고 있는데, 영화에서 희미하게 보이는 레이블을 분석해봤을 때 '레 카예레*Les Caillerets*'인 것 같다. 전문가들의 평에 따르면 부드럽고 이국적인 향, 특히 살구와 패션프루트의 향이 인상적인 와인이다.

❹ SECOND COURSE ∘ 빵 없는 빵 접시 *Breadless Bread Plate*

FOOD 이름 그대로 빵 없이 여섯 가지 소스만 나온다. 이게 무슨 말도 안 되는 음식인가 싶겠지만 빵의 부재는 슬로윅이 전하고자 하는 메시지이자, 셰프가 불청객인 마고를 제외한 나머지 사람들을 식당에 끌어모은 결정적 이유라고 생각한다. 블랙코미디 영화답게 서빙되지 않은 빵에 관해서 설명하는 편지가 빵 대신 플레이트 위에 올려져 있는데, 내용은 다음과 같다. "오늘 밤 드시지 못한 빵은 에어룸 품종 보전에 애쓰는 테하차피 그레인 프로젝트에서 도정한 레드 파이프 전통 밀로 만들었습니다." 이어지는 손님의 한마디. "Insane(제정신이 아니야)."

WINE 영화에서는 두 번째 코스에 맞춰서 레드 와인이 서빙되는데 어떤 와인인지는 나오지 않는다. 빵 없이 소스만 나온 음식에 어떤 와인을 페어링하면 좋을까? 토마토 소스 파스타에는 산미 있는 산지오베제 품종의 레드를, 올리브 오일 파스타에는 미네랄 풍부한 샤르도네로 만드는 화이트를 떠올리는 것처럼 소스와 와인 페어링은 중요하지만, 어쩐지 식감을 느끼는 즐거움을 빼앗겼다고 생각하자 와인과의 조화마저 시들해지는 것 같다.

❺ THIRD COURSE ∘
가위를 곁들인 치킨 타코 *Chicken Tacos With Scissors In It*

FOOD 황당한 이름이지만, 직접 훈제한 브레스 닭다리에 눈썹 가위처럼 생긴 작은 가위가 장식처럼 꽂혀서 서빙된다. 닭을 가위로 잘라먹을 것도 아닌데 왜 이러는 걸까? 브레스 닭은 프랑스 국가 차원에서 품종 보호를 하는 닭으로, 육질이 쫄깃하고 고소해서 일반 닭고기에 비해 다섯 배가량 비싸다. 영화에서는 닭고기를 싸 먹을 토르티야가 함께 서빙되는데, 토르티야에 레이저로 고객들의 과거를 회상할 수 있는 그림이나 글 따위를 새겨 넣었다. 여기서는 손님들의 간담을 서늘하게 하는 장치로 쓰이지만, 실제로 이런 서비스를 하는 레스토랑이 있다면 감동적일 것이다.

WINE 치킨 타코가 서빙되기 전, 소믈리에가 다가와 와인을 따라준다. 로스 콥 피노 누아 *Ross Cobb Pinot Noir* 2013이다. 미국 캘리포니아 소노마 지역의 해안가에 자리한 로스 콥은 현재 미국에서 가장 주목받는 피노 누아 와인 생산자다. 그는 미국에서 전설적인 피노 누아를 만드는 버트 윌리엄스와 밥 카브랄 같은 양조 선배들에게 와인메이킹을 배우면서 실력을 쌓았다. 피노 누아, 샤르도네, 리슬링까지 세 가지 품종에 주력하고 있으며, 그중 메인은 피노 누아다. 영화에서 소믈리에는 디캔터에 담긴 와인을 서빙하면서 이런 말을 한다.

"와인을 잠에서 깨우기 위해 에멀전 블렌더에 하이퍼 디캔팅을 했습니다."

이게 도대체 무슨 말일까? 하이퍼 디캔팅은 (채소나 과일 따위를 가는) 블렌더에 와인을 넣고 갈았다는 이야기다. 하필 섬세한 풍미가 장점인 피노 누아 와인을 블렌더에 넣고 갈아버리다니 흥미롭고 희한한 장면이다. 이렇게까지 급진적으로 와인을 변하게 해가면서 마셔야 하나 싶어 거부감도 들지만 실제로 어디선가는 이런 방법을 쓰는 사람도 있다고 한다. 개인적인 소견으로는 하이퍼 디캔팅이 와인 고유의 맛을 잃게 하고 보드카에서 맡을 수 있는 냄새를 유발할 수도 있다고 하니, 블렌더는 과일주스에게 양보하는 게 어떨까.

❻ FORTH COURSE ○ 난장판 *The Mess*

FOOD 난장판이라는 코스 이름에 걸맞지 않게 음식은 매우 정갈한 상태로 서비스된다. 압력 조리한 채소, 로스트한(그러나 레어에 가까운) 소고기 필레, 감자 콩피, 브라운 소고기 소스, 소의 골수가 깔끔한 흰색 플레이트에 예쁘게 담겨 나오는데, 소의 골수만 빼고 본다면 군침이 흐르는 비주얼이다.

WINE 거창하게 설명했지만, 결국 레어로 구운 소고기 스테이크다. 수도 없이 많은 레드 와인들이 머릿속에 연상되는데, 영화에서는 프랑스 루아르의 바이오다이내믹 와인인 도멘 브르통*Domaine Breton*의 카베르네 프랑이 서빙된다. 소믈리에는 아황산염(보존제)이 첨가되지 않아서 와인에서 마구간 냄새가 난다고 설명하면서, 그래서 더욱 로스트한 고기 요리와 환상적인 매칭을 보여줄 것이라고 말한다. 바이오다이내믹은 극단적인 친환경 농법이다. 이렇게 길러진 포도로 인위적인 개입 없이 만든 내추럴 와인들은 종종 마구간 냄새라고 여겨지는 쿰쿰한 브렛*Brett* 향이 날 수도 있는데, 이를 와인의 결함으로 여기는 사람이 있는가 하면 와인의 개성으로 받아들이며 즐기는 사람도 있다.

  1886년 설립된 도멘 브르통은 루아르의 부르게이와 쉬농에 있는 포도밭을 유기농과 바이오다이내믹 농법으로 관리하며, 와인을 만들 때 인공적인 그 무엇도 넣지 않은 날것 그대로의 와인을 생산하고 있다. 영화에서는 거의 모든 와인에 필수적으로 첨가되는 아황산염이 전혀 들어있지 않다고 하는데, 사실은 병입 직전에 매우 소량을 넣는다. 레드의 경우 20mg/l 수준이고, 화이트는 50mg/l 수준이다. 그리고 와인을 만드는 과정에서 자연스럽게 아황산이 생성되기에 아황산염이 전혀 들어있지 않은 와인은 세상에 없다.

  도멘 브르통은 스파클링 와인부터 레드, 화이트까지 총 13종의 와인을 생산하고 있는데, 영화에서는 카베르네 프랑으로 만든 레드 와인이 나온다. 디캔팅해서 서빙하기에 레이블은 확인하지 못했지만 와이너리의 최고급 와인인 '레 프리에르*Les Perrières*'가 아닐까 싶다. 레 프리에르는 와이너리의 보물인 70년 수령의 올드 바인에서 손 수확한 카베르네 프랑으로 만들며, 빈티지에 따라 다르지만 배럴에서 무려 20~36개월가량 숙성한 뒤 출시한다. 카베르네 프랑의 순수한 힘을 온전히 느낄 수 있는 와인으로, 와이너리에서도 디캔팅을 한 뒤 마시는 걸 권장하고 있다.

❼ PALATE CLEANSER ◦
야생 베르가못과 붉은 토끼풀 차 *Wild Bergamot and Red Clover Tea*

  팔레트 클렌저는 긴 코스의 중간에 입가심을 돕는 작은 음식이나, 음료 등을 말한다. 대개 입안을 깔끔하게 씻어주기 위해 산미가 있는 상큼한 음료를 준비해 주는데, 영화에서는 야생 베르가못과 붉은 토끼풀 차를 준비했다.

❽ FIFTH COURSE ○ 남자의 어리석음 *Man's Folly*

FOOD   다섯 번째 코스는 여성만을 위한 코스다. 에너지가 넘치는 남자들은 밖에서 셰프들과 술래잡기를 하고 있다. 등장하는 음식 중 가장 맛이 궁금했던 코스인데, 아름다운 블랙 플레이트에 세상에서 가장 맛있는 게라고 하는 던저니스 게의 담백한 살, 발효시킨 요거트 유청, 말린 갈파래(해조류), 우메보시, 다시마가 함께 어우러져 있다. 겉보기에는 수프처럼 생겼으나 재료만 나열해서는 도대체 어떤 요리인지 상상조차 안 된다. 영화 속 음식 평론가의 말에 따르면 우메보시의 상큼함이 요거트의 풍부하고 녹진함과 잘 어우러져서 깔끔한 맛을 준다고 한다.

WINE   여자들이 한 테이블에 모여 식사를 즐기는 장면에서 아이스 버킷에 담긴 와인이 한 병 포착됐다. 이탈리아 베네토 지방의 전설적인 와인 생산자인 퀸타렐리 주세페*Quintarelli Giuseppe*의 화이트 와인이다. 베네토 지방의 특산 청포도인 가르가네가와 트레비아노, 그리고 샤르도네가 블렌딩된 와인으로, 모나지 않은 좋은 밸런스를 가졌다. 던저니스 게살 요리는 신맛과 소스의 풍성함이 고루 배합된 요리이기 때문에, 너무 튀지 않으면서 적당히 향긋하고 균형 잡힌 이 와인이 더할 나위 없는 조화를 이뤘을 것이다.

❾ EXTRA COURSE ○ 파사르 에그 *Passard Egg*

FOOD   파사르 에그는 여자들이 다섯 번째 코스를 즐기는 동안 밖에서 술래잡기하던 남자 중 가장 오래 숨어 있던 사람에게 부상처럼 주어지는 요리다. 정식 코스는 아니고, 제목처럼 번외 코스다. 황금색 달걀 안에 따끈따끈한 수란이 들어가 있고, 그 위에 차가운 크렘 프레슈와 달콤한 메이플이 올라가 있다. 크렘 프레슈는 질감이 단단한 크림의 일종이다. 파사르 에그라는 이름은 따뜻함과 차가움을 동시에 가지고 있는 달걀 요리를 개발한 알랭 파사르의 이름에서 유래했다.

WINE   한 사람에게만 특별히 제공되는 음식이라서 별도의 와인 매칭은 이루어지지 않았다. 남자의 어리석음에 매칭했던 깔끔한 화이트 와인이라면 꽤 잘 어울릴 것 같다.

⓾ EXTRA COURSE 2 · 타일러의 헛소리 *Tyler's Bullshit*

FOOD 이 코스도 번외 순서다. 극 중 타일러는 파인 다이닝 요리에 쓰이는 희귀한 재료나 특이한 조리법까지 모두 꿰고 있는 미식가다. 슬로윅 셰프는 타일러에게 주방에서 음식을 만들 기회를 준다. 슬로윅과 셰프 군단들, 그리고 일행 모두가 지켜보는 상황에서 타일러는 잔뜩 긴장한 얼굴로 양고기 요리를 시작한다.

WINE 슬로윅의 코스에 포함되지 않는 요리이기 때문에 따로 매칭되는 와인은 없다. 팬에서 구운 양고기라면 프랑스 론 지방의 시라 베이스의 와인들이 어울린다. 스파이시하면서 향신료 향이 올라오는 올드 빈티지 시라 와인이나, 프랑스 남부 론의 지공다스나 바케이라스 지역의 미디엄 바디 와인들이 좋은 선택이 될 것이다. 만약 타일러가 아닌 슬로윅의 지휘 아래 탄생한 완벽한 양고기 스테이크라면 이기갈 와이너리의 일명 라라라 시리즈(La Landonne, La Turque, La Mouline)의 올드 빈티지를 페어링하고 싶다.

⓫ EXTRA COURSE 3 · 9.95달러 치즈 버거 *Cheese Burger*

FOOD 세 번째 번외 코스로, 슬로윅이 직접 요리하는 유일한 음식이다. 슬로윅의 의도를 간파한 마고가 그에게 치즈 버거를 요청하고, 슬로윅은 정성껏 치즈 버거를 만든다. 신선한 소고기 패티를 지글지글 굽고, 채 썬 양파 살짝, 그리고 대망의 아메리칸 치즈를 올려 녹이는데 보기만 해도 군침이 돈다.

WINE 패티 위에 올려 적당히 녹아내린 치즈 슬라이스. 이 완벽한 조합에 더하는 와인이라면 어떤 것을 선택해야 할까? 영화 「사이드웨이」의 주인공 마일스처럼 샤토 슈발 블랑을 마셔야 할까? 사실 소고기, 치즈, 빵이 함께하는 음식에는 미디엄 바디의 모든 레드 와인이 잘 어울린다. 포도 품종 역시 피노 누아부터 메를로, 템프라니요, 그르나슈 등 너무 무겁지도 가볍지도 않은 레드라면 모두 매칭하기 좋다. 문화적 특성까지 고려해 미국의 치즈버거에는 캘리포니아산 메를로를 곁들이면 더할 나위 없을 것 같다.

⓬ DESSERT ○ 스모어 *S'More*

FOOD 스모어는 미국이나 캐나다에서 캠프파이어를 할 때 흔히 먹는 간식이다. 크래커 사이에 구운 마시멜로, 초콜릿(혹은 누텔라)을 끼워서 만드는데, 맛이 없으려야 없을 수 없는 악마의 간식이다. 스모어라는 이름도 '조금 더(some more)' 달라는 말에서 유래했다. 물론 슬로윅 셰프가 평범한 스모어를 만들었을 리가 없다. 일종의 짧은 연극이나 행위예술처럼 보이는 슬로윅의 스모어는 영화의 마지막을 화려하게 장식하며, 그의 완벽한 계획에 뜨거운 방점을 찍는다.

WINE 달콤함으로 중무장한 스모어와 함께 마실 와인으로는 초콜릿 풍미가 나는 포르투갈의 포트 와인이 가장 먼저 떠오른다. 또는 이탈리아 베네토 지방의 스위트 와인인 레치오토도 제격이다. 하지만 영화 속 인물들은 코스의 마지막 음식 스모어와는 와인을 곁들일 수 없었다. 그 이유는 영화를 통해 직접 확인해주셨으면 하는 바람이다.

「리플리」와
화산에서 태어난 와인

The Talented Mr. Ripley

Director	안소니 밍겔라
Cast	맷 데이먼(톰 리플리)
	주드 로(딕키 그린리프)
	귀네스 펠트로(마지 셔우드)
	케이트 블란쳇(메러디스 로그)
	필립 세이모어 호프먼(프레디 마일즈)
Wine	이탈리아 캄파니아 와인

영화는 톰 리플리의 독백으로 시작한다.

"되돌아갈 수 있다면, 모든 걸 지울 수 있다면, 나 자신부터 지우고 싶다. 재킷을 빌린 것부터."

1950년대 뉴욕, 생계를 유지하기 위해 고군분투하던 소시민 톰 리플리는 어느 날 빌린 재킷을 입고 상류층 파티의 피아노 연주 대타를 뛰게 된다. 톰이 입은 프린스턴 대학의 재킷을 보고 자신의 아들과 동문인 것으로 착각한 해운업의 거물 허버트 그린리프. 그는 피아노에 조예가 깊고 말쑥한 모습의 톰에게 호감을 느끼고, 그에게 이탈리아에서 놀기 바쁜 망나니 아들 딕키를 뉴욕으로 돌아오도록 설득해 달라고 부탁한다. 그리고 인생 역전의 냄새를 맡은 리플리는 진실을 밝히지 않은 채 넙죽 제안을 수락한다.

허버트의 배려로 호화 유람선의 일등석 티켓을 들고 이탈리아로 향하는 톰. 딕키의 호감을 사고 싶은 그는 "아들이 음악 같지도 않은 재즈

25

를 좋아한다"는 허버트의 말 한마디에 재즈를 주구장창 들으며 공부하고, 이탈리아어도 공부한다. 그리고 마침내 딕키가 머물고 있는 이탈리아 남부의 아름다운 마을에 도착한다. 영화 속에서는 몬지벨로라는 가상의 지역명을 썼지만 실제 배경은 포지타노다. 포지타노는 아말피 해변에 있는 세상에서 가장 유명한 휴양 도시 중 하나로, 가파른 산등성이 사이사이로 빼곡하게 들어선 별장과 빌라, 그 아래 펼쳐진 지중해가 어우러지는 풍경이 눈부시게 아름다운 곳이다.

딕키는 상류층의 철없는 아들 그 자체다. 자기중심적이고 변덕스러우며, 늘 새롭고 자극적인 것을 찾는다. 톰의 등장은 딕키의 삶에 일시적인 자극을 준다. 첫 만남에 딕키가 톰에게 묻는다. "누구나 하나쯤은 잘하는 게 있지. 넌 뭘 잘해?" 톰이 답한다. "서명 위조, 거짓말, 다른 사람 흉내 내기." 이 장면은 극 중 톰이 유일하게 정직했던 순간인지도 모른다. 속도 모른 채 증거를 보여 달라는 딕키. 톰은 바로 그의 아버지 허버트의 성대모사를 하고 소름이 돋을 만큼 뛰어난 모사에 딕키는 기겁한다. 게다가 톰이 자기를 설득하러 온 아버지의 대리인이라는 사실을 알고 그를 다시 뉴욕으로 돌려보내려고 하는데, 여기서 톰은 기가 막힌 전술을 발휘한다. 바로 가방에 딕키가 좋아하는 재즈 음반을 넣어두었다가 그가 보는 앞에서 우연히 흘리는 작전이다. 1950년대를 풍미하던 쳇 베이커, 소니 롤린스, 찰리 파커의 명반을 보고 홀려버린 딕키는 나폴리의 재즈 클럽으로 톰을 데려간다. 뉴욕 대신 재즈 클럽에 가게 된 톰은 쳇 베이커의 「My Funny Valentine」을 불러 딕키의 마음에 들게 되고 그의 집에 머물며 상류층의 삶에 빠져들기 시작한다. 그리고 둘의 관계가 깊어질수록 톰의 내면에는 딕키를 모사하는 걸 넘어 그 자체가 되려는 욕망이 함께 자라난다.

둘의 관계에 금이 가기 시작하는 건 딕키의 친구인 프레디가 등장하면서부터다. 톰은 소외감을 느끼고, 딕키는 어떤 사건을 계기로 자신에게 집착하는 톰을 부담스럽게 생각하게 된다. 결국 딕키는 톰과 함께 지내는 생활을 끝내기로 하고 둘은 산 레모로 마지막 여행을 떠난다. 그리고 톰과 딕키는 소형 보트를 타고 바다 한가운데로 나간다. 과연 그 끝에서 둘을 기다리고 있는 것은 무엇일까?

이제 와인 이야기를 해보자. 「리플리」의 배경이 온통 이탈리아다 보니 와인이 시종일관 등장한다. 전반부에는 포지타노, 나폴리 등 이탈리아 남부의 캄파니아 지역이 배경으로 등장하고, 후반에는 베네치아에서 이야기가 펼쳐진다. 여기서는 상대적으로 많이 알려지지 않은 캄파니아 주의 와인에 관해 이야기해보려 한다.

화산토에서 탄생한 캄파니아 와인

캄파니아라는 이름은 생소해도 폼페이는 들어본 적이 있을 것이다. 베수비오 화산이 폭발하면서 잿더미로 변한 세계적인 문화재 폼페이가 캄파니아에 있다. 뿐만 아니라 세계적인 관광지인 카프리 섬, 아말피 해변도 이 지역에 있다. 필자들이 『이탈리아 와인 여행』을 집필하기 위해 떠났던 3개월간의 취재 여행에서도 캄파니아는 매우 중요한 목적지였다. 캄파니아가 자랑하는 명품 와인인 타우라지Taurasi를 맛보기 위해서였다. 오로지 와인 여행만을 추구하던 때라 폼페이는 물론이고 모든 명소를 모조리 지나쳐 타우라지 생산자로 유명한 와이너리에서의 투어와 시음 일정만 소화했던 기억이 있다.

지금에 와서는 캄파니아까지 가서 포지타노 풍경 한 번 감상하지 못하고 온 게 아쉽기도 하지만, 한정된 시간 안에 맛있는 타우라지 와인을 실컷 맛보는 것은 좋은 선택이었다. 정확히 표현하자면 타우라지 DOCG에서 만드는 레드 와인으로, 알리아니코라는 토착 품종으로 만든다. 알리아니코는 네비올로, 산지오베제와 함께 이탈리아의 3대 적포도 품종으로 불리며 캄파니아 주와 그 이웃인 바실리카타Basilicata 주에서 활발히 재배되고 있다. 가뭄에 강하고 늦게 익는 만생종이기 때문에 따뜻하고 건조한 지역을 선호하는 품종이다. 특히 구릉지, 그중에서도 화산토에서 특히 잘 자란다. 그래서 베수비오 화산이 만들어낸 화산토로 이뤄진 캄파니아야말로 알리아니코에게는 최적의 환경이다.

잘 익은 알리아니코는 자연적으로 매우 높은 타닌과 산도를 지니고 있기에 와인 또한 장기 숙성에 적합한 풀바디 와인으로 만들어진다. 높은 타닌과 산도 탓에 어릴 때는 거칠게 느껴질 수 있으나, 몇 년 숙성을 거치면 그윽한 풍미를 즐길 수 있다. 어린 알리아니코 와인은 백후추, 검은 과실, 가죽, 숙성된 살라미의 뉘앙스를 보이고, 잘 익으면 감초, 말린 무화과, 햇볕에 그을린 가죽, 스모키한 향과 부드러운 먼지 냄새가 특징적이다. 그리고 이런 특징을 가장 잘 드러내는 와인이 바로 타우라지 DOCG다. 국내에 들어오는 와인 중에는 아무래도 타우라지의 왕이라고 불리는 마스트로베라르디노 Mastroberardino를 꼭 한 번 경험해 보기를 추천한다.

알리아니코와 타우라지가 지금과 같은 세계적인 명성을 쌓을 수 있었던 배경에는 안토니오 마스트로베라르디노라는 전설적인 인물의 고집과 노력이 있었기에 가능했다. 제2차 세계대전이 끝나고 황무지나 다름없던 땅을 다시 포도밭으로 부활시킬 때, 그는 당시 유행하던 유럽의 품종을 심을 것인지 토착 품종을 되살릴 것인지에 대한 선택의 기로에서 후자를 택했다. 그의 와인은 평범하게 캄파니아 DOC 와인으로 팔리다가, 그가 만든 '타우라지 리제르바 1968년산'이 세계적인 주목과 관심을 받게 되면서 스타 와인메이커로 발돋움했다. 그의 노력에 힘입어 타우라지는 1970년대에 DOC를, 1992년에 DOCG를 획득했다.

토착 품종의 천국인 캄파니아 주에서 마셔봐야 하는 화이트 와인들도 있다. 바로 피아노와 그레코다. 피아노는 고대 로마 시대부터 재배된 유서 깊은 청포도 품종으로, 그리스인들에 의해 전파되었다는 설도 있고, 캄파니아가 고향이라고 주장하는 학자들도 있다. 피아노는 오랜 역사만큼 캄파니아에서 널리 재배되는 인기 품종이었지만, 필록세라를 비롯한 여러 악재를 지나오면서 거의 잊혀진 품종이 됐다. 생산량이 적은 데다 압착해서 얻는 주스의 양도 다른 품종보다 상대적으로 적은 편이어서 질보다 양으로 승부를 보던 과거에는 포도 재배자들에게 인기가 없을 수밖에 없었다. 그러다 1980년대가 지나면서 몇몇 생산자들에 의해서 피아노의 고급스러운 풍미가 재발견되었고, 토착 품종의 부활이라는 이탈리아 와인 산업 트렌드에 맞춰서 꾸준히 성장하고 있다. 피아노 역시 화산토에서 잘 자라기 때문에 알리아니코와 마찬가지로 캄파니아가 매우 잘 맞는 재배지다.

마지막으로 그레코는 그리스가 캄파니아에 식민지를 건설하면서 들여온 품종으로 추측하고 있다. 꽤 오랜 시간 캄파니아 지방에서 번성했지만, 필록세라와 세계대전으로 주변 지역이 황폐화되고 농부들이 도시로 떠나면서 전반적으로 재배량이 줄어들게 됐다. 다행히 마스트로베라르디노와 같은 유명 생산자들의 노력으로 그레코로 만든 와인 또한 명맥을 이어가고 있다. 그레코는 회색빛이 도는 황금빛을 띠고 있으며, 포도 자체에 폴리페놀 성분이 풍부해서 와인의 색과 깊이감이 뛰어나다. 또한 복숭아와 신선한 허브 향이 무척 향기롭다.

캄파니아주를 여행할 때 안토니오 카지아노*Antonio Caggiano* 와이너리에서 정말 기분 좋은 피아노와 그레코 와인을 마신 기억이 있다. 여전히 한국에 수입이 되는 것 같지는 않지만, 또 다른 유명한 캄파니아 와이너리인 페우디 산 그레고리오*Feudi San Gregorio*도 수준 높은 피아노와 그레코 와인을 선보이고 있고, 수입도 되고 있으니 혹여나 와인숍에서 조우하게 된다면 반가운 마음으로 도전해보기를 추천한다. 영화의 내용은 종종 섬뜩하지만, 캄파니아의 와인은 따뜻한 햇살과 살랑대는 바닷바람처럼 부족한 와인 갈증을 완벽히 채워줄 것이다.

「9명의 번역가」가
밤에 마시는 와인

Les traducteurs

Director 레지 루앙사르

Cast 레랑베르 윌슨(에릭 앙스트롬; 출판인)
알렉스 로우더(알렉스 굿맨; 영어 번역가)
올가 쿠릴렌코(카테리나 아니시노바; 러시아어 번역가)
리카르도 스카마르시오(다리오 파렐리; 이탈리아어 번역가)
시드세 바벳 크누드센(헬렌 투센; 덴마크어 번역가)
에두아르도 노리에가(하비에르 카잘; 스페인어 번역가)
안나 마리아 스투름(잉그리드 코벨; 독일어 번역가)
프레데릭 쇼(첸 야오; 중국어 번역가)
라이라 레이트(텔마 알베스; 포르투갈어 번역가)
마놀리스 마브로마타키스
(콘스탄티노스 케드리노스; 그리스어 번역가)

Wine 샴페인 태탱저(프랑스 샹파뉴)

"2013년 3월, 37세의 이탈리아어 번역가인 캐롤 델포르트는 까다로운 심사를 거친 뒤 최종 선발된 업무를 위해 밀라노로 날아갔다. 파리에 있는 그의 남편과 어린 두 딸만이 그가 어디로 갔는지 알고 있었다. 도시 외곽 산업 지구에 있는 현대적인 집에 도착했을 때 델포르트는 건물의 지하실로 안내되었고, 두 명의 경비원이 그의 전화기를 비롯한 소지품을 사물함에 보관했다. 그리고 그는 6개국에서 온 10명의 번역가가 타이핑하고 있는 거대한 방으로 들어갔다."

위의 이야기는 영화 속 이야기가 아니다. 바로 댄 브라운의 네 번째 소설 『인페르노』의 번역 작업을 묘사한 실제 이야기다. 세 번째 소설 『다빈치 코드』가 출간된 지 10년이 지나고, 세상의 빛을 보기 직전이었던 『인페르노』는 2013년 5월 14일 전 세계 동시 출간을 위해 뛰어난 번역가를 한데 모아서 극비리에 번역 작업을 진행했다. 소설의 내용이 유출되는 것을 막기 위해서다. 실제 『인페르노』의 번역 작업은 마치 스파이 영화를 연상시킬 정도로 철통 보안 속에서 이루어졌다.

각국에서 밀라노로 모여든 번역가들은 무장 경비 요원이 24시간 지키고 있는 시설에서 번역 작업에 몰두했다. 인터넷은 차단되었고, 원본 프린트는 물론 번역가의 노트북은 절대로 작업 공간을 벗어날 수 없었다. 인터넷이 가능한 자료 조사용 컴퓨터가 네 대 있었는데, 이는 다른 번역가와 공유해야 했고, 조사한 내용은 종이에 필사해야 했다. 심지어 화장실 갈 때나 부득이한 외출은 반드시 보고해야 했고, 매일 작업한 번역본을 제출해야 숙소로 돌아갈 수 있었다고 한다. 작업에는 한 달 반의 시간이 소요됐으며, 이 과정에서 몇몇 번역가들은 '혹사당했다'는 표현을 쓰기도 했다. 프랑스의 영화감독 레지 루앙사르는 『인페르노』의 번역 스토리에 매료되었고, 여기에 살을 붙여서 영화로 만들기로 결심한다. 그렇게 탄생한 영화가 「9명의 번역가」이다.

영화 속에서 이야기의 중심이 되는 소설은 베스트셀러 『디덜러스』다. 이 시리즈의 마지막 권을 출간하기 위해 파리의 한 저택으로 번역가들이 모여들면서 이야기는 시작된다. 이 저택은 『디덜러스』의 엄청난 팬이자 세계의 종말을 믿는 한 러시아 부호의 소유로, 지하에 세상이 멸망해도 끄떡없을 것 같은 벙커가 있다. 이곳에 초대된 번역가들은 말 그대로 지하 벙커에 갇혀서 두 달 동안 번역에만 몰두하게 된다.

러시아에서 고용된 살벌한 경비원들의 감시 아래 벙커에서 일해야 한다는 것만 제외하면 저택에서의 생활은 의외로 순조롭다. 개인 욕실이 구비된 럭셔리한 방, 공용 풀장, 평생 봐도 다 못 볼 만큼의 콜렉션을 갖춘 영화관, 볼링장, 매 끼니 준비되는 전문 요리사의 요리까지 완벽한 환경처럼 보일 정도다.

그러나 이 평화는 『디덜러스』를 출간하는 출판사 대표인 앙스트롬에게 도착한 메시지 하나로 깨진다. "『디덜러스』 마지막 권의 첫 10페이지를 인터넷에 공개했으며, 5백만 유로를 24시간 내로 송금하지 않으면 다음 100페이지를 올리겠다"는 것이었다. 긴장감에 휩싸인 방 안 분위기는 메시지의 마지막 부분을 읽고 더욱 얼어붙는다. 마지막에 적힌 "세상에 필요한 건 사랑, 따스한 사랑"은 번역가들이 일과를 끝내고 볼링장에서 다 같이 샴페인을 마시면서 불렀던 노래 가사이기 때문이다. 이들 중 원고를 유출한 범인이 있다는 이야기다. 이때부터 영화 안팎에서 범인 찾기가 시작된다. 과연 문서를 유출한 범인은 누구일까? 그리고 소설의 번역은 무사히 끝낼 수 있을까?

갇혀 있는 번역가들이 밤에 마시는 술

「9명의 번역가」에 관한 원고를 꼭 쓰고 싶었던 것은 흥미로운 스토리 때문이기도 하지만, 극 중 번역가들이 즐기는 와인 때문이기도 했다. 첫 저녁 식사에는 샤토 샤스-스플린*Château Chasse-Spleen*(『와인이 있는 100가지 장면』 1편 386쪽 「몽상가들」 참고)이 등장하고, 볼링장에서 그들의 흥을 돋우는 건 샴페인 '태탱저 콩테 드 샹파뉴 블랑 드 블랑*Taittinger Comtes de Champagne Blanc de Blancs*'이다.

태탱저 샴페인 하우스의 역사는 무려 1734년으로 거슬러 올라간다. 설립자 자크 푸르노는 당시 최고의 포도밭을 소유하고 있던 베네딕틴 수도사들과 긴밀한 협업을 하며 와인 사업에 뛰어들었고, 제1차 세계대전 후 테오발드 1세가 살던 샤토 드 라 마르케트리로 회사를 이전했다. 이후 샴페인 생산은 태탱저 가문의 일원들에게 성공적으로 대물림되었고, 특히 클로드 태탱저가 부임해서 샴페인 하우스를 진두지휘한 1960년부터 2005년 사이에 세계적인 샴페인 하우스로 이름을 알리게 되었다. 그리고 이 성공을 견인한 샴페인이 바로 영화에 등장한 콩테 드 샹파뉴 블랑 드 블랑이다.

샴페인 이름에 많은 정보가 담겨 있다. '콩테 드 샹파뉴'는 '샹파뉴(지명)의 백작'이라는 뜻인데, 이런 이름이 붙게 된 건 실제 샹파뉴 지역의 백작이었던 테오발드 1세와 많은 연관이 있다. 테오발드 1세는 1222

년부터 1253년까지 샹파뉴의 정치, 경제, 예술에 많은 영향을 끼쳤던 인물로, 전투는 물론 뛰어난 예술적 재능까지 겸비해 그가 만든 노래와 시가 오늘날까지도 전해진다고 한다. 태탱저는 샤토 드 라 마르케트리의 원래 주인인 테오발드 1세의 업적을 기리기 위해 콩테 드 샹파뉴라는 샴페인을 만들었고, 회사 로고에도 말을 탄 테오발드 1세가 그려져 있다.

블랑 드 블랑은 샴페인 양조에 쓰이는 피노 누아, 피노 뫼니에, 샤르도네 중에서도 청포도 품종인 샤르도네로만 만든 샴페인을 뜻한다. 콩테 드 샹파뉴 블랑 드 블랑은 '화이트의 언덕'이라는 뜻을 지닌 코트 데 블랑Côte des Blancs, 그중에서도 최고의 포도를 재배하는 그랑 크뤼 마을 다섯 곳(크라망Cramant, 아비제Avize, 슈우이Chouilly, 오제르Oger, 르 메닐 쉬르 오제르Le Mesnil-sur-Oger)에서 난 포도만 사용해 만든다. 포도 생산의 95%가 샤르도네인 코트 데 블랑은 샤르도네 재배에 이상적인 백악질 토양을 가지고 있다. 심지어 같은 샤르도네라도 각 마을마다 캐릭터가 다르기 때문에 별도로 관리해서 양조하며, 첫 번째로 착즙한 신선한 주스만 사용한다. 또한 콩테 드 샹파뉴 블랑 드 블랑이 가지고 있는 섬세한 토스트 향을 얻기 위해 전체 와인의 5%를 갓 만든 새 프렌치 오크 통에서 4개월가량 숙성하는 것도 포인트다. 이후 태탱저가 자랑하는 깊고 긴 지하 셀러에서 무려 10년 동안 숙성한 뒤 출시한다.

태탱저는 와이너리 여행에도 추천하고 싶은 곳이다. 샹파뉴에서 필자들이 방문한 첫 번째 샴페인 하우스이기도 했다. 테오발드 1세의 취향이 묻어나는 고풍스러운 저택에서 이루어지는 투어는 역사적인 지하 셀러를 돌아보는 것으로 시작해 대망의 샴페인 시음으로 마무리된다. 여기서 콩테 드 샹파뉴 블랑 드 블랑을 마셨는데 가늘고 조밀한 기포가 아름답게 잔을 채우고, 산딸기, 복숭아, 달콤한 꽃 향, 쿠키, 계피, 은은한 바닐라 향을 즐길 수 있었다. 입에서는 신선한 자몽과 레몬의 신선한 산미, 밀도 있는 질감, 미네랄의 풍미가 인상적이다. 과연 태탱저를 대표하는 프리미엄 샴페인이라고 할 만하다.

감독은 영화를 구상하면서 수많은 번역가를 만나서 자문을 구했다고 한다. 그중 미국의 유명 소설가 토마스 핀천의 전속 번역가로 유명한 니콜라 리샤르의 조언이 큰 영향을 미쳤다. 니콜라 리샤르는 한 인터뷰에서 다음과 같이 말했다.

"번역가는 일종의 변압기와 같다. 작가의 목소리를 단순히 다른 언어로 똑같이 재현하는 일을 하는 게 아니다."

한 나라의 언어뿐 아니라 정서를 전하려는 노력이 느껴지는 말이다. 그러고 보면 주로 먼 나라에서 생산한 와인을 한국 소비자에게 전하는 소믈리에의 일도 번역가와 비슷하다. 기본적으로는 외국어가 빼곡히 적힌 레이블을 설명하고, 와인의 향과 맛을 전달할 때 사용하는 단어를 고르며, 와인이 가지고 있는 역사와 이야기를 전달하는 역할을 한다. 그렇게 애쓰는 시간이 와인을 단순히 발효주에 국한하지 않고 미식과 문화, 역사를 담아낸 결과물로 만드는 것 아닐까. 다른 나라의 말을 넘어 문화와 뉘앙스까지 놓치지 않으려 하는 번역가들의 노력처럼 말이다.

「하와이언 레시피」와
트로피컬 향 머금은 하와이 와인

Honokaa Boy

Director 사나다 아츠시
Cast 오카다 마사키(레오)
　　　 바이쇼 치에코(비이)
　　　 마츠자카 케이코(에델리)
　　　 채즈 만(버즈)
　　　 키미 코이시(코이치)
　　　 하세가와 준(머라이어)
　　　 아오이 유우(카오루)

Wine 하와이 와인(미국 하와이)

주인공 레오는 소원을 이뤄준다는 달 무지개를 보기 위해 여자 친구 카오루와 함께 하와이로 여행을 떠난다. 하지만 달 무지개는 찾을 수 없었고, 길을 잃고 당도한 작은 마을 호노카아에서 여자 친구와 이별까지 하고 만다. 반년 뒤 레오는 대학을 휴학하고 마음속에 잔잔하게 머물던 호노카아를 다시 찾는다. 그리고 이곳에서 느슨하게 살아가는 사람들 속에 동화되며 마음의 평화를 찾는다.

영화에서 레오는 마을에서 사탕수수의 달콤한 향이 난다고 말한다. 실제로 1873년 하마쿠아 설탕 회사가 호노카아에 설립되었었고, 오랜 시간 마을의 근간이 되어주었다. 1994년 공장은 문을 닫았지만, 회사가 성업 중일 때 많은 일본인 노동자가 이주해 왔다. 그리고 지금까지 돌아가지 않고 남아 있는 일본인들이 여전히 마을을 지키고 있다. 그래서인지 영화 속 호노카아 마을은 마치 노인을 위한 평안한 안식처처럼 보인다.

　레오의 말을 빌려 등장인물을 소개하면 극장에서 팝콘을 파는 제임스는 귀가 안 들리는 건 아니지만 나이가 많아 대답이 느리다. 극장의 주인 에델리는 늘 뭔가 먹느라 바빠서 대답이 느리다. 영사기사인 버즈는 과묵한 성격 탓에 대답이 느리다. 매일 같이 야한 잡지를 즐겨 보는 고이치 할아버지는 여배우와의 사랑을 꿈꾼다. 극장에서 파는 1달러짜리 도넛 '말라사다'를 위험할 정도로 맛있게 만드는 할머니 비이는 동네 꼬마보다 장난기가 많고 새침하다. 비이는 오래전 남편과 사별하고 고양이를 돌보며 지내고 있다.

　어느 날, 극장에서 잡다한 일을 맡아서 해오던 레오는 비이의 집에 밀가루 배달을 간다. 비이가 집을 비운 사이 레오는 집에서 풍겨오는 맛있는 냄새를 참지 못하고 비이가 고양이 밥으로 만든 생선조림을 몰래 훔쳐 먹는다. 이 귀여운 해프닝이 발단이 되어 비이는 레오에게 매일 밥을 차려주겠다며 언제든 오라고 말해준다. 그러면서 오랜 시간 빛을 잃었던 비이의 일상도 다시 생기를 찾게 된다.

　「하와이언 레시피」를 처음 봤을 때는 맛있는 요리가 잔뜩 나오는 힐링 영화라고 생각했다. 특히 비이의 카베츠롤(양배추롤)은 꼭 한번 도전해보고 싶다는 생각이 들 정도로 맛깔나게 표현된다. 이 영화를 두 번째 보게 된 이유는 카베츠롤을 실제로 해볼까 해서였고, 세 번째 본 이유는 와인 장면을 찾기 위해서였는데 보면 볼수록 독특하고 묘한 사랑 영화라는 생각이 들었다.

　레오가 비이의 집에 머라이어를 데려가 함께 저녁 식사를 할 때 와인이 등장한다. 들뜬 레오는 화이트 와인까지 준비해 오는데, 와인을 오픈하는 모습이 어찌나 어설픈지 답답하면서도 무척 귀여워 보인다. 어떤 관점에서는 불행의 서막이 되는 장면이기도 하고, 레오가 비이 곁으로 돌아가게 되는 도화선이 되기도 한다. 레오가 끙끙거리며 오픈한 화이트 와인은 정체를 드러내지 않았지만, 여기서는 영화의 배경인 하와이에서 만드는 와인에 관해 이야기해 보려고 한다.

생소한 그 이름, 하와이 와인

하와이에서 와인이? 웬만한 와인 애호가에게도 하와이 와인은 낯설게 다가온다. 16개국을 돌아다닌 세계 와인산지 여행에도 하와이는 포함되어 있지 않았다. 그런데 얼마 전 하와이로 여행을 다녀온 지인 덕분에 파인애플로 만든 하와이산 스파클링 와인을 마셔볼 수 있었다. 금방이라도 훌라춤을 출 것 같은 여성이 그려진 레이블을 바라보며 인공적인 파인애플 향과 단맛을 가진 싸구려 음료일 거라고 지레짐작했었다. 하지만 한 모금 입에 담고 보니 기대 이상의 품질에 몹시 감탄했던 기억이 있다. 진한 파인애플 향, 기가 막힌 산도와 드라이함을 겸비한 좋은 식전주였다.

아직 하와이산 포도로 만든 와인을 마셔본 일은 없지만, 와인 애호가라면 미국 와인을 공부할 때 이와 비슷한 얘기를 들어본 일이 있을 것이다. "미국의 50개 주 모두가 와인을 생산한다. 양과 질의 차이만 있을 뿐." 그렇다. 하와이도 와인을 생산한다. 심지어 울루팔라쿠아 *Ulupalakua*라는 아주 하와이스러운 이름의 AVA까지 지정되어 있다.

AVA는 'American Viticultural Area'의 약자로, 미정부에서 지정한 특별한 포도 재배지를 뜻한다. 예를 들어 미국 와인 레이블에 'NAPA VALLEY'라고 쓰여 있다면, 이 와인은 미국 서부 캘리포니아 주의 나파 밸리에서 재배한 포도를 85% 이상 써서 와인을 만들었다는 의미다. 나머지 15%는 나파 밸리 구역 외 지역에서 재배한 포도가 섞일 수도 있지만, 반드시 같은 주, 그러니까 캘리포니아에서 재배한 포도를 써야 한다. 현재 AVA는 34개 주에 269개가 지정되어 있으며, 그중 절반이 넘는 149개가 캘리포니아에 있다. 캘리포니아가 미국 전체 와인 생산량의 85%의 와인을 생산한다는 사실을 떠올린다면 오히려 적다는 생각이 들 수도 있다.

2021년 지정된 매우 따끈따끈한 AVA인 울루팔라쿠아 AVA는 아직 미국에서 가장 규모가 작은 AVA다. 참고로 하와이의 정확한 명칭은 하와이 제도다. 총 19개의 크고 작은 섬으로 이루어져 있으며, 가장 큰 섬의 이름이 하와이라서 보통 하와이로 통칭해서 부른다. 미국에서는 혼동을 피하고자 하와이섬을 빅 아일랜드라고 부르는 경우가 더 많다.

울루팔라쿠아는 하와이 제도에서 두 번째로 큰 섬이자 빅 아일랜드 바로 위에 있는 마우이섬에 있다. 정확한 위치는 마우이섬의 남서쪽으로 총면적이 70에이커(약 8만 5천 평)에 불과하다. 이 중 포도밭은 16에이커(약 2만 평)로, 시라, 그르나슈, 말벡, 슈냉 블랑, 비오니에, 게뷔르츠트라미너를 주로 재배한다. 위에서 잠시 소개한 나파 밸리 AVA의 포도밭 면적은 43,000에이커(약 5천 2백만 평)의 넓이이므로 얼마나 작은 곳인지 가늠이 될 것이다. 사실 나파 밸리도 규모가 가장 큰 AVA는 아니다.

울루팔라쿠아에서의 포도 재배의 역사는 (추정이기는 하지만) 1800년대 초 포르투갈 출신 이민자인 돈 프란시스코데 피울라 마린이라는 사람이 이 지역으로 양조용 포도나무를 수입해 소량의 와인을 만든 데에서 시작한다. 언뜻 생각하기에 비가 잦은 하와이가 포도 재배에 그리 좋은 환경이 아닐 거라고 예상할 수 있겠지만, 하와이의 우기는 11월부터 3월까지다. 심지어 울루팔라쿠아의 경우 포도가 한창 익어가는 7~8월에는 한 달에 비가 2인치 미만으로 내린다고 한다. 토양은 포도 재배에 이상적인 화산토에, 기온까지 1년 내내 일정하다고 하니 과연 AVA로 지정될 만한 환경을 갖췄다.

현재 하와이 제도에 '와이너리'라고 부를 만한 곳은 세 곳 정도가 있다. 그중 하나인 '마우이 와이너리Maui Winery'가 울루팔라쿠아 근방에 위치하며, AVA 내에 동명의 울루팔라쿠아 빈야드를 소유하고 있다. 하와이 와인을 대표하는 와이너리이며 설립연도도 1974년으로 가장 오래됐다. 하와이에서 가장 유명한 과실주인 파인애플 와인을 비롯해서 울루팔라쿠아 빈야드에서 수확한 양질의 시라, 그르나슈, 말벡, 슈냉 블랑으로 단일 품종 와인을 만들고 있다. 또한 와이너리 고유의 노하우로 블렌딩한 '로즈 랜치Rose Ranch'라는 와인을 선보이고 있다. 이 외에도 로제나 슈냉 블랑으로 만든 스파클링 와인도 하와이 내에서는 독보적인 인기를 누리고 있다고 한다.

마지막으로 소개할 곳은 빅 아일랜드에 위치한 '볼케이노 와이너리Volcano Winery'인데, 생산하는 와인의 종류가 많지는 않지만 특이하게도 피노 누아 단일 품종 와인이 있다. 하와이산 피노 누아 와인이라니, 꼭 한 번은 맛보고 싶다는 생각이 든다. 사실 하와이 현지에서 인기 있는 와인은 포도로 만든 것이 아니라 파인애플이나 꿀 와인이지만, 언젠가 하와이산 포도로 만든 진짜 와인을 마시게 된다면 영화에서 비이가 만들었던 양배추롤을 직접 만들어서 곁들일 생각이다.

「아이 엠 러브」, 궁극의 디저트 와인

I Am Love

Director	루카 구아다니노
Cast	틸다 스윈튼(엠마)
	플라비오 파렌티(에도아르도)
	알바 로르워처(엘리사베타)
	에두아르도 가브리엘리니(안토니오)
	핍포 델보노(탄크레디)
Wine	샤토 디켐(프랑스 보르도), 그리고 알자스 그랑 크뤼

「아이 엠 러브」는 루카 구아다니노 감독의 욕망 3부작의 첫 번째 작품이다. 두 번째가 「비거 스플래쉬」, 세 번째가 「콜 미 바이 유어 네임」이며, 「아이 엠 러브」는 2009년 작이지만 「콜 미 바이 유어 네임」이 전 세계적으로 주목받자 국내에서도 2018년 7월 재개봉했다.

영화는 이탈리아 밀라노에 기반을 둔 재벌가 레키 가문의 집안 행사를 비추면서 시작한다. 현 레키 가문의 수장인 에두아르도의 생일을 축하하기 위해 온 가족이 모이는 자리, 카메라는 안주인인 엠마의 시선을 따라간다. 이제는 기억에서 지워진 지 오래인 고향 러시아에서 남편을 따라 이탈리아에 시집 온 엠마. 그의 완벽한 이탈리아 억양처럼 엠마는 아름답고 듬직한 세 자녀와 남편, 재력가 시부모 사이에서 자신의 역할을 능숙하게 해내며 완벽한 삶을 사는 것처럼 보인다.

그러나 견고해 보이는 삶은 두 가지 사건으로 균열이 가기 시작한다. 하나는 첫째 아들의 친구이자 장래가 촉망되는 셰프인 안토니오와의 만남이다. 가족 모임이 한창이던 저녁, 안토니오는 케이크를 선물하기 위해 저택에 들렀다가 엠마를 만난다. 파티에 함께하자는 제안을 거절한 채 떠나는 안토니오의 모습을 창문으로 지켜보는 동안 첫 번째 균열이 천천히 엠마의 삶에 스며든다. 그리고 얼마 뒤 엠마는 셋째 딸 엘리자베타가 성소수자라는 사실을 알게 되고, 다 큰 자녀들의 삶에서 한 발짝 물러나 오랜 시간 잊고 지냈던 자신의 내면을 응시하기 시작한다.

이후 엠마는 안토니오와 또 한 번 저택에서 스치듯 만나는데, 그 짧은 순간 엠마 안에 내재된 무방비하고 자유로운 사랑의 감정이 온전히 깨어난다. 특히 둘의 세 번째 만남이 이루어지는 레스토랑 신은 남녀의 스킨십 한번 없이 음식을 먹는 행위를 통해 격정적으로 사랑에 빠져드는 순간을 감각적으로 담아냈다.

루카 구아다니노 감독이 이탈리아인이고, 배경 또한 밀라노인 덕분에 와인은 쉴 새 없이 등장한다. 숨 막히는 레키 가문의 가족 모임에서도, 안토니오가 만드는 감각적인 요리에도 언제나 와인이 함께한다.

궁극의 디저트 와인, 샤토 디켐

영화에 등장하는 와인 중 가장 호기심이 일었던 와인은 에두아르도의 생일 축하 파티에 등장하는 '49년산 와인'이다. 길게 이어지는 저녁 식사 후 에두아르도는 그의 손자 에두아르도 주니어에게 셀러에서 두 병의 49년산 와인을 가지고 오라고 시킨다. 정확한 와인의 이름은 나오지 않고 와인을 서빙하는 장면도 등장하지는 않지만, 에두아르도 주니어의 손에 들려 있는 와인 병과 와인의 색 덕분에 어떤 와인인지 알 수 있었다.

에두아르도의 손에 들린 와인은 아름다운 호박색이다. 영화의 배경이 2000년 즈음이라고 해도 1949년 빈티지면 무려 50년 전에 생산된 와인이다. 50년 가까이 병에서 숙성하면서 이런 아름다운 호박색을 내고, 심지어 와인을 즐길 수 있을 정도로 생명을 유지할 수 있는 와인은 오로지 최상급 디저트 와인밖에 없다.

그리고 희미하게 보인 레이블 상단의 왕관 로고를 통해 샤토 디켐 *Château d'Yquem*임을 직감하고 그 시절 샤토 디켐의 레이블을 검색했더니 영화에 나오는 레이블과 90% 이상 일치한다는 걸 알 수 있었다. 지금의 샤토 디켐 레이블은 70년 전과는 많이 달라졌지만 그때나 지금이나 변함이 없는 건 레이블을 빛내는 왕관 로고다. 그리고 이탈리아에서 둘째라면 서러운 재벌인 레키 가문, 그것도 회장의 생일이자 후계자를 정하는 중요한 자리라면 디저트 와인의 왕이라고 불리는 샤토 디켐이 아주 잘 어울린다. 설령 그곳이 로컬 와인의 천국 이탈리아라고 해도 말이다.

샤토 디켐을 한마디로 표현하자면 귀부 와인의 정점에 있는 와인이다. (『와인이 있는 100가지 장면』 1편 66쪽 「킹스맨: 시크릿 에이전트」 참고) 영화에는 50년의 시간이 흐른 디켐이 등장하는데, 디켐이기에 가능한 이야기다. 샤토 디켐은 믿기 어려울 정도로 긴 숙성 잠재력을 가진 와인이다. 최소한 15~20년은 지나야 비로소 본 모습을 보여주며, 정점에 이른 후에도 50년 혹은 그 이상을 버티면서 때에 따라 더욱 고혹적인 자태를 보여주기도 한다.

알자스 그랑 크뤼

영화에는 인상적인 와인 장면이 한 번 더 등장한다. 엠마가 시어머니, 그리고 곧 며느리가 될 에바와 함께 안토니오의 레스토랑에서 식사를 하는 장면이다. 소믈리에가 와인을 가져오더니 레이블을 보여주며 "리슬링 알텐베르그 드 베르그하임 1995년산(Riesling Altenberg de Bergheim 1995)"이라고 말한다. 여기서 많은 정보를 얻을 수 있는데, 이 와인이 프랑스 알자스의 그랑 크뤼 등급의 포도밭인 '알텐베르그 드 베르그하임'에서 1995년에 수확한 리슬링으로 만든 와인이라는 것이다. 레이블은 나오지 않아서 와이너리까지 알 수는 없었다.

프랑스에서 알자스만큼 독특한 개성을 자랑하는 와인 산지도 없다. 알자스는 현재 프랑스에 속해 있지만 독일 국경과 바로 마주한 탓에 독일과 프랑스 사이에서 마치 줄다리기하듯 국적이 여러 차례 바뀌었던 곳이다. 그래서 알자스 와인도 독일 와인과 프랑스 와인의 정체성을 모두 가지고 있다. 알자스 와인은 독일 와인처럼 플루트*flute*라고 부르는 얇고 긴 병을 주로 쓰며, 블렌딩 와인도 있지만 대개 단일 품종으로 와인을 만든다. 그리고 프랑스 다른 지역과는 달리 와인을 만든 포도 품종 이름을 레이블에 적는 게 특징이다. 그러면서도 프랑스답게 세부적인 등급 체계가 존재한다. 알자스의 와인 등급은 알자스*Alsace* AOP, 크레망 달자스*Crémant d'Alsace* AOP, 알자스 그랑 크뤼*Alsace Grand Cru* AOP의 세 등급으로 구분한다.

알자스 AOP는 알자스 와인 생산량의 75%를 차지한다. 앞서 언급했듯 레이블에 포도 품종이 적혀 있는 경우가 많으며 반드시 적혀 있는 포도 품종을 100% 사용해서 와인을 만들어야 한다. 예외가 에델츠비커*Edelzwicker*와 장티*Gentil*다. 에델츠비커는 '고귀한'이라는 뜻의 'edel'과 블렌드했다는 'zwicker'의 합성어다. 에델츠비커의 역사는 무려 1644년으로 거슬러 올라간다. 알자스에서는 그때부터 리슬링, 피노 그리, 게뷔르츠트라미너, 뮈스카를 귀족 품종으로 정하고 다른 품종보다 더 높게 평가했다. 당시 생산자들은 귀족 품종들을 한 포도밭에서 함께 재배하고 한 번에 수확해서 양조했는데, 필드 블렌드라고 부르는 이것이 에델츠비커의 기원이다.

오랜 시간 에델츠비커는 고귀한 품종으로 만든 수준 높은 와인을 의미했지만, 1970년 이 용어의 사용에 대한 규제가 완화되면서 지금은 다소 평범한 와인으로 인식되기도 한다. 현재 에델츠비커는 알자스에서 재배 가능한 청포도 품종을 비율에 관계없이 블렌딩할 수 있으며, 필드 블렌드일 필요도 없다. 때문에 다채로운 품종과 다채로운 비율을 가진 에델츠비커가 생산되고 있다.

장티는 에델츠비커처럼 블렌딩 와인인데 좀 더 제한적이다. 장티라는 명칭을 쓰려면 귀족 품종을 최소한 50% 이상 블렌딩에 사용해야 하며 나머지는 실바너, 피노 블랑 등으로 채우면 된다. 또한 블렌딩하기 전에 각 포도 품종은 반드시 별도로 양조해야 한다는 점이 에델츠비커와의 차이점이다.

크레망 달자스 AOP는 알자스에서 생산하는 스파클링 와인을 말한다. 알자스 전체 와인 생산량의 22%를 차지하며, 샴페인처럼 전통 방식으로 생산해야 크레망이라고 칭할 수 있다. 크레망 달자스는 피노 누아, 리슬링, 피노 블랑, 피노 그리, 샤르도네 등 여러 품종으로 만들어지며, 각각의 품종이 크레망에 기여하는 역할이 조금씩 다르다. 우선 피노 블랑은 크레망 달자스의 메인 품종으로 신선함과 부드러움을 준다. 리슬링은 우아함, 생생한 과일 향을 가미하며, 피노 그리는 풍부한 질감에 기여한다. 샤르도네는 섬세함을, 피노 누아는 복합미와 기교를 더한다. 크레망 달자스는 최소 9개월 이상 2차 병 발효를 거쳐야 명칭을 획득할 수 있는데, 알자스 와인 산업은 최소 숙성 기간을 12개월로 늘리려는 시도를 하고 있다.

마지막 알자스 그랑 크뤼는 알자스 지역 전체 생산량의 4%에 불과한 최고급 와인이다. 부르고뉴의 그랑 크뤼 와인처럼 레이블에 포도밭 이름이 기재되며, 현재 51개의 그랑 크뤼 포도밭이 있다. 알자스 지역에서는 적어도 4세기부터 포도가 재배되었고 긴 시간 동안 어떤 포도밭의 포도가 더 좋은 품질을 보여주는지 연구를 거듭했다. 마침내 1975년 알자스 그랑 크뤼 체계에 대한 법안이 통과됐고, 1983년부터 법이 발효되었다. 이때 그랑 크뤼로 인정된 포도밭은 25개였다가 1990년

25개의 포도밭이 추가로 선정됐고, 2006년 케퍼코프Kaefferkopf가 그랑 크뤼 대열에 합류하면서 지금까지 51개로 유지되고 있다.

알자스 그랑 크뤼는 반드시 귀족 품종인 리슬링, 피노 그리, 뮈스카, 게뷔르츠트라미너만 사용해야 한다. 예외적으로 조첸베르그Zotzenberg에서는 실바너로, 키르흐베르그 드 바르Kirchberg de Barr와 헹스트Hengst에서는 피노 누아로 그랑 크뤼를 만든다.

영화에 등장한 알텐베르그 드 베르그하임은 무려 12세기부터 명성을 얻어 온 알자스 그랑 크뤼의 선봉장이다. 33.06헥타르(약 10만 평)의 넓이로, 주로 리슬링과 게뷔르츠트라미너 품종으로 활기차면서도 섬세하고 미묘한 와인을 만든다.

「아이 엠 러브」는 구아다니노 감독과 틸다 스윈튼이 함께한 세 번째 작품이다. 감독은 2002년 「틸다 스윈튼: 러브 팩토리」라는 틸다 스윈튼의 인터뷰로 구성된 다큐멘터리를 제작할 만큼 그에 대한 애정이 남달랐다. 그리고 틸다 스윈튼과 함께 사랑의 본질에 관해 이야기를 나누며 구상한 영화가 바로 「아이 엠 러브」다.

영화를 본 독자 분들이라면 영화의 마지막, 가슴 뛰게 하는 음악과 함께 펼쳐지는 틸다 스윈튼의 빛나는 연기를 영원히 잊을 수 없으리라. 에두아르도에서 아들 탄크레디로, 탄크레디에서 손자 에두아르도 주니어로, 남성 중심의 재벌가에서 자신의 이름을 잊은 채 살아왔던 엠마, 아니 키티쉬. 그는 1949년 샤토 디켐 대신, 자신의 이름을 불러줄 사랑을 찾으러 떠난다. 아이 엠 러브. 제목에 어울리는 완벽한 결말이다.

「더 페이버릿: 여왕의 여자」와 영국 왕실이 사랑한 와인

The Favourite

Director	요르고스 란티모스
Cast	엠마 스톤(아비게일)
	레이첼 바이스(사라 처칠)
	올리비아 콜먼(앤 여왕)
	니콜라스 홀트(로버트 할리)
Wine	영국 왕실과 보르도 와인의 성공

영화 「더 페이버릿」은 「송곳니」, 「더 랍스터」로 알려진 그리스 감독 요르고스 란티모스의 다섯 번째 장편 연출작이자, 첫 번째 시대극이다. 영국이 그레이트 브리튼 왕국이라고 불리던 18세기 초, 앤 여왕의 재임 시절을 배경으로 하고 있다. 그레이트 브리튼 왕국은 잉글랜드 왕국과 스코틀랜드 왕국이 완전히 통합되어 1707년 5월 1일 앤 여왕 시기에 성립된 국가다. 앤 여왕은 잉글랜드의 국왕이자, 스코틀랜드 국왕이었고, 그레이트 브리튼의 초대 국왕이면서, 스튜어트 왕조의 마지막 군주였다.

앤 여왕은 다른 군주와 비교해서 인지도가 높은 편이 아니었는데, 그 이유는 사라 처칠이 궁정에서 쫓겨난 후 악의에 받쳐 쓴 회고록 때문이다. 영화는 바로 이 지점을 파고들었으며, 앤 여왕과 수석 시녀였던 사라 처칠, 그리고 사라의 친척이자 후에 사라를 대신해 앤 여왕의 신임을 얻으면서 수석 시녀 자리를 꿰찬 아비게일 힐의 이야기를 다루고 있다. 기록에 따르면 사라 처칠은 앤 여왕의 어머니인 마리아 왕비의 시녀로 궁에 들어가 어렸을 때부터 앤과 친하게 지냈다고 한다. 극 중 둘의 관계도 왕과 수석 시녀의 사이라기보다 친구에 가까우며, 사라는 앤에게 날카로운 직언도 서슴지 않는다.

앤 여왕은 살아생전 적어도 17번의 임신을 했으며, 12번은 유산하거나 사산했다. 심지어 세상의 빛을 본 아이들도 어린 시절 모두 사망했다. 17번이나 아이를 잃은 그의 상실감과 아픔은 가늠조차 할 수 없는 고통이었을 것이다. 영화에서 앤은 다음과 같이 이야기한다.

"난 17명의 아이를 잃었어. 몇 명은 유산됐고, 몇 명은 사산됐고, 몇 명은 잠깐 살다 갔지. 아이가 죽을 때마다 내 일부도 사라져."

아이를 잃을 때마다 앤 여왕은 토끼를 길렀고, 이제 곁에는 17마리의 토끼가 있다. 그리고 아이가 죽은 날 아이의 이름을 대신 붙여준 토끼를 안으며 자기 위로를 한다. 사랑하는 이들이 계속해서 곁을 떠나면서 앤은 극도의 우울증과 공허함에 시달렸다. 그런 앤이 유일하게 기댈 수 있는 사람이 사라다. 영화에서 나오듯 앤은 사라에게 정신적으로 크게 의존했고, 사라는 국정에 강력한 영향력을 행사했다. 앤은 재위 기간 동안 토리당과 휘그당의 대립을 이용해 왕권을 유지했다. 각 당의 인사를 번갈아 중용한 뒤 한 세력이 커진다 싶으면 실각시키는 방법으로 균형을 이뤘다. 하지만 사라는 휘그당 편이었고, 토리당 소속 귀족과 지나치게 반목하는 강경한 입장을 취해서 앤과 점점 사이가 멀어지게 된다. 이 틈을 파고들어 사라의 빈자리를 채운 사람이 아비게일이다.

또 다른 주요 인물인 토리당 당수 할리의 "호의란 바람처럼 그 방향을 쉽게 바꾼다"는 대사처럼 영화 속 인물들은 서로에게 태도를 바꾸고 어긋난다. 그리고 모든 등장 인물은 자신의 욕망 앞에서 정말이지 솔직하다. 사라와 아비게일 사이에서 앤 여왕은 여왕으로서의 품격을 지킬 수 있을까?

영국 왕실이 사랑한 와인

영국은 예나 지금이나 와인을 만드는 것보다 마시는 데 일가견이 있는 나라로, 전 세계에서 손에 꼽게 와인 수입량이 많다. 보르도의 일부 고급 와인들은 높은 가격을 유지하면서 영국 시장에서 활발하게 판매됐지만, 서민들을 겨냥한 평범한 프랑스 와인들은 한때 포르투갈 와인에 밀려 빛을 보지 못하던 시절이 있었다. 포르투갈 와인이 영국 시장에 등장한 시기가 바로 프랑스 와인 수입을 금지한 17세기 후반인데, 결정적으로 메수엔 조약 덕분에 포르투갈 와인은 날개를 달았다. 이 협정의 골자는 포르투갈 와인에 부과하는 관세를 프랑스 와인의 3분의 2 정도로 낮추는 것이었다. 이에 대한 대가로 영국의 직물은 포르투갈에서 특혜를 누렸다.

이후 포르투갈 와인은 급속도로 발전했고, 당시 영국에서 수입한 와인의 3분의 2가 포르투갈 와인이었다. 나머지는 스페인이었고, 프랑스는 전체의 4퍼센트 정도에 불과했다. 그리고 이마저도 죄다 최고급 와인들이었다. 그러니 이전에 영국 시장에 의존하던 프랑스의 중저가 와인들은 다른 시장을 개척해야 했고, 당시 인구가 급성장하던 프랑스, 즉 내수 시장에 집중하게 된다. 이는 또 다른 방식으로 와인 산업을 발전시켰다.

한편 1730년대에 이르러 포르투갈의 국가 대표 와인인 포트 와인은 수요를 감당할 수 없을 정도로 불티나게 팔려 나갔고, 늘어난 수요를 감당하지 못한 상인들이 가짜 와인을 만들기 시작했다. 예를 들어 색깔이 짙은 와인과 옅은 와인을 섞기도 하고, 독한 와인과 약한 와인을 섞은 다음에 설탕과 알코올을 넣어 당도를 높였다. 그리고 딱총나무 열매로 색깔을 내고, 후추, 생강, 계피와 같은 향신료로 맛을 더했다. 즉, 와인이 아닌 혼합주를 포트 와인이라고 속여 판 것이다. 꼬리가 길면 밟히듯, 이런 행위가 영국에서 발각되어 버렸고 건강에 해롭다는 이미지가 대중들 사이에 퍼지면서 포트 와인의 수입량은 곤두박질쳤다.

포르투갈 정부는 상황이 심상치 않음을 깨닫고 포트 와인이 탄생하는 도우루 밸리 와인 산업을 감독, 관리하는 기구를 재빨리 창설했다. 이때 탄생한 알토-도우루 포도원 조합은 도우루 강에서 와인을 만들 수 있는 지역을 제한하는 동시에 포도의 재배부터 와인의 선적, 그리고 판매까지 모든 단계를 관리하는 기구로 성장했다. 심지어 지역에서 자라던 딱총나무를 모두 없애서 위조의 가능성을 근절했다고 한다. 이쯤 되면 딱총나무 열매의 향과 맛이 궁금해질 정도다. 엄밀히 따지고 보면, 와인의 원산지 통제와 보호의 원조는 프랑스의 AOC가 아니라 포르투갈의 도우루 밸리라고 할 수 있다.

영국인들의 셰리 사랑도 언급하지 않을 수 없다. 셰리는 스페인 남부 헤레스 데 라 프론테라 *Jerez de la Frontera* 지역에서 만드는 대체로 드라이한 스타일의 주정강화 와인을 말한다. 셰리가 지금과 같은 세계적인 명성을 얻게 된 결정적 이유는 포트와 마찬가지로 영국 덕분이다. 당시 안달루시아의 카디즈항은 스페인에서 가장 번화한 항구였으며, 영국과 대립하고 있던 스페인은 그곳에서 영국을 침공하기 위해 함대를 준비하고 있었다. 하지만 영국의 해군 장교인 프란시스 드레이크가 카디즈에 정박하고 있던 스페인의 무적함대를 격파하고 배에 있던 전리품을 영국으로 챙겨왔는데, 거기에 셰리를 담은 2,900개의 배럴이 있었다. 드레이크를 통해 영국 시장에 처음 소개된 셰리는 영국 왕실과 와인 애호가들을 단숨에 사로잡았다. 이후 셰리 사업에서 한몫 건질 요량으로 수많은 영국인이 헤레스로 건너오면서 전성기를 맞았다.

그러나 헤레스의 와인 산업은 필록세라에 의해 완전히 황폐해지면서 오랜 시간 침체기를 겪었다. 필록세라 이전 셰리 생산에는 무려 100여 가지에 달하는 포도 품종이 활용됐지만, 이제는 불과 세 가지 품종이 전부다. 셰리의 아성이 필록세라 피해 이전으로 돌아가는 건 요원해 보이지만, 셰리에 진심인 생산자들의 꾸준한 노력으로 셰리는 여전히 스페인을 대표하는 주정강화 와인으로 굳건히 자리 잡고 있다.

영국의 영향력이 유럽의 와인 산업을 들었다 놨다 할 정도로 컸다 보니, 영국 왕실에서 사랑받는 와인은 와인 애호가들에게 늘 이슈가 되는 이야기다. 2011년 영국 왕실은 수십 년간 닫혀 있던 왕실의 비밀 셀러를 개방해 무려 30억 원에 달하는 3만 9,000병의 와인을 정부에 기증했다고 한다. 그럼 이토록 많은 와인을 관리하는 사람은 누구일까? 주인공은 런던에서 가장 오래된 와인숍 베리 브로스 앤드 러드 *Berry Bros & Rudd*의 오너 가문으로, 1760년 이 일을 맡은 이후 지금까지 대를 이어 왕실에 와인을 추천하는 와인 전문가 업무를 수행하고 있다. 런던에서 실제로 숍을 방문했던 기억을 떠올려보면, 유명세에 비해 규모가 작아 의외이기는 했지만 직원들로부터 풍겨 나오는 기품은 확실히 남달랐다.

이렇듯 영국 왕실은 수세기 동안 유럽 최고의 와인들이 모이는 이른바 천상의 와인 창고였고, 앤 여왕도 살아생전 다채로운 와인을 즐겼다고 전해진다. 너무 많이 마신 나머지 건강이 더 악화한 건지도 모르지만. 여하튼 고통에 신음하는 앤 여왕을 연기한 올리비아 콜먼은 박수를 받아 마땅하다. 마치 앤 여왕이 현신한 듯 완벽한 연기를 보여준 그는 이 영화로 아카데미를 비롯해 베니스 국제 영화제, 골든 글로브 시상식 등 그해 여우주연상을 휩쓸었다.

영화에는 시대상을 재현하기 위한 노력이 곳곳에서 드러난다. 앤 여왕이 군림한 왕국의 시대상을 완벽히 표현하기 위해 의상, 촬영, 조명의 사용까지 감독은 세세하게 화면을 설계했고, 완성된 영화는 너무나 훌륭했다. 감독의 작품을 아직 시작하지 않은 독자분들이 계신다면 「너 페이버릿」부터 감상하는 게 좋을 것 같다. 감독은 자신의 필모그래피가 쌓일수록 관객들에게 친절한 작품을 내놓았으니 말이다.

「파운더」, 햄버거에는 와인을!

The Founder

Director 존 리 행콕

Cast 마이클 키튼(레이 크록)

Wine 햄버거에 어울리는 와인

「파운더」는 매일 세계 인구의 1퍼센트가 먹는다는 대단한 햄버거 프랜차이즈인 맥도날드가 어떻게 지금의 제국을 이루었는지 과정을 보여주는 영화다. 포장만 보면 맥도날드의 창업주인 레이 크록의 대단한 성공담이라고 생각할 수 있는데, 속을 까보면 그의 성공 과정을 적나라하게 보여주다 보니 오히려 그에 대한 비판이 담겨 있다. 사실상 맥도날드를 탄생시킨 맥도날드 형제와의 갈등, 그를 헌신적으로 내조해 주었던 아내에 대한 배신 등 세계적으로 성공한 프랜차이즈의 창업주라는 이면에 가려진 인간 레이 크록의 면면을 가감 없이 표현하고 있다.

잘 알려졌다시피 맥도날드의 실질적인 창업자는 레이 크록이 아니라 리처드 맥도날드와 모리스 맥도날드 형제다. 캘리포니아 몬로비아 공항 근처에서 '에어드롬'이라는 매점을 운영하던 그들은 1940년대 운전자들이 차에 탄 채로 음식을 사서 먹는 드라이브인 매장이 인기를 끌자, 바비큐를 메인 메뉴로 하는 '맥도날드 페이머스 바비큐'를 운영했다. 이때 햄버거는 그들이 판매하던 27가지 메뉴 중 하나였다고 한다.

처음에는 돈벌이가 쏠쏠하던 맥도날드 페이머스 바비큐는 점차 사업이 정체되었고, 형제는 사업을 전면 재검토하기 시작했다. 영화에도 나오지만 당시의 드라이브인은 한계점이 명확했다. 가장 큰 단점은 주문부터 서빙까지 시간이 오래 걸렸고, 손님이 몰리면 서비스의 질이 급격히 떨어져서 고객 만족도가 높지 못했다. 또한 메뉴도 많아서 낭비가 심했다. 이 단점을 싹 다 고쳐서 탄생한 게 우리가 알고 있는 '맥도날드'다.

이전에는 직원이 주차된 손님의 차로 이동해서 주문을 받아와서 주문한 음식을 차까지 다시 가져다줘야 했지만, 고객이 직접 주문하도록 바꾼 현재의 형태는 혁신 그 자체였다. 또한 매출에 기여하는 효자 품목인 햄버거, 감자튀김, 음료수로 대폭 메뉴를 정리했다. 영화에서 테니 스코트에 분필로 그림을 그려가며 햄버거를 만드는 가장 효율적인 주방 동선, 조리기구의 배치를 가늠하는 장면이 나온다. 이는 영화적 설정이 아니라 실제 있었던 일이라고 한다. 그렇게 조리 시간을 혁신적으로 줄이고 접시나 식기 대신 종이 포장으로도 먹기 충분한 햄버거를 고안함으로써 맥도날드는 대성공을 이루게 된다.

한편 퇴짜만 맞던 셰이크 제조기 외판원 레이 크록은 어느 날 한 매장에서 셰이크 제조기를 여섯 대나 구매했다는 믿을 수 없는 연락을 받고, 어떤 매장인지 확인하러 먼 길을 달려간다. 그곳이 바로 맥도날드다. 그곳에서 신세계를 경험한 레이 크록은 직감적으로 그들의 사업이 돈이 될 거라는 것을 예감하고 형제에게 프랜차이즈를 제안한다.

맥도날드의 역사에 관심이 있는 독자분들이라면 레이 크록과 맥도날드 형제의 불화와 갈등이 얼마나 깊었는지 잘 알고 있을 것이다. 그 과정에서 어떻게 레이 크록이 맥도날드 형제 대신 맥도날드의 창업자로 이름을 알리게 되었는지, 그리고 그의 끝없는 야심이 주변인들을 얼마나 상처 주었는지 모두 영화에서 확인할 수 있다. 한마디로 그는 성공한 나쁜 놈이지만, 아이러니하게도 만약 레이 크록이 그토록 냉정하지 않았다면 맥도날드는 이만큼 성공하지 못했을지도 모른다.

영화에는 와인이 종종 등장한다. 레이 크록이 프랜차이즈 사업을 시작하는 단계에서 점주를 모집하기 위해 참석한 부유층의 사교 모임에서, 그리고 레이가 아내에게 이혼하자고 이야기하는 식사의 테이블 위에도 와인이 등장한다. 정작 그때마다 햄버거는 없어서 아쉬웠지만, 햄버거와 와인의 매칭은 무궁무진하고 흥미롭다.

햄버거와 어울리는 와인은?

많은 사람이 햄버거를 현대적인 음식이라고 생각하는데, 이미 1,500년 전 고대 로마인들도 햄버거와 비슷한 음식을 즐겨 먹었다. 4~5세기 사이 익명의 작가가 쓴 『아피시우스*Apicius*』라는 고대 로마의 요리책에 이시키아 오멘타타*Isicia Omentata*라는 요리가 등장한다. 이는 각종 고기를 다져서 후춧가루와 생선 젓갈의 일종인 가룸, 그리고 버섯 등의 부재료와 버무려 조리한 것이다. 이걸 빵 위에 얹거나 빵과 함께 제공했다는 것을 보면 햄버거의 고대 버전이라고 할 수 있다. 심지어 로마인들은 이시키아 오멘타타를 와인과 함께 즐겼다고 한다.

햄버거가 햄버거라는 이름을 갖게 된 건 19세기 초 수많은 이민자가 유럽에서 미국으로 대서양을 건너오면서 생겨났다. 본래 독일의 함부르크에서는 고대 로마인들이 먹던 것처럼 소고기를 다져서 마늘, 양파, 소금, 후추를 섞어 패티를 만들어서 먹었는데, 이를 함부르크 스테이크 혹은 프리카델레라고 불렀다. 다만 이걸 빵 사이에 넣어서 주지는 않았고, 스테이크처럼 요리해 먹는 고급 음식으로 인식됐다. 그러다 독일 이민자들이 뉴욕에서 미국식으로 간단 버전으로 함부르크식 스테이크를 팔기 시작했고, 햄버거라고 불리게 된 이 음식은 이민자들의 주린 배를 채울 수 있는 훌륭한 간편식으로 인기를 얻게 됐다.

햄버거는 여전히 간단히 한 끼를 해결할 수 있는 간편식이지만, 미식에 대한 니즈가 점차 증가하면서 갖가지 고급 재료로 탄생하는 프리미엄 버거도 주변에서 쉽게 찾아볼 수 있다. 기네스북에 따르면 세계에서 가장 비싼 햄버거는 라스베이거스의 허버트 켈러스 플뢰르 레스토랑에서 판매하는 5,000달러(약 695만 원)짜리 햄버거다. 일본의 고베 소고기 패티와 푸아그라, 트러플 등 각종 진귀한 재료를 모두 넣어 만들었고, 거기에 세계에서 가장 비싸고 귀한 와인 중 하나인 페트뤼스*Petrus*와 집에 가져갈 수 있는 특별한 와인 잔이 포함되어 있다고 한다. 어마어마한 가격이다. 그런데 아이러니하게도 현 시세의 페트뤼스 와인 한 병이 (빈티지에 따라 차등이 있지만) 1천만 원을 넘어서기도 하니 허버트 켈러스 플뢰르 레스토랑의 가격이 합리적이라고 생각할 수도 있다.

여러 와인 전문가들이 햄버거와 와인 매칭에 관해 조언하곤 한다. 피오나 베켓이라는 와인&푸드 매칭 전문가는 보르도의 크뤼 클라세 와인들에 햄버거를 매칭하는 걸 자신의 비밀스러운 즐거움이라고 표현하기도 했고, 와인 전문가인 제인 알슨은 프랑스 북론의 코트 로티Côte-Rôtie나 보르도의 오-메독의 고급 와인 산지인 생줄리앙Saint-Julien의 와인이 햄버거와 완벽한 매칭을 이룬다고 말하기도 한다. 또 다른 소믈리에인 베아트리체 베시는 2019년 와인매거진 「디캔터」와의 인터뷰에서 시라 품종으로 만든 와인이 햄버거의 페어링에 좋다는 이야기를 하기도 했다. 이처럼 햄버거와 와인 매칭에는 다양한 의견이 존재하는데 사실 정답은 없다. 왜냐면 햄버거는 패티, 부재료, 소스의 종류에 따라 다채로운 버전으로 탄생하기 때문이다.

예를 들어 클래식한 소고기 패티 버거는 카베르네 소비뇽이나 시라처럼 약간 바디감이 있고 스파이시한 뉘앙스를 풍기는 레드 와인이 잘 어울린다. 혹은 과실미가 팡팡 터지는 그르나슈나 GSM(그르나슈, 시라, 무르베드르의 조합) 블렌딩 와인도 추천한다. 그런데 만약 녹진한 치즈가 더해진다면 와인 스타일을 조금 더 진하게 가도 좋다. 예를 들어 아르헨티나의 말벡으로 만든 레드 와인이라면 고전적인 치즈 소고기 버거에 환상적인 궁합을 이룰 거라고 확신한다.

그리고 개인적으로는 대부분의 햄버거에 무거운 와인보다 약간 가볍고 산미가 있는 레드 와인이 상당히 잘 어울린다고 생각한다. 가장 선호하는 와인 페어링은 이탈리아 토스카나의 브루넬로 디 몬탈치노다. 프랑스로 눈을 돌리면 보르도의 중저가의 미디엄 라이트 바디의 와인들과 남부 론 지방의 바케라스Vacqueyras나 케란느Cairanne의 미디엄 바디 와인들도 추천한다. 그르나슈와 시라 품종의 스파이시하면서 향신료가 느껴지는 풍미가 햄버거와 좋은 궁합을 보여줄 것이다.

만약 치킨 버거를 먹는다면 좀 더 라이트하고 신맛을 느낄 수 있는 페어링을 시도할 것 같다. 피노 누아나 보졸레 지역의 가메 품종으로 만든 중저가의 레드 와인도 좋은 선택이다. 가금류와 적절히 조화를 이루면서 기름진 맛을 와인의 산미가 잡아줄 것이다. 새우 버거처럼 해산물이 주재료라면 로제 와인도 잘 어울리고, 버거 세트에 빠질 수 없는 감자튀

김을 위해 차갑게 칠링한 화이트 와인이나 스파클링 와인도 좋은 시도다. 혹은 오스트리아에서 생산되는 그뤼너 벨트리너*Grüner Veltliner*나 저렴한 이탈리아 프로세코라면 가격 부담도 없이 햄버거를 더 맛있게 즐길 수 있을 것 같다. 가볍고 산뜻한 풍미가 튀긴 감자의 짭조름한 맛에 적절히 어울릴 것이다. 사실 와인을 한정하고 싶지는 않다. 다채로운 속 재료의 변화만큼 햄버거와 와인 페어링은 다양하게 퍼져나갈 수 있기 때문이다.

「빅 쇼트」와 위기의 와인

The Big Short

Director 애덤 맥케이
Cast 크리스찬 베일(마이클 버리)
스티브 카렐(마크 바움)
라이언 고슬링(제라드 베넷)
브래드 피트(밴 리커트)

Wine 위기의 캘리포니아 와인 산업

「빅 쇼트」는 2008년 무렵 발생한 미국 최악의 금융 위기 '서브프라임 모기지 사태'를 다룬 영화다. 갑자기 서브프라임 모기지라니, 독자분들의 탈주를 막기 위해 어떤 현상이었는지, 왜 금융 위기를 불러일으켰는지 아주 간단하게 설명해보고자 한다. '서브프라임*Subprime*'은 은행의 고객 중 신용 등급이 낮은 비우량 대출자를 뜻하고 '모기지*Mortgage*'는 주택담보대출을 의미한다. 즉 서브프라임 모기지 사태는 대출을 제대로 갚을 능력이 없는 사람들에게 주택담보대출을 별다른 조건 없이 허가해주다가 발생한 대참사다.

IT 버블 붕괴와 이라크 전쟁으로 경기 불황이 이어지자 미국 정부는 저금리 정책을 펼쳤고, 주택담보대출의 이율도 드라마틱하게 내려가면서 주택 구매가 쉬워졌다. 너도나도 주택을 사려고 하자 부동산 가격이 상승했고, 그럼에도 전쟁을 계속한 정부는 국민들의 환심을 사기 위해 저금리 정책을 이어갔다. 그러자 부동산 가격 상승은 멈출 줄 몰랐고, 누구라도 집을 살 돈만 마련하면 되팔 때 큰 시세 차익을 남길 수 있었다.

결국 프라임 등급의 사람들은 물론, 신용이 나쁜 서브프라임 등급의 사람들까지 은행에 몰려와 대출을 받으려 했고, 은행은 담보 없이 대출을 해주되 이율이 높은 서브프라임 대출 상품을 출시했다. 거기에 더해 서브프라임 모기지 상품을 담보로 MBS(Mortgage Backed Security) 채권을 만들고, 이 채권을 팔아 원금을 빠르게 회수한 뒤 그 돈으로 또다시 대출을 해주고 다시 MBS를 발행했다. 이를 계속 반복한 것도 모자라 이번에는 MBS를 담보로 한 CDO(Collateralized Debt Obligation)와 여기에 또다시 투자하는 복합 CDO가 성행했다. 이해를 돕기 위해 영화의 설명을 그대로 빌려본다. 어떤 사람이 블랙잭 한 판에 천만 달러를 걸었다고 가정하자. (이게 은행과 개인이 계약한 최초의 주택담보대출이다.) 그리고 그는 하루 종일 운이 좋았고, 심지어 좋은 패가 나와서 이길 확률이 87% 정도 됐다. (채무자가 대출을 상환할 가능성이 큰 상황을 가정한 것이다.) 그리고 그가 이길 확률에 다른 사람들이 베팅하고, 그 베팅에 또 다른 사람이 베팅하면서 블랙잭 한 판에 천문학적인 돈이 굴러가게 된다. 정리하자면, 복합 CDO는 하나의 주택 거래에 다수의 금융거래가 발생하는 것이다. 그런데 만약 최초의 주택 구매자가 파산한다면? 관련 투자자들은 모조리 쪽박을 차게 된다.

당시에는 소위 금융 전문가라고 하는 사람들조차도 부동산 가격이 떨어질 거라고 예측하지 않았고, 사람들이 대출을 갚지 않을 거라고 생각하지도 않았다. 최악의 경우가 와도 은행은 담보로 걸린 부동산으로 차익을 낼 수 있다는 확신이 있었다. 이쯤에서 영화가 시작될 때 등장한 자막을 다시 볼 필요가 있다.

"곤경에 빠지는 건 뭔가를 몰라서가 아니다. 뭔가를 확실하게 안다는 착각 때문이다(It ain't what you don't know that gets you into trouble. It's what you know for sure that just ain't so.)." - 마크 트웨인

부동산 가격이 끝도 없이 오를 리는 없었다. 집값 상승률이 점점 낮아

지고, 자연스럽게 채무 불이행률이 늘어나고, 은행이 모기지를 생산할 수 없게 되자 CDO는 휴지 조각이 된다. 감당 못할 빚을 진 부동산 투기꾼, 그들에게 돈을 빌려준 은행, 은행이 발행한 증권에 투자한 투자자까지 모두 무너졌고, 경제 위기가 시작됐다. 하지만 이 사태를 미리 예견한 소수의 인물이 있는데, 바로 영화에서 크리스찬 베일이 연기한 마이클 버리, 스티브 카렐이 연기한 마크 바움, 라이언 고슬링이 연기한 제라드 베넷, 브래드 피트가 연기한 밴 리커트 등이다. 이들은 거품이 가득한 주택 시장의 붕괴를 예측했고, 대폭락에 베팅해서 큰돈을 벌었다. 물론 그 과정은 녹록지 않았고 수많은 선택의 갈림길에서 갈등한다.

「빅 쇼트」에는 인상적인 와인 장면이 두 번 나온다. 영화에서 배우들은 어려운 경제 용어를 직접 설명해주곤 하는데 이는 작품과 관객간에 심리적인 거리를 만들어 몰입을 일부러 방해하고 객관적인 시선으로 바라보게 하는 장치다. 이것을 '소격효과'라고 하며, 덕분에 관객은 더욱 더 비판적인 자세로 영화를 감상할 수 있게 된다. 카메오로 등장한 마고 로비가 거품 가득한 욕조 안에서 우아하게 샴페인을 마시면서 '비우량 주택담보대출'에 대해서 설명하는 장면이 바로 소격효과의 대표적인 장면이다. 샴페인 잔을 가득 채운 기포와 욕조에 넘칠 듯 가득한 거품이 마치 주택 시장에 낀 거품을 상징하는 것처럼 보인다.

이후 모기지 채권 2억 달러치의 공매도 거래를 성사시킨 랜들이 클럽에서 와인을 즐기는 장면도 인상적이다. 공매도 거래는 '주가 하락에서 생기는 차익을 위해 실물 없이 주식을 사는 행위'인데, 쉽게 말하면 모기지 채권이 떨어지는 데 돈을 걸었다는 뜻이다. 랜들이 돔 페리뇽을 병째 들고 마시자 이를 본 동료가 묻는다. "랜들, 보너스 시즌도 아닌데 웬 돔 페리뇽이야?" 돔 페리뇽은 『와인이 있는 100가지 장면』 1편 310쪽 「안녕, 헤이즐」의 설명을 참고하시길 바란다. 여기서는 영화의 소재인 2008년 서브프라임 모기지론을 떠올리게 한, 최근 와인 산업에서 일어난 일을 살펴보자. 바로 2023년 와인 업계의 큰 이슈였던 실리콘밸리은행의 파산과 캘리포니아 와인 산업에 대한 이야기이다.

실리콘밸리은행 파산과 위기의 와인 산업

신용카드로 결제하려다가 카드가 거부되는 상황에 놓여본 적이 있는지? 이런 일이 실제 발생하면 순간 패닉에 빠질 수밖에 없다. 2023년 3월 실리콘밸리은행(Silicon Valley Bank, 이하 SVB)이 파산한 뒤 캘리포니아 와인 생산자의 상당수가 그 공포를 느껴야 했다. 우리에게는 낯선 SVB 은행은 미국에서 16번째로 큰 은행이었으며, 미국 역사상 두 번째로 큰 파산 은행이다. SVB는 주로 기술 산업과 거래하면서 긴밀한 파트너로 활약했고, 400곳 이상의 와이너리에도 재정적 지원 및 조언을 했다고 전해진다. 와이너리들의 대출 금액 총액은 40억 달러 이상. 여기에는 캘리포니아 와인 산업을 대표하는 샤토 몬텔레나도 속해 있다.

SVB는 뱅크런이 일어난 지 단 이틀 만에 파산했다. 이곳에 계좌를 가지고 있던 와이너리 관계자들은 정신 차릴 새도 없이 자신의 신용카드가 더 이상 쓸모가 없다는 걸 알게 되었고, 수표는 물론, 은행 앱에 접속조차 할 수 없었다고 한다. 미국 와인 매거진의 기사에 따르면 한 와인 메이커는 주문한 와인의 대금 결제를 SVB 계좌로 하지 말라고 유통업체에 연락하는 등 긴급한 상황을 치렀다고 한다. 이 사태가 일어난 것은 금요일이었는데, 일요일 밤 연방 정부가 고객의 자금을 완전히 보장할 것이라고 발표하면서 와인 생산자들도 일단 안도의 숨을 내뱉을 수 있게 되었다.

그러나 SVB 파산 사태가 캘리포니아 와인 산업에 미치는 영향은 적지 않았다. 와인을 만드는 것은 일반적인 사업과는 다르다. 와이너리를 시작하고 싶다고 가정해보자. 포도나무를 심는다고 해도 그해에 포도를 수확해 와인을 만들 수 있는 게 아니다. 최소 3~5년 이상을 기다려야 한다. 그뿐만 아니라 포도나무와 재배할 땅을 구매해야 하며, 와인을 양조할 장비를 사야 한다. 또한 와인을 보관하고 숙성할 공간도 필요하다. 심지어 와인을 숙성하는 동안은 이익을 창출할 수도 없다. 결국 와인을 만든다는 건 막대한 초기 비용이 필요하다. 그리고 매년 작황이 달라지기에 리스크가 큰 사업이다. 그래서 누군가 이런 말을 했다. "와인으로 백만장자가 되고 싶다면, 억만장자에서부터 시작하라"라고. 쉽게 이야기해서 은행이 와이너리에 투자한다는 것은 작황에 대한 리스크를 안는다는 것을 의미하며, 투자금을 회수할 때까지 오랜 시간이 걸린다는 것을 이해하고 있다는 뜻이다. 그리고 SVB는 고객에 대한 이해의 차원을 떠나 와이너리의 성공을 돕기 위해 물심양면으로 도와주는 은행이었다고 한다.

SVB가 와인 산업에 투자하기 시작한 것은 1994년으로, 부서장인 롭 맥밀란의 지휘 아래 해마다 신뢰도 높은 미국 와인 시장 리포트를 23년간 발행했을 정도로 와인 산업에 진심이었다. 무려 100페이지 이상 분량의 방대한 보고서는 와인 시장 분석, 전망, 경쟁과 소비자 행동에 이르기까지 광범위한 주제를 다룬 만큼 수많은 와인 업계 인사들에게 참고서이자 사업 계획서의 기초 자료로 활용되어 왔다. 2023년 와인 산업 현황 보고서만 살펴봐도 수확량, 작황, 생산량, 와이너리의 수익 구조와 매출, 와이너리 방문객 분석, 연령별 와인 소비 패턴 등 엄청난 정보가 총망라되어 있다. 와인 사업을 하는 데 있어 대체 불가한 자료였던 것이다. 실제로 SVB와 거래하던 많은 와이너리 관계자들은 SVB가 단순한 대출 기관 이상이었다고 회상한다. 은행 직원들은 와이너리 관계자에게 최근 와인 시장 조사 자료를 공유하고 단기적, 장기적으로 어떤 방향이 좋을지 조언을 아끼지 않았다고 한다.

그러나 SVB는 투자 실패, 채권 가격 폭락 등으로 약 18억 달러(약 2조 5천억 원)에 달하는 막대한 손실을 보고 말았다. 경영진은 손실 사실과 이를 메꾸기 위한 계획을 발표했으나 직후에 주가가 폭락하며 고객 이탈과 함께 결국 파산했다. 다행히 SVB는 파산 17일 만에 퍼스트시티즌즈의 인수로 기사회생하기는 했지만, 와인 사업부를 이전처럼 운영할지 장담하기는 어려운 상황이다. 즉 기존의 SVB처럼 고유의 특성이 있는 와인 산업을 제대로 이해해주고 자금을 융통해줄 수 있을지는 지켜봐야 한다.

사람들은 불편한 진실을 기피한다. 영화의 주인공들은 주변 사람에게 계속해서 주택 시장의 진실에 대해 어필하지만, 월가의 대부분은 대세를 따를 뿐 그들을 괴짜, 혹은 멍청이라고 치부한다. 결국 그들은 이야기하기를 멈추고, 침묵하며, 결국 파국으로 끝난다. 주인공들은 엄청난 돈을 손에 쥐었지만 그 승리가 사회의 처절한 실패를 전제로 한다는 것이 입맛을 씁쓸하게 만든다. 그리고 사회의 실패에 수많은 소시민이 희생당해야 했다는 것이 안타까운 일이다. SVB의 파산도 일부의 실수가 나비효과를 낳아 현재와 미래의 와이너리 운영자들에게까지 감당해야 할 문제를 남겼다. 이것은 천천히 전 세계 소비자들에게도 영향을 미치게 될 것이다. 부디 서프라임 모기지론 사태와 세계 금융위기를 겪으면서 학습한 것들, 이러한 진통에 대처해 나갈 수 있는 매뉴얼이 올바르게 작동하기를 바란다.

「어나더 라운드」, 인생은 취해야 즐겁다!

Another Round

Director   토마스 빈터베르
Cast   매즈 미켈슨(마틴)
 토마스 보 라센(토미)
 마그누스 밀랑(니콜라이)
 라스 란데(피터)

Wine   와인과 알코올의 상관관계

"혈중 알코올 농도 0.05%, 약간만 취하면 인생은 축제다."

한 잔의 와인이 인생에 주는 소소한 즐거움과 위로에 대해 잘 아는 독자 여러분, 그리고 와인과 영화를 예찬하는 이 책에 이보다 더 잘 어울리는 영화가 있을까?

영화는 시작부터 관객의 눈길을 사로잡는다. 웬 어린 학생들이 맥주를 짝으로 들고 호수 한 바퀴를 도는데, 뛰다가 토하고, 그리고 또 마시고 달린다. 호수를 전부 돌기 전에 맥주 한 짝을 다 마셔야 하는 게 룰인 이 경기는 놀랍게도 실제 덴마크의 고등학교에서 열리는 행사다. 무슨 말도 안 되는 짓인가 싶겠지만, 덴마크니까 가능한 이야기다. 덴마크에서는 16세부터 알코올 도수 3.5% 이하의 술을 살 수 있다. 이웃한 스웨덴이 정부에서 시스템볼라겟을 통해 술을 엄격히 통제하는 것과는 180도 다른 양상이다(71쪽 「경계선」 참고).

왁자지껄한 학생들이 지나가고 나면 네 명의 선생님이 등장한다. 역사를 가르치는 마틴, 체육을 가르치는 토미, 음악을 가르치는 피터, 심리학을 가르치는 니콜라이다. 수업에 열정이라고는 눈을 씻고 찾아봐도 없는 학생들을 상대하느라 지치고 우울한 그들. 의욕이 사라진 교실에서 학생들과 씨름하며 속이 곪아갈 때쯤, 니콜라이의 40세 생일을 맞아 모인 고급 레스토랑에서 그들의 인생을 바꿀 이야기를 나누게 된다.

바로 노르웨이의 정신과 의사이자 심리 치료사인 핀 스코드루의 '혈중 알코올 함량 결핍 이론'이다. 그의 이론에 따르면 인간은 태어날 때부터 0.05%의 혈중 알코올 함량이 결핍되어 있기에, 이를 채워주면 인간이 더 편안해지고 안정된다는 것이다. 핀 스코드루는 실존 인물이며, 그가 이와 비슷한 이야기를 책 서문에 쓴 적이 있기는 하지만 정확하게 일치하는 내용은 아니다. 토마스 빈터베르 감독은 그를 직접 찾아가 영화에 그의 이론을 쓰고 싶다고 요청했고, 핀 스코드루는 영화의 플롯이 기발해 기꺼이 승낙했다.

친구들끼리 술 먹으면서 떠들고 말 수도 있는 이야기지만 그들은 진지한 태도로 핀 스코드루의 이론을 증명해보기로 한다. 대신 룰은 있다. 혈중 알코올 0.05%를 넘지 말 것(측정기를 소지하고 다닌다). 그리고 저녁 8시 이후와 주말에는 술을 마시지 말 것이다. 과연 마틴과 그의 친구들은 순조롭게 0.05%의 혈중 알코올 도수를 유지하면서 일과 가족 사이에서 행복과 균형을 이룰 수 있을까? 약간의 예고를 하자면 '한 잔만'은 '한 잔 더'가 되는 일이 아주 비일비재하다는 것이다.

알코올에 대한 영화인 만큼 맥주, 와인, 보드카, 위스키, 칵테일 등 온갖 술이 다 등장한다. 우선 학생들이 호수 마라톤을 뛰면서 박스째 들고 뛰는 맥주는 투보그*Tuborg*다. 1873년 덴마크 코펜하겐에 설립된 양조장으로, 1970년에 덴마크의 국민 맥주 브랜드인 칼스버그에 인수됐다. 투보그는 젊은 세대가 좋아하는 음악, 파티, 페스티벌을 활용한 이미지 마케팅에 지속적인 투자를 하고 있기에, 여전히 덴마크의 젊은 층이 좋아하는 맥주라고 한다.

핀 스코드루의 이론이 처음 언급되는 고급 레스토랑에서는 와인 두 종과 보드카가 등장한다. 친구들이 자리에 앉자마자 2013년 빈티지의 고급 샴페인을 서빙해주는데 레이블을 교묘하게 가려서 어떤 브랜드인지 알 수 없었다. 대신 소믈리에가 이런 말을 전한다. "미네랄이 특징적인 샴페인입니다. 눈을 감고 와인을 느껴보면, 잘 익은 포도밭의 풍경이 연상이 될 거예요."

샴페인에 이어서 서빙하는 술은 러시안 스탠다드 임페리얼 보드카 Russian Standard Imperial Vodka다. 보드카는 곡물이 원료가 되는 증류주로 알코올이 40%다. 러시안 스탠다드 임페리얼 보드카는 러시아산 겨울밀을 재료로 만들어지며, 무려 8번 증류하는데 마지막은 우랄산맥에서 캐온 석영에서 필터링한다고 한다. 소믈리에의 소개에 의하면 러시아 황제를 웃음 짓게 한 보드카다. 부드럽고 우아하며 독특한 후추 향이 나서 캐비어의 완벽한 파트너다. 영화에서는 배리 Baerii 캐비어와 함께 마시는 모습을 볼 수 있다.

이어서 서빙되는 와인은 프랑스 부르고뉴의 피노 누아다. 양조장은 제롬 셰죠 Jérôme Chézeaux. 와이너리 이름이자 창립자의 이름인 제롬 셰죠는 그의 아버지인 베르나르 셰죠의 시기에는 대부분의 와인을 중간 상인에게 판매하던 곳이었으나, 1993년 제롬 셰죠가 가업을 이어받으면서 본격적으로 자신의 이름을 달고 와인을 만들기 시작했다. 본 로마네, 뉘 생 조르주, 부조의 좋은 위치에 포도밭을 소유하고 있는 보석 같은 와인 생산자다. 병이 제대로 나오지 않아 세부 포도밭까지는 알 수 없었으나 "2011년 빈티지로 로버트 파커 95점을 받았다"는 소믈리에의 대사에 근거해보면, 아마도 본 로마네나 클로 드 부조의 그랑 크뤼 포도밭으로 추측된다.

영화 마지막에 나오는 두 가지 스파클링 와인은 레이블까지 정확하게 나온다. 하나는 프랑스 알자스의 '카발리에 블랑 드 블랑 브륏 Cavalier Blanc de Blancs Brut'. 블랑 드 블랑에서 알 수 있듯이 샤르도네 100%로 만들어지는 크레망이다. 가볍고 편하게 즐길 수 있는 밸류 와인이다. 다음은 스페인 카탈루냐에서 생산된 카바 Cava인 '후베 이 캄프 그란 레세르바 브륏 나투레 Juvé y Camps Gran Reserva Brut Nature'다. 카바를 만드는 주요 품종인 샤렐로, 마카베오, 파레야다를 블렌딩해서 36개월 이상 지하 셀러에서 숙성한, 가성비 좋은 스파클링 와인이다.

알코올 도수가 높으면 좋은 와인?

예전에 한 독자로부터 "와인의 알코올 도수가 높으면 좋은 와인이냐"는 질문을 받은 적이 있다. 정확히는 그럴 수도 있고 아닐 수도 있다. 알코올은 와인을 구성하는 요소 중 하나일 뿐이라서 와인의 품질을 측정하는 절대적인 기준이 될 수는 없다. 와인의 구성 요소인 알코올, 산, 타닌, 당 등이 조화롭게 존재해 밸런스가 좋은 것이 와인의 품질에 있어서 가장 중요하다.

물론 와인에서 알코올은 중요한 요소다. 밸런스가 좋은 와인이라는 전제하에 알코올 도수가 높을수록 향과 맛이 더욱 풍성해진다. 이런 와인들이 와인 평론가들로부터 좋은 평가를 받는 것도 사실이다. 그리고 정직하게 알코올은 우리가 와인을 마시는 중요한 이유기도 하다. 누가 알코올이 없는 와인을 마시겠는가?

와인의 알코올 도수는 정말 다채롭다. 국가와 지역마다 최소, 최대 알코올이 정해져 있기는 하지만 그 폭이 자유로운 편이다. 와인의 양조 과정을 이해한다면 왜 와인의 알코올 도수가 다양한지 바로 납득할 수 있다. 양조자가 와인을 만들 때 자신이 원하는 알코올 도수를 조절할 수 있기 때문이다.

와인의 알코올은 (다른 발효주들이 그렇듯) 효모에 의해서 만들어진다. 효모는 일종의 미생물인데, 포도의 당분을 먹고 알코올과 이산화탄소를 만들어낸다. 이를 알코올 발효라고 부른다. 결국 포도에 효모가 먹을 수 있는 당분이 많을수록, 즉 포도가 달수록 와인이 지니게 되는 알코올 도수는 높아진다. 물론 무한대로 올라갈 수는 없다. 알코올 농도가 너무 높아지면 효모가 더 이상 활동할 수 없기 때문이다. 알코올에 강한 내성을 지닌 효모가 있기는 하지만 (지금까지는) 한계가 17~18%다. 여하튼 알코올 도수가 높은 와인을 만들려면 고당도의 포도가 있어야 한다는 이야기인데, 고당도의 포도를 얻으려면 어떻게 해야 할까? 해결사는 햇빛이다.

포도나무는 햇빛을 받으면 이산화탄소와 땅의 물을 활용해 당분을 만들고, 이렇게 생성된 당분은 열매에 모인다. 그래서 햇빛이 길게 드리우고 강하게 내리쬐는 곳일수록 포도의 당도가 올라간다. 이런 곳에서 재배된 포도는 그렇지 않은 곳보다 알코올 도수가 높은 와인을 만들 수 있다는 이야기다. 그런데 단순한 논리로 햇빛이 하루 종일 길고 강하게 비추면 포도는 행복할까? 물론 그렇지 않다. 이때도 밸런스가 중요하다. 와인은 포도로 만들기 때문에 기본 재료가 되는 포도에서부터 밸런스가 좋아야 좋은 와인을 만들 기본을 갖추었다고 말할 수 있다.

좋은 예가 바로 아르헨티나다. 그 넓은 국토에서 포도가 주로 재배되는 곳은 안데스산맥의 기슭이다. 포도가 한참 익을 여름과 가을의 한낮에는 타는 듯이 덥지만, 해가 떨어지면 바로 추위가 찾아와서 일교차가 심하다. 한낮의 뜨거운 햇살은 포도의 당분을 만들고, 저녁의 선선한 기후는 산을 생성하면서 포도가 조화롭게 익을 수 있도록 도와준다. 그 어떤 포도 재배자도 단순히 알코올만 높은 와인을 만들고 싶어 하지는 않는다.

다시 이야기하지만, 최종 와인의 밸런스는 이미 포도에서 많은 부분이 결정된다. 인간의 인위적인 개입으로 결과물의 특성을 변화시킬 수는 있지만, 과도하게 개입해서 만든 와인들은 위대한 와인의 반열에 들 수 없다. 몬테스 와이너리의 회장 아우렐리오 몬테스는 "좋은 포도로 나쁜 와인을 만들 순 있지만, 나쁜 포도로는 절대로 좋은 와인을 만들 수 없다"고 이야기했다. 그러고 보면 삶도 와인도 균형을 맞추는 게 가장 중요하다.

사실 영화는 지금보다 훨씬 더 무겁고 어두웠다고 한다. 최초의 각본은 감독이 빈의 왕립극장에서 일할 때 썼던 연극용 대본이었는데 '알코올이 없었다면 세상이 어떻게 바뀌었을까'에 대한 상상으로 시작하는, 술 예찬에 관한 내용이었다고 한다. 하지만 여기에 유머와 생기를 불어넣은 건 놀랍게도 빈터베르 감독의 친딸 '이다'다.

이다는 코펜하겐 고등학생들의 음주 문화(영화의 초반 호수와 지하철 장면, 그리고 마지막 졸업 장면)를 아빠에게 들려주었고, 이다의 이야기가 각본에 덧씌워지면서 지금의 형태를 갖추게 됐다. 심지어 영화에 등장한 교실은 이다가 수업을 듣던 곳이고, 영화 속 학생들도 이다의 실제 친구들이다. 이다 역시 매즈 미켈슨의 딸 역할을 맡아 출연할 예정이었는데, 슬프게도 촬영 시작 4일 전에 교통사고로 사망하고 말았다.

아버지이자 감독인 빈터베르는 감당할 수 없는 상실의 슬픔을 견디며 촬영을 계속해야 했다. 그렇게 완성된 영화의 마지막 화면에는 "Til IDA(이다를 위해)"라는 문구가 나온다. 감독은 이 작품으로 제93회 아카데미 시상식에서 국제 장편 영화상을 수상한다. 그는 무대 위에서 영화만큼 울림이 있는 소감을 전했다.

"이다, 방금 기적이 일어났어. 어디선가 보고 있을지 모르겠지만, 이 상은 너를 위한 상이야."

「아마데우스」와 모차르트의 와인 사랑

Amadeus

Director	밀로스 포먼
Cast	F. 머레이 에이브러햄(안토니오 살리에리)
	톰 헐스(볼프강 아마데우스 모차르트)
Wine	헝가리의 토카이
	이탈리아의 마르제미노

2016년 빌보드 앨범 차트 1위를 기억하는 사람이 있을까? 갑자기 생뚱맞은 질문 같겠지만, 정답은 2016년 10월 28일 발매된 「Mozart 225: The New Complete Edition」이다. 1791년 사망한 위대한 음악가 볼프강 아마데우스 모차르트의 음악이 200년 넘는 아득한 시간을 초월해서 현대에도 사랑받고 있다는 증거다. 그의 음악은 말 그대로 불멸의 반열에 올랐다. 클래식에 관심이 없더라도 그의 이름을 알거나, 그의 이름은 몰라도 그의 음악은 어디선가 들어봤을 것이다.

짧은 인생을 살다 갔지만 세계 음악사에 남긴 영향이 크기에, 그동안 많은 매체에서 모차르트의 삶을 다뤘다. 영화에서는 단연 「아마데우스」가 작품성과 대중성 둘 다에서 인정받은 명작이다. 마치 그의 음악이 대중성과 작품성 모두에서 최고의 경지에서 도달한 것처럼 말이다. 다만 「아마데우스」는 완벽하게 실화에 근거한 영화는 아니며, 모차르트가 사망한 1970년대부터 널리 퍼졌던 '그의 죽음에 대한 소문'을 토대로 쓰여진 피터 셰퍼의 희곡을 기반으로 하고 있다.

그의 죽음에 대한 소문이란 모차르트를 시기한 빈의 궁정 음악가인 안토니오 살리에리가 그를 죽음으로 몰아넣었다는 것이다. 영화는 모차르트의 죽음 이후 죄책감을 느낀 나머지 여러 차례 자살 시도를 하고 결국 정신병원에 수감된 살리에리가 그를 찾아온 신부에게 모차르트와 있었던 일들을 이야기하면서 시작된다.

언뜻 보면 모차르트의 천재성을 조명하고 그의 희극적이고도 비극적인 삶을 살리에리가 회상하는 영화 같지만, 깊이 파고들면 천재를 눈앞에 두고 시기하고 절망하며, 아이러니하게도 그런 모차르트를 존경하는 살리에리의 고뇌와 좌절을 그려낸 작품이다.

스토리는 물론 배우들의 뛰어난 연기, 그리고 영화 내내 울려 퍼지는 아름답고 우아하며 때로는 웅장하기까지 한 모차르트의 음악 덕분에 화면에서 눈을 떼기 힘든 영화다. 여기서는 모차르트와 와인에 관한 몇 가지 흥미로운 사실을 이야기해보고자 한다.

모차르트와 와인

모차르트에게 와인은 삶을 지탱하기 위한 필수품이었는지도 모른다. 기록에 따르면 그는 빈의 외곽에 있는 그린징의 호이리게(그해 만든 햇포도주를 파는 선술집)를 즐겨 방문했다고 전해진다. 그린징은 1114년부터 수도원에 의해 포도밭이 개간되고 와인을 만들어 온 역사적인 와인 산지로, 모차르트가 빈에서 살던 시기, 즉 요제프 2세가 황제로 있을 때부터 이곳에 와인 투어를 가는 게 흔한 일이었다. 그러다 보니 많은 예술가가 그린징에 들러 와인을 마셨고, 슈베르트, 베토벤 등 당시 빈을 빛내던 음악가들의 즐거운 놀이터였다.

「아마데우스」에서도 모차르트가 뭔가를 마시고 있다면 대부분 와인이다. 거리를 걸으면서 병째 나발을 불기도 하고, 식탁에는 늘 와인병이 뒹군다. 영화에서 모차르트는 온갖 스타일의 와인을 즐겨 마시는데 병세가 악화되는 후반부에도 포트 와인으로 보이는 병에 담긴 와인을 마시는 장면이 있다. 연구자들은 그가 와인을 탐닉했던 이유에 대해서 많은 예술가가 그랬듯, 작품을 구상할 때 자극제 역할을 해주었을 것이라고 보고 있다.

모차르트가 특히 좋아했던 와인은 토카이Tokaji였다고 한다. 헝가리의 토카이는 프랑스 보르도 지역의 소테른과 더불어 세계 최고의 귀부 와인 생산지로 널리 알려진 곳이다. 특히 토카이 와인 지역의 전체 경관은 고대의 정착지와 1,000년 전통의 포도 재배 방식을 생생하게 확인할 수 있다는 점에서 그 가치를 인정받아 2002년 유네스코 세계문화유산에 등재됐다. 토카이 와인 산업을 대표하는 토카이 아수Tokaji Aszu가 처음 생산된 것은 오스만튀르크 제국 시대였다. 전해지는 이야기에 따르면, 터키의 침략을 두려워한 사람들이 포도 수확 시기를 놓치면서 포도가 곰팡이의 일종인 귀부병에 걸렸고, 이로 인해 농축된 과즙만 남은 포도로 달콤한 디저트 와인을 만들게 됐다고 한다.

헝가리가 자랑하는 고유 품종인 푸르민트Furmint와 하르슬레벨뤼Harslevelu로 빚어지는 토카이 아수는 오랜 발효와 숙성을 거쳐 탄생하는 성스러운 보물이자 국가적 유산이라고 할 수 있다.

이외에 모차르트는 한 포도 품종의 명성에 기여하기도 했다. 주인공은 바로 마르제미노Marzemino다. 모차르트는 빈에서 활동하면서 오페라들을 작곡했는데, 그중 기념비적인 작품이 「피가로의 결혼」(1786), 「돈 조반니」(1787), 「코지 판 투테」(1790)다. 세 작품의 공통점이 있다. 바로 대본 작가인 로렌초 다 폰테와 협업한 작품이라는 것이다. 뛰어난 음악을 만들 능력이 있던 모차르트와 뛰어난 서사와 대사를 창조할 줄 알았던 다 폰테의 만남이 걸작을 탄생시켰다.

이렇게 두 사람의 손에서 완성된 「돈 조반니」에는 "와인을 따라라! 저 뛰어난 마르제미노를!"이라는 대사가 나온다. 이후로 마르제미노에는 모차르트가 사랑한 와인이라는 수식어가 항상 따라다녔다. 실제로 이탈리아 북부의 트렌티노 알토 아디제 주에서 와인을 만들고 있는 콘클리오Conclio 와이너리의 와인 중에는 모차르트라는 와인이 있다. 모두의 예상처럼 마르제미노 100%로 만들었다.

마르제미노의 주요 재배지는 이탈리아 북부로, 그중에서도 트렌티노

알토 아디제와 베네토 지역에서 가장 많이 자란다. 이탈리아 북부의 서늘한 테루아에서 자란 마르제미노는 싱그러운 풀과 허브 향이 감돌며 상쾌한 산도와 체리 뉘앙스가 향기로운 와인으로 탄생한다. 마르제미노로 만든 와인 중 가장 유명한 것은 베네토에서 생산되는 '콜리 디 코넬리아노 레프론톨로 파시토*Colli di Conegliano Refrontolo Passito*'다. 마르제미노 포도를 수확해 몇 주 혹은 몇 달 동안 건조해서 만든 와인으로, 가볍고 상쾌한 마르제미노와는 완전히 다르게 강렬한 풍미와 부드러운 단맛을 자랑한다.

모차르트와 와인에 관한 흥미로운 사실이 하나 더 있다. 이탈리아 토스카나에서 뛰어난 브루넬로 디 몬탈치노를 생산하는 일 파라디소 디 프라시나*Il Paradiso di Frassina*에서는 포도밭에 무려 100개의 스피커를 설치해 모차르트 음악을 틀어놓는다는 것이다. 모차르트 음악의 주파수가 포도나무 성장에 도움을 주기 때문인데, 와이너리 홈페이지에 따르면 단순 가설이 아니라 농업 및 과학 연구의 결과라고 한다. 이 프로젝트는 플로렌스 대학, 피사 대학, 아레초의 농업 연구 센터에서 지원하며, 세계적인 음향 장비 제조 업체인 BOSE에서 후원하고 있다.

와이너리 홈페이지에는 음악과 포도나무 프로젝트에 관한 정보가 나와 있는데, 그에 따르면 음파가 식물의 수많은 생물학적 지표에 큰 영향을 미친다고 한다. 또한 저주파 소리가 효소 활성, 세포막 유동성, DNA 합성 및 세포 주기 동기화를 증가시킨다는 연구 결과도 있다. 물론 여러분들이 받아들이기 나름이지만, 해당 자료가 여러 논문을 근거로 두고 있기 때문에 그저 말도 안 되는 소리라고 치부할 수는 없을 것 같다. 기회가 된다면 모차르트의 「마술 피리」를 레이블에 장식한 BDM이나 그가 좋아했던 마르제미노 와인을 한 잔 들고 「아마데우스」 내내 흘러나오는 모차르트의 음악을 듣고 싶다.

「레이」와
시각 장애인을 위한 와인

Director	타일러 헥포드
Cast	제이미 폭스(레이 찰스)
	리자이나 킹(마지 헨드릭스)
	케리 워싱턴(델라 베아 로빈슨)
Wine	엠 샤푸티에(프랑스 론)

    레이 찰스는 미국의 가수 겸 피아니스트로 소울 음악의 대부라고 불리는 인물이다. 그의 이름이 생소한 사람들도 「Hit the Road Jack」, 「I Can't Stop Loving You」 등의 대표곡을 들으면 금세 누군지 알아챌 것이다. 그의 생애를 담은 영화 「레이」에서 레이 찰스 역할은 제이미 폭스가 열연했다. 외모, 걷는 모습뿐 아니라 목소리, 특유의 제스처까지 완벽에 가깝게 재현했는데 촬영 당시에는 레이 찰스가 살아 있던 터라 직접 제이미 폭스에게 도움을 줬다고 알려져 있다.

    가난하지만 행복한 유년 시절을 보내던 레이에게 인생을 뒤바꾸는 두 가지 사건이 일어난다. 첫 번째는 동생의 비극적인 죽음, 두 번째는 실명이다. 그의 어머니는 세탁 일로 살림을 꾸렸는데, 어느 날 동생이 뒷마당의 대형 양동이에 빠지고 말았다. 양동이에 빠져 허우적대는 동생을 꺼내려 했지만 물에 젖은 몸은 어린 그에게는 너무 무거웠다. 레이는 동생의 죽음이 자신에게 찾아왔던 수많은 슬픔 중 최초의 비극이라고 이야기한다. 동생의 사망 이후 그는 녹내장을 앓게 되고 서서히 시력을 잃는다. 가난한 환경 탓에 제대로 치료받지 못한 나머지 겨우 일곱 살의 나이에 맹인이 된다.

　레이의 어머니는 비극적인 운명에 좌절하지 않고 그를 강인하게 키운다. 레이가 어딘가에 걸려 넘어지는 것을 반복해도 끊임없이 허드렛일을 시켰다. 그리고 레이를 향해 장님이 바보는 아니라는 것을 강조했다. 영화에 나오는 어머니의 대사가 참 인상적이다.

　"레이 돌려 말하지 않으마. 넌 장님이 될 거야. (우는 레이를 향해) 그만 울 거라. 우린 이제 울 시간이 없어. 네가 장님이 되더라도 아무도 널 불쌍하게 생각하지 않을 거야. 그러니 눈물을 닦아. (눈물을 닦는 레이를 보며) 좋아, 이제 너에게 뭔가 하는 법을 한 번만 가르쳐주마. 네가 그걸 못하면 두 번째도 가르쳐줄 거야. 하지만 세 번째에는 네가 스스로 해내야 해. 왜냐하면 그게 이 세상의 법칙이기 때문이야. 기억해. 넌 장님이 되지만 바보는 되지 않을 거야."

　어머니 덕분에 레이 찰스는 강인한 사람으로 자랄 수 있었고, 한 인터뷰에서 "실명이 음악 인생에 미친 영향이 있었는지"에 대한 질문에 "아무 상관없었다"고 세 번이나 반복해서 답하기도 했다. 심지어 그는 15살에 어머니를 여의고 혈혈단신이 되었지만 굴하지 않고 음악에 대한 꿈을 이어 나갔다. 레이는 어릴 때부터 지내던 시애틀의 작은 아파트에서 스스로 장을 보고, 스스로 식사를 준비하고, 스스로 빨래를 했다고 한다. 그의 놀라운 독립성은 퀸시 존스에게도 큰 감명을 주었다. 퀸시 존스는 레이 찰스, 마이클 잭슨, 레슬리 고어 등을 디렉팅해 최고의 자리에 갈 수 있도록 도왔고, 그래미 어워드에서 무려 80회 노미네이트되어 무려 28회나 수상한 천재 프로듀서다.

　퀸시 존스는 어느 날 "시애틀의 엘크스 클럽에서 한 맹인 가수가 피아노 연주와 노래로 음악 신을 놀래고 있다"는 소문을 듣고 찾아가 레이를 만났다. 당시 15세였던 퀸시 존스는 불과 17살이었던 레이 찰스가 아파트, 세 벌의 정장, 수많은 여자 친구를 갖고 있는 것에 크게 놀랐다고 한다. 특히 그가 복잡한 시내에서 지팡이나 안내견도 없이 차를 피하며 길 건너는 모습을 결코 잊을 수 없다고 회상한다. 두 10대 소년은 만나자마자 서로에게 강하게 끌렸고 평생에 걸쳐 우정을 나누며 서로의 성공에 기여했다.

영화는 레이 찰스의 이야기를 시간순으로 보여주지 않는다. 다만 그의 삶의 뿌리에 깊게 박혀 있는 동생의 죽음, 물에 대한 공포, 강인했던 어머니의 모습이 플래시백으로 중간중간 삽입되면서 그가 가진 삶의 태도와 인생관을 관객에게 전한다.

영화에는 와인이 한 차례 등장한다. 시애틀에서 얻은 인기 덕분에 LA 출신의 레코드 프로듀서인 잭 로더데일과 계약한 레이는 LA로 활동 무대로 옮기고 고급 재즈 바에서 와인을 마신다. 이때 등장하는 와인은 모엣 샹동이다. 세계에서 가장 유명한 이 샴페인은 이미 『와인이 있는 100가지 장면』 1편에서 여러 차례 언급했으니 참고해 주시기를 바란다. 여기서는 시각 장애인을 위한 와인을 소개하고자 한다.

시각 장애인의 손길이 가는 와인

시력이 좋지 않아도 홀로 와인을 맛보고 즐기는 데 문제가 없지만, 혼자서 와인을 구매하기는 어렵다. 와인을 고르려면 레이블에 있는 정보를 파악해야 하기 때문이다. 그런데 시각 장애인도 와인을 파악할 수 있도록 병에 '점자 레이블'을 부착하는 와이너리가 있다. 대표적인 곳이 프랑스 남부의 엠 샤푸티에M.Chapoutier이다.

1808년, 프랑스 북론에서 시작한 엠 샤푸티에는 여러 혁신을 거치면서 현재는 프로방스, 랑그독 루시용, 심지어 호주까지 포도밭을 소유한 글로벌 와인 기업으로 거듭났다. 단순히 포도밭을 많이 가지고 있을 뿐 아니라 와인 매거진 「와인&스피리츠Wine&Spirits」에서 무려 여덟 차례나 세계 최고의 와이너리로 선정됐고, 로버트 파커는 엠 샤푸티에가 생산하는 와인에 무려 열두 번이나 100점 만점을 줬을 정도로 와인의 퀄리티도 손에 꼽히는 곳이다.

엠 샤푸티에는 와인 생산에 있어 친환경적인 노력으로도 유명하다. 원래부터 토양의 특성을 최대한 잘 살린 와인 만들기를 목표로 하고 있던 곳이기에, 토양의 지속가능성을 높일 수 있는 친환경 포도밭 관리는 그들에게 선택이 아닌 운명이었다. 엠 샤푸티에는 1991년부터 유기농법을 도입했고, 이보다 한 단계 진화된 바이오다이내믹 농법을 구현해서 프랑스 정부로부터 에코서트*Ecocert*와 비오디뱅*Biodyvin* 인증을 획득했다.

엠 샤푸티에를 이야기할 때 사회 공헌 활동도 빼놓을 수 없다. 그중 하나가 바로 점자 레이블이다. 지금의 명성을 만드는 데 큰 역할을 한 현재의 오너 미셸 샤푸티에는 프랑스의 유명 음악가인 질베르 몽타녜와 친구였는데, 그는 태어날 때부터 맹인이었다. 어느 날 미셸이 TV에 나와 인터뷰하는 질베르 몽타녜를 지켜보다가 "혼자 와인을 사러 가면 와인 정보를 알 수 없어서 불편하다"는 말을 듣게 된다. 친구의 애환을 들은 미셸은 자신들의 와인에 점자를 인쇄하기로 마음 먹는다.

엠 샤푸티에와 시각 장애인의 인연은 또 있다. 북론 안에서도 유명한 산지인 에르미타주, 그중에서도 모니에 드 라 시즈랑느*Monier de la Sizeranne*는 현재 엠 샤푸티에가 소유하고 있는데, 과거 소유주였던 시즈랑느 가문의 모리스 드 라 시즈랑느는 9세에 실명했다. 이후 맹인들을 위해 평생 헌신한 그에게 경의를 표하기 위해 엠 샤푸티에는 세계 최초로 점자 레이블을 적용한 모니에 드 라 시즈랑느 에르미타주 와인을 생산했고, 이후 점차 점자 레이블을 늘려갔다. 와이너리에 따르면 점자 레이블의 제작비는 일반 레이블보다 15~20퍼센트 정도 더 비싸지만 이에 대한 투자와 노력을 계속할 예정이라고 한다. 엠 샤푸티에의 점자 레이블은 프랑스 맹인 협회인 '발랑탱 아우이*Valentin Haüy*'와의 협업을 통해 제작된다. 레이블에는 와인의 이름, AOC, 빈티지, 와인의 색 정보가 점자로 표시되며, 엠 샤푸티에는 연간 약 1,000만 병의 점자 레이블 와인을 생산한다고 한다.

영화에 삽입된 레이 찰스의 노래는 총 열두 곡이다. 그의 음악을 좋아했던 사람은 물론, 그를 전혀 모르더라도 영화 내내 흐르는 음악을 듣다 보면 자연스럽게 그의 음악 세계를 이해할 수 있을 것이다. 눈이 아닌 음악으로 세상을 바라봤던 레이 찰스는 세상을 떠났고, 이제는 그의 음악만이 남았다. 영화를 아직 못 보셨거나 다시 보기를 계획하는 독자분들이 계신다면 엠 샤푸티에의 점자 레이블 와인 한 병과 함께 영화를 즐겨보기를 추천하고 싶다.

「바롤로 보이즈」와
바롤로 전쟁

Barolo Boys

Director 파올로 카살리스, 티치아노 가이아
Cast 엘리오 알타레
지오르지오 리베티
마르코 드 그라치아
키아라 보스키스(모두 본인 역)

Wine 엘리오 알타레(이탈리아 피에몬테)

    영화 「냉정과 열정 사이」(40쪽)에서 바롤로 와인을 소개하면서, 전통주의자와 모던 바롤로 생산자가 첨예하게 대립했던 일에 대해 이야기했었다. 지금 소개하는 「바롤로 보이즈」는 그 사건을 집중적으로 파헤친 다큐멘터리 형식의 영화다. 역사 깊은 와인 산지에 변화를 불러온 장본인들, 그리고 그들에 맞서 전통을 사수하려고 했던 사람들이 직접 영화에 출연해 바롤로 전쟁에 관한 이야기를 생생히 전한다.
    영화는 한 중년 남자의 독백으로 시작한다. 그의 이름은 엘리오 알타레*Elio Altare*로, 바롤로 와인에 관심이 있다면 익히 들어봤을 모던 바롤로의 선구자다. 원래 알타레 가문은 돌체토*Dolcetto* 품종의 주요 산지인 피에몬테 주 돌리아니*Dogliani*에 터를 잡고 있었지만, 엘리오의 할아버지인 주세페가 1948년에 피에몬테 와인의 성지인 라 모라*La Morra*로 이주하면서 와이너리의 역사가 시작된다. 최초에는 5헥타르(약 15,000평)의 포도밭에서 피에몬테 레드 와인의 주력 품종인 네비올로, 바르베라, 돌

체토를 재배했다. 다만 그 당시 많은 포도 재배자가 그랬듯, 먹고살기 위한 방편으로 복숭아, 헤이즐넛, 사과나무도 함께 재배했다. 영화에서 엘리오 알타레는 다음과 같이 회고한다.

"난 그런 시절을 살았어요. 그때는 오로지 생존이 전부였죠. 수익을 낸다는 것은 상상할 수 없었고, 당연히 투자도 없었어요. 정말 아무것도 없었어요. 내가 19살까지, 그러니까 1969년에도 여전히 소로 밭을 갈았어요. 누구에게도 트랙터 따위는 없었죠. 중간 관리자와 함께 일했을 때가 기억나요. 그가 나를 불러서 이렇게 말하더군요. '알타레! 당신 포도를 사줄 바이어를 찾았어!' 그래서 제가 물었죠. '얼마 줄 수 있어요?' 그가 말하더군요. '우선 포도를 가져갈게. 가격은 내년 봄에 다시 얘기하자.' 당신은 25살 먹은 젊은이의 좌절을 상상할 수 있겠어요?"

엘리오는 당시의 상황을 바꿔보기 위해 1976년 프랑스 부르고뉴로 떠났다. 그곳에서 몇년간 차에서 먹고 자면서 선진화된 포도밭 관리와 와인 생산 시스템을 배웠고, 고향에 돌아와서 거침없이 행동으로 옮기기 시작했다. 그의 가장 큰 도전이자 혁신은 이탈리아가 자랑하는 전통적인 와인인 바롤로 와인을 숙성하기 위해 프랑스산 오크통(바리크)을 수입해 온 것이다. 선대들의 입장에서는 말 그대로 모욕적인 행위였다.

엘리오 알타레는 1983년부터 자신의 와인을 바리크에서 숙성하기로 마음먹었는데, 양조장이 좁다 보니 새로 가지고 온 바리크를 놓을 곳이 없었다. 그래서 그는 오래되고 낡은 대형 나무통을 전기톱으로 산산조각 내기로 결심했다. 바리크를 들이기 위해 그의 아버지가 수십 년간 쌓아온 유산을 파괴했다는 뜻이다. 엘리오의 아버지는 그해 8월 유언장을 만들기 위해 공증인을 찾아갔고, 2년 뒤 그가 세상을 떠났을 때 엘리오는 상속인 위치에서 제외되어 있었다. 왜냐하면 엘리오의 아버지는 눈을 감는 순간까지 자기 아들이 미쳤다고 생각했기 때문이다.

엘리오는 포도 재배 과정에서도 아버지와 사사건건 부딪쳤다. 포도를 기를 때 가지치기와 그린 하베스트*Green Harvest*는 높은 품질의 과실을 얻기 위한 작업 중 하나다. 그린 하베스트는 포도 열매가 아직 녹색일 때 소수의 포도알에 양분을 몰아주기 위해 포도송이 일부를 제거하는 과정을 말한다. 가지치기도 같은 맥락으로 진행된다. 그러나 이 두 작업은 엘리오 알타레의 아버지는 물론, 선대에게는 멀쩡한 포도를 땅에 그대로 버리는 천인공노할 짓이었다. 영화에서 엘리오 알타레는 다음과 같이 회상한다.

"어느 순간 전 저주와 욕설을 들었어요. 아버지가 말했죠. '난 70년 동안 가지치기를 해왔다. 근데 네가 나한테 가지치기 하는 법을 가르친다고?!' 아버지는 가위를 던져버리고, 다시는 포도밭에 발을 들이지 않으셨죠."

혁명을 성공시키는 법

이와 같은 상황에서 1986년에 이탈리아 와인 업계를 완전히 추락시킨 사건이 발생한다. 비윤리적인 이탈리아의 와인 생산자들이 알코올을 높이기 위해 메탄올을 섞은 와인을 유통했고, 이를 마신 소비자들 23명이 사망한 것이다. 이 사건은 기나긴 와인 역사에서 최악의 스캔들을 꼽을 때 항상 언급되는 비극적인 사건이다. 소 잃고 외양간 고치는 격이긴 했지만, 이를 계기로 이탈리아 와인 업계는 와인 생산에 있어서 엄격한 기준을 마련한다.

엘리오 알타레는 이 사건을 전통보다 품질을 우선하는 와인을 만드는 발판으로 삼았다. 주변의 뜻있는 생산자들을 규합했고, 품질을 향상시키기 위한 여러 실험들을 하게 된다. 이 단체의 이름이 바로 'BAROLO BOYS'다. 모임의 각 생산자는 각자의 신념대로 와인을 만들고 이를 블라인드 테이스팅을 통해 품질을 평가하면서 보다 나은 와인을 만들기 위해 최선을 다했다.

바롤로 보이즈가 국제적인 성공을 거둘 수 있었던 것은 이탈리아계 미국인이었던 마르코 드 그라지아 Marco de Grazia의 공도 컸다. 그는 유명한 와인 중개상이자, 시칠리아의 유명 와이너리 테레 네레 Terre Nerre의 오너다. 이탈리아 피렌체에서 태어난 그는 미국에서 대학을 졸업한 뒤 본격적으로 자신이 선별한 이탈리아의 우수한 브랜드들을 미국 시장에 소개했다. 시작은 토스카나였고, 이후 바롤로 보이즈도 함께했다.

바롤로 보이즈의 와인은 미국 진출과 동시에 당시 저명한 와인 평론가로 활동하던 로버트 파커나 영향력 있는 매거진인 「와인 스펙테이터」에서 높은 점수를 획득했고, 이는 피에몬테에도 큰 영향을 미쳤다. 그들은 반항아인 동시에 혁신가였고, 누가 뭐라고 하든 세계 와인 업계의 이목을 피에몬테로 끌어온 역사의 산증인이다.

하지만 전통주의자로서 바롤로를 수십 년간 지켜온 구세대에게는 이들의 행보가 마냥 기쁘지는 않았다. 영화에서 전통주의자 대표인 바르톨로 마스카렐로Bartolo Mascarello와 엘리오 알타레는 이런 대화를 나눈다.

바르톨로   알타레 같은 젊은이들이 나타났을 때, 우리는 얘기했어요. 이 땅에서 일하기 위해 머무는 젊은이들이 있어서 다행이라고요. 하지만 유감이었던 것은 엘리오 알타레가 언덕에서(언덕이 많은 랑게 지역을 뜻한다) 와인을 만드는 법을 배우러 프랑스로 갔다는 거예요. 대안이 없었을까요?

엘리오   시는 좋은 것이지만, 당신의 배를 불리지는 않습니다.

일명 바롤로 전쟁이라고 불리는 전통주의자들과 모더니스트들의 대립은 꽤 오래 지속되었다. 물론 논쟁이 격화되어도 엘리오의 의견은 언제나 한결같았다. 그는 "위대한 와인들은 항상 좋아요. 20년 후가 아니라요. 결혼하면 결혼생활을 즐겨야지, 20년이나 30년을 기다리지 않잖아요. 와인도 똑같아요. 당장 좋아야지 20년이나 50년 후가 아니라고요!" 엘리오는 세계의 소비 트렌드에 맞춰서 바롤로 와인도 변화해야 한다고 주장했다. 하지만 전통주의자들은 이렇게 반박한다. "논쟁은 이거예요. 만약 와인이 바로 마실 준비가 되어 있다면 그 뜻은 이미 끝났다는 거예요. 숙성이 될 수 없어요."

재밌는 사실은 모던 바롤로에 대한 세간의 극찬이 이어지다가 시간이 지나자 다시 전통주의자들의 바롤로로 관심이 옮겨갔다는 것이다. 이 상황에서 모더니스트를 자청하던 생산자들 몇몇은 전통으로 회귀를 하는 곳도 있었다. 영화에서는 엘리오 알타레의 딸, 실비아 알타레가 아버지와의 갈등에 대해 토로하기도 한다. 아버지의 주장이 너무 강하고 함께 일하기가 힘들다는 것이다. 세월이 흘러 모더니스트의 생각이 전통이 되었고, 자식들은 또다시 전통을 부수려 하고 있다. 참 아이러니한 역사의 반복이다.

영화 「바롤로 보이즈」에서는 어느 한 면을 옳다고 판단해 버리지는 않는다. 2014년에 개봉한 뒤 10년 이상이 훌쩍 흘렀고, 현재 피에몬테 랑게는 전통과 모던이 융합된 세계 최고의 와인 산지 중 하나다. 극단적인 전통주의자와 모더니스트들이 여전히 존재하겠지만, 많은 와이너리들이 그 사이에서 필요한 것을 취하며 현명하게 와인을 만들고 있다.

엘리오 알타레는 이제 일선에서 은퇴하고 친퀘 테레에서 계단식 밭을 복원해 보스코*Bosco*와 알바롤라*Albarola*라는 낯선 이름의 품종으로 자신의 와인을 만드는 데 집중하고 있다. 뿐만 아니라 카스텔마뇨의 오래된 마을을 재건하고, 치즈나 약용 허브를 기르는 일에도 열심이라고 한다.

이 다큐멘터리 영화를 흥미롭게 봤기에, 피에몬테를 여행할 때도 엘리오 알타레의 와이너리는 방문 리스트 최상단에 있었다. 그리고 드디어 와이너리를 방문했을 때 영화에 등장하는 딸 실비아 알타레의 가이드를 받을 수 있었는데, 그날 행운이 이어졌는지 역사의 산증인인 엘리오 알타레까지 만날 수 있었다. 그 자리에서 바롤로 보이즈에 대한 이야기를 나누지 못했지만 그와 나눈 인사와 악수의 감촉이 지금도 또렷이 남아 있는 걸 보니, 피에몬테에 혁신을 가져왔던 그를 마음속으로 꽤 흠모했던 것 같다. 와이너리에서 시음한 엘리오 알타레의 바롤로는 더할 나위 없이 좋았다. 견고한 바디감과 과하지도 부족하지도 않은 버섯과 허브의 풍미는 혼자 주인공으로 서지 않고 음식과 함께했을 때 더 빛날 수 있는 와인으로 느껴졌다. 그야말로 엘리오 알타레를 꼭 닮은 와인이었다.

「아임 낫 데어」, 밥 딜런과 와인

I'm Not There

Director 토드 헤인즈
Cast 벤 위쇼(아서)
 마르쿠스 칼 프랭클린(우디)
 크리스찬 베일(잭)
 히스 레저(로비)
 케이트 블란쳇(주드)
 리차드 기어(빌리)

Wine 레 테라제 비전스 오브 제이(이탈리아 마르케)

    밥 딜런에 관해 관심을 갖게 된 건 우연히 한 와이너리를 방문하고 난 후였다. 그전까지는 그가 미국의 전설적인 포크송 가수라는 것 외에는 아는 바가 별로 없었다. 2016년 그가 음악가로서는 최초로 노벨문학상을 수상했음에도 불구하고 말이다. 2017년 여름, 세 번째 책인 『이탈리아 와인 여행』을 취재하기 위해 3개월가량 이탈리아에 머물렀다. 아드리아해가 반짝이는 마르케에 도착한 건 이탈리아 여행을 시작한 지 한 달 반쯤 지났을 때였다. 그곳에서 들러볼 와이너리를 찾다가 별다른 약속 없이 레 테라제라는 와이너리의 문을 조심스럽게 노크했다. "와인 테이스팅해볼 수 있을까요?" 우리는 와이너리 문 앞에 서서 두려움과 설렘이 뒤섞인 이 질문을 던지는 순간을 참 좋아한다.

    운 좋게 와이너리의 주인인 안토니오 테르니의 환대를 받을 수 있었다. 그는 저 멀리 한국에서 찾아온 동양인 와인 애호가가 신기했는지 이런저런 와인을 맛보게 해주었는데, 자신이 밥 딜런의 엄청난 팬이며 그와 합작해서 와인을 만들었다는 놀라운 이야기를 했다. 밥 딜런이라고? 뮤지션 밥 딜런? 그의 유명세와 이탈리아 시골의 괴리감 때문에 잠시 어안이 벙벙했지만 그의 말은 사실이었다.

안토니오 테르니는 밥 딜런을 사랑하는 마음으로 딜런의 앨범에 수록된 「Visions of Johanna」를 오마주한 '비전스 오브 제이*Visions of J*'라는 와인을 만들었고, 덕분에 인연이 닿아 밥 딜런과 실제로 협업한 와인을 만들었다. 이 와인에 대한 이야기는 뒤에서 다시 하기로 한다. 비전스 오브 제이는 아쉽게도 매우 뛰어난 빈티지일 때만 400병 정도 소량 생산하는 레어템이어서 (방문 당시에는) 와이너리에서조차 구매할 수 없었고, 당연히 시음도 못했다. 하지만 이후 며칠 동안 그 여운에 빠져 한마디로 정의 내리기 힘든 밥 딜런이라는 사람에 대한 정보를 찾아보며 그에게 빠져 지냈다. 토드 헤인즈 감독의 「아임 낫 데어」를 본 것도 그 시기다.

「아임 낫 데어」는 가벼운 마음으로 볼 만한 작품은 아니다. 영화는 고인이 된 누군가를 비추며 다음과 같은 대사로 시작한다. "그가 누워 있다. 여기 신께서 그의 거친 영혼에 안식을 내린다. 이제 게걸스러운 대중은 그가 남긴 유물을 공유할 수 있다. 그는 시인이자 예언가이고, 무법자이자 가짜 그리고 인기 스타다. 이제 한 염탐꾼에 의해 그의 실체가 밝혀진다. '시는 벌거벗은 인간과 같죠.' 그의 유령조차 하나가 아니었다. '노래는 따로 제 갈 길을 가요.'" 이어서 밥 딜런의 「Stuck Inside of Mobile with the Memphis Blues Again」가 흘러나온다.

만약 이 대사를 이해하기 어렵다면 「아임 낫 데어」는 어렵고 불친절한 영화로 두 시간 내내 당신을 어리둥절하게 만들 것이다. 그만큼 이 영화는 밥 딜런의 인생과 그의 정신세계에 집중하고 있고, 그의 인생은 위의 대사처럼 하나로 정의 내리기 불가능할 정도로 변화무쌍했다. "시는 벌거벗은 인간"이라는 말과 "노래는 각자의 길을 간다"는 말은 밥 딜런이 했던 유명한 말인데, 결국 토드 헤인즈 감독이 영화 전반에 걸쳐 하고 싶은 이야기는 이 두 마디, 그리고 이어진 밥 딜런의 노래에 거의 다 녹아 있었던 것 같다.

사랑과 이별 노래가 대부분이던 시대에 밥 딜런의 등장은 센세이션했다. 사회를 겨냥하고 철학적 메시지를 가사로 써내려간 그는 저항의 선지자로 엄청난 지지를 받았지만, 딜런은 1965년 발표한 「Like a Rolling Stone」처럼 내면의 목소리가 이끄는 방향으로 끊임없이 반항했고 변화를 꾀했다. 어떤 행동들은 너무나 의외였기에 대중과 언론의 날 선 비판을 피해 갈 수 없었지만, 그는 아랑곳하지 않고 자신의 길을 묵묵히 걸어갔다.

토드 헤인즈 감독은 그런 밥 딜런의 삶과 음악에서 많은 영감을 받았고, 그의 전기 영화를 무려 4년이나 준비했다. 그 과정에서 딜런의 오래된 매니저 제프 로슨에게 영화 제작에 대한 조언을 구했는데, 그가 알려준 딜런에게 허락받는 방법은 절대로 '천재적인'이라든지, '시대의 목소리' 따위의 표현을 쓰지 않은 기획안을 보내라는 것이었다. 그리고 감독이 딜런에게 보낸 기획안의 제목은 '아임 낫 데어: 딜런에 관한 영화에 있어서의 추정들'이었다.

제안서를 본 딜런은 단 한 번도 수락하지 않았던 자신의 전기 영화 제작을 토드 헤인즈 감독의 손에 맡겼다. 감독 자신도 믿기 어려웠을 정도였다고 한다. 「아임 낫 데어」는 밥 딜런의 노래 제목으로, 이 노래는 딜런이 오토바이 사고를 당하고 오랜 시간 칩거할 당시 만든 곡이며 영화의 OST로 쓰이기 전까지 세상에 공개되지 않았다.

그래서 영화의 내용이 도대체 무엇이냐고? 딜런의 인생을 한 마디로 묘사하기 힘들듯 영화의 내용도 정확하게 이런 내용이라고 설명하기 어렵다. 영화에는 여섯 명의 배우가 등장하고 스토리상 각자의 이름이 있지만 실제로는 모두 밥 딜런이다. 즉, 밥 딜런이라는 사람과 음악과 인생을 여섯 명의 배우가 연기하고 있다. 영화를 구성하는 일곱 가지 이야기는 비선형적으로 흘러가, 한 스토리가 끝나면 다음 이야기가 진행되는 것이 아니라 뒤죽박죽 섞여 있다. 그래서 관객들은 종종 헷갈리고 무슨 말을 하고 싶은지 이해하기 어려운 상황에 놓이기도 한다. 지금 여기서 각 이야기가 딜런의 어떤 시기를 묘사한 것인지 분석하기보다는 직접 영화를 보며 드는 의문들을 그의 인생과 연결해 상상하면서 보는 게 이 작품을 잘 즐기는 방법이라고 생각한다.

영화에는 와인이 있는 장면이 자주 나온다. 딜런에게 와인이란 창작의 영감이 되는 술이었기 때문이다. 공연할 때 백스테이지나 대기실에는 늘 와인이 있었고, 1964년 할로윈 콘서트를 끝낸 후 뒤풀이 파티에서는 딜런이 직접 프랑스 보졸레 지역의 와인을 준비했다고 전해진다. 보졸레는 젊은 시절 그가 가장 좋아하던 와인 중 하나였다. 그래서인지 영화에도 보졸레 와인이 등장하는 신이 있다.

무대 뒤에는 와인을 준비해주세요

딜런은 상당한 와인 애호가다. 국내에 내한 공연을 왔을 당시에도 대기실 세팅에 대한 요청사항은 화이트 와인 한 병, 재떨이, 물이 전부였다. 그리고 자신의 명반 중 하나인 「Highway 61 Revisited」을 재치 있게 패러디해 『Bordeaux '61 Revisited』라는 와인 책을 출간하기도 했다. 이 책은 보르도의 61년 빈티지를 그의 시선에서 재해석한 작품이다. 또한 가명으로 「The World of Fine Wine」이라는 매거진에 글을 기고하기도 했다. 그는 와인을 마시면서 "와인은 나의 영혼을 사로잡았다. 난 와인을 마실 때 그냥 마시는 정도가 아니라, 거의 대부분 취했다. 그때가 바로 도자기 그릇에 비친 당신의 영혼을 만나는 시간이다", "마실 와인이 없다면 잃을 와인도 없다" 등의 말을 남겼다. 마치 시적인 가사를 보는 듯한 그의 와인 평론은 와인 업계에서도 유명하다.

그리고 그의 와인 행보에서 레 테라제 와이너리와의 협업을 빼놓을 수 없다. 앞서 말한 대로 밥 딜런을 사랑한 안토니오 테르니는 어느 날 유럽에서 있었던 딜런의 공연을 봤다. 그곳에서 딜런을 위해 만든 비전스 오브 제이 와인 한 병과 함께 와인을 만들어보고 싶다는 소망이 담긴 쪽지를 건넸다고 한다. 자신을 위한 와인의 품질이 인상적이었던 딜런은 제안에 화답했고, 그가 1974년 발표한 앨범 「Planet Waves」의 이름을 그대로 따서 프로젝트 와인을 만들게 된다.

플래닛 웨이브는 몬테풀치아노 75%, 메를로 25%를 블렌딩한 와인이다. 14일 동안 침용하고 100% 새 프렌치 오크통에서 12개월 숙성시킨 고급 와인으로, 성공한 광팬인 안토니오의 말에 따르면 힘과 부드러

움이 공존하는 딜런스러운 와인이라고 한다. 백 레이블에 안토니오 테르니와 밥 딜런의 사인이 들어가 있는 것이 특징이다. 다만 와이너리 홈페이지에 와인에 대한 정보가 등장하지 않는 걸로 보아 현재 이 프로젝트는 종료된 것으로 보인다.

와이너리가 있는 마르케 지역은 이탈리아로 와인 여행을 떠난다고 했을 때 기회가 된다면 꼭 한 번 가보기를 추천하는 곳이다. 한국에는 알려진 바가 거의 없지만, 아드리아해를 품은 바다와 신록이 가득한 구릉, 그리고 해발 2,000미터가 넘는 시빌리니 산맥이 있는 자연 친화적인 곳으로 유럽인들이 사랑하는 휴양지이다.

직접 여행하면서 느낀 건 이목을 끄는 개성 있는 와이너리도 많고, 몇몇 와인들의 퀄리티가 상당히 좋다는 것이었다. 특히 이 지역을 대표하는 적포도 품종 몬테풀치아노Montepulciano로 만든 몇몇 레드 와인들은 세계 명품 와인들과 비교해도 전혀 밀리지 않는 최고의 퍼포먼스를 보여준다. 레 테라제도 그중 하나다.

몬테풀치아노는 산지오베제 다음으로 이탈리아에서 가장 많이 재배되는 적포도 품종이다. 생산량이 많고 질병 저항성이 좋지만 만생종이다 보니 제대로 익는 데 오랜 시간이 필요해서 날씨가 서늘한 북부에서는 거의 재배하지 않는다. 몬테풀치아노는 진한 색, 부드러운 타닌, 낮은 산도를 지녀 보통 병입 직후 바로 마시는 걸 추천하는 이지 드링킹 와인으로 알려져 있다. 하지만 신중하게 오크통을 사용하면 숙성할 가치가 충분한 와인으로 재탄생한다. 블렌딩에도 꽤 잘 어울리는 품종인데, 가장 궁합이 좋은 친구는 산지오베제다.

마르케에서는 로쏘 피체노Rosso Piceno DOC와 로쏘 코네로Rosso Conero DOC가 몬테풀치아노와 산지오베제 품종을 블렌딩해서 좋은 퀄리티의 와인을 선보이고 있다. 두 품종의 블렌딩 비율은 피체노의 경우 산지오베제가 우세한 반면, 코네로는 몬테풀치아노가 지배적이다. 산지오베제가 더 많이 들어간 로쏘 피체노의 경우 견고한 구조감을 지녔으며, 짙은 과일 향과 말린 허브 향이 난다. 와인이 부드러워지고 풍미가 잘 어우러지기 위해 종종 몇 년의 배럴 또는 병 숙성이 필요하다. 로쏘 코네로의 경우 짙은 색과 기분 좋은 과실 향이 특징적이지만, 피체노보다 바디가 약간 가벼운 편이다.

영화의 마지막, 리처드 기어가 연기한 빌리는 화물열차를 타고 어딘가로 향하고 있다. 영화의 시작 부분에도 우디가 화물열차에 무임 승차하는 장면이 있는데, 이것도 실제 밥 딜런의 일화와 연관이 있다. 처음 콜럼비아 레코드와 계약할 때 어떻게 뉴욕에 왔냐고 묻자 딜런은 화물열차를 타고 왔다고 대답했다고 한다. 물론 거짓말이었다. 하지만 감독은 그의 거짓말 따위는 전혀 상관없다는 듯이 영화의 시작과 마지막에 화물열차 신을 넣었다. 달리는 화물열차에서 잠이 깬 빌리는 "이 기계가 파시스트를 죽인다(딜런의 우상이었던 우디 거스리의 기타에 쓰인 문구를 오마주한 것)"라고 쓰인 기타를 만지작거리며 읊조린다.

"사람들은 항상 자유에 대해서 이야기하지. 정처 없이 떠도는 것 따위는 없이, 자기 방식으로 사는 자유. 물론 어떤 방식에 맞춰 살게 되면, 자유를 느끼는 건 그만큼 줄어들겠지. 나? 나는 하루 종일 시시각각 변할 수 있어. 잠에서 깰 때와 자러 갈 때의 내가 다르다고 확신하지. 나도 내 자신이 누구인지 모를 때가 많아. 마치 한 공간에 어제, 오늘, 내일의 내가 있는 것 같아서, 무슨 일이 벌어질지 말할 수 없어."

이 독백은 딜런이 1997년 뉴스위크의 데이비드 게이츠와 인터뷰에서 했던 말에서 영감을 얻은 듯하다. 이 독백은 영화의 제목이자 그의 노래인 「아임 낫 데어」의 내포된 의미와 긴밀하게 맞닿아 있다. 언젠가 밥 딜런의 인생과 음악에 더 통달하게 되었을 때, 비전스 오브 제이 한 잔을 곁에 두고 이 영화를 다시 한번 감상해야겠다. 고백하건대 필자에게도 이 영화는 아직 어렵다.

「빅 나이트」, 형제의 마지막 만찬

Big Night

Director 캠벨 스콧, 스탠리 투치
Cast 스탠리 투치(세콘도)
토니 샬호브(프리모)

Wine 안티노리와 슈퍼 투스칸(이탈리아 토스카나)

    1950년대 미국 뉴저지. 이탈리아 남부 칼라브리아에서 기회의 땅 미국으로 이민 온 형제가 있다. 우애 깊은 형제의 이름은 프리모와 세콘도로 이탈리아어로는 첫째와 둘째라는 뜻이다. 믿을 수 없을 만큼 단순한 이름이지만, 형제의 꿈은 단순하지 않다. '파라다이스'라는 정통 이탈리안 레스토랑을 미국 본토에서 성공시키겠다는 야심찬 꿈을 가지고 있다.

    당장 목표를 이루기에는 극복해야 할 문제들이 있었는데, 첫 번째는 그 시절 미국인들에게 정통 이탈리아 음식이 너무 낯설었다는 점이다. 해산물 육수를 뽑아 정성껏 만든 리소토에 왜 새우나 가리비가 안 들었냐고 따지는가 하면, 이탈리안인데 왜 미트볼 스파게티가 없냐고 따진다. 또 다른 문제는 형인 프리모가 음식에 관한 한 지독한 원칙주의자라는 것이다. 손님이 원하는 음식을 만들어줄 만도 한데 그에게 타협이란 없다. 결국 파라다이스는 은행 빚을 갚지 못해 압류당할 처지에 놓인다.

「빅 나이트」는 1996년에 개봉한 꽤 오래된 작품이지만, 형제가 처한 위기와 그들이 하는 고민은 시대를 초월하는 주제다. 형제는 우리가 원하는 음식을 만들 것인가, 손님이 원하는 음식을 만들 것인가로 영화 내내 티격태격한다. 프리모의 고집을 꺾지 못한 그들의 파라다이스는 파리만 날리고, 맞은편에 있는 레스토랑은 손님들이 원하는 대로 정체불명의 이탈리안 요리를 내놓으며 매일 같이 북새통을 이룬다.

파라다이스를 지키기 위해 돈을 꾸러 다니던 세콘도는 마지막으로 맞은편 레스토랑의 오너 파스칼을 찾아간다. 파스칼은 돈을 빌려주지는 않지만 형제에게 기회를 준다. 그 기회란, 유명 가수인 루이스 프리마가 도시에 들렀을 때 형제의 가게에서 식사할 수 있도록 주선해 준다는 것이다. 이제 형제는 마지막이 될지도 모를 빅 나이트에 자신들의 모든 것을 건다. 영화를 보다가 이쯤에서 「바베트의 만찬」이 떠올랐다.(『와인이 있는 100가지 장면』 1편 412쪽 참고) 바베트의 마지막 만찬이 다소 경건하게 진행되는 반면, 형제의 빅 나이트는 떠들썩하고 왁자지껄하게 이루어진다. 만찬이 진행되는 동안은 보는 내내 미소가 떠나지 않을 것이다.

형제의 마지막 만찬에는 수많은 술이 등장한다. 메인은 와인인데, 한 가지 와인이 테이블 전체를 차지하고 있다. 바로 '안티노리*Antinori*의 키안티 클라시코 리제르바*Chianti Classico Riserva*'다.

안티노리와 슈퍼 투스칸

이탈리아 와인 산업에 '거장'이란 단어를 단 한 곳에 붙여야 한다면 안티노리가 가장 유력하다. 그들이 이탈리아 와인 산업에 미친 영향력은 실로 대단했으며, 현재 진행 중이다. 안티노리라는 이름은 지금은 이탈리아 와인의 대명사처럼 되어 버렸지만, 본래는 이 와이너리를 설립한 가문의 이름이다. 안티노리의 와인 역사는 무려 1385년으로 거슬러 올라간다. 당시 기록을 살펴보면 가문의 선대인 조반니 디 피에로 안티노리가 당시 피렌체의 와인메이커 길드였던 '아르테 피오렌티나*Arte Fiorentina*'에 가입했다고 되어 있다. 학자들은 안티노리가 이때부터 와인

산업에 깊숙이 관여했을 것으로 보고 있다. 게다가 안티노리의 와인에 대한 열정은 지금까지 한 번도 끊김 없이 26대손 대대로 이어져 내려와, 세계에서 열 번째로 오래된 가족 소유의 회사이기도 하다.

안티노리의 뼈대는 이탈리아 와인이지만 전 세계에 수많은 포도밭을 소유하고 있다. 우선 그들의 본거지인 이탈리아 토스카나, 북부의 피에몬테와 롬바르디아, 움브리아, 풀리아 등을 합하면 약 514만 평에 달하는 무지막지한 포도밭이 있다. 거기에 더해 미국의 캘리포니아와 워싱턴, 헝가리, 칠레, 몰타 등지에 포도밭을 가지고 있는데 전부 다 합치면 대략 750만 평이 넘는다. 이 포도밭에서 만든 와인으로 올리는 연간 매출액이 2억 유로(약 3천억 원)에 육박하니, 그야말로 이탈리아 와인 산업의 기둥이라고 할 만하다.

안티노리는 어떻게 이렇게 커다란 와인 제국을 이루게 됐을까? 그 해답은 그들의 유구한 역사에서도 찾을 수 있겠지만, 개인적으로는 현 회장인 피에로 안티노리의 혁신이 주요했다고 생각한다. 그 혁신은 바로 이탈리아 와인의 새로운 부흥을 끌고 온 슈퍼 투스칸을 창조하고 세계에 알린 것이다. 슈퍼 투스칸의 부상은 본질적으로 키안티 와인에서 시작된 이야기이기에 당시 이탈리아 와인 산업의 상황을 먼저 이해할 필요가 있다.

키안티 와인은 토스카나 키안티 지방에서 만드는 블렌딩 레드 와인을 이야기한다. 메인 품종은 산지오베제인데, 그 외의 품종은 시대에 맞춰서 조금씩 변화되어 왔다. 오랜 시간 전 세계에서 이탈리아 와인의 대명사로 국제적인 인기를 누려온 키안티 와인은 1967년 DOC를 획득했으며, 역사적인 리카솔리 남작의 레시피에 따라 적포도인 산지오베제에 트레비아노라는 청포도 품종을 블렌딩하도록 법으로 규정되어 있었다. 청포도를 섞은 키안티는 1970년대에 이르러서는 싸구려 와인이라는 오명을 쓰고 내리막길을 걸었고, 몇몇 발 빠른 와인 생산자들은 정부의 지침대로 와인을 만들다가는 언젠가 공멸할 것임을 깨닫고 변화를 꾀하기 시작한다. 바로 슈퍼 투스칸*Super Tuscan*의 탄생이다.(투스칸은 토스카나의 미국식 명칭이며, 원어로 슈퍼 토스카나*Super Toscana*라고도 부른다.)

슈퍼 투스칸이라는 와인을 간단히 정의하면, 그 어느 곳보다 이탈리아스러운 토스카나에서 프랑스 보르도 지역이 고향인 품종을 프렌치 오크통에서 숙성해 만든 와인을 말한다. 이탈리아의 전통 품종이 아니라서 와인 등급 분류상 높은 등급은 받지 못하지만 강렬한 풍미와 높은 품질로 많은 사람들에게 토스카나 와인의 이미지를 바꿔준 와인이다. 사실 토스카나 지방에서 프랑스 품종이 재배된 건 슈퍼 투스칸이라는 와인이 탄생하기 훨씬 이전인데, 최초로 국제적 명성을 얻은 와인은 '테누타 산 귀도Tenuta San Guido의 사시카이아Sassicaia'다. 이 와인은 마리오 인치자 델라 로케타 후작이 만들었다. 그는 1948년, 당시에는 황무지에 불과했던 토스카나의 해안 지방 볼게리에 샤토 라피트 로칠드에서 가져온 카베르네 소비뇽을 심어 자신들이 마실 와인을 만들었다. 오랜 시간 사시카이아는 후작의 사적인 와인으로 남아 있었는데, 운명적으로 이탈리아의 전설적인 와인메이커 자코모 타키스의 컨설팅을 받게 된다. 당시 자코모 타키스는 안티노리의 와인메이커였고, 후작과 안티노리가 친인척 관계였기에 도움을 줄 수 있었다.

1965년 사시카이아는 자코모 타키스의 조언에 따라 포도밭을 옮기고 카베르네 소비뇽의 거친 맛을 보완해줄 카베르네 프랑과 메를로를 재배했으며 프렌치 바리크에서 24개월을 숙성했다. 그렇게 완전히 새롭게 태어난 사시카이아는 그야말로 엄청난 퍼포먼스를 자랑하는 뛰어난 와인이었다. 후작의 아들인 니콜로와 조카 피에로 안티노리가 시장에 출사표를 던지자며 후작을 설득했고, 결국 1968년 빈티지의 사시카이아가 1971년 혜성처럼 등장하면서 이탈리아 와인의 르네상스를 주도하기 시작했다. 사시카이아는 1978년 와인 매거진 「디캔터」에서 개최한 블라인드 테이스팅에서 1위를 차지하면서 전 세계 와인 전문가를 놀라게 한 바 있다.

사실 안티노리도 1920년대부터 카베르네 소비뇽과 프랑으로 실험적인 와인을 만들고 있었기에, 후작에 이어 1974년에 1971년 빈티지의 티냐넬로Tignanello를 출시했다. 볼게리가 아닌 키안티 지역에서 탄생한 티냐넬로는 최초에는 산지오베제 베이스에 다른 토착 적포도 품종을 섞었지만, 1975년 빈티지부터 카베르네 소비뇽과 카베르네 프랑을 블렌딩 하면서 본격적인 슈퍼 투스칸 노선을 걷기 시작했다. 이후 안티노리는 볼게리에서 두 카베르네 품종들을 메인으로 한 솔라이아_Solaia_를 만들었고, 이 와인이 2000년 「와인 스펙테이터」의 100대 와인 1위 (1997 빈티지)에 오르면서 전작 사시카이아의 성공이 우연이 아니었음을 증명했다. 한동안 감을 잡지 못하고 헤매던 이탈리아 와인은 안티노리와 슈퍼 투스칸에 힘입어 새로운 세계로 나아갈 수 있었던 셈이다.

필자들도 토스카나를 여행하며 안티노리를 두 번 방문했다. 첫 번째 방문과 두 번째 방문 사이에는 5년이라는 시간의 간극이 있었지만, 공통점은 모두 만족스러웠다는 것이다. 토스카나를 처음 여행하며 일정상 와이너리를 딱 한 곳만 방문할 수밖에 없는 여행자가 있다면 가장 먼저 안티노리를 추천할 것이다. 그만큼 방문객이 원하는 것을 잘 알고 있고, 환대할 준비가 되어 있는 곳이다. 꼭 와이너리 투어가 목적이 아니더라도, 멋진 건축물과 포도밭을 내려다보며 산책하거나 와인 한 잔 마시기에도 더할 나위 없이 좋은 장소다.

「메이드 인 이태리」,
화해의 순간을 함께한 와인

Made In Italy

Director	제임스 다시
Cast	리암 니슨(로버트 포스터)
	마이클 리처드슨(잭 포스터)
	발레리아 비렐로(나탈리아)
	린제이 덩컨(케이트)
Wine	아르지아노(이탈리아 토스카나)

    런던의 한 갤러리에서 이야기가 시작된다. 이곳에서 매니저로 일하는 잭은 갤러리를 떠나야 할 상황에 처하고, 자신이 사랑하는 일터를 되찾기 위해 어렸을 적 머물렀던 이탈리아 토스카나의 오래된 빌라를 팔 계획을 세운다. 문제는 아버지부터 설득해야 한다는 것이다. 유명한 예술가인 아버지 로버트 포스터는 같은 런던 하늘 아래 살지만, 아들이 운영하는 갤러리에는 한 번도 찾아오지 않을 정도로 소원한 관계다. 둘의 사이가 틀어진 건 어머니 라파엘라의 갑작스러운 죽음 때문이다. 아내의 죽음 이후 로버트는 자신조차 제대로 돌보지 못할 정도로 슬픔에 잠식되었고, 누구보다 아버지가 필요했던 시기에 잭은 기숙학교로 보내지면서 혼자가 됐다. 그들이 서로를 외면한 채 보낸 20년은 그 세월만큼 방치된 토스카나의 오래된 빌라의 모습과 같다.

    아들과 소원해진 아버지라는 설정까지는 좀 평범한 감이 있지만 「메이드 인 이태리」만이 가진 특별함이 있다. 극 중 아버지 역할을 맡은 리암 니슨과 아들 역의 마이클 리처드슨이 실제 부자 사이라는 것, 그리고 영화 스토리가 리암 니슨의 사연과 놀랍도록 닮았다는 것이다. 리암 니슨 또한 그의 아내 나타샤 리처드슨을 불의의 사고로 잃은 뒤 오랜 시간 그리워했고, 시간이 흘러 연인이 생긴 뒤에도 나타샤를 잊지 못해 재혼하지 않았다. 그래서인지 「메이드 인 이태리」의 각본을 본 리암 니슨은 직접 아들을 설득해 출연시켰다고 한다.

리암 니슨은 인터뷰에서 "내 경험을 바탕으로 했다. 대본을 읽고 바로 감정이 올라왔다. 그래서 연기를 할 때 감정을 어떻게 표현할 건지 생각하지 않았다. 그냥 자연스럽게 나왔다. 아내를 잃은 슬픔을 그대로 표현할 수 있었고, 영화를 통해서 그 감정을 예술로 승화한다는 게 특별한 경험이었다"고 밝히는가 하면, 마이클 리처드슨은 "시나리오를 읽고 우리와 닮았다고 느꼈다. 촬영하면서 슬픔을 애써 감추려고 했던 나 자신을 돌아봤다. 아버지와 함께 이 감정을 느낄 수 있어서 특별했다"고 말했다. 또한 리암 니슨은 촬영 내내 '실제로 아빠잖아. 연기할 필요 없어. 아들과 연기하지 마'라고 되뇌었다고 한다.

이탈리아 토스카나가 주 무대인 만큼 와인이 계속해서 등장한다. 특히 쓰러져 가는 빌라에서 아들이 해주는 음식만 먹으며 거의 굶다시피 지내던 로버트는 "진짜 더는 못 참겠다. 이탈리아에 왔으면 식사는 제대로 해야지"라며 잭을 데리고 마을의 한 레스토랑으로 향한다. 둘이 어떤 와인을 마실지 한껏 기대하며 봤는데 모든 테이블 위에 한 와이너리의 와인만이 놓여 있었다. 바로 아르지아노*Argiano*다.

BDM 그 자체, 아르지아노

아르지아노는 BDM(113쪽 「레터스 투 줄리엣」 참고)의 상징과도 같은 와이너리다. 'Argiano'라는 이름은 고대 로마의 'Ara Janus'에서 유래한 것으로 추정되며 야누스 신을 뜻한다. 고대에 'Orgia' 혹은 'Argiano'라고 알려져 있던 오르카 강(River Orcia)을 의미한다는 설도 있다. 어느 쪽이 진실이든 아르지아노는 몬탈치노 와인의 시작을 알린 역사적인 와이너리다. 아르지아노는 16세기 시에나의 귀족이었던 페치 가문이

16세기 후반 웅장한 빌라를 건설하면서 시작된다. 이곳 지하실에 와인 셀러를 만들고 와인을 생산한 것으로 보이는데, 기록에 따르면 1616년 시에나의 감사관 바르톨로메오 게라르디니가 문서에서 아르지아노의 와인과 올리브 생산에 대해 언급했다고 전해진다. 이후 아르지아노는 여러 귀족 가문을 거치며 유서 깊은 와이너리로 자리 잡았다.

"아르지아노 와인으로 몸을 정화했습니다. 정말 좋았습니다(Mi tersi con il vin d'Argiano, il quale è buono tanto)."

이탈리아가 낳은 위대한 시인 카르두치가 아르지아노 와인에 보낸 찬사다. 아르지아노 와인의 명성을 짐작할 수 있는 대목이다. 아르지아노 와인은 1932년 브뤼셀에서 개최된 식품박람회에서 금메달을 받았고, 1935년에는 이탈리아 와인 무역 박람회에 출품하면서 이탈리아를 대표하는 와인으로 자리매김했다. 또한 1967년 BDM 컨소시엄의 창립에 핵심적인 역할을 하기도 했다.

와이너리의 가장 큰 변화는 1992년에 이루어졌다. 아르지아노에 매료된 노에미 마로네 신차노 백작 부인이 아르지아노의 새로운 주인이 된 것이다. 그는 곧바로 세계 최고의 와인을 만들기 위해 이탈리아의 전설적인 와인메이커 자코모 타키스를 영입해 품질을 더욱더 끌어올렸다. 그리고 아르지아노를 더 대중화시킨 슈퍼 투스칸 와인인 솔렝고 *Solengo*를 탄생시켰다. 슈퍼 투스칸이란, 이탈리아에서 국제 품종(대개 프랑스가 원산지인 품종)으로 프랑스산 바리크에서 숙성시킨 와인을 말한다.(208쪽 참고)

2013년 와이너리는 브라질의 투자 회사의 손에 넘어가게 되었다. 주변에서 우려의 시선이 있었지만, 회사는 와이너리의 철학에 손을 대는 일 없이 포도밭을 확장하는 데 전념하겠다고 밝혔고, 아르지아노는 현재 친환경 와이너리로의 도약을 시도하는 중이다. 2019년부터 몬탈치노 지역 최초로 와이너리 내 플라스틱 사용을 완전히 배제했고, 와인 생산 중 흔히 버려지는 포도나무 부산물을 재사용하고 있다. 또한 포도밭에서는 지속 가능한 농업을 실천하기 위해 화학적인 요소 없이 포도밭을 관리하기 시작했으며, 포도밭에서 벌집을 조성해 와이너리를 둘러싼 자연환경이 그 자체로 지속될 수 있도록 노력을 다하고 있다.

레스토랑 장면뿐만 아니라 「메이드 인 이태리」에 등장하는 와인들 대부분이 아르지아노 것이다. 현재 와이너리에서는 가장 대중적인 와인인 로쏘 디 몬탈치노*Rosso di Montalcino*, BDM 라인인 브루넬로 디 몬탈치노 DOCG, 브루넬로 디 몬탈치노 비냐 델 수올로*Brunello di Montalcino DOCG Vigna del Suolo*, 브루넬로 디 몬탈치노 리제르바*Brunello di Montalcino Riserva DOCG*, 그리고 슈퍼 투스칸 라인인 논 콘푼디투르*Non Confunditur*, 솔렝고를 생산하고 있다.

아르지아노는 BDM은 물론이고, 가장 낮은 등급인 로쏘 디 몬탈치노까지 산지오베제(브루넬로) 100%로 와인을 만든다. 달라지는 건 포도나무의 수령, 포도밭의 입지, 숙성 기간 정도다. 브루넬로로 만든 몬탈치노의 와인이 도대체 어떤 느낌인지 알고 싶다면 가장 클래식한 로쏘 디 몬탈치노를 추천하고, 극한의 BDM을 경험해보고 싶다면 BDM 비냐 델 수올로를 추천한다. 비냐 델 수올로는 아르지아노 와이너리가 자랑하는 최고의 포도밭 이름이다. 시멘트 탱크에서 발효하고, 오크통에서 무려 30개월을 숙성해 부드러움과 강직함을 겸비했다. 슈퍼 투스칸 두 종은 카베르네 소비뇽과 메를로, 프티 베르도 같은 국제 품종에 산지오베제를 소량 블렌딩해서 만든다. 숙성통 또한 프렌치 바리크를 사용하기에 BDM보다 더 파워풀한 향과 맛을 즐길 수 있다.

토스카나는 이탈리아 와인 여행에서 가장 오랜 시간을 보낸 곳이다. 지금도 토스카나의 광활한 평야에 꼿꼿하게 서 있던 사이프러스 나무와 고즈넉한 건물, 광활한 평원과 드넓은 포도밭이 눈에 선하다. 그때는 아르지아노 와이너리가 방문 리스트에 없었는데, 영화를 보고 나니 가보지 못한 게 큰 아쉬움으로 다가온다. 한발 앞선 독자 여러분들이 아르지아노를 방문한다면 5년에 걸친 복원 프로젝트를 통해 재탄생시킨 지하 와인 셀러를 꼭 방문해 보시기를 바란다.

「언차티드」,
그거 빈티지 와인이야!

Uncharted

Director	톰 튀크베어
Cast	톰 홀랜드(네이션 드레이크)
	마크 월버그(빅터 설리반)
	소피아 알리(클로에 프레이저)
	타티 가브리엘(조 브래독)
	안토니오 반데라스(산티아고 몬카다)
Wine	마르케스 드 라 콘코르디아(스페인 리오하)
	그리고 와인의 빈티지

게임 마니아라면 이 영화의 등장이 더 반가울 것이다. 게임 개발사 너티독이 2007년 출시해 엄청난 인기를 얻으며 후속 시리즈들을 낳은 '언차티드'를 원작으로 하기 때문이다. 다만 게임 스토리에 가깝게 구현한 것은 아니고 시리즈 전체에서 몇몇 설정과 장면을 차용해 영화로 재구성했다. 배경은 '언차티드4: 해적왕과 최후의 보물'에 많은 영향을 받은 듯 하다.

영화는 보육원에서 자란 어린 시절 네이션과 그의 형 새뮤얼의 모습을 비추며 시작한다. 형제는 박물관에 소장된 마젤란의 세계일주 지도 원본을 슬쩍하려다 경비원에게 발각되고, 이 일을 계기로 둘은 이별을 맞이한다. 성인이 되어서도 방황하며 살아가던 네이션은 어느 날, 트레저 헌터인 빅터 설리반을 만난다. 빅터는 수백 년 전 마젤란이 숨겨놓은 보물을 찾으러 떠나자고 제안하지만 네이선은 수상하고 위험해 보이는 모험을 단칼에 거절한다. 그러다 보육원에서 헤어진 형의 행방이 보물의 행방과 맞닿아 있다는 사실을 알고, 네이선은 결국 빅터의 제안을 수락하게 된다.

이들이 쫓는 보물의 행방을 알 수 있는 결정적인 키는 황금열쇠다. 하나는 이미 빅터의 손에 있고, 나머지 하나는 뉴욕의 경매장에서 경매로 나올 예정이다. 그리고 그 경매장에서 돈 한 푼 안 들이고 황금열쇠를 손에 넣는 것이 네이선에게 주어진 임무다. 모두의 시선이 쏠려 있는 열쇠를 몰래 가져오는 것도 불가능에 가깝지만, 더 큰 문제는 마젤란의 항해를 지원했던 몬카다 가문이 이 열쇠를 노리고 있다는 것이다. 몬카다 가문은 온갖 악행을 저지르며 부를 쌓아왔고, 특히 현 가문의 실세인 산티아고 몬카다는 악업을 기부로 탕감하려는 아버지를 가차 없이 살해할 만큼 피도 눈물도 없는 악인이다. 과연 네이선과 빅터는 무사히 열쇠를 훔쳐서 황금을 찾을 수 있을까? 그리고 네이선은 그토록 기다리던 형의 얼굴을 다시 볼 수 있을까?

「언차티드」에는 와인 애호가의 눈을 번쩍 뜨이게 하는 대사가 나온다. 우여곡절 끝에 스페인에 도착한 네이선과 빅터는 또 다른 주인공 클로에를 만나 와인을 마시는데, 네이선이 잔에 담긴 와인을 한꺼번에 마시자 빅터가 다급하게 말한다.

"진정해. 그거 빈티지 리오하란 말이야. 천천히 음미하면서 맛보라고."

이때 네이선이 원샷하는 와인은 스페인의 '마르케스 드 라 콘코르디아*Marqués de la Concordia*'다. 가성비 좋기로 유명하고 국내에서도 구할 수 있는 와인이 등장해서 무척 반가웠다. 마르케스 드 라 콘코르디아는 부드럽게 느껴지는 검붉은 과실 향과 향긋한 바닐라 향, 삼나무 향이 기분 좋게 올라오는 와인이다. 그리고 입안을 경쾌하게 흐르는 산도와 타닌, 중간 이상의 바디감까지 삼박자가 잘 어우러진다.

빅터의 대사에서 언급된 리오하*Rioja*는 스페인에서 가장 유명한 와인 산지의 이름이다. 그렇다면 빈티지는 여기서 어떤 의미로 쓰인 걸까?

올드 빈티지, 논 빈티지, 망한 빈티지

제주에서 와인숍을 운영할 때, 단조로운 일상의 낙은 맞은편에서 이탈리안 레스토랑을 운영하는 사장님과 어울려 와인을 마시는 것이었다. 사장님이 종종 '빈티지vintage 와인'이라는 표현을 쓰기에 한번은 어떤 의미인지 물어본 적이 있다.(직업병이다.) 그러자 사장님은 '오래된 와인'이 빈티지 와인 아니냐고 되물었다. 흔히 오래된 의류나 가구에 붙이는 빈티지와 와인에서의 빈티지를 혼동했던 것이다. 그러나 와인에서 빈티지는 '오래된'이라는 의미가 아니다.

와인에서 빈티지란, 어떤 와인을 만든 재료가 된 포도를 수확한 해를 뜻한다. 만약 레이블에 2023이라고 적혀 있다면 그 와인은 2023년에 수확한 포도로 만든 것이다. 와인에는 여러 두루뭉술한 정의들이 많지만 이것만큼은 예외가 없다. 만약 이탈리안 레스토랑 사장님처럼 '오래된 와인'이란 뜻으로 말하고 싶다면 '올드 빈티지 와인'이라고 하면 된다. 빈티지는 와인의 앞 레이블에 기재하는 경우가 대부분이지만 아무리 찾아도 없을 때는 병 뒤에 붙은 백 레이블에 적혀 있을 수도 있다. 어떤 와인들은 레이블의 심미적인 요소를 중요하게 생각하기 때문이다. 그런데 백 레이블에도 빈티지가 적혀 있지 않다면 그 와인은 빈티지가 없는 와인이다. 빈티지가 없다니 도대체 어떻게 된 일일까?

와인에 빈티지가 없으면 대개 양조 과정에서 여러 해에 걸쳐 각각 보관 중인 주스 또는 와인을 섞어서 만들었다는 의미다. 예를 들어 작황이 형편없는 해라면, 과거에 만들었던 와인을 섞어서 맛의 밸런스를 맞춰 시장에 와인을 출시할 수 있다. 또한 와이너리의 마스터 블렌더가 여러 해의 와인을 섞어서 더 나은 한 병의 와인을 탄생시키기를 원할 수도 있다. 이런 경우 여러 해의 포도가 섞여 있기에 와인 레이블에 빈티지를 적지 않거나 논 빈티지(Non Vintage, NV)라고 적는다. 프랑스의 샴페인, 포르투갈의 포트 와인, 스페인의 셰리가 대표적인 논 빈티지 와인이고, 샴페인에 빈티지가 적혀 있으면 작황이 좋은 해에 특별히 그해 수확한 포도만 사용해서 만든 것이다.

그리고 일부 프로젝트 와인의 경우 와인 양조자가 추구하는 완성도를 위해 각기 다른 해의 와인을 섞어서 만들기도 한다. 대표적인 예로 스페인을 대표하는 와이너리인 베가 시실리아 *Vega Sicilia*가 있다. 이곳에서 선보이는 최상급 와인인 '우니코 레세르바 에스페시알*Unico Reserva Especial*'은 세 가지 빈티지의 와인을 섞어서 출시한다. 예를 들어 2023년에 출시한 와인의 경우 2009년, 2011년, 2012년에 생산된 와인을 블렌딩해서 내놓았다.

와인에 관심이 생기면 빈티지와 관련한 많은 이야기를 듣게 된다. 그레이트 빈티지*great vintage*부터 일명 망빈(망한 빈티지)까지 다양한데, 와인 산지마다 연도가 달라 복잡한 느낌이 든다. 우리는 와인을 살 때마다 연도별 와인 점수가 기록된 빈티지 차트를 봐가며 사야 하는 걸까?

수집, 투자, 시음 등 목적이 무엇이든 고가의 와인을 살 때는 빈티지를 중요하게 고려하곤 한다. 병당 수십, 수백만 원이다 보니 빈티지 점수에 따라 가격 차이도 클 수 있기 때문이다. 하지만 중저가의 데일리 와인에서 빈티지를 따지는 건 큰 의미가 없다. 와인생활을 즐기기 위해 빈티지 차이가 불러올 수 있는 영향에 대해 아는 정도면 충분하다.

또한 와인의 가격 차이를 벌리는 요소는 빈티지 외에도 다양하다. 우선 누가 만들었는지가 와인의 가격 향상에 결정적인 역할을 한다. 똑같은 물감으로 그리더라도 내 그림은 가치가 없지만 유명한 화가의 그림은 고가인 것과 같은 이치다. 또 생산지의 인지도 영향도 크다. 예를 들어 프랑스의 보르도와 부르고뉴, 혹은 미국의 나파 밸리처럼 오랜 시간 차곡차곡 와인의 명성을 쌓아온 곳은 포도 재배와 와인 양조에 알맞는 기후와 토양을 가졌다는 것 외에도 자리에 대한 프리미엄이 붙기 마련이다.

이 외에도 가격을 높이는 중요한 요소는 포도의 품질과 와인메이킹이다. 둘 중에서도 포도 품질은 누가 뭐래도 1순위의 조건이다. 애초에 재료가 좋지 않으면 와인메이킹 실력이 아무리 뛰어나도 위대한 수준에 이르기는 힘들기 때문이다. 그런데 와인메이킹과 빈티지를 다시 연결해서 살펴보면 서로 극복 가능한 부분이 있다. 기후가 들쑥날쑥한 편이라서 다른 지역보다 빈티지가 중요한 보르도를 예로 들어보자. 2023년에 프랑스 보르도 지역을 대형 토네이도가 휩쓸고 갔다고 가정해보면, 포도 재배에 막대한 타격을 입을 수밖에 없고, 소비자들도 그 빈티지를 선호하지 않게 된다. 하지만 요즘은 양조 기술의 발전으로 빈티지 간 차이를 줄여나가고 있다. 기후의 영향으로 포도의 품질이 떨어지고 재배량이 줄더라도 와이너리에서는 그대로 와인을 출시하지 않고 다른 대안을 고려할 수 있다. 최상위 포도밭의 포도를 등급을 포기하고 한 단계 아래의 와인으로 출시를 하는가 하면, 생산량을 포기하고 양질의 포도만 선별해 품질을 유지한 와인을 만들 수도 있다.

명성 높은 와인을 망빈이라는 이유로 저렴하게 살 수 있다면 그것 역시 시도해볼 만하다. 그레이트 빈티지의 와인은 시음 적기가 될 때까지 수년간 셀러에서 보관하며 기다려야 하지만 이런 와인들은 바로 오픈해서 마셔도 된다. 오히려 고유의 캐릭터는 남아 있으면서 유순해진 시음 적기의 와인일 수도 있다. 그리고 보면 와인 전문가들도 낮은 점수를 줬던 빈티지의 와인을 후에 재평가해 다시 좋은 점수를 주는 경우도 없지 않다. 그러니 수집 목적이 아닌, 오늘 하루를 채워줄 와인을 찾는 분들이라면 빈티지에 크게 연연하지 않으셨으면 하는 바람이다.

와인은 어리면 어린 대로, 또 너무 풀어지면 풀어진 대로 매력이 있다고 생각한다. 오히려 기대 없이 마셨을 때 황홀한 와인을 만나는 행운이 기다릴지도 모른다. 그냥 와인을 즐기자. 네이선처럼.

「아이 필 프리티」와
자존감을 찾게 해줄 와인

I Feel Pretty

Director　애비 콘
　　　　　마크 실버스테인
Cast　　에이미 슈머(르네 베넷)
　　　　　미셸 윌리엄스(에이버리)
　　　　　톰 호퍼(그랜트)
　　　　　로리 스코벨(에단)

Wine　　조단 카베르네 소비뇽(미국 캘리포니아)

　뚱뚱한 몸매에 대한 콤플렉스 때문에 늘 소심하게 살아온 르네. 살 좀 빼보려고 간 스피닝(실내 사이클링) 동호회에서는 르네가 올라탄 자전거가 주저앉으면서 망신당하지를 않나, 쇼핑센터 직원은 맞는 옷이 없을 거라며 면전에서 비아냥대고, 심지어 갓난아기조차 그를 보고 울음을 터트린다. 누군가에게는 해프닝이라며 툭툭 털고 지나갈 수도 있는 일들이지만 그에게는 아니다. 사방에 적들이 나타나 자존감을 매일매일 추락시키는 것만 같다.
　르네의 직업은 한 화장품 회사의 웹사이트 관리자다. 그에게 꿈이 하나 있다면 차이나타운의 갑갑한 지하 사무실에서 벗어나 본사 1층 안내 데스크에서 일하는 것이다. 다만 그 자리는 회사를 방문하는 사람들이 가장 먼저 마주하게 되는 회사의 얼굴이기에 외모에 자신 없는 르네는 지원할 엄두도 내지 못한다.

그런 르네에게 인생을 바꾸는 예기치 못한 사고가 일어난다. 스피닝을 너무 과격하게 한 나머지 머리를 바닥에 세게 부딪히면서 뇌의 인지 능력에 문제가 생긴 것이다. 그리고 문제의 핵심은 '자신이 예쁘고 몸매가 좋다고 착각하게 된 것'이다.

사고 이후 르네의 인생은 180도 달라진다. 물론 세상이 르네를 다르게 보는 건 아니다. 그동안 일어났던 일들이 그의 눈에 다르게 보일 뿐이다. 르네 친구들의 말에 따르면 '잘 돌았다'. 하지만 이런 마인드의 변화가 그를 본질적으로 변하게 만든다.

르네는 이제 자신감 뿜뿜이다. 지원할 생각조차 하지 않았던 안내 데스크 면접에 당당하게 지원하고, 남자에게 적극적으로 대시하며, 비키니 대회에도 참가하는 등 그동안 생각만 했지 행동으로 옮기지 못했던 일을 거리낌 없이 한다. 그리고 그의 밑도 끝도 없이 넘치는 자신감은 면접 자리에서 회사의 CEO인 르클레어에게 깊은 인상을 남겨주면서 안내 데스크 자리에 합격하는 꿈 같은 일이 일어난다. 자신감 넘치는 르네의 행보는 여기서 끝나지 않는다. 영화는 온갖 재치 있는 장면들로 관객을 웃기며, 자신감 하나가 사람의 인생을 어떻게 바꾸는지 보여준다.

「아이 필 프리티」에는 와인이 은근히 많이 등장한다. 집에서 혼자 와인을 즐기는 장면이 두 번 나오고, 미래에 남자친구가 될 에단과의 만남도 와인 덕분에 이루어진다. 르네는 만취 후 흔적을 잔뜩 남긴 스웨터를 찾으러 세탁소에 갔다가 자신처럼 세탁물을 찾기 위해 줄 서 있는 에단을 처음 만난다. 이후 르네의 자신감 넘치는 모습에 서서히 마음을 열게 된 에단은 그에게 빠져든다. 특히 두 사람의 공원 데이트 장면은 영화 속 가장 매력적인 와인 장면이다. 르네와 에단이 공원에서 여유롭게 피크닉을 즐기며 화창한 오후를 만끽할 때 와인이 함께한다. 레이블이 자세히 나오지는 않지만, 어딘가 낯이 익어서 몇 번 돌려 보고는 '조단Jordan의 카베르네 소비뇽'이라는 걸 알 수 있었다. 조단은 와인 여행을 할 당시 미국 소노마에서 한 차례 방문했던 곳이라서 유독 반가웠다.

조단은 와이너리가 설립된 1978년부터 지금까지 클래식한 캘리포니아 와인의 매력을 고수하고 있는 곳이다. 1976년 디자인된 고전적인 레이블도 50년이 가까운 세월 동안 단 한 번도 바꾸지 않았다. 바뀌는 건 빈티지와 블렌딩 비율 정도다. 실제로 와이너리는 영화에서 르네와 에단이 피크닉을 즐기는 공원처럼 방문객들이 여유롭게 머물 수 있는 정원이 잘 조성되어 있다. 그때 필자들은 도장 깨기 하듯 빠듯한 일정으로 와이너리를 찾아다니던 때였는데, 조단을 방문했을 때 선물 같은 휴식의 시간을 맞보기도 했다.

지리학자이자 와인 전문가인 톰 조단이 와이너리를 시작할 때 그의 목표는 하나였다. 카베르네 소비뇽으로 만든 레드 와인, 샤르도네로 만든 화이트 와인에만 매진해 프랑스를 넘어서 세계 최고의 와인을 만들겠다는 것이다. 톰은 지리학자로서 그가 가진 능력을 십분 발휘해 두 품종의 이상적인 안식처를 찾아주었는데, 카베르네 소비뇽은 와이너리가 위치한 소노마의 알렉산더 밸리, 샤르도네는 러시안 리버 밸리에서 재배하고 있다. 두 지역 모두 캘리포니아에서 뜨거운 낮과 선선한 밤이 교차되어 포도 재배에 완벽한 조건을 갖춘 곳이다.

레드 와인의 첫 빈티지는 1978년이었고 카베르네 소비뇽에 메를로를 7% 블렌딩했다. 이 블렌딩 비율은 해마다 조금씩 달라지며, 대개 카베르네 소비뇽에 메를로, 프티 베르도, 말벡을 섞는 전형적인 보르도 블렌드다. 또한 과거에는 프렌치 오크와 미국 오크를 혼합해서 와인을 숙성하다가 2015년부터 100% 프렌치 오크로 전향했다. 다만 완전히 새 오크만 사용하는 건 아니고 한 번 사용한 오크를 반반 정도 섞어서 사용한다.

조단의 와인을 마셔보면 부드럽고 농밀하면서 여운도 길다. 단점을 찾기가 어려운 와인이다. 실제로 조단은 백악관의 만찬에서 제공되는 와인으로도 명성이 높다.

조단의 레드 와인은 「아이 필 프리티」에서처럼 이제 막 사랑을 시작하려는 남녀가 피크닉에서 가볍게 즐겨도 좋지만, 분위기 좋은 파인 다이닝 레스토랑에서 잘 구운 스테이크와 함께해도 더할 나위가 없다. 르네는 자존감이 없을 때나 있을 때나 통통 튀는 매력이 장점인 여성이며, 조단은 언제나 아름다움을 보여주는 와인이다. 아마 이 와인은 데이트 상대인 에단이 르네를 생각하며 고른 와인이지 않았을까 상상해본다.

영화의 서사는 관객이 짐작할 수 있는 전개를 보여주지만, 그 과정이나 표현 방법이 뻔하지 않다. 르네는 자신이 엄청난 미녀가 되었다고 착각하지만, 영화는 화면을 통해 그의 눈에 비치는 아름다운 여성을 관객에게 보여주지 않는다. 거울에 비친 자신의 모습에 100% 만족하는 사람이 과연 있을까? 주인공 르네의 말처럼 "있는 그대로 나 자신을 사랑하는 것"이 영화가 전하고자 하는 메시지이다. 물론 이런 자신감을 위해 와인의 힘을 살짝 빌려보는 것도 좋다. Yes! I feel pretty!

「시카리오: 암살자의 도시」, 마약왕이 마신 마지막 와인은?

Sicario

Director 드니 빌뇌브

Cast 에밀리 블런트(케이트 메이서)
베니치오 델 토로(알레한드로 길릭)
조슈 브롤린(맷 그레이버)

Wine 멕시코 와인

멕시코에서 '시카리오'는 암살자를 뜻하고, 영어권에서는 남미의 마약 카르텔 조직원을 언급하는 단어로도 쓰인다. 즉 「시카리오: 암살자의 도시」는 전 세계적 이슈인 마약 카르텔을 다룬 영화다. 최고의 요원들이 멕시코의 마약 카르텔을 일망타진한다는 액션 영화처럼 보이나, 깊이 들여다보면 그렇게 단순한 내용은 아니다.

영화는 시작부터 강렬하다. FBI에서 납치 전담 부서를 이끄는 케이트, 그리고 그의 요원들이 중무장한 채 미국 애리조나 챈들러의 한 가옥을 급습한다. 집 안에 있던 소노라 카르텔의 조직원들을 모조리 제압하고 그들이 발견한 건 수십 여구에 달하는 시체였다. 설상가상 추가 수색 중에 헛간에서 폭탄이 터지면서 요원 두 명이 즉사하고 여럿이 다쳐 사건의 덩치가 커지게 된다.

케이트가 이끄는 FBI 팀은 맷이라는 껄렁껄렁한 인물을 맞닥뜨리게 되는데, 그 역시 소노라 카르텔을 진압할 팀을 꾸리는 중이다. 그리고

FBI의 동행하에 합법적으로 이뤄진 작전으로 포장하기 위해 케이트를 팀에 합류시킨다. 물론 그가 앞으로 하려는 일에 합법적인 건 하나도 없다.

앞서 말했듯이 케이트는 미연방 전체에서 벌어지는 범죄를 감시하는 연방 경찰인 FBI 소속이다. 극중 맷의 정확한 소속은 밝혀지지 않지만 CIA 소속으로 짐작할 수 있다. CIA는 미국 중앙 정보국으로, 미국 안보에 영향을 미치는 정보를 수집하기 위해 주로 미국 외부에서 활동한다. 그들이 미국 내에서 활동하려면 FBI와 협조해야 하고, 그래서 맷에게는 케이트가 필요했던 것이다. 그러나 맷은 수시로 불법적인 일을 저지르고, 케이트에게는 이를 수사하고 처벌할 의무가 있다. 둘은 영화 내내 계속해서 부딪힌다.

맷의 팀에 합류한 케이트는 곧장 작전에 투입된다. 이 작전의 조언자로 베일에 휩싸인 알레한드로라는 인물이 합세한다. 멕시코 접경에 위치한 미국의 엘 패소에 도착한 케이트는 작전 브리핑의 막바지에 참석한다. 그리고 진짜 작전 장소는 엘 패소가 아니라 바로 접경한 멕시코의 후아레즈라는 걸 알게 된다. 참고로 영화의 주 배경인 후아레즈는 마약 카르텔 조직 간 전쟁이 수시로 일어나는 세계 최악의 범죄 도시다. 한 예로 2008년부터 2010년까지 마약 카르텔 조직 간의 전쟁에 휘말려 사망한 사람이 무려 만 명 이상이었고, 이중 민간인이 절반에 달했다고 한다.

합동팀은 소노라 카르텔의 간부 기예르모를 멕시코령인 후아레즈에서 미국령 엘 패소로 호송하는 작전을 펼친다. 그러나 시간이 흐를수록 케이트는 자신이 이 작전의 도구에 불과하다는 걸 깨닫는다. 과연 맷과 알레한드로의 진짜 목적은 무엇일까? 그들이 소노라 카르텔을 소탕함으로써 얻게 되는 것은 무엇일까? 아직 이 영화를 보지 못했다면 꼭 한 번 감상하기를 추천한다.

알레한드로가 마침내 소노라 카르텔의 두목인 파우스토와 마주하게 되는 장면에서 와인이 등장한다. 납치와 살인을 사주하는 악마 같은 인간으로 묘사되는 파우스토가 아내, 두 아들과 함께 대궐 같은 집에서 저녁 식사를 하고 있다. 마약을 판 돈으로 즐기는 와인이 있는 호화로운 식탁. 마야왕인 그가 최후에 즐기는 와인이 대체 무엇일지 궁금했지만, 와인병은 어디에도 보이지 않는다. 이번에도 상상의 나래를 한껏 펼쳐서 멕시코 와인이라고 가정을 내려보았다.

데킬라가 아니라, 멕시코 와인

멕시코에서 데킬라면 몰라도 와인이라니 참 생소하다. 오랜 시간 와인을 공부하면서도 멕시코 와인에 관해서 들어는 봤으나 진지하게 파고들 생각을 해본 적이 없었다. 사실 『와인이 있는 100가지 장면』 1편에서 소개한 「구름 속의 산책」의 극 중 배경이 멕시코의 한 와이너리다. 실제 촬영은 미국 캘리포니아 와이너리에서 했지만 말이다. 이번에야말로 미지의 세계인 멕시코 와인을 소개하려 한다.

현재 아메리카 대륙에서 가장 명망 높은 와인 산지는 미국의 캘리포니아지만 500년 전에는 아니었다. 그 당시 스페인의 정복자인 에르난 코르테스는 지금의 멕시코 땅에 번성하던 아즈텍 제국을 멸망시키고, 멕시코 땅의 많은 부분을 스페인에 헌납했다. 그가 마침내 아즈텍을 굴복시켰을 때 스페인에서 가져온 와인으로 축배를 들었다는 이야기도 전해진다. 코르테스가 멕시코 식민지의 총독으로 부임해서 가장 먼저 한 일도 직접 와인을 만들어 마시기 위해 포도나무를 본국에서 수입한 일이다. 500년 전 멕시코에도 야생 포도나무가 있었지만, 와인으로 만들어 마시기에 적합하지는 않았다고 한다. 그러나 스페인에서 건너온 포도나무는 멕시코의 무덥고 건조한 환경에서 매우 잘 적응했으며, 1597년 미대륙 최초의 와이너리인 카사 마데로*Casa Madero*가 설립되기도 했다. 이 와이너리가 설립됐던 코아후일라*Coahuila*는 멕시코의 주요 와인 산지 중 하나다.

유럽 종으로 포도 재배에 일찍 성공을 거둔 멕시코 와인은 승승장구하는 듯 했다. 이곳에서 번성한 포도나무를 남미와 캘리포니아로 역수출할 정도였고 점차 스페인 본국에서 수입하는 와인 양은 줄어들게 된다. 상황이 이렇게 되니 신대륙과 경쟁하기 싫었던 스페인의 와인 생산자들은 급기야 카를로스 2세에게 청원을 한다. 결국 국왕은 1699년 교회의 성찬주를 제외, 식민지에서의 와인 생산을 금지했다. 이 금지령은 멕시코가 독립하기 전까지 무려 2세기 동안 이어졌다. 결국 다른 국가의 와인 산업이 빠르게 발전할 동안 멕시코는 19세기 중반까지 대부분의 와인이 성직자에 의해 만들어지면서 간신히 명맥만 유지했다.

다행인 것은 발전이 전혀 없지는 않았다. 1791년 예수회 사제들이 바하 캘리포니아(미국 캘리포니아와 접경한 멕시코의 주)에 설립한 산토 토마스 미션Santo Tomas Mission 와이너리에서 최초의 대규모 와인 생산에 시동을 걸었고, 1843년 도미니카 수도회 사제들 또한 인근 과달루페 계곡에서 포도 재배를 시작하면서 바하 캘리포니아는 멕시코 와인 산업의 노른자위로 등극하게 된다. 바하 캘리포니아의 과달루페 계곡Valle de Guadalupe은 현재 멕시코에서 가장 인기 있는 와인 산지로, 멕시코의 나파 밸리라는 별칭을 갖고 있다.

또 다른 악재는 19세기 중반에 찾아왔다. 1850년대 멕시코 개혁 전쟁(혹은 3년 전쟁)의 일환으로 교회가 소유했던 많은 토지를 국가가 차지하게 되면서 멕시코 와인 산업은 또다시 큰 변화를 겪게 된다. 그동안 선교사가 정성을 다해 가꾸던 소규모의 포도밭은 종말을 고했고, 산토 토마스 미션은 경매로 토지가 매각되면서 1888년 멕시코 최초의 상업용 와이너리인 보데가스 산토 토마스로 탈바꿈하게 되었다. 이들은 그저 그런 싸구려 스위트 와인을 주로 만들었다. 이후 멕시코는 독재자의 지배를 받는가 하면, 그를 끌어내리기 위한 내전이 계속되면서 사회적으로 안정을 찾지 못했다. 물론 와인 산업도 침체기로 들어선다.

멕시코 와인 산업이 현대화되고 재기하기 시작한 건 1980년대부터다. 이 시기에 멕시코 와인은 세계 시장에 명함을 제대로 내밀지 못했다. 미대륙에서만 해도 미국, 칠레, 아르헨티나 같은 와인 강대국 사이에 껴서 빛을 발하기는 쉽지 않다. 수출량도 적은 편이다. 가장 유명한 와인 산지는 앞서 언급한 바하 캘리포니아이며, 멕시코 와인 생산의 90% 이상을 이곳에서 책임진다.

「가디언」지의 인터뷰에 따르면, 멕시코의 전체 포도 재배 면적은 9,000헥타르(약 2,700만 평) 정도인데, 프랑스 보르도가 110,000헥타르(약 3,300만 평)의 포도밭을 갖고 있는 걸 상기한다면 넓은 편이 아니다.

멕시코 최고의 포도밭은 낮과 밤의 일교차가 큰 곳이며, 포도밭 대부분은 무더위를 상쇄할 수 있는 높은 고도에 있다. 주요 양조용 포도 품종은 카베르네 소비뇽, 템프라니요, 카베르네 프랑, 메를로, 카르메네르, 프티 베르도, 그르나슈, 돌체토, 시라, 프티 시라, 네비올로 등의 적포도, 샤르도네, 슈냉 블랑, 소비뇽 블랑, 비오니에 등의 청포도가 있다. 레드의 경우 블렌딩 와인도 꽤 인기가 있는 편인데, 유럽의 전통적인 룰을 따르지는 않는다. 예를 들어 카베르네 소비뇽에 그르나슈, 바르베라를 블렌딩하는 의외의 와인들을 쉽게 찾아볼 수 있다. 또한 멕시코의 기후가 워낙 덥고 건조한 편이라서 화이트 와인의 품질은 평범한 편이다.

멕시코 술이라고 하면 자연스럽게 데킬라가 떠오르는 것처럼 멕시코인들이 사랑하는 술도 와인이 아니다. 1인당 평균 와인 소비량이 연간 1ℓ에 불과할 정도다. 심지어 25년 전만 해도 멕시코 레스토랑의 와인 리스트에는 멕시코 와인이 없었다고 한다. 멕시코에서 와인을 좋아하는 사람이더라도 자국 와인을 마시는 일은 드물었던 것이다. 와인 산업에 대한 정부의 지원이 적다 보니 가격도 꽤 비싼 편이라고 한다.

영화 속 카르텔 두목 파우스트가 마신 저녁 식사의 와인이 멕시코 와인일지는 사실 미지수이다. 그럼에도 영화의 배경에 맞춰 멕시코 와인을 소개할 수 있는 기회를 주었기에 반가운 와인 장면이다. 언제가 멕시코 와인을 만난다면 반드시 마셔보고 싶다. 물론 그것이 마지막 만찬은 아니길 바라면서.

「팬텀 스레드」, 피로연에서 마시는 와인

Phantom Thread

Director	폴 토마스 앤더슨
Cast	다니엘 데이 루이스(레이놀즈 우드콕)
	레슬리 맨빌(시릴 우드콕)
	빅키 크리엡스(알마)
Wine	페트뤼스(프랑스 보르도)

영화광이라면 현시대 영화계의 가장 위대한 영화감독 중 한 명으로 꼽히는 폴 토마스 앤더슨을 모를 리 없지만, 한편으로 그의 몇몇 작품은 호불호가 갈리는 게 사실이다. 개인적으로도 어떤 작품은 몇 번을 다시 봐도 정이 안 붙는다고 생각했는데 「팬텀 스레드」만큼은 달랐다. 영화는 극 곳곳을 장식하는 드뷔시의 아름다운 선율을 닮았으며, 옷에 비유하면 마치 순백의 드레스를 보는 듯하다. 참 우아한 작품이다.

1954년 런던. 패션 디자이너인 레이놀즈 우드콕은 왕족과 상류층을 위한 고급 드레스를 만든다. 하나의 작품이라고 불릴 만한 그의 옷은 입는 사람으로 하여금 최고의 자태를 뽐낼 수 있게 만든다. 레이놀즈의 뮤즈이자 연인이 된 여주인공 알마는 레이놀즈의 옷을 두고 이렇게 말한다. "그의 작품 속의 난 완벽하고 당당하죠. 그의 옷을 입는 여자는 다 그럴 거예요." 천재 디자이너라고 불리는 레이놀즈의 패션에 관한 독창성과 인간적인 매력은 그의 완벽주의에 대한 강박과 타인에 대한 통제에서 비롯된다. 다시 말해 그는 무척이나 예민하고 까다로운 인물이다. 그의 누나인 시릴은 레이놀즈의 의상실 운영을 맡아 관리하며, 동시에 레이놀즈의 일에 방해되는 모든 것으로부터 그를 보호하는 역할을 한다.

영화는 알마의 모습을 비추며 시작한다. 알마는 누군가와 인터뷰하는 듯하다. "레이놀즈는 내 꿈을 이루어 줬어요. 대신 난 그가 열망하는 걸 줬죠." 상대방이 묻는다. "그게 무엇인가요?" 그녀가 답한다. "내 전부요." 그리고 그가 누구보다 까다로운 사람이라고 말하는 알마. 카메라는 이제 '그 누구보다 까다로운 사람'인 레이놀즈를 비춘다. 그는 출근을 준비 중이다. 면도를 하고, 코털을 깎고, 머리를 빗고, 구두를 손질하고, 무릎 아래까지 오는 긴 길이의 붉은색 양말을 신는 것까지 카메라는 섬세하게 담아낸다. 몇 번을 봐도 질리지 않는 장면이다.

레이놀즈를 연기한 다니엘 데이 루이스에 관해 이야기하지 않을 수 없다. 50년 가까운 연기 인생에서 19편의 영화에 출연한 그는 다작을 하지 않는 대신 매 작품마다 진정한 메소드 연기를 보여줬다. 「팬텀 스레드」를 준비하면서도 패션 디자이너 역을 소화하기 위해 바느질을 배웠고, 1940년대와 1950년대의 패션쇼 영상을 챙겨보며 유명 디자이너를 연구하는가 하면, 뉴욕 발레단 의상 담당자인 마크 하펠의 밑에서 조수로 활동했다. 심지어 부인과 함께 발렌시아가 드레스를 재창조했다고 전해진다. 오죽하면 이 영화를 마지막으로 은퇴한다던 그가 의상 디자이너로 활동하는 것이 아니냐는 소문이 돌았을까?

필자는 이 영화를 보고 고 백남준 작가와 그의 아내 구보타 시게코의 일화를 떠올렸다. 구보타는 1996년 뇌졸중으로 쓰러진 백남준을 무려 10년간 돌봤다. 하지만 "남편이 아프고 나서야 비로소 아내가 된 느낌"이라고 말한 구보타 시게코. 영화 평론가인 김혜리가 이 영화에 남긴 평가 또한 같은 맥락이다. "사랑을 지탱하는 피학과 가학의 '밀당'을 정밀 분석하는 영화 유희." 극 중 레이놀즈가 죽을 만큼 아플 것을 알면서도 알마의 버섯 요리를 입에 욱여넣는 장면에서 관객은 사랑의 다양한 형태에 대해서 고민하게 된다. 지독하다는 말이 나오지만 이내 '그래, 이런 사랑도 있겠지' 싶어진다.

영화에는 와인이 적지 않게 등장한다. 특히 레이놀즈와 알마가 결혼식을 올리고 고급 레스토랑에서 피로연을 하는 동안 마시는 와인은 바로 페트뤼스*Petrus*다.

고혹적인 매력의 와인, 페트뤼스

로마네 콩티와 더불어 환상 속의 와인처럼 여겨지는 페트뤼스. 와인 애호가로 살다 보면 수없이 듣고 불러보는 이름이지만 웬만해서는 마셔볼 기회가 없다.

페트뤼스는 1750년에 약 7헥타르(약 2만 평)의 포도밭을 소유한 아르노 가문에 의해 시작되었다. 19세기 중반에 들어서는 인근의 유명 와이너리인 비유 샤토 세르탕*Vieux Château Certan*과 샤토 트로타누아*Château Trotanoy*와 더불어 포므롤을 대표하는 와이너리로 자리 잡게 된다. 1878년 열린 파리 만국박람회에서 금메달을 거머쥐면서 보르도 그랑 크뤼 클라세의 2등급 정도의 품질로 평가되었다고 한다. 메독이 아닌 포므롤 지역에서 당시 이 정도로 두각을 나타낸 와인은 페트뤼스가 최초였다. 아르노 가문의 손을 떠난 페트뤼스는 1925년 리부른의 호텔 루바를 소유하던 미망인 에드몽 루바가 인수한다. 영국의 와인 마스터이자 프랑스 와인 수입업자였던 데이비드 페퍼콘에 의하면, 페트뤼스의 위대한 시대는 제2차 세계대전이 끝난 1945년부터 시작됐다고 한다.

이 시기부터 저명한 네고시앙인 장 피에르 무엑스가 페트뤼스의 독점 판매권을 획득했고, 홍보는 물론 판매까지 그의 노하우가 입혀지면서 와인 가격은 점점 치솟았다. 미국 시장에 소개된 것도 이때다. 특히 1960년대 뉴욕의 유명한 프렌치 레스토랑이었던 르 파비용에서 프로모션한 뒤 그곳에 드나들던 세계적인 부호들의 와인으로 알려지며 페트뤼스는 상류층의 상징이 된다.

이후 마담 루바의 사망으로 페트뤼스의 지분은 루바의 조카와 장 피에르 무엑스에게 분할되었는데, 페트뤼스의 가치에 대해서 언제나 굳건한 믿음을 갖고 있던 장 피에르 무엑스가 결국 모두의 지분을 사들이면서 단독 소유주로 남게 된다. 이후 전설적인 와인메이커 장 클로드 베루에와 양조학의 아버지 에밀 페노를 영입해 품질을 비약적으로 상승시켰다. 포도밭을 늘린 것도 이때인데, 바로 인근의 샤토 가쟁으로부터 5헥타르(약 1만 5천 평)에 달하는 포도밭을 구입해 총면적을 11.4헥타르(약 3만 4천 평)로 확대하면서 지금에 이르렀다.

페트뤼스의 생산량은 매년 25,000~30,000병 정도로 전 세계에 유통된다는 걸 감안하면 턱없이 적은 양이다. 가격이 더더욱 비쌀 수밖에 없다. 또한 놀랍도록 잠재력이 큰 와인이라서 처음 15년은 숙성 초기 단계라고 여겨지며, 20~45년 사이에 정점을 찍는 퍼포먼스를 보여준다. 로버트 파커는 페트뤼스의 1921, 1929, 1947, 1961, 1989, 1990, 2000, 2009, 2010 빈티지에 만점을 준 바 있다. 2000년 빈티지에 대한 그의 시음 노트는 다음과 같다.

"또 하나의 마술 같은 페트뤼스다. 시간이 흐를수록 지속적으로 무게와 존재감이 늘고 있다. 1998년 빈티지와 마찬가지로 완벽한 와인이다. 잉크처럼 진한 보라색이 가장자리까지 선명하며, 향은 처음엔 천천히 피어오르다가 몇 분이 지나면 아우성치듯 강하게 몰려온다. 스모크, 블랙베리, 체리, 감초와 뚜렷한 송로버섯 향이 드러난다. 입안에서의 느낌은 드라이한 빈티지 포트를 연상시키는데 환상적으로 농익은 풍미와 골격이 크고 매끄러운 조직감을 보여주는 풀바디 와인이다."

페트뤼스는 한때 카베르네 프랑을 블렌딩했지만 2010년 이후로 카베르네 프랑을 다 뽑아내고 메를로 한 품종으로만 와인을 만든다. 완벽한 와인을 만들기 위한 페트뤼스 팀의 노력은 그야말로 눈물겨울 정도인데, 예를 들어 수확기에 비가 왔을 때 헬리콥터를 띄워서 포도밭의 물기를 건조시키는가 하면 땅 전체에 비닐 커버를 씌워서 건조하게 유지하기도 했다. 완벽한 상태의 포도를 수확한 뒤에는 대개 가지를 제거해서 최첨단의 광학 선별기로 추가 선별을 거친다.

까다로운 품질 기준에 합격한 포도는 콘크리트 발효통에 넣고 18~25일 동안 침용을 진행한다. 발효 온도는 17~32°C 사이. 유산 발효도 콘크리트 탱크에서 그대로 이루어진다. 이후 모든 와인은 프렌치 오크에서 숙성하는데, 빈티지에 따라 유동적이지만 보통 50%만 새 오크통을 사용한다. 심지어 오크통 제작자로부터 새 오크통을 수령하면 나무가 지닌 공격적인 타닌을 제거하기 위해 내부에 물을 채워 15일 동안 보관한다고 한다.

한 가지 흥미로운 점이라면, 영화의 배경이 된 1954년 런던에서는 페트뤼스가 지금만큼 비싸지는 않았다는 거다. 현재 페트뤼스의 가격은 천정부지로 올라서 병당 수백만 원에서 좋은 빈티지는 천만 원을 훌쩍 넘기지만 19세기 중반까지 페트뤼스 와인은 중가에서 고가 사이의 와인이었다. 비교적 최근인 1970년대까지도 명성을 얻고 있긴 했으나 보르도의 그랑 크뤼 클라세 1등급(마고, 오브리옹, 무통, 라피트, 라투르)보다 낮은 가격에 거래됐다.

그래도 19세기 후반부터 명성을 얻었던 페트뤼스라면 당시 최고의 와인들이 집결하던 런던의 사교계에서 유명했을 거라고도 추측한다. 페트뤼스의 역사나 와인메이킹, 그리고 그 와인을 표현하는 미사여구를 보고 있자면 영화와 닮아 있다는 생각이 든다. 완고할 정도로 완벽주의를 지키며 탄생한 와인, 그리고 와인이 선사하는 풍미는 영화 속 피아노 선율, 레이놀즈의 드레스, 그리고 레이놀즈와 알마가 춤을 추는 마지막 장면을 연상시킨다. 분명 영화의 색과 잘 어우러지는 아름답고 고혹적인 와인이다.

「로맨틱 홀리데이」와 와인이 있는 연말 파티

The Holiday

Director	낸시 마이어스
Cast	카메론 디아즈(아만다)
	케이트 윈슬렛(아이리스)
	주드 로(그레엄)
	잭 블랙(마일스)
Wine	연말 파티에 가져가고 싶은 와인

여기 상처받은 두 명의 여성이 있다. 첫 번째 주인공은 영국 런던에서 40분 거리에 있는 아늑한 오두막집에 사는 아이리스. 아름답고 심성도 고우며 「더 데일리 텔레그래프」에서 인기리에 웨딩 칼럼을 연재하는 그에게 문제가 하나 있다면 전 남자친구인 재스퍼 블룸이 치명적으로 나쁜 남자라는 것이다. 둘 사이가 이미 끝났음에도 불구하고, 재스퍼는 아이리스가 자신에게 여전히 미련이 있다는 것을 알고 이를 이용해 자꾸만 마음을 흔든다. 심지어 전 직원이 보는 앞에서 다른 동료와 약혼 발표를 하는 재스퍼를 본 아이리스는 큰 충격을 받는다. 아이리스는 자신에게 휴식을 주기로 하고, 한동안 미뤄왔던 휴가를 계획한다.

두 번째 주인공은 미국 LA에서 영화 홍보 회사를 운영하며 탄탄대로를 걷고 있는 아만다. 완벽할 것 같은 그의 삶에도 하필 크리스마스가 다가올 무렵 한 가지 사건이 발생한다. 남자친구인 에단이 바람을 피운 걸 알게 된 것이다. 사실 아만다는 어린 시절 부모님의 이혼에 큰 상처를 받은 뒤 강하게 살기로 마음먹고 15살 이후로 단 한 번도 울지 않을 정도로 독하게, 오로지 일에 빠져 살아왔다. 남자친구를 단박에 집에서 쫓아낸 아만다 또한 이별의 아픔을 여행으로 치유하기로 마음먹는다.

그렇게 런던과 LA에 사는 두 사람은 이별의 상처와 휴가라는 공통점으로 이어진다. 인터넷에서 완벽한 휴가지를 찾던 아만다는 우연히 '홈 익스체인지(집 바꿔 살기)' 서비스를 통해 아이리스와 집을 바꾸게 된다. 아이리스는 LA에, 아만다는 영국의 시골에서 영화의 제목처럼 로맨틱한 연말 휴가를 보내게 된다.

설렘 가득한 겨울 여행에서 피어나는 로맨스를 그린 영화답게 와인도 자주 등장한다. 가장 인상적인 장면은 아만다가 런던 외곽 시골의 마트에서 쇼핑하면서 와인을 병째 들이켜는 순간이다. 이 와인은 바로 다음 장면에서 아만다가 술에 취해 집에서 혼자 춤을 출 때까지 계속 등장하는데, 병 레이블은 확인이 안 되지만 힌트를 남긴다. 바로 몬테풀치아노Montepulciano다.(202쪽 참고) 이탈리아 중부와 남부 지역을 대표하는 적포도 품종인 몬테풀치아노는 아부르초를 중심으로 마르케, 움브리아까지 어디서나 찾아볼 수 있다. 가벼운 스타일부터 장기 숙성할 수 있는 묵직한 스타일까지 양조자의 선택에 따라 다양하게 변모할 수 있는 품종이다. 아만다가 병째 들이켠 것은 무거운 풀바디보다는 가볍게 즐길 수 있는 스타일의 와인이었을 것이다.

연말 파티에서 와인을 즐기는 방법

LA로 날아간 아이리스도 휴가 동안 와인을 즐겼다. LA에서 만난 헐리우드의 1세대 작가 아서 애봇과 친구가 된 아이리스가 애봇의 오랜 친구들과 함께 홈파티를 즐기는 장면에서 다양한 레드 와인들이 등장한다. 안타깝게도 촬영 감독의 교묘한 카메라 무빙 덕분에 와인의 정체는 확인할 수 없었다. 그래도 화면에 담아낸 유쾌한 분위기는 지금 바로 지인들을 불러서 와인을 마시고 싶다는 생각이 들게 할 만큼 좋다.

아만다와 아이리스처럼 행복한 연말을 보내기 위한 필수품인 연말 와인에 대한 이야기를 나눠보고 싶다. 연말 파티에는 어떤 와인을 들고 가는 게 좋을까?

  사실 미리 약속한 조건이 있지 않는 한 어떤 와인을 들고 가든 개인의 자유다. 그저 자신이 좋아하고, 지갑 사정에 맞는 와인이면 된다. 개인적으로 와인을 들고 갈 때는 세 가지를 고려하는 편이다. 첫 번째는 모임의 성격이다. 연말 파티라면 왁자지껄한 분위기에 어울리는 와인이 좋다. 예를 들어 샴페인 혹은 지갑 사정을 생각해 가성비 좋은 스파클링 와인을 선택해도 좋다. 그리고 연말 파티에서만큼은 (별로 선호하는 일은 아니지만) 스파클링 와인으로 거품 쇼를 보여 주어도 괜찮다고 생각한다. 만약 당신이 쇼맨십 가득한 성향이라면 사브라주Sabrage로 스파클링 와인의 병목을 시원하게 날려버리는 것도 고려해볼 수 있다. 사브라주는 샴페인 전용 검으로 샴페인의 병목을 컷팅하는 걸 말하는데, 나폴레옹의 군대가 승리를 축하하기 위해 즉석에서 허리춤에 찬 사브르(Sabre, 검의 일종)로 샴페인을 오픈하면서 알려진 방법이다.

  두 번째로 고려하는 것은 파티 참석자들이 와인을 애호하는 수준이다. 와인 초심자들과 연말 파티를 한다면 돔 페리뇽이나 뤼나르Ruinart 같은 고급 샴페인보다는 더 편안하게 마실 수 있는 스페인의 가성비 카바, 이탈리아의 스푸만테도 좋은 선택이다. 반대로 와인 애호가들과의 자리라면 미리 가져올 와인을 상의해서 평소에 마셔보고 싶었지만 망설였던 와인을 탐구하듯이 마셔보는 것도 좋다.

  세 번째로 고려하는 건 파티의 음식이다. 모임 장소에 어떤 요리들이 준비되어 있는지 알아보고 그에 맞춰서 와인을 준비한다면 더할 나위가 없다. 사실 와인과 음식 매칭 노하우는 너무나 다채롭기에, 해산물이 있다면 화이트 와인, 육류가 있다면 레드 와인을 준비하는 정도도 좋다. 연말 기분을 내기 위해 케이크와 어울리는 디저트 와인을 준비하는 것도 괜찮은 선택이다.

  만약 파티 참석자들과 친분이 있다면 미리 가져올 와인을 상의하는 것도 좋다. 스파클링, 화이트, 레드, 스위트 와인까지 마시기 좋은 순서대로 담당하면 한 자리에서 와인 페어링 코스를 경험할 기회가 된다. 그리고 지인들과 연말 파티를 더 재밌게 즐길 수 있는 방법 중 하나는 바로 블라인드 테이스팅이다. 준비한 와인을 은박지나 천으로 감싸 어떤 와인인지 감춘 후 각자 가져온 와인을 편견 없이 마셔보는 것도 좋다. 함께하는 사람들이 와인에 대한 호기심과 도전 정신이 넘친다면 한결 더 흥미로운 시간이 될 것이다.

239

「와인 패밀리」,
알리아니코 와인

From the Vine

Director 손 시스터나
Cast 조 판톨리아노(마크 젠틸레)

Wine 알리아니코

　이탈리아에서 태어났지만 아주 어릴 때 어머니의 손을 잡고 기회의 땅 미국으로 이민을 온 주인공 마크 젠틸레. 대학에서 법학을 전공하고, 지금의 아내 마리나와 함께 다시 캐나다 토론토로 이주해 현재는 건실한 자동차 회사의 CEO로 성공한 삶을 살고 있다. 아니, 사는 것처럼 보인다. 사실 그는 아내와의 관계도 소원하고, 하나뿐인 딸과는 3년째 연락도 없이 지낸다. 회사에서조차 경영 문제로 갈등을 겪던 그는 중요한 발표를 보기 좋게 말아먹고 그대로 회사를 그만둔다. 그리고 무작정 고향인 아체렌자*Acerenza*로 떠난다.

　마크의 고향 아체렌자는 이탈리아 남부 바실리카타 주에 위치해 있고, 이탈리아에서 가장 아름다운 마을 중 한 곳으로 알려진 곳이다. 2018년 「포브스」는 아체렌자를 '세계에서 가장 아름답지만 알려지지 않은 10곳'에 선정했다. 실제로 대부분의 촬영을 아체렌자에서 진행해, 영화 전반에 아름다운 마을의 모습과 그곳에서 조용한 삶을 살아가는 주민들의 느긋한 일상이 고스란히 담겼다. 마을로서는 처음으로 벌어진 영화 촬영이 특별한 이벤트라서 모든 주민들이 적극적으로 참여를 원했다고 한다. 그래서 마을 식당 주인의 아이들이 캐스팅되거나 마을의 자랑거리인 대성당 촬영도 순조롭게 허가가 났다. 한 인터뷰에서 감독은 "건물 벽의 질감, 자갈길, 식당의 냄새, 마을을 휘감는 바람까지 생생하게 기억이 난다"며 "아체렌자는 특별하다. 하루 빨리 다시 가고 싶다"고 소회를 밝혔다.

마크는 캐리어 하나만 달랑 들고 아체렌자에 도착한다. 고향을 떠난 지 수십 년이 흘렀지만, 마을에는 그의 이름과 모습을 기억해 주는 사람들이 있다. 마크는 이제 돌아가신 할아버지의 집에서 머물며 할아버지가 운영하던 와이너리를 재건할 계획을 세운다. 물론 와인을 만들어 본 적 없는 그에게는 포도밭을 함께 가꾸고 와인을 만들어줄 사람들이 필요하다. 영화가 아체렌자 주민들의 적극적인 협조에 힘입어 완성되었듯이, 마크의 와이너리도 주민들의 지지와 도움으로 조금씩 재건되어 간다. 그리고 그가 정성 들여 만드는 와인을 매개로 소원했던 가족들과의 관계도, 그의 삶도 조금씩 회복된다.

한 명의 와인 애호가로서 영화를 보는 내내 마크가 그리도 공 들여 만드는 와인이 어떤 와인일까 무척 궁금했다. 그가 돌보는 포도는 바로 이탈리아 남부 와인을 상징하는 알리아니코였다.

화산토의 잠재력을 끌어안은 농도 짙은 와인

알리아니코는 캄파니아와 바실리카타 지역을 필두로 이탈리아 남부에서 활발히 재배되고 있는 고급 적포도 품종이다. 이름의 어원이나 고향이 불분명한 상태이며, 유전자 감식 기술이 발전하기 전 학자들은 아마도 고대 그리스인들이 이탈리아에 식민지를 건설할 때 가져왔을 것으로 추측했다. 하지만 DNA 프로파일링을 거친 결과 그리스 토착 품종과의 연관성이 없다는 것이 밝혀졌다. 여전히 혈통이 모호한 것으로 보아 알리아니코는 그 자체로 이 지역 고유의 품종일 가능성이 크다.

알리아니코는 가뭄에 매우 강하고 늦게 익는 만생종이기에 따뜻하고 건조한 지역을 선호한다. 특히 구릉지, 그중에서도 화산토에서 특히 잘 자란다. 베수비오 화산이 있는 캄파니아와 불투레 화산이 있는 바실리카타야말로 알리아니코의 이상적인 재배지이다. 잘 익은 알리아니코는 자연적으로 매우 높은 타닌과 산도를 보유하고 있기 때문에 와인 또한 풀 바디의 질감과 높은 타닌, 산도를 보유하고 있다. 이런 특징 덕분에 장기 숙성에 적합하고, 어렸을 때는 거칠게 느껴질 수 있으니 몇 년 숙성시켜서 마시는 걸 추천한다. 어린 알리아니코 와인은 가죽, 백후추, 검은 과일, 숙성된 살라미의 뉘앙스를 보이며, 잘 익으면 감초, 말린 무화과, 햇볕에 그을린 가죽, 스모키, 부드러운 먼지 냄새가 특징적이다.

국제적으로는 영화의 배경이 된 바실라카타 바로 옆 동네인 캄파니아의 알리아니코 와인이 더 잘 알려져 있다. 영화 「리플리」(139쪽)에서 살펴본 타우라지 DOCG가 있는 바로 그 지역이다. 하지만 바실리카타에도 알리아니코로 만들어진 프리미엄 와인이 있다. 바로 알리아니코 델 불투레 수페리오레*Aglianico del Vulture Superiore* DOCG다. 불투레 산기슭 화산토에서 재배된 알리아니코로 만든 레드 와인에 특화된 산지다. 1971년 알리아니코 델 불투레 DOC가 먼저 지정이 되었고, 2010년 수페리오레 등급에 한해서 DOCG가 따로 분리됐다.

서늘한 해에 불투레의 알리아니코는 수확을 무려 11월 첫째 주부터 길게 이어간다. 이렇게 긴 성장 시즌이 깊은 색과 뛰어난 풍미를 가진 와인을 만든다. 최고의 포도밭은 해발 300~500m의 사이에 위치하며, 아침 햇살이 가장 먼저 떨어지는 남동쪽 경사면에 접하는 게 포인트다. 정부에서도 불투레에서는 포도밭을 200~700m 사이에 조성하도록 규정하고 있다.

알리아니코 델 불투레 와인은 대략 10년 정도 숙성했을 때 가장 좋은 퍼포먼스를 보여준다. 과거에는 대개 큰 오크통에서 와인을 숙성했으나, 최근에는 작은 프렌치 오크 배럴을 활용하는 생산자도 꽤 늘었다.

DOCG인 수페리오레 등급은 최소 3년 숙성해야 하며, 수페리오레 리제르바는 최소 5년 숙성을 거쳐야 출시할 수 있다. 일반 알리아니코 델 불투레 DOC의 경우 최소 숙성이 9~10개월 정도로 짧은 편이며, 매우 적은 양의 레드 스푸만테도 생산하고 있다. 스푸만테로 만드는 알리아니코는 샴페인과 같은 2차 병 발효 방식으로 만들고, 최소 9개월의 병 숙성을 거쳐야 한다. 이탈리아 와인의 다양한 스펙트럼을 경험하고 싶은 사람들에게 추천하고 싶은 품종이다.

「다우트」,
성스러운 와인 성찬주

Doubt

Director   존 패트릭 샌리
Cast   메릴 스트립(알로이시우스 수녀)
  필립 세이모어 호프만(브렌단 플린 신부)
  에이미 애덤스(제임스 수녀)
  비올라 데이비스(밀러 부인)
  조셉 포스터(도널드 밀러)

Wine   성찬주와 마주앙 미사주

「다우트」는 영화의 제목처럼 인간의 마음에 뿌리내린 '의심'을 다룬 영화다. 1964년 뉴욕 브롱크스의 성 니콜라스 교구 학교. 철저한 원칙주의자인 알로이시우스 수녀는 학교의 브렌단 플린 신부를 경계하고 의심한다. 손톱이 긴 것도, 전례 없이 최초의 흑인 학생을 받으면서 교구 학교에 변화를 꾀하는 것도, 볼펜을 사용하는 것까지.

누군가에게는 하찮은 문제라고 생각할 수 있겠지만, 알로이시우스 수녀에게는 여간 수상한 일이 아니다. 알로이시우스 수녀는 우연히 브렌단 플린 신부의 미심쩍은 행동을 보게 되고, 제임스 수녀로부터 이에 대한 상황을 보고 받는다. 물론 그 정황은 의심만 가득할 뿐 확신할 수 없다. 그런데도 알로이시우스 수녀는 무자비하게 플린 신부를 몰아붙인다. 과연 진실은 무엇일까? 그리고 알로이시우스 수녀는 도대체 어떤 근거와 확신으로 플린 신부를 그토록 가혹하게 몰아붙이는 걸까?

약간의 스포일러가 될 수도 있겠지만, 영화가 말하고자 하는 건 '진실'이라기보다 한 사람에게 싹튼 '의심' 그 자체다. 영화의 마지막 장면에서 알로이시우스 수녀는 제임스 수녀에게 다음과 같이 이야기한다. "잘못을 바로잡으려면, 신에게서 멀어질 수도 있죠. 물론 대가는 있지만요." 그러고는 의심했다는 말을 되뇌며 서럽게 흐느낀다. 누군가를 정확한 근거도 없이 의심한다는 행동 자체가 신에게서 멀어졌다는 의미이며, 그 대가는 병든 마음일 테다. 알로이시우스 수녀가 결국 소기의 목적을 달성했다 할지라도 마음이 괴로움으로 가득 차 있는 이유다.

본격적인 와인 영화는 아니지만 이 영화만큼 '와인'이라는 단어가 많이 등장하는 영화도 없을 것이다. 왜냐면 영화에서 의심과 갈등이 싹트는 트리거 중 하나가 플린 신부가 소년 도널드 밀러에게 와인을 줬는지 아닌지에 대한 것이기 때문이다. 알로이시우스 수녀는 도널드에게 와인을 줬는지 아닌지 진실을 말하라며 플린 신부를 다그친다. 플린 신부가 아무리 강하게 부정해도 알로이시우스 수녀는 끝내 의심을 걷어내지 못한다. 영화를 보는 내내 문제의 그 와인, 바로 성찬주의 역사가 문득 궁금해졌다.

성찬주와 마주앙의 비하인드

지금으로부터 수천 년 전, 고대의 사람들은 와인의 재료가 되는 포도에 신이 깃들어 있다고 믿었다. 지금이야 와인을 마시면 취하는 과학적 원리가 밝혀져서 그 이유를 알고 있지만 그때는 그렇지 않았다. 와인을 마시면 은근히 기분이 좋아지고, 과하면 때로는 환상을 본다고 생각했던 것이다. 그렇게 몸을 벗어나면 신에게 가까이 갈 수 있다고도 믿었다. 기독교가 유럽에 전파되기 시작했을 때는 와인의 역할에 드라마틱한 변화가 일어난다. 와인을 성스러운 와인과 세속적인 와인으로 구분한 것이다.

세속적인 와인, 그러니까 종교적 의미가 없는 와인의 경우에도 과거에는 중요한 기능을 했다. 고대와 중세, 근대까지도 와인은 갈증을 해소해주고 부족한 열량을 보충했으며 오염이 쉬웠던 물보다 안전한 식수로 기능했다. 물론 당시에는 지금처럼 알코올이 높은 와인을 만들 수 없었기 때문에 훨씬 묽었고 마시기 가벼운 음료였다. 지금은 상상하기 힘들 만큼 다채로운 향신료나 꿀 따위를 와인에 섞어서 마셨다.

성스러운 의미에서 와인은 수 세기 동안 의식에 활용되어 왔으며, 지금까지도 여러 종교에서 중요한 역할을 하고 있다. 그리스도교인에게 성찬 와인이란 그리스도의 피의 상징이다. 유대교에는 키뒤시 Kiddush라는 기도가 있는데, 안식일이나 축제일 밤 와인과 빵을 통해 신을 찬미하는 것을 뜻한다. 또한 유월절 식사 때 네 잔의 와인을 마시는 것은 유대인의 전통이다. 이슬람은 와인을 마시는 걸 금지하였으나, 포도 자체는 신성한 과일로 간주한다. 각 종교마다 전통에 관한 해석이 달라질 수 있지만, 종교 의식에서의 와인은 그 의미와 중요성이 크다고 볼 수 있다.

특히 교회에서 와인은 없어서는 안 될 음료였기에 오랜 시간 교회 소유의 포도밭에서 정성 들여 포도를 재배하고 와인을 만들었다. 와인은 교회에 몸담은 사람들의 유용한 식수이자 자금원이자 한 잔의 쾌락이었으며, 와인을 기부하면서 지역 사회의 발전에도 기여했다고 전해진다. 그리고 성찬에 와인이 쓰기 시작한 것은 기록에 따르면 12세기부터다.

성찬주는 예수의 피를 상징하기에 더욱 까다롭게 만들어진다. 교회법 924조 3항에 의하면 '포도주는 포도로 빚은 천연의 것으로 부패하지 않아야 한다'. 또한 로마 미사 경본 총지침의 322항에 따르면 '성찬례 거행에 쓰일 포도주는 포도나무 열매로 빚은 것으로, 다른 물질이 섞이지 않은 순수한 천연 포도주여야 한다'. 와인 애호가의 입장에서는 이 설명이 어딘가 낯이 익다. 내추럴 와인에 관한 묘사와 겹치기 때문이다. 그러고 보면 성찬주 또한 내추럴 와인이었던 것이다. 과거에는 교회나 수도원이 직접 포도밭을 소유하고 있었고 사제들이 직접 와인을 만들었지만, 현대에 와서는 대개 외부에서 생산된 와인을 쓴다. 유럽의 경우 여전히 수도원이 소유한 포도밭에서 수도원에 구비된 양조 시설을 활용해 성찬주를 만드는 곳을 찾아볼 수 있다.

한국은 어떨까? 교회나 수도원 자체가 포도밭을 소유하거나 와인을 만드는 시설을 갖춘 경우가 없다 보니 외부에서 계약 생산된 와인을 사용한다. 바로 '마주앙Majuang 미사주'다. 마주앙의 탄생은 스토리가 상당히 흥미롭다. 한국전쟁 후 식량난에 허덕이는 와중에도 수많은 곡물이 술을 빚기 위해 사용되곤 했었다. 그 즈음 독일을 방문한 박정희 대통령은 독일인들이 척박한 땅에 포도를 재배하고 훌륭한 와인을 만들고 있는 걸 보고는 당시 대한상공회의소 회장(두산의 박두병 회장)에게 와인 양조를 권한 바 있다. 사실 조금 더 깊이 들어가면 이는 국산 전통주의 몰락을 가져온 양곡관리법과 관계가 있지만, 여기서는 성찬주에 좀 더 집중해보고자 한다.

쌀로 술을 만들다가 포도로 와인을 만들어야 할 위기에 처한 한국의 기업들은 노선을 바꿔 와인을 출시하게 된다. 최초의 와인이 해태주조의 노블 와인 시리즈고, 1977년 오비맥주에서 마주앙을 출시했다. 당시 전문가들이 독일 와인의 노른자위인 모젤과 라인강 유역의 테루아와 비슷한 곳을 우리나라에서 찾아 포도밭을 일구고 독일에서 전문가를 초빙하는 등 각고의 노력을 기울여 탄생한 와인이 바로 마주앙이다. 발음에서 프랑스 느낌이 폴폴 풍기지만 사실 마주앙은 '마주 앉아 즐기다'라는 의미를 담아 순우리말을 변형한 것이다. 당시에는 술의 명칭에 외래어를 섞는 것이 불법이었기에 탄생하게 된 귀여운 이름이다.

마주앙 와인은 아시아 최초로 로마 교황청의 승인을 받아 지금까지도 국내에서 성찬주로 쓰이고 있다. 마주앙의 다른 와인들은 해외에서 생산된 포도 원액 혹은 완성된 와인을 블렌딩해서 만들지만 미사주는 원재료가 100% 한국의 포도다. 포도 품종은 경산에서 재배한 머스캣 베일리A(적포도)와 사이벨(청포도)이다. 심혈을 기울여 양조한 와인을 6개월 숙성한 뒤 각 교구청을 통해 교구로 납품하고 있다. 이쯤 되면 맛이 궁금해질 텐데 아쉽게도 마주앙 미사주는 일반 소비자가 구매할 수 없다. 천주교인은 아니지만 한 와인 모임에서 맛본 마주앙 미사주는 향기로운 꽃 향과 약간의 달콤함이 입안에서 우아하게 이어져서 누구나 거부감 없이 즐길 수 있는 좋은 와인이었다. 과연 교황청이 승인해준 와인답다.

「베스트 오퍼」, 당신의 베스트 오퍼는?

La Migliore Offerta

Director	주세페 토르나토레
Cast	제프리 러쉬(버질 올드먼)
	짐 스터게스(로버트)
	실비아 혹스(클레어 이벳슨)
	도널드 서더랜드(빌리 위슬러)
Wine	와인 경매의 베스트 오퍼 9

    베스트 오퍼란, 경매에서의 최고 제시액 혹은 인생과 맞바꿀 만한 명작을 만났을 때 제시할 수 있는 최고가를 말한다. 「베스트 오퍼」는 영화 제목이 의미하는 것처럼 경매에 관한 이야기다. 독특한 소재와 특유의 분위기가 매력적인 작품으로, 짧은 시간 동안 저마다의 가치를 가진 작품들이 거래되는 경매장의 다이내믹한 현장감을 관객에게 제대로 전달한다. 주인공 버질 올드먼이 놀라운 카리스마에 재치를 더하며 여유롭게 경매장을 장악하는 장면을 보다 보면 순식간에 영화 속으로 빠져들게 된다.

    제프리 러쉬가 연기한 버질 올드먼은 예술품의 진정한 가치를 꿰뚫어 보고, 작품을 최고가로 낙찰시키는 완벽한 감정인이다. 하지만 신은 그에게 자기중심적인 성격과 결벽증을 주었다. 커리어를 빼면 그저 괴팍하고 까다로운 노인에 가까운 그는 여자 한 번 제대로 만나지 않은 채 평생을 독신으로 살았다. 영화 도입부에 그의 성격과 외로움을 짐작할 수 있는 장면이 두 가지 등장한다.

하나는 올드먼이 최고급 레스토랑에서 나홀로 식사하는 모습. 단골인 올드먼의 생일을 맞아 레스토랑 측에서 특별히 준비한 케이크를 서비스하는데, 올드먼은 내 생일은 다음 날이며 아직 밤 10시 35분이고 미리 축하하고 싶지 않다면서 한 입도 뜨지 않고 나가버린다. 또한 그의 외로움과 아름다움에 대한 집착은 오로지 자신만을 위해 설계된 집에서도 드러난다. 온갖 골동품과 미술품으로 가득한 집안에는 비밀 공간이 있다. 방 안에 평생 수집해온 엄청난 가치의 초상화 수백 점이 사방의 높은 벽에 빼곡히 걸려 있는데, 모두 여성의 초상화다. 그는 종종 방 중앙에 놓인 소파에 앉아 그림을 감상한다.

그런 올드먼에게도 유일하게 터놓고 대화를 나눌 수 있는 친구가 둘 있다. 한 사람은 그의 여성 초상화 컬렉션에 도움을 주는 빌리이고, 다른 하나는 시계를 수리하고 복원하는 로버트다. 두 친구는 기묘한 일을 겪게 되는 올드먼에게 조언을 아끼지 않으며, 극 후반 그에게 닥치는 시련 혹은 미스터리와도 깊은 관계가 있다.

어느 날 올드먼은 이벳슨이라는 젊은 여성으로부터 한 통의 전화를 받는다. 이벳슨은 부모가 남긴 예술품과 골동품을 경매로 처분하기를 원하고, 이 일의 적임자는 올드먼뿐이라며 간절히 매달린다. 시종일관 이벳슨을 차갑게 대하던 올드먼은 이벳슨이 심각한 광장 공포증을 앓고 있어 무려 12년 동안 집 밖에 나온 적이 없다는 이야기를 듣고 그에게 관심을 두게 된다. 심지어 이벳슨은 올드먼의 괴팍하고 제멋대로인 성격까지 닮았다.

얼굴은 보지도 못한 채 벽을 사이에 두고 이벳슨과 한바탕 말싸움을 하는 날이면 요동치는 감정을 추스르지 못하고 일도 손에 잡히지 않는 올드먼. 한평생 그림과 함께 살아온 그는 인생 처음 사랑에 빠져 통제가 안 되는 감정에 벅차고 혼란스럽다. 반대로 이벳슨은 12년 동안 집 밖을 나간 일이 없는데도 불구하고 밀당의 귀재인 것처럼 보인다. 과연 그는 인생에 찾아온 첫 번째 사랑이자, 마지막 사랑이 될 수도 있는 이벳슨과 결실을 맺을 수 있을까? 그리고 그의 소장품을 베스트 오퍼에 처분할 수 있을까? 약간의 힌트를 남기자면, 영화의 장르는 심리 스릴러다.

영화에는 시종일관 와인이 등장한다. 올드먼이 혼자 식사하는 고급 레스토랑에도, 그가 이벳슨의 저택에서 즐기는 만찬에도, 이벳슨과 말싸움하고 상심했을 때도. 어떤 장면은 와인병도 슬쩍 나오는데, 어떤 와인인지 파악하기에는 정보가 너무 부족해서 포기하고 말았다. 하지만 오늘의 주인공 올드먼의 직업이 경매사인 만큼 와인 경매와 역사상 최고가에 거래된 와인에 대해서 이야기를 해보려 한다.

와인 경매의 베스트 오퍼 9

최초의 와인 경매는 프랑스 부르고뉴의 본*Beaune*에서 시작됐다. 마을 중심에는 본을 상징하는 건물인 오스피스 드 본이 있는데, 백년전쟁이 끝난 직후 가난과 병마에 허덕이는 주민들을 위해 부르고뉴의 대법관 니콜라 롤랑과 그의 부인 기공 드 살랭이 전 재산을 쏟아부어 만든 병원이다. 오스피스 드 본은 설립 초기부터 부부가 기증했던 포도밭에서 만든 와인을 판매하며 자선 활동을 이어갔으며 1859년부터는 와인 판매 대신 경매를 열기 시작했다. 이 최초의 와인 경매는 지금도 매년 11월에 열리고, 2005년부터는 세계적인 경매회사 크리스티에서 주관하고 있다.

그렇다면 200년에 가까운 와인 경매의 역사에서 가장 비싸게 거래된 와인은 어떤 와인들일까? 여러 정보를 취합해 한화 2억 원 이상에 낙찰된 아홉 가지 경매 케이스를 정리해봤다.(2023년 12월 기준)

많은 이들의 기대와 달리 영광의 1위는 바로 '샴페인 아비뉴 포쉬 *Champagne Avenue Foch* 2017'이다. 크리스티에서 무려 250만 달러(약 35억 원)에 거래되었다. 돔 페리뇽도 아니고, 크리스탈도 아니고 이름조차 생소한 아비뉴 포쉬? 사실 이 말도 안 되는 가격은 병 내부의 와인이 아니라 병에 프린트된 그림 때문이다. 내용물의 가치만 보면 불과 14.6달러(약 2만 원)라고 한다. 병에는 인기 NFT(대체 불가능 토큰) 콜렉션인 BAYC(Bored Ape Yacht Club; 지루한 원숭이들의 요트 클럽) 이미지가 프린트되어 있으며, 낙찰자는 해당 NFT의 소유권도 이전받는다. 최종 낙찰자는 이탈리아의 사업가이자 암호 화폐 투자자로, 이 샴페인 역시 투자 용도이므로 샴페인을 오픈할 계획은 없다고 밝혔다.

영예의 2위를 차지한 와인은 '페트뤼스 2000'이다. 페트뤼스는 워낙 고가의 와인이지만 크리스티에서 낙찰된 와인은 더 특별하다. 와이너리에서 제안한 낙찰가는 100만 달러(약 14억 원)로 여기에는 이유가 있다. 우주에서 14개월 숙성한 세상에 단 하나뿐인 와인이라는 점이다. 정확히는 총 12병이 우주에서 돌아왔고 모두의 관심을 받으며 경매에 등장했다. 경매 구성은 우주에서 돌아온 페트뤼스 1병과 지구에서 숙성한 동일 빈티지의 페트뤼스 1병, 그리고 운석으로 만든 오프너로, 아티스트 케이스에 담겨 2021년 5월 크리스티에서 비공개 판매되었다. 다만, 누구에게 언제 판매됐는지는 정보가 없다.

3위는 '더 세팅 와인즈 글래스 슬리퍼 빈야드 카베르네 소비뇽*The Setting Glass Wines Slipper Vineyard Cabernet Sauvignon* 2019'다. 가격은 2위와 같은 100만 달러로, 미국 뉴올리언스에서 열린 자선 경매에서 낙찰되었다. 100만 달러라는 거금을 내놓은 사람은 돈 슈타이너라는 남성인데 이름 외에는 밝혀진 바가 전혀 없다고 한다. 더 세팅 와인즈는 2014년 스타 와인메이커 제스 캇츠가 설립한 신생 와이너리다. 제스는 스크리밍 이글을 비롯 권위 있는 와이너리에서 수십 년 경험을 쌓은 베테랑 중 베테랑이니, 경매 가격이 어느 정도 이해가 되기도 한다.

4위는 프랑스 부르고뉴에서 생산되는 세계에서 가장 비싼 와인 중 하나인 '로마네 콩티*Romanée-Conti* 1945'이다. 2018년 뉴욕의 소더비 경매에서 거래되었으며, 한 아시아인에게 팔렸다. 경매 낙찰가는 55만 8천 달러(약 8억 원). 1945년 빈티지의 로마네 콩티 생산량은 불과 600병뿐이고, 남아 있는 와인도 드물었기에 그 희소성이 더해져서 비싼 값을 형성할 수밖에 없었다.

5위는 '스크리밍 이글*Screaming Eagle* 1992'이다. 거래 가격은 50만 달러(약 7억 원). 스크리밍 이글은 로마네 콩티와 더불어 세계에서 가장 비싼 와인 중 하나로, 『와인이 있는 100가지 장면』 1편에서 소개한 「내 아내의 모든 것」에서 짧게 설명한 적이 있는 컬트 와인의 대명사다. 한 해 400~750케이스 정도로 워낙 소량 생산하는 데다가, 전 세계에서 구매자가 대기하다 보니 구하기가 하늘의 별 따기라서 컬트 위의 컬트라는 별칭이 있다. 1992년 빈티지는 2000년 캘리포니아 나파 밸리의 자선 경매에서 거래되었다고 한다.

6위는 '샤토 무통 로칠드Château Mouton Rothschild 1945'의 제로보암 사이즈(750㎖ 와인 6병 용량)였다. 와인은 병의 용량이 클수록 숙성 잠재력이 높기에 더 가치가 커진다. 소더비를 통해 거래되었고, 낙찰가는 31만 달러(약 4억 3천만 원). 이 정도 가격을 형성할 수 있던 이유는 여섯 병 크기의 사이즈라는 것도 있겠지만 1945년이라는 빈티지가 샤토 무통 로칠드에게 두 가지에서 큰 의미를 가지기 때문이다. 하나는 1945년이 와이너리 역사상 가장 뛰어난 해 중 하나였다는 것이고, 두 번째는 1945년이 제2차 세계대전이 종식한 해라는 점이다. 샤토 무통 로칠드는 이때 승리의 V를 레이블에 그려 넣었으며, 이것이 그 유명한 샤토 무통 로칠드 아티스트 레이블의 진정한 시작이다.

7위는 '샤토 슈발 블랑Château Cheval Blanc 1947'. 2010년 크리스티를 통해 개인 수집가에 의해 낙찰되었으며, 낙찰가는 304,375달러(약 4억 2,500만 원)였다. 1947년산은 1921년과 함께 역대 최고의 빈티지로 평가받는다. 프랑스 보르도 생테밀리옹에 위치한 슈발 블랑은 2022년 이루어진 생테밀리옹의 와인 등급 조정의 형평성에 논란을 제기하며 자진해서 최고의 자리에서 물러나면서 화제가 되기도 했다. 물론 슈발 블랑이 등급제에 속하든 아니든 세계 최고의 와인임을 부정할 사람은 없다.

8위는 '샴페인 파이퍼 하이직 1907'이다. 경이로울 정도로 오래된 이 샴페인은 2010년 스웨덴의 잠수부들이 발트해 연안의 침몰한 배에서 발견했다. 올란드 제도의 지방 정부는 발견된 샴페인을 경매에 부쳤는데 그중 최고가가 275,000달러(약 3억 8천만 원)였다.

9위는 '샤토 라피트 로칠드Château Lafite Rothschild 1869'이다. 2010년 홍콩 소더비에서 3병이 등장했는데, 경매 시작 전에는 병당 8,000달러(약 1,120만 원)에 거래될 거라고 예측했다고 한다. 하지만, 한 아시아인 부호에 의해 병당 무려 232,682달러(약 4억 6천만 원)에 세 병 모두 낙찰되면서 세상을 놀라게 했다. 1869년 빈티지는 필록세라 이전에 생산된 것이라는 특수함, 와이너리에서 직접 병입한 와인이라는 점에서 더 높은 가치가 매겨졌다고 한다.

 덧붙여보자면 한국에서 열린 와인 경매 사상 최고가는 2022년 4월 26일 서울옥션 강남센터에서 열린 제166회 미술품 경매에 깜짝 등장한 로마네 콩티 1985년산이다. 시작가는 2,600만 원이었으나 응찰자들의 치열한 경합 끝에 최종 낙찰가는 1억 2,500만 원이라는 기록을 만들어냈다.

 격식 없이 생활 속에 스며드는 와인 문화를 바라며 지금껏 와인과 함께 십수 년을 지내온 필자들로서는 자료 조사를 하면서도 거리감을 많이 느꼈다. 물론 우리 인생에서 이런 와인들을 만날 일은 없을 듯하지만, 이러한 기록들 자체가 와인을 둘러싼 세계를 더 흥미롭게 만드는 것도 사실이다.

「탑건」과 매버릭의 슈냉 블랑

Top Gun

Director 토니 스콧/조셉 코신스키
Cast 톰 크루즈(피트 미첼/매버릭)
  켈리 맥길리스(샬럿 블랙우드)
  발 킬머(톰 카잔스키)
  앤서니 에드워즈(비구 브래드쇼)
  마일스 텔러(브래들리 브래드쇼)
  제니퍼 코넬리(페니 벤자민)

Wine 찰스 크루그 슈냉 블랑(미국 캘리포니아)

 2022년 「탑건: 매버릭」이 개봉하자 사람들은 36년이라는 세월이 무색하게 화려한 액션 신으로 돌아온 톰 크루즈에 열광했다. 혼을 빼는 공중전까지 최대한 직접 해낸 그의 몸 관리와 열정은 경이로웠고, 에비에이터 선글라스를 끼고 항공점퍼를 입은 채 바이크로 질주하는 모습은 전작에 대한 향수를 자극하기에 충분했다. 1986년에 개봉한 「탑건」은 성공한 할리우드 영화의 공식을 모조리 탑재한 채 등장한 영화였다. 전투기로 적들과 공중전을 펼치는 액션, 감각적인 영상과 등장인물들의 훌륭한 비주얼, 귀가 호강하는 OST, 거기에 미 해군의 적극적인 지원까지 더해져 실패하려야 실패하기 힘든 대작이었다.

 당시 미국은 베트남 전쟁에서 패배하면서 국민 여론이 최악이었다. 세계 최강국이라 믿었던 미국이 패배했다는 좌절감과 명분 없는 전쟁을 일으켰다는 죄책감이 팽배해 있던 혼란의 시기에 로널드 레이건 대통령이 당선된다. 그는 강인한 미국을 재건하기 위해 절치부심했고, 그 과정에서 탄생한 작품이 바로 「탑건」이다.

「탑건」이 영리했던 점은 최대한 정치색을 뺐다는 점이다. 영화는 패기 가득한 청년이 시련을 겪으며 좌절하지만 결국 극복해내고 영웅이 되는 스토리에 집중했다. 개봉 이듬해에는 미 해군 입대 지원자가 기하급수적으로 늘어났으며, 미군은 대중문화를 통해 군의 이미지를 개선할 수 있다는 걸 제대로 확인했다. 「탑건」 이후로 무려 펜타곤에 영화 전담 부서를 설치해서 할리우드와 긴밀하게 협조했을 정도다.

「탑건」과 「탑건: 매버릭」은 서로 닮았지만 각기 다른 매력을 지니고 있다. 「탑건」에서 탑건 스쿨의 학생이었던 매버릭은 최고의 조종사들과 경쟁하면서 어른으로 성장하지만, 「탑건: 매버릭」에서는 교관으로 등장한 매버릭이 학생들과 함께 불가능한 미션에 도전하며 다시 한 번 자신의 한계를 극복해 감동을 준다. 가능하면 두 편을 연달아, 되도록 큰 스크린에서 감상할 것을 적극적으로 추천한다.

캘리포니아산 슈냉 블랑을 마시며 피어오르는 로맨스

두 편의 영화에서 와인이 나오는 건 전작 「탑건」뿐이다. 탑건 학교에 입학한 매버릭은 펍에서 여자를 꾀다가 퇴짜를 맞는다. 그런데 다음 날 알고 보니 그 여자(샬롯)가 탑건 학교의 교관이 아닌가. 시작부터 일진이 꼬이는가 싶었지만 매버릭의 매력은 결국 통한다. 샬롯은 학생을 집에 초대하지 않는다는 불문율까지 깨며 매버릭을 집으로 초대하는데, 이때 둘이 집에서 마시는 와인이 '찰스 크룩Charles Krug'이다.

이름을 보면 유명 샴페인인 '크룩Krug'과 모종의 연관이 있나 싶지만, 오히려 이 와이너리는 미국 와인 역사에 한 획을 그었던 몬다비Mondavi 가문과 깊은 인연이 있는 곳이다. 와이너리 설립자인 찰스 크룩은 1847년 프로이센에서 기회의 땅인 미국으로 넘어왔다. 그리고 자신의 와이너리를 설립하기 전에 아고스톤 하라즈시와 존 래칫의 와이너리에서 와인메이커로 일했다.

캘리포니아 와인의 아버지라고 불리는 아고스톤 하라즈시는 헝가리

태생으로, 미국으로 일찌감치 이주해서 위스콘신에서 살다가 골드러시 때문에 캘리포니아로 온 인물이다. 이 지역에서도 여러 곳을 전전하다 최종적으로는 소노마에 정착해 와이너리를 설립했는데, 이 와이너리가 바로 '부에나 비스타Buena Vista'다. 하라즈시는 이 와이너리로 일시적인 성공을 거두었지만 와이너리를 확장하는 데 너무 많은 돈을 투자했고, 엎친 데 덮친 격으로 필록세라가 창궐하면서 와이너리를 떠났다. 이후 그는 럼을 미국으로 수출할 계획으로 니카라과에서 사탕수수 사업을 벌였으나 어느 날 실종되어 사라져 버리고 만다.

아고스톤 하라즈시가 캘리포니아 와인의 아버지라면, 존 패쳇은 나파 밸리 와인의 아버지라고 불린다. 그가 나파 밸리에 최초로 와이너리를 설립하고 상업용 와인 저장고를 지은 인물이기 때문이다. 패쳇은 1854년 나파 밸리에 포도밭을 일궜고, 1857년부터 와인을 만들기 시작했다. 찰스 크룩은 1858년에 패쳇의 와이너리에서 와인메이커로 일했고, 1860년에는 나파 밸리의 초기 개척자인 에드워드 터너 베일의 딸 캐롤라이나 베일과 결혼한다. 캐롤라이나가 찰스 크룩과 결혼하면서 챙겨온 지참금에는 540에이커(약 66만 평)에 달하는 땅이 있었고, 찰스 크룩은 그곳에 포도밭을 일궈서 당시로서는 굉장히 혁신적이었던 사과주 압착기를 활용해 와인을 만들기 시작했다. 그가 쌓은 포도밭 관리와 와인메이킹 기술은 이제 걸음마를 떼기 시작했던 캘리포니아 와인 산업이 성장하는 데 밑거름이 되었다고 평가받고 있다.

찰스 크룩이 세상을 떠나고 와이너리는 다른 사람 손에 넘어갔다가 1943년 몬다비 가문이 75,000달러(약 1억 원)에 인수했다. 지금은 고인이 된 전설적인 로버트 몬다비가 그의 부모를 설득해서 와이너리를 인수한 걸로 알려져 있으며, 로버트 몬다비는 이곳에서 1966년 자신의 이름을 건 와이너리를 설립하기 전까지 일했다고 전해진다. 찰스 크룩은 현재 로버트 몬다비의 동생인 피터 몬다비가 소유하고 있다.

영화에서 매버릭과 샬롯이 즐긴 와인은 찰스 크룩의 슈냉 블랑Chenin Blanc이다. 다만 찰스 크룩은 더 이상 슈냉 블랑으로 와인을 만들지 않는다. 슈냉 블랑은 프랑스의 루아르 밸리를 상징하는 청포도 품종으로, 현지에서는 드라이한 화이트 와인부터 스위트 화이트, 스파클링까지 다채롭게 활용되는 다재다능한 포도 품종이다. 기본적인 풍미는 서양 배, 인동덩굴, 모과, 사과, 생강, 멜론, 복숭아, 감, 오렌지 등인데, 오크에서 숙성하면 버터, 팝콘, 버터 스카치, 육두구, 구운 사과 같은 부케로 진화하기도 한다.

캘리포니아에 슈냉 블랑이 전파된 건 1980년대로, 80년대에는 고향인 프랑스보다 더 많이 재배할 정도로 흔한 품종이었다. 당시에는 고급 품종이라고 여겨지는 샤르도네나 소비뇽 블랑 같은 청포도에 블렌딩하는 용도로 쓰거나 약간 달달하고 저렴한 단일 품종 와인으로 만들어지는 게 대부분이었다. 90년대부터는 재배량이 서서히 감소하면서 이대로 잊혀지나 싶었는데, 최근에는 몇몇 생산자들의 헌신적인 노력으로 고품질 슈냉 블랑이 다시 인기를 얻으면서 제2의 전성기를 맞이하는 중이다.

캘리포니아에서 가장 인기 있는 슈냉 블랑 포도밭은 산타 이네즈 밸리에 있는 쥐라기 공원 빈야드 *Jurassic Park Vineyard*로 35년 수령의 올드 바인에서 진귀한 와인을 선보이고 있다. 쥐라기 공원 빈야드에서 재배한 슈냉 블랑을 마셔보고 싶다면 '로-파이Lo-Fi', '필드 레코딩스*Field Recordings*', '해비트*Habit*'의 슈냉 블랑을 도전해보시길 바란다. 캘리포니아 슈냉 블랑은 고향인 프랑스보다 녹진하고 화려한 퍼포먼스를 보여줄 것이다.

「보일링 포인트」와 가장 비싼 화이트 와인

Boiling Point

Director	필립 바랜티니
Cast	스티븐 그레이엄(앤디 존스)
	비넷 로빈슨(칼리)
	말라치 커비(토니)
	제이슨 플레밍(알리스터 스카이)
	레이 판타키(프리맨)
Wine	소비뇽 블랑

영화의 엔딩 크레딧이 올라가고 깊은 한숨이 탄식처럼 흘러나왔다. 「보일링 포인트」는 지독한 영화다. 누군가에게는 낭만적인 공간인 레스토랑이 누군가에게는 살벌한 전쟁터가 될 수 있다는 걸 스크린을 통해 극단적으로 보여준다. 칼과 불, 땀과 피가 난무하는 전쟁터를 생생하게 묘사하기 위해 감독인 필립 바랜티니가 선택한 촬영 방식도 지독하다. 그는 약 90분에 달하는 러닝타임을 한 대의 카메라로 커트 없이 단 한 번에 찍었다. 이렇게 만들어진 영화를 원 쇼트 무비라고 하는데 워낙 어렵고 까다로운 작업이라서 그런지 원 쇼트 무비 중에 평단과 대중 모두에게 좋은 평가를 받았던 작품은 굉장히 드물다.

바랜티니 감독이 굳이 고행길을 걸은 건, 원 쇼트 무비가 잘만 만든다면 현장의 생생함을 극대화할 수 있기 때문이다. 긴박하게 돌아가는 레스토랑의 장면을 담기에는 좋은 선택이었다고 생각한다. 물론 한 번에 성공하지는 못했고 세 번의 시도 끝에 NG 없이 모든 장면을 담아냈다. 이때 스태프와 배우 모두가 일제히 환호성을 질렀다고 한다. 「보일링 포인트」가 더 대단한 건 촬영 장소가 세트가 아닌 실제 런던에 있는 레스토랑이라는 것이다. 철저하게 계산된 카메라의 움직임과 배우들의 연기가 제대로 합을 이루지 못했다면 영화를 완성하는 게 불가능했을 것이다.

영화는 런던의 고급 레스토랑 '존스 앤 손스'의 헤드 셰프 앤디 존스를 비추면서 시작한다. 레스토랑으로부터 걸려온 전화를 받으면서 다급하게 출근 중인 앤디. 오늘은 크리스마스 연휴를 앞둔 금요일, 일 년 중 가장 바쁜 날이다. 앤디의 통화 내용을 들어보면 사생활에 문제가 많아 보인다. 그리고 그의 개인사는 레스토랑의 문제로 직결된다. 늘 정신이 없는 앤디는 헤드 셰프로서 해야 할 일들을 제대로 처리하지 못하고, 어쩔 수 없이 그가 저지른 일을 밑의 직원들이 해결한다. 그러니 주방 분위기가 좋을 리가 없다. 어쨌든 레스토랑에 도착한 앤디는 첫 번째 위기에 봉착한다. 예고도 없이 위생 검사를 나온 것이다. 위생사는 몇 가지 문제점을 지적하며 5등급이었던 레스토랑의 위생 등급을 3등급으로 끌어내린다. 시작부터 예감이 좋지 않다. 아니나 다를까 레스토랑에서는 하나만 터져도 기가 막힐 일들이 영화가 끝날 때까지 쉬지 않고 이어진다.

흑인 웨이트리스에 대한 인종 차별부터 시작해서 어린 파티시에가 알고 보니 자해한다는 설정, 주방 허드렛일을 담당한 직원의 고의적인 태만, 일한 지 일주일밖에 안 된 프랑스 셰프의 언어 소통 문제, 인플루언서 손님들의 무례한 요구, 알레르기가 있는 손님의 갑작스러운 발작, 앤디에게 돈을 갚으라며 찾아온 스타 셰프와 요리 평론가, 스트레스를 풀기 위해 코카인과 술에 의지하는 앤디까지 그야말로 가관이다. 결국 영화는 보일링 포인트(끓는점)에 다다르자 모든 스트레스를 폭발시키며 레스토랑의 종말을 고한다.

가장 비싼 화이트 와인의 정체

함께 스트레스를 받으며 영화를 보는 동안 종종 등장하는 와인 덕분에 조금이나마 위안을 얻을 수 있었다. 웨이트리스인 로빈은 돈 좀 있는 티를 내려는 손님의 와인 주문을 응대하게 된다. 손님은 레드 와인은 샤토 마리, 화이트 와인은 가장 비싼 걸 추천해달라고 말하는데, 레스토랑에 준비된 가장 비싼 화이트 와인은 소비뇽 블랑이었다.

소비뇽 블랑Sauvignon Blanc은 샤르도네와 더불어 세계에서 가장 유명한 청포도 품종이다. 소비뇽은 프랑스어로 '야생'이라는 뜻을 지닌 'Sauvage'에서 유래했는데, 포도 덩굴의 생김새가 마치 야생에서 막 자란 포도 덩굴을 연상케 한다고 해서 이런 이름이 붙여졌다고 전해진다. 블랑은 프랑스어로 '흰색'이라는 뜻이다. 프랑스 보르도가 고향인 품종으로, 보르도 와인의 인기에 힘입어 19세기부터 전 세계로 퍼지면서 칠레와 미국에 뿌리를 내렸고, 1970년대에 뉴질랜드에 처음 소개된 이후 이제는 뉴질랜드를 대표하는 품종으로 자리 잡았다.

고향인 프랑스에서는 다소 서늘한 기후를 가진 루아르 밸리, 그중에서도 상세르Sancerre와 푸이 퓌메Pouilly-Fume에서 독보적인 품질을 가진 와인을 만든다. 역사는 짧지만 드라마틱한 성장을 보여준 뉴질랜드에서는 세계에서 가장 상큼하고 발랄한 소비뇽 블랑 와인을 만나볼 수 있다. 단일 품종으로 양조하면 구스베리, 멜론, 자몽, 복숭아, 패션프루트, 싱그러운 풀 향이 지배적이고, 와인 애호가들 사이에서는 고양이 오줌 냄새가 나는 품종으로 유명하다. 독특하고 강렬한 풍미를 지니고 있어서 다른 화이트 품종과 비교했을 때 초보자라도 쉽게 눈치챌 수 있을 정도다. 입에서는 라이트 미디엄 바디에 높은 산도를 보인다. 또한 소비뇽 블랑은 품종 특유의 캐릭터를 보존하기 위해 오크통에서 발효나 숙성하지 않는 경우가 많다.

영화에서처럼 레스토랑의 와인 리스트에 소비뇽 블랑으로 만든 와인이 가장 비싼 화이트 와인으로 올라가 있는 경우는 드물다. 파인 다이닝 등 고급 레스토랑이라면 프랑스 부르고뉴나 미국 나파 밸리의 샤르도네 와인이 상위 라인으로 갖춰진 경우가 많기 때문이다.

물론 소비뇽 블랑이면 안 된다는 법은 없다. 예를 들어 세계에서 가장 비싼 와인을 만드는 와이너리 중 하나인 미국 나파 밸리의 스크리밍 이글에서도 소비뇽 블랑으로 화이트 와인을 만드는데 병당 가격이 거의 천만 원을 호가한다. 또한 프랑스 보르도의 샤토 마고에서는 매우 오랜 시간 '파비용 블랑 뒤 샤토 마고Pavillon Blanc du Château Margaux'라는 이름으로 소비뇽 블랑 100%인 화이트 와인을 만들고 있다.

개인적으로 가장 좋아하는 소비뇽 블랑은 프랑스 루아르 동부 상세르 지방에서 탄생하는 디디에 다그노Didier Dagueneau의 와인이다. 최고의 소비뇽 블랑 양조자로 잘 알려진 디디에 다그노는 복합적이고 뛰어난 숙성 잠재력을 가진 소비뇽 블랑 와인을 만들기 위해, 잘 익은 포도만 골라서 양조한 뒤 오크통에서 숙성해서 육중한 스타일의 소비뇽 블랑을 선보인 최초의 와인메이커였다. 그래서 그는 이단아이자 천재라고 불렸다. 안타깝게도 디디에 다그노는 2008년 경비행기 사고로 세상을 떴지만, 그의 아들인 루이 벤자망Louis Benjamin이 대를 이어서 아버지의 와이너리를 훌륭히 이어가고 있다. 쉽게 접하는 뉴질랜드의 풋풋한 소비뇽 블랑과는 차원이 다른 퍼포먼스를 경험하게 하는 와인이다.

영화에서 손님이 주문한 샤토 마리와 소비뇽 블랑 병은 레스토랑 곳곳에서 등장한다. 소비뇽 블랑은 정체가 밝혀지지 않고, 샤토 마리는 레이블이 몇번 나오는데 샤토 마고와 비슷하지만 그림이 묘하게 다르다. 대사에서 와인 가격이 200파운드(약 33만 원)라고 하는 것을 보면 샤토 마고가 아니라는 것만은 확실히 알 수 있다.

영화가 공개되고, 「보일링 포인트」를 본 셰프들은 이 영화의 촬영 방식이 이룬 성과에 대해서는 극찬했지만, 시대착오적인 주방의 묘사에 대해서는 혹평을 남겼다. 그럼에도 이 영화는 눈을 뗄 수 없는 매력이 있다. BBC를 통해 TV시리즈 제작이 결정되었고, 스티븐 그레이엄이 영화와 마찬가지로 주연을 맡게 되었다는 소식은 사건의 확장이 무한히 가능한 영화라는 것을 증명한다. 시리즈의 2편까지 필립 바랜티니 감독이 연출을 맡기로 했으니 이번에는 어떤 카메라 무빙을 보여줄지, 또 어떤 와인이 등장할지 무척 기대된다.

「왓 위민 원트」, 카베르네 소비뇽처럼 터프하고 메를로처럼 부드럽게!

What Women Want

Director 낸시 마이어스
Cast 멜 깁슨(닉 마샬)
헬렌 헌트(달시 맥과이어)

Wine 카베르네 소비뇽과 메를로

남자들이 우러러보며 존경하는 남자, 하지만 여자들에게는 자상하기는커녕 막 대하는 남자. 바로 「왓 위민 원트」의 주인공 닉 마샬에 대한 이야기다. 닉은 전 부인에게 여자를 이해하지 못한다며 비난받고, 비서는 혼자서 아무것도 못 하고 자기밖에 모르는 싱글이라고 뒷담화한다. 하나뿐인 딸에게도 그는 그냥 무뚝뚝한 아저씨 같은 아빠다. 이렇게 된 건 닉의 성장 배경 탓이긴 한데, 어쨌든 그는 매력적인 외모를 가졌지만 마초 같은 성격으로 여자들에게 환영받지 못하는 신세다.

닉은 광고 기획사의 임원으로 성공했다. 그 성공은 닉이 기획해온 남성들에게 어필하는 섹시한 광고가 시장에 딱 맞아떨어졌기 때문에 가능한 일이었다. 하지만 시대는 변했고, 회사는 새롭게 부상하는 소비 주체인 젊은 여성들을 대상으로 한 광고를 기획하기 위해 그의 상사로 능력 있는 달시 맥과이어를 앉힌다. 달시는 부임하자마자 닉을 비롯한 나머지 임원들에게 여성들이 주로 사용하는 제품들을 던져 주고 광고 아이디어를 개발하도록 지시한다. 평생 마초맨으로 살아온 그에게는 회사 인생 최대의 위기가 닥친 셈이다. 속눈썹을 올리고, 립스틱을 바르는 등 평소의 그라면 상상하지 못할 행동까지 하면서 여자의 마음을 이해하려던 닉은 헤어드라이어와 함께 욕조에 풍덩 빠지면서 감전 사고를 겪는다. 이 사고로 닉은 여자들의 속마음을 들을 수 있는 능력을 갖게 된다.

기묘한 능력을 처음에는 저주라고 생각했던 닉은 심리 상담가의 조언을 듣고 이를 십분 활용하기로 한다. 그가 여자들의 속마음을 활용해서 어떻게 일과 사랑을 쟁취하고, 딸에게 좋은 아빠가 되는지는 영화를 통해 확인해 주시기를 바란다.

믿고 보는 낸시 마이어스의 영화답게 여러 장면에서 와인이 등장한다. 닉이 마스카라를 칠하면서 마취제가 필요하다며 마시는 와인은 '스털링Sterling'이다. 미국 나파 밸리에서 1964년 설립된 스털링 와이너리는 당시 대부분의 와이너리가 카베르네 소비뇽 품종에 집중하고 있을 때, 메를로Merlot의 가치를 알아보고 이 품종에 몰두해 캘리포니아 최초로 빈티지가 기재된 메를로 단일 품종 와인을 생산한 곳이다.

그리고 회사의 임원들이 사무실에서 점심 식사를 하는 장면에서 '러더포드 힐 리저브 메를로 Rutherford Hill Reserve Merlot'가 등장한다. 러더포드 힐 와이너리는 미국 최고의 메를로 와인을 만드는 곳 중 하나로 평가받는 곳이다. 와이너리 이름과 같은 나파 밸리 러더포드 힐의 테루아가 전설적인 메를로 생산지인 프랑스 보르도 포므롤과 매우 유사하다는 것에 착안해서 와이너리를 설립하고 세계적인 수준의 메를로 와인을 만들어왔다. 캘리포니아에서 메를로 품종으로 일가견이 있는 두 곳의 와이너리가 영화에 등장하는 것은 우연이 아니라고 생각한다. 극 중 심각한 마초맨이었던 닉이 여성들의 마음을 읽을 수 있게 되면서 자상하고 부드러운 캐릭터로 변모하게 된다는 설정이 와인에서도 드러난다. 남성적이고 파워풀하다는 인식이 있는 카베르네 소비뇽에서 점차 부드러운 이미지의 메를로를 즐기게 되는 점이 주인공 캐릭터의 변화와 닮아 있다.

레드 와인의 양대 산맥, 카베르네 소비뇽과 메를로

카베르네 소비뇽과 메를로는 어디서 재배되고 누가 어떻게 양조하느냐에 따라 여러 캐릭터를 보여주는데, 많은 사람들이 카베르네 소비뇽을 강건한 와인, 메를로는 부드러운 와인이라고 생각한다. 왜 그럴까?

카베르네 소비뇽과 메를로는 늘 생산량 1, 2위를 다투는 품종이다. 카베르네 소비뇽은 두껍고 튼튼한 껍질을 보유한 품종으로 기후나 질병에 대한 저항력이 강해서 20세기에 전 세계에서 가장 많이 재배되던 품종이었다. 1990년대 급성장하는 메를로에게 왕좌 자리를 잠깐 내어주었다가 2015년 다시 정상을 탈환한 이후 지금까지 왕좌에서 내려오지 않고 있다. 잠시였지만 전문가들은 메를로의 정상 탈환을 크게 두 가지 이유로 분석한다. 하나는 메를로가 카베르네 소비뇽보다 부드럽고 마시기 편하다는 대중의 인식. 다른 하나는 정말 의외인데 카베르네 소비뇽보다 메를로가 소비자들의 입장에서 발음하기 편해서 찾기 쉽다는 이유다. 미국에서는 메를로를 보통 멀롯이라고 짧게 발음한다.

카베르네 소비뇽은 늦게 익는 만생종으로 포도알의 크기 대비 씨가 큰 편이다. 그래서 당도가 높고 과육이 적으며 껍질과 씨의 비율이 상대적으로 많아서 포도에서 얻어지는 여러 폴리페놀 성분이 많다. 당도가 높고 폴리페놀 함유량이 많다는 건 진득한 풀 바디 와인을 만들 가능성이 크다는 것이고, 장기 숙성할 수 있는 여지가 높아진다는 의미다. 이런 와인들은 대체로 밝고 산뜻한 레드 베리의 뉘앙스보다, 진한 블랙베리의 풍미가 더 강하게 난다. 그래서 강건하고 거칠다는 표현이 카베르네 소비뇽에 자주 쓰이게 되었다.

메를로는 카베르네 소비뇽보다 포도가 일찍 익는 조생종이다. 이 말은 곧 상대적으로 카베르네 소비뇽보다 포도가 가진 여러 성분이 적은 대신 산도가 높다는 뜻으로, 와인으로 만들었을 때 미디엄 바디의 특징을 가지고 강한 산미와 신선한 레드 베리 노트가 느껴진다. 그래서 메를로는 부드럽고 산뜻하다는 이미지를 가지고 있다.

여기서 한 발 더 나가 생각해보고 싶은 부분이 있다면, 한 병의 와인은 수많은 선택과 결정에 의해서 탄생한다는 점이다. 카베르네 소비뇽과 메를로라는 품종이 가진 고유의 캐릭터가 존재하는 것은 분명하지만 그 품종이 어떤 지역에서 재배되어 누가 양조했느냐에 따라 본질부터 달라질 수 있다. 만약 메를로가 미국 캘리포니아, 호주, 칠레의 무덥고 건조한 지역에서 재배된다면, 프랑스 보르도의 카베르네 소비뇽 와인을 능가할 정도로 강하고 무거운 와인으로 태어날 가능성이 높아진다. 거기에 더해 새 오크통에서 숙성하면 그 와인은 더 진한 향과 맛을 지닌 와인으로 탄생할 것이다. 영화에 등장한 러더포드 힐 리저브 메를로 또한 초콜릿, 모카, 바닐라, 블랙베리, 플럼, 블랙 체리, 블루베리의 향들이 강하게 올라오고 잘 익은 타닌이 풍부한 무게감 있는 와인이다.

이처럼 두 품종의 재배 지역에 따른 캐릭터 차이를 이해하려면 프랑스 랑그독 지역에서 생산된 단일 품종의 카베르네 소비뇽이나 메를로 와인과 미국이나 호주 같은 무덥고 건조한 지역에서 생산된 비슷한 가격대의 와인을 비교해서 시음해보는 것을 추천한다. 와인 초심자라고 하더라도 캐릭터 차이를 쉽게 느낄 수 있을 것이다.

「파비안느에 관한 진실」과
진심을 말하게 하는 와인

The Truth

Director	고레에다 히로카즈
Cast	카트린 드뇌브(파비안느)
	줄리엣 비노쉬(뤼미르)
	에단 호크(행크)
	클레망틴 그르니에(샤를로트)
Wine	샤토 퀸투스(프랑스 보르도)

    고레에다 히로카즈 감독은 '알고 싶지 않은 진실을 꺼내어 보이는 과정'을 작품에 잘 담아내는 감독이다. 「파비안느에 관한 진실」은 그런 감독의 첫 번째 글로벌 프로젝트로, 가족 사이에서 덮어뒀던 응어리를 기어코 밖으로 꺼내놓는다.

    영화는 프랑스의 유명한 원로 배우인 파비안느의 집을 비추며 시작한다. 저택의 거실에서 자신의 회고록 출간을 기념해 기자와 인터뷰 중인 파비안느. 그의 자세는 꼿꼿하고 당당하지만 때로 냉소적이고 무례해 보인다. 그는 최고의 연기자로서 자신의 연기에 대한 자부심으로 똘똘 뭉친 여자다. 그때 저택 정원으로 사람들이 들어온다. 파비안느의 딸 뤼미르, 뤼미르의 남편 행크와 딸 샤를로트다. 미국에 사는 뤼미르 가족은 파비안느의 회고록 출간을 축하하기 위해 오랜만에 프랑스 땅을 밟았다. 하지만 반갑게 인사를 나누는 모녀 사이에 무언가 벽이 느껴진다.

    사실 뤼미르가 오랜만에 엄마를 찾은 중요한 목적은 분명 자신의 이야기가 수록됐을 회고록을 출판 전에 읽어보기 위해서다. 하지만 책은 이미 출판됐고, 자신과의 추억이 한껏 미화되었다는 것에 그는 불같이 화를 낸다. 연기에 인생을 바친 파비안느는 가정을 잘 챙기는 사람은 아니었다. "나쁜 엄마, 나쁜 친구더라도 좋은 배우인 게 낫다"고 말하는 사람이다. 뤼미르는 파비안느의 절친이자 출중한 배우였던, 그러나 익사하고 만 사라에 대한 언급이 전혀 없는 것도 의아해한다. 파비안느는 "배우는 진실을 말하지 않으며, 진실은 재미없다"고 대꾸한다. 둘의 관계는 이미 회복되기 힘들 지경인 것 같다.

뤼미르는 차가운 엄마와 달리 자신에게 상냥했던 사라에게 좋은 감정을 갖고 있었다. 심지어 엄마가 사라의 재능을 시기해 사라에게 내정되어 있던 배역을 감독과의 잠자리를 통해 빼앗았고, 사라가 그 충격으로 죽음에 이르렀다고 생각한다. 그동안 함박눈처럼 쌓아왔던 차가운 분노는 온 가족이 모인 저녁 식사에서 폭발하고, 와인까지 마셔 감정이 격앙된 둘은 해서는 안 될 날 선 말까지 퍼부으며 서로의 마음에 생채기를 낸다.

모두 부서진 것 같은데, 그럼에도 영화는 '가족끼리 어떻게 그럴 수 있어'에서 '가족이니까 이해해볼 수 있지 않을까'로 방향을 틀며 조금씩 전진한다. 영화를 보는 내내 파비안느의 진실 혹은 진심이 무엇인지 궁금해진다. 정말 자신의 연기 인생만이 중요했던 것인지, 아니면 이해받을 만한 사정과 속내가 있었던 것인지에 대해 영화는 끝내 그 진실을 알려주지 않는다. 그저 관객에게 어려운 질문 하나를 던질 뿐이다. 당신의 가족은 안녕하십니까?

극 중 파비안느는 술을 즐긴다. 밤이면 크리스탈 디캔터에 담겨 있는 위스키인지, 브랜디인지 알 수 없는 고도주를 홀짝홀짝 마시다가 매니저에게 핀잔을 듣기 일쑤다. 그리고 남편이 이탈리아 음식을 기가 막히게 만드는 탓에 파비안느의 식탁에는 자연스럽게 와인이 오른다. 파비안느와 뤼미르가 와인에 취해 진심을 내보이며 한바탕 싸울 때 등장한 와인은 '샤토 퀸투스*Château Quintus*'다. 프랑스 보르도 생테밀리옹 지역에서 생산되는 와인으로, 보르도 와인의 거상인 클라랑스 딜롱*Clarence Dillon*이 소유하고 있다.

클라랑스 딜롱과 오스카의 맛

오늘날 보르도 와인에서 클라랑스 딜롱의 이름을 빼고 이야기하기는 어렵다. 5대 샤토 중 하나로 프랑스 고급 와인을 대표하는 '샤토 오브리옹Château Haut-Brion'의 소유주이며, 그라브 지역에서 유일한 경쟁상대였던 또 다른 그랑 크뤼 '샤토 라 미시옹 오브리옹Château la Mission Haut-Brion'을 사들였는가 하면, 이름을 걸고 설립한 도멘 클라랑스 딜롱에서는 합리적인 가격에 보르도의 테루아를 오롯이 느낄 수 있는 밸류 와인을 전 세계에 공급하고 있다. 그리고 영화에 등장하는 샤토 퀸투스는 고급 와인 포트폴리오를 확장하려는 딜롱의 야심에서 탄생한 프리미엄 와인 브랜드다. 클라랑스 딜롱은 어떻게 이와 같은 성공적인 행보를 보여줄 수 있었을까?

1882년 미국 텍사스 주의 샌 안토니오에서 태어난 클라랑스 딜롱은 1905년 하버드를 졸업한 뒤 월스트리트에 입성한 수재였다. 그는 채권 중개회사인 '윌리엄 A. 리드&컴퍼니'에 입사해 성공적인 커리어를 이어가며 회사에 없어서는 안 될 인재로 거듭나게 된다. 회사의 설립자인 윌리엄 리드가 1916년 사망하자 회사 대부분의 지분을 인수한 뒤 회사를 경영하기 시작했고, 사명을 '딜롱, 리드&컴퍼니'로 변경했다. 이후 여러 회사를 인수합병하면서 막대한 부를 거머쥐게 되었는데, 1957년 포춘지는 클라랑스 딜롱을 미국에서 가장 부유한 사람 중 하나로 선정했다.

그런 그가 어떻게 프랑스 와인 산업에 관여하게 되었을까? 미국에서 태어났지만 선조들이 프랑스인이었던 그는 프랑코파일Francophile(친프랑스 성향)이자 오에노파일Oenophile(와인 애호가)이었다고 한다. 1929년 파리에 구입한 아파트에서 80대가 될 때까지 매년 일정 기간을 머물렀을 정도다. 그는 1923년 무렵부터 샤토 오브리옹을 자신의 소유로 만들기 위해 오랜 시간 공을 들였는데 이유는 단순하다. 그가 가장 좋아했던 와인이기 때문이다. 결국 클라랑스 딜롱은 12년이 지난 1935년 전설적인 와이너리 샤토 오브리옹을 2백 3십만 프랑에 인수했다. 그가 살아생전 설립한 와인 회사인 소시에테 비니콜 드 라 지롱드Société

Vinicole de la Gironde는 후에 도멘 클라랑스 딜롱이 되었고, 현재 회사는 2008년부터 클라랑스 딜롱의 증손자이자 룩셈부르크의 왕자인 로버트가 지휘봉을 잡고 있다. 로버트 왕자는 원래 시나리오 작가 지망생이었지만 사업을 함께하라는 가족들의 뜻으로 경영에 뛰어들었다. 그의 부임 이후 사업은 더욱 번창했고, 그 결실 중 하나가 바로 샤토 퀸투스의 탄생이다.

  샤토 퀸투스는 45헥타르(약 14만 평)의 포도밭에서 메를로와 카베르네 프랑을 재배하고 있고, 이는 생테밀리옹에서 가장 큰 규모다. 와이너리를 대표하는 샤토 퀸투스, 세컨드 와인인 '르 드라공 드 퀸투스 Le Dragon de Quintus', 가성비 좋은 '생테밀리옹 드 퀸투스 Saint-Émilion de Quintus'까지 세 종의 와인을 생산하고 있다. 영화에는 그중 최고급 와인인 샤토 퀸투스가 등장했다. 빈티지까지는 알 수 없었으나 영화의 개봉 시기와 와인의 평균 숙성 기간을 생각해보면 2016년 빈티지가 아닐까 싶다. 샤토 퀸투스는 빈티지마다 블렌딩 비율이 달라지는데 보통 카베르네 프랑보다 메를로의 비율이 높은 편이고, 2016의 경우 메를로 70%에 카베르네 프랑 30%를 블렌딩했다. 와인 숙성 시 전체의 35%는 새 프렌치 오크통을 사용한다.

  도멘 클라랑스 딜롱의 와인들은 최근 2년 연속 아카데미 시상식을 장식하기도 했다. 2023년 영광의 자리에는 샤토 퀸투스와 드래곤 드 퀸투스, 그리고 클라랑델 Clarendelle의 레드와 화이트가 준비되었다. 클라랑델은 도멘 클라랑스 딜롱이 만든 조금 더 대중적이지만 좋은 퀄리티를 보여주는 와인이다. 백 스테이지에는 딜롱가가 소유하고 있던 샤토 라 미시옹 오브리옹의 희귀한 화이트 와인이 준비되었는데, 이 와인을 마실 수 있었던 행운아는 수상자와 후보자 몇 명뿐이었다고 전해진다.

「히트」, 도둑맞은 와인들

Heat

Director	마이클 만
Cast	로버트 드 니로(닐 매컬리)
	알 파치노(빈센트 한나)
	발 킬머(크리스 시헬리스)
Wine	도둑이 훔쳐간 와인

마음속에 품은 최고의 범죄 스릴러 영화가 무엇이냐고 물으면 망설임 없이 「히트」를 꼽을 것이다. 「히트」는 빈틈없이 범죄를 도모하고 결국 성공해내는 완벽한 범죄자 닐 매컬리와 한 번 문 범인은 지구 끝까지 쫓아가는 베테랑 형사 빈센트 한나의 숙명적인 대결에 관한 이야기다.

새로운 한탕을 준비하는 닐 매컬리 일당을 비추며 영화가 시작된다. 그들이 노리는 건 특급 우편 운송차 안에 있는 160만 달러어치의 무기명 채권. 늘 그렇듯 한 치의 오차 없이 일을 처리하던 중, 팀에 새롭게 합류한 웨인 그로가 성질을 이기지 못하고 호송 요원을 총으로 쏴 죽이는 치명적인 실수를 저지른다. 그동안 깔끔하게 일을 처리해 오던 닐 일당은 신참의 실수 한 번으로 일급 살인의 죄목이 더해지고, LA경찰국 최고의 사냥꾼 빈센트의 추격을 당하게 된다. 빈센트는 폭넓은 정보력으로 닐을 턱밑까지 몰아붙이는 데 성공하지만, 닐은 동물적인 감각으로 그들의 추격을 따돌리고 잠적해 버린다. 그런 닐의 프로페셔널한 면모에 빈센트는 묘한 동질감과 승부욕이 생기기 시작한다.

「히트」를 걸작의 반열에 올려놓은 명장면들이 있다. 그중 하나는 서로의 존재를 인지하고 있던 닐과 빈센트가 카페에서 처음으로 대면해 이야기를 나누는 장면이다. 둘이 주고받는 대화에는 시종일관 긴장감이 묻어나지만, 동시에 상대에 대한 호감도 느낄 수 있다.

빈센트가 묻는다. "평범한 삶을 원하지 않는가?" 닐이 답한다. "그게 뭔데? 바비큐와 공놀이? 그게 당신의 삶인가?" 쓴웃음을 지으며 고개를 가로젓는 빈센트. 평생 범죄자의 뒤꽁무니만 쫓아온 그의 인생이야말로 시궁창이나 다름없다. 두 번 이혼했고, 세 번째 부인과도 내리막이다. 의붓딸마저 빈센트의 집 욕조에서 자살 기도를 한다. 그의 말처럼 그의 삶은 '재난 구역'이다. 물론 닐의 사정도 좋을 리는 없다. 강도 짓으로 평생 놀고먹을 만큼 벌었지만 대궐 같은 집에는 그 흔한 침대 하나 없다. 그의 인생은 (한 여자가 등장하기 전까지) 공허함으로 가득 찬 껍데기일 뿐이다. 그들이 어떤 지옥을 감내하며 살고 있는지는 둘의 대화를 통해 여실히 드러난다. 지금 하는 짓 이외에 다른 건 어떻게 하는지도 모르고, 하고 싶지도 않은 둘은 서로의 건투를 빌며 자리를 뜬다.

두 번째 명장면은 시가지 총격전이다. 닐 일당은 LA 한복판에 있는 은행을 마지막 타깃으로 잡는다. 그들은 은행을 터는 데는 성공하지만, 누군가의 밀고로 출동한 경찰을 시가지에서 맞닥뜨리고 이내 살벌한 총격전을 벌인다. 배경음악도 없이 오로지 배우들의 긴박한 움직임과 총소리만으로 채운 이 장면은 너무 실감 나 실제를 녹화한 것만 같다.

영화에서 인상적인 와인 장면은 닐이 가족처럼 생각하는 일행과 고급 레스토랑에서 식사를 하는 장면이다. 잘나가는 사업가인 양 가면을 쓴 닐 일당은 비싼 옷을 입고 고급 와인을 즐기며 화기애애한 시간을 보낸다. 그 모습을 몰래 지켜보던 빈센트는 "교양이 넘친다"며 그들을 조롱한다. 와인을 즐기는 강도들이라니. 여기서는 와인 업계를 들썩이게 만들었던 '유명 와인 도난 사건들'에 대해서 알아보기로 한다.

사라져버린 귀한 와인들

2018년 2월, 이탈리아 토스카나의 '콜 도르치아*Col d'Orcia* 와이너리'에서 와인이 도난당하는 사건이 벌어졌다. 한 병도, 백 병도 아닌, 무려 1,000병에 이르는 양이다. 돈으로 환산하면 약 10만 유로. 한화로 약

1억 4천만 원이 넘는다. 돈도 돈이지만, 그중에는 가치를 매길 수 없는 와인들이 포함되어 있었다. 이제는 만들려고 해도 만들 수 없고, 구하려고 해도 구할 수 없는 1964년 빈티지의 와인이라든지, 평론가로부터 좋은 평가를 받았던 콜 도르치아의 대표 와인 '포지오 알 벤토Poggio al Vento'의 1997년 빈티지나 1999년 빈티지도 함께 사라진 것이다. 특이한 점은 도둑이 훔쳐간 1,000병에 달하는 와인들이 모조리 브루넬로 디 몬탈치노였다는 점이다. 도둑들이 와인을 잘 아는 프로였다는 증거다.

콜 도르치아가 도둑들의 타깃이 된 이유가 있다. 바로 이탈리아의 최고급 와인인 브루넬로 디 몬탈치노를 상징하는 곳 중 하나이기 때문이다. 1890년대 설립된 유서 깊은 와이너리인 콜 도르치아는 1973년 양조 역사를 이끌던 친차노Cinzano 백작 가문이 인수하면서 비약적인 품질 상승을 이루었다. 친차노가 콜 도르치아를 인수했을 때만 해도 포도뿐만 아니라, 올리브, 담배, 밀 등 여러 작물을 함께 재배했기에 와인의 품질이 지금처럼 대단하지는 않았다. 하지만 몬탈치노 와인에 대한 가능성을 점쳤던 알베르토 친차노는 지속적으로 포도밭을 확장하고 시설을 현대화하면서 기초를 탄탄히 다져 지금의 명성을 갖게 된다.

필자들은 도난 사건이 있기 전에 콜 도르치아를 방문한 적이 있다. 와이너리가 좀 어수선해서 와인 숍에서 간단히 몇 가지 와인만 시음하고 나왔는데, 와인 숍 곳곳에 (실제로 도난당한) 1964년 빈티지 와인들이 아무렇게나 쌓여 있는 걸 보고 놀랐던 기억이 있다. 아무래도 도둑들은 콜 도르치아의 허술한 경비 상태를 보고 범행을 계획한 것 같다. 심지어 그들이 범행을 저지를 때 와이너리 오너가 바로 옆 건물에 곤히 잠들어 있었다고 한다. 사건 이후로는 꽤 삼엄한 경비 시스템을 구축하지 않았을까 싶다.

2014년, 그것도 무려 크리스마스에 일어난 와인 절도 사건도 있었다. 불운의 주인공은 미국 캘리포니아의 미슐랭 3스타 레스토랑인 프렌치 런드리French Laundry이다. 프렌치 런드리는 전설적인 셰프 토마스 켈러가 욘트빌의 세탁소를 사들여 레스토랑으로 변신시킨 이후 각종 어워드를 휩쓸며 유명해졌다. 미식에 관심이 있는 사람이라면 평생에 한 번은 꼭 가보고 싶어하는 곳이다.

프렌치 런드리에서 도난당한 와인은 콜 도르치아와 비교해서 많은 양은 아니지만, 하나하나가 초고가의 와인이라는 게 문제였다. 총 76병을 도둑맞았는데, 이들의 가치는 대략 30만 달러로 4억 원이 넘는다. 여기에는 세계에서 가장 유명한 와인인 도멘 드 라 로마네 콩티(2004~2010년 빈티지), DRC 라 타슈 1993, 미국에서 가장 비싼 와인 중 하나인 스크리밍 이글 1992, 돔 페리뇽 2004(5병)도 포함되어 있었다. 오너인 토마스 켈러는 "훔쳐간 스트리밍 이글은 6,500달러(약 900만 원), 도멘 드 라 로마네 콩티는 6,000~8,000달러(약 800~1,100만 원)에 팔던 것"이라며 "그들이 그 와인을 처분하려고 하면 바로 잡힐 것"이라고 차분한 모습을 보였다고 한다. 실제로 범인은 와인을 팔았다가 체포되어 실형을 선고받았다.

이와 비슷한 와인 도난 사건이 2021년 스페인 카세레스에 있는 미슐랭 2스타 레스토랑 아트리오Atrio에서도 벌어졌다. 스위스 여권을 소지한 한 여성이 가발을 쓴 채로 배낭을 메고 레스토랑이 있는 호텔에 도착했다. 이후 여성은 영어를 구사하는 남성과 아트리오에서 디너를 즐겼고, 와인 셀러를 구경할 수 있는지 문의했다고 한다. 아트리오의 와인 셀러에는 프랑스에서 생산된 고급 와인이 무려 4만 병이 보관되어 있었다. 커플은 식사 후 방에 돌아가 몇 가지 음식을 더 주문했고, 이후 방에서 나와 셀러에서 무려 75만 유로(약 11억 원) 가치를 지닌 와인 45병의 와인을 훔친 뒤 그대로 도주했다.

알고 보니 부부였던 이들은 9개월 만에 크로아티아에서 검거됐고 징역살이를 하게 됐으나 셀러에서 사라진 와인 중 엄청나게 희귀한 와인인 1806년 샤토 디켐의 행방은 찾을 수 없었다. 레스토랑 소유주는 이 절도 사건이 와인 수집가의 의뢰로 벌어진 것으로 추정한다고 밝혔다. 만약 아트리오에서의 도난 사건이 영화로 만들어진다면 작품에서라도 속 시원한 결말을 보고 싶다.

「콘스탄틴」,
지옥 같은 인생에서 만나는 와인

Constantine

Director 프랜시스 로렌스
Cast 키아누 리브스(존 콘스탄틴)
레이첼 바이스(안젤라 도슨·이자벨 도슨)
샤이아 라보프(채즈 크레이머)
틸다 스윈튼(가브리엘)

Wine 물에서 와인이 되는 마법, 마시지 못한 와인,
담배를 피우며 마시는 레드 와인

「콘스탄틴」의 원작은 버티고 코믹스에서 출간한 『헬 블레이저』다. 버티고 코믹스는 배트맨과 슈퍼맨으로 잘 알려진 DC 코믹스에서 성인을 대상으로 만든 블랙 레이블로, 캐릭터가 폭력적이거나 선정적인 이야기, 공포물 등을 다룬다. 영화 「콘스탄틴」은 각색을 거친 덕분에 비교적 『헬 블레이저』의 순한 맛으로 탄생했다.

영화에서 세계는 천국과 지옥 그리고 현세로 나뉘며, 신과 악마는 현세에 직접 관여하지 않고 그저 영향력만으로 현세가 타락할지 아닐지 내기를 한다. 즉 천사와 악마는 현세에 강림할 수 없다. 오로지 혼혈종인 혼혈 천사나 혼혈 악마만이 알게 모르게 인간 세상에 선하거나 악한 영향을 미친다. 그리고 주인공 존 콘스탄틴의 직업은 규칙을 깨는 혼혈 악마를 처단하는 퇴마사다.

어린 시절 콘스탄틴은 영적인 존재를 볼 수 있는 능력이 있었는데, 이

를 병으로 오인한 부모에 의해 지독한 치료를 받게 된다. 가혹한 치료를 견디지 못한 콘스탄틴은 자살을 선택해 지옥에 떨어졌다가 악마를 물리칠 수 있는 능력을 발휘해 극적으로 살아난다. 하지만 밤낮으로 연달아 피운 담배 때문에 폐암에 걸리고, 시한부 선고를 받아 다시 죽음을 앞두게 된다. 지옥에서는 콘스탄틴이 응징했던 악마들이 격한 환영을 준비하고 있다. 심지어 악마들의 수장인 루시퍼까지 그의 두 번째 죽음을 기다린다.

지옥행이 어떻든 여전히 애연가로 퇴마 활동을 이어가던 콘스탄틴은 어느 날 인간 세상에 강림하려는 악마를 처단하게 된다. 그는 있어서는 안 될 일들이 점점 더 강하게 벌어지고 있다는 걸 직감한다. 그러던 어느 날 그의 앞에 안젤라라는 여자가 나타나, 정신병원에서 치료를 받다가 자살한 쌍둥이 여동생이 스스로 그런 선택을 했을 리 없다며 진실을 밝혀 달라고 애원한다. 알고 보니 호시탐탐 인간 세상을 노리던 루시퍼의 아들 마몬이 예수의 피가 묻은 창을 통해 현세에 내려오려는 계획을 세우고 있었던 것이다. 이 계획이 성공하려면 인간 영매인 이자벨이 필요했는데, 악마의 재물이 되길 거부했던 이자벨이 자살하자, 루시퍼는 이자벨의 쌍둥이 자매 안젤라를 통해 현세에 강림하려 한다. 콘스탄틴은 루시퍼의 계획을 막고 안젤라를 지켜내고자 최후의 대결을 준비한다.

기적 같은 와인과 지옥 같은 인생

기독교적 색채가 강한 영화인 만큼 와인도 심심치 않게 등장한다. 그 중 세 가지 장면은 독특한 설정까지 더해져 흥미롭다. 가장 처음 와인이 등장하는 장면은 혼혈 천사와 악마들의 중립지대인 클럽 미드나잇이다. 콘스탄틴은 클럽의 주인이자 전설의 엑소시스트였던 파파 미드나잇을 만나러 클럽에 들어가는데, 그때 한 혼혈 천사가 와인 잔에 담긴 물에 입김을 불자 레드 와인으로 변한다. 이는 성경에 나오는 가나의 혼인 잔치를 묘사한 것이다.

성경에서 예수는 성모 마리아와 제자들과 함께 가나의 결혼식에 참석한다. 피로연을 하던 도중 와인이 다 떨어져서 하인들이 난감한 상황에 처하자 예수는 하인들에게 물통에 물을 가득 채워 손님들에게 내어 주라고 한다. 예수의 말을 들은 하인들이 가져온 물로 잔을 채우자 놀랍게도 물이 모두 와인으로 바뀌어 있었다는 이야기다. 심지어 연회를 주최한 자가 "누구든지 좋은 와인은 먼저 내놓고 손님들이 취한 다음에 덜 좋은 것을 내놓는 법인데, 이 좋은 와인이 아직까지 있으니 웬일이오!"라며 감탄할 정도였고, 이는 성경에 예수가 행한 첫 번째 기적으로 기록되었다.

두 번째 와인 장면은 신화에서 모티브를 가져온 듯하다. 콘스탄틴의 지인인 헤네시 신부는 이자벨의 자살 사건을 조사하기 위해 시체를 살피다가 악마의 저주를 받게 된다. 극심한 목마름을 느낀 그는 병원에서 뛰쳐나가 걸신들린 듯 와인가게로 향한다. 하지만 신부는 그 어떤 와인도 마실 수 없었고, 결국 그 자리에서 사망한다. 사인은 급성 알코올 중독. 이 에피소드는 그리스 로마 신화에 등장하는 탄탈로스의 형벌과 연관이 있다.

제우스와 인간 사이에서 난 아들 탄탈로스는 제우스의 총애를 받아 종종 신들의 연회에 초대되곤 했다. 시간이 지나면서 탄탈로스는 자기가 신이 된 양 점점 안하무인이 되어갔고, 신들을 시험하기 위해 자신의 아들을 죽여 요리한 음식을 대접하는 극악무도한 짓을 벌인다. 신을 기만하고 혈육을 살해한 탄탈로스에게 분노한 제우스는 그를 저승의 밑바닥인 타르타로스에 가둔다. 이곳에서의 형벌은 다음과 같다. 탄탈로스의 목까지 깨끗한 물이 차 있고 눈앞에 탐스럽게 익은 과일이 주렁주렁 달려 있다. 하지만 물을 마시려 고개를 숙이면 물이 줄어들고, 과일을 따려 하면 나뭇가지가 올라가버려 영원히 굶주림과 갈증으로 고통받는다. 또한 머리 위에는 곧 떨어질 것 같은 바위가 아슬아슬하게 걸쳐 있어 죽음에 대한 공포가 끝없이 지속되는 지옥에 갇혀 버린다.

세 번째 와인 장면은 콘스탄틴이 담배를 피우며 레드 와인을 마시는 신이다. 그는 잔 안의 와인을 모조리 비운 뒤 잔을 뒤집어 테이블 위에 올라온 거미를 잔으로 가둬버린다. 그러고는 한술 더 떠 잔 안에 담배 연기를 채운다. 그리고 뱉는 한마디. "내 인생에 들어온 걸 환영해." 담배 연기에 질식당한 채 꼼짝달싹하지 못하는 거미의 모습은 콘스탄틴이 느끼는 현실 그대로다.

언젠가 키아누 리브스는 TV쇼에 출연해 "다시 해보고 싶은 역할이 무엇이냐"는 진행자의 질문에 잠시 고민하더니 '존 콘스탄틴'이라고 대답한 적이 있다. 그만큼 연기한 배우나 관객들에게 매력 넘치는 캐릭터임이 분명하다. 이에 응답하듯 「콘스탄틴」의 후속편 준비 소식이 알려졌다. 프랜시스 로렌스 감독과 키아누 리브스를 비롯한 주요 배우들까지 다시 함께한다고 전해져 팬들의 마음을 설레게 만들었는데, 2024년 9월에는 드디어 각본이 완성됐다는 소식이 전해졌다. 1편에서 금연을 선언한 주인공 콘스탄틴이 속편에서는 또 어떤 것에 중독되어 나타날지 궁금하다. 와인에 빠진 콘스탄틴의 모습을 기대한다면 무리수일까?

「보르도 우정여행」, 친구들이 생각 나는 와인

Little White Lies 2

Director	기욤 카네
Cast	프랑수아 클뤼제(맥스)
	마리옹 코티아르(마리)
	질 를르슈(에릭)
	로랑 라피트(앙투완)
	브루나 마지멜(뱅상)
	파스칼 아르비요(이자벨)
Wine	굴과 와인, 샤토 랭쉬 바쥬와 미셸 랭쉬(프랑스 보르도)

프랑스 보르도로 친구들과 휴가를 떠나고 싶게 만드는 영화 「보르도 우정여행」은 「프렌즈: 하얀 거짓말」의 후속작이다. 감독도 그대로, 보르도라는 배경도 그대로, 배우들도 대부분 그대로로, 10년 동안 바뀐 것은 영화에 나오는 친구들의 개인사 정도다. 프랑스식 유머가 안 맞으면 감상이 조금 힘들 수 있지만, 스토리의 개연성이나 유별난 캐릭터들에 대한 이해, 간간히 터지는 웃음 포인트에 공감할 수 있다면 충분히 재미있게 감상할 수 있는 매력적인 작품이다. 물론 전작을 먼저 감상할 것을 추천한다.

세월은 주인공들 주변의 많은 것을 바꿔 놓았다. 10년 전 친구들의 휴가를 온전히 책임졌던 맏형 맥스는 그사이 투자 실패로 파산했고, 아내와 이혼 서류에 도장을 찍기 직전이다. 자유 연애를 지향하던 마리는 한 아이의 엄마가 되었고, 영화에 조금씩 출연하던 에릭은 배우로 꽤 성공했다. 엉뚱한 말과 행동을 자주 하고 절절한 사랑꾼이었던 앙투완만은 여전히 사랑을 갈구하는 독신남으로 남아 여전히 친구들에게 웃음을 준다. 그리고 10년 전 자신은 동성애자는 아니지만 맥스를 좋아한다고 고백했던 뱅상은 게이 남자친구를 데리고 나타난다.

맥스와 친구들은 여름휴가를 늘 맥스의 별장에서 보냈다. 하지만 무리 중 한 명인 루도가 교통사고로 세상을 떠나자 이들의 관계는 점차 소원해졌고, 별장에도 모이지 않게 되었다. 투자 실패로 큰 빚을 지게 된 맥스는 별장을 부동산에 내놓기로 마음먹고 홀로 보르도로 향한다. 그런데 맥스의 사정을 까맣게 모르는 친구들이 맥스의 60번째 생일을 축하해주기 위해 별장에 깜짝 방문한다.

오랜만에 재회한 친구들 사이에는 많은 것들이 변했고, 과거 서로에게 준 상처가 여전히 아물지 않았다. 하지만 그간 쌓인 응어리는 진심 어린 사과와 눈빛에 사르르 녹아내린다. 1편이 그랬듯 2편 또한 웃기고도 슬픈 에피소드들이 연달아 나온다. 연출을 맡은 기욤 카네 감독은 이야기의 완성도를 높이기 위해 신인 시절부터 친분이 두터웠던 배우들을 캐스팅했다고 한다. 모두 지금은 프랑스를 대표하는 배우들이라 화려한 캐스팅으로 화제가 되기도 했고, 기욤 카네 감독 본인 또한 주연을 맡은 마리옹 코티아르와 사실혼 관계라서 관심을 끌었다.

영화에서 맥스의 별장에 모인 친구들이 하는 일은 맛있는 걸 나눠 먹고 마시며 폭풍 수다를 이어나가는 것이다. 그래서 거의 모든 장면에 와인이 등장한다고 해도 과언이 아니다. 인상적이었던 장면 중 하나는 보르도 특산물인 굴에 와인을 마시는 장면이다. 굴과 와인이라니! 그야말로 군침이 흐르는 조합이다. 우리나라에서는 흔한 식재료라 무쳐 먹고, 부쳐 먹고, 끓여 먹지만 프랑스에서는 비교적 특별하게 느껴지는 고급 식재료다. 그래서 프랑스인들은 휴가철이 되면 보르도나 루아르 서쪽의 낭트로 가서 직접 채취한 자연산 굴과 와인을 즐기기도 한다. 물론 현지에서 만든 신선한 와인은 반드시 함께다.

굴과 와인 매칭

'굴에는 샤블리Chablis'라는 말이 있다. 샤블리는 프랑스 부르고뉴 최북단에 위치한 화이트 와인 산지이자 그곳에서 재배하는 샤르도네로 만든 화이트 와인을 말하는데, 와인이 지닌 미네랄리티가 뛰어나서 굴과 매우 잘 어울린다. 그래서 와인 애호가라면 마치 통과의례처럼 가장 먼저 접하게 되는 페어링이기도 하다.

굴과 샤블리를 맛있게 즐겼다면 그다음부터는 다른 와인을 매칭해보는 것도 좋다. 중요한 건 굴이 가진 바다의 짠맛, 비린 맛과 어우러질 와인을 고르는 것인데 달지 않고 상큼한 캐릭터를 가졌다면 대부분 합격이다. 스파클링 와인, 화이트 와인, 로제 와인 모두 페어링 후보이지만 미국 캘리포니아의 버터스카치 풍미가 코를 찌르는 고급 화이트 와인은 예외다. 그런 와인들은 스스로 너무 강한 나머지 음식을 죽이고 와인만 돋보이는 면이 있기 때문이다. 그래서 굴에 어울리는 와인을 고를 때는 너무 힘주지 말고, 저렴하더라도 신선한 산미가 잘 살아 있는 와인을 고르는 게 현명하다.

대서양에 면해 있는 낭트와 보르도는 굴과 와인 둘 다 유명한 곳이다. 루아르에 속해 있는 낭트는 전통적으로 신선한 뮈스카데 와인과 굴을 매칭하고, 보르도에서는 지역의 화이트 와인부터 로제 와인까지 폭넓은 와인 페어링을 한다. 필자들 역시 보르도 알카숑을 여행하며 보르도의 가벼운 화이트 와인과 생굴을 매칭했는데, 굴과 화이트 와인이라는 공식에 절로 고개가 끄덕이는 멋진 경험이었다.

샤토 랭쉬 바쥬와 미셸 랭쉬

「보르도 우정 여행」에서는 한 가지 와인 브랜드가 주구장창 등장한다. 바로 '미셸 랭쉬Michel Lynch'다.(영어식으로 '린치'라고도 부른다.) 미셸 랭쉬는 보르도 그랑 크뤼 클라세 5등급의 '샤토 랭쉬 바쥬Château Lynch-Bages'를 소유하고 있는 와인 거상 카즈Cazes 그룹의 중저가 브랜드다. 보르도의 수많은 샤토 중에서도 랭쉬 바쥬는 꼭 방문해볼 만하다. 훌륭한 와인과 알찬 투어 프로그램은 물론이고, 샤토 바로 옆에 레스토랑, 기념품 가게와 와인 가게까지 다채롭게 구경할 수 있는 바쥬 마을이 있기 때문이다. 샤토의 역사도 이 바쥬 마을에서부터 시작한다.

바쥬 마을의 이름이 기록에 등장한 건 16세기다. 보르도 안에서도 유명한 와인 산지인 포이약의 초입에 위치한 바쥬 마을은 오랜 시간 포도재배자들의 고향이나 다름없었다. 그리고 샤토 랭쉬 바쥬가 탄생한 건 샤토의 이름의 일부가 된 랭쉬 가문에 의해서다. 18세기에 아일랜드에서 포이약으로 이주한 랭쉬 가문의 토마스 랭쉬가 당시 도멘 드 바쥬의 딸과 결혼하면서 실질적인 소유주가 되었고, 그의 치열한 노력 덕분에 랭쉬 바쥬는 1855년 그랑 크뤼 5등급에 랭크되는 영광을 안게 됐다.

한편, 프랑스 남서부 아리에주 지방의 장 미셸 카즈는 새로운 삶을 찾아 보르도의 메독에 정착한다. 처음에 그는 포이약 마을에서 빵집을 했었다고 한다. 그리고 그의 아들인 장 샤를 카즈는 생테스테프 마을의 샤토 오름 드 페즈Château Ormes de Pez에서 일을 하는 동시에, 지금의 바쥬 마을에 포도밭을 빌려 자신의 포도를 재배했다. 뛰어난 안목으로 샤토 랭쉬 바쥬와 샤토 오름 드 페즈의 가치를 알아본 그는 2차 세계대전이 막 시작되려는 1937~1939년 즈음 두 와이너리를 인수한다. 장 샤를 카즈와 막내아들 앙드레 카즈의 열정과 노력으로 랭쉬 바쥬는 빠르게 명성을 쌓아나갔고, 메독 그랑 크뤼 클라세 와인 중 재평가를 받아야 하는 와인으로 손꼽히며 평론가들로부터 '5등급이지만, 2등급에 버금가는 샤토'라는 별칭을 얻게 된다. 몇년 전 샤토 랭쉬 바쥬 와이너리에 방문해 마셨던 와인 맛을 표현하자면, 기분 좋은 향신료 뉘앙스와 매끄러운 타닌, 긴 후미가 인상적인 와인이었다.

영화에는 샤토 랭쉬 바쥬, 오름 드 페즈, 미셸 랭쉬 등 카즈 패밀리 소유의 온갖 와인들이 등장한다. 심지어 맥스의 전 부인은 별장에서 몰래 맥스의 와인 셀러에 있던 샤토 랭쉬 바쥬 1982를 마신다. 올드 빈티지의 랭쉬 바쥬까지 모아둔 맥스 같은 친구가 없는 우리에게 샤토 랭쉬 바쥬는 자주 즐기기 어려운 가격이지만, 미셸 랭쉬는 샤토 랭쉬 바쥬에 비해 더 가벼우면서 편하게 즐길 수 있는 밸류 와인이다. 영화를 보고 나면 어쩐지 마음 편한 친구들과의 술자리가 생각나는데 이럴 때 마시기에도 좋을 것이다.

「나폴레옹」,
전장의 신이 즐겼던 와인

Napoleon

Director   리들리 스콧
Cast   호아킨 피닉스(나폴레옹)
               바네사 커비(조세핀)

Wine   샹베르탱(프랑스 부르고뉴)

영화는 나폴레옹이 1785년 라 페르 포병 연대 중위로 임명된 이후부터, 51세에 유배지에서 죽음을 맞을 때까지의 이야기를 그린다. 그중에서도 유독 영화에서 조명되는 것들이 있다. 바로 조국, 전쟁, 그리고 조세핀이다.

1769년 코르시카섬의 이탈리아 귀족 가문에서 태어난 나폴레옹은 1789년 프랑스 군에 입대해 프랑스 혁명을 지지했다. 후에 왕당파 반군을 제압하는 과정에서 프랑스 총재를 구하는 업적을 세워 입지를 키우게 된다. 그리고 불과 27세의 나이에 이탈리아와 오스트리아 동맹국을 상대로 압승하면서 단숨에 구국의 영웅으로 떠올랐다. 영화에서 그리듯, 나폴레옹은 1798년 5월 5만여 대군을 이끌고 이집트 카이로에 입성한다. 이집트 원정은 성공적이었다고 보기 어렵지만 나폴레옹의 정치적 도약의 발판이 되었다.

나폴레옹은 1799년 11월 쿠데타를 일으켜 프랑스 공화국의 첫 번째 영사가 되었고, 1804년 스스로 프랑스 황제에 즉위했다. 그는 프랑스 군주제를 반대했기에 왕의 칭호를 쓸 수 없었지만, 그 위에 군림하는 황제로 즉위했다는 것이 참 아이러니하다. 프랑스 왕정이 무너졌다는 것은 주변 국가의 왕족들에게는 자신들의 왕권을 위협하는 일이었다. 만약 프랑스 혁명 같은 사태가 자기 국가에서 일어난다면 왕족들은 목이 달아날 테니, 그 중심에서 황제를 칭한 나폴레옹을 향해 반격하는 것은 어찌 보면 당연한 일이었다. 거기다 누구보다 야심이 컸던 나폴레옹은 영토를 넓히는 데 여념이 없었다. 유럽 왕정 중심의 국가들은 연합군을 결성해 나폴레옹과 수차례 전쟁을 치렀지만, 평생을 전장에 살다시피 했던 나폴레옹의 승기를 꺾기란 결코 쉽지 않았다. 나폴레옹은 연합군을 상대로 아스터리츠, 아우에르스테트 전투 등에서 승리하며 말 그대로 전장의 신으로 군림한다.

승승장구하는 나폴레옹의 걸림돌은 가족이었다. 영화에 나오지는 않지만, 나폴레옹은 1808년 형제인 조제프를 스페인 왕으로 선포한다. 이에 스페인, 포르투갈, 영국 연합군이 반란을 일으켰고, 이 전투에서 나폴레옹은 패배한다. 이때부터 나폴레옹의 인생에도 패배의 그림자가 드리운다. 결정타는 1812년 감행한 러시아 침공이다. 여름에 시작해 겨울 전에 끝내겠다는 계획이었지만 영화에 나오듯 전쟁은 길어졌고, 1813년 프로이센과 오스트리아가 러시아군에 합류하면서 전황이 급격히 불리하게 돌아가기 시작했다. 그리고 그 유명한 라이프치히 전투에서 나폴레옹은 회복 불가능한 패배를 안게 된다. 연합군은 기세를 올려 파리까지 점령했고, 1814년 4월 나폴레옹은 엘바섬에 유배됐다.

그러나 신은 아직 그를 버리지 않았다. 나폴레옹은 유배 생활을 1년도 채우지 않고, 대륙으로 다시 나섰다. 뭍을 밟았을 때는 혈혈단신이었지만, 오랜 시간 함께해온 군인들의 마음을 얻어 다시 한 번 프랑스 군대를 장악한다. 한때 두려움의 대상이었던 나폴레옹의 복귀 소식에 화들짝 놀란 주변국들은 제7차 연합군을 결성했고, 나폴레옹은 1815년 6월 그의 길었던 전쟁사에 종지부를 찍을 워털루 전투를 치른다. 세계 역사상 가장 유명한 전투 중 하나인 워털루 전투에서 그는 처절하게 대패하고 만다. 그렇게 나폴레옹의 100일 천하도 끝이 나고, 영국군은 그를 다시는 돌아오지 못할 세인트 헬레나 섬에 유배를 보낸다. 나폴레옹은 그곳에서 재기하지 못한 채 1821년 고요한 죽음을 맞는다. 그의 유언은 "프랑스, 육군, 육군 총수, 조세핀"이었다.

「나폴레옹」에서 스펙타클한 전쟁 장면만큼 많은 조명을 받는 것은 나폴레옹이 마지막 순간까지 그리워했던 단 하나의 사랑, 조세핀이다. 영화에도 자세히 그려진 그의 인생은 참으로 기구하다. 조세핀은 16세에 부유한 청년 장교였던 알렉상드르 드 보아르네 자작과 결혼해 슬하에 두 남매를 둔다. 하지만 남편과의 관계는 결혼 초부터 순탄치 않았고, 1783년 끝내 이혼한다. 마르티니크섬의 친가로 돌아온 조세핀은 섬에서 폭동이 일어날 것을 우려해 파리로 향했지만 불행히도 프랑스 혁명을 피하지 못하고 투옥되었다. 남편이 먼저 처형되고 조세핀 역시 단두대의 운명을 따르는가 싶었는데 테르미도르의 반동으로 공포정치가 종식되면서 가까스로 목숨을 보전할 수 있었다.

미망인이 된 아름다운 조세핀은 사교계에 등장해 곧 '상류층 정치인들의 꽃'이라는 별칭을 얻을 정도로 두각을 보였다. 그는 테르미도르 반동의 주동자 중 하나이자, 총재 정부의 주역이었던 바라스의 정부情婦였다. 후에 바라스는 나폴레옹에게 조세핀을 소개했고, 조세핀에게 마음을 뺏긴 나폴레옹의 열렬한 구애가 시작되었다. 당시 서른두 살의 미망인이었던 조세핀은 스물여섯으로 자신보다 어린 나폴레옹에게 전혀 관심을 두지 않았다. 그는 이미 사교계의 꽃이었고 나폴레옹은 이제야 빛을 보려 하는 장군이었다. 그럼에도 나폴레옹의 밝은 미래와 진심 덕분인지 결국 둘은 1796년 3월 결혼한다.

결혼 초기 조세핀은 기병 이폴리트와 바람을 피워 구설수에 오르기도 했지만, 뼛속 깊이 조세핀을 사랑했던 나폴레옹은 조세핀을 끝내 황후 자리에 앉혀주었다. 이후부터 조세핀은 더 이상 방황하지 않고 나폴레옹에게 헌신했다고 전해진다. 그러나 10년이 넘는 긴 결혼 생활 동안 둘 사이에 자녀가 생기지 않았고, 조세핀을 사랑하지만 조국을 더 우선한 나폴레옹은 1809년 이혼 서류에 사인한다. 그는 다음 해 합스부르크가 황제 프란츠 1세의 딸 마리 루이스와 정략결혼을 했으면서도 조세핀을 자신의 품에서 놓아주지 않았다. 그는 파리 근교 말메종 궁에 조세핀의 거처를 마련하고, 황후라는 칭호를 유지시켰다.

영화는 나폴레옹의 전쟁사를 역동적이고 비중 있게 다루는 만큼 조세핀과 나폴레옹의 사랑에 대해서도 가볍게 지나치지 않는다. 오히려 영화를 보고 나오는 길에 스펙타클한 전투 장면보다 나폴레옹과 조세핀의 처연한 사랑 이야기가 더 기억에 남을 정도다. 조세핀은 나폴레옹이 엘바섬에 유배되던 해 폐렴으로 세상을 떠났다. 조세핀의 유언은 "보나파르트, 로마왕, 엘바섬"이었다.

영화에는 필자가 고대하던 장면이 나온다. 나폴레옹이 와인을 마시면서 이렇게 말하는 장면이다.

"음, 버건디 와인이군"

여기서 버건디Burgundy는 프랑스 부르고뉴 지방의 영어명이다. 나폴레옹은 프랑스인이니 실제로는 "음, 부르고뉴 와인이군"이라고 했을 것이다. 여하튼 영화에서 나폴레옹은 전장의 식사 테이블에서도, 타국의 각료를 만날 때에도 늘 와인을 마신다. 여기서는 나폴레옹이 사랑한 프랑스 와인 '샹베르탱'에 관해 이야기해보고자 한다.

나폴레옹의 와인, 샹베르탱

황제 나폴레옹은 우아하고 섬세하며 향기로웠던 부르고뉴 와인을 즐겼다. 과음하지는 않았으나 그의 옆에는 항상 샹베르탱이 있었다. 영화 내내 나폴레옹이 사랑을 담아 조세핀에게 보내는 편지를 통해서도 그가 시인과 같은 감성을 지니고 있음을 알 수 있는데, 그가 샹베르탱에 관해 다음과 같은 말을 한 것은 와인 애호가들에게 꽤 유명하다.

"샹베르탱 와인 한 잔을 바라보는 것 이상으로 미래를 장밋빛으로 만드는 것은 없다."

샹베르탱은 도대체 어떤 와인일까? '샹베르탱'이라는 단어를 와인의 세계에서 온전히 이해하기 위해서는 부르고뉴 와인 산지의 와인 등급에 대해서 먼저 이야기를 나눌 필요가 있다.

프랑스 파리의 남동쪽으로 150킬로미터 떨어진 부르고뉴 와인 산지는 세계적인 명성에 비하면 포도 재배 면적이 넓은 편은 아니다. 최북단 오세르에서부터 최남단 마콩 사이에 길고 좁은 형태로 약 28,715헥타르(약 870만 평)의 넓이로 존재하고, 크게 샤블리, 코트 드 뉘, 코트 드 본, 마코네, 샬로네즈로 나뉜다. 그리고 전 세계 와인 애호가들의 마음을 설레게 하는 부르고뉴 최고급 와인들이 바로 코트 드 뉘와 코트 드 본에서 주로 탄생한다.

부르고뉴의 포도밭은 정부에서 지정한 등급에 따라 분류되는데, 최상위 등급은 그랑 크뤼라고 부르고, 그 다음은 프르미에 크뤼, 나머지가 상대적으로 저렴하고 대중적인 마을급 와인과 지역급 와인이다. 상위 두 등급의 포도밭에서 생산되는 와인은 가격이 수십에서 수백만 원까지 호가하기도 한다. 여기서 주브레 샹베르탱 와인이라고 하면 마을급 와인을 이야기하고, 샹베르탱 와인이라고 하면 그랑 크뤼 와인을 지칭한다. 다시 말해 주브레 샹베르탱 마을 안에 샹베르탱이라는 작은 그랑 크뤼 포도밭이 속해 있다.

주브레 샹베르탱 마을은 샹베르탱과 동급의 그랑 크뤼 포도밭을 무려 9개 소유하고 있으며, 프르미에 크뤼급의 포도밭도 26개 보유하고 있는 천혜의 와인 마을이다. 이 마을을 구경하기 위해 부르고뉴로 와인 여행을 온다고 해도 전혀 이상하지 않다. 이 마을에서는 오로지 적포도인 피노 누아로 레드 와인만 생산한다. '나폴레옹이 샹베르탱을 사랑했다'는 말은 다른 설명이 필요 없이 '프랑스 부르고뉴 지방의 그랑 크뤼 밭인 샹베르탱의 포도로 만든 피노 누아를 사랑했다'는 뜻이다.

마을급 단위의 주브레 샹베르탱 와인은 어릴 때는 밝은 루비색을 띠다가 나이가 들면 어두운 선홍색으로 변모한다. 딸기, 바이올렛, 장미는 주브레 샹베르탱 와인을 표현하는 가장 기본적인 향이며, 이외에도 카시스를 비롯해서 작고 검붉은 열매의 향이 연상되는 풍부한 플레이버를 보여준다. 또한 사향, 동물의 털을 떠올리는 직관적인 부케도 인상적이다. 와인이 숙성되면 종종 감초, 가죽의 뉘앙스도 감지할 수 있다. '강직하다'라는 표현을 쓸 수 있으며, 타닌과 산도가 매우 조화롭게 느껴지는 와인을 만든다.

주브레 샹베르탱이 아우르고 있는 26곳의 프르미에 포도밭 중 기억할 만한 곳은 클로 생 자크Clos Saint-Jacques, 라보 생 자크Lavaux-Saint-Jacques, 카즈티에Cazetiers다. 그리고 주브레 샹베르탱 마을이 자랑하는 아홉 곳의 그랑 크뤼 포도밭의 이름은 다음과 같다.

샹베르탱 Chambertin
샹베르탱 클로 드 베즈 Chambertin Clos de Bèze
샤펠르 샹베르탱 Chapelle-Chambertin
샤름므 샹베르탱 Charmes-Chambertin
그리오트 샹베르탱 Griotte-Chambertin
라트리시에르 샹베르탱 Latricières-Chambertin
마지 샹베르탱 Mazis-Chambertin
마주와에르 샹베르탱 Mazoyères-Chambertin
루쇼트 샹베르탱 Ruchottes-Chambertin

그랑 크뤼 밭에서 탄생하는 와인들은 생산자에 따라 와인의 향미에 차이가 있으나 대체로 다음과 같이 표현된다. 짙은 루비에서 블랙 체리에 이르기까지 다채롭고 선명하며 영롱한 컬러. 딸기, 블랙커런트, 과일, 감초, 향신료, 나아가 이끼 및 덤불로 진화하는 향. 입에서는 강건한 힘, 화려함, 우아함을 고루고루 느낄 수 있으며, 풍부하고 복합적인 바디, 관능적인 질감이 특징이다. 아마 이 정도면 나폴레옹이 왜 그리도 이 와인을 사랑했는지 어렴풋이 짐작할 수 있을 것이다.

「완벽한 가족」, 생애 마지막 샹베르탱

Black bird

Director	로저 미첼
Cast	수잔 서랜든(릴리)
	케이트 윈슬렛(제니퍼)
	미아 바시코프스카(애나)
	샘 닐(폴)
	린지 던컨(엘리자베스)
Wine	도멘 아르망 루소 샹베르탱 그랑 크뤼
	(프랑스 부르고뉴)

    두 딸의 엄마이자 아내로 행복한 삶을 꾸려가던 릴리는 루게릭병에 걸려 몸이 서서히 굳어가고 있다. 한쪽 팔은 이미 못 쓰게 되었고, 남편 폴의 도움 없이는 계단조차 올라가기 힘들다. 릴리는 어떻게든 혼자 힘으로 하루를 보내려 하지만 의사인 남편에게서 몇 주 후에는 움직이지도 못하고, 말도 못 하고, 삼키지도 못하게 될 것이라는 말을 듣게 된다. 릴리는 자의로 무언가를 결정할 수 있는 지금이 스스로 떠날 수 있는 마지막 기회라는 생각을 하게 되고, 가족들을 불러 모아 마지막 크리스마스 파티를 계획한다.

    「완벽한 가족」은 안락사에 대한 원초적 물음에서 더 나아가, 그 선택으로 인해 필연적으로 생길 수밖에 없는 갈등과 화해, 이별에 관해 이야기하고 있다. 영화의 원제가 찌르레기 *black bird*라는 것을 알면 감독이 말하고자 하는 의도에 좀 더 가까워질 수 있다. 찌르레기는 아기 새들에게 먹이를 물어다 주다가 새끼들이 어느 정도 성장하면 더는 먹이를 주지 않고 둥지에서 떠나보낸다. 릴리가 자신이 만든 가족이라는 둥지에서 딸들과 남편, 그리고 오랜 친구까지 떠나보내는 모습에서 찌르레기 어미 새가 겹쳐 보인다.

첫째 딸 제니퍼의 가족과 오랜 친구인 엘리자베스는 릴리의 의견을 존중하면서 엄마와의 마지막을 함께할 준비가 되어 있지만, 늘 말썽을 피우며 제니퍼와 사사건건 부딪힌 둘째 애나는 아직 엄마를 떠나보낼 준비가 되어 있지 않다. 강하고 독립적으로 자라기를 바란 엄마의 뜻과는 달리 애나의 인생은 약물과 자살 시도로 얼룩져 있다. 엄마의 기대에 미치지 못했다는 자괴감과 엄마에게 인정받고 싶은 어린아이의 마음이 공존하는 애나는 엄마가 안락사를 시도한다면 곧장 119에 신고하겠다며 으름장을 놓는다. 과연 릴리의 마지막 크리스마스는 행복할 수 있을까?

영화에 빠져들어 눈물을 잔뜩 흘릴 준비를 하고 있는데 파티에 등장한 와인에 시선을 빼앗겨 눈물 흘릴 새가 없었다. 마지막 크리스마스 만찬에 등장한 와인이 바로 '도멘 아르망 루소 샹베르탱 그랑 크뤼 *Domaine Armand Rousseau Chambertin Grand Cru*'였기 때문이다. 프랑스 현지에서도 병당 수백만 원을 호가하는 와인이지만, 인생 마지막 식사인데 가격이 무슨 상관일까? 그저 고혹적인 레드 드레스를 입은 릴리와 완벽히 어울릴 따름이다. 실제로 촬영 중에 루소의 샹베르탱이 서빙되었는지는 알 수 없지만, 가족들 모두 와인에 대해 연신 찬사를 날리고 둘째 딸은 햇살의 맛이 느껴진다고 말한다. 좋은 표현이다. 루소의 샹베르탱은 정말로 햇살을 입안 가득 머금는 듯한 와인이니까.

샹베르탱의 진수, 아르망 루소

도멘 아르망 루소는 프랑스 부르고뉴를 대표하는 와인 생산자로, 나폴레옹이 사랑했던 와인이자 '와인의 왕'이라는 별칭을 가진 주브레 샹베르탱에 위치해 있다. 영화에서는 아르망 루소의 샹베르탱을 따르며 "프랑스 부르고뉴의 피노 누아, 주브레 샹베르탱"이라고 이야기하는데,

와인의 입장에서는 굉장히 서운한 이야기다. 주브레 샹베르탱이라고 설명하는 것과 실제 이름인 샹베르탱의 차이는 아주 크기 때문이다.

주브레 샹베르탱은 부르고뉴 와인 중에서도 빌라주 등급의 와인이고, 샹베르탱은 그랑 크뤼 와인이다. 빌라주 급과 그랑 크뤼 급은 와인의 품질, 인지도, 가격 등 모든 면에서 크게 차이가 난다. 게다가 아르망 루소의 샹베르탱은 더욱 특별하다.

주브레 샹베르탱 최고의 와이너리로 꼽히는 도멘 아르망 루소는 동명의 아르망 루소가 20세기 초 불과 18세의 나이에 주브레 샹베르탱 마을에 있는 다수의 포도밭을 물려받으면서 설립됐다. 초기에는 생산한 와인을 지역 도매상에게 판매해서 돈을 벌었고, 이 돈으로 주브레 샹베르탱 마을의 그랑 크뤼 밭인 샹베르탱과 샤름므 샹베르탱, 모레이 생드니 마을의 그랑 크뤼 밭인 클로 드 라 로쉬Clos de la Roche 같은 유명 포도밭을 추가로 인수하며 와이너리의 근간을 마련한다. 하지만 아르망 루소는 1959년 사냥을 하고 돌아오는 길에 교통사고로 안타까운 죽음을 맞이했고, 아들 샤를 루소가 아버지의 뒤를 이어 와이너리에 매진하며 도멘 아르망 루소를 전 세계에 알린다. 독일어와 영어에 능통했던 샤를은 1930년대 미국 수출길을 열었고, 곧이어 유럽 전역과 캐나다, 호주, 뉴질랜드, 1970년대에는 아시아 시장까지 공략하면서 독보적인 노선을 걷기 시작한다.

샤를의 뒤를 이어 와이너리에 합류한 에릭 루소는 그린 하베스트 Green Harvest(포도를 솎아내 남은 포도에 집중력을 높이는 것), 리프 스트리핑 Leaf Stripping(포도나무 잎을 솎아내 포도송이의 햇빛 노출을 높이는 것)과 같은 새로운 기술을 도입해서 와인의 품질을 극대화하는가 하면, 인간의 인위적인 간섭이 최소한으로 들어간 자연주의적 와인을 만드는 데 헌신했다. 현재 아르망 루소는 에릭의 딸 키리엘이 2014년 합류해 아버지를 도우며 도멘 아르망 루소의 미래를 이끌어가고 있다.

아르망 루소의 와인메이킹은 심플하다. 엄격하게 선별된 포도송이는 90%가량 줄기를 제거한 채로 쓴다. 포도송이의 줄기는 와인에 타닌을 불어넣어줄 수 있지만, 잘 익지 않은 가지는 자칫 와인에 풋내를 줄 수 있어 신중하게 사용해야 한다. 이후 18~20일 동안 온도 조절이

가능한 스테인리스 스틸 탱크에서 최대 31~34℃ 온도에서 발효를 진행한다. 1차 발효가 종료되면 머스트(껍질과 과육이 함께 들어있는 것)를 조심스럽게 압착해 포도로부터 모든 성분을 얻어낸다. 이후 24시간 동안 자연스럽게 안정화한 뒤 숙성을 위해 셀러에 있는 오크통으로 와인을 옮긴다.

  오크통의 경우 와인의 등급에 따라, 그리고 포도밭에 따라 새 오크통의 비율이 달라진다. 현재 아르망 루소는 주브레 샹베르탱 마을급 와인 한 종과 다수의 프르미에 크뤼 와인을 선보이고 있는데, 대개 그랑 크뤼 급일 경우 새 오크통의 비율이 높아진다. 숙성은 18~24개월 정도. 영화에 나온 샹베르탱 그랑 크뤼의 경우 초콜릿, 감초, 작은 레드 베리의 뉘앙스가 느껴지며, 입에서는 빈틈 없는 구조감과 복합미를 선사하며 삼키고도 지속되는 긴 여운까지 완벽하다. 아마 오랜 세월 가족을 위해 열심히 먹이를 나른 어미 새 릴리를 위한, 그리고 온전한 독립을 통해 릴리를 보내주어야 하는 가족들을 위한 완벽한 한 잔이었을 것이다.

「크루엘라」, 빌런의 샴페인

Cruella

Director	크레이그 길레스피
Cast	엠마 스톤(크루엘라)
	엠마 톰슨(남작 부인)
	조엘 프라이(재스퍼)
	폴 월터 하우저(호레이스)
Wine	샴페인을 오픈할 때는 눈 조심

「크루엘라」는 디즈니가 1961년에 선보인 장편 애니메이션 「101마리의 달마시안 개」의 빌런(악당) 크루엘라를 재해석한 스핀오프 영화다. 원작에서 크루엘라는 모피 마니아인 패션 디자이너로, 버려진 달마시안을 잡아 모피 코트를 만들려는 천하의 악당으로 등장한다. 하지만 2021년 작 「크루엘라」는 악당 크루엘라를 훌륭하게 변주해서 선과 악의 중간 어디쯤에 서 있는 캐릭터를 탄생시켰다.

「크루엘라」는 오프닝부터 남다르다. 동심을 자극하는 디즈니 특유의 반짝반짝한 오프닝과는 달리 흑백 처리된 화면에 빨간 글씨로 디즈니 로고가 아로새겨진다.

"난 태어날 때부터 내 주장이 뚜렷했어. 그걸 싫어하는 사람도 있었지. 모두의 비위를 맞출 수는 없지. 난 어릴 때부터 세상을 보는 눈이 남달랐어. 세상에 도전하고 싶었던 거야. 이런 가사가 있지. '나는 여자, 내 포효를 들으라.' 1964년에 먹힐 만한 소리는 아니었지만, 난 좀 다르잖아?"

그렇게 성격도 외모도 패션 센스도 남달랐던 크루엘라는 지금이라면 인플루언서가 될 수도 있었겠지만, 자신을 괴롭히는 아이들과 보수적인 체제에 맞서 싸우며 거칠게 성장한다. 결국 크루엘라가 퇴학당하기 전에 먼저 자퇴시킨 엄마는 런던이라는 큰 세상에서 그를 자유롭게 키우기로 결심한다. 그러나 런던으로 가는 길에 엄마는 절벽에서 떨어져 죽게 되고, 홀로 남은 크루엘라는 런던에서 소매치기 생활을 하며 살아간다.

비참한 일상을 사는 가운데서도 크루엘라는 패션에 대한 꿈을 놓지 않는다. 성인이 된 뒤 런던에서 가장 핫하다는 리버티 백화점에 청소부로 취직하게 되는데, 이곳에서 런던 최고의 패션 디자이너인 남작 부인의 눈에 들어 수습 디자이너가 되며 자신의 꿈에 한 발짝 다가서게 된다. 사실 남작 부인이야말로 영화의 진정한 악당으로, 자신의 뜻을 이루기 위해서는 서슴지 않고 주변 사람들을 도구로 쓰는 인물이다. 천재적인 패션 감각을 가진 크루엘라 또한 잘 써먹고 버릴 생각이다. 여기서 영화는 엄마의 죽음과 출생의 비밀이라는 장치를 통해 크루엘라를 남작 부인과 대립하게 만든다. 크루엘라의 진정한 빌런으로 거듭나기는 영화를 통해서 확인해주시기 바란다.

영화에는 인상적인 와인 장면이 나온다. 남작 부인이 크루엘라가 디자인한 드레스에 감탄하며 이례적으로 크루엘라를 레스토랑에 데려갔을 때의 일이다. 샴페인을 주문한 남작 부인 옆에서 잔뜩 긴장한 레스토랑 직원이 샴페인을 오픈하려고 버벅거리며 애를 쓴다. 처음 샴페인을 오픈해본 때를 기억한다면 그의 애처로운 모습에 공감할 것이다. 심지어 직원은 정말 운이 없었다. 그를 잡아먹을 듯한 눈으로 쳐다보던 남작 부인은 "답답하긴, 이리 줘!"라며 그의 손에서 샴페인을 냅다 뺏고는 억지로 오픈한다. 이때 샴페인에서 튀어나온 코르크가 직원의 눈에 정면으로 날아간다.

샴페인을 오픈하는 최선의 방법

프랑스의 샹파뉴 지방에서 만든 스파클링 와인인 샴페인은 1차 발효를 마친 와인을 다시 병에 넣어서 2차 병 발효를 한다. 이때 생긴 가스로 인해 병 내부 기압은 최소 6기압에 달한다. 일반 승용차 타이어 압력이 보통 2.5기압이라는 걸 상기하면 놀라운 수치다. 이런 높은 압력에도 불구하고 샴페인 병이 깨지지 않는 이유는 간단하다. 오랜 시간 개발해온 압력을 이겨낼 만한 강화 유리, 그리고 병을 단단히 막고 있는 샴페인 전용 코르크와 이를 감싸고 있는 와이어 케이지wire cage(프랑스어로는 뮈슬리muselet)라고 불리는 철사줄 덕분이다.

그래서 샴페인을 오픈할 때는 병 내 압력을 온전히 감당하고 있는 코르크를 매우 신중하게 제거해야 한다. 자칫 잘못하다가 영화처럼 코르크가 튀어 나가게 되는데, 최악의 결과는 눈을 맞는 것이다. 영화에서는 그저 해프닝처럼 그려지지만 어리버리한 직원은 자칫 실명할 뻔한 심각한 상황이다. 연구에 따르면 샴페인 코르크가 병에서 튕겨 나갈 때 최대 속도가 무려 시속 89km에 달하며, 최대 13m까지 날아갈 수 있다. 샴페인에서 날아온 코르크가 눈까지 도달하는 속도는 불과 0.05초 미만이다.

한국에서는 샴페인 오픈에 관한 경각심이 그리 높지는 않지만, 주요 와인 생산국이나 소비국인 나라들에서는 상황이 다르다. 미국안과학회에서는 매년 샴페인 병 개봉 시 더 많은 주의를 기울여야 한다고 오랜 시간 캠페인을 벌여왔다. 실제로 실명 위기에 처하거나 실명한 사람의 사례가 많지는 않지만, 분명히 있다. 영국의 안과 저널British Journal of Ophthalmology의 보고서에서는 탄산음료로 인한 눈 손상 1만 3,000여 건 중 대부분은 샴페인 코르크가 원인이라고 밝혔다. 실제로 영국 리얼리티 TV 프로그램에 참여한 테오 캠벨이라는 인플루언서는 이비자 섬에서 샴페인 코르크를 눈에 맞아서 결국 실명했다. 그러니 샴페인을 오픈할 때는 조심해야 한다. 눈에 맞지 않더라도 어디든 맞으면 상당히 아플 테니까.

그렇다면 샴페인을 어떻게 오픈해야 할까? 당연히 요란한 소리를 내면서 거품 샤워하는 것은 정답이 아니다. 누군가의 말을 빌리자면 샴페인을 오픈할 때는 여인의 작은 한숨 소리만 들려야 한다. 우선 샴페인 병 입구를 사람이 아닌 곳으로 향하게 한다. 마치 칼이나 총구를 사람에게 겨눠서는 안 된다는 논리와 같다. 병목의 호일 캡을 벗긴 뒤 병 입구를 천으로 감싸고 한 손으로 단단히 쥔 채로 천천히 꼬여 있는 와이어 케이지를 푼다. 와이어 케이지가 모두 풀리면 천으로 감싼 상태 그대로 코르크를 쥐고 병을 비튼다. 코르크가 부러지지 않도록 병을 비트는 게 정석이다. 하지만 이 방법이 어렵다면 코르크를 조심스럽게 비틀어서 빼도 큰 문제는 없다. 이때는 병을 든 손과 천으로 병목을 감싼 손을 서로 반대 방향으로 트위스트하듯 돌려준다. 그러면 병 내부 압력에 의해서 천천히 코르크가 밀리면서 자연스럽게 빠져나오는데, 코르크가 거의 다 밀려 나왔다 싶은 순간에 손에 힘을 조절해 '펑'이 아니라 여인의 한숨처럼 작은 공기 소리로 마무리되면 성공이다.

영화 속 문제의 샴페인은 레이블이 정확하게 등장한다. 'PLUME& PIERRE'. 아쉽게도 영화에서 창조한 가상의 브랜드다. 영화의 배경이 된 1960대의 런던의 사교계에서는 여러 샴페인이 유명했는데, 그중 멈 Mumm의 인기가 독보적이었다고 전해진다. 멈은 1904년 영국 왕실의 공식 샴페인 하우스로 지명된 이후 20세기 중반까지 영국인의 사랑을 듬뿍 받았다. 이때 유행한 샴페인이 바로 코르동 루즈Cordon Rouge다.(『와인이 있는 100가지 장면』 1편 152쪽 「카사블랑카」 참고)

「101마리의 달마시안 개」의 향수가 있는 관객이라면 「크루엘라」는 무척 반가운 영화다. 거기에 믿고 보는 배우들의 훌륭한 연기, 눈을 즐겁게 하는 화려한 의상과 1960년대와 1970년대를 상징하는 명곡이 잘 버무려져 있다. 설령 이야기 전개가 조금 아쉬웠더라도, 남작 부인의 몰상식한 와인 매너를 보고 교훈을 얻는다면 그 자체로도 의미가 있다.

「토탈 이클립스」,
시인의 세 번째 눈: 압생트와 와인

Total Eclipse

Director 아그네츠카 홀란드
Cast 레오나르도 디카프리오(아르튀르 랭보)
　　　　데이비드 듈리스(폴 베를렌)

Wine 와인을 찬미한 시인들

영화 「토탈 이클립스」는 다음과 같은 내레이션으로 시작한다.

"1871년 9월, 파리의 성공한 젊은 시인 베를렌은 아르튀르 랭보가 보낸 주옥 같은 시 8편을 받게 된다. 베를렌은 당장 답장을 써 보냈다. "위대한 영혼 내게 오소서. 이는 운명의 부르심이니." 다음 이야기는 이들의 편지와 시를 근거해 만든 것이다. 베를렌이 위대한 시인이라면, 랭보는 가히 혁명적인 천재였다. 그가 16세에서 19세 사이에 남긴 시들은 현대시의 면모를 완전히 바꾸어 놓았다고 할 수 있다."

프랑스의 시인인 아르튀르 랭보의 일생을 다룬 작품이지만, 그에 대해 전혀 모르더라도 흥미를 끌 만한 도입부다. 랭보는 프랑스 현대시에 막대한 영향을 끼칠 정도로 시대를 앞서가는 시를 썼다. 그러는 한편 지독한 방랑가이자 반항아였던 탓에 한 번도 안정적인 삶을 살지 못하고 30대에 요절한 비운의 시인이다. 영화의 또 다른 주인공이자 프랑스의 시인 폴 베를렌은 그에 대해 살아생전 이런 말을 했다.

"지금까지 우리에게 알려진 문학은 모두 상식 차원에서 쓰였지만, 랭보만은 예외다."

랭보의 어머니는 집을 박차고 나간 아버지의 몫까지 자식 교육에 혼신의 힘을 기울였다. 랭보는 그 기대에 부응해 학교에서 우수한 학생으로 자라났다. 특히 라틴어에 대한 조예가 남달랐는데, 그의 특별한 재능을 높이 산 선생들의 적극적인 지도로 라틴어 시 창작에 경이로운 솜씨를 보였다고 한다. 특히 고대 로마의 시인 푸블리우스 베르길리우스 마로와 현대시의 창시자 샤를 보들레르의 영향을 깊이 받았다.

랭보의 천재성에 깊이 매료된 베를렌은 자신의 인생을 뻥 차버리고 위험한 사랑에 빠진다. 부모의 사랑을 느끼지 못한 채 자란 랭보는 베를렌에게 적극적으로 구애했고, 그에게 일상을 벗어나 유럽을 여행하면서 얻은 영감을 시로 써보자고 제안한다. 그렇게 아리따운 아내를 뒤로하고 대책 없는 여행길에 오른 베를렌. 그 뒤로 펼쳐지는 것은 두 시인의 낭만 여행이라기보다 날것의 질투와 애증이다.

사실 영화에서 가장 인상적으로 등장하는 술은 압생트다. 압생트는 예술가들이 즐겨 마신 술로 잘 알려져 있는데, 고흐, 고갱, 드가, 마네, 랭보, 르누아르, 피카소 그리고 헤밍웨이의 곁에 늘 압생트가 있었다고 전해진다. 이 치명적인 녹색 술이 때때로 예술가의 창작 기폭제가 되어주었기 때문이다. 또한 필록세라로 와인 산업이 존폐 위기에 놓였을 때 값싼 압생트가 대체품으로 프랑스에서 선풍적인 인기를 끌었다. 압생트와 인연이 특히 깊었던 고흐는 취한 상태에서 해바라기의 노란색이 황금빛으로 반짝이는 걸 목격했고, 이를 캔버스에 재현하기 위해 압생트를 달고 살았다고 한다.

「토탈 이클립스」에서도 베를렌은 랭보에게 압생트에 대해 소개하면서 "시인의 세 번째 눈"이라는 말을 덧붙인다. 그러고는 압생트가 담긴 잔 위에 숟가락을 걸치고, 그 위에 설탕 조각을 올린 뒤 물을 조금씩 따라 압생트를 희석해서 마시는 장면이 나오는데, 이를 압생티아나 *Absinthiana*라고 부른다.

물론 와인도 압생트만큼 많이 등장한다. 대부분의 식탁에 와인이 올라가 있고, 시 낭송회에서는 빨간 리본이 사선으로 그어져 있는 샴페인 멈*Mumm*이 서빙된다.(『와인이 있는 100가지 장면』 1편 152쪽 「카사블랑카」 참고)

가장 인상적인 와인 장면은 랭보와 베를렌이 여행을 하다가 들판에서 불을 피우고 낮술을 즐기는 장면이다. 이때 깡마른 랭보는 어깻죽지로 와인병의 코르크를 빼는 엄청난 개인기를 구사한다. 상상도 되지 않을 장면이기에 영화를 봐야만 이해가 가능하다. 물론 따라해보고 싶은 마음은 전혀 들지 않을 것이다. 여기서는 기상천외한 랭보의 와인 오픈 방법보다는 와인을 사랑한 시인들에 대한 이야기를 해보려 한다.

시인들의 와인 찬미

와인도 압생트 못지않게 '시인의 세 번째 눈' 역할을 톡톡히 했던 것 같다. 와인을 사랑한 시인들은 시에서도 와인을 찬미했다.

"Water saw its creator and blushed(물이 그 주인을 마주하니 얼굴을 붉혔도다)."

필자들이 가장 애호하는 와인 예찬으로 영국의 낭만파 시인 바이런의 한 문장이다. 그가 케임브리지 대학 3학년일 때, 신학 과목의 학기말 고사에서 "예수가 물을 와인으로 만든 기적이 상징하는 종교적, 영적 의미를 서술하라"라는 문제에 대한 답으로 제출한 것이라고 한다. 그는 물론 이 시험을 최고점으로 통과했다. 그는 이런 말도 남겼다. "Let us have wine and women, mirth and laughter, Sermons and soda water later(와인과 여인, 기쁨과 웃음을 즐기자, 기도와 소다수는 뒤로 미루고)."

와인을 즐기는 사람이 아니더라도 한번쯤 들어봤을 예찬도 있다. "Wine is bottled poetry(와인은 병에 담긴 시다)." 이는 소설 『지킬 박사와 하이드』로 유명한 스코틀랜드의 소설가이자 시인인 로버트 루이스 스티븐슨이 남긴 말이다.

언제나 취해 있어야 한다고 강조했던 샤를 보들레르도 와인에 관한 구절과 시를 남겼다. 가장 유명한 구절은 와인 애호가라면 매우 익숙할 "Drink wine, drink poetry, drink virtue(와인을 마셔라, 시를 마셔라, 순수를 마셔라)"일 것이다. 그리고 「The Soul of Wine」이라는 시도 유명한데, 와인이 스스로를 찬미하는 내용이다. "노동에 지친 어느 남정

네 목구멍으로 떨어져 내릴 때면 한없는 기쁨 느낀다네." 와인의 심정을 상상한다는 것이 신선하고 귀엽게 느껴지는 구절이다.

중세 페르시아의 수학자 겸 시인이었던 오마르 하이얌의 와인 예찬은 영화 「언페이스풀」에서 강렬한 끌림을 표현하는 데 쓰이기도 했다.

"와인을 마셔라 / 이것은 영원한 생명이며 그대에게 젊음을 줄 모든 것이니 / 바야흐로 와인의 계절, 장미가 피어나고 벗이 술에 취하는구나 / 지금 이 순간 행복하라 / 이 순간이 바로 그대의 삶일지니."

아일랜드를 대표하는 시인이자 노벨 문학상 수상자인 윌리엄 버틀러 예이츠도 그의 시에서 와인을 찬미했다.

"와인은 입으로 흘러들고 / 사랑은 눈으로 든다 / 우리가 늙어서 죽기 전에 알아야 할 진실은 이것뿐 / 나는 술잔에 입을 대고 / 그대를 바라보며 한숨짓노라."

아쉽게도 오늘의 주인공인 랭보의 시에서는 와인을 예찬하는 듯한 구절을 찾기는 어렵다. 그도 그럴 것이 랭보가 시인으로 활동한 시기는 16세부터 19세까지로 매우 짧은 기간이었다. 베를렌과 가슴 아픈 이별을 한 뒤 고향으로 돌아온 랭보는 그의 기념비적인 시집인 『지옥에서의 한 철』을 발표했으나 평단의 혹평을 받았고, 이에 분노한 랭보는 원고를 불태운 뒤 다시는 시를 쓰지 않았다.

랭보   나는 찾았어.
베를렌   뭘?
랭보   영원을. 그건 태양이 만나는 곳이야. 바다와…

둘의 대화는 영화의 제목인 '개기일식(total eclipse)'에 담긴 의미와 맞닿아 있다. 개기일식은 달이 태양을 완전히 가리는 현상을 말하며, 이를 랭보의 사상에서 보자면 영원히 지속되는 우리의 영혼이 잠시 육체에 깃들어 있는 찰나의 시간을 의미하기도 한다. 그에 따르면 우리네 인생이란 지옥에서 한 철을 보내는 영혼의 방랑기다. 그래도 인생에 와인이 있어 견딜 만하다.

「지푸라기라도 잡고 싶은 짐승들」, 독주가 되어버린 샴페인

Beasts Clawing at Straws

Director　김용훈
Cast　　전도연(최연희), 정우성(강태영)
　　　　　배성우(김중만), 정만식(박두만), 진경(영선)
　　　　　신현빈(서미란), 정가람(진태), 윤여정(순자)
　　　　　박지환(붕어), 윤제문(유명구)

Wine　　아르망 드 브리냑(프랑스 샹파뉴)

　만약 인생의 구렁텅이에서 헤매고 있는 당신에게 10억 원이 넝쿨째 들어온다면? 「지푸라기라도 잡고 싶은 짐승들」은 제목 그대로 지푸라기라도 잡고 싶을 정도로 나락에 빠진 인물들이 10억 원이 담긴 가방을 두고 거미줄처럼 얽히고설키는 이야기다.

　영화는 극의 중심인 세 명의 빚쟁이를 소개하며 시작된다. 첫 번째 인물 중만. 아버지에게 이어받은 횟집을 제대로 말아먹은 중만은 야간 사우나 알바로 가족들의 생계를 책임지며 근근이 살아간다. 어느 날 중만은 로커 룸에 보관된 루이비통 가방에서 거액의 뭉칫돈을 발견한다. 치매에 걸린 어머니, 항만 터미널에서 청소하는 아내, 학비가 모자라 허덕이는 대학생 딸 생각에 돈을 꿀꺽하고 싶은 마음이 가득하지만, 우선 그는 가방을 호텔 보관소의 깊숙한 곳에 감춰두고 퇴근한다.

두 번째 인물 태영. 평택항 입국처에서 행정 심사원으로 일하는 그는 한때 연인이었던 연희의 보증을 섰다가 거액의 빚을 지게 되고, 피도 눈물도 없는 사채업자 사장 두만에게 하루가 멀다 하고 독촉에 시달린다. 그는 동창이 회사에서 횡령한 돈을 중간에서 가로채 빚을 갚을 비열한 계획을 세우지만, 삶이 그렇듯 계획대로 될 리가 없다.

마지막 빚쟁이는 미란이다. 투자 사기를 당해 큰 빚을 지게 된 미란은 빚을 갚기 위해 연희가 사장으로 있는 술집에서 일하며, 집에서는 남편에게 구타당하는 지옥 같은 삶을 살고 있다. 미란은 우연히 조선족 진태를 만나는데, 미란에게 홀딱 반한 진태는 사정을 듣더니 남편을 죽여 주겠다고 제안한다. '짐승들'이라는 제목에서 짐작할 수 있듯이 등장인물들 대다수가 금수만도 못한 캐릭터다. 미란은 동아줄과 같은 진태의 제안을 받아들이지만 둘의 계획이 순조롭게 흘러갈 리가 없다.

영화의 플롯이 시간순으로 흐르지 않기에, 세 빚쟁이의 시간은 동일 선상에 놓여 있지 않다. 어떤 빚쟁이가 미래고, 누가 과거인지, 그리고 10억 원이라는 돈은 어디서 흘러와 로커에 보관됐는지는 영화를 통해 확인하시기를 바란다.

영화에는 화려함을 상징하는 와인이 등장한다. 지옥 같은 삶에서 탈출한 미란이 연희의 호로운 거처에서 샴페인 '아르망 드 브리냑 Armand de Brignac'을 마시면서 회포를 푸는 장면이다. 샴페인을 마시는 미란은 극중 처음이자 마지막으로 환하게 웃음 짓는다. 하지만 빠르게 사라져 가는 샴페인 잔의 기포처럼 미란의 인생도, 순간의 환희도 이 한 잔에서 끝난다.

럭셔리 샴페인의 끝판왕, 아르망 드 브리냑

아르망 드 브리냑은 안타깝게도 한국에서 이미지가 실추된 적이 있는 와인이다. 사회를 경악하게 한 사건이 일어난 클럽에서 1억 원짜리 술 세트를 팔고 있었고, 여기에 포함된 술이 12ℓ 용량의 아르망 드 브리냑 1병, 750㎖ 용량의 아르망 드 브리냑 10병, 그리고 루이 13세 코냑이었다. 이 일이 아니더라도 아르망 드 브리냑은 유난히 전 세계 클러버들이 사랑하는 술인데, 그 이유는 바로 이 와이너리를 인수한 힙합 뮤지션 때문이다. 그 주인공은 미국에서 가장 부유한 래퍼이자 사업가인 제이지Jay-Z다.

아르망 드 브리냑을 탄생시킨 카티에Cattier 가문은 샹파뉴 지방에서 1625년부터 포도를 재배해온 긴 역사를 가지고 있다. 1918년 첫 샴페인을 출시한 뒤 1950년에는 싱글 빈야드 샴페인을 만들었고, 가문의 럭셔리 샴페인 브랜드로 자리 잡는다. 일종의 프로젝트 와인인 아르망 드 브리냑은 출생부터 귀족적이기는 했으나 지금처럼 화려함의 상징이 될 만한 샴페인은 아니었다. 하지만 제이지가 이 샴페인 하우스를 점찍으면서 아르망 드 브리냑의 유명세가 시작된다.

제이지가 아르망 드 브리냑을 낙점한 이유도 흥미롭다. 힙합 신에서는 거품 가득한 황금빛 샴페인이 출세의 상징처럼 여겨지곤 했다. 그래서 래퍼들이 속사포처럼 쏟아붓는 랩 가사의 소재가 되는가 하면, 뮤직 비디오에도 자주 등장했다. 제이지가 처음부터 아르망 드 브리냑을 점찍었던 것은 아니다. 그가 가장 사랑하던 샴페인은 루이 뢰더러Louis Roederer의 최고급 샴페인인 크리스탈Cristal이었다.(『와인이 있는 100가지 장면』 1편 162쪽 「사랑할 때 버려야 할 아까운 것들」 참고) 앰버서더라고 해도 과언이 아닐 정도로 그의 가사에 크리스탈을 자주 등장시켰고, 다른 래퍼들도 앞다투어서 크리스탈을 즐기기 시작했다. 하지만 래퍼들의 크리스탈 사랑은 2006년을 기점으로 끝이 나는데, 그 이유는 한 인터뷰 때문이다. 영국의 경제지 「이코노미스트」에서 크리스탈의 관리자인 프레데릭 루조에게 "최근 래퍼들 사이에서 크리스탈이 인기를 얻고 있는 것에 대해 어떻게 생각하나요?"라고 물었고, 그는 "우리가 뭘 할 수 있겠어요? 사람들이 우리 샴페인을 구입 못하게 막을 수는 없잖아요"라는 예상치 못한 대답을 했다. 흑인 문화에서 시작된 힙합과 래퍼에 대한 인종차별이라는 논란까지 일었고, 제이지도 다른 래퍼들도 크리스탈을 보이콧하고 더 이상 크리스탈이 언급되는 가사를 쓰지 않았다.

그렇게 제이지의 샴페인 사랑은 종말을 맞이하는가 싶었는데, 얼마 뒤 그가 발표한 「Show Me What You Got」의 뮤직비디오에 황금빛 자태의 샴페인이 등장한다. 바로 아르망 드 브리냑이다. 사람들은 스페이드 에이스가 새겨진 이 술에 빠르게 관심을 가지기 시작했고, 아르망 드 브리냑은 단시간에 전 세계적으로 유명한 샴페인이 된다. 사실 이때쯤 필자를 비롯한 와인 애호가들은 "그래서, 맛은 어떤데?"라는 의문을 가지기도 했지만, 2009년 11월 「Fine Champagne Magazine」에서 무려 1,000종에 이르는 샴페인을 블라인드로 시음한 후 발표한 결과에서 아르망 드 브리냑이 1위에 오른 것을 보며 단숨에 의심을 거두었다.

제이지의 아르망 드 브리냑 사랑은 단순히 팬심에서 그치지 않았고, 2014년 아르망 드 브리냑 지분 인수에 뛰어들어 결국 주인이 되었다. 그렇게 그는 샴페인 레이블을 완전히 소유한 최초의 래퍼가 되었다. 이후 아르망 드 브리냑의 성공 신화를 지켜보던 LVMH가 제이지의 지분 50%를 사들여 글로벌 유통망을 책임지고 있다. 여기서 중요한 것은 소유주가 누구든 샴페인은 여전히 카티에에서 만들고 있다는 것이다. 아무리 돈이 많은 부호라도 수백 년 동안 쌓아온 카티에 가문의 와인메이킹 노하우는 배울 수 없기 때문이다.

아르망 드 브리냑은 현재 가장 유명한 브릿 골드 퀴베Brut Gold Cuvée, 블랑 드 블랑Blancs de Blancs, 블랑 드 누아Blancs de Noirs, 드미 섹Demi-Sec, 로제까지 다섯 가지의 샴페인을 선보이고 있다. 샴페인에서 블랑 드 블랑은 샤르도네 100%로 만든 것, 블랑 드 누아는 피노 누아와 피노 뫼니에로 만든 것을 뜻하며 아르망 드 브리냑의 블랑 드 누아는 역시 고급스럽게 피노 누아 100%로만 만들고 있다.

이들의 특징은 어떤 버전이든 세 빈티지를 블렌딩해서 만든다는 것이다. 카티에 가문은 21세기 초부터 최고급 샴페인을 만들기 위한 장기 프로젝트를 시작했고, 이때부터 매해 생산된 와인의 일부를 저장(리저브 와인)하기 시작했다. 오랜 시간 저장해둔 리저브 와인들이 있는 덕분에 아르망 드 브리냑이라는 걸출한 샴페인을 탄생시킬 수 있었다.

이렇게 고귀한 정성을 통해 만들어지는 샴페인과 클러버의 와인이라는 이미지는 괴리가 느껴지기도 한다. 영화에서는 짐승과도 같은 주인공들의 '욕망' 그 자체를 표현하는 중요한 장치였다고 볼 수 있다. 영화를 결말까지 본다면 과한 욕망이 주는 파국을 관람할 수 있을 것이다.

「도굴」, 보물창고로 안내하는 기가 막힌 와인 셀러

Collectors

Director 박정배

Cast 이제훈(강동구), 조우진(존스)
신혜선(윤세희), 임원희(삽다리)

Wine 와인 보관의 정석

「도굴」은 타고난 도굴꾼 동구, 자칭 한국의 인디애나 존스로 불리는 고분벽화 도굴 전문가 존스 박사, 전설적인 삽질의 달인 삽다리 등이 서울 한복판 선릉에서 잊힌 조선의 명검을 도굴한다는 스토리의 범죄 코미디 영화다. 시종일관 높은 텐션을 유지하는 능청스러운 강동구 역의 이제훈, 힘을 쫙 뺀 채 허풍 세고 넉살 좋은 존스를 연기한 조우진의 연기를 감상하는 재미가 있다.

또 다른 볼거리는 도굴 과정의 디테일이다. 선릉을 도굴한다는 영화적 상상을 매우 현실감 있게 만들어준 제작팀의 노력이 영화 곳곳에서 느껴진다. 제작팀은 영화의 하이라이트인 선릉 도굴 장면을 연출하기 위해 무려 5톤 트럭 100대 이상을 동원했다고 한다. 「인디아나 존스」 같은 모험 액션 활극을 좋아하는 독자라면 영화 「도굴」에서 어드벤처 영화 특유의 설렘을 느낄 수 있을 것이다.

영화에는 반갑게도 와인이 많이 등장한다. 동구와 세희가 레스토랑에서 스테이크를 썰 때 값비싸 보이는 레드 와인을 즐기기도 하고, 동구와 세희의 키스 신에서도 둘의 손에는 와인 잔이 들려 있다. 이때 등장하는 와인이 '도멘 그로 프레르 에 수르Domaine Gros Frère et Soeur'다.

도멘 그로 프레르 에 수르는 프랑스 부르고뉴의 금수저라고 할 수 있는 그로 가문에서 뻗어 나온 와이너리로, 와인 레이블에 황금색 잔이 그려져 있는 게 특징이다. 영화에서도 빛나는 황금색 잔 덕분에 와인의 정체를 파악할 수 있었다. 참고로 'Frère et Soeur'는 형제자매라는 뜻이며, 단어 그대로 선대로부터 포도밭을 물려 받은 구스타프와 콜레트 남매가 와이너리를 설립했다. 그로 가문은 로마네 콩티를 비롯해 부르고뉴 최고의 와인들이 탄생하는 본 로마네 마을의 터줏대감이다. 도멘 그로 프레르 에 수르는 본 로마네를 포함해 여러 밭의 피노 누아로 훌륭한 와인들을 생산하고 있는데, 영화에는 워낙 스치듯 나와서 어느 밭의 포도로 만든 와인인지까지는 알 수 없었다.

사실 「도굴」에서 가장 인상적인 와인 장면은 따로 있다. 진상길 회장이 동구에게 자신의 콜렉션을 모아둔 보물창고를 보여주는 신이다. 보안이 삼엄하다 못해 땅굴을 파지 않는 한 회장 이외의 어느 누구도 들어갈 수 없는 난공불락의 보물창고인데, 그곳으로 가는 첫 번째 관문이 바로 와인 셀러다. 진상길 회장은 동구에게 와인을 한잔하겠냐고 물어보고 그를 와인 셀러로 데려간다. 그리고 셀러에 진열되어 있던 와인 중 한 병을 비틀자, 와인 셀러가 엘리베이터가 되면서 지하 보물창고로 그들을 인도한다.

와인 보관의 정석

영화 속 진상길 회장의 으리으리한 셀러까지는 아니더라도 와인을 어떻게 보관할 것인가는 꽤 중요한 문제다. 와인은 숙성됐을 때 풍미가 향상될 수 있는 몇 안 되는 식품 중 하나이기 때문이다. 셀 수 없이 많은 품종과 다채로운 스타일로 만들어지다 보니 저마다 '숙성 잠재력'이 달라서 장기 숙성에 적합하지 않아 빠르게 마셔버려야 하는 와인도 있고, 아직 마시기에 너무 일러서 오래 숙성시켜야 하는 와인도 있다.

전체 시장에서 보면 장기 숙성에 적합한 와인들이 더 드물고 가격이 비싼 편이다. 분명한 것은 아직 마시기 이른, 그래서 '어린 와인'이라고 불리는 와인들은 올바른 환경에서 잘 숙성하면 어릴 때는 표현되지 않았던 풍부하고 복합적인 향과 맛을 보여준다는 것이다.

만약 장기 보관에 적합한 와인을 구매했거나 선물받았다면 이 와인을 어떻게 보관해야 할까? 물론 가장 쉬운 방법은 와인 전용 냉장고(와인 셀러)에 넣어두는 것이지만 여기서는 전용 냉장고가 없다고 가정하고 와인 보관에 영향을 미치는 요소들에 대해 알아보자.

① 온도

온도는 와인 보관에 있어서 가장 신경 써야 하는 요소다. 포인트는 적당히 서늘한 12~15℃에서 일정하게 보관하는 것이다. 이 수치는 인류가 오랜 시간 몸소 체득한 온도다. 와인을 기원전부터 만들어 온 유럽의 여러 국가에서는 와인을 지하에서 보관하면 시간이 지나도 와인의 맛이 변하지 않거나 간혹 좋아지는 걸 발견했는데 이 온도가 12~15℃다.

1900년대 노벨상을 받은 스웨덴의 화학자 아레니우스는 평균 10℃가 증가할 때마다 화학 반응이 평균적으로 두 배 증가한다는 발견을 세상에 남겼다. 즉, 열은 병 안 와인을 구성하고 있는 여러 분자의 활동 속도를 빠르게 만든다. 분자들은 서로 충돌하면서 에너지를 만들고, 그 에너지가 다른 분자들과 반응한다. 그래서 장시간 높은 온도에서 보관된 와인은 변질된다. 예를 들어 불볕더위가 이어진 여름에 30~40℃를 오가는 실온에서 와인을 장기간 보관했다면 병 안의 화학 반응이 세 배가량 빨라지는데, 이런 와인을 맛보면 대개 푹 익은 듯한 맛을 낸다. 이를 '끓었다' 혹은 '열화되었다'라고 표현한다.

반대로 너무 낮은 온도는 어떨까? 이 경우 와인이 얼 정도의 온도만 아니라면 큰 문제는 없다. 냉장고의 온도가 낮으면 낮을수록 식품의 신선도가 연장된다는 건 누구나 아는 사실이다. 다만 얼어버린 채소를 되돌릴 수 없듯이 한 번 얼었던 와인은 본래의 캐릭터를 조금씩 잃게 마련이다. 물론 열화된 와인보다는 얼었던 와인이 훨씬 더 마실 만하다.

그렇다면 모든 와인을 똑같이 12~15℃에서 보관해야 할까? 화이트 와인이나 스파클링 와인은 레드 와인보다 조금 낮은 온도에서 보관하는 것이 좋다. 그 이유는 스파클링과 화이트 와인에서 가장 중요하게 여겨지는 신선한 과실 향과 맛, 산도가 낮은 온도에서 잘 유지되기 때문이다. 또한 화이트 와인은 레드 와인에 풍부하게 들어있는 천연 항산화제인 폴리페놀이 적은 편이기에 화학 반응에 더 민감할 수밖에 없다. 또한 스파클링과 화이트 와인의 향을 발산하는 에스테르esters(과일, 꽃 향을 내는 화합물)도 열에 민감하게 반응해서 안 좋은 쪽으로 변화할 수 있기에 온도에 더 신경을 써야 한다.

  온도 관리가 중요한 또 다른 이유는 높은 온도가 병 내부의 공기를 팽창시키기 때문이다. 병 내부의 공기 팽창은 와인을 막고 있는 코르크를 밀려 나오게 할 수 있다. 그리고 만약 온도 변화가 잦은 곳에서 와인을 보관하면 공기가 수축과 팽창을 거듭하면서 코르크가 마치 천천히 펌프질을 하듯 밀려 나오게 된다. 코르크가 밀려 나오면 완전히 막혀 있을 때보다 많은 공기가 유입될 가능성이 높아지고 이는 와인의 산화로 이어질 수 있다. 와인을 사러 가서 간혹 와인병의 코르크가 살짝 밀려 나온 와인을 볼 수도 있는데, 이 경우 와인이 고온에서 오랜 시간 보관되었을 가능성이 있다.

② 빛

  와인에게 빛은 온도만큼 중요하다. 와인에 직접 내리쬐는 햇빛을 조심해야 하는 이유는 햇빛이 와인병을 투과해 내용물에 직접적으로 영향을 미치기 때문이다. 이와 관련해 많은 연구가 진행되었고, 학자들이 밝혀낸 것은 '강한 햇빛을 받은 와인은 산화된다'는 것이다.

  과학자의 눈으로 보면 와인의 구성 요소인 리보플라빈, 판토텐산 같은 비타민이 자외선과 반응하고, 이 반응이 일종의 촉매제가 되어 와인의 아미노산이 산화를 일으켜 휘발성 물질이 생성된다. 그러면 와인의 빛깔이 퇴색한다. 레드 와인은 벽돌색으로, 화이트 와인은 뚜렷한 갈색을 띠게 된다. 또한 와인에서 식초 냄새가 나고 풍미가 약해지면서 밋밋한 와인이 된다. 이는 레드보다 화이트 와인에서 뚜렷하게 나타나는데, 앞서 말했듯 화이트 와인에는 와인의 생명 연장을 담당하는 폴리페놀 성분이 적기 때문이다.

  또 한 가지 중요한 상식은 와인병의 색에 따라 햇빛의 투과율이 달라진다는 점이다. 투명한 병이 가장 높은 투과율을 보이고, 짙은 색일수록 투과율이 낮다. 유리에 관해 연구하는 GTS의 연구에 따르면 갈색 병은 빛 파장이 500㎚(나노미터)가 조금 안 되는 지점부터 빛을 통과시키지만, 녹색 병과 투명한 병은 350㎚가 안 되는 파장의 빛, 즉 자외선을 통과시키므로 녹색 병과 투명한 병에 담긴 와인을 보관할 때는 햇빛 노출에 각별히 신경 써야 한다. 다행인 건 인공조명은 와인에 큰 영향을 미치지 않는다는 점이다.

병의 색 때문에 걱정이라면 와인병을 다 진하게 만들면 되는 거 아닌가? 하는 생각이 들 수도 있다. 와인병의 색이 마케팅 요소로 활용되는 경우도 많기에 쉽지 않은 이야기다. 예를 들어 로제 와인은 병 안에 든 아름다운 장밋빛 와인이 판매에 큰 영향을 미치고, 스파클링 와인 또한 와인병의 자태와 황금빛 와인이 병을 집어들게 하는 중요한 요소다.

③ 습도

습도는 와인의 보관에 있어서 중요한 요소로 여겨져 왔지만 온도나 빛과 비교하면 치명적이지 않다. 물론 와인을 나무통에서 숙성하고 보관하는 와이너리에서는 매우 중요한 요소다. 또한 유리병이 대중화되기 전 나무통에 담긴 와인을 거래하고 서빙했던 시대에는 습도가 중요했다. 하지만 이제는 외부의 습도가 내부에 영향을 줄 수 없는 유리병에 와인이 보관되다 보니 크게 신경 써야 할 요소가 아니다.

흔히 와인이 코르크로 숨을 쉬기 때문에 습도에 신경 써야 한다고 착각하기도 한다. 천연 코르크는 코르크 나무의 껍질을 가공, 살균해서 만드는데, 코르크는 1㎤ 안에 무려 400만 개의 세포가 들어 있다. 그래서 와인병 좁은 입구에 엄청난 힘으로 끼워질 때는 원래 부피에서 절반이상 수축된다. 그리고 표면을 호일이나 왁스 따위로 덮으면서 내부의 공기 유입을 최대한 막는다. 산소가 아예 유입되지 않는 건 아니지만, 그 양이 워낙 미미해서 수십 년 보관하는 와인이 아닌 이상 내용물에 큰 영향을 미친다고 보기 어렵다. 아주 드물게 병에서 숙성되며 품질이 향상되는 와인들도 산소 접촉이 아니라 병 내부의 환원 작용에 의해 발전한다.

와인 보관에 있어서 유일하게 습도를 고려해야 하는 경우는 건조한 상태에서 천연 코르크로 밀봉된 와인을 장기간 보관하는 것이다. 이 경우 나무가 마르듯 코르크가 마르게 되고, 심한 경우 수축한다. 마른 코르크는 두 가지 문제가 있는데 코르크를 뺄 때 부러지기 매우 쉽다는 점과 산소가 유입될 수 있다는 점이다. 이는 습기 제거 기능이 있는 냉장고에서 와인을 장기간 보관할 때 발생할 수 있다.

④ 진동

진동은 와인 보관의 4대 요소 중 하나로 계속 언급되어 왔지만 이제는 그렇지 않다. 와인 연구 분야에서 수많은 업적을 쌓은 미국 캘리포니아의 UC DAVIS의 연구에서도 파괴적인 수준의 진동이 아닌 이상 진동은 와인에 어떤 영향도 주지 못한다고 못박았다.

물론 와인을 빈번하게 이동시켜서 이로 인해 자연스럽게 진동이 생기면 와인에 안 좋은 영향을 미칠 수도 있다. 미세입자들이 가라앉지 못하고 침전물이 흩어져 혼탁한 와인은 와인 맛에 안 좋은 영향을 미치기도 한다. 하지만 이런 경우에도 와인을 마시기 전에 안정을 취해주면 해결할 수 있고, 침전물이 꼭 나쁜 맛을 내는 것도 아니다. 그 맛을 즐기는 사람도 분명히 있다. 그리고 이동에서 중요한 건 와인을 흔드는 행위라기보다 그 과정에서 형성될 수 있는 온도 변화나 햇빛 노출이라는 환경이다. 그러므로 와인을 장기 보관할 때 온도, 햇빛, 습도는 적절히 조절하되 진동은 크게 신경 쓰지 않아도 괜찮다.

「리틀 이태리」, 로미오와 줄리엣의 피자 버전

Little Italy

Director	도널드 페트리
Cast	엠마 로버츠(니콜레타 안지올리)
	헤이든 크리스텐슨(레오나르도 캄폴리)
	애덤 페라라(살바토레 안지올리)
	개리 바사라바(빈센초 캄폴리)
	알리사 밀라노(도라 안지올리)
	린다 카쉬(아멜리아 캄폴리)
Wine	정통 나폴리 피자와 람브루스코

캐나다 토론토의 리틀 이태리에 사는 레오나르도 캄폴리(이하 리오)와 니콜레타 안지올리(이하 니키). 니키와 리오는 세상에 둘도 없는 친구로 온 동네를 휘젓고 다니면서 장난을 일삼는 악동들이다. 어린 시절의 둘에게 리틀 이태리는 그냥 동네가 아니라 그들의 전부였다.

둘의 부모는 동네에서 함께 '피자 나폴리'라는 피자 가게를 운영한다. 니키의 아버지 살바토레는 세상에서 가장 맛있는 마리나라 소스(토마토 베이스 소스)를 만들고, 리오의 아버지 빈센초는 세상에서 가장 맛있는 피자 도우를 만든다. 둘의 환상적인 협업으로 피자 나폴리는 리틀 이태리의 맛집으로 명성이 자자해진다. 니키와 리오는 가족들의 사랑을 듬뿍 받으며 티 없이 맑게 자라고, 두 가족은 피자 나폴리 안에서 화목하고 평화로운 나날을 보낸다.

시간은 흘러 카메라는 어른이 된 니키의 모습을 비춘다. 니키가 사는 곳은 리틀 이태리가 아닌 영국 런던이다. 피자가 아닌 파인 다이닝을 배우기 위해 고향을 떠난 것이다. 요리에 천부적인 소질을 가진 니키는 유명한 여성 셰프인 코린의 쿠킹 스쿨에서 요리를 배우던 중 실력을 인정받아 코린이 곧 오픈할 레스토랑의 멤버가 될 기회를 얻는다. 그 기회를 잡기 위해 메뉴를 개발하던 와중에 니키는 비자를 연장하기 위해 5년 만에 리틀 이태리로 가게 되는데, 왜인지 리틀 이태리를 세상에서 가장 돌아가기 싫은 곳이라고 이야기한다.

니키가 런던에서 많은 변화를 겪은 것과는 달리 리틀 이태리는 변한 게 없다. 단 하나만 빼고. 니키의 아버지와 리오의 아버지는 피자 대회에서 우승을 차지한 뒤 어떤 이유로 크게 다퉜고, 그후 빈센초는 '빈체스 피자'를, 살바토레는 바로 옆에 '살스 피자'를 차렸다. 가게 생김새도 비슷하고 간판 디자인도 비슷한데, 귀엽게도 빈센초의 가게에는 'The Best'가 붙어 있고, 살바토레의 가게에는 'It's Better'라고 쓰여 있다. 그야말로 피자 전쟁이라 할 수 있는데, 웃긴 건 두 가게 모두 파리만 날린다는 점이다. 한때 끈끈한 우애를 자랑하던 두 가문은 이제 말도 안 섞는 천하의 앙숙이 되어 버렸다. 오랜만에 리틀 이태리로 귀향한 니키는 부모님에게 알린 귀국날보다 하루 일찍 돌아와 친구들을 만난다. 친구들은 니키와 리오를 다시 만나게 할 요량으로 리오가 일하는 펍으로 니키를 데려가고, 그곳에서 한동안 연락조차 하지 않고 지냈던 어린 시절 첫사랑 리오와 재회한다.

이제부터는 「로미오와 줄리엣」의 피자 버전인 둘의 로맨스가 펼쳐진다. 심지어 로미오와 줄리엣의 전설적인 발코니 장면을 연상케 하는 피자 배달 장면도 있다. 「리틀 이태리」는 피자 한 판과 와인 한 잔을 곁에 두고 가볍게 즐길 수 있는 귀엽고 유쾌한 영화다. 배경이 캐나다 토론토이기는 하지만, 뿌리가 이탈리안 캐나다인들이 피자를 만들다 보니 와인이 빠질 수 없다.

특히 필자들은 어떤 와인 장면을 보고 이 영화에 홀딱 빠졌는데, 바로 두 가문의 피자 가게를 사이에 두고 니키와 리오의 엄마들이 몰래 와인을 마시는 장면이다. 참고로 두 가문에서 철천지원수인 건 남편들뿐이고, 아내끼리는 여전히 절친하다. 둘은 파리 날리는 매장을 빠져나와 두 가게 사이 화분 속에 숨겨둔 와인을 꺼내 홀짝이며 폭풍 수다를 떨고는 다시 화분 안에 와인을 숨겨놓고 각자의 가게로 돌아간다. 영화 속 많은 와인 장면 중 유난히 사랑스럽게 보이는 장면이다. 영화에는 계속해서 온갖 피자에 맥주와 와인을 함께 즐기는 장면이 나온다. 여기서는 피자와 와인의 매칭에 대해 이야기를 나눠보려 한다.

정통 나폴리 피자와 와인 매칭

피자만큼 간편하면서 다채로운 와인 안주가 또 있을까? 도우를 원형으로 넓게 펼치고 원하는 토핑을 올려서 적당한 온도에 굽기만 하면 완성. 물론 영화에 나오는 정통 나폴리 피자를 만들기 위해서는 완벽한 반죽의 도우가 필요하고, 도우 위에 피자의 영혼이라고 할 수 있는 토마토 소스를 골고루 발라줘야 한다. 영화의 대사처럼, "소스가 없다면 피자는 그냥 빵이며, 도우가 없다면 피자 소스는 토마토 수프일 뿐이다." 즉 둘의 조화가 우선이다.

와인은 어울리지 않는 게 더 드물 정도이지만 토마토 소스 베이스의 피자라면 미디엄 라이트 바디의 산미 있는 레드 와인이 생각날 것이고, 크림 베이스의 피자에는 유질감 좋은 화이트 와인이 당긴다. 피자의 바삭한 도우를 고려한다면 스파클링 와인도 좋다. 영화 속 피자와 와인을 지켜보면서는 잘 알려지지 않았지만 궁합이 정말 좋은 이탈리아의 람부르스코Lambrusco와의 조합이 떠올랐다.

카베르네 소비뇽이나 메를로 같은 대부분의 양조용 포도 품종들이 비티스 비니페라에 속한다면, 람브루스코는 비티스 라브루스카에 속한다. 고대 로마인들이 신맛이 너무 많아서 재배를 안 하다 보니 시골 변두리에서나 볼 수 있는 이 품종을 두고 'Labrusca vitis(야생 포도)'라고 부른 데서 유래했다. 사실 람브루스코는 오랜 시간 질보다는 양에 치중해 값싼 싸구려 레드 스파클링 와인으로 만들어져 전 세계에 배송이 됐었다. 오죽하면 람브루스코를 두고 소다 맛이 나는 싸고 달콤한 레드 와인이라는 묘사를 했을까? 물론 이와 같은 수식어를 지금의 람브루스코 와인 전체에 대입하는 건 어리석은 행동이지만, 과거에 그런 와인들이 대부분이었다는 걸 부정하기도 어렵다.

람브루스코는 하나의 품종을 지칭하는 게 아니라 이 단어를 앞에 두고 다양한 종류의 품종으로 나뉘는 그룹명이다. 이렇게 그룹을 이룬 포도 품종의 경우 전체가 공유하고 있는 특징이 하나쯤은 있기 마련인데, 람브루스코 그룹의 포도 품종은 이름만 공유할 뿐 뚜렷하게 구분되는 고유의 캐릭터를 가지고 있는 게 오히려 특징이다. 딱 한 가지 공통점이 있다면 적포도이지만 스틸 와인(일반 와인)으로 만들기보다 기포가 있는 레드 스파클링 와인으로 만들어진다는 점이다.

가장 많이 재배되는 람브루스코는 람브루스코 디 소르바라*Di Sorbara*, 람브루스코 그라스파로사*Grasparossa*, 람브루스코 마에스트리*Maestri*, 람브루스코 살라미노*Salamino*, 람브루스코 마라니*Marani*, 람브루스코 몬테리코*Montericco*다. 어떤 건 향기롭고, 어떤 건 아주 진하고, 어떤 건 미디엄 바디를 지니고 있는 등 다들 각자의 개성을 뽐낸다. 이중 소르바라, 그라스파로사, 마에스트리, 살라미노가 상대적으로 고급 품종에 해당한다.

소르바라는 핑크색 장미를 연상시키는 옅지만, 아름다운 색을 띠는 와인으로 만들어진다. 람브루스코 와인 중 가장 가볍고 섬세하며 꽃 향이 특징적이다. 뛰어난 소르바라 와인은 드라이하고 상쾌하면서도 오렌지꽃, 오렌지, 체리, 제비꽃, 수박의 유쾌하고 달콤한 향기가 느껴진다.

그라스파로사는 블랙 커런트와 블루베리의 풍미를 지닌 가장 대담한 람브루스코 와인을 만드는 포도로, 인상적인 타닌과 부드러운 질감이 인상적이다.

마에스트리는 부드럽고 크리미한 거품과 밀크 초콜릿의 미묘한 노트를 보이며 다른 품종보다 더 뚜렷하게 포도주스 맛이 나는 게 특징이다. 다른 람브루스코 품종들보다 해외에 널리 퍼져 있어서 호주의 애들레이드와 아르헨티나에서 마에스트리 품종으로 만든 좋은 와인들을 찾아볼 수 있다.

살라미노는 포도송이의 모양이 이탈리아 생햄인 살라미처럼 통통하고 긴 모양새라서 이런 이름이 붙었다. 실제로 이탈리아에서는 람브루스코 살라미노를 마실 때 전통 살라미를 안주로 즐겨 먹는다. 살라미노는 체리와 제비꽃이 연상되는 소르바라의 유쾌한 아로마 특성을 가지고 있는 동시에 그라스파로사의 타닌, 부드러운 질감, 깊은 색상을 동시에 가지고 있다. 이런 특징 때문에 살라미노는 타닌의 균형을 맞추기 위해 넷 중 가장 달콤한 스타일로 만들어지는 게 특징이다.

독자 여러분의 마음에 들 람브루스코 품종은 무엇일까? 사실 필자들의 원픽은 마에스트리인데, 피자와 함께 마실 때는 람브루스코 디 소르바라를 매칭할 것 같다. 생생한 기포가 피자 도우의 바삭한 질감을 잘 살려주고, 섬세하고 기분 좋은 꽃 향과 상쾌한 풍미가 도우 위에 올라간 각종 신선한 재료들과 좋은 궁합을 이룰 것이다. 국내에도 에밀리아 로마냐의 밸류 람브루스코 와인들이 소개되고 있으니, 피자 한 판과 함께 즐겨 보기를 추천한다. 분명 새로운 경험을 할 수 있을 것이다.

「멋진 하루」를 마무리하는 상그리아

My Dear Enemy

Director 이윤기
Cast 전도연(김희수)
하정우(조병운)

Wine 상그리아

다시 얼굴을 마주하게 된 헤어진 연인이 이런 성격이라면 어떨까? 아무리 날 선 시선이 꽂히거나 악담이 쏟아져도 쿠션처럼 받아주고 엿가락처럼 유연하게 상황을 틀어 분위기를 바꾸는 사람. 영화 「멋진 하루」에서 희수에게 병운은 그런 사람이다.

영화는 경마장 안에서 누군가를 찾고 있는 희수를 비추며 시작한다. 찾는 걸 포기할 때쯤 익숙한 목소리가 들려 따라가 보니 그가 찾던 병운이 있다. 희수를 보자마자 반가워하는 병운과는 달리 희수는 냉담하다. 병운을 보고 내뱉는 희수의 첫 마디도 "돈 갚아"다. 희수는 과거에 사귀다 헤어진 병운이 빌린 돈 350만 원을 받기 위해 오랜만에 그를 찾았다. 그런데 병운에게서는 채무자의 저자세 따위는 전혀 찾아볼 수 없다. 결정적으로 갚을 돈이 없다는 병운의 모습에 어처구니가 없는 희수. 돈이 필요했던 그는 어쩔 수 없이 병운이 자신의 돈을 갚기 위해 돈을 빌리러 다니는 이상한 일정에 함께하기로 한다. 병운은 과연 희수에게 빌린 350만 원을 모두 갚을 수 있을까? 그리고 오랜만에 재회한 희수와 병운은 어떤 하루를 보내게 될까?

「멋진 하루」는 희수 역의 전도연, 병운 역의 하정우의 케미를 감상하는 재미가 있는 작품이다. 두 배우의 티격태격 합이 정말 좋다. 전도연은 언제나처럼 명연기를 보여줬고, 하정우는 병운 그 자체나 다름없었다. 영화 개봉 후에 자신이 연기한 캐릭터 중 가장 자신과 닮은 인물이 병운이라고 언급하기도 했는데, 그래서인지 하정우가 아닌 다른 배우가 연기하는 병운을 상상하기 힘들 정도다. 박찬욱 감독도 2015년 한 인터뷰에서 조병운이라는 캐릭터가 한국 영화사에 기억될 만한 남성 캐릭터라고 칭찬한 바 있다. 영화에서도 병운의 성격을 아주 잘 보여주는 대사가 종종 나온다.

병운   뭐 생각하기 나름 아니겠어? 좋게 보면 좋은 거고, 나쁘게 보면 한없이 나빠 보이는 거고.
희수   참 편한 사고방식이다.
병운   편한 게 좋은 거잖아.

전도연 또한 자신의 작품 중 「멋진 하루」를 가장 기억에 남는 작품으로 꼽은 적이 있다. 그가 연기한 희수가 병운과 하루를 보내면서 냉담했던 표정이나 행동에 변화가 생기는 것을 지켜보는 것도 영화의 묘미다. 까칠한 희수의 얼굴에서 웃음꽃이 피는 장면, 차에서 네비게이션을 떼서 숨기던 희수가 어느 순간부터 네비를 떼지 않게 된 것, 자신의 과거를 조심스럽게 털어놓는 것까지. 전도연이라는 배우는 이런 미묘한 감정 변화를 작은 몸짓과 표정으로 표현해낸다.

영화의 마지막 장면에 반갑게도 와인이 등장한다. 희수와 긴 하루를 함께 보낸 병운이 그와 헤어진 뒤 길거리 상그리아 시음회에서 와인을 홀짝홀짝 마시는 장면이다. 희수를 보내고 애잔한 기분에 휩싸인 채 돌아서던 병운은 사람들이 모여 있는 곳을 발견하고 기웃거리더니 사람들 사이를 파고들어 넉살 좋게 상그리아를 마신다. 영화의 배경이 겨울인데 뱅 쇼(끓인 와인)가 아닌 상그리아가 등장한 게 다소 의아하기는 하다. 아마도 극 중 병운이 스페인에서 막걸리를 파는 한식 레스토랑 사업을 구상하는 인물이라 감독이 스페인과 포르투갈의 음료인 상그리아를 마시게 하지 않았나 싶다. 병운은 찬 바람 부는 밤거리에서 홀짝였지만, 사실 상그리아는 무더운 여름에 간절하게 생각 나는 와인 칵테일이다.

여름철 와인 칵테일의 정석, 상그리아

와인을 좋아하는 사람들은 사계절 모두 어울리는 와인을 찾아 마시지만, 겨울에는 뱅 쇼 Vin Chaud(『와인이 있는 100가지 장면』 1편 101쪽 「아멜리에」 참고), 여름에는 상그리아 Sangria를 찾는 것도 변주하는 재미가 있다.

뱅 쇼가 레드 와인에 과일과 향신료를 넣고 끓인 와인이라면, 상그리아는 재료는 비슷하지만 끓이지 않고 시원하게 마시는 게 특징이다. 스페인어로 피(sangre)에서 유래한 이름의 붉은빛 음료로, 레드 와인에 이것저것 섞어서 마시는 일종의 와인 베이스 칵테일이라고 할 수 있다. 그리고 뱅 쇼가 그랬듯, 상그리아 또한 뭘 넣을지는 자신의 마음이다. 뱅 쇼는 레드 와인으로 만들어야 제맛이 나지만 상그리아는 끓일 필요가 없기에 모든 와인을 다 활용할 수 있다. 시원하게 칠링한 화이트 와인이나 저렴한 스파클링 와인으로 상그리아를 만들어도 매력적인 맛이 난다.

잘 알려지진 않았지만, '상그리아'라는 이름을 상업적으로 쓰려면 EU법에 따라 반드시 스페인이나 포르투갈에서 생산된 와인을 베이스로 해야 한다. '샴페인'이라는 이름을 프랑스의 샹파뉴 지역에서 생산한 스파클링 와인에만 붙일 수 있는 것과 비슷한 맥락이다. 또한 알코올 도수가 12% 미만이어야 한다. 물론 이런 건 상그리아를 상업적으로 판다고 가정했을 때 붙는 규제이고, 집에서 만들어 먹을 때는 전혀 신경 쓸 필요가 없다. 스페인에서 만들어 마시는 클래식한 상그리아 레시피는 다음과 같다.

리오하 와인 두 병
½ 컵의 트리플 섹 혹은 쿠앵트로
½ 컵의 브랜디

½컵의 시럽

오렌지 네 알(두 알은 슬라이스, 두 알은 즙을 내서 섞는다.)

슬라이스한 사과 한 개

적포도 한 줌

블랙베리나 딸기 한 줌

슬라이스한 레몬 한 개

슬라이스한 라임 한 개

소다수 0.5ℓ

와인은 스페인에서 가장 전통적이고 대표적인 와인 산지인 리오하 와인으로 준비하는 게 정석이다. 리오하 와인은 대개 템프라니요Tempranillo 품종으로 만들어지고, 와인의 향과 맛이 섬세하면서도 강렬해서 맛있는 상그리아를 만들 때 필수 재료다. 그리고 트리플 섹Triple Sec과 쿠앵트루Cointreau는 칵테일을 만들 때 자주 등장하는 리큐르로, 둘의 공통점은 오렌지 향과 맛을 낸다는 것이다. 둘 다 알코올 도수가 꽤 높아서 상그리아의 기본 알코올 도수를 높여서 바디감을 더한다. 조금 더 고급스러운 풍미를 더하려면 트리플 섹보다는 쿠앵트로를 추천한다.

만드는 방법은 간단하다. 우선 재료가 모두 들어갈 수 있는 피처나 펀치 볼에 와인과 리큐르, 브랜디, 시럽, 오렌지 즙을 모두 넣고 잘 섞는다. 그리고 신선한 과일을 모두 넣으면 끝! 그리고 반드시 지켜야 할 것이 하나 있는데 반드시 섞은 재료를 최소한 두 시간 이상, 가능하다면 하루 동안은 냉장고에 넣고 숙성해야 한다는 것이다. 그래야 재료들이 서로 어우러지고, 과일에서 얻어지는 신선한 풍미가 상그리아에 잘 녹아든다. 서빙할 때는 얼음을 미리 넣어서 칠링한 잔에 3/4 정도만 채우고 나머지는 소다수를 넣어서 톡톡 튀는 스파클링을 더하면 최고의 상그리아를 맛볼 수 있게 된다.

개인의 취향에 따라 정석 레시피에서 충분히 변주도 가능하다. 소비뇽 블랑이나 피노 그리지오 같은 화이트 와인으로 상그리아를 만들 때는 오이를 넣으면 매우 경쾌하고 유니크한 상그리아를 맛볼 수 있다. 로제 와인이 메인이라면 색이 잘 어울리는 복숭아를 섞으면 비주얼과 단맛 둘 다 챙길 수 있어서 일석이조다. 만약 매우 독한 상그리아를 원한다면 코냑을 넣어서 알코올을 듬뿍 끌어 올려 보자. 상그리아는 냉장고에 넣어두고 며칠 내내 신선하게 즐기는 것을 추천한다.

인생이 고달프거나 울화병 날 것처럼 속이 끓어 오를 때 이 영화를 감상해 보시기를 권하고 싶다. 영화 속 대사처럼 "뭐 생각하기 나름 아니겠어?" 같은 병운의 유들유들한 사고방식에 스며들지도 모를 일이니까. 물론 시원한 상그리아 한 잔이 곁에 있다면 더욱 좋을 것이다.

「안녕, 나의 소울메이트」, 안생이 원샷한 와인

SoulMate

Director 증국상
Cast 주동우(안생)
 마사순(칠월)
 이정빈(가명)

Wine 중국 와인의 비상

    상하이에서 홀로 딸을 키우며 안정적인 삶을 살던 안생은 두 여성의 우정을 다룬 「칠월과 안생」이라는 인터넷 소설로 인해 삶이 요동치기 시작한다. 어느 날 기자가 찾아와 소설 속 안생의 실제 모델 아니냐고 묻지만 그는 소설을 읽어본 적도 없으며, 이야기 속 안생은 자기가 아니라고 부정한다. 안생에게는 어떤 사정이 있는 걸까?

    영화는 안생과 칠월의 찬란하고도 서글픈 추억으로 돌아간다. 열세 살, 초등학교에서 처음 만난 안생과 칠월은 너무나도 다른 소녀다. 아버지를 일찍 여읜 안생은 집에 잘 들어오지 않는 엄마를 기다리며 외롭고 불안정한 어린 시절을 보냈고, 칠월은 부모님의 사랑을 듬뿍 받으며 안정적인 어린 시절을 보낸다. 이렇듯 자라온 환경도, 성격도 다르지만 둘은 서로의 그림자처럼 붙어 지내며 자연스럽게 소울메이트가 된다.

    시간이 흘러 열일곱의 고등학생이 된 안생과 칠월. 안생은 직업학교에 다니며 돈을 벌고, 칠월은 명문 고등학교에 입학한다. 가는 길은 다르지만 여전히 절친인 둘에게 불현듯 첫사랑이 찾아온다. 칠월이 학교의 우등생이자 육상부 주장인 가명을 좋아하게 된 것이다. 칠월과의 우정이 인생의 전부라고 생각했던 안생은 칠월이 좋아하는 남자가 어떤 사람인지 확인하기 위해 가명을 따로 찾아가는데, 공교롭게도 둘은 첫눈에 반한다. 칠월과의 우정이 더욱 소중한 안생은 자신의 마음을 꼭꼭 숨기지만 이내 세 사람의 삼각관계는 시작되고 만다.

결국 안생은 칠월과의 우정을 지키기 위해, 그리고 더 넓은 세상을 구경하기 위해 고향을 떠나 정처 없이 떠도는 삶을 살아간다. 영원할 것 같았던 둘의 우정이 어떤 형태를 그리게 될지, 그리고 미완결 소설인 「안생과 칠월」이 어떤 결말을 맞게 될지는 영화에서 확인하자.

영화에 인상적인 와인 장면이 있다. 오랜 시간 떠돌며 거친 삶을 살던 안생은 몸과 마음이 한계에 다다르고, 고향으로 돌아와 칠월과 재회한다. 말 없이 서로를 껴안으며 멀어졌던 시간을 메우려 노력하는 둘은 짧은 우정 여행을 떠난다. 고급 호텔에서 머물며 근사한 레스토랑에 가지만 안생은 여행 내내 칠월이 돈을 쓰는 것이 편치 않다. 값비싼 메뉴판을 보던 안생은 갑자기 일어나 레스토랑의 사장에게 다가간다. 그리고는 사장과 무언가 흥정을 하더니, 레스토랑에서 시끌벅적 모임을 하고 있는 남녀 무리에 다가가 넉살 좋게 말을 건다. 만약 자기가 와인 한 병을 20초 안에 마시면 와인을 10병 사라고 내기를 건 것이다. 안생의 말에 오히려 신이 난 무리는 내기에 응하고 안생은 그 자리에서 와인 한 병을 그대로 원샷한다. 칠월은 안생을 불안하게 바라보지만, 내기에 이긴 안생은 와인 한 병과 잔 두 개를 들고 칠월에게 돌아와 공짜 술이라며 배시시 웃는다.

이때 레스토랑에서 안생이 한 번에 들이켜는 와인은 '블루피트 캐슬 *Bluefite Castle*'이다. 이 낯선 이름의 와인은 중국에서 자본을 투자한 프랑스 와인이다. 중국의 큰돈이 프랑스 와인 산업에, 특히 보르도에 끼치는 영향은 실로 막대하다. 세계 최고의 와인 생산지로 오랜 시간 군림해왔던 보르도는 늘 수요에 따라 시장을 맞춰 왔다. 예를 들어 영국 시장에 의존할 때는 영국인의 입맛에 맞는 가벼운 스타일의 클라레를 만들었고, 네덜란드가 해운업의 강자가 되면서 세계 경제를 쥐락펴락할 때는 네덜란드인의 입맛에 맞춰서 진한 레드 와인과 스위트 와인 생산에 힘을 기울였다. 그리고 이제 자본의 힘은 중국으로 옮겨 갔다.

중국에서 만드는 두 가지 고급 와인

중국이 오랜 시간 보르도 와인의 큰 손이었던 영국과 독일을 제치고 최대 수입국이 된 건 2010년부터다. 2008년 글로벌 금융 위기 이후 전 세계 와인 시장은 위축됐지만, 중국의 와인 시장은 해마다 80%가량 성장했다. 보르도 와인 생산 협회의 발표에 따르면 2000년대 중·후반에는 중국으로의 와인 수출량이 70배 이상 급증했다. 이런 급격한 성장세는 중국 정부가 수입 와인에 대한 관세를 2005년 43%에서 14%로 대폭 낮췄기 때문이다.

우스갯소리로 우리나라 인구만큼 부호가 존재하는 중국의 거부들은 보르도 최고급 와인들을 구매하기 위해 돈을 아끼지 않았고, 심지어 막대한 자본을 들여서 프랑스나 미국의 와이너리를 자기 소유로 만들거나 아예 와이너리를 설립하기도 했다. 대표적으로 중국 최대 온라인 유통 업체 알리바바의 마윈 회장은 2016년 160억 원을 들여 와이너리를 매입했으며, 현재 세 곳의 와이너리를 보유 중이다. 중국인들이 보르도에 소유한 와이너리는 보르도 전체 7,000여 곳 중 약 2%에 달하는 140여 곳으로 보고 있고, 이에 대한 프랑스인들의 반발도 적지않다.

사실 중국의 보르도 와인 투자보다 지금에 이르러 더욱 주목을 받는 것은 중국 내 포도밭 조성과 현지 와인 생산에 대한 정부의 투자다. 특히 베이징에서 비행기로 두 시간 정도 거리에 있는 닝샤 후이족 자치구는 정부의 전폭적인 지원을 받아 탄생한 와인 산지다. 현재 200여 개가 넘는 와이너리에서 연간 무려 1억 3,000만 병이 넘는 와인을 생산하고 있다. 닝샤 정부는 중앙 정부의 지원을 받아 2025년까지 매년 3억 병, 2035년 6억 병의 와인을 생산한다는 계획을 밝혔다. 이는 2020년 기준 5억 병의 와인을 생산하는 보르도를 뛰어넘겠다는 각오로 보인다. 국가 주석인 시진핑은 닝샤의 와이너리를 방문해 "인민의 생활 수준이 높아지면서 와인 산업 전망이 좋다"며 "자체 유명 브랜드를 만들어 부가가치를 높이라"고 주문했다고 한다.

중국 현지 와인의 가능성에 대해 밝은 미래를 점친 글로벌 와인 기업들의 투자도 잇따라 이루어지고 있다. 아오 윤Ao Yun과 롱 다이Long Dai가 대표적인 사례다. '구름 위에서 노닐다'라는 뜻의 아오 윤은 온갖 럭셔리 브랜드를 소유한 LVMH의 자회사 모엣 헤네시에서 투자한 와이너리다. 아오 윤이 탄생하기 전부터 모엣 헤네시가 중국 히말라야 구릉에 보르도 스타일의 와인을 만들 땅을 찾고 있다는 소문이 돌았다. 다만 그 당시에는 중국에서 좋은 와인을 만들 수 있을 거라고 아무도 생각하지 않았기에 낭설로 여겨졌는데, 2012년 모엣 헤네시가 '히말라야에서 발견했다'며 포도 재배지를 발표한다.

그들이 공개한 땅은 중국 서남부의 윈난성으로, 이곳은 90% 이상이 고원, 구릉, 산지로 이루어져 있다. 아오 윤의 와인을 만드는 포도밭 또한 해발 2,200~2,600m에 달하는 고지대에 있다. 아르헨티나의 멘도사가 연상되는 높이다. 모엣 헤네시 팀은 2008년부터 이 프로젝트에 투자해 이윽고 2012년에 포도밭을 완벽히 조성했다. 열악한 것은 포도밭이 워낙 고지대에 있다 보니 산소마스크를 쓰고 작업해야 할 때도 있다고 전해지며, 전기조차 들어오지 않아 야크(솟과의 동물)를 이용해 밭을 간다고 한다. 어찌 보면 진정한 친환경 농법이다. 또한 아오 윤의 포도밭은 높다란 산맥의 그림자 때문에 하루에 네 시간 정도만 햇빛을 받을 수 있어서, 다른 곳에서 네 달이면 익을 포도도 여섯 달 가까이 걸린다고 한다. 오랜 시간 천천히 익어가는 포도는 고유의 산과 당, 그리고 폴리페놀을 함유해 아오 윤이라는 중국 최초의 럭셔리 와인으로 탄생하게 됐다.

아오 윤의 첫 빈티지는 2013년이다. 네 곳의 마을에 분포해 있는 포도밭의 고품질 포도로 만들었고, 카베르네 소비뇽 90%, 카베르네 프랑 10%을 블렌딩했다. 2017년 빈티지의 경우 시라, 프티 베르도, 메를로를 추가로 블렌딩해서 고급 보르도 스타일 와인의 면모를 완전히 갖추게 됐다. 한 해 생산량이 2만 5천 병에 불과하며, 약 40만 원 정도에 거래된다.

두 번째 롱 다이는 세계 최고의 와이너리 중 하나인 샤토 라피트 로칠드*Château Lafite Rothschild* 팀이 투자한 중국 와인이다. 원산지는 중국의 북동부 산동성의 추산 계곡. 라피트 팀의 철저한 테루아 분석에 의해 카베르네 소비뇽 38%, 마르슬랑*Marselan*(기후 위기에 대비해 보르도가 2021년 추가로 허가한 4가지 품종 중 하나인 적포도 품종) 25%, 메를로 15%, 카베르네 프랑 13%를 메인으로, 소량의 프티 베르도와 알리칸테, 시라를 34헥타르(약 10만 평)의 땅에서 재배하고 있다.

첫 출시한 2017 빈티지는 카베르네 소비뇽, 마르슬랑, 카베르네 프랑의 블렌딩으로, 스테인리스 스틸 탱크에서 18~20일 침용 및 발효 후 프랑스 보르도에서 직접 공수한 프렌치 오크에서 18개월을 숙성했다. 아오 윤과 마찬가지로 온갖 정성을 갈아 넣어 만든 롱 다이는 아오 윤보다 더 비싼 60~70만 원대의 가격을 형성하고 있다. 와이너리가 제공하는 테이스팅 노트에 따르면 검은 과일과 달콤한 향신료가 섬세하게 느껴지는 균형 잡힌 맛이라고 한다.

안생의 파격적인 와인 장면 덕분에 중국 와인을 소개할 수 있어 반가웠지만, 와인 한 병을 병째 원샷하는 것은 건강 문제를 잠시 넣어둔다고 해도 와인을 만드는 모든 이를 경악하게 만들 일이다. 색, 향, 맛, 여운, 그리고 음식과의 페어링까지 즐길 수 있는 이 술을 숨도 안 쉬고 들이켜 버리면 아무리 훌륭한 와인이라도 좋았을 리 없다. 와인에 입문하는 사람들은 모두들 '원샷 금지'를 서약하고 와인생활을 시작해도 좋겠다.

「언터처블: 1%의 우정」과
귀족의 샴페인

Untouchable

Director	올리비에르 나카체, 에릭 톨레다노
Cast	프랑수아 클뤼제(필립)
	오마르 사이(드리스)
Wine	샴페인 포므리(프랑스 샹파뉴)

    상위 1%인 프랑스 귀족 남자와 하위 1%인 흑인 남자의 특별한 우정을 다룬 「언터처블: 1%의 우정」(이하 「언터처블」)은 프랑스 내에서는 물론, 전 세계에서 흥행한 프랑스 영화다. 프랑스에서 2003년 방영한 다큐멘터리 「À la vie, à la mort(삶과 죽음을 걸고)」가 그 시작으로, 영화 또한 실화를 기반으로 했다.

    다큐멘터리는 프랑스의 귀족이자 역사적인 샴페인 하우스 '포므리 *Pommery*'의 경영자 필립 포조 디 보르고의 이야기를 다룬다. 완벽한 인생을 살던 필립은 어느 날 패러글라이딩 사고로 전신이 마비되고, 투병 중이던 아내마저 잃는다. 두 번의 끔찍한 시련을 감내하며 괴팍해져가는 필립에게 너무나 다른 인생을 살아온 간병인 압델 야스민 셀루(극 중 이름은 드리스)가 나타난다. 알제리 빈민촌 출신에 가진 건 건강한 몸이 전부인 압델. 그는 필립을 장애인이 아닌 한 사람의 인격체로서 편견 없이 대한다. 둘은 장애인과 비장애인, 부자와 빈민, 귀족과 이민자라는 극명한 차이를 극복하며 진정한 우정을 쌓는다.

    둘의 절절한 우정 이야기는 감독 올리비에르 나카체와 에릭 톨레다노의 마음에 깊은 울림을 주었고, 영화 「언터처블」로 재탄생했다. 두 감독은 영화의 제목에도 깊은 뜻을 담았다. 'Untouchable'의 사전적 의미는 '(사람을) 건드릴 수 없는', '(사람을) 처벌 혹은 비판할 수 없는', '손댈(바꿀) 수 없는'이란 의미를 가지며, 명사로는 '과거 인도 계급제도에서 가장 낮은 계급이었던 불가촉천민'을 뜻한다. 극 중 상위 1%인 필립과 하위 1%인 드리스의 엄청난 계급 차를 상징한다고 생각할 수 있지만, 또 다른 시각에서 보자면 두 남자의 '건드릴 수 없는' 진한 우정을 의미하기도 한다.

필립은 샴페인 하우스 포므리의 임원이자 파리의 유서 깊은 호텔 파티큘리에*Hotel Particulier*의 소유주였으며, 그 이전에는 세계적인 샴페인 브랜드 모엣 샹동의 관리자이기도 했다. 영화에도 필립의 저택에서 와인을 마시는 장면이 자주 등장하고, 필립의 생일 장면에 샴페인이 등장하기도 한다. 여기서는 필립이 몸담았던 샴페인 하우스 포므리에 관해 이야기를 나눠보고자 한다.

샴페인계의 파란 진주, 샴페인 하우스 포므리

샴페인 애호가라면 익숙한 이야기일 테지만, 몇몇 유명 샴페인 하우스는 자신을 대표하는 색을 갖고 있다. 예를 들어 『와인이 있는 100가지 장면』 1편의 「뉴욕, 아이 러브 유」와 「라라랜드」에서 소개했던 뵈브 클리코는 노란색, 392쪽 「보리 vs 맥켄로」에서 소개한 랑송은 검정색, 그리고 오늘의 주인공인 포므리는 파란색이다. 대표 색은 샹파뉴의 주도인 랭스의 소재한 각 샴페인 하우스를 방문하면 더욱 시각적으로 느낄 수 있다. 특히 포므리는 넓은 하우스 부지에 독특한 블루 컬러와 역사적 건축물로 시선을 사로잡는 곳이다.

포므리는 1858년 알렉상드르 루이 포므리와 나르시스 그르노가 함께 설립한 포므리&그르노가 전신으로, 설립 당시에는 샴페인 사업보다는 양모 거래로 부를 축적했다. 하지만 알렉상드르의 사후 미망인인 루이스 포므리의 시대에 들어와서는 세계 최고의 샴페인을 만들겠다는 집념 아래 샴페인 생산에 전념했다. 샴페인 역사에서 기념비적인 성취를 이룬 두 여성이 있는데, 바로 뵈브 클리코의 뵈브 클리코 퐁사르댕

과 포므리의 루이스 포므리다. 둘의 공통점이라면 지금보다 몇 배는 더 남성 위주의 사회였던 프랑스에서 혁신을 이루었다는 것, 그리고 미망인이라는 점이다.

뵈브 클리코 퐁사르댕은 샴페인 병 숙성에 없어서는 안 될 퓌피트르 *Pupitre*(찌꺼기가 병목에 모이도록 와인병을 거꾸로 꽂아둘 수 있는 A자 선반)를 개발했다. 지금은 자동화된 기계로 많이 대체되었지만 고급 샴페인 위주로 여전히 적극 사용되고 있다. 그리고 루이스 포므리는 상업적으로 성공한 최초의 브륏 샴페인 '포므리 나투르*Pommery Nature*'를 개발해 달콤한 샴페인의 전통을 깨뜨린 인물이다.

과거 샴페인은 단맛이 상당히 강했다. 기록에 따르면 리터당 함유된 잔당(남아 있는 당분)이 100g을 넘는 게 태반이었다. 현재 드라이한 샴페인의 리터당 잔당 함유량은 10g 내이니, 어느 정도 달았는지 상상해볼 수 있다. 그래서 과거 샴페인은 디저트에 곁들이는 술이라는 인식이 강했다. 단맛에 쉬이 질리는 건 옛사람들도 마찬가지였는지 주요 샴페인 소비국이었던 영국에서 단맛이 강한 샴페인을 기피하기 시작했다. 이를 간파한 마담 포므리가 출시한 드라이한 스타일의 포므리 나투르는 업계에 센세이션을 일으켰다. 이후로는 14쪽에서 이야기한 폴 로저처럼 다른 샴페인 하우스들에서도 드라이 샴페인을 출시하며 브륏Brut 스타일 샴페인의 시대가 시작됐다.

샴페인 품질의 핵심이 포도밭에 있다는 걸 알았던 마담 포므리는 적극적으로 최고의 포도밭을 개별 관리하면서 샴페인 하우스의 근간을 마련하는 한편, 1868년 7월 석회질 채석장을 와인 셀러로 바꾸는 당대 최대 규모의 프로젝트를 시작했다. 프랑스와 벨기에에서 온 광부들은 지하 30미터 아래에 길이가 무려 18킬로미터에 달하는 지하 와인 셀러를 구축했고, 이는 여전히 포므리에서 생산한 진귀한 샴페인들의 아늑한 안식처가 되어주고 있다. 참고로 포므리는 2019년부터 현대 아티스트들의 작품을 지하 셀러와 와이너리 곳곳에 설치해 방문객들에게 풍성한 볼거리를 제공 중이다.

샴페인 포므리의 대표 와인은 언제나 '브륏 로얄Brut Royal'이었다. 선명한 블루 레이블에 황금빛 글씨와 인장이 눈에 띄는 이 샴페인은 40여 가지에 달하는 서로 다른 빈티지의 리저브 와인을 그해 와인과 블렌딩한 뒤 3년간 지하 셀러에서 숙성한다. 오랜 숙성에서 비롯되는 구수한 효모 향은 물론, 포도에서 비롯되는 잘 익은 사과, 자몽, 흰 꽃 향이 우아하게 어우러지는 샴페인이다. 필자들이 믿고 마시는 샴페인 리스트에서도 포므리 브륏 로얄은 빠진 적이 없다.

이 모든 이야기의 주인공 필립은 2023년 6월 모로코 마라케시에서 72세의 나이로 세상을 떠났다. 끔찍한 사고 이후 끝없는 고통을 감내해야 했던 그가 부디 모든 번민을 뒤로하고 평안히 잠들었기를. 그가 오랜 시간 헌신했던 포므리의 샴페인 한 잔으로 그를 추모하고자 한다.

「어쩌면 우린 헤어졌는지 모른다」, 내추럴 와인의 세계

Someone You Loved

Director 형슬우

Cast 이동휘(준호), 정은채(아영)
강길우(경일), 정다은(안나)

Wine 유니코 젤로와 내추럴 와인

    연인이었던 남녀의 진정한 이별은 구체적으로 어떤 장면일까? 서로가 헤어짐을 이야기하는 순간? 연락처 앱에서 상대의 번호를 삭제하는 순간? 아니면 함께했던 추억들을 소셜미디어에서 모두 지우는 순간? 물론 세상 모든 연인의 헤어짐의 장면은 모두 다를 것이고, 「어쩌면 우린 헤어졌는지 모른다」는 그중 준호·아영을 통해 통해 연인의 헤어짐에 대해서 진지하게 파고든다.

    10년 차 장수 커플인 준호와 아영은 권태기 끝물에 있다. 준호를 바라보는 아영의 시선은 "너 있잖아. 언제까지 그렇게 살 거야?"라는 그의 대사에서 알 수 있다. 듣는 준호로서는 "말이 좀 심하다" 싶다. 준호는 합격이 요원해 보이는 만년 고시생으로, 경제적 여력이 없어 아영의 집에 얹혀산다. 아영은 언젠가 당당히 합격할 준호를 바라보며 화가의 꿈도 포기한 채 공인중개사무소에서 일하며 그를 뒷바라지한다. 문제는 준호가 공부에 영 관심이 없어 보인다는 건데, 심지어 눈치도 없고 우유부단하다.

물론 준호가 아무것도 안 하는 건 아니다. 공부하는 시늉도 하고, 전동 킥보드로 배달 알바도 하고, 밖에서 힘들게 일하는 아영을 위해 귀찮은 집안일을 도맡는다. 게다가 고시 준비하는 남친 기다리는 거 할 짓이 아니라며 여러 차례 헤어짐을 내비쳤지만, 기다릴 수 있다고 얘기한 건 아영이었다. 준호 또한 자신을 들들 볶는 아영에게 마음이 떠난 상태다. 둘은 헤어질 용기가 없어 서로의 바짓가랑이를 가까스로 부여잡고 있는 것처럼 보인다.

그러던 어느 날, 아영의 집에서 친구들과 게임을 하려던 준호는 불시에 들이닥친 아영에게 그야말로 탈탈 털린 채 집에서 쫓겨난다. 준호는 어떻게든 화해하고 싶지만 문밖에 짐까지 싸 놓은 아영의 태도는 냉랭하기 그지없다. 끝까지 가시 돋친 말을 내뱉는 아영에게 상처받은 준호는 참다못해 "갈게 그럼. 끝내자"며 짐을 들고 나간다. 이대로 둘은 헤어진 것처럼 보이지만, 왠지 뒤끝이 찝찝하다. 함께한 시간만큼이나 미련이 남아 보이는 둘은 과연 어떤 결말을 맞이하게 될까?

영화 중반, 아영은 친구들과 함께 삼청동의 와인 바 '고메 오드'에서 트렌디한 레이블의 레드 와인을 즐긴다. 독특한 레이블 디자인을 보고 내추럴 와인일 것이라고 짐작했는데, 역시나 호주의 유명한 내추럴 와인이었다. 생산자는 유니코 젤로Unico Zelo, 와인 이름은 '프레쉬 에이에프Fresh A.F.'다.

남호주 애들레이드 힐스에 위치한 유니코 젤로는 남호주 리버랜드에서 재배한 이탈리아 전통 품종으로 감각적인 내추럴 와인을 만드는 곳이다. 영화에 등장한 프레쉬 에이에프 또한 이탈리아 시칠리아의 고대 품종인 지빕보Zibibbo로 만든 와인이다. 내추럴 와인을 지향하는 만큼 향긋하고 상쾌한 과즙미가 특징이다. 와인 매거진 「디캔터」는 유니코 젤로의 '더 리버 네로The River Nero'와 '제이드 앤 재스퍼 피아노Jade and Jasper Fiano'를 이탈리아 품종으로 만든 호주 최고의 와인으로 선정한 바 있다.

흥미로운 내추럴 와인의 세계

이제는 와인 숍의 내추럴 와인 코너와 내추럴 와인을 전문으로 취급하는 와인 바들을 심심치 않게 찾아볼 수 있다. 와인 시장에서 내추럴 와인이 하나의 장르로 자리 잡은 것이다. 그렇다면 여기서 내추럴 와인은 정확히 어떤 것을 뜻할까?

엄격한 의미에서 내추럴 와인이란, 친환경적으로 재배된 포도만을 사용하고 와인 양조 시 극소량의 아황산염을 제외(종종 아예 배제)한 일체의 첨가물 없이 자연적으로 만든 와인을 말한다. 또한 포도 자체가 주는 풍미를 보존하기 위해 청징 및 여과하지 않는 게 특징이다. 내추럴 와인은 식품과 건강의 연관성과 기존의 식품 생산 방식이 환경에 미치는 악영향에 관해 대중들의 경각심이 높아짐에 따라 2010년대부터 자연스럽게 부상했다. 다만 다른 식품과 마찬가지로 내추럴 와인의 개념은 명확한 규제가 없기에 이제껏 논쟁이 많았고, 이에 따라 국가 차원의 다양한 내추럴 와인 협회에서 제안한 각기 다른 규범과 표준을 가지고 있다. 혹자는 내추럴 와인이 규제된 와인 생산 형태가 아닌 생산자와 소비자가 스스로 참여하는 사회적 운동으로 바라보기도 한다. 특히 국내 내추럴 와인 시장의 부흥은 젊은 세대가 민감하게 여기는 가치, 윤리 소비와도 연결된다. 물론 독특하고 새로운 디자인의 와인 레이블도 인기에 한몫했다.

그렇다면 전 세계에서 각자의 철학에 따라 자유롭게 만들어지는 내추럴 와인의 홍수를 잘 즐기는 방법이 있을까? 전문가들은 간편하게 설명하기 위해서 펑키한 스타일과 클래식한 스타일로 내추럴 와인을 구분하기도 한다. 흔히 펑키한 스타일이라고 표현되는 와인은 일반적인 와인의 맛과 확연히 다르다. 특히 높은 산도가 특징이다. '와인을 날것 그대로 일체의 첨가물 없이'라는 말은 아황산염을 배제한다는 의미다. 그래서 보관 기간이 짧고 산미가 두드러지는 와인이 만들어지기 쉽다. 또 마구간 냄새를 떠올리게 하는 브렛균의 향이 와인에 녹아 있어 냄새만 맡아도 내추럴 와인이라는 것을 알아차릴 수 있다. 기존의 와인 애호가들은 내추럴 와인 특유의 쿰쿰한 냄새를 와인의 균형이 깨졌다며 거부감을 표현하기도 하고, 내추럴 와인 애호가들은 이를 고유한 매력으로 받아들이기도 한다.

클래식한 스타일의 내추럴 와인은 와인의 맛에서 일반적인 와인과 구분이 되지 않을 정도로 비슷하다. 이는 와인 양조 과정 중에 산화방지제를 제한하면서도 완벽한 양조 과정을 거친다면 균형감이 깨지지 않은 완성도 있는 와인을 만들 수 있다는 것을 의미한다. 실제로 내추럴 와인과 동일하게 포도 재배와 양조 과정에서 인위적인 개입을 최소화한 채 와인을 생산하지만 내추럴 와인이라고 표방하지 않는 와이너리도 많이 존재한다.

결국 내추럴 와인을 즐길 때도 일반적인 와인에 빠질 때와 마찬가지로 다양한 스타일의 와인을 마셔보고 취향을 찾아나가는 시간이 필요하다. 필자의 경우 평소 클래식한 스타일의 내추럴 와인을 선호하지만 종종 펑키한 스타일의 내추럴 와인에 초밥을 즐기기도 하고, 나름의 와인 페어링을 시도하며 즐거움을 찾는 중이다. 포도가 자라나는 자연 환경, 생산자의 와인 양조 철학에 따라 향과 맛이 무궁무진하게 달라지는 와인의 세계에서는 간혹 불어오는 새로운 흐름을 따라가 보는 것도 와인을 즐기는 좋은 방법이다.

「타짜의 와인」, 와인은 무엇으로 마시는가?

Sour Grapes

Director	제리 로스웰, 루벤 아틀라스
Cast	루디 쿠니아완(본인), 로랑 퐁소(본인)
	존 카폰(본인), 제이 매키너니(본인)
	페리 레비(본인), 모린 다우니(본인)
Wine	와인 위조와 사기

    와인의 가치 판단은 어떤 기준으로 할 것인가? 와인을 진지하게 공부하거나 열정적으로 좋아하는 사람이라면 한번쯤 생각해봤을 것이다. 와인은 음료의 일종이지만 가성비를 따져 양산한 것부터 예술가의 작품처럼 희소하고 귀하게 여겨지는 것까지 다양해 값을 매기는 일이 단순하지 않다. 온전히 병 속 내용물의 가치만으로 가격이 결정되지 않다 보니 이제 와인을 시작하려는 사람이 "비싼 와인이 저렴한 와인보다 맛있는가?"를 물어오면 한두 마디 간단한 답으로 끝내기 힘든 것도 사실이다.

    와인의 가격을 결정하는 요소는 정말 다양하다. 와인을 만드는 데 드는 재료(포도), 다채로운 장비, 재배와 양조 과정에서의 인건비, 빈티지 차이, 와인의 숙성도, 지역이나 브랜드의 인지도, 생산지로부터의 거리와 판매 국가의 세금(주세) 등. 명품처럼 똑같은 재료를 썼어도 생산자의 명성에 따라 값이 올라가기도 하고, 수요와 공급의 원리에 따라서도 달라진다. 수요는 많은데 생산량이 적은 고급 와인은 와이너리에서 한 병당 가격을 10만 원에 책정하더라도, 그 와인을 차지하려는 소비자들의 경쟁으로 수십에서 수백만 원으로 가격이 상승한다. 이를 생생하게 체험할 수 있는 현장이 바로 와인 경매장이다. 영화 「베스트 오퍼」(249쪽)에서 다룬 '경매장에서 역사상 최고가에 거래된 와인들'이 생생한 증거로, 예를 들어 우주정거장에서 14개월 숙성시켰다는 이유로 낙찰 예상가가 약 13억 원으로 치솟은 '샤토 페트뤼스 2000' 빈티지처럼 그 가치에 대한 판단은 결국 스스로의 몫이다.

그런데 그림에도 위작이 있는 것처럼, 경매에 등장한 페트뤼스가 혹시 가짜일 가능성은 없을까? 누군가 13억을 쉽게 벌기 위해 교묘하게 레이블을 위조하고, 병 안의 내용물을 그럴듯하게 만들었을 수도 있지 않을까? 만약 가짜라면, 어떻게 그 와인이 가짜라는 것을 증명할 수 있을까? 여기서 문제는 그림과 달리 와인은 병을 오픈하기 전에 진위를 따지기 어렵다는 데 있다. 만약 오픈한다고 하더라도 향과 맛만으로 페트뤼스 2000 빈티지, 그것도 우주에서 숙성한 와인의 진위를 정확히 짚어낼 수 있는 사람도 매우 드물다.

이처럼 와인 경매의 허술함과 한계성, 그리고 고급 와인에 대한 사람들의 맹목적인 믿음과 허상을 파고 들어서 희대의 와인 위조 및 사기 행각을 벌인 사람이 루디 쿠니아완이다. 그리고 「타짜의 와인」은 바로 그에 관한 다큐멘터리 영화다. 루디 쿠니아완은 저렴한 와인을 그럴듯하게 블렌딩해서 고급 와인병 안에 넣거나, 아예 고급 와인 레이블을 제작해서 저렴한 와인을 고가 와인으로 둔갑시켜 와인 경매를 통해 와인을 팔았다. 그가 만든 위조 와인의 수는 대략 12,000병 이상으로 추정되며, 그가 이 와인들을 경매에 팔아 번 수익만 해도 한화 약 450억 원에 달한다. 여러 의문이 들겠지만, 가장 큰 물음은 '도대체 어떻게 이게 가능했을까'이다. 와인 경매에서 와인을 구매하는 사람이라면 와인 뜨내기도 아닐 텐데 말이다. 그 해답은 그의 생애에서 찾을 수 있다.

인도네시아 자카르타 출신의 루디는 90년대 후반 미국으로 건너와 캘리포니아 주립대에서 유학을 했다. 그의 집안은 굉장한 부호로 알려져 있는데, 그 돈은 가족들이 은행 사기를 통해 축적한 것이라고 인도네시아 정부가 밝힌 바 있다. 캘리포니아에 살며 고급 와인에 눈을 뜨게 된 루디는 자신의 뛰어난 기억력과 탁월한 시음 감각을 무기로 고급 와인 시장에 적극적으로 개입하기 시작했고, 그의 재능이 나쁘게 꽃피운 곳이 바로 와인 경매장이었다. 뉴욕의 와인 경매는 불과 1996년에 합법화되었고, 2000년대 들어 점점 더 인기를 끌고 있었다. 처음에 루디는 경매장을 오가며 사전 테이스팅과 파티에 참석하는 정도였지만, 수만에서 수십만 달러에 달하는 와인 시음회와 만찬을 직접 주최하는 와인 업계의 거물이 되어 갔다.

여기서 그의 사기가 성공할 수 있었던 첫 번째 이유가 나온다. 그는 돈이 많았고, 돈을 쓸 줄도 알았다. 2006년 LA타임즈 기사에 따르면 루디는 수년 동안 오래되고 희귀한 와인들의 경매 입찰에 매달 약 100만 달러(약 13억 원)를 지출했다고 한다. 즉 돈으로 사람들의 신뢰를 얻을 수 있었다. 그리고 이 시기부터 그는 위조 와인을 만들고 있었던 것으로 추정된다. 루디를 알던 사람들의 증언에 따르면 그는 와인에 대한 해박한 지식을 보유한 것은 물론, 매우 뛰어난 와인 시음 감각의 소유자다. 루디는 일부 고급 와인과 저렴한 캘리포니아 와인을 섞어서 초고가 와인으로 둔갑시켰고, 이를 테스트해볼 장소가 필요했다. 그게 바로 그가 직접 주최하는 호화로운 이벤트나 식사 자리였던 것이다.

닥터 콩티의 화려한 사기 행각

미국 고급 와인 시장에 혜성처럼 등장한 루디는 주변의 와인 애호가들을 완전히 매료시켰다. 그는 부호들조차도 맛보기 힘든 진귀한 와인을 스스럼없이 사람들 앞에서 오픈하는 이른바 와인 업계의 개츠비였다. 특히 그는 로마네 콩티의 열렬한 팬이었는데, 한 파티에 1800년대로 거슬러 올라가는 빈티지의 로마네 콩티를 가져온 적도 있었다고 한다. 그의 별명이 '닥터 콩티'였던 것도 바로 이 때문이다. 또한 루디는 '12 Angry Men'이라는 사교 와인 클럽의 멤버였는데, 당시 와인 업계에서 난다 긴다 하던 멤버들조차 루디의 기가 막힌 와인 콜렉션 앞에서는 혀를 내두를 수밖에 없었다. 사람들은 고급 와인이 마르지 않는 그의 셀러를 두고 매직 셀러라고 부르기 시작한다.

12 Angry Men 와인 클럽의 멤버에는 존 카폰이 있었다. 그는 유명

경매회사인 아커(Acker Merrall & Condit)의 3대 소유주이자 운영자였으며, 루디의 매직 셀러에 있는 와인을 경매에 내놓을 수 있도록 조력자 역할을 했다. 이는 루디와 아커 둘 모두에게 큰 이익이 되는 이벤트였고, 아커 경매장 최초의 단일 판매자 경매였다. 첫 번째 매직 셀러 경매에서 무려 1,060만 달러(약 147억 원)어치의 와인을 판매했고, 두 번째 경매에서는 두 배가 넘는 금액인 2,470만 달러(약 344억 원)어치를 팔아치우며 미국 와인 경매 역사에 한 획을 그었다.

그러나 거침없는 루디의 행보는 퐁소 경매에서 끝이 난다. 여기서 퐁소는 부르고뉴의 역사적인 와이너리인 '도멘 퐁소Domaine Ponsot'를 이야기한다. 2008년 아커는 루디가 개인 소장하고 있는 부르고뉴 와인 경매를 준비하는데, 그 컬렉션 안에 '도멘 퐁소 클로 생 드니Domaine Ponsot Clos Saint-Denis'의 1945, 1949, 1959, 1962, 1966, 1971 빈티지가 있었다. 그러나 도멘 퐁소가 클로 생 드니를 만들기 시작한 건 1982년부터다. 즉, 그가 경매에 내놓은 와인들이 전부 가짜라는 뜻이었다. 경매 카탈로그에 자신의 가문이 만들지도 않은 와인들이 버젓이 실려 있는 걸 본 로랑 퐁소(도멘 퐁소의 오너이자 와인메이커)는 존 카폰에게 직접 전화해 사실을 알렸다. 그러나 존 카폰은 그에게 퐁소 와인들의 경매를 취소하겠다고 말만 하고는 실제로는 그렇게 하지 않았다.

처음부터 그의 말을 신뢰하지 않던 로랑 퐁소는 직접 뉴욕까지 날아가 경매장에 등장했고, 누군가 연단에 서 있던 존 카폰에게 맨 앞줄에 앉아 있는 긴 머리의 사내가 로랑 퐁소라고 전한 후에야 경매가 철회되었다. 그리고 이 사건은 미국의 전설적인 와인 수집가인 빌 코흐의 귀에 들어간다. 빌 코흐는 미국의 억만장자 사업가로 취미가 미술품 및 와인 수집가이다. 그의 지하 셀러에 보관된 와인은 무려 43,000여 병이 넘는 것으로 알려져 있다. 로랑 퐁소 사건을 계기로 빌 코흐는 자신이 수집한 와인들의 진위를 파악하기 위해 전문가들을 고용했다. 전문가들은 그의 컬렉션 중 약 400여 병이 가짜라고 보고했는데, 그중 절반이 루디에게 구입한 것이었다. FBI가 사건에 개입하기 시작한 것도 이 시기다.

놀라운 사실은 FBI가 수사에 착수했음에도 불구하고 그가 체포된 건

풍소 사건이 일어난 지 4년이 지난 2012년이었다는 것이다. 그는 어떻게 그런 엄청난 짓을 벌이고도 4년 동안 무사히 지낼 수 있었던 걸까? 사실 풍소 사건이 발단이 되기는 했지만, 이미 그 전에 루디가 경매에 내놓은 몇몇 와인들이 가짜라는 게 밝혀지면서 경매가 취소되는 일이 있었다. 그 당시 상황이 잘 알려지지는 않지만, 아마 루디는 자신도 그 와인을 구매한 피해자라고 호소했을 가능성이 높다. 그리고 상류층 사람들에게는 사실 와인의 진위 여부가 그렇게 중요하지 않았던 것 같다. 그들은 그저 화려한 와인 컬렉션을 소유하기만 하면 되었던 것이다.

  2012년 3월 FBI는 루디의 집을 급습했고, 그의 사기 행각은 여기서 마무리 짓게 되었다. 또 하나의 놀라운 사실은 이 사건으로 유죄 판결을 받은 사람이 루디 혼자였다는 것이다. 그의 경매는 소위 와인 전문가 집단이 가세해 벌인 범죄였지만, 주머니를 두둑하게 불린 사람들은 루디를 외면했다. 그의 와인이 가짜라는 것을 알았더라도 경매사는 경매에 나오는 와인을 검증할 법적 책임이 없다고 한다. 루디는 10년 형을 선고받았고, 2021년 그의 고향인 인도네시아로 추방당했다. 그의 나이 44세였다. 이후 인도네시아 언론에 의해 그의 가족이 조직 범죄에 연루되어 있다는 사실도 밝혀졌다. 사건은 2016년에 넷플릭스 다큐멘터리로 「타짜의 와인」이 공개되며 대중에게 알려졌고, 원제인 '신 포도(Sour Grapes)'처럼 와인 애호가들의 뒷맛을 시다 못해 쓰게 했다. 지금 루디는 석방되어 싱가포르에서 합법적인 와인 메이커로 활동하고 있다고 한다. 아직까지는.

「고흐, 영원의 문에서」, 아를의 붉은 포도밭

At Eternity's Gate

Director 줄리안 슈나벨

Cast 윌렘 데포(빈센트 반 고흐)
  오스카 아이삭(폴 고갱)
  매즈 미켈슨(사제)
  루퍼트 프렌드(테오 반 고흐)

Wine 아를의 붉은 포도밭과 와인 산지

1990년 5월 15일. 크리스티 뉴욕 경매에서 미술품 경매 사상 최고가를 경신하는 거래가 이뤄졌다. 고흐가 죽기 전 자신을 돌봐주던 정신과 의사를 그린 「가셰 박사의 초상화」가 8,250만 달러에 낙찰된 것이다. 이처럼 1천억 원을 넘기는 그림을 그린 불세출의 화가 고흐는 살아생전 단 한 점의 그림을 겨우 판 무명 화가였다. 지독하게 가난하고 불행했던 생전과 세상에서 가장 유명한 화가가 된 사후의 대비가 고흐라는 이름을 더욱 극적으로 느껴지게 만든다. 평생 빈털터리로 외로움과 우울증에 시달린 고흐는 그에게 주어진 인생을 어떤 심정으로 살아냈을까?

그 답은 그가 사랑하고 의지한 동생 테오에게 보낸 수백 통의 편지를 통해 잘 알려져 있고, 활발히 2차 창작물로 만들어져 대중들에게 소개되었다. 음악에서 가장 유명한 것은 미국의 포크 가수 돈 매클레인이 1971년 고흐의 일대기를 읽고 감명해 발표한 고흐의 추모곡 「Vincent」다. 제목은 낯설 수 있지만, 아마 첫 구절인 "Starry Starry Night"은 꽤 익숙할 것이다. 영화로도 다수 제작되었는데, 테오와 빈센트가 주고받은 편지를 토대로 BBC에서 제작한 다큐멘터리 「반 고흐」 (2010), 세계 최초로 손으로 그린 장편 유화 애니메이션 「러빙 빈센트」 (2017), 윌렘 데포 주연의 「고흐, 영원의 문에서」(2019)가 대표적이다. 이 중 「고흐, 영원의 문에서」는 고흐가 죽음에 이르기 전 아를에서 보낸 그의 생애 마지막을 집중적으로 다루고 있다. "관객들이 영화를 보는 동안 반 고흐 삶 전체를 체험하게 하고 싶었다"는 감독의 말처럼 고흐의 내면을 섬세하게 담고 있는 게 특징이다.

반 고흐는 1853년 3월 30일 네덜란드 쥔더르트의 개신교 목사의 아들로 태어났다. 기록에 따르면 고흐에게는 태어나자마자 죽은 동명의 형이 있었고, 그 때문에 그는 늘 죽은 형을 대신해 살고 있다는 생각을 했다고 한다. 학자들은 이것이 고흐의 불행을 야기했다고 말하기도 한다. 여하튼 고흐는 그림 그리기를 좋아하기는 했지만 평범한 학창 시절을 보냈다. 학교에 적응하지 못했는지 15살에 학교를 자퇴했고, 이후 큰아버지의 도움을 받아 네덜란드 헤이그에 있던 화랑에 취직했다. 이 시기 고흐는 그의 생에서 처음이자 마지막으로 제대로 된 돈벌이를 하며 안정적인 삶을 살았지만, 미술에 대한 관점으로 손님과 자주 다툰 탓에 해고되고 만다. 1876년 그의 나이 23세였다.

화랑을 그만둔 고흐는 본격적으로 그림을 그리기는커녕, 아버지의 영향이었는지 종교적 열정에 사로잡혀 종교인으로서 하층민들을 위한 삶을 살고자 했다. 이 선택은 그에게 인생의 쓴맛만을 남겨주었고, 결국 27살이 되던 1880년에 자신의 운명에 순응하고 본격적으로 화가의 길을 걷기 시작한다. 하지만, 우리가 아는 고흐의 대작들이 탄생한 건 그가 프랑스 아를로 넘어간 뒤 생레미 정신병원에서 지내서부터다. 그리고 영화 또한 그 시기를 파고들었다. 영화 제목에 쓰인 '영원의 문'은 고흐가 1882년 석판화로 찍었던 것을 1890년 생레미에 있을 때 유화로 다시 그린 작품명이다. 이 작품은 고흐가 권총으로 자살하기 불과 며칠 전에 그렸으며, 의자에 앉은 노인이 얼굴을 두 손에 파묻고 흐느끼는 모습이 묘사되어 있다. 뭉크의 「절규」가 연상되는 이 그림은 고흐 자신의 절망과 슬픔을 담은 작품이라고 해석된다. 참고로 영화는 고흐의 죽음이 자살이 아닌, 마을 불량배들의 총에 맞아 죽었다는 타살설을 따르고 있다. 이 주장은 2014년 미국의 총상 분석 전문가이자 범죄 과학자인 빈센트 디 마이오에 의해 제기된 것이다.

영화 속에서 고흐의 대사들은 실제로 그가 직접 했든 아니든, 고흐의 일대기를 아는 사람에게는 큰 슬픔과 연민으로 다가온다. 정신병원에 갇힌 고흐가 신부와 대화할 때 신부가 "신은 당신이 비참하게 살라고 재능을 주신 걸까요?"라고 묻자, 고흐는 "그렇게 생각하지 않는다"며 이렇게 답한다.

"어쩌면, 시대를 잘못 타고난 것 같아요. 미래의 사람들을 위해 절 화가로 만드신 거 같다고요."

석양이 포도 잎을 와인처럼 붉게 물들일 때

사실 고흐가 작품 활동을 한 기간은 생각보다 짧은 10년 정도로, 만약 이 시기를 잘 지나 보냈다면 적어도 무명 화가의 타이틀은 벗었을지 모른다. 10년 동안 그는 무려 900여 점의 회화와 1,100여 점의 스케치를 그렸지만, 단 한 점의 작품만이 팔렸다. 그 작품이 바로 「아를의 붉은 포도밭」이다. 이 작품을 구매한 사람은 고흐의 친구인 화가 겸 시인 외젠 보흐의 누나 안나 보흐다. 역시 화가였던 그는 1890년 약 400프랑(약 100만 원)에 이 작품을 구매했다. 그리고 같은 해 베른하임 갤러리에 10,000프랑(약 2,500만 원)에 팔았는데, 당장 돈이 필요해서가 아니라 고흐의 작품에 압도돼서 자신의 작품 활동을 하기 어려웠기 때문이라고 밝혔다. 현재 미술계에서는 이 작품의 가치를 1천억 원 이상으로 추산하고 있으니 이마저도 헐값에 판 셈이다.

붉은 태양과 그 빛으로 물든 포도밭에서 여러 명의 인부가 일하고 있는 정경을 묘사한 「아를의 붉은 포도밭」은 고흐가 아를에 머물던 1888년에 탄생했다. 고흐는 테오에게 "비가 내린 뒤 석양이 땅을 보라색으로 바꾸고, 포도 잎을 와인처럼 붉게 물들일 때 그린 것"이라고 설명했다고 한다. 모스크바의 푸시킨 미술관에 전시된 이 작품은 1948년 전시된 이후로 훼손을 우려해 단 한 번도 외부로 반출되지 않았다. 하지만 100년이라는 긴 시간이 흐르면서 그림의 물감이 변색과 균열이 생겨 복원이 필요했고, 이 작업에 필요한 장비와 비용 등을 한국의 LG전자가 지원하기도 했다.

영화 속에서 와인은 초반에 고흐가 파리에서 머물 때도 등장하고, 고흐와 아를에서 동거하던 고갱이 고흐의 단골 카페 주인인 지누의 초상화를 그리는 장면에서 테이블에 와인이 한 잔 놓여 있기도 하다. 고흐는 많은 예술가들이 그러했듯 술을 참 좋아했고, 압생트와 싸구려 와인을 많이 마시면서 유화로 이를 남기기도 했다. 학자들은 고흐의 몸이 쇠약해진 원인으로 지나친 음주를 꼽기도 한다.

고흐가 아를에서 아름다운 포도밭을 그렸듯, 아를은 남프랑스 와인 산지를 여행하기에 아주 좋은 도시다. 프로방스와 론 두 곳 모두 가까운 지리적 이점을 가지고 있다. 특히 아를은 로제 와인으로 대표되는 프로방스에서 가장 질 좋은 레드 와인을 만들기로 유명한 레 보 드 프로방스*Les Baux de Provence*와 아주 가까운 위치에 있다.

레 보 드 프로방스는 프로방스에서 가장 무더운 지역이다. 별칭 또한 발 당페르*Val d'Enfer*로, 번역하면 지옥의 협곡이다. 뜨거운 기후와 척박하기 이를 데 없는 토양은 포도나무와 올리브나무 외에는 다른 과수를 거의 허용하지 않는다. 이곳 포도밭은 알필*Alpilles* 산맥의 언덕에 자리 잡고 있고, 북에서 부는 미스트랄 덕분에 거의 모든 포도밭이 친환경 농법으로 재배되고 있는 드문 AOP다. 이 지역만큼은 로제 와인에서 벗어나서 레드 와인에 집중하고 있다. 물론 소량의 로제와 화이트도 생산한다. 주요 품종은 그르나슈, 무르베드르, 시라이며, 이외에도 카리냥, 생소, 쿠누아즈*Counoise*, 카베르네 소비뇽도 블렌딩에 사용할 수 있다. 와인 스타일은 프로방스라기보다는 론에 가깝다. 지역 최고의 와이너리로 꼽히는 '도멘 트레발롱*Domaine Trevallon*'의 와인을 마셔보기를 추천한다.

　인간의 개입을 최소화하고 자연이 만들어준 것을 그대로 담아낸다는 철학을 가진 트레발롱은 단 두 종의 와인을 생산한다. 15헥타르의 포도밭에서 카베르네 소비뇽과 시라를 블렌딩해 레드 와인을 만들고, 2헥타르의 포도밭에서 마르산느, 루산느, 샤르도네 등의 품종으로 만든 화이트 와인을 생산한다. 필자가 와인에 입문할 당시, 운 좋게 맛보았던 트레발롱은 신선한 충격이었다. 고급 보르도 와인이 연상되는 실키한 질감과 긴 여운에 매료되어 15년이 지난 뒤 와이너리를 직접 찾아가기도 했다. 약속 없이 무턱대고 찾아간 터라 결국 와인 시음을 하지 못했기에, 여전히 필자들에게는 꼭 가봐야 할 와이너리 중 한 곳으로 남아 있다.

　평생 자기를 '빈센트'라 불러 주기를 원했던 무명의 천재 화가 고흐. 동생 테오에게 쓴 수많은 편지처럼 고흐는 어쩌면 자신의 마음을 글에 담는 것이 편안한 인물이었는지도 모르겠다. 만약 단 한 통의 편지라도 영원의 문을 넘어선 그에게 전할 수 있다면, 그의 작품을 우리가 얼마나 사랑하고 있는지, 그리고 당신과 당신의 작품을 향한 애정은 후대로 끝없이 이어질 게 분명하다고 적어 보내고 싶다. '당신의 삶은 외로웠으나 당신의 작품들은 언제나 가장 밝고 위대한 자리에 놓일 것입니다.' 우리가 모두 알고 있는 사실을 정작 작품의 주인이 모른다는 것은 슬픈 일이다.

「클로이」, 와인을 주문하며 매력을 발산하는 법

Chloe

Director	아톰 아고이안
Cast	줄리안 무어(캐서린)
	리암 니슨(데이비드)
	아만다 사이프리드(클로이)
Wine	마이바흐(미국 나파 밸리)

잘 나가는 산부인과 원장 캐서린의 삶은 완벽해 보인다. 잘생긴 외모에 자상한 성격인 남편 데이비드는 대학 교수로 일하며 집안의 든든한 기둥이 되어 주고, 십대 아들은 비록 사춘기를 관통하고 있지만 음악에 뛰어난 재능을 보인다. 스스로도 만족하는 일상을 보내던 캐서린에게 위기감이 스며드는데, 이유는 데이비드와 관계가 예전 같지 않다는 것이다. 거울에 비친 자신의 모습은 초라하기 그지없는 반면, 데이비드는 은발과 주름마저도 매력적인 미중년이다.

어느 날 캐서린의 마음을 더 요동치게 하는 사건이 두 가지 일어난다. 지인들을 집에 초대해 데이비드의 생일 파티를 준비하고 있는데 그에게서 비행기를 놓치는 바람에 귀가가 늦어진다는 전화가 온다. 결국 많은 공을 들인 깜짝 파티는 허무하게 무산된다. 다음 날 아침, 데이비드가 간발의 차로 비행기를 놓쳤을 거라고 생각한 캐서린은 우연히 그의 핸드폰에서 어젯밤 한 여학생과 찍은 사진을 발견한다. 그리고 그날 저녁. 커플 동반으로 간 고급 호텔 레스토랑에서 데이비드가 웨이트리스에게 다정한 제스처를 취하는 걸 목격하면서 남편에 대한 의심의 싹은 더욱 커지고 만다.

판단력이 흐려진 캐서린은 해서는 안 될 선택을 한다. 데이비드를 시험하기 위해 평소 눈 여겨 보던 콜걸에게 남편을 유혹해달라고 부탁한 것이다. 그 콜걸은 아만다 사이프리드가 연기한 클로이로, 치명적인 매력의 소유자다. 비밀스러운 제안을 하기 위해 클로이를 고급 바로 불러낸 캐서린은 긴장한 모습이 역력하다. 캐서린은 바텐더에게 샤르도네 와인 한 잔을 부탁하고, 클로이도 같은 걸 마신다. 여자가 자신을 불러낸 것도 의아한데, 남편을 유혹해달라는 기묘한 부탁을 받게 된 클로이. 그는 잠시 망설이는 듯하지만, 캐서린의 제안을 수락한다. 이렇게 두 여자의 위험한 계약이 시작된다.

영화에는 와인이 자주 등장한다. 그중 필자의 시선을 사로잡은 신은 레스토랑에서 데이비드가 웨이트리스(델리아)에게 "델리아는 뭐를 좋아해요?"라며 마실 것을 추천해 달라고 하는 장면이다. 캐서린의 경계심에 불을 지른 순간이기도 하다. 이때 델리아는 "순수하면서도 짙고 깊은 맛이 난다"며 '메이바흐'라는 와인을 추천한다. 데이비드와 캐서린은 망설임 없이 그 와인을 주문하지만, 와인병 없이 와인 잔만 등장하기에 정확히 어떤 와인인지는 알 수 없었다. 하지만 합리적 근거로 추론해본다면 캘리포니아 나파 밸리에 위치한 '마이바흐*Maybach*' 와인을 미국식으로 발음한 게 아닐까 싶다.

줄 서야만 마셔볼 수 있는 와인, 마이바흐

마이바흐라는 이름은 와인보다는 독일의 벤츠 사가 선보이는 고가의 자동차로 많이 알려져 있다. 그리고 흥미롭게도 자동차 마이바흐와 와인 마이바흐는 긴밀하게 연결되어 있다. 세계 최초로 4행정 내연기관 자동차를 발명한 인물이자, 메르세데스 벤츠의 설립자 중 하나인 빌헬름 마이바흐의 후손이 설립한 와이너리가 바로 '마이바흐 패밀리 빈야드'이기 때문이다.

와이너리 홈페이지에도 나오듯 지난 100년간 마이바흐라는 단어는 최고의 품질과 동의어로 간주되었고, 마이바흐 와이너리는 선조가 쌓은 장인정신의 전통을 와인에서도 이어 나가고 있다. 높은 명성만큼이나 가격도 만만치 않은데, 좋은 빈티지에만 생산되는 '매터리움Materium'은 병당 평균 가격이 400달러(약 56만 원)에 달한다. 매터리움 2017 빈티지의 경우 로버트 파커로부터 99점을 획득했다.

마이바흐 와이너리는 2025년 기준으로 세 가지 카베르네 소비뇽 와인인 '매터리움Materium Cabernet Sauvignon 2022', '보카불룸Vocabulum Cabernet Sauvignon 2022', '아모에누스Amoenus Cabernet Sauvignon 2022'와 '이름가르트 피노 누아Irmgard Pinot Noir 2023', '이름가르트 샤르도네 Irmgard Chardonnay 2023', '로제이라Roseira 2024'라는 발음조차 어려운 와인을 매우 소량 생산하고 있다. 우선 아모에누스는 라틴어로 '기분 좋은', '아름다운'이라는 뜻을 가진다. 미국 고급 와인의 성지인 나파 밸리에서도 가장 핵심 구역이라 할 수 있는 칼리스토가의 서쪽 언덕에서 재배된 카베르네 소비뇽 100%로 만들어진다. 이곳은 나파에서도 가장 선선한 지역 중 하나이기에 밸런스가 매우 좋은 포도를 얻을 수 있다. 다만 아모에누스는 달랑 100케이스, 그것도 하프보틀 사이즈(375㎖)로만 선보이기에 국내에서 맛보기란 거의 불가능에 가까워 보인다.

두 번째로 이름가르트는 나파 밸리보다 훨씬 더 선선한 기후를 보이는 소노마 카운티의 피노 누아 100%로 만든 와인이다. 와인메이커인 토마스 브라운에 의하면 피노 누아 클론 중 캘리포니아에서 발원한 스완Swan과 칼레라Calera 클론을 선택했다고 한다. 숲의 바닥이 연상되는 향, 카시스, 계피의 뉘앙스가 느껴지는 깊이감과 향긋한 풍미가 공존하는 와인이다. 입에서는 자두, 크랜베리 콤포트, 로즈마리의 뉘앙스가 은은히 전달되며, 와인의 강한 산미가 입안을 깔끔하게 정리해준다.

세 번째 로제이라는 이름가르트와 마찬가지로 소노마 지역에서 재배한 피노 누아 100%로 만든다. 꽃이 그려진 레이블처럼 우아한 꽃 향과 미묘한 밸런스가 인상적인 와인으로, 입에서 매우 풍성한 질감을 자랑하지만 신선한 산도도 잃지 않은 수작으로 평가받고 있다.

마이바흐는 모든 와인의 생산량이 턱없이 적어서 맛보기 위해서는 대기자 명단에 이름을 올려야 한다. 명성과 달리 좀 허술해 보이는 홈페이지(maybachwine.com)에서 웨이팅 리스트에 이름을 올릴 수 있으니 관심이 있다면 한번 도전해보자.

파국으로 향하는 주인공들을 보며 '만약'을 가정해보았다. 데이비드가 웨이트리스에게 와인 추천을 부탁할 때, 캐서린이 마이바흐 와인을 함께 마시며 그의 흘러넘치는 매력을 꼬집고 자신의 불안을 솔직히 드러냈다면 어땠을까? 그랬다면 클로이를 화장실에서 마주쳐도 가볍게 지나갈 수 있지 않았을까? 솔직한 대화의 시작이 어렵다면 와인에게 대화의 물꼬를 트는 역할을 맡겨도 좋다. 오늘 밤 대화가 필요하다는 생각이 들 때는 상대가 좋아하는 와인 한 병을 준비해보시길 바란다.

「뷰티 인사이드」,
다른 얼굴을 하고 있어도
알아볼 수 있는 와인

The Beauty Inside

Director 백종열

Cast 한효주(홍이수), 김대명, 박신혜, 이범수, 박서준
천우희, 우에노 주리, 이현우, 이진욱, 서강준, 김희원
이동욱, 고아성, 김주혁, 유연석
외 총 123명의 배우(김우진), 이동휘(한상백)

Wine 몬테스 알파(칠레 콜차구아 밸리)

「뷰티 인사이드」는 한 명의 주인공 우진을 표현하기 위해 무려 123명의 배우들이 연기를 펼친 작품이다. 극단적인 캐스팅의 이유는 주인공 우진이 자고 일어나면 모습이 바뀌는 희귀한 병을 앓고 있기 때문이다. 우진의 본체는 29세 남자이지만 눈을 뜨면 자신이 어떤 모습으로 바뀌어 있을지조차 예측 불가다. 나이는 물론이고 성별과 심지어 국적까지, 도통 그 패턴을 가늠할 수 없다. 어느 날은 배우 빰치는 모습으로 일어났다가 어느 날은 지독한 추남으로, 하루는 노인이었다가 다른 하루는 어린아이가 되는가 하면 어느 날은 일본인으로 잠에서 깬다.

그래서 우진은 18살에 처음 저주에 걸린 이후 무려 10년 넘게 온갖 세상의 사람들로 살아온 경험을 가지고 있다. 덕분에 그의 집에는 그 어떤 인물로 변하더라도 일상생활을 유지할 수 있도록 다채로운 옷, 액

세서리, 소품들이 준비되어 있다. 어디 가서 하소연조차 할 수 없는 우진의 비밀을 아는 사람은 어머니, 그리고 유일하게 마음을 터놓고 지내는 친구 상백뿐이다.

평범한 삶 자체를 꿈꿀 수 없는 우진의 직업은 '알렉스'의 가구 디자이너다. 그의 디자인 모토는 '모든 사람들이 편하게 쓸 수 있는 가구'로, 온갖 체형의 사람들로 살아봤기에 할 수 있는 일이다. 그리고 우진의 뛰어난 디자인 실력과 신비주의 콘셉트가 절묘하게 맞아떨어져, 알렉스는 가구 업계에서 많은 사람의 관심을 받게 된다.

타인과의 관계를 형성하지 못한 채 살아온 우진이지만, 사랑의 감정마저 외면하고 살 수는 없는 노릇이다. 어느 날, 유명 가구점 '마마 스튜디오'에 들른 우진은 그곳에서 아름다운 외모에 친절하고 진정성 있게 손님들을 대하는 이수를 보고 한눈에 반한다. 이수를 보기 위해 매일 다른 모습으로 마마 스튜디오를 찾는 우진. 이수와 나눈 대화의 횟수만큼 이수의 명함이 수북이 쌓여가던 어느 날, 잘생긴 남자(박서준 분)로 깨어난 그는 이수에게 용기를 내 데이트 신청을 한다. 지금까지 우진에게 데이트란 그저 일회성에 불과했지만, 이수와의 시간이 너무나도 행복했던 그는 쏟아지는 잠을 쫓으며 무려 3일 내내 만남을 이어간다. 물론 졸음 앞에 장사는 없었고, 지하철에서 깜빡 졸아버린 우진의 얼굴은 이제 전혀 잘생기지 않은 남자(이상호 분)로 변해 있었다.

절망하면서도 이수를 잊을 수 없었던 우진은 마마 스튜디오에 자신의 가구를 입점하는가 하면, 인턴 직원으로 입사까지 해가면서 이수의 곁에 있기 위해 안간힘을 쓴다. 그리고 결심한다. 이수에게 자신의 비밀을 고백하기로. 과연 이수는 우진의 치명적인 비밀을 알고 난 후에도 그와 함께할 수 있을까?

「뷰티 인사이드」는 CF 감독 출신인 백종열 감독의 영화 연출 데뷔작으로, 뛰어난 영상미를 자랑한다. 그 가운데 인상적인 와인 장면은 우진이 자신의 집에서 이수에게 청혼하는 신이다. 직접 제작한 나무 반지에 와인까지 준비한 우진은 "이 와인 괜찮지?"라고 물으며 이수의 와인 잔을 채워준다. 이때 우진의 손에 들려 있는 와인이 바로 '몬테스 알파 카베르네 소비뇽*Montes Alpha Cabernet Sauvignon*'이다.

국민 와인, 몬테스 알파

국내에 '국민 와인'이라는 수식어를 붙일 수 있는 와인들이 몇 있는데, 그중 독보적인 와인 브랜드가 바로 몬테스다. 판매량 1위, 누적 판매량 최초로 1,000만 병 돌파 등 많은 수식어를 가지고 있는 몬테스는 한국 와인 시장의 발전과 함께해왔다. 심지어 주력 아이템인 몬테스 알파 카베르네 소비뇽의 가격이 와인 숍이나 레스토랑의 가격 수준을 가늠하게 했을 정도다. 몬테스 알파를 저렴하게 팔면 방문한 매장 와인의 전체 가격이 착한 곳이라고 생각하거나, 몬테스 알파를 비싸게 팔면 전체적으로 와인이 비싼 곳이라고 생각하게 만드는 효과가 있었다는 의미다.

몬테스는 아우렐리오 몬테스 외 3인이 그들의 은퇴 프로젝트로 1987년 시작한 와이너리다. 네 동업자의 목표는 오로지 하나, 소량의 고품질 와인을 생산하는 부티크 와이너리였다. 그중 창업자 4인의 대표 역할을 했던 아우렐리오 몬테스는 와이너리 이름을 세계에 알리기 위해 직접 발 벗고 나선 인물이다. 특히 몬테스가 야심 차게 세상에 내놓은 프리미엄 와인 몬테스 알파 카베르네 소비뇽이 평단은 물론 소비자의 엄청난 호평을 받으면서 몬테스는 급격히 성장하게 된다.

이후 프리미엄 라인으로 확장해 '몬테스 알파 M', 시라 100%로 만든 '몬테스 폴리*Montes Folly*', 최초의 프리미엄 카르메네르 메인 와인인 '퍼플 앤젤*Purple Angel*'까지 연이어 출시하며 최고의 칠레 와이너리 중 하나로 발돋움하게 된다. 이런 몬테스의 성공은 칠레 와인 산업이 양보다 질에 포커스를 맞추게 된 데에 적지 않은 영향을 끼쳤다고 평가받는다.

현재의 몬테스는 창립 당시와 비교할 수 없을 정도로 규모가 커졌고, 그만큼 다채로운 와인을 생산한다. 몬테스 알파 시리즈는 여전히 와이너리의 주력 라인이고, 조금 더 저렴하지만 대중성을 갖춘 클래식 시리즈도 밸류 와인의 모범으로 많은 사랑을 받고 있다. 여기에 몬테스의 고품질 와인을 리드하던 몬테스 알파 M, 몬테스 폴리, 퍼플 앤젤과 더불어 '몬테스 뮤즈(카베르네 소비뇽 100%)', '타이타(카베르네 소비뇽 85%, 그외 품종 15%)'까지 추가되었다.

    필자가 소믈리에로 활동한 지 몇년쯤 흘렀을까? 몬테스 알파가 지겹다고 생각한 적이 있다. 수백 병의 몬테스 알파를 오픈하고 서브하면서 좋은 와인이라고는 생각했지만 소비자들의 선택이 너무 단조롭거나 특정 브랜드 와인의 영향력이 지나치게 커진 것이 아닌가 하는 생각들이 쌓여 가던 시기였다.

    그 무렵 한 달에 한 번 와인 블라인드 시음회에 전문인 패널로 활동하게 되었는데, 당시 가장 치열했던 시음 주제는 '칠레 3~4만 원대 와인'이었다. 한국에 수입되고 있는 와인 중 가장 주를 이루는 와인이 소비자가 3~4만 원대 칠레 레드 와인이었다 보니 시음할 와인의 가짓수도 무척 많았다. 블라인드로 140여 종의 와인을 마시고 시음노트를 작성했는데, 시음 시간이 길어질수록 입안에 뻑뻑하게 쌓이는 타닌을 지워내는 것이 유난히 힘들었다. 그럼에도 몇몇 와인은 눈에 띄게 좋아 이름을 알고 싶었다.

그리고 그 궁금증은 2주 뒤 메일로 도착한 시음 점수표를 통해 해결할 수 있었다. 그날 필자는 약 20종의 와인에 높은 점수를 주었는데 이 와인들은 세 곳의 양조장으로 압축되었다. 바로 몬테스 알파, 1865, 에라주리즈였다. 모두 칠레를 대표하는 대형 와이너리들이다. 각 와이너리의 대표 와인들 4~5종이 시음 리스트에 뒤섞여 들어가 있었고 필자는 이 세 곳의 와인을 만날 때마다 90점이 넘는 점수를 매겼던 것이다. 와인을 다루는 직업인으로서 크게 반성했던 기억이 난다. 솔직히 그런 경험이 없었다면 편견을 쉽게 덜어내지 못했을 것이다.

그리고 보면 우진의 와인 선택은 참 좋았다. 영화 속에 등장하는 수많은 인물들의 껍데기를 치우면 내면이 한결같은 우진이 있었던 것처럼, 좋은 와인은 어디서든 그 맛과 향이 드러나는 법이다.

「물방울을 그리는 남자」, 김창열 화백의 와인

A Man Who Paints Water Drops

Director 김오안, 브리짓 부이요
Cast 김창열(본인)

Wine 파토리아 니타르디(이탈리아 토스카나)

「물방울을 그리는 남자」는 2021년 타계한 故 김창열 화백에 관한 다큐멘터리 영화다. 독특한 점이라면, 그의 둘째 아들인 김오안 감독이 프랑스의 사진 작가 겸 영화 감독 브리짓 부이요와 공동 작업한 작품이라는 것이다. 아들이 아버지를 위해 만든 다큐멘터리라는 말만으로도, 김창열 화백이 어떤 화가인지 모르더라도, 호기심이 가지 않을 수 없다.

일명 '물방울 화가'로 불리는 김창열 화백은 1971년 첫 물방울 그림을 그린 이후, 무려 50년 동안 단 한 번도 다른 것을 그린 적이 없다. 무엇이 그를 물방울에 빠지게 했을까? 김오안 감독은 영화를 통해 다음과 같이 묻는다.

"물방울을 하나 그리는 것이 하나의 구상이라면, 백 개 또는 천 개의 물방울을 그리는 건 계획이라 할 것이다. 하지만 만 개의 물방울을, 십만 개의 물방울을 그리려면 어떤 사람이 되어야 이런 종류의 예속을 스스로 선택할 수 있을까? 단순히 인내심이 필요한가? 엄청난 야심일 수도 있을까? 어쩌면 조금 미쳤을까? 아니면 강렬한 신비로움인가?"

1929년 평안남도 맹산에서 태어난 김창열 화백은 할아버지로부터 서예를 익혔으며, 붓글씨를 통해 회화를 접했다. 이후 그는 일평생 그림을 그리는 데 몰두했지만 일제강점기와 6.25 전쟁을 온몸으로 관통하면서 평생 잊지 못할 끔찍한 일들을 겪게 된다. 여러 번 죽음의 위기를 넘기고도 또다시 처형당할 위기에 처했을 때, 그에게 연민을 느낀 마을 사람 덕분에 목숨을 구한다. 영화에서 김창열 화백은 늘 과묵하고 평온한 달마의 형상이지만 그 시절의 이야기를 뱉을 때면 아이처럼 울음을 쏟는다.

이 시절 겪은 전쟁의 참화는 그를 본질적으로 바꾸었다. 여동생을 비롯해 주변 사람들이 죽어가는 상황에서 목숨을 가까스로 부지한 뒤로 "혼자 살아남았다"는 죄책감에 평생 고통받았다. 그래서 초기 그의 작품은 공포와 비명을 형상화했다. 하지만 파리로 건너간 후 우연한 계기로 물방울을 그리기 시작한다. 왜 물방울에 빠지게 되었는지에 대해서는 영화에서 그의 목소리로 들어 보기를 바란다.

사진작가로 활동한 김오안은 어느 날 문득 자신이 아버지로부터 받은 예술적 영향이 아주 크다는 것을 자각하고, 2014년부터 5년 동안 한국과 프랑스를 오가며 틈틈이 아버지의 모습을 담은 영상을 찍기 시작했다. 이 영상들이 모이고 감각적인 사운드가 입혀져서 한 편의 예술과도 같은 다큐멘터리 「물방울을 그리는 남자」가 탄생했다. 사색을 하고 싶은 조용한 밤, 와인 한 잔과 함께 홀로 이 영화를 감상하기를 권한다.

김오안 감독이 인터뷰에서 밝혔듯 김창열 화백은 늘 진지하고 심각했지만, 와인 한 잔 마시며 노래를 부를 줄 아는 사람이었다. 영화에서 그가 와인을 마시는 장면은 없지만 그의 서울 집에 놓인 와인 병이 간간히 저 멀리 보이기도 한다. 비교적 최근인 2018년에 와인 수입사인 신세계L&B에서 프랑스 '이기갈E.Guigal' 와이너리의 '에르미타주 루즈 Hermitage Rouge'에 김창열 화백의 물방울 그림을 장식한 한정판 와인을 출시하기도 했는데, 여기서는 김창열 화백의 그림이 와인 레이블로 장식된 최초의 와인 '파토리아 니타르디Fattoria Nittardi'를 소개한다.

예술을 입은 와인, 파토리아 니타르디

니타르디는 아티스트 레이블로 유명한 샤토 무통 로칠드에 비견되는 또 다른 아티스트 레이블 와인이다. 아티스트와의 협업은 어디나 할 수 있는 것이지만 니타르디가 아티스트 레이블을 만든 이유는 조금 더 특별하다. 첫째, 니타르디는 한때 이탈리아의 천재 예술가 미켈란젤로가 소유했던 와이너리다. 니타르디 와이너리의 역사는 1183년으로 거슬러 올라간다. 당시 군사적 목적으로 방어탑 역할을 했던 이곳은 '넥타르 데이 Nectar Dei(신의 과즙)'라고 불렸다. 방어 목적도 있었지만, 군인과 주변의 민간인들이 마실 와인을 만들던 양조장이었기 때문이다.

16세기 넥타르 데이의 주인은 위대한 예술가 미켈란젤로였다. 그는 이곳을 사들여 주거 공간 겸 작업실 겸 양조장으로 썼다. 그가 직접 와인을 만들었는지는 밝혀지지 않지만, 그때도 좋은 와인을 만들었던지 교황 율리우스 2세에게 와인을 바치기도 했다. 이 관습은 현재로도 이어져 여전히 매년 마렘마의 포도밭에서 탄생하는 넥타르 데이라는 이름의 슈퍼 투스칸 와인을 교황에게 보내고 있다.

두 번째는 현 오너의 예술에 대한 사랑이다. 1980년대까지 여러 소유주가 계속 바뀐 니타르디는 이렇다 할 특징이 없었지만, 피터 펨퍼트가 사들이면서 위상이 달라졌다. 본래 독일 프랑크푸르트에서 출판업자이자 디Die 갤러리 관장으로 활동했던 그는 1980년 베니스에 살던 스테파니아 카날리와 결혼한다. 스테파니아의 로망은 토스카나에 있었고, 그 꿈을 이뤄주고 싶었던 피터의 눈에 니타르디가 들어왔던 것이다. 예술을 좋아하는 그에게 미켈란젤로의 삶이 녹아 있는 이곳만큼 매력적인 곳은 없었을 것이다. 그가 니타르디를 구매할 때 포도밭은 3.5헥타르(약 1만 평)였고, 연간 생산량은 15,000병에 불과했다. 하지만 지금은 그의 전폭적인 지원으로 포도밭도 생산량도 10배로 늘었다.

피터는 예술품 수집가이자 세계 여행(특히 세일링)을 즐기는 모험가였기에 와이너리는 스테파니아와 두 아들 레온, 다미아노가 명성을 만들었다고 해도 과언이 아니다. 여기에 유명 와인메이커인 카를로 페리니도 가세했다. 1991년부터 니타르디의 컨설턴트로 일한 그는 2008년에는 「와인 인수지애스트」로부터 올해의 와인메이커를 수상하는 쾌거를 이루었고, 2003년 AIS(이탈리아 소믈리에 협회)로부터 올해의 양조자로 꼽힌 바 있다.

피터는 자신의 전공을 살려서 와이너리를 더욱 특별하게 만들었다. 아티스트를 와이너리에 초대해 아티스트 레이블을 만드는 프로젝트를 시작한 것이다. 특히 다른 아티스트 레이블과 차별화한 점은 와인 레이블만 작업하는 것이 아닌, 와인을 감싸는 랩핑 페이퍼까지 함께 작업한다는 점이다. 이 프로젝트는 1981년부터 시작되어 소설 「양철북」으로 노벨문학상을 수상한 바 있는 독일의 작가 군터 그라스, 프랑스의 화가이자 조각가인 로베르 콩바, 프랑스의 일러스트레이터 토미 웅게러, 존 레넌의 부인이자 일본의 설치 미술가인 오노 요코 등 유명 작가들이 참여했다.

그리고 드디어 주인공 김창열 화백이 등장한다. 예술성과 대중성 양쪽에서 한국을 대표하는 화가이자, 일명 물방울 미학으로 국내외에서 이름이 알려지며 세계인의 눈과 마음을 사로잡은 그는 니타르디의 대표 와인 '카사누오바 디 니타르디Casanouva di Nittardi 2011'의 레이블과 랩핑 페이퍼에 그의 장기인 물방울을 그려 넣었다. 필자가 와인 잡지사의 에디터로 활동할 당시 김창열 화백 레이블 출시 기념으로 방한한 피터 펨퍼트에게 김창열 화백을 선택한 이유에 관해서 물은 적이 있었고, 그는 다음과 같이 답했다.

"김창열 화백에게서 주목한 것은 그가 물방울을 통해 '영원eternity'이라는 주제를 표현했다는 것이다. 와인 또한 그 기원을 정확히 알 수 없을 만큼 오랜 시간 동안 만들어져 왔고, 앞으로도 영원히 지속될 것을 믿기에, 이런 부분에서 와인과 그의 작품은 하나로 연결되어 있다고 생각한다. 또한 나 자신이 완벽한 와인을 만들기 위해 끊임없이 노력하는 것처럼 그의 작품을 오랫동안 봐오면서 그의 작품이 계속해서 향상되고 있는 것을 느꼈다."

니타르디의 포도밭은 키안티 클라시코 지역에 있는 와이너리 근방에 두 곳, 바닷가 마을인 마렘마에 한 곳이 있다. 가장 중요한 포도밭은 역시 와이너리 바로 옆의 니타르디 포도밭과 빌라 로사 포도밭Villa Rosa

*Vineyard*이다. 산지오베제가 메인으로, 여섯 개의 클론을 관리하면서 각 클론에 맞춘 토양에 재배되고 있다. 빌라 로사의 경우 산지오베제와 카나이올로*Canaiolo*가 메인으로 40년 수령의 올드 바인에서 수확한 포도로 전통적인 키안티 와인을 만든다. 마렘마 쪽은 1999년 새롭게 구매한 곳인데, 카베르네 소비뇽, 알리칸테 부셰*Alicante Bouschet*, 프티 베르도, 메를로, 카베르네 프랑 같은 국제 품종을 재배하고 있다. 이들은 넥타르 데이와 같은 슈퍼 투스칸을 만드는 데 활용된다.

니타르디는 총 다섯 가지의 와인을 만들며, 아티스트 레이블이 장식되는 카사누오바 디 니타르디 키안티 클라시코는 산지오베제 100%로 만들어진다. 500ℓ짜리 프렌치 배럴에서 14개월, 콘크리트 탱크에서 4개월을 숙성하며, 약간의 병 숙성 후 출시한다. 밝은 루비 컬러, 블랙베리, 레드 체리, 민트 힌트, 나무, 블랙 페퍼, 백후추 향이 남는 부드럽고 산뜻한 스타일의 와인이다.

작고한 김창열 화백의 마지막 발자취는 제주도에서 만날 수 있다. 제주도의 김창열 미술관에 그가 수목장(고인의 유골을 나무밑에 묻거나 주변에 뿌리는 장례)되어 있기 때문이다. 화백은 젊었던 시절 강제 징용을 피하고자 경찰전문학교 간부 후보생으로 입교해 한때 제주도에서 경찰 생활을 했는데, 아마도 이 시기가 김창열 화백이 떠올리는 고국에서의 가장 평화로웠던 시기가 아닐까 싶다.

평단은 김창열 화백의 물방울을 영원에 빗대기도 하고, 또 다른 위대한 예술가 이우환 화백은 환상이라고 부르기도 한다. 김창열 화백은 스스로 상처가 아물고 남은 자리 하나하나가 물방울이 된 것이며, 무無에 가까운 것이지만 상흔으로부터 나온 눈물이며, 그보다 진한 액체는 없다고 표현하기도 했다. 그리고 물방울은 땅에 닿으면 곧 스며들고 만물의 자양분이 되는 존재이기도 하다. 물방울이 땅의 자양분이 되어 포도나무가 자라고 결국 와인이 되는 순환의 여정이 피터 펨퍼트가 말한 '영원'의 의미가 아닐까?

「수상한 그녀」,
와인도 잘 마시는 수상한 그녀

Miss Granny

Director 황동혁
Cast 심은경(오두리), 나문희(오말순), 박인환(박씨)
성동일(반현철), 이진욱(한승우)

Wine 보데가 마츠(스페인 토로)

영화는 대학 강단에 선 반현철 교수가 '노인에 대한 차별'이라는 주제로 학생들에게 질문을 던지며 시작한다. "자, 노인을 떠올렸을 때 생각나는 편견과 선입견, 그리고 그 이유를 말해볼 사람?" 가장 그럴 듯한 답변을 하면 과제를 면제해 주겠다는 말에 학생들은 앞다투어 노인은 너무 느리고, 냄새가 나고, 얼굴이 두껍다며 편견을 쏟아낸다. 그런데 느리고, 냄새 나고, 안하무인인 노인이 여기 있다. 바로 강단에 선 반현철의 어머니 오말순이다. 반 교수는 국립대에서 노인 문제를 연구하고 강의하는데, 정작 자신의 집안 문제는 하나도 해결하지 못하는 것처럼 보인다.

반 교수는 자식 자랑이 유일한 낙인 성격 드센 어머니를 모시고 살고 있다. 심지어 눈치까지 없는 말순은 사사건건 며느리인 애자의 삶에 훈수를 두고, 애자는 시월드 스트레스로 졸도 직전, 아니 정말로 쓰러져서 병원에 입원한다. 이제 시어머니는 꼴도 보기 싫다는 애자의 단호한 말에 결국 반 교수는 어머니를 애자가 쾌차할 때까지 요양 병원에 보내기로 한다. 물론 말순의 억장은 무너진다.

　말순의 더할 나위 없이 우울한 저녁, 집에 들어가기 싫은 그녀는 버스 정거장에 망연자실 앉아 있다가 더 늦기 전 영정 사진을 찍어두기 위해 사진관에 들어간다. 그런데 웬걸? 사진관을 나오고 나니 20대의 몸으로 돌아간 게 아닌가? 생각, 행동, 말투 모든 게 그대로인데, 몸만 청춘으로 돌아간 말순. 이제 그녀의 인생은 어떻게 흘러갈까? 아들 하나 교수 만드느라 포기했던 꿈과 사랑을 이번에는 이룰 수 있을까?

　이 발랄한 영화는 와인을 마시는 장면도 유쾌하게 그려낸다. 어려진 말순, 그러니까 오두리가 사랑에 빠진 한승우 PD의 집에 초대받았을 때다. 한 피디는 익숙한 동작으로 와인을 오픈하고, 두리와 함께 오붓한 분위기에서 와인을 마신다. 와인을 마실 줄 모르는 두리는 잔에 담긴 와인을 원샷하는데, 그런 그녀를 보는 한 피디의 눈에 꿀이 뚝뚝 떨어진다. 말숙이 원샷하는 와인은 어딘가 익숙한 레이블인 것 같았지만, 교묘한 카메라 무빙의 벽을 넘지 못해 끝내 정체를 밝힐 수 없었다. 여기서는 영화를 보는 내내 생기 있는 어린 말순과 노년의 모습을 모두 떠올리게 만든 '보데가 마츠*Bodegas Matsu*'의 와인들을 소개한다.

흐르는 세월을 담아낸 와인, 보데가 마츠

　스페인의 토로*Toro*라는 와인 산지에 자리 잡은 보데가 마츠는 한 번 보면 절대로 잊을 수 없는 레이블과 강렬한 맛으로 알려졌다. 토로는 스페인 서북부의 카스티야 이 레온*Castilla y León* 지방에 있는 산지로, 특히 틴타 데 토로*Tinta de Toro* 품종으로 만든 강력한 풀바디 레드 와인을 만드는 곳으로 명성이 자자하다. 틴타 데 토로는 토로에서 스페인을 대표하는 적포도 품종인 템프라니요*Tempranillo*를 부르는 별칭이다. 화이트 와인 생산량은 매우 적은 편인데, 이유가 있다. 토로가 극단적인 대륙성 기후를 지녔기 때문이다. 작열하는 태양이 함께하는 길고 무더운 여름과 연간 강수량이 불과 350~400mm인 건조한 환경에서 버틸 수 있는 포도나무는 단연 청포도보다는 적포도다.

　토로에서 생산되는 강건한 레드 와인은 오래전부터 스페인에서도 손에 꼽혔다. 1188년 토로가 속한 레온과 갈리시아 지방을 다스렸던 알폰소 9세는 교회에 포도나무를 심을 것을 장려했고, 수도사들의 부단한 노력이 이 지역 와인에 최초의 명성을 부여했다. 지금도 토로에 있는 40여 개의 교회 중 많은 곳들이 이때 이루어진 와인 무역에 힘입어 건설되었다. 중세 시대부터 토로의 와인은 다른 도시에 인기리에 판매되는가 하면, 19세기 말 프랑스에 필록세라의 광풍이 불어 닥쳐 와인 기근 현상이 일어났을 때 엄청난 양의 토로 와인이 프랑스로 수출된 역사도 가지고 있다. 건조한 모래 토양 덕분에 토로의 포도밭들은 필록세라의 피해를 입지 않았던 것이다. 그래서 지금도 토로에서는 100년 이상의 수령인 틴타 데 토로 포도나무를 많이 찾을 수 있다. 이 지역은 1/4에 해당하는 포도밭들의 평균 수령이 50년 이상이라고 한다.

이와 같은 테루아적 특이성과 오랜 명성 덕에 토로는 1933년 스페인 최초로 DO(국가에서 지정하고 보호하는 와인 산지)로 지정되는 영광을 안았다. 가장 유명한 와인은 스페인의 대표적인 와이너리인 '베가 시실리아*Vega Sicilia*'에서 선보이는 '핀티아*Pintia*'다. 베가 시실리아는 사실 토로에서 살짝 더 동쪽으로 이동하면 만날 수 있는 리베라 델 두에로*Ribera del Duero*에 본거지를 두고 있는데, 핀티아는 토로에서 재배한 틴타 데 토로 100%로 만든다.

토로에 위치한 마츠 와이너리의 이름은 특이하게도 일본어로 마츠*Matsu*, 즉 '기다림'을 뜻한다. 이들은 토로의 포도 재배자들을 영웅이라 칭하며 그들이 과거에 이루었고, 현재 일구고 있는 업적에 대해 존경을 담아 와인을 만든다. 포도를 재배하고 와인을 만드는 데 필요한 오랜 기다림, 그리고 그 시간 동안 자신의 열정을 바쳐 포도밭과 양조장에서 일한 사람들에 대한 존경심을 표현하기 위해 스페인의 유명 사진 작가 벨라 아들러와 살바도르 프레네다에게 의뢰해 실제 와이너리에서 일하는 사람들의 얼굴을 와인 레이블에 담았다.

마츠 와이너리는 청년의 얼굴이 담긴 '엘 피카로*El Picaro*', 중년 남성의 얼굴이 담긴 '엘 레시오*El Recio*', 세월의 풍파를 겪어낸 노인의 얼굴이 담긴 '엘 비에호*El Viejo*', 카리스마가 느껴지는 중년 여성의 모습이 있는 '라 헤파*La Jefa*'를 생산한다. 마지막 라 헤파만 화이트 와인이고,

나머지 세 와인은 친환경 농법으로 재배한 틴타 데 토로 100%로 만든 레드 와인이다. 또한 모든 와인을 최대한 인위적인 간섭을 배제한 채 내추럴한 양조법으로 만들고 있다.

세 레드 와인의 캐릭터는 레이블에 그려진 인물들의 연배와 비슷하게 설명을 이어갈 수 있다. 엘 피카로는 나머지 두 와인과 비교해 다소 젊은 수령의 포도나무의 열매로 와인을 만들며, 짧은 침용과 발효 후 콘크리트 탱크에서 두 달간 숙성한 뒤 출시하는 과실향이 좋은 와인이다. 엘 레시오는 90년 수령의 포도나무의 수확물로 만들어지며, 14일간 침용 후 콘크리트 탱크에서 발효를 마치면 두 번 사용한 오크통에서 14개월 동안 숙성한다. 엘 피카로보다 질감이 풍부하고 바닐라, 코코아, 코코넛 같은 둥글둥글하고 부드러운 풍미도 느낄 수 있다.

마지막 엘 비에호는 100년 이상의 수령을 자랑하는 올드 바인의 틴타 데 토로로 만든 최상급 와인이다. 2주 동안 침용을 거치고, 콘크리트에서 자연 발효한 뒤 새 프렌치 오크통에서 16개월간 숙성해 출시한다. 잘 익은 검은 과실의 풍미가 잔에서 넘실거리듯 충분히 느껴지며, 새 오크통에서 배어든 스파이시한 노트와 달콤한 뉘앙스가 와인에 균형 있게 녹아 있다. 입에서도 비단결처럼 느껴지는 고운 타닌과 긴 여운을 느낄 수 있는 고급 와인이다. 아직 마셔보지 않았더라도 세 와인이 전하는 뉘앙스의 차이가 어렴풋이 상상될 거라고 생각한다.

마츠의 유일한 화이트 와인 라 혜파는 말바지아*Malvasia*를 메인으로 다른 여러 청포도를 섞은 블렌딩 와인이다. 50~150년 수령 사이의 고목에서 얻은 청포도로 와인을 만들며, 4시간 동안 껍질과 함께 침용한 뒤 프렌치 오크 배럴에서 발효를 거친다. 그러고는 라이트 토스트*Light Toast*(오크통 내부를 가장 약하게 그을린)의 새 오크통에서 14개월 숙성한 후 출시한다. 농익은 과일 향, 꿀, 꽃 향, 열대 과일 향이 느껴지고, 크리미한 질감과 잘 익은 과실미가 존재감을 뽐내는 육중한 화이트 와인이다.

저명한 와인 평론가 맷 크레이머는 자신의 저서 『와인력』에서 이렇게 말했다.

"와인을 숙성시키는 것은 자식을 양육하는 것과 같다. 부모는 아이가 열여덟 살, 서른 살 혹은 그 어떤 나이가 되었을 때 가장 사랑스러우리라 생각하면서 아이를 기르지는 않는다. 아이들이 자라나는 모습을 보면서 즐거워하고, 함께 추억을 만들며 성장하는 단계마다 기쁨을 누리는 것이 더 중요하다. 와인도 마찬가지다."

또한 프랑스 부르고뉴의 탑클래스 와이너리인 '도멘 르루아*Domaine Leroy*'와 '도멘 도브네*Domaine d'Auvenay*'를 소유하고 있는 라루 비즈 르루아*Lalou-Bize Leroy* 여사는 또 이렇게 말했다.

"어느 누가 이 와인보다 저 와인이 더 훌륭하다고 말할 수 있겠어요? 와인은 병마다 다 달라요. 와인이 병입되는 순간부터 제각기 새로운 생명이 시작되는 것이죠."

마츠 와이너리의 와인들이 제각기 개성을 지니고 각자의 매력을 지니고 있듯이, 인생은 매 순간 빛이 나며 젊은 한철만이 가장 소중한 구간은 아니라는 것을 영화를 보는 동안 깨닫게 된다. 좋은 포도로 잘 만든 와인도 시간이 흘러야 깊이 있어지는 것처럼, 우리 인생에서도 시간이 그런 역할을 해주기를 바랄 뿐이다.

「화장」,
지공다스를 닮은 남자

Revivre

Director	임권택
Cast	안성기(오정석), 김규리(추은주)
	김호정(아내), 전혜진(딸), 연우진(사위)
Wine	엠 샤푸티에 지공다스(프랑스 론)

"아내의 암이 재발됐다. 그 사이, 나는 다른 사랑을 꿈꿨다."

영화 「화장」의 포스터에 쓰인 글귀다. 대기업 화장품 회사에서 상무로 재직 중인 중년의 주인공 오정석은 능력 있고 가정적인 남자다. 그러던 어느 날, 평온한 하루를 보내던 어느 휴일에 정석의 일상은 한순간에 무너진다. 반려견에게 밥을 주러 마당으로 나선 아내가 갑자기 쓰러지고, 의사로부터 아내의 뇌종양이 재발했다는 말을 듣게 된 것이다. 능력 있는 중역으로서 회사에 없어서는 안 될 존재인 정석은 회사 업무에 소홀하지 않으면서, 호전될 기미가 전혀 안보이는 아내의 병수발까지 도맡는 헌신적인 모습을 보여준다.

회사와 병원을 오가며 지친 일상을 보내던 정석의 우울한 삶에 한 여성이 나타난다. 회사에 새로 입사한 추은주 대리다. 젊고 매력적이며, 일까지 똑 부러지게 처리하는 은주는 하루하루 죽음에 다가가는 아내와 달리 생동감이 흘러넘친다. 정석은 자신의 사무실에 앉아 은주를 은밀히 관찰하고, 병든 아내와 의무적으로 사랑을 나누면서 은주를 상상한다. 심지어 아내의 장례식장에서 은주의 몸을 훑어본다. 그러나 정석은 자신의 상상을 절대 현실로 끌어오지 않는다. 여전히 헌신적인 가장

이자 매너 좋은 상사의 모습을 유지할 뿐이다.

「화장」의 서사는 시간 순으로 흐르지 않는다. 영화의 첫 장면은 전통 장례로 거창하게 치르는 아내의 장례식 신인데, 후반에 밝혀지듯 사실 아내는 화장火葬했고 이는 정석의 상상이다. 장례 장면이 지나가면 슬프면서도 어딘가 모르게 후련해 보이는 정석의 모습이 이어진다. 이렇게 영화는 과거와 현재를 적절히 오가며 정석이 처한 상황과 그의 심리를 묘사하는 데 집중한다.

임권택 감독의 102번째 연출작인 「화장」은 이상문학상 대상을 수상한 김훈 작가의 동명의 소설을 원작으로 하고 있다. '드러나는 것보다 드러나지 않는 게 더 많은 소설'이라는 저자의 자평처럼 영화 「화장」 또한 많은 것을 관객의 판단으로 유보하며 감정을 배제한 채 인물을 훑는 방식을 취한다. 영화 포스터에서도 암시하고 있듯, 영화의 제목은 얼굴을 곱게 꾸미는 화장化粧과 시신을 불태우는 화장 둘 다를 의미한다.

무거운 주제의 한국 영화인 데다가 노장의 연출작이라 와인이 등장할 거라고 예상하지 못했으나 의외로 한 와인이 아주 중요한 아이템으로 등장한다. 바로 프랑스 론 지역에서 만들어지는 '엠 샤푸티에*M. Chapoutier*의 지공다스*Gigondas*'다. 이 와인은 영화에서 세 차례나 등장한다. 첫 번째는 회식 자리에서 은주가 우렁차게 "여기 지공다스 주세요" 하고 외치는 장면이다. 이때 엠 샤푸티에의 지공다스가 서빙되고, 은주는 와인을 마신 뒤 이렇게 이야기한다.

"아 맛있다. 이게요. 맛이 풍성하고 중후해요. 중후하다는 게 뭐냐면, 시간이 지날수록 맛이 깊어지고 부드러워진다는 거예요. 첫맛은 좀 냉정해 보이는데, 입 안에서 이렇게 굴리다 보면 편안한 향기가 풀어져서 끝내는 자상해져요."

대사 중간중간 취한 정석의 모습을 교차하며 보여주는데, 감독은 지공다스로 정석의 캐릭터를 묘사하고자 한 것으로 보인다. 은주의 대사에서 은주도 정석의 은밀한 감정을 알고 있으며, 은주 또한 그를 마음에 두고 있음을 짐작할 수 있다.

두 번째는 은주가 정석에게 선물한 지공다스를 병원에 있던 아내가 마시는 장면이다. 병실에 있는 간이 침대에서 쪽잠을 자던 정석은 악몽을 꾸다가 괴로워하며 일어나고, 아내는 그런 그의 모습을 물끄러미 보고 있다가 정석의 만류에도 창가에 놓인 와인을 홀짝홀짝 들이켠다. 결국 취한 아내는 정석을 향해 "내가 죽었으면 좋겠지?"라고 울부짖는다.

세 번째는 아내의 죽음 이후 별장에서 유품을 정리하며 마음을 추스리는 정석을 보여주는 장면이다. 별장에는 은주가 정석에게 선물한 지공다스 세 병이 택배로 와 있고, 얼마 뒤 중국으로 떠나게 되는 은주가 마지막으로 정석을 보고 싶다며 그곳에 찾아온다. 문이 열려 있어 안으로 들어온 은주는 테이블 위에 곱게 세팅된 와인과 안주를 보고 정석을 찾지만, 그는 별장 어디에도 없고 연락조차 받지 않는다. 이어 한참을 소파에 앉아 눈물을 흘리는 은주의 모습이 이어진다.

결국 영화에서 지공다스 와인은 정석 자체이고, 은주가 정석에게 표현하는 마음이자, 은주와 아내를 연결하는 고리이며, 종내에는 정석이 은주를 떠나보내기로 결심하고 되돌려주는 마음이기도 하다. 엠 샤푸티에라는 와이너리에 대해서는 「레이」(000)에서 '시각 장애인의 손길이 가는 와인'으로 소개했기에, 여기서는 은주가 그토록 좋아했던 지공다스 와인에 대해 이야기를 조금 더 나눠보도록 한다.

때로는 강건하고, 때로는 풀어지는 지공다스 와인

지공다스는 프랑스에서 두 번째로 넓은 포도 재배 면적을 가진 론 지역의 세부 와인 산지 이름이다. 론 와인의 키워드는 '강렬한 레드'라고 볼 수 있는데, 프랑스의 다른 와인 산지보다 강건하고 야성적인 풍미가 생생하게 살아 있는 레드 와인으로 오랜 시간 입지를 다져왔기 때문이다. 역사적으로 다른 지역의 레드 와인에 색과 풍미를 더하는 용도로 활용되기도 했다.

레드 와인은 론 전체 와인 생산량의 76%를 차지하고 있고 주로 그르나슈, 시라, 무르베드르, 생소, 카리냥 품종으로 만든다. 로제는 14%, 화이트는 10%를 만드는데, 비오니에와 그르나슈 블랑, 마르산느, 루산느로 만드는 화이트는 소량이기는 하지만 선이 굵고 농밀하며 장기 숙성에 적합한 캐릭터를 지녔다.

론 지역은 같은 이름의 론 강을 따라 길고 넓게 분포하고 있으며, 크게 북부 론과 남부 론으로 구분된다. 두 지역은 재배하는 포도 품종이나 와인의 스타일, 그리고 테루아에서 뚜렷한 차이를 보인다. 북부 론은 가파른 구릉이 연이어 겹치는 계곡의 형태로 이뤄져 있고, 남부 론은 완만한 구릉과 광활한 평야가 주를 이룬다. 북부 론과 남부 론, 둘을 합치면 넓이가 굉장히 방대하고 소규모 생산 지역도 다양해서 와인 애호가 입장에서는 선택의 여지가 많은 매력적인 와인 산지다. 그리고 영화 속 주인공인 지공다스는 샤토뇌프 뒤 파프와 더불어 남부 론을 대표하는 와인 산지다.

지공다스의 특징은 먼저 땅 모양에서 찾을 수 있다. 우뚝 솟은 석회암 지층의 경사면을 따라 포도밭이 가파르게 자리 잡고 있는 이곳은 고도가 꽤 높은 편이어서 낮과 밤의 온도차가 큰 편이고, 덕분에 당과 산이 적절히 블렌딩된 좋은 포도가 영근다. 메인 품종은 그르나슈, 무르베드르, 시라, 카리냥을 블렌딩하며, 대체로 흑연, 으깬 암석, 레드베리, 다크베리, 감초의 풍미를 보이고 입안에서는 향신료와 진한 과실 풍미로 마무리된다.

지공다스는 오랜 시간 남부 론에서 가장 인지도가 높은 와인인 샤토뇌프 뒤 파프와 비견되면서, 상대적으로 가격이 저렴해 가난한 자의 샤토뇌프 뒤 파프라고 불리기도 했다. 아로마와 풍미도 비슷한 편인데, 코에서는 감미로운 과실향, 입에서는 향신료 풍미와 부드러운 질감이 특징적인 레드 와인에 집중하고 있다. 약간의 차이점이라면 지공다스는 프랑스 남부 전역에서 발견되는 덤불과 허브에서 비롯된 중독성 있는 매운맛을 보여준다는 것이다.

영화 속에서 정석은 주변을 정리하는 것에 주저함이 없다. 은주가 보낸 문자를 삭제하고, 아내의 흔적을 모두 지우고, 맡고 있던 프로젝트의 광고 콘셉트를 '가벼워진다'로 결정한다. 어딘가 모르게 활기찬 얼굴과 걸음걸이의 정석은 그제야 편안함에 다다른 사람처럼 보인다. 다정하면서도 냉정하고, 이성적이다가도 인간적인 흔들림을 보여주는 정석과 지공다스는 묘하게 잘 어울리는 조합이다.

「하녀」,
와인을 다루는
매력적인 주인의 자세

The Housemaid

Director 임상수
Cast 전도연(은이), 이정재(훈), 서우(해라)
　　　　박지영(해라엄마), 안서현(나미), 윤여정(병식)

Wine 샴페인 크루그(프랑스 샹파뉴)

「하녀」는 1960년에 개봉했던 「하녀」의 리메이크작이다. 원작 「하녀」는 한국의 알프레드 히치콕이라 불리었던 김기영 감독의 작품으로, 평단과 관객 모두를 만족시킨 걸작이라고 평가받는다. 원작에서는 치명적인 매력을 소유한 음악 선생 동식을 사이에 두고 그의 아내와 가정부, 동식을 사모하는 제자까지, 세 여자의 복잡한 애정 관계를 그리고 있다. 2010년 임상수 감독이 리메이크한 「하녀」에서는 음악 선생이었던 동식이 태어날 때부터 부자인 훈으로 대치되었고, 그의 주위에는 쌍둥이를 임신한 아내 해라와 훈의 대궐 같은 집에서 하녀로 일하게 된 은이, 그리고 은이보다 먼저 일한 하녀 병식이 있다.

영화에서 훈의 위치는 그야말로 절대군주처럼 보인다. 훈은 은이와 병식은 물론, 같은 상류층 인물로 그려지는 해라 모녀까지도 하대하는데, 해라 모녀도 훈에게 반항하지 못한다. 그가 유일하게 관심을 두는 건 자식과 와인, 그리고 피아노 연주다. 이는 원작에서 음악 교사였던 동식을 오마주한 것으로 보여진다.

영화에서 훈은 끊임없이 와인을 즐긴다. 심지어 아내와 사랑을 나누는 도중에도 와인 잔을 놓지 않을 정도다. 와인을 마시는 자세 또한 사뭇 진지해서, 과장 조금 보태면 「사이드웨이」의 마일스와 비견할 수 있는 수준이다. 와인 잔에 와인을 따르고는 색을 유심히 관찰하고, 코를 깊숙이 잔에 넣고 향을 즐긴 뒤 와인을 충분히 입에 넣고 입 전체로 음미하면서 와인 전문가처럼 '와인을 머금은 채로 입 안에 공기 넣기' 기술을 보여준다. 이정재 배우는 인터뷰에서 이 행동을 웃기기 위해 일부러 했다고 말했는데, 웃고 넘기기에는 평소 알려진 대로 와인 애호가의 향기가 진하게 풍긴다. 와인 장면마다 보이는 리드미컬한 스월링 솜씨가 연기를 위해 만들어진 것은 아닌 것 같다.

은이가 훈의 아이를 임신하고 해라 모녀가 질투에 눈이 멀면서 영화는 파국을 향해 간다. 그 가운데서도 훈은 매번 다른 와인을 즐기는데, 마지막 장면에서 훈과 꼭 닮은 와인이 등장한다. 바로 샴페인 '크루그 *Krug*'이다.

명불허전, 샴페인 크루그

샴페인에서 '크루그'가 가진 단어의 힘은 남다르다. 묵직한 보틀과 황금빛 레이블, 다른 럭셔리 샴페인을 지그시 누르는 아름다운 퍼포먼스로 샴페인 애호가들의 뜨거운 사랑을 받아왔다. 크루그는 지금으로부터 거의 200년 전인 1843년, 요셉 크루그가 자신의 이름을 따서 창립한 샴페인 하우스다. 독일 마인츠에서 도축업자의 아들로 태어난 그는 1824년 고향을 떠나 프랑스로 이주한다. 당시 독일인은 회계사나 장부 기록원으로서 프랑스 내에서 쉽게 일을 구할 수 있었고, 요셉은 샴페인 명가인 '자크송*Jacquesson*'에 합류해 회계 업무를 하며 샴페인과의 긴 인연을 시작했다. 그는 자크송에서 8년이라는 긴 시간을 보낸 뒤 유럽 전역을 여행하며 샴페인 시장을 관찰하고, 샴페인 판매자와 소비자 사이의 관계를 평가하는 등 여러 업무를 익혔다. 1840년대쯤에는 샴페인 블렌딩에 관여할 정도로 출중한 미각과 지식을 가졌다고 전해진다.

1842년 샹파뉴의 주도 랭스로 이주한 요셉은 1년 동안의 준비 끝

에 샴페인 하우스 크루그를 설립한다. 그는 샴페인의 존재 이유가 바로 '즐거움'이라고 생각했고, 샴페인 하우스의 철학을 "샹파뉴의 들쑥날쑥한 기후와 상관없이 언제나 최고의 즐거움을 선사하는 독보적인 샴페인을 만들자"로 정한다. 실제로 요셉 크루그가 남긴 기록에 따르면 그는 좋은 샴페인 하우스에 대한 정의를 다음과 같이 내리고 있다.

"좋은 샴페인 하우스는 동일한 품질을 지닌 두 가지 샴페인을 만들어야 한다. 첫째 매년 블렌딩을 달리해서 샴페인의 풍부한 표현력을 새롭게 선보이는 샴페인. 둘째는 포도밭이 가진 주변 환경을 잘 녹여낸 샴페인이다."

그리고 그의 꿈을 실현한 샴페인 '크루그 그랑 퀴베*Krug Grande Cuvée*'가 1844년 탄생한다. 이것이 바로 '매년 블렌딩을 달리해서 샴페인의 풍부한 표현력을 선보이는 샴페인'이다.

요셉은 다년간의 업무와 여행으로 프랑스어, 영어, 독일어에 능통했고, 약간의 러시아어를 구사할 수 있었기에 회사는 주요 해외 시장을 쉽게 개척할 수 있었다. 요셉이 회사의 기반을 마련하고 1866년 세상을 떠나자 아들 폴 크루그가 샴페인 하우스를 이어받아 당시 중요한 샴페인 시장이었던 영국 런던에 브랜드를 성공적으로 안착시켰다. 심지어 전쟁 통에도 역사상 최고의 크루그라고 평가받는 1926, 1928 빈티지 샴페인을 출시했다. 당시 변호사이자 와인 저널리스트인 모리스 힐리는 1928년산 크루그에 대해 이번 세기에 만들어진 최고의 와인이라 극찬하기도 했다. 이후 크루그 가문에 의해 대대로 전승되어 온 샴페인 하우스는 1999년 LVMH의 소유가 됐지만, 여전히 크루그 가문의 일원이 디렉팅을 도맡아 오랜 시간 켜켜이 쌓인 샴페인 메이킹 노하우를 황금색 병에 고스란히 담아내고 있다.

샴페인 크루그의 와인 철학은 그들의 간판 와인이자 가장 널리 알려진 그랑 퀴베에 들이는 공으로도 충분히 설명이 가능하다. 그랑 퀴베는 다른 샴페인 하우스의 간판 샴페인처럼 빈티지가 없는 NV 스타일인데, 만드는 방법이 상당히 고되고 까다롭다. 예를 들어 최근 출시된 172번째 에디션(2025년 4월 기준)은 2016년에 수확한 포도로 만든 베이스 와인을 기초로 하지만, 완벽한 밸런스를 맞추기 위해 무려 열 가지 빈티지에서 찾아낸 다양한 리저브 와인을 블렌딩한 샴페인이다. 품종은 피노 누아 44%, 샤르도네 36%, 뫼니에 20%. 블렌딩이 끝난 그랑 퀴베는 하우스의 가장 대중적인 샴페인이라는 수식어가 무색하게 지하 셀러에서 무려 7년 동안 병 숙성을 한 뒤 세상의 빛을 보게 된다. 각 에디션마다 섞는 빈티지와 와인의 개수가 모두 다르기에 창립자 요셉의 말처럼, 매년 블렌딩을 달리해서 풍부한 표현력을 새롭게 선보이는 샴페인을 맛볼 수 있다.

이외에도 크루그는 로제 샴페인, 빈티지 샴페인, 싱글 빈야드 샴페인인 '클로 뒤 메닐Clos du Mesnil'과 '클로 당보네Clos d'Ambonnay', 마지막으로 매우 드물게 만날 수 있는 올드 빈티지 샴페인인 '크루그 콜렉션'까지 각기 개성도 매력도 다른 여섯 가지 스타일의 샴페인을 만들고 있다.

애호가들은 꿈의 샴페인으로 여기기도 하는 클로 뒤 메닐과 클로 당보네는 담장(클로)으로 분리한 전용 포도밭의 포도로만 만들어진 싱글 빈야드 샴페인이다. 클로 뒤 메닐은 1698년부터 담장으로 보호되고 있는 클로 뒤 메닐 포도밭(약 5,500평)의 샤르도네로 만드는 블랑 드 블랑 샴페인이며, 클로 당보네는 약 2,000평의 작은 포도밭의 피노 누아로만 만들어지는 블랑 드 누아 샴페인이다. 마치 흑과 백의 조화처럼 환상적인 앙상블을 이루는 둘은 샴페인만이 표현할 수 있는 아름다움과 고귀함을 선보인다.

크루그는 오래 전부터 소리와 미각 사이에 관계가 있다는 걸 인지하고 있었으며, 이를 직접 체험할 수 있는 크루그 뮤직 페어링 프로젝트를 진행 중이다. 크루그 하우스에서는 매년 크루그 샴페인에 걸맞은 뮤지션을 엄선해 하우스로 초청한다. 류이치 사카모토, 정재형 등 익숙한 뮤지션들도 이 프로젝트에 참여해 특정 빈티지의 크루그에서 받은 영감을 토대로 크루그 샴페인에 페어링할 수 있는 연주곡을 선보였다. 아티스트의 음악은 크루그 홈페이지에서 감상할 수 있다.

음악과 와인을 사랑하고, 높은 위치에서 군림하는 주인공 훈의 샴페인 취향으로 크루그가 등장한 것은 무척이나 자연스러워 보인다. 이쯤 되면 와인 선택은 제작자가 했는지, 감독이 했는지, 또는 배우의 의견이 있었는지도 궁금해진다. 어느 쪽이었든 그 선택은 옳았다.

「에브리바디 파인」, 사랑하는 자식들을 위한 와인 준비

Everybody's Fine

Director 커크 존스
Cast 로버트 드 니로(프랭크 구드)
 드류 베리모어(로지)
 케이트 베킨세일(에이미)
 샘 록웰(로버트)

Wine 와인 어플리케이션 활용법

    수개월 전, 동고동락했던 아내를 떠나보낸 주인공 프랭크. 평생 고압 전선을 감싸는 PVC를 만들며 가족을 부양한 그는 요즘 들어 자식들과 가교 역할을 해주던 아내의 빈자리가 새삼 크게 느껴진다. 그러던 어느 날, 아내의 장례식 이후 고향 집에 한 번도 찾아오지 않던 사 남매가 집에 찾아오겠다는 소식을 전한다. 프랭크는 자식들을 볼 생각에 한껏 들떠 집을 구석구석 청소하고, 정원을 가꾸고, 마트에서 비싼 와인을 사는가 하면, 무려 600달러짜리 최신 바비큐 그릴도 구입한다. 그런데 막상 약속한 당일이 되자 자식들 모두 약속이라도 한 듯 급한 일정이 생겨 못 온다는 게 아닌가. 깜짝 카메라인가 싶지만 현실이다.
    아쉬움과 허전함을 도저히 가라앉히기 힘들었던 프랭크는 얌전히 집에서 자식을 기다릴 게 아니라 직접 찾아가겠다는 결심을 한다. 하지만 장거리 여행에 가장 큰 발목을 잡는 건 그의 건강이다. 평생 공장에서 일하느라 화학 물질에 장기간 노출되어 폐가 예전 같지 않다. 프랭크는 주치의의 반대에도 불구하고 사랑하는 자식들을 만나기 위해 뉴욕-시카고-덴버-라스베이거스로 이어지는 장거리 여행을 계획한다. 미국 전역을 여행하려면 비행기를 타는 게 당연하겠지만 폐 질환을 앓고 있어 높은 고도와 낮은 기압이 두려웠던 그는 기차와 버스를 타고 자식들을 찾아가기로 마음먹는다.

첫 번째 여행지는 막내아들 데이비드가 살고 있는 뉴욕이다. 그가 데이빗에 대해 알고 있는 거라고는 뉴욕에서 거주하고 있는 주소와 화가라는 직업뿐이다. 사실 프랭크가 자식들에 대해 알고 있는 정보는 아내가 살아 있을 때 전해 들었던 단편적인 조각들이다. 긴 여행 끝에 도착한 데이비드의 집은 뉴욕 변두리의 허름한 아파트다. 아들이 성공한 화가가 됐을 거라고 상상한 프랭크는 무언가 잘못되었음을 느낀다. 게다가 초인종을 아무리 눌러도 묵묵부답이다. 새벽이 되어도 아들이 집에 돌아올 기미가 보이지 않자 하는 수 없이 프랭크는 준비했던 편지를 현관문 틈 사이로 밀어 넣고 딸 에이미를 만나기 위해 시카고로 향한다.

눈치가 빠른 분이라면 막내아들과의 만남이 불발될 때부터 프랭크의 여행이 그의 기대와는 달리 흘러갈 거라고 예감할 것이다. 그간 생계를 위해 일만 하며 아이들과 전혀 소통하지 못한 그의 생각과 장성한 아이들의 현실은 다를 수밖에 없다. 여행을 할수록 프랭크는 자신이 아이들에게 성공만을 강요하는 아빠였다는 것을 깨닫는다. 기대에 못 미칠까 두려웠던 아이들은 실제 사정을 숨기는 선택을 해왔다. 과연 사 남매가 아버지에게 숨기고 있던 진실은 무엇이었을까? 자식들에게 연신 "행복하니?"라고 물으며 그들의 행복을 누구보다 바랐던 프랭크는 이 긴 여행에서 어떤 깨달음을 얻을까?

영화에는 와인이 자주 등장한다. 두 딸과 드디어 만나 함께하는 저녁 식사에서 와인을 마시고, 영화의 마지막 파티에서도 칠면조 요리에 레드 와인을 곁들인다. 가장 인상적이었던 와인 장면은 프랭크가 집에 올 아이들과 마실 와인을 마트의 직원으로부터 추천받는 장면이다. 기쁜 자리에 걸맞는 와인을 준비하고 싶은데 마트 진열대에 워낙 많은 와인들이 있다 보니 뭘 골라야 할지 난감한 프랭크는 직원에게 좋은 와인을 추천해달라고 부탁한다. 하지만 직원도 여러 국가의 와인들이 있다는 가벼운 정보만 읊을 뿐 별 도움이 안 된다. 이 장면을 보며 떠오른 생각,

이때 프랭크에게 '비비노' 앱이 있었다면 어땠을까?

와인 어플리케이션의 편리함

마트나 레스토랑에서 와인을 판매하는 일을 하더라도 와인에 대해 해박하지 않은 경우가 꽤 있다. 하지만 이제는 와인 소양이 부족한 직원을 만나더라도, 심지어 스스로 와인의 '와' 자도 모르더라도 합리적인 가격에 좋은 와인을 사서 마실 수 있는 시대가 도래했다. 바로 와인 정보를 찾아주는 앱 서비스들이 있기 때문이다. 여기서는 가장 대표적인 와인 찾기 서비스인 '비비노VIVINO'에 대한 이야기를 해보려고 한다.

혹시 비비노가 생소하다면 스마트폰의 앱 스토어를 열고 'VIVINO'를 검색해 설치하기를 추천한다. 앱을 깔고 회원가입을 끝냈다면 집에 있는 와인 병의 레이블을 스캔해보자. 분명 신세계를 경험할 수 있을 것이다. 필자들이 와인 공부를 시작하던 15년 전을 돌이켜 생각해보면 지금은 와인생활을 즐기기 참 좋은 시대에 살고 있다. 손에 쥐고 있는 스마트폰으로 언제 어디서나 내 앞에 있는 와인의 최저가(혹은 평균가)를 찾을 수 있고, 그 와인에 대한 전문가들의 평가는 물론, 와인 애호가들이 남긴 날것의 평가를 확인할 수 있기 때문이다.

와인 앱들의 스마트한 진보는 수많은 방구석 와인 전문가를 탄생시키면서 와인의 저변화에 한몫을 했고, 나아가서는 정보 비대칭을 해소해 와인의 가격 평준화에도 거대한 영향을 미치고 있다. 비비노의 가장 큰 기능은 와인 레이블을 스캔해서 와인에 대한 정보를 얻는 것으로, 이런 기능을 가진 유사 앱이 많지만 가장 많은 이용자 수(현재까지는 6천만 명 이상이라고 밝혔다)를 보유한 비비노에서서 상대적으로 방대한 정보를 찾을 수 있다.

비비노를 사용하는 또 다른 이유는 가격 비교다. 와인의 가격 결정에 많은 요소가 개입하다 보니 대부분의 와인 소비자는 내가 지금 사려는 와인의 가격이 적당한가에 대해 의심하곤 한다. 우리나라의 경우 수입 와인에 매기는 세금이 다소 높다 보니 다른 나라보다 가격이 비싸다는 인식이 있어서 더욱 그렇다. 비비노는 이런 의심을 간단히 레이블을 스캔하는 것만으로도 해소해줄 수 있다. 단 비비노에서 제공하는 가격은 보통 해외 기준인 것을 잊어서는 안 된다.

비비노에서의 와인 평가는 별의 개수로 결정되며 만점은 별 다섯 개다. 보통 별 네 개 이상이면 훌륭한 와인이라고 평가받는데, 이 경우도 와인을 평가한 사람의 인원 수를 고려해야 한다. 만약 평가가 1,000개 이상이고 별 네 개 이상을 획득한 와인이라면 구매해도 좋은 범위에 들어간다. 이렇게 비비노에서 정보를 얻을 때 유의해야 하는 점은 비비노상 와인 평점이 절대적이지는 않다는 것이다. 비전문가의 의견, 광고, 평점 테러 등 다른 온라인 리뷰 서비스가 가진 아쉬운 점에서 비비노 또한 자유롭지는 않다. 내가 찾은 와인 정보의 신뢰도를 높이고 싶다면 '와인-서처_Wine-Searcher_'를 함께 이용하는 것도 방법이다. 와인-서처는 1998년에 시작된 주류 검색 엔진으로 다년간 축적해온 주류 정보를 비롯해 비평가의 점수와 시음 노트를 확인할 수 있다.

「에브리바디 파인」은 「시네마 천국」의 주세페 토르나토레 감독의 1990년 작품 「모두 잘 지내고 있다오」의 리메이크작이다. 「모두 잘 지내고 있다오」는 시칠리아에 사는 홀아비 마테오 스크로가 휴가 기간에도 고향을 찾아오지 않는 다섯 명의 자식들을 직접 찾아가는 여정을 그렸다. 영화를 보면 이탈리아나 미국이나 한국이나 세계 어디나 사람 사는 곳은 다 비슷하다는 생각이 절로 든다. 그리고 영화가 끝나면 가족들의 삶이 과연 안녕(fine)한지, 현실 가족들의 안부가 궁금해질지도 모른다. 영화의 제목처럼 이 글을 읽고 계신 모든 독자들과 그 가족들의 삶도 안녕하기를, "Everybody's Fine"을 기원한다.

「타오르는 여인의 초상」, 외딴 섬에서 마시는 레드 와인

Portrait de la jeune fille en feu

Director	셀린 시아마
Cast	아델 에네(엘로이즈)
	노에미 메를랑(마리안느)
	발레리아 골리노(백작부인)
	루아나 바이라마(소피)
Wine	카베르네 프랑

「타오르는 여인의 초상」은 두 여성, 엘로이즈와 마리안느의 사랑을 이야기하는 영화다. 배경은 18세기 말 프랑스. 영화는 일련의 젊은 여성들이 누군가를 바라보며 데생을 하고 있는 한 화실을 비추며 시작한다. 모델은 학생들을 가르치는 능력 있는 화가 마리안느. 데생하는 학생들에게 조언을 던지던 마리안느는 학생들 뒤에 세워져 있는 그림을 보고 누가 꺼냈는지 묻는다. 한 제자가 자기가 꺼냈다고 말하며 꺼내면 안 되냐고 묻자 마리안느는 단호한 뉘앙스로 안 된다고 말한다. 그림의 제목을 묻는 학생의 질문에 마리안느가 대답한다.

"타오르는 여인의 초상."

영화는 마리안느의 미세하게 떨리는 표정을 통해 그림의 사연 속으로 거슬러 올라간다. 몇 년 전, 마리안느는 브르타뉴의 한 섬에 가기 위해 거친 파도 위를 유영하는 작은 배에 타고 있었다. 그는 엘로이즈라는 여인의 초상화를 그리기 위해 섬에 가는 길이다. 엘로이즈는 얼굴도 모르는 밀라노의 한 귀족에게 시집을 가야 하는 현실을 부정하며, 예비신랑에게 보낼 초상화의 모델이 되는 걸 거부하고 있다. 백작 부인의 딸로 평생 유복한 생활을 했지만 숨 막히는 상류층 생활과 정략결혼, 그리고 친언니의 자살이 엘로이즈를 심리적으로 옥죄어 왔고, 얼마간의 수녀원 생활을 거쳐 이제는 섬에서 칩거하고 있다.

엘로이즈의 어머니 백작 부인은 딸의 초상화를 어떻게든 완성하기 위해 마리안느를 고용한 뒤 딸에게는 산책 친구라고 말해둘 테니 그와 함께 매일 산책하면서 초상화를 완성해 달라고 요청한다. 그렇게 마리안느와 엘로이즈는 매일 산책하며 서로를 관찰하고, 대화하고, 감정을 나누며, 상대방에게 서서히 스며들게 된다. 그 흔한 배경음악 하나 없이 진행되는 플롯은 매우 정적으로 흘러가지만, 영화의 제목처럼 두 여성은 마치 활활 타오르는 불꽃처럼 열정적으로 서로를 갈구한다. 하지만 이미 영화는 첫 장면의 그림을 통해 두 여인의 미래를 예견한다. "영원히 타는 불꽃은 없다."

영화에 와인이 곧잘 등장한다. 극의 초반, 섬으로 향하던 배 위에서 바다에 빠진 캔버스를 건지기 위해 마리안느가 바다에 뛰어들고 온몸이 홀딱 젖은 채 섬에 도착한다. 백작 부인의 집에 도착해 짐을 풀고 주방에서 먹을 것을 찾아 스스로 허기를 채우던 마리안느는 하녀에게 와인이 있는지 묻는다. 하녀가 가져온 검은색의 투박한 와인병에는 별다른 레이블이 없다. 영화의 배경이 18세기 후반이니 당연한 일이다. 레이블이 대중화된 건 한참 후였으니 말이다.

이후 영화는 마리안느와 엘로이즈 그리고 그 곁에서 함께하는 하녀까지 세 명의 여인을 비춘다. 재미있는 것은 백작 부인의 딸, 화가, 하녀 이렇게 수직적인 관계의 인물들이 극이 진행될수록 수평적 관계가 된다는 점이다. 이를테면 자수를 놓는 하녀 옆에 와인을 채우는 마리안느와 음식을 요리해 대접하는 엘로이즈가 한 화면에 담긴다. 「타오르는 여인의 초상」을 좋아하게 된 결정적인 장면이다.

　여기서는 영화에 몇 차례 등장한 투박한 검은 병에 담긴 레드 와인의 정체가 무엇인지에 대한 상상을 풀어내 보려고 한다. 영화의 배경이 프랑스 브르타뉴라는 걸 고려하면 아마도 품종은 카베르네 프랑Cabernet Franc으로 만든 와인이 아니었을까?

루아르의 카베르네 프랑

　영화의 배경이 된 프랑스의 브르타뉴 지방은 와인 산지로 따지면 루아르다. 아름다운 루아르 강과 압도적인 위용의 고성들이 즐비한 이곳은 필자들에게도 아름다운 추억을 선사했다. 렌터카를 빌려 찬란한 햇살 아래 가로수길을 운전하던 그때가 지금도 눈에 선하다. 특히 루아르 밸리 곳곳에 펼쳐져 있는 와이너리들에서 경험했던 담백한 와인들은

평생 잊지 못할 추억을 남겨주었다. 프랑스의 모든 와인 산지가 각각의 매력을 가지고 있지만, 프랑스가 자랑하는 풍부한 문화유산과 함께하는 와인 여행으로 우리는 루아르를 자주 1순위에 꼽고는 한다.

루아르에 포도 재배를 시작한 공식적인 민족은 고대 로마인들이다. 이후 4세기부터 본격적으로 와인 양조가 시작됐는데, 최초에 가장 번성했던 지역은 지금의 상세르와 앙주였고 이후 투렌느까지 확장됐다.

루아르 와인에 대해 최초로 공식적인 기록을 남긴 사람은 582년 역사가로 활동했던 그레고리우스 투로넨시스이며, 루아르 와인은 11세기에 이미 영국으로 수출을 시작했다고 한다. 이처럼 굉장히 이른 시기에 영국 무역이 가능했던 이유는 루아르를 동에서 서로 길게 가로지르는 루아르 강을 따라 와인을 배로 쉽게 유통할 수 있었고, 대서양과 맞닿은 낭트 항이 프랑스의 항구 중 영국과 가장 가까웠기 때문이다. 이후 루아르 와인은 다른 지방과 마찬가지로 수도원에 의해 발전했고, 특히 프랑스 왕과 귀족들이 루아르에 성을 짓고 별장으로 활용함에 따라 자연스럽게 와인 산업도 발전하게 됐다.

루아르에서 역사적으로 가장 널리 재배했던 적포도 품종은 단연 카베르네 프랑으로, 오늘날까지도 무려 전체 포도 품종의 25%를 차지한다. 원래 카베르네 프랑의 고향은 프랑스 보르도였다. 지금의 보르도 세부 와인 산지인 프롱삭, 포므롤, 생테밀리옹 지역, 넓게는 리부르네에서 부셰*Bouchet*라는 이름으로 오랜 시간 재배되었고, 17세기 리슐리외 추기경이 이곳의 카베르네 프랑의 묘목을 일부 잘라 루아르의 부르게이으 수도원에 옮겨 심었다는 역사적 기록을 찾을 수 있다. 루아르에 옮겨 가서는 브르통*Breton*이라는 이름으로 불렸는데, 이때부터 카베르네 프랑은 루아르의 레드 와인 생산에 주도적인 역할을 해왔다. 두 지역의 차이는 보르도에서는 카베르네 프랑이 메인 품종인 카베르네 소비뇽이나 메를로를 보조하는 역할에 그친다면, 루아르에서는 주인공 역할을 하면서 카베르네 프랑 100% 와인으로 탄생하고 있다는 점이다.

카베르네 프랑은 메를로와 카베르네 소비뇽의 부모 종이다. 특히 카베르네 소비뇽과 겹치는 풍미가 많은 편인데, 차이점이라면 카베르네 프랑이 조금 더 허브와 같은 식물성 향이 뚜렷하다는 것이다. 특히 피망 플레이버가 특징적이다. 만약 서늘한 기후에서 재배되면 후추나 시가, 가죽 향을 드러내기도 하는데, 보르도보다 북쪽에 있는 루아르에서 만든 카베르네 프랑 와인에서 이런 향과 맛을 더 많이 느낄 수 있다.

카베르네 프랑은 껍질이 얇고 산도가 적은 편이지만 외부의 위협에 꽤 강건하게 버틴다. 비교적 일찍 익는 조생종이기에 들쑥날쑥한 날씨로 유명한 보르도에서는 수확기 악천후를 대비해 카베르네 소비뇽의 보험용 포도로 재배되었다. 토양 적응력이 좋은 품종이며, 그중 가장 선호하는 토양인 모래와 백악질 토양에서는 묵직한 풍미를 가진 풀 바디 와인을 생산한다.

루아르에서는 카베르네 프랑 100% 와인을 흔하게 찾아볼 수 있으며, 개인적으로 세계 최고의 카베르네 프랑 와인 중 다수가 루아르에서 탄생한다고 믿는다. 특히 「엘리제궁의 요리사」에서도 언급한 소뮈르 샹피니*Saumur-Champigny*와 소뮈르 퓌 노트르 담*Saumur Puy-Notre-Dame*은 루아르 밸리를 대표하는 최고급 카베르네 프랑 와인의 탄생지다.

소뮈르 샹피니는 일반 소뮈르 AOP에서 분리된 명칭으로 소뮈르 시 근처 8개의 마을에서 생산하는 최고급 레드 와인을 뜻한다. 메인 품종은 카베르네 프랑이며, 이외에도 카베르네 소비뇽과 피노 도니*Pineau d'Aunis*가 블렌딩될 수 있다. 소뮈르 퓌 노트르 담은 2009년 새롭게 지정된 AOP로, 대개 소뮈르나 소뮈르 샹피니보다 더 좋은 품질의 와인으로 여겨진다. 카베르네 프랑을 최소 85% 써야 하며, 카베르네 소비뇽을 블렌딩할 수 있다. 여기서 피노 도니는 허용되지 않는다. 바디감이 좋아서 장기 숙성에도 유리하다.

카베르네 프랑의 캐릭터를 사람으로 비유하면 풍만한 여성의 품속이 연상된다. 블렌딩 와인으로 만들 때는 각기 다른 품종들을 어우러지게 만드는 역할을 해내고, 단독으로 마실 때는 신선한 허브향을 가득 머금은 부드러운 질감의 고혹적인 와인으로 다가온다. 영화 속 엘로이즈와 마리안느를 꼭 닮은 품종이다.

「어디선가 누군가에
무슨 일이 생기면 틀림없이
나타난다 홍반장」이 준비한 와인

Mr. Handy, Mr Hong

Director   강석범
Cast   김주혁(홍두식/홍반장)
　　　　 엄정화(윤혜진)
　　　　 김가연(오미선)

Wine   샤토 탈보(프랑스 보르도)

"의사를 떠나 한 사람의 인격체로서 도저히 이런 환경에서 근무할 수 없습니다!"

처우 개선을 바라며 병원에 협박용 사표를 던진 치과의사 혜진. 그런데 병원은 기다렸다는 듯이 사표를 수리하고, 혜진은 졸지에 백수 신세가 된다. 어쩔 수 없이 구직 전선에 뛰어들지만 좁은 바닥에서 깐깐하다고 소문이 쫙 퍼진 뒤라 번번이 채용 거부를 당한다. 계획을 바꿔 직접 병원을 차리기로 했으나 월세가 너무 비싸거나 싸면 하자가 있다. 착잡한 마음을 달래기 위해 찾은 바닷가. 그런데 웬 운명의 장난인지 지중해 뺨치는 바닷가 풍광이 너무 아름답고, 빨래방에서 사이좋게 빨래하는 주민들, 여유가 느껴지는 시골 분위기에 완전히 반해버린다. 혜진은 난생처음 온 바닷가 마을에 치과를 개업하기로 마음먹는다.

혜진은 복덕방 할아버지가 소개해준 홍반장의 도움을 받아 가까스로 치과를 개업하는데, 이 홍반장이라는 사람이 정말 이상하다. 훤칠한 키에 외모도 출중하건만 보자마자 반말을 툭툭 던지고 사소한 일에 사사건건 시비를 건다. 꼭두새벽부터 초인종을 눌러대며 동네 청소를 시키질 않나, 자장면 한 그릇만 배달시켰다고 도로 가져가질 않나, 하루 일당 5만 원이면 동네 이 일, 저 일, 안 하는 일이 없다. 부동산 중개, 인테리어, 편의점 알바, 택배, 자장면 배달, 주점 알바, 라이브 카페, 혜진이 가는 곳 어디서든 홍반장이 있다. 그는 어디서든 누구에게든 무슨 일이 생기면 5만 원을 받고 해결해주는 동네 반장이다.

혜진은 어디를 가든 마주치며 시비를 거는 홍반장의 모습이 신기하기도 하고 어이가 없기도 하지만, 온갖 사건 사고에 휘말릴 때마다 도움을 주는 그에게 자기도 모르게 마음이 간다. 심지어 혜진의 남자친구 대행 알바를 하던 홍반장이 아버지 앞에서도 전혀 기죽지 않고 빼어난 골프 실력과 바둑 실력을 보여주자 그의 반전 매력에 풍덩 빠지고 만다. 성격부터 삶에 대한 가치관은 물론, 극 중 대사처럼 '소셜 포지션'이 완전히 다른 두 사람은 과연 해피 엔딩을 맞이할 수 있을까?

영화에서 혜진이 와인 애호가로 나오다 보니 와인이 정말 많이 등장한다. 특히 영화의 마지막 장면에서 등장하는 홍반장의 와인 셀러는 극의 클라이맥스이자 혜진과 홍반장을 마침내 이어주는 반전 포인트다. 영화에 나오는 와인 중 화면에 두 번이나 잡히는 와인은 혜진이 가장 좋아하는 와인인 '샤토 탈보Château Talbot'다.

탈보 장군에 대한 존경을 담은 샤토 탈보

샴페인을 잘 몰라도 모엣 샹동, 돔 페리뇽은 들어본 것처럼, 보르도 와인을 잘 몰라도 샤토 탈보는 들어본 사람이 많을 것이다. 보르도 그랑 크뤼 클라세 4등급인 샤토 탈보는 물론 맛있는 와인이지만 국내에서 유난히 인기 있는 경향이 있다. 여기에는 몇 가지 설이 있는데, 그중 하나는 수십 년 전 샤토 탈보가 대한항공 퍼스트 클래스에 서빙됐을 때 그 맛에 반한 정재계 인사들이 한국에 돌아와서도 샤토 탈보를 계속 찾는 바람에 유명해졌다는 설이다. 또 한 가지는 히딩크에 얽힌 이야기로, 온 국민이 열광했던 2002년 월드컵에서 한국의 16강 진출을 확정짓던 날 히딩크 감독이 "오늘 밤은 와인 한 잔 마시고 푹 쉬고 싶다"는 인터뷰를 했는데 후에 이 와인이 샤토 탈보였다는 것이 알려졌다. 이 밖에도 현대그룹의 故 정주영 회장이 즐겼다는 설, 발음하기도 외우기도 어려운 프랑스 와인들 사이에서 읽고 쓰기 쉬운 이름 덕분이라는 설 등 다양한 이야기를 지니고 있다.

프랑스 보르도 오 메독 지방의 생 줄리앙 마을에 위치한 샤토 탈보는 이 지역에서 가장 오래된 와이너리 중 하나다. '탈보'라는 이름은 15세기에 샤토의 영지를 소유하고 있던 존 탈보 경의 이름에서 비롯됐다. 'Old Talbot'라는 별명으로 알려진 그는 영국의 귀족이자 프랑스와 영국 간 백년전쟁이 일어났을 당시 가장 유명했던 군사 사령관이었다. 당시 보르도는 영국 땅이었고, 주민들도 영국인이라는 인식이 강했다. 탈보 장군은 프랑스에게 잠시 빼앗겼던 보르도 지역을 탈환하기 위해 영국에서 프랑스로 입성했고 보르도 주민들의 환대를 받았다. 하지만 백년전쟁 최후의 전투였던 카스티용 전투에서 프랑스에 패배하며 사망했고, 그의 이름을 기려서 지금의 샤토 탈보가 탄생했다고 전해진다.

샤토 탈보는 수십 년 동안 옥스 후작의 소유였고, 1846년 19세기 저명한 와인 평론가였던 콕스&페레_Cocks & Féret_가 저술한 기념비적인 저서 『보르도와 보르도 와인』에 처음 언급됐다. 이후에는 와인의 퀄리티를 인정받으며 1855년 보르도 그랑 크뤼 클라세 4등급에 지정되는 영광을 안았다. 1899년 잠시 클라버리 가문이 소유했다가 1917년 보르도의 유명한 와인 상인인 코르디에 가문이 사들인 뒤 현재 4대째 가족 경영을 이어오고 있다.

이 와이너리는 보르도에서도 손꼽히는 넓이의 포도밭을 소유하고 있는 것으로 유명한데, 무려 110헥타르(약 33만 평)에 달한다. 포도밭은 카베르네 소비뇽 66%, 메를로 30%, 프티 베르도 4%로 구성되어 있고, 메독에서는 드물게 화이트 와인인 '카이유 블랑_Caillou Blanc_'을 만들기 위해 소비뇽 블랑 80%, 세미용 20%도 재배한다. 와이너리 건축물 또한 아름다운데 특히 1,800개의 배럴이 저장되어 있는 배럴 룸이 백미다. 이 셀러는 18개월 동안 숙성하는 와인의 완벽한 컨디션을 위해 1년 내내 17°C로 유지되고 있다.

메인 와인인 샤토 탈보는 평균 수령 43년의 포도나무의 열매로 만들고, 2020년 빈티지 기준, 카베르네 소비뇽 76%, 메를로 21%, 프티 베르도 3%의 블렌딩으로, 60% 비율의 새 프렌치 배럴에서 15개월 숙성한 뒤 출시했다. 세컨드 와인인 '코네타블 탈보Connetable Talbot'는 조금 더 어린 나이의 포도나무 열매로 만든다.

명성에 걸맞게 와인의 품질도 좋다. 벨벳같이 두텁고 실키한 질감과 검은 과실향과 고급스러운 향신료 향이 보르도 와인의 정석처럼 느껴진다. 지금은 다른 와인들이 그렇듯 가격대가 많이 올라갔지만, 10만 원 이하의 가격대로 이따금 할인 행사에 등장하기도 하므로 메독 그랑 크뤼 클라세 중에는 가성비가 좋다고 할 수 있다. 필자들에게는 와인에 담긴 추억도, 함께할 이야깃거리도 많은 옛 친구 같은 와인이다. 오랜만에 그리운 친구를 만나듯 샤토 탈보 한 잔을 마시고 싶은 밤이다.

「신세계」,
거 와인 마시기 딱 좋은 날씨네

New World

Director   박훈정
Cast   이정재(이자성), 최민식(강형철), 황정민(정청)
   박성웅(이중구), 이경영(석동출), 송지효(이신우)

Wine   윈담 에스테이트(호주 헌터 밸리)

 폭력 조직의 스파이가 된 경찰, 그를 신뢰하고 또 의심하는 인물들의 작전과 암투가 영화 「신세계」의 큰 흐름이다. 이정재가 조폭 내 경찰 스파이 역할의 이자성을 연기했고, 이자성을 조종하는 경찰 간부 강형철 역은 최민식이, 극 중 조폭이 운영하는 회사인 골드문 그룹의 전무이사이자 조직 내 서열 3위인 정청 역으로는 황정민이 열연을 펼쳤다. 그리고 "살려는 드릴게", "거 죽기 딱 좋은 날씨네"라는 명대사를 남기며 「신세계」 이후 주목받기 시작한 박성웅이 골드문 서열 4위의 이중구 역을 맡아 인상 깊은 연기를 펼친다. 영화는 여러 조폭 조직이 연합해 탄생한 골드문 그룹의 석동출 회장이 의문의 교통사고로 사망한 뒤, 그룹의 회장 자리를 두고 벌이는 네 남자의 암투를 누아르 장르 영화의 쾌감을 듬뿍 담아 그려냈다.
 첫 번째 인물 강형철 과장. 그는 석 회장의 죽음 이후 그룹 내 피비린내 나는 권력 투쟁 사이에서 자신의 스파이 이자성을 조종하며 그룹 내 회장 선출에 적극적으로 개입한다. "우리는 니들한테 바라는 거 별거 없어. 그냥 주제 파악 잘 하고, 말만 고분고분하게 잘 들으면 돼"라는 극 중 강 과장의 대사처럼 그는 골드문을 궁극적으로 경찰의 통제 아래에 두기를 원한다. 이 계획이 바로 '신세계 프로젝트'다.

두 번째 인물 이자성. 골드문이 기업형 조직으로 진화하며 세력이 눈덩이처럼 불어나자, 내부 사정을 파악하기 위해 강 과장을 통해 스파이로 파견된 경찰이다. 무려 8년이라는 긴 시간 동안 경찰과 조직 사이에서 아슬아슬하게 줄타기를 이어왔던 이자성은 극도의 피로감에 지쳐 있다. 강 과장을 향해 "하다못해 저 깡패 새끼들도 날 믿고 따르는데, 너희들은 왜 날 못 믿어"라며 울분을 토하는 그는 정체성에 혼란을 겪고 있는 상태다. "곧 조직에서 빼내서 해외로 전근을 보내주겠다"는 강 과장의 달콤한 제안마저 석 회장의 죽음으로 물거품이 된 상황에서 이자성은 이번이 마지막 임무라는 강 과장의 말에 어쩔 수 없이 소용돌이 속에 뛰어들게 된다.

세 번째 인물 정청. 그는 건설과 무역 등의 막대한 이권을 골드문에 안겨준 인물로, 석 회장의 무한 신임을 받는 위치에 있었다. 그동안 사업차 중국에 머물던 정청은 조직의 예견된 분쟁을 정리하고 궁극적으로 회장 자리에 앉기 위해 한국으로 돌아온다.

네 번째 인물 이중구. 골드문의 상무이사로 대부업, 다단계, 금융, 엔터테인먼트를 담당하고 있다. 과거 조직이 합쳐지기 전에는 석 회장의 오른팔이었으나 골드문에서는 정청에게 밀려 조직 내 서열 4위로 떨어진다. 출신이 다른 정청에게 밀린 것을 의식해 그에게 심한 열등감과 분노를 느끼는 인물이다. 그는 석 회장이 사망하자 시종일관 정청과 불편한 관계를 유지하며, 심지어 대놓고 정청 무리를 위협하기도 한다. 이렇게 물과 기름처럼 절대 섞일 수 없는 네 남자가 바라보는 '신세계'를 향해 영화는 지루할 틈 없이 내달린다.

「신세계」에서는 평소 와인을 전혀 즐길 것 같지 않은 인물이 와인 신에 등장한다. 바로 골드문 서열 4위의 이중구가 부하 직원들과 스테이크를 썰며 와인을 마시는 순간이다. 이때 등장한 강형철이 "아침부터 스테이크가 목구멍에 넘어가냐"며 우습다는 듯 비꼰다. 강형철의 대사가 아니었다면 관객은 그것이 아침 식사라는 것을 인지하지 못했을 것이다. 그것이 로망이든 겉멋이든 아침부터 스테이크에 와인이라니 이 중구도 보통은 아니다. 이때 테이블에 올려진 와인이 호주의 유명 와이너리 '윈담 에스테이트Wyndham Estate의 빈 555 쉬라즈Bin 555 Shiraz'다.

호주 헌터 밸리의 터줏대감, 윈담 에스테이트(aka. 달우드 에스테이트)

와인을 오랫동안 즐겨온 이들이라면 꽤 익숙한 이름인 윈담 에스테이트는 호주 와인 산업을 대표하는 와이너리 중 하나다. 결론부터 이야기하면, 현재 윈담 에스테이트라는 이름의 와이너리는 존재하지 않는다. 여러 소유주를 전전하던 윈담 에스테이트는 2012년 잠시 문을 닫았다가, 샘 아르나우트가 인수한 후 윈담 에스테이트의 전신이었던 달우드Dalwood 에스테이트로 회귀했다. 와이너리의 역사를 파헤쳐 보면, 윈담이든 달우드든 애초부터 뿌리는 같기에 분리해서 생각할 필요는 없다. 결국 돌고 돌아 본래의 이름을 찾게 된 달우드 에스테이트의 역사는 유구하며, 호주 와인 산업의 역사와 궤를 같이한다.

달우드 에스테이트는 호주 와인 산업의 선구자라고 할 수 있는 조지 윈담이 1828년 시드니 북쪽에 있는 헌터 밸리의 브랭스톤에 약 25만 평이 넘는 부지를 매입하고 고향의 지명을 가져와 이름 붙이면서 시작됐다. 그는 10년 동안 정성스레 포도밭을 일구고 여러 포도 품종으로 실험을 거듭한 끝에 호주에서 가장 오래된 상업용 포도밭을 탄생시켰다. 이후 1860년대 조지의 장남 존 윈담이 아버지의 유지를 받들어 달우드 에스테이트를 이어받은 뒤, 본격적으로 국제적 품질의 와인을 만들기 시작했다.

이후 달우드는 호주에서 가장 규모가 큰 와이너리 중 하나인 펜폴즈Penfold's, 달우드와 펜폴즈의 와인메이커로 활동한 펄 맥기강, 올란도 와인 회사 등의 손을 거쳤고, 2016년 샘 아르나우트가 인수하며 재능 있는 와인메이커를 영입하고 상표권을 사들여 달우드 에스테이트로 돌아오는 등 재정비를 마쳤다.

현재 달우드 에스테이트는 헌터 밸리를 대표하는 와이너리 중 하나다. 헌터 밸리는 호주 와인의 발상지라고 정의되지만, 늘 실험을 멈추지 않는 혁신적인 와인메이커들에 의해 발전되어 왔기 때문에 전통과 혁신이 공존하는 다이내믹한 와인 산지다. 따뜻한 기후대에 위치하고 있으나 태평양에서 불어오는 부드러운 바닷바람은 양질의 포도가 성장할 수 있을 만큼 충분히 시원하다. 즉 해양성이라기보다는 지중해성 기후에 가까우며, 가을과 겨울 밤에는 추위를 느낄 수 있다.

이 지역에서 가장 유명한 품종은 세미용으로, 어릴 때는 섬세하고 신선한 감귤 향이 지배적이고, 수십 년 동안 숙성해도 될 만큼 복합미와 잠재력을 가지고 있다. 고유의 아로마를 잘 살리기 위해 대개 오크 숙성을 거치지 않는다. 쉬라즈와 샤르도네 또한 오랜 전통과 우수한 품질을 자랑한다.

달우드 에스테이트도 헌터 밸리를 상징하는 품종인 세미용, 쉬라즈, 샤르도네, 리슬링에 주력하는 한편, 스페인에서 건너온 템프라니요, 포르투갈에서 건너온 투리가 나시오날*Touriga Nacional* 품종도 재배하면서 인상적인 밸류 와인을 생산한다. 이중구 일행이 마신 빈 555 쉬라즈는 다크 초콜릿과 시가, 달콤하고 스파이시한 향신료 향을 머금은 와인이다. 극중 이중구에게 화를 좀 덜어내고 담배가 아닌 시가를 입에 물려줬다면 빈 555 와인과 대단히 흡사했을 것이다.

이중구처럼 양복 빼입고 아침부터 스테이크 썰면서까지는 아니더라도, 달우드 에스테이트의 와인들은 데일리 와인으로 언제든 즐기기 좋은 와인임은 분명하다. "거 아침부터 와인 마시기 딱 좋은 날"이 필자들에게도 그리고 독자분들에게도 종종, 아니 자주 찾아오기를.

「보리 vs 매켄로」,
윔블던의 샴페인

Borg vs. McEnroe

Director	야누스 메츠
Cast	스베리르 구드나손(비외른 보리)
	샤이아 라보프(존 매켄로)
	스텔란 스카스가드(레나트 베렐린)
Wine	샴페인 랑송(프랑스 샹파뉴)

"테니스는 인생의 언어를 사용한다. 어드밴티지, 서비스, 폴트, 브레이크, 러브. 그래서 테니스 경기는 우리 삶의 이야기이기도 하다." - 안드레 애거시

영화는 테니스 역사상 가장 치열했던 대결로 꼽히는 1980년 윔블던 결승의 주인공 비외른 보리와 존 매켄로의 삶을 스포츠 영화의 언어로 보여준다. 먼저 스웨덴의 국보라 불렸던 전설적인 테니스 선수 비외른 보리는 1970-80년대 최고의 스포츠 스타였다. 인기의 배경에는 그간 귀족 스포츠라는 인식이 있던 테니스가 TV로 중계되기 시작했던 것도 있다. 게다가 매력적인 외모에 뛰어난 실력까지, 비외른 보리는 준비된 스타였다.

테니스 선수로서 보리의 위대함은 수상 경력으로 증명된다. 그는 그랜드슬램 대회 남자 단식에서 무려 11번 우승을 거머쥔 선수다. 테니

스의 그랜드슬램은 국제테니스연맹에서 관리하는 수많은 테니스 대회 중 가장 역사가 깊고 권위 있는 네 개의 대회인 호주 오픈, 롤랑 가로스, 윔블던, US 오픈을 이야기한다. 그중 영화에서 다룬 윔블던은 영국 런던의 윔블던에서 열리는 대회로, 세계에서 가장 오랜 역사를 자랑한다. 물론 권위도 가장 높다. 총 상금만 한화로 약 730억 원.

미스터 아이스라는 별명에서 보리의 플레이스타일을 알 수 있다. 늘 같은 연습 코트, 같은 이동 차량, 같은 숙소, 같은 층, 같은 방에 머물며, 경기 전 라켓과 맥박 체크를 잊지 않는다. 특히 그는 경기 중 어떤 상황에서도 무표정으로 일관하며 평정심을 잃지 않은 선수로 알려져 있다. 하지만 그가 처음부터 미스터 아이스였던 건 아니다. 영화에서 심도 있게 조명하듯, 그 역시 본질적으로 괴팍한 승부사였다. 하지만 오랜 기간 감정 훈련을 하면서 코트 안에서 평점심을 유지하려 집요한 노력을 한 인물이다.

이와 대비되는 존 매켄로의 별명은 코트의 악동이다. 코트에서 보여주는 비신사적인 플레이가 테니스와 어울리지는 않았지만, 테니스 팬들은 그에게 열광할 수밖에 없었다. 그의 실력만큼은 미스터 아이스도 인정할 정도로 진짜였기 때문이다.

매켄로는 그랜드슬램 대회 남자 단식에서만 7번의 우승을 거머쥔 미국 테니스의 레전드다. 아직 아마추어이던 1977년에 18살 나이로 윔블던 4강에 오르더니, 2년 뒤에는 US 오픈에서 우승을 거머쥐었고, 이후 US 오픈 3연패를 하며 그의 테니스 인생도 절정기를 맞이했다. 세계 랭킹 2위였던 매켄로는 1980년 윔블던 결승에 올라 숙적이자 세계랭킹 1위에 빛나는 거인 비외른 보리와 맞붙어 세기의 대결을 펼쳤다.

다큐멘터리 감독으로 커리어를 시작한 야누츠 메츠 감독은 본인의 장기를 영화의 하이라이트인 결승 경기에 가감 없이 발휘했다. 결승 경기 묘사에만 무려 23분에 달하는 런닝타임을 할애했는데, 이미 잘 알려진 결말을 긴장감 있게 풀어낸 연출력은 대단했다. 보리의 냉철한 표정 아래 불안정한 심리를 표현해낸 스베리르 구드나손, 열정과 광기 어린 매켄로 그 자체였던 샤이아 라보프의 연기 또한 대체 불가였다.

둘은 5세트의 치열한 접전을 치렀고, 악동 매켄로도 매우 진지하게 경기에 임했다. 현실에서 이미 알려진 결과대로 보리는 매켄로의 도전을 꺾고 우승한다. 하지만 보리는 이 경기를 계기로 자신의 내리막이 시작되었음을 감지한다. 보리는 경기에 지면 사흘 동안 말을 하지 않을 정도로 승리를 염원했고, "언제부터 지는 것이 싫었냐"는 질문에 "테이날 때부터"라고 답하기도 했다. 그러나 1981년 윔블던 결승에서는 결국 매켄로에게 우승을 내어줬고, 후에 인터뷰에서 그때의 심경을 밝혔다. "1981년 윔블던 결승에서 매켄로에게 패배한 것보다 더 충격적인 일은 내가 패배에 화가 나지 않았다는 것이다. 그것은 정말 이상한 일이었다."

영화 속 와인 장면에서는 같은 샴페인이 계속해서 등장하지만 감독의 의도인지 레이블은 결코 알 수 없었다. 하지만 윔블던 대회를 이야기하면 바로 떠오르는 샴페인이 있다. 무려 50년 동안 윔블던의 공식 샴페인으로 함께해온 '랑송Lanson'이다.

윔블던의 샴페인, 랑송

윔블던 경기 기간 중 랑송의 인기는 하늘을 찌른다. 이때를 기념해 특별한 보틀로 제작한 윔블던 에디션은 대회가 펼쳐지는 약 2주 동안 무려 3만 병이 소비되기도 했다. 윔블던 에디션의 총 판매량은 30만 병 이상이라고 알려져 있다.

랑송은 역사적으로 영국과 인연이 깊다. 1760년에 설립되어 260여 년의 역사를 자랑하는 랑송은 꾸준히 높은 품질의 샴페인을 선보여 1900년부터 영국 왕실의 공식 샴페인으로 선정됐다. 지금까지도 랑송의 모든 샴페인 병에는 영국 왕실 엠블럼이 새겨져 있다. 랑송과 윔블던의 인연은 1977년 공식 제휴를 맺은 것을 시작으로, 2001년부터는 윔블던의 공식 샴페인으로 계속 사용되고 있다. 2023년 7월에 랑송은 윔블던과 2028년까지 파트너십을 연장하는 계약을 체결했다고 밝힌 바 있다.

물론 랑송이 전 세계에서 사랑받는 이유는 이런 타이틀들보다도 오랜 시간 유지해온 좋은 품질 덕분이다. 랑송처럼 규모가 큰 샴페인 생산자는 자사가 직접 소유한 포도밭의 수확만으로는 전 세계 공급량을 충족할 수 없기에, 전문 포도 재배자와의 협업이 필수적이다. 현재 랑송은 100명 이상의 포도 재배자와 쭉 좋은 관계를 유지하며 양질의 포도를 납품받고 있다. 특히 그랑 크뤼와 프르미에 크뤼 포도 비율이 50%를 상회한다고 알려져 있다.

랑송이 직접 소유한 포도밭도 남다른 규모를 자랑한다. 현재 57헥타르(약 17만 평)의 규모인데, 인상적인 것은 이중 30%가량을 차지하는 밭인 말메종 에스테이트*Malmaison Estate*가 유기농 및 바이오다이나믹 농법으로 경작되고 있다는 점이다. 말메종은 샹파뉴 지역에서 가장 큰 친환경 포도밭 중 하나로, 여기서 수확한 포도로 만든 '르 그린 비오-올가닉 *Le Green Bio-Organic*'은 친환경 샴페인의 현주소라고 불릴 만하다.

오랜 시간 랑송을 상징하는 샴페인은 블랙 레이블이었는데, 최근 랑송은 블랙 레이블의 이름을 '르 블랙 크리에이션*Le Black Creation*'이라는 현대적인 이름으로 변경했다. 르 블랙 크리에이션은 랑송의 가장 기본적인 샴페인임에도 프르미에 및 그랑 크뤼 포도를 50% 이상 블렌딩하고, 20년 이상 숙성한 리저브 와인을 45%나 사용해 깊이감을 더한다. 포도 품종은 피노 누아가 50% 내외, 샤르도네가 35% 내외, 피노 뫼니에가 나머지를 차지하며, 기본급임에도 4년의 병 숙성을 더해 랑송만의 샴페인을 완성한다.

랑송 샴페인의 캐릭터는 강렬한 기포와 산도로 기억된다. 2013년에 합류한 셀러 마스터(샴페인의 맛을 총괄하는 사람) 에르베 당탕이 샴페인의 강렬한 산도를 어느 정도 누그러뜨리는 유산 발효를 최소한으로 진행하기 때문이다. 그가 랑송에 와서 새롭게 선보인 '르 블랙 리저브*Le Black Reserve*'도 추천할 만한데, 르 블랙 크리에이션과의 차이는 프르미에 크뤼 및 그랑 크뤼 포도의 비율(70%)과 리저브 와인의 블렌딩 비율(45%), 숙성 기간(5년)이다. 향과 맛에서도 르 블랙 크리에이션보다 원숙한 레벨을 보여준다.

랑송은 뛰어난 해에만 세상에 선보이는 빈티지 샴페인도 출시한다. 지금껏 1874, 1904, 1928, 1955, 1964, 1971, 1976, 1985, 1999, 2009, 2012, 2013년까지, 그 오랜 세월 동안 딱 12번 세상에 선보였다.

가장 최근 출시된 2013년 빈티지의 경우, 프르미에와 그랑 크뤼 포도밭의 피노 누아(53%)와 샤르도네(47%)만 사용했고 9년 이상 병 숙성 후 출시했다. 말린 살구, 아몬드, 아카시아, 꿀, 달콤한 향신료 향이 강렬하게 느껴지는 최고급 빈티지 샴페인이다.

  영화의 두 주인공을 샴페인에 비유한다면 보리는 원숙한 르 블랙 리저브, 매켄로는 날 것 그대로의 매력이 철철 넘치는 르 블랙 크리에이션에 빗댈 것이다. 결승에서 뜨거운 대결을 펼친 둘은 3년 뒤 보리가 은퇴하면서 진짜 우정을 나누는 사이가 되었다고 한다. 보리는 이후 사업가로 또 한 번 성공적인 삶을 이어갔고, 매켄로의 결혼식 들러리를 서줬다는 귀여운 비하인드가 전해진다.

「하늘을 걷는 남자」, 한 남자의 집념을 담아낸 와인

The Walk

Director	로버트 저메키스
Cast	조셉 고든 래빗(필리프 프티)
	샬롯 르 본(애니 알렉스)
	벤 킹슬리(파파 루디)
Wine	코트 드 부르의 와인(프랑스 보르도)

지상 412m 높이. 한 남자가 미국 뉴욕 월드트레이드센터의 두 빌딩 사이에 와이어를 달고, 안전장치도 없이 오로지 균형봉 하나만 손에 쥔 채 묘기를 펼친다. 보기만 해도 오금이 저리는 상황에서 그는 무려 45분 동안 와이어 위에서 걷고, 춤추고, 눕고, 까마득히 먼 지상의 구경꾼들을 향해 경의를 표하기 위해 무릎까지 꿇는 기가 막힌 퍼포먼스를 펼친다.(이 쌍둥이 빌딩은 후에 9·11 테러로 인해 무너졌다.)

말도 안 되는 설정 같지만 1974년 8월 7일 프랑스 태생의 줄타기꾼 필리프 프티가 실제로 했던 공연이다. 물론 허가받지 않고 저지른 일이라 필리프는 와이어에서 내려오자마자 경찰에 이송되었지만, 이 공연으로 단숨에 세계의 주목을 받게 된다. 혹자는 그의 퍼포먼스를 '20세기에 있었던 가장 예술적인 범죄'라고 이야기하기도 한다. 사람들은 그가 왜 목숨을 건 공연을 펼쳤는지 궁금해했고, 그의 영화 같은 스토리는 책으로, 다큐멘터리로, 그리고 지금 소개하는 「하늘을 걷는 남자」로 세상에 공개되었다.

영화는 조셉 고든 래빗이 연기한 필리프 프티가 월드트레이드센터가 한눈에 보이는 자유의 여신상 꼭대기에서 화자로서 이야기를 전달하는 방식으로 진행된다. 필리프가 말한다.

"왜? 제가 제일 많이 듣는 질문이죠. 어째서? 뭐 때문에? 왜 줄을 타는 거지? 왜 목숨을 걸고 그런 도박을 하는 거지? 하지만 전 생각해본 적도 없어요. 죽음이라는 단어를… 전 그 반대말이 좋아요. 삶. 저에게는 줄 위를 걷는 게 곧 삶이죠."

길거리 공연으로 하루 벌어 하루 먹고 살던 필리프는 여느 때처럼 솜씨 좋게 외발자전거를 타며 공연을 끝냈는데, 어린이 관객이 사례비 대신 준 사탕을 먹다가 이를 다쳐 치과에 간다. 그리고 그곳에서 세상에서 가장 높은 쌍둥이 빌딩 기사를 접한다. 그때부터 필리프는 두 빌딩 사이에서 아슬아슬하게 펼치는 줄타기를 꿈꾼다. 그는 이 꿈을 쿠데타라고 생각했고, 이를 성공시키기 위해 공범들을 모집하기 시작한다.

불가능해 보이는 쿠데타를 성공시키는 과정이 영화 내내 흘러가는데 중간에 로맨틱한 와인 장면이 나온다. 극 중 필리프가 첫눈에 반한 길거리 연주자 애니와 와인을 마시며 자신의 꿈에 관해 이야기하는 신이다. 이때 필리프는 와인 두 병으로 쌍둥이 빌딩을 만들고 그 사이에 줄을 건 뒤 휴지로 만든 사람을 올려서 계획 중인 공연을 묘사한다. 이때 등장하는 와인은 프랑스 보르도 코트 드 부르Côtes de Bourg에 소재한 '샤토 베르투Château Berthou'다. 아쉽게도 현재 샤토 베르투는 와인 생산을 중단한 것으로 보이므로 여기서는 보르도의 세부 와인 산지인 코트 드 부르에 대해서 이야기해보려고 한다.

집념이 만들어내는 관능적인 와인

보르도 와인은 그 유명세만큼 영화에도 자주 등장한 덕분에, 그동안 보르도가 얼마나 거대한 와인 산지이며 훌륭하고 다채로운 와인들이 생산되는지 설명할 기회가 많았다. 보르도 지역은 크게 더 메독The Médoc, 블라예&부르Blaye&Bourg, 리부르네Libournais, 엉트르 드 메르Entre-Deux-Mers, 그라브&소테른Graves & Sauternes, 보르도&보르도 수페리외르

Bordeaux&Bordeaux Superieur로 나눌 수 있다. 사실상 보르도 최고급 와인들은 메독, 리부르네, 그라브&소테른에 대부분 몰려 있지만 아직 많이 알려지지 않은 블라예&부르 또한 숨겨진 보석이라고 할 만하다.

블라예&부르는 보르도 와인의 양대 산맥이라고 할 수 있는 메독과 생테밀리옹 사이에 끼어 있으며 지롱드 강 오른쪽 위에 자리 잡고 있다. '지롱드 강의 오른쪽 위에 있다'의 의미는 점토와 석회암이 주를 이루는 토양을 가지고 있기에, 카베르네 소비뇽보다 메를로가 더 많이 재배된다. 또한 이 지역에서는 말벡도 중요도가 높은 품종이고, 이밖에 카베르네 프랑도 소량이지만 찾아볼 수 있다. 화이트 와인은 소비뇽 블랑이 메인 품종이며, 세미용과 콜롱바르, 뮈스카델, 소비뇽 그리도 생산한다. 다만 부르의 경우 레드 와인의 점유율이 99%에 육박해서 국내에서 이 지역의 화이트 와인은 찾아보기 힘들다. 블라예&부르는 다시 한번 아래와 같은 세부 아펠라시옹*으로 구분되며, 여기에 코트 드 부르 AOC가 있다.

*AOC(프랑스 기준) 혹은 AOP(유럽 기준)로 불리는 법으로 정해진 와인 생산지.

Blaye

Blaye – Côtes de Bordeaux (dry white)

Blaye – Côtes de Bordeaux (red)

Bourg & Côtes de Bourg (dry white)

Bourg & Côtes de Bourg (red)

Côtes de Blaye

Côtes de Bordeaux

필자들이 코트 드 부르라는 와인 산지에 주목하게 된 건 '테르트르 로트뵈프*Tertre Roteboeuf*'라는 와이너리 덕분이었다. 와인 매거진 기자 시절, 테르트르 로트뵈프의 오너이자 와인메이커인 프랑수아 미챠빌을 인터뷰할 기회가 있었다. 그때 그의 와인메이킹 철학과 와인에 감명을 받아 프랑스 와인 여행길에는 직접 와이너리를 찾아가기도 했다.

대화를 나누는 동안 프랑수아는 자신의 와인을 빛의 화가 렘브란트의 작품에 비유하고는 했다. 렘브란트의 그림들이 마치 살아 움직이듯 생동감이 있는 것과 마찬가지로, 자신이 만드는 와인은 보르도의 등급 체계에 연연하지 않고, 오로지 테루아와 빈티지의 변화를 와인에 고스란히 담아내는 데 집중한 살아 있는 와인이라는 것이었다. 그는 남의 시선을 의식하지 않고, 자신만의 꿈과 철학을 고집스럽게 이어가고 있었다.

수년이 흘러 와이너리를 찾아갔을 때 프랑수아는 우리를 자신이 소장한 책이 가득한 응접실로 안내했다. 스카프를 단정히 목에 두르고 나온 그는 시대를 거슬러 나타난 귀족 남작처럼 보이기도 했는데, 백발의 노인이라는 것을 잊을 만큼 눈에는 생기가 돌았다.

그는 우리를 이끌고 밖으로 나가 언덕 위에서 자신의 포도밭을 보여주었다. 그리고 그곳에서 거의 한 시간이나 포도밭이 지닌 테루아에 대해 설명했다. 가을이었지만 한낮이었으므로 해가 중천에 떠 자글거렸는데 해를 등지고 있는 그를 마주하려면 뜨거운 햇볕과 그대로 눈씨름을 해야 했다. 나중에는 눈이 시려 슬프지도 않은데 눈물이 흐를 정도였다. 그런데 돌이켜보면 그 시간은 우리가 와인을 찾아다니던 긴 여정 가운데 가장 강렬했던 순간으로 기억된다. 그는 포도 재배자이면서 양조자였고, 그곳의 와인들은 프랑수아 미챠빌 본인과도 같다. 많은 와이너리를 다녔지만 한 사람이 일평생 자신의 열정과 애정을 와인에 그대로 쏟아내는 모습을 마주하는 것은 우리에게도 귀한 경험이었다.

프랑수아는 눈이 충혈된 우리를 자신의 지하 와인 숙성실로 이끌었다. 그곳에서 오크통의 와인을 서슴지 않고 뽑아주기도 했고, 오랜 세월이 담긴 와인병들을 열어 잔을 채워주었다. 덕분에 간판 와인인 '테르트르 로트뵈프'는 물론, 코트 드 부르의 포도밭에서 탄생시킨 '록 드 캉브 *Roc de Cambes*'의 1980년대 올드 빈티지 와인들을 시음할 수 있었다. 그는 1989년 빈티지의 록 드 캉브를 잔에 따라주며 이렇게 말했다.

"나는 이곳에 와서 와인을 맛볼 때 그해의 나 자신을 떠올립니다. 마치 파노라마처럼 그해 내가 어떻게 와인을 만들었는지 기억들이 스쳐 지나가죠."

우리가 귀한 와인을 마시면서 아름다운 향, 실크 같은 타닌, 이를 받쳐주는 산도에 긴 여운까지 느끼며 테이스팅에 집중하는 동안 그는 포도밭에서 아침을 시작하고 오크통을 하나하나 채워나가던 그 시절의 자신을 떠올리고 있었다. 그의 삶은 와인과 진정으로 하나가 된 것처럼 보였고 그것이 우리가 지금도 그와 그의 와인을 사랑하고 존경하는 이유다.

로버트 파커는 프랑수아 미챠빌에 대해 다음과 같이 이야기한 적이 있다.

"프랑수아 미챠빌 같은 사람이 와인 세계에 거의 없다는 건 불행한 일이지만 이해는 된다. 많은 유명 생산자가 생산량을 터무니없이 높게 정해, 포도밭의 테루아 개념이 파괴되거나 빈티지의 특성이 소멸되는 위험을 무릅쓰고 있다. 하지만 여기에 가능한 한 최고의 와인을 만들려고 애쓰는, 재능과 집념이 신선하게 느껴지는 한 사람이 있다. 바로 프랑수아 미챠빌이다."

로버트 파커도 포도밭에 나가 설명을 듣느라 한 시간을 서 있었을까? 상상이지만 꽤 신빙성이 있을 것 같아 웃음이 나온다. 물론 고개를 절레절레 저을 때쯤 프랑수아의 관능적인 와인을 맛보고 감탄했을 것은 분명하다. 언젠가 프랑수아의 와인을 다시 마신다면 세상이 모두 미쳤다고 해도 꿈을 향해 과감히 도전하는 필리프 프티의 집념이 아련하게 떠오를 것 같다.

「코다」,
편견 없이 모두를 위한 와인

Director	션 헤이더
Cast	에밀리아 존스(루비 로시)
	퍼디아 월시 필로(마일스)
	에우헤니오 데르베스(베르나르도 빌라로보스)
	말리 매트린(재키 로시)
	트로이 코처(프랭크 로시)
	다니엘 듀런트(레오 로시)
Wine	90+ Cellars(아르헨티나)

    망망대해 위 고기잡이배에서 그물로 열심히 물고기를 낚아 올리는 가족이 있다. 라디오에서는 블루스의 여왕이라 불렸던 에타 제임스의 「Something's got a hold on me」의 멜로디가 흘러나오고, 가족 중 앳돼 보이는 소녀가 그물에 걸린 물고기를 연신 옮기며 낭랑한 목소리로 노래를 흥얼거린다. 그런데 노래 솜씨가 예사롭지 않다. 소녀의 아빠와 오빠로 보이는 두 남자는 익숙한 듯 표정 변화 없이 묵묵히 일을 할 뿐이다. 이것이 2021년 선댄스 영화제에서 개막작으로 첫선을 보인 뒤 관객과 평단의 엄청난 호평을 받았던 선댄스의 전설 「코다」의 도입부다.

    바다에서 조업을 하는 로시 가족은 다른 가족과는 조금 다르다. 배에서 노래를 흥얼거리던 막내 루비 로시를 제외하고 아빠 프랭크, 엄마 재키, 오빠 레오 모두 귀가 들리지 않는 농인이기 때문이다. 영화의 제목인 'CODA'는 'Children Of Deaf Adults(농인 부모의 자녀)'라는 뜻으로, 자녀가 농인이든 아니든 모두 칭할 수 있는 약어이지만 대개 청력 소실이 없는(청인) 자녀를 의미한다. 참고로 OHCODA(Only Hearing Child of Deaf Adult, 농인 부모의 유일하게 소리가 들리는 자녀)라는 용어도 따로 존재한다.

가족 중 유일한 청인인 루비는 가족과 세상을 연결하는 징검다리다. 가업인 고기잡이 또한 루비 없이는 지속할 수 없을 정도로 가족들은 루비에게 늘 의지한다. 하지만 더 넓은 세상을 보고 싶은 루비는 가족을 사랑하는 마음 하나로 모든 것을 감당해 내기에는 그 책임감이 버겁고 부담스럽다.

무엇보다 루비는 호기심 많고 찬란하게 빛나는 고등학교 시절을 보내고 있다. 루비는 평소 마음에 두고 있던 마일스가 합창단에 등록하는 걸 보고 용기를 내 따라 들어간다. 음악 교사 베르나르도 비야로보스는 루비의 재능을 간파하고, 자신의 모교인 버클리 음대에 들어갈 수 있도록 개인 교습까지 마다하지 않는다. 문제는 루비가 음악에 진심을 다하는 만큼 가족들은 위기에 빠진다는 것이다. 루비의 부모는 통역을 전적으로 루비에게 의지하고 있기에, 그가 멀리 떠난다는 건 사업을 유지할 수 없다는 의미다. 충동적으로 시작했지만 음악에 진심을 다하게 된 루비는 이제 자신의 꿈과 가족의 생계 사이에서 고민하며 인생 최대의 결정을 내려야 한다. 과연 루비는 가족을 위해 자신의 꿈을 포기할까? 아니면 버클리 음대에서 재능을 활짝 펼치게 될까?

주인공 루비가 여고생이라서 와인과의 접점을 찾을 수 없을 거라고 생각했는데, 극 중 루비의 엄마가 와인 애호가로 등장한다. 한 장면에서 와인 레이블이 어렴풋이 스쳐 지나가는데, 그녀의 와인 취향을 살짝 엿보면 아르헨티나의 '90+ 셀라스 올드 바인 말벡*90+ Cellars Old Vine Malbec*'이다.

세상의 편견을 지워낸 와인들

90+ 셀라스는 '모두를 위한 와인'이라는 매력적인 캐치프레이즈를 토대로, 케빈 메흐라에 의해 시작된 프로젝트 와인 판매 기업이다.

2009년에 시작된 90+ 셀라스는 와이너리에서 와인을 병입하고 나면 남는 와인이 생길 수 있다는 것에 주목했다. 그래서 전 세계 와이너리와의 파트너십을 통해 각국의 와인을 구매한 뒤 새로운 레이블을 붙여서 기존보다 저렴한 가격에 출시한다. 출처가 된 와이너리는 비밀에 부쳐지지만, 소스가 되는 와인을 국가와 지역에 한정하지 않고 계속해서 확장해 나가고 있다는 점이 흥미롭다. 현재까지 무려 200여 종의 와인이 90+ 셀라스를 통해 출시되었다고 한다.

와이너리가 갖고 있는 역사나 와인메이커의 유명세를 지우고 오로지 품질만으로 소비자에게 전달하는 과감한 시도를 와인 애호가로서는 어떻게 받아들여야 할지 의문일 수 있다. 분명한 건 이러한 도전이 와인을 대하는 하나의 편견을 걷어낼 수 있다는 점에서 의미 있는 프로젝트라는 점이다. 그리고 루비의 엄마 재키의 와인 취향으로 90+ 셀라스 와인을 등장시킨 제작진의 안목과 세심한 연출이 놀라울 따름이다.

영화 「코다」의 개봉 이후 주목받은 와이너리 한 곳을 더 소개하면, 미국 캘리포니아 산타 바바라의 '포텍*Potek*' 와이너리다. 산타 바바라는 『와인이 있는 100가지 장면』 1편에서 소개한 「사이드웨이」를 좋아하는 분들에게는 매우 익숙한 동네다. 산타 바바라는 두 개의 산맥에 끼어 있는 계곡의 형태로, 이 계곡을 따라 태평양으로 향하는 시원한 바람이 불어와 캘리포니아에서 가장 서늘한 포도 재배지 중 하나로 알려져 있다. 평균 기온이 20~27°C이고, 밤 기온은 10°C까지 떨어진다. 그래서 서늘한 기온에서 잘 자라는 피노 누아의 품질이 상당히 좋은 곳이다.

2015년 포텍을 설립한 오너이자 와인메이커인 데이비드 포터는 코다. 캘리포니아의 랜초 쿠가몽가에서 농인 부모와 함께 자란 데이비드는 영화의 루비가 그랬던 것처럼, 부모님을 위해 일종의 통역사 역할을 하면서 독립성과 자립심을 가진 아이로 성장했다. 데이비드는 와인과는 전혀 접점이 없는 삶을 살았지만, 마찬가지로 산타 바바라에 위치한 와이너리 '페스 파커*Fess Parker*'에서 수년간 보조 와인메이커로 일한 뒤 2007년 고품질 와인을 만드는 데 주력하는 'Municipal Winemakers'를 설립하는 한편, 산타 바바라 최고의 포도밭에서 최고의 와인을 만들기 위해 포텍을 설립했다. 포텍이라는 이름은 루마니아 태생의 증조부 이름에서 따왔다고 한다. 그는 농인 가족들의 유산을 매우 소중히 여기는 사람이다.

    데이비드의 양조 철학은 인위적인 간섭을 최소화한 내추럴 와인이다. 즉 포도밭 자체의 소리를 와인병에 그대로 담는 것. 이를 위해 포도밭은 지속 가능한 친환경 농법으로 관리되며, 모든 와인은 여러 번 사용한 참나무통에서 숙성하고, 병입 전에 청징이나 여과를 배제한다. 주요 품종은 역시 피노 누아이며, 이외에도 서늘한 기후의 특징을 그대로 담은 샤르도네, 리슬링, 시라, 그르나슈를 선보이고 있다. 대부분의 와인 전문 평가인들에게 90점 이상을 획득하며 좋은 평가를 받았다. 아직 한국에 수입되지 않아 와인숍에 바로 달려가 살 수는 없지만, 꼭 한번 경험해보고 싶은 와인이다. 물론 놀라운 아이디어를 보여준 90+ 셀라스의 와인도 반드시 경험해 볼 것이다. 편견 없이.

「마지막 4중주」,
현악 사중주와 와인

A Late Quartet

Director   야론 질버먼
Cast   필립 세이모어 호프만(로버트 겔버트)
　　　　크리스토퍼 월켄(피터 미첼)
　　　　캐서린 키너(줄리엣 겔버트)
　　　　마크 이바니어(대니얼 러너)
　　　　이모겐 푸츠(알렉산드라 겔버트)

Wine   샴페인 페리에 주에(프랑스 샹파뉴)
　　　　현악기가 그려진 와인 레이블

　네 개의 의자, 세 개의 악보 스탠드가 놓인 무대. 객석을 가득 메운 청중이 숨죽이며 누군가를 기다리고 있다. 이윽고 현악기를 손에 쥔 네 명의 남녀가 입장한다. 쏟아지는 박수 소리를 듣고 있는 그들은 무려 25년이나 활동해온 전설적인 현악 사중주단 '푸가 쿼텟*Fuga quartet*'이다. 간단히 설명하면 악기로 연주하는 돌림노래처럼 한 연주자가 선율을 연주하면 다른 연주자가 다른 음역에서 따라 연주하는(푸가), 네 악기가 함께하는 실내악 중주(쿼텟)이다.

　극 중 사중주단의 수장이자 최고 연장자인 피터 미첼은 첼로, 완벽주의자 대니얼 러너는 제1바이올린, 푸근하고 유쾌한 웃음의 소유자인 로버트 겔버트는 제2바이올린, 로버트의 아내이자 쿼텟 유지를 위해 평생을 헌신해온 줄리엣 겔버트는 비올라를 연주한다. 그들이 긴 시간 동안 함께할 수 있었던 건 각자 맡은 역할에 충실하면서 균형을 유지하기 위해 노력한 덕분이다.

세계적인 연주가이자 전설적인 쿼텟인 '아마데우스 쿼텟'의 제2바이올리니스트였던 지그문트 니셀은 한 인터뷰에서 쿼텟의 조화를 와인에 비유한 적이 있다. "현악 사중주의 제1바이올린은 와인병의 레이블, 제2바이올린은 와인병의 코르크, 비올라는 와인 그 자체, 첼로는 와인을 담는 유리병이다." 그만큼 사중주는 악기 하나하나 역할이 분명하면서도 긴밀한 관계여야 한다는 해석이다. 실제로 팀 내 공석이 생기면 다른 연주자로 대체하기보다 그대로 해체하는 경우가 많다고 한다.

「마지막 4중주」라는 작품이 하고자 하는 이야기도 쿼텟의 호흡과 멤버 간의 밸런스가 얼마나 중요한지에 대한 것이다. 영화에서도 이를 여실히 느낄 수 있는 대화가 나온다. 대니얼에게 바이올린을 배우는 알렉산드라(로버트의 딸)가 그에게 "푸가 쿼텟이 왜 훌륭한지 알려줄까요?"라며 이야기를 시작하는 부분이다.

알렉산드라   우선 선생님 덕분이죠. 냉혹하리만큼 정확한 연주로 관중들을 홀리잖아요. 마치 피리 소리에 홀려 춤을 추는 코브라들처럼. 그다음엔 우리 아빠가 연주에 색과 리듬 그리고 질감을 더하죠. 선생님을 돋보이게 하고 강렬하게 만들지만, 절대 선생님 앞으로 나서진 않아요.

대니얼   훌륭한 제1바이올린이 있는 쿼텟들의 경우, 제2바이올린의 실력이 연주 수준을 좌우하지. 너희 아버지는 정말 훌륭해.

알렉산드라   그리고 우리 엄마가, 선생님과 아빠에겐 없는 소리의 깊이를 더해줘요. 그 소리를 들으면 왠지 눈물이 나죠. 상처받은 영혼의 소리라고 해야 하나? 세 명의 주인을 동시에 모시기 위해 엄마가 고안해낸 생존전략인 거겠죠. (중략) 여기에 마음이 너그러운 첼리스트까지 더해져 완벽해지는 거죠. 감정에 기술까지 더해지니 관중들은 연주를 들으며 감동만 받으면 끝! 그야말로 이상적인 쿼텟이에요.

이렇게 완벽한 팀워크를 자랑하던 푸가 쿼텟은 피터가 파킨슨병을 진단받게 되면서 흔들리기 시작한다. 네 연주자의 견고했던 25년의 역사에 가장 큰 위기가 찾아온 것이다. 피터는 해체를 막기 위해 자신의 자리에 늘 염두에 두었던 첼리스트를 영입하고자 추신하지만 생각처럼 되지 않고, 심지어 로버트는 피터가 나간 후 새로운 첼리스트를 영입하면 제2바이올린에만 머물지 않겠다며 제1바이올린에 대한 의지를 꺼내놓는다. 그러나 대니얼은 물론 심지어 그의 아내도 그가 제1바이올린에는 적임자가 아니라고 생각한다. 이에 로버트는 좌절하고 격노한다. 연이어 터지는 문제들로 인해 멤버들의 갈등은 극에 달하게 된다. 25년을 이어온 전설의 푸가 쿼텟은 이대로 해체되고 마는 것일까?

지그문트 니셀의 말처럼 음악과 와인은 여러 면에서 닮은 점이 많아서인지 영화에서도 와인이 계속해서 등장한다. 가장 인상적인 장면은 피터가 파킨슨병을 진단받기 전, 긴 휴가를 마치고 멤버들과 새 시즌을 시작하면서 샴페인을 마시는 장면이다. 이때 아이스 버킷에 담겨 있는 샴페인은 페리에 주에*Perrier-Jouët*다.

샴페인의 꽃, 페리에 주에

2024년 페리에 주에를 방문할 기회가 있었다. 아르누보 양식으로 화려하게 장식된 샴페인 하우스가 인상 깊었는데, 특히 샴페인 하우스 투어의 하이라이트인 지하 셀러에서 깊숙이 은밀하게 장식된 설치 미술을 보고 감탄했던 기억이 난다. 페리에 주에에서는 프랑스의 가장 화려하고 아름다운 시절이었던 벨 에포크*Belle Époque* 시대로 돌아간 듯한 기분을 느낄 수 있다.

와인병에서부터 아름다운 흰 꽃이 눈앞에 어른거리는 페리에 주에는 흥미로운 이야깃거리가 많은 샴페인이다. 페리에 주에의 역사는 프랑스 샹파뉴의 에페르네에서 코르크 공급업체를 운영하던 피에르 니콜라스 페리에와 칼바도스(사과 브랜디)를 생산하던 가문의 딸인 로즈 아델레이드 주에가 결혼한 1810년으로 거슬러 올라간다. 페리에 가족은 당시 샹파뉴 아이*Aÿ*에 포도밭을 소유하고 있었고, 주에 가문은 와인

은 아니지만 사과주를 만들어 본 경험이 있었기에 두 가문은 그야말로 환상의 콤비였다. 신혼부부는 본격적으로 와인을 생산해보기로 마음을 먹고, 두 사람의 성을 따서 1811년 페리에 주에를 설립한다. 두 사람이 회사를 설립한 해에 76년마다 볼 수 있는 헬리 혜성이 떨어져서 '하늘이 맺어준 인연'이라고 불렀다는 로맨틱한 에피소드도 전해진다.

페리에 주에는 아델레이드가 포도밭 관리와 와인 양조를 맡고, 니콜라는 영업과 마케팅에 힘을 쏟는 부부 간 분업화를 통해 승승장구할 수 있었다. 설립 4년 만인 1815년에 영국으로 샴페인을 수출했고, 1837년에는 미국 수출도 성공한다.

1878년까지 가족 경영으로 운영되던 페리에 주에는 식물학자였던 찰스 페리에의 사후, 친인척 관계였던 앙리 & 옥타브 갈리스 형제가 인수한다. 특히 옥타브는 벨 에포크 시대의 파리에 머물렀는데, 이때 혁명적인 예술사조였던 아르누보 운동의 선구자 에밀 갈레*Émile Gallé*와 운명적인 만남을 갖는다. 에밀 갈레의 예술성에 깊이 감동한 갈리스 형제는 1902년 그에게 샴페인 레이블 디자인을 요청했고, 에밀 갈레는 식물학에 대한 자신의 열정을 바탕으로 흰색 아네모네가 그려진 레이블을 탄생시켰다. 120여 년이 지난 지금도 이 아름다운 레이블은 전 세계 많은 이들에게 사랑받고 있다.

물론 페리에 주에가 레이블만 빼어난 건 아니다. 샴페인 자체의 우아한 향과 맛 덕분에 유럽 왕실의 선택을 자주 받아 '왕족의 샴페인'이라는 별명을 가지고 있고, 1861년에는 영국의 빅토리아 여왕으로부터 왕실 인증(Royal Warrant)을 받았다. 이밖에 나폴레옹 3세, 벨기에 초대 국왕 레오폴드 1세, 영화배우 겸 모나코 공비 그레이스 켈리, 세계적 디자이너 장 폴 고티에 등이 페리에 주에를 즐겨 마셨다고 알려져 있다.

페리에 주에를 대표하는 샴페인은 영화에도 등장한 '벨 에포크'로, 샤르도네(50%), 피노 누아(45%), 피노 뫼니에(5%)의 절묘한 블렌딩으로 고운 기포와 우아한 산미를 제대로 느낄 수 있다. 마치 한 마음, 한뜻으로 음악적 하모니의 절정을 표현하는 현악 사중주 푸가 쿼텟처럼 말이다.

현악기가 그려진 와인들

사실 영화를 보면서 먼저 떠오른 두 와인이 있었다. 첫 번째는 '아리에타*Arietta*의 쿼텟'이다. 아리에타 와이너리는 세계에서 가장 유명한 와인 경매인 크리스티에서 최고의 경매사로 활약했던 프리츠 해튼이 1995년 미국 캘리포니아 나파 밸리에 설립한 와이너리다. 아리에타는 세계 최고의 샤르도네 와인 중 하나로 평가받는 '콩스카드*Kongsgaard*'의 설립자 존 콩스가드가 공동 설립자로 와인메이킹에 관여하고 있으며, 2006년부터는 전설적인 와이너리인 스크리밍 이글의 와인메이커 앤디 에릭슨도 양조에 가세해 높은 퀄리티의 와인들을 선보이고 있다.

아리에타라는 와이너리 이름은 클래식 애호가인 두 설립자가 베토벤의 마지막 피아노 협주곡 32번 악장 111 악보에 써진 'Arietta(작은 아리아라는 뜻)'에 영감을 얻어 지었다고 한다. 그래서인지 자연스럽게 현악 사중주가 연상되는 '쿼텟'이라든지 '변주곡 1번'을 뜻하는 '배리에이션 1'이라는 이름을 가진 와인들이 탄생하게 됐다. 특히 영화를 보면서 가장 먼저 떠올렸던 와인인 쿼텟은 레이블에 현악 사중주의 네 가지 악기가 그려져 있다. 품종 블렌딩도 카베르네 소비뇽, 메를로, 카베르네 프랑, 프티 베르도까지 네 가지 구성이다. 쿼텟의 연주자들이 조화로운 앙상블을 이루며 아름다운 화음을 이루듯 이 와인은 네 가지 품종의 블렌딩이 특징이다.

두 번째로 연상된 와인은 이탈리아 와이너리인 '바바Bava의 스트라디바리오Stradivario'다. 1600년대부터 피에몬테의 랑게에서 포도를 재배해 온 역사적인 바바 가문의 대표 와인이다. 스트라디바리오는 라틴어 이름 '스트라디바리우스'로 잘 알려진, 바이올리니스트라면 누구나 선망하는 명품 바이올린이다. 현 바바의 오너인 로베르토 바바가 와인만큼이나 클래식 음악에 대한 조예와 열정이 남다르다 보니 와인과 어울리는 악기를 레이블에 그리면서 자신의 와인을 차별화했고, 이 과정에서 스트라디바리오가 탄생했다.

'스트라디바리오 바르베라 다스티Barbera d'Asti DOCG'는 피에몬테에서 한때 네비올로와 비교되면서 하락세를 걷던 바르베라 품종만으로 만든 수준 높은 와인이다. 바바 와이너리가 소유한 최고의 포도밭에서 엄선한 바르베라 포도로 양조하고, 18개월 동안 새 바리크에서 숙성을 거쳐서 힘이 굉장하다. 무려 15년 동안 저장이 가능하다고 한다.

푸가 쿼텟의 리더이자 첼리스트 피터 미첼은 자신의 마지막 연주곡으로 베토벤의 「현악 사중주 14번」을 선택했다. 누구의 의뢰가 아닌 베토벤 자신의 열망으로 만들어진 이 곡은 베토벤 작곡법이 정점에 도달한 역작으로 꼽힌다. 총 7개의 악장으로 구성되었으며, 고통으로 시작해 환희와 갈등 애절함과 회한으로 끝나는 삶을 풀어내듯 40분간 쉼없이 연주를 몰아치는 것이 특징이다. 25년간 동고동락한 푸가 쿼텟의 지난 세월을 풀어내는 최선의 선택이었을 것이다. 이 긴 연주곡은 영화에서는 들을 수 없기 때문에 영화가 끝나면 「현악 사중주 14번」까지 찾아 듣고서야 「마지막 4중주」의 진정한 엔딩을 마주할 수 있다.

「사랑의 레시피」,
세 단어로 표현하는 와인 테이스팅

No Reservations

Director	스콧 힉스
Cast	캐서린 제타 존스(케이트)
	아론 에크하트(닉)
	아비게일 브레스린(조이)
	패트리샤 클락슨(폴라)
Wine	야카 패독 빈야즈 돌체토(호주 애들레이드 힐스)

    뉴욕 맨해튼 웨스트 빌리지의 고급 레스토랑 '22 블리커'의 총괄 셰프인 케이트는 오로지 요리밖에 모르는 완벽주의자다. 푸아그라 요리가 덜 익었다며 불만을 제기하는 손님에게 자신의 요리는 완벽했다고 조리법을 구구절절 읊어주는가 하면, 화가 나서 자리를 박차고 나가는 손님에게 길거리 핫도그나 먹으라며 비아냥거린다. 심지어 스테이크가 레어가 아니라고 불평하는 손님에게는 생고기를 통째로 들고 가서 주문하신 레어 스테이크가 나왔다며 성을 낸다. 괴팍할 정도로 다른 사람은 신경 쓰지 않고 자신의 요리만 중요한 케이트에게 22 블리커는 자신이 이룩한 견고한 성이며, 모든 것이다.
    그런 케이트에게 인생을 송두리째 바꾸는 큰 사건이 일어난다. 언니가 자신을 보러 오는 길에 교통사고를 당한 것이다. 그는 언니의 남겨진 딸 조이를 거두어 함께 살기 시작한다. 언제나 철저히 자기만을 돌

보며 살았던지라 굳게 닫힌 9살 조이의 마음을 어떻게 열어야 할지 감도 오지 않는다.

그의 인생에 불쑥 찾아온 손님은 조이뿐만이 아니다. 케이트가 언니의 사망과 조이의 입양으로 자리를 잠시 비운 사이 레스토랑 오너인 폴라가 수셰프 닉을 영입한 것이다. 케이트가 차갑고 완벽만을 추구하는 셰프라면, 닉은 오페라를 들으며 요리하는 유쾌하고 사교적인 셰프다. 닉이 22 블리커에 수셰프로 온 이유는 케이트와 함께 일하고자 함이었지만, 케이트는 자기와 달라도 너무 다른 닉이 마음에 들지 않을뿐더러 자신의 자리를 차지하기 위해 쇼를 한다고 생각한다.

이렇게 물과 기름 같던 케이트와 닉의 사이도 조이로 인해 변화를 맞는다. 케이트의 음식에는 손도 대지 않던 조이가 닉의 파스타를 먹으면서 식욕을 되찾는가 하면, 그에게는 마음을 여는 것이 아닌가. 그런 둘을 지켜보던 케이트도 조금씩 닉을 자신의 삶 안쪽으로 들여놓기 시작한다.

「사랑의 레시피」는 유럽에서 2001년 제작한 「마사의 부엌」을 원작으로 하고 있는데, 장소만 뉴욕으로 바꿨을 뿐 거의 모든 스토리를 그대로 따라가고 있다. 클리셰가 많이 등장하기는 하지만 요리와 와인이 등장하는 영화를 좋아한다면 원작도 「사랑의 레시피」도 즐겁게 감상할 수 있다. 영화에는 인상적인 와인 장면이 나온다. 폴라가 직원들에게 와인 테이스팅 교육을 시키는 장면이다.

폴라   이번 건 아름다운 2002년산 돌체토 와인이야. 원산지가 어딜까?
직원   아마도 피에몬테?
폴라   남호주. 애들레이드 힐스야. 와인의 색을 봐. 정말이지 너무
        아름답지. 시음 적기야. 이 와인을 세 가지 단어로 한 번 묘사해 봐.

이때 케이트가 등장하면서 아쉽게도 와인 시음 장면은 끝이 난다. 영화에서 폴라의 질문에 대한 답을 듣지 못했지만, 와인을 세 가지 단어로 묘사해 보라는 말은 꽤 인상적으로 다가왔다. 폴라가 가져온 와인은 남호주의 애들레이드 힐스에서 와인을 만들고 있는 '야카 패독

빈야즈 *Yacca Paddock Vineyards*의 돌체토*Dolcetto*'이다. 이 와인이 영화에 등장한 것에는 나름의 이유가 있다. 영화의 감독 스콧 힉스가 아내와 함께 만드는 와인이기 때문이다.

먼저 돌체토라는 품종에 대해 알아보자. 이탈리아 피에몬테의 주요 적포도 품종으로, 어원은 돌체차*Dolcezza*(단맛)에서 유래했다. 돌체토로 만드는 와인이 달콤해서가 아니라 포도 자체가 달다는 의미이며, 이런 특징 때문에 양조용이 아닌 식용으로도 쓰인다. 돌체토는 한때 피에몬테에서 널리 재배되던 품종이었지만 재배하기가 까다로운 편이다. 그래서 필록세라 이후 포도나무를 죄다 뽑아버리고 대체하는 과정에서 바르베라나 네비올로처럼 생산성이 좋고 인기 있는 포도 품종에 밀려 하락세를 걸었고, 지금도 점차 생산량이 줄어들고 있다.

물론 그렇다 하더라도 여전히 피에몬테에 있어서만큼은 주요 적포도 품종 자리를 차지하고 있으며, 잘 만든 돌체토 와인은 아름다운 루비색, 미디엄 바디, 적당한 타닌, 씁쓸한 맛으로 와인 애호가들을 매료시키기도 한다. 앞서 말했듯 이름의 뜻과는 달리 대부분 드라이한 스타일로 만들어진다.

다양한 품종의 잠재력을 꽃피우는 와인 생산국, 호주

호주는 광활한 땅에 전 세계 품종들이 혼재해 있고, 그 안에서 실험적이고 다채로운 와인이 탄생하고 있다. 1788년 이민자들로부터 와인을 만드는 역사가 시작되어 열정적인 생산자들의 노력과 혁신을 통해 신대륙을 대표하는 생산지로 자리매김했고, 역사적인 포도밭에서는 무려 150년 이상의 수령을 지닌 포도나무가 자라고 있다. 세대를 거쳐 정성스럽게 보살핌을 받은 오래된 나무에서 탄생하는 소수의 프리미엄 와인은 호주 고급 와인 시장의 핵심이자 강점이다. 돌체토 역시 1860년대에 심어져 지금까지 과실을 영글고 있는 포도나무들이 있다.

호주 와인에 대한 흔한 오해는 호주가 뜨겁고 건조한 국가이다 보니 진하고 강렬한 풀 바디 와인만 만든다고 생각하는 것이다. 물론 호주 와인을 대표하는 건 쉬라즈나 카베르네 소비뇽 혹은 메를로로 만들어지는 선이 굵은 와인들이다. 하지만 호주는 광활한 대륙이고 대부분의 와인 산지가 해안가와 맞닿아 있다. 영화에 등장한 와인이 생산된 애들레이드 힐스라든지 쿠나와라, 모닝턴 페닌슐라, 태즈매니아 같은 곳들은 뚜렷한 해양성 기후를 보이며, 호주를 대표하는 와인 산지인 바로사 밸리, 맥라렌 베일, 마가렛 리버 같은 곳은 지중해성 기후를 보인다.

애들레이드 힐스는 남호주를 대표하는 와인 산지다. 남호주에서 가장 번화한 도시인 애들레이드에서 차로 20분이면 도착하는 곳이다. 애들레이드 근교로 구불구불한 도로를 헤치고 들어가면 가파른 언덕과 너른 초원 사이로 포도밭들이 펼쳐진다. 와인 산업의 태동 역시 아름다운 자연을 기반으로 한 관광 산업이 흥하면서부터다. 19세기 후반부터 상당한 양의 포도 재배가 이뤄졌으나 여러 악재로 내리막길을 걷다가 1970년대부터 본격적으로 성장했다.

애들레이드 힐스는 그 이름에서 짐작할 수 있듯이 남호주에서 가장 시원하고 가장 높은 지대에 포도밭이 위치한다. 전반적으로 온화한 지중해성 기후를 보이기에 포도 재배에 이상적이며, 저지대보다는 서늘하고 비가 많이 내리는 특징이 있다. 그래서 주요 양조용 포도 품종도 화이트와 레드가 고르게 분포되어 있다. 특히 소비뇽 블랑은 세계적인 품질을 자랑하고, 전체 남호주 생산량의 약 30%가 이곳에서 탄생한다. 이 외에도 리슬링, 샤르도네, 세미용, 피노 누아도 상당량 재배되며, 샤르도네와 피노 누아는 단일 품종 와인은 물론, 스파클링 와인의 재료로도 활용되고 있다.

야카 패독 빈야즈는 2000년 케리 헤이센과 스콧 힉스 부부가 설립한 와이너리다. 스콧 힉스 감독은 「샤인」(501쪽 참고)으로 이미 감독으로서 정점을 찍은 바 있고, 지금까지 활발히 영화와 미디어 제작 활동을 하고 있다. 그의 동반자인 부인 케리 헤이센도 호주의 유명한 영화 제작자다. 플린더스 대학 재학시절에 만나 결혼한 두 사람은 감독과 제작자로서도 좋은 파트너다.

선선한 기후가 특징적인 애들레이드 힐스의 테루아에 매료된 부부는 이곳에서 좋은 품질의 개성있는 와인을 만드는 것을 목표로 했다. 힉스 부부는 영화를 제작할 때 최고의 제작진을 찾는 것처럼 와이너리를 만들 때도 최고의 와인메이커를 영입했는데, 그가 바로 호주의 저명한 와인메이커인 벤 릭스다. 그리고 벤 릭스가 초점을 맞춘 포도는 돌체토, 타낫 같은 마니악한 품종이었다.

  야카 패독 빈야즈의 와인은 생산량이 적고 해외 판매도 한정적이라서 아직까지 국내에서 구하기는 어렵다. 호주 영화계의 최정상에 있는 감독 부부가 만든 와인의 맛이 무척 궁금할 따름이다. 그간 경험했던 와인들을 떠올려보면 호주의 돌체토는 이탈리아의 돌체토보다 과실 향이 좀 더 진한 편이었다. 그러면서도 돌체토 특유의 높은 산도와 풍선껌 향은 동일했다. 언젠가 야카 패독 빈야즈의 돌체토를 시음해볼 기회가 온다면 영화처럼 와인의 풍미를 세 단어로 표현해보고 싶다.

「타르」,
여성의 손에서 만들어지는 예술

Director	토드 필드
Cast	케이트 블란쳇(리디아 타르)
	노에미 메를랑(프란체스카)
	니나 호스(샤론 굿나우)
	소피 카우어(올가 멧키나)
Wine	이노바투스(미국 나파 밸리)

 몇 권의 책을 내는 동안 필자의 작업실은 대부분 집이었다. 편안하다는 장점은 분명하지만, 조금만 눈을 돌려도 정신을 분산시키는 잡다한 것들이 가득해 스스로 '나는 지금 일하는 중이야'라는 암시를 걸어주어야 했다. 이때 필요한 것이 바로 커피와 음악이다.

 이번 책을 쓰는 동안 가장 많이 들은 음악은 2022년 반 클라이번의 국제피아노콩쿠르 우승자 임윤찬의 결승 연주다. 이날의 「라흐마니노프 피아노 협주곡 3번」에는 클래식에 문외한인 필자가 듣기에도 청중의 마음을 뜨겁게 만드는 힘이 있다. 음악에 온전히 집중하는 임윤찬의 모습을 보며 수없이 많은 자기반성을 하기도 했다. 그리고 반 클라이번 결승 연주 영상을 통해 임윤찬만큼이나 많이 보게 된 사람이 있는데, 오케스트라를 지휘한 세계적인 지휘자 마린 올솝이다. 그는 결승 연주가 끝난 후 감동의 눈물을 닦으며 임윤찬을 안아주었고, 그 모습은 한 편의 서사를 완성시켰다.

갑자기 임윤찬과 마린 올솝 이야기를 꺼낸 것은 영화 「타르」 때문이다. 「타르」에서 케이트 블란쳇이 연기한 주인공 리디아 타르는 극 중 세계적인 지휘자이며, 오케스트라 단원과 결혼한 레즈비언으로 등장한다. 이러한 설정은 실제 마린 올솝의 인생과 닮았다. 영화에 마린 올솝의 이름이 언급되기도 하고, 마린 올솝 또한 「타르」를 보고 남긴 감상평에서 "여러모로 자신을 떠올리게 하는 영화적 설정 때문에 보기 불편했다"라고 말했다.

하지만 오해하면 안 될 것이 「타르」는 클래식 음악에 관한 영화도, 성소수자에 대한 것도, 성차별에 관한 것도, 심지어 리디아 타르의 성공담에 관한 영화도 아니다. 「타르」는 예술의 이면에 가려진 권력자의 폭력성, 완벽한 예술을 꿈꾸는 한 여성의 불안정한 심리, 그리고 그의 몰락과 치유에 관한 영화다.

영화는 초반부에서 리디아 타르가 음악계에서 어떤 성취를 이루었고 어떤 권력을 쥐고 있는지 긴 시간을 들여 보여준다. 그중 가장 인상적인 장면은 뉴욕의 공개 방송에 초대된 리디아 타르가 인터뷰를 하는 부분이다. 인터뷰어로 출연한 애덤 고프닉은 실제 「뉴요커」의 기자로, 타르를 앞에 두고 길고 긴 경력을 읊는다.

"커티스 음악원 출신 피아노 연주자, 하버드 대학의 파이베타 카파 회 소속으로, 빈 대학에서 토착 음악을 연구해 음악학 박사 학위 취득했으며, 이를 위해 아프리카에서 원주민들과 5년을 함께 보내기도 했습니다. 필라델피아 관현악단을 걸쳐 시카고 교향악단, 보스턴 교향악단에 이어 뉴욕 필하모니를 이끌었고, 전 세계 15명뿐인 EGOT 위너이며, 2013년 베를린 필하모니의 여성 상임 지휘자로 선임되어 지금까지 그 자리를 지키고 있습니다. 2010년에는 여성 지휘자들을 위한 단체 '아코디언'을 설립해 여성 음악가들의 계약을 돕고 있습니다."

이때 화면은 타르의 비서 프란체스카를 비춘다. 프란체스카는 인터뷰어가 하는 모든 말을 정교하게 입 모양으로 따라 하고 있다. 즉, 인터뷰어의 말 토씨 하나까지 타르의 통제하에 진행되고 있으며, 이 업계에서 그가 권력의 정점에 위치한다는 것을 보여준다. 이제 타르는 항상 열망했던 「말러 교향곡 5번」을 지휘를 맡아 예술가로서의 정점을 찍으려 한다.

영화는 위대한 업적을 이루며 음악도 사람도 마음대로 휘두르는 타르를 따라가며 곧 그가 얼마나 가식적이고 비도덕적인 인물인지를 까발리기 시작한다. 극 중 타르는 연인 샤론과 함께 딸 페트라를 입양해서 키우고 있다. 그런데 자신이 설립한 여성 음악가 단체 '아코디언' 소속 음악가이자 제자인 크리스티나를 성적으로 학대한 사실이 있다. 자신을 떠난 크리스티나가 다른 악단에 지원할 때마다 그를 뽑지 말라는 압력을 넣는가 하면, 비서인 프란체스카와의 관계조차도 관객으로 하여금 의문을 품게 한다. 그 와중에 자신을 매료시킨 젊고 생기 있는 첼로 연주자 올가를 입단시키기 위해 채용 비리를 저지른다. 만약 타르가 여성이 아닌 남성이었다면 관객들은 더 빠르게 타르를 가해자라고 인지했을 것이다.

결국 크리스티나는 자살하고, 비서인 프란체스카는 재단에 타르의 실체를 폭로한다. 크리스티나의 부모까지 고소하고 나서자, 타르는 미디어의 사냥감이 되어 빠르게 추락한다. 극의 초반 타르는 평단의 비평 따위는 신경 쓰지 않는다고 말했지만, 자신을 다룬 기사를 모조리 스크랩해서 보관하기도 하고 심지어 위키피디아에 등록된 프로필을 스스로 수정하기까지 한다. 미디어를 통해 얻었던 모든 명성과 이를 누리던 타르의 인생은 그 명성을 만들어준 대중을 통해 캔슬 컬쳐(공인 또는 유명인이 사회적 논쟁이 될 만한 행동과 발언을 했을 때, 그 인물을 팔로우 취소하고 보이콧하는 온라인 문화현상) 당하면서 빠르게 무너진다.

「타르」라는 작품에서 가장 흥미로운 지점은 타르의 몰락 이후다. 그는 모든 걸 잃고 쫓겨난 곳에서도 또다시 지휘대를 잡는다. 그가 열망했던 「말러 교향곡 5번」 대신, 제5함대를 향해가는 게임 음악의 오페라를 지휘한다. 아이러니하게도 이 모습은 비웃을 수가 없다. 타르의 표정과 시선에서 예술에 대한 숭고한 정신이 흘러나오고 있었기 때문이다. 영화에는 이 글에서 풀어내지 못한 수많은 영화적 장치가 등장한다. 여러 번 감상할수록 「타르」라는 작품이 가진 묘미를 더 많이 느낄 수 있을 거라고 확신한다.

영화에서 타르는 와인을 자주 마신다. 집에서 샤론과 식사할 때나, 샤워하고 긴장을 풀 때, 파인 다이닝 레스토랑에서 비즈니스 미팅을 할 때도 와인은 늘 함께한다. 그가 어떤 와인을 즐겼는지 궁금해서 여러 번 돌려봤지만, 많은 영화들이 그렇듯 정체는 알 수 없었다. 여기서는 조금 다른 시각으로 여성과 와인이라는 주제로 이야기를 더하고자 한다.

미국 나파 밸리 최초의 한국인 여성 와인메이커 세실 박

그간 방문한 500여 군데 와이너리에서 와인메이커와 직접 이야기를 나눌 수 있었던 곳은 200군데가 채 안 된다. 그래서 귀한 대화 시간을 얻을 때면 늘 묻고 싶은 것이 한가득이었는데, 대부분의 와인메이커가 영어로 소통하는 것에 무리는 없었음에도 비영어권에서는 아쉬운 경우가 많았다. 필자들도 영어가 뛰어나지 않고, 상대도 모국어가 영어가 아닌 상태로 포도 재배와 와인 양조에 관한 전문적인 지식이 필요한 이야기를 나누는 데 한계가 있었기 때문이다. 이럴 때는 질문의 질도 대답의 깊이도 어느 수준 이상으로 나아가지 않아서 답답함에 말문이 막히곤 했다.

그런 우리의 속이 뻥 뚫릴 만큼 속 시원하게 와인메이킹에 대한 대화를 나눌 수 있었던 사람이 있었으니, 바로 나파 밸리 최초의 한국인 여성 와인메이커로 알려진 세실 박Cecil Park이다. 2023년 봄 내한한 그의 와인 심포지엄을 주최할 기회가 주어졌을 때 가장 기대한 부분도 궁금증을 마음껏 해소할 수 있으리란 것이었다. 자리에 함께한 분들도 같은 마음이었는지 두 시간으로 예정되어 있던 강연이 끝나고는 질문이 쏟아졌고, 포도가 재배된 토질의 특징부터 세세한 양조 지식까지 열과 성을 다해 나누던 세실 박과 눈을 반짝이며 토론하던 청중의 모습이 아직도 눈에 선하다.

세실 박과 와인의 인연은 2001년에 시작됐다. 한국에서 다니던 식품회사를 과감히 그만두고 MBA를 위해 미국으로 건너간 세실 박은 운명처럼 와인의 매력에 푹 빠져 버리고 만다. 당시 LA의 한 호텔에서 마케팅 업무를 맡으며 와인을 접할 기회가 많았는데, 와인을 접한 첫 순간 "너무나 황홀했다"고 한다. 이후 방향을 틀어 캘리포니아 UC 데이비스 대학에서 양조를 공부하고, 2007년 '와인포니아'를 설립한다.

와인포니아는 '와인'과 '캘리포니아'의 줄임말인데, 그는 회사 이름처럼 캘리포니아 와인 업계를 위해 수많은 일을 해왔다. 와이너리 컨설팅, 와이너리 디자인, 이벤트를 위한 와인을 의뢰받아 만드는 등 캘리포니아에서 10여 년의 시간 동안 탄탄히 입지를 다졌고, 2014년 혁신이라는 의미를 담은 자신의 와인 브랜드 '이노바투스*Innovatus*'로 새로운 시작을 알렸다. 그리고 다시 10여 년이 지난 지금 이노바투스는 고품질 소량 생산 와인을 지향하며, 라인업이 다양하지는 않지만 와인 하나하나의 개성이 뚜렷하고 흥미로운 와인들을 선보이고 있다.

이노바투스는 나파 밸리를 대표하는 적포도 품종인 카베르네 소비뇽을 비롯해, 나파 밸리에서는 흔하게 볼 수 없었던 피노 누아를 주 품종으로 와인을 만든다. 이노바투스의 피노 누아가 재배되는 카르네로스는 소노마 밸리와 나파 밸리 사이에 걸쳐 있어 선선한 기후를 보인다. 추가로 아주 독특한 품종 비율을 가진 블렌딩 와인 '뀌베 레드*cuvée red*'를 선보이고 있다. 물론 화이트 와인도 있다. 나파 밸리 화이트 와인이라고 하면 으레 샤르도네를 떠올리겠지만 세실 박은 비오니에를 대표 품종으로 선택했다. 와인에서도 도전 정신을 엿볼 수 있는 대목이다.

심포지엄이 열리던 날 이노바투스의 모든 와인을 시음할 수 있었다. 이노바투스 와인은 나파 밸리 와인이라면 자연스럽게 연상되는 굵고 진한 느낌을 벗어나 섬세하면서도 풍부한 캐릭터를 갖추고 있었다. 이노바투스의 카베르네 소비뇽은 짙은 와인의 색처럼 블랙베리를 비롯한 다크 초콜릿, 향신료 향이 복합적으로 올라온다. 농밀한 질감과 파워풀함을 갖춘 와인이다. 이노바투스 피노 누아는 레드베리류의 산뜻함과 신선한 허브, 조밀한 구조감이 돋보이는 와인이며, 시음자들의 관심을 한몸에 받았던 이노바투스 비오니에는 복숭아와 리치 등 품종이 가진 고유한 과실 풍미에 싱그러운 자몽과 허브향이 더해져 고급스러운 풍미를 보여준 와인이었다.

세실 박의 도전 정신은 앞서 독특하다고 표현한 퀴베 레드의 블렌딩 비율에서 여실히 느껴진다. 시음했던 2014 빈티지는 피노 누아 57%, 시라 37%, 카베르네 프랑 6%를 블렌딩했다. 부르고뉴를 대표하는 피노 누아, 론의 시라, 보르도와 루아르의 품종으로 여겨지는 카베르네 프랑의 조합이라니, 어찌 보면 프랑스를 한 병에 담아낸 나파 밸리 와인은 석류같은 과실의 산뜻함과 은은한 제비꽃 향이 인상적이었다. 지금은 카베르네 프랑에 비오니에를 소량 블렌딩한 로제 스파클링 와인까지 출시했다는 소식을 듣고 또 한 번 설렐 수밖에 없었다. 앞으로도 이노바투스가 보여줄 혁신적인 와인들과 와인메이커 세실 박의 행보를 쭉 응원하며 기다릴 것 같다.

「피닉스」, 전쟁에 휘말린 와인 산업과 유대인의 코셔 와인

Phoenix

Director	크리스티안 페촐트
Cast	니나 호스(넬리 렌츠)
	로널드 제르펠드(조니/요하네스)
	니나 쿤젠도르프(레네 빈터)
Wine	샤토 무통 로칠드(프랑스 보르도)
	코셔 와인

    1945년, 제2차 세계대전 종전 직후의 서베를린. 어두운 차 안에서 피가 묻은 붕대를 얼굴에 칭칭 감고 있는 한 여자와 그를 보호하는 중년의 여자가 스위스에서 독일로 국경을 넘으려 하고 있다. 차를 멈춰 세운 군인은 붕대에 가려진 얼굴을 확인하기를 원하고, 보호자는 "쟤가 에바 브라운(히틀러의 부인)도 아니고 왜 이래요"라며 만류한다. 하지만 기어코 얼굴을 확인한 군인은 그의 처참한 몰골에 안쓰러운 눈빛을 보내며 차를 통과시킨다. 무거운 침묵 속에 다리를 건너는 차. 마주 오는 차의 헤드라이트가 화면을 환하게 물들이고, 불사조(혹은 부활)를 뜻하는 영화의 제목 '피닉스*PHOENIX*'가 화면에 떠오른다.

    영화 「피닉스」는 전쟁이 끝나고 '지옥의 홀로코스트'에서 살아 돌아온 넬리 렌츠의 기구한 삶에 관한 이야기다. 나치에 의한 유대인 학살을 가리키는 홀로코스트는 구약성서에 나온 희생물을 통째로 태워 버리는 제사에서 유래한다. 기록에 따르면 홀로코스트에서 전 세계 유대인의 3분의 2, 약 600만 명 이상이 희생되었다고 한다.

아우슈비츠 수용소에서 총상으로 얼굴이 엉망이 된 넬리는 오랜 친구 레네의 보호 아래 베를린으로 돌아온 뒤 성형수술을 받는다. 넬리는 의사에게 예전의 얼굴을 찾아달라고 간절히 부탁하지만, 수술이 끝난 넬리의 얼굴은 완전히 다른 사람처럼 보인다. 수용소로 끌려가며 헤어진 남편 조니와 재회할 날만 꿈꾸며 지옥을 견뎌냈던 넬리는 낙담한다. 그를 걱정하는 레네는 독일을 떠나 친 유대인 국가로의 이주를 권하며 넬리의 체포에 조니가 연관이 있을지 모른다고 경고한다. 하지만 조니에 대한 믿음이 확고한 넬리는 그 말을 믿지 않는다.

전쟁이 휩쓸고 간 흔적만 남은 베를린을 정처 없이 누비며 조니를 찾아 헤매던 넬리는 마침내 '피닉스'라는 클럽에서 허드렛일하는 조니를 발견한다. 긴장한 넬리와 달리 조니는 넬리를 전혀 알아보지 못한다. 자신의 정체를 밝히지 못하고 조니를 만나기 위해 계속해서 클럽을 찾아가는 넬리. 조니는 그가 일자리를 구하기 위해 오는 것이라 여기고 넬리만이 할 수 있는 일자리를 제안한다. 그 일은 다름 아닌 아내 대행이다. 넬리가 자신의 죽은 아내와 분위기가 닮았으니 살아 돌아온 척해서 아내 몫의 유산을 받아내자는 것이다. 가혹한 제안이지만 넬리는 조니 곁에 머물기 위해 제안을 받아들인다.

필체, 걸음걸이, 패션, 화장 등 수용소에 끌려가기 이전의 넬리가 되기 위한 연습을 시작하는 넬리. 하지만 조니는 넬리가 아내와 비슷해 보일수록 오히려 아내와 닮지 않았다며 날을 세운다. 아내를 연기하라면서 아내의 사진 한 장 내어주지 않는 조니의 마음속에는 아내를 배신했다는 죄의식이 깔려 있고, 그 죄의식은 조니가 넬리를 바라보는 시선을 왜곡시킨다. 수용소에서 나온 사람은 이런 옷을 입지 않는다는 넬리의 말에도 조니는 빨간 원피스와 구두를 신으라고 강요한다. 조니에게는 친구들과 자신이 보고 싶어 하는 넬리의 모습만 필요할 뿐이다. 이 끔찍한 관계의 끝은 결코 해피엔딩이 될 수 없다.

이 작품만큼은 스포일러를 할 수밖에 없을 듯하다. 영화의 마지막 장면, 조니의 피아노 반주에 맞춰 넬리가 처연히 부르던 「Speak

Low(나지막이 말해요)」의 여운이 길게 남는다. 「피닉스」는 넬리가 「Speak Low」를 부르는 신을 위해 천천히 빌드업을 쌓아가는 영화라고 생각한다.

"그대여 나지막이 말해요. 사랑은 불꽃이고, 너무 빨리 어둠 속에서 길을 잃었네."

피아노를 연주하던 조니 역시 넬리가 자기 아내라는 사실과 비로소 아내를 완전히 상실했다는 것을 동시에 깨닫는다.

반갑게도 후반부에 와인이 등장한다. 넬리는 조니의 지시대로 친구들 앞에 서서 아우슈비츠에서 살아 돌아온 자기 자신을 연기한다. 친구들은 시답잖은 옛 추억을 꺼내며 금세 예전으로 돌아온 것처럼 행동한다. 전쟁 중 유대인인 자신을 멀리했던 그들이 태연하게 마련한 환영의 자리에는 와인과 맥주, 리큐르가 올려져 있고 친구들은 자신의 입맛대로 잔을 채우고 비워가지만, 넬리는 한 모금도 입에 대지 않는다. 여기서는 넬리의 인생을 불꽃 속으로 몰고 들어갔던 제2차 세계대전과 와인 산업, 그리고 유대인을 위한 와인 이야기를 해보려고 한다.

전쟁 속 와인의 역사

1939년 9월 1일, 독일이 폴란드를 침공하며 제2차 세계대전이 시작된다. 제1차 세계대전의 패전국이었던 독일은 막대한 전쟁 배상금과 경제 침체에 시달리고 있었고, 이 틈을 파고들어 세력을 키운 인물이 바로 아돌프 히틀러다. 그는 국민의 분노와 원망을 유대인에게 돌렸고, 그의 삐뚤어진 민족우월주의와 인종 전쟁은 끝내 세계를 화염 속으로 몰고 갔다. 독일, 이탈리아, 일본까지 3국이 뭉친 추축국과 이에 대립한 영국, 프랑스, 미국, 소련, 중국 등의 연합국이 맞서면서 수많은 이들의 목숨을 앗아간 이 전쟁은 1945년 8월 15일 일본의 무조건 항복까지 무려 6년간 지속되었다.

전쟁은 와인의 역사와도 긴밀하게 연결된다. 오스트리아의 포도밭에서 일하던 많은 젊은이들은 병역의 의무를 다하기 위해 일터를 등졌고, 결국 여성과 노인들이 남은 터전을 지켜야만 했다. 또한 전쟁으로 인한 물자 부족으로 제대로 된 포도 재배와 와인 생산이 이뤄질 수 없었다. 예를 들어 포도밭의 곰팡이 방지를 위해 필수적으로 활용했던 황산구리가 전쟁 물자로 비축되었고, 와인을 담을 유리병의 부족도 심각했다. 심지어 전쟁의 후반에 들어서자, 대규모 와인 생산자들은 독일군을 위한 솔벤트와 연료를 충당하기 위해 생산량의 절반에 해당하는 와인을 증류했을 정도였다.

와인 산업이 나라의 근간이었던 프랑스는 피해가 더 막심했는데, 제1차 세계대전과 달리 만반의 준비를 하고 시작한 독일군은 1940년 5월 프랑스 파리까지 진격했고 그러는 동안 수많은 와인을 약탈했다. 역사적 기록에 따르면 독일은 이른바 '와인 총통'까지 만들어 프랑스 와인을 조직적으로 약탈했다고 한다. 당시 독일 군사령관인 헤르만 괴링과 선전 장관 요제프 괴벨스 등 나치의 주요 인물들은 열렬한 와인 애호가이자 수집가였고, 술을 즐기지 않았던 히틀러 또한 그의 독수리 요새에 전리품으로 50만 병의 고급 와인을 수집하고 있었다는 유명한 일화가 있다. 나치의 2인자였던 괴링은 와인에 대한 욕심이 대단했는데 프랑스 보르도 와인을, 특히 샤토 라피트 로칠드를 가장 좋아했다고 한다. 물론 전쟁의 피해를 본 건 독일 와인 산업도 마찬가지다. 이 시기에 독일 와인에 대한 국제적 수요와 관심은 (당연히) 나락으로 떨어졌고, 이는 종전 후에도 한참 동안 회복되지 않았다.

유대인 가문 로칠드가 지켜낸 와인

잘 알려졌다시피 나치는 전쟁을 통해 수많은 유대인의 재산을 몰수했다. 그중 와인 업계에서 가장 유명한 건 로칠드(혹은 로스차일드, 여기서는 로칠드로 통일한다) 가문일 것이다. 병당 수백만 원을 호가하는 전설적인 와이너리인 샤토 라피트 로칠드, 샤토 무통 로칠드를 탄생시킨 사람들이다. 오래전 마이어 로칠드에게는 다섯 아들들이 있었다. 야심 찬 마이어는 다섯 형제를 유럽에서 가장 부유한 도시들로 보내 유럽을 연결하는 금융 네트워크를 만들었다. 이 다섯 도시는 영국 런던, 프랑스 파리, 독일 프랑크푸르트, 오스트리아 빈, 이탈리아 나폴리였다. 이렇게 다섯 나라의 도시로 뻗어간 자손들은 로칠드 분파를 담당하며 국제 금융을 움직여왔다.

그리고 제2차 세계대전이 발발한다. 나치가 유럽을 움켜쥐자 추축국이었던 독일과 이탈리아의 로칠드 분파는 가까스로 철수할 수 있었지만, 오스트리아 분파는 전쟁의 시작과 함께 시련을 겪었다. 전쟁 전 오스트리아 분파는 은행과 철도 사업으로 자리 잡으면서 오스트리아의 대표적인 명문가로 입지를 단단히 했지만, 오스트리아가 독일에 흡수 합병되자 재산을 몰수당했다. 결국 루이 나다니엘 로칠드 남작을 제외한 가문의 사람들은 도망치거나 미국으로 망명했다. 저택을 지키며 남아 있던 루이 남작은 1년간 투옥되었고, 가족들은 거금의 보석금을 내고 겨우 남작을 석방시킬 수 있었다.

한편, 프랑스 지파는 파리의 금융과 보르도의 와인 산업을 주도해왔다. 영국 런던 분파의 나다니엘 드 로칠드는 프랑스로 돌아와 보르도의 포도밭을 매입해 샤토 무통 로칠드를 만들었다. 이후, 나다니엘의 삼촌 제임스 마이어 로칠드도 포도밭을 매입해 샤토 라피트 로칠드를 손에 넣게 된다. 특히 나다니엘의 아들 필립 드 로칠드는 와인 역사에 기념비적인 변화를 만들어낸 인물이다. 20세에 샤토 무통 로칠드의 경영을 맡은 그는 최초로 와이너리에서 직접 와인을 병입했다. 또한 포도의 품질이 기준에 미치지 못하자 과감히 샤토 무통 로칠드의 이름을 포기하고 무통 카데(Mouton Cadet, 무통의 막내)라는 이름으로 와인을 출시한 선구자적인 인물이었다. 무엇보다 그는 1855년 보르도 와인의 등급 분류에서 2등급으로 지정된 샤토 무통 로칠드를 1973년 1등급으로 승급시키는 데 성공했다. 하지만 필립 역시 유대인 탄압을 피하지는 못했다.

제2차 세계대전 당시 독일은 공습으로 프랑스 파리를 점령했고, 가문의 사람들은 스위스로 몸을 숨겼다. 로칠드 가문의 파리 저택에는 독일 해군 사령부의 본부가 들어섰고, 필립은 오랜 구금 생활을 해야 했다. 전쟁이 끝난 뒤 그는 곧바로 포도밭으로 돌아왔지만, 아내 엘리자베스는 그렇지 못했다. 사실 엘리자베스는 처음부터 유대인이 아니었고, 프랑스 부르고뉴의 부유한 가톨릭 가문에서 태어나 벨기에 귀족과 결혼했다. 그러나 필립과 사랑에 빠져 이혼 후 그와 재혼했고 이때 유대교로 개종했다.

하지만, 이 둘의 열렬한 사랑도 지속되지 못했다. 둘은 결혼 생활 중 아이를 잃으면서 절망에 빠졌고, 결국 별거하게 된다. 하필 이 기간에 전쟁이 발발하자 필립은 구금되고 엘리자베스는 국경을 넘으려다 잡혀 독일 라벤스브뤼크 수용소에서 생을 마감하게 된다. 넬리처럼 참으로 기구한 인생이다. 필립은 황폐해진 포도밭을 복구하는 것에 온 힘을 다했고, 전쟁이 끝난 1945년 전쟁에서 살아남은 포도로 귀한 와인을 만들어냈다. 바로 샤토 무통 로칠드 1945년산이다. 이 와인의 레이블에는 승리의 알파벳 V가 새겨져 있다.

유대인을 위한 코셔 와인

로칠드 가문이 이스라엘 와인 산업을 부흥시키기 위해 각고의 노력을 기울인 건 와인 업계에서는 잘 알려진 이야기다. 이스라엘 최초의 와이너리인 '카멜 와이너리Carmel Winery'와 현재 이스라엘 와인 산업을 대표하는 '골란 하이츠 와이너리Golan Heights Winery'가 모두 로칠드 가문에 의해 시작됐다. 그리고 이 두 와이너리에서는 유대인을 위한 '코셔 와인Kosher wine'을 만들고 있다.

코셔라는 용어는 '적합한'을 의미하는 히브리어에서 파생됐다. 유대인들은 유대 율법 따라 만들어진 와인을 마셔야 하며, 이렇게 만들어진 와인을 코셔 와인이라고 한다. 코셔 와인을 만들기 위한 규칙을 정리하면 다음과 같다.

첫째, 유대교의 안식일(일요일)을 엄격히 지키는 와인 양조장에서 와인을 만들어야 한다. 둘째, 전통에 위배되거나 인증을 받지 않은 첨가물(동물성)을 사용하지 않아야 한다. 셋째, 포도밭은 매 7년을 주기로 휴식기를 가져야 한다. 이때는 어떠한 생산적인 농작을 할 수 없다. 넷째, 유대인이 판매하는 와인이어야 한다. 유대인이 판매할 수 없는 경우 살균 과정을 거쳐야 한다. 다섯째, 십일조(소득의 10%를 헌금)의 의미로 생산된 와인의 1% 이상을 버려야 한다. 여섯째, 포도나무는 처음 3

년간은 와인을 만들 수 없고, 4년째부터 양조할 수 있다.

  코셔 와인을 만드는 것은 무척이나 까다로운 과정이다. 이 조건들을 모두 지킨다면 이스라엘이 아닌 곳에서도 코셔 와인을 만들 수 있어 현재는 전 세계 와인 산지에서 코셔 와인을 만들고 있다. 이스라엘 전체 와인 생산량에서는 코셔 와인이 20% 정도를 차지한다고 한다. 다행인 것은 발효주가 아닌 증류주에 대한 규정은 열려 있기 때문에 만약 유대인과의 저녁 식사 자리에 코셔 와인을 구해 가기 어렵다면 증류주를 준비하는 것도 문화적 배려가 될 수 있다.

「쉐프」, 분자 요리에는 분자 와인?

Comme un chef

Director   다니엘 코헨
Cast   장 르노(알렉상드르 라가르드)
          미카엘 윤(재키 보노)
          라파엘 아고게(베아트리스)

Wine   질소를 채운 샴페인과 포므롤 스피릿!?

　「쉐프」는 제목에서 알 수 있듯 요리사들의 이야기이다. 첫 번째 주인공은 4주 동안 무려 네 번이나 직장에서 해고당한 요리사 재키 보노다. 요리를 못하냐고? 오히려 그 반대다. 재키의 말에 따르면 그는 네 살에 닭가슴살 양념구이를 만들었고, 다섯 살에 수플레를 만들었다. 심지어 일류 셰프들의 수백 가지 레시피를 외우고 요리에 대한 지식도 무궁무진하다. 그야말로 (이것도 자기가 한 말이지만) 요리계의 모차르트다. 이런 천재적 요리사가 번번이 식당에서 잘린 이유는 손님의 취향은 전혀 고려하지 않는 그의 고집스러운 요리 철학 때문이다. 예를 들어, 고기를 익히는 정도를 가지고 하루에만 손님 여섯 명에게 훈계할 정도다. 그러면서도 재키는 자신의 재능을 몰라보는 사람들이 야속하기만 하다.

그리고 또 다른 셰프가 있다. 미슐랭 3스타를 받은 이래 단 한 번도 놓친 적 없는 전설적인 셰프 알렉상드르 라가르드다. 그는 뛰어난 요리 실력과 명성, 이에 걸맞은 매너까지 갖춘 인물이다. 그는 자신의 이름을 딴 카르고 라가르드 레스토랑에서 무려 15년이라는 시간을 함께 해왔고, 오랜 시간 그의 요리를 사랑해 준 팬들도 있다. 그러나 레스토랑의 실질적인 소유주인 마테르는 그가 15년 동안 고집해온 전통적인 프렌치 요리가 시대에 뒤처져 있다고 생각한다.

마테르는 분자 요리(식재료의 질감과 조직, 요리 과정을 과학적으로 분석해 새로운 맛과 질감을 표현하는 요리)로 유명세를 떨치고 있는 셰프 시릴을 카르고 라가르드의 수석 셰프로 앉힐 계획을 세우고, 알렉상드르를 레스토랑에서 쫓아내기 위해 온갖 치졸한 방법을 쓰는 중이다. 알렉상드르가 아끼던 스태프들을 뉴욕과 두바이로 보내버리는가 하면, 식재료 납품업체에 손을 써서 식재료 공급을 막고, 평론가를 매수해 곧 있을 신메뉴 평가에서 레스토랑의 별점을 떨어뜨려 계약 위반으로 그를 쫓아낼 계획을 세운다. 물론 알렉상드르는 삶의 전부인 레스토랑을 절대로 포기할 생각이 없다. 그는 트렌드에 맞춰 분자 요리를 시도하려 하지만, 새로운 시도를 하기에 그의 나이는 너무 많고 창의력은 고갈됐다.

한편 재키는 임신한 아내가 휴직하자 요리사의 꿈을 포기하고, 페인트공이 된다. 그런데 우연히 재키가 페인트칠을 하다가 만든 요리를 알렉상드르가 맛보는 기적이 일어난다. 재키는 알렉상드르의 팬으로, 이때 만든 요리도 알렉상드르가 1997년 선보인 숭어와 호박 요리다. 그렇게 알렉상드르의 마음을 단숨에 사로잡은 재키는 카르고 라가르드에 합류해서 알렉상드르와 신메뉴 프로젝트를 함께하게 된다.

프랑스 영화, 그것도 프렌치 음식에 관한 영화답게 와인이 연이어 등장한다. 특히 이 영화에는 '인상적인' 와인 장면과 '흥미로운' 와인 장면이 둘 다 나온다. 인상적인 장면은 여자 친구에게 이별 통보를 받은 재키를 위로하기 위해 알렉상드르가 고급 와인을 마구마구 따는 장면이다. 축 처진 채 계단에 앉아 있는 재키에게 무려 샤토 마고를 권하는 알렉상드르. 이때 재키는 결혼까지 생각하던 여자 친구와 헤어질지도 모르는 상황이지만, 샤토 마고 한 잔에 얼어 있던 마음이 사르르 녹는다. 만족해하는 재키를 보며 알렉상드르가 웃으며 건네는 한마디.

"슈발 블랑을 마셔본 적 있나?"

알렉상드르는 재키를 지하 창고로 데려간다. 그곳에서 둘이 마시는 슈발 블랑은 무려 1961년산이다. 아마 「사이드웨이」가 생각나는 분들이 계실 것이다. (『와인이 있는 100가지 장면』 1편 77쪽 참고) 「사이드웨이」에서 마일스가 아끼고 아끼다가 패스트푸드점에서 플라스틱 컵에 마시는 바로 그 슈발 블랑과 같은 빈티지다. 재키는 슈발 블랑 1961년 한 잔에 웃음을 되찾고, 알렉상드르는 와인을 음미하며 감격한 듯 말한다.

"슈발 블랑은 늘 눈물이 맺히게 하지."

그런데 아직 끝이 아니다. 슈발 블랑이 글라스에 한참이나 남았지만, 알렉상드르는 다시 와인을 권한다. 이번에는 페트뤼스(230쪽 참고)다. 이보다 더 달콤한 위로가 또 있을까?

충격에 가까운 분자 와인들

'흥미로운' 와인 장면은 분자 요리 레스토랑에서 소믈리에가 알렉상드르와 재키에게 두 종의 기상천외한 와인을 서빙하는 장면이다. 봄 메뉴 출시를 앞둔 알렉상드르는 중요한 정보를 입수한다. 바로 평론가들이 신메뉴를 맛보기 위해 방문할 예정이며, 특히 분자 요리를 좋아한다는 것. 이제 두 주인공은 얼마 남지 않은 시간 동안 끝내주는 분자 요리를 만들어내기 위해 고군분투한다. 심지어 경쟁자인 셰프 시릴의 분자 요리 레스토랑으로 과한 분장을 하고 손님으로 잠입한다. 그리고 시릴의 레스토랑에서 말도 안 되는 분자 요리와 말도 안 되는 와인들을 서빙 받는데 정말이지 가관이다.

시작은 질소를 넣은 샴페인이다. 잔 속에서 질소가 넘실넘실하는 샴페인을 맛본 재키는 "쿠바의 하바나산 샴페인이라고 해야 할까…"라고 나름 예의를 갖춰 시음평을 말하는데, 입에서 질소 연기가 폴폴 새어 나온다. 곧이어 소믈리에가 서빙하는 레드 와인은 더 가관이다. 이름하여 포므롤 스피릿. 포므롤은 프랑스 보르도 오른편에 자리한 고급 와인 산지로, 앞서 등장한 페트뤼스가 탄생하는 곳이다. 이제야 제대로 된 와인 한 잔을 마시겠구나 싶었다면 오산이다.

이 포므롤 스피릿은 놀랍게도 무알코올 와인이다. 소믈리에는 "포도도 없고, 알코올도 없습니다"라며 긴 스포이드에서 투명한 액체를 뽑아 작은 잔에 성심껏 한 방울씩 와인을 떨어뜨려 준다. 그럼 뭐가 들었냐고 재키가 묻자 "그건 비밀"이란다. 말 그대로 포므롤의 스피릿(영혼)만 탑재한 와인인 모양이다. 사뭇 진지하게 포므롤 스피릿을 시음하는 두 주인공의 말을 빌리면 나무 향이 강하고, 포므롤 와인의 향도 약간 나고, 건포도가 들어간 것 같으면서도, 타닌 함량이 높단다. 한마디로 어처구니가 없는 액체다.

필자도 알렉상드르처럼 고루한 사람이라서 그런지 몰라도 (형상만 있다고 할 수 있는)두 와인의 등장은 충격에 가까웠다. 「더 메뉴」(129쪽 참고)에서 소개한 하이퍼 디캔팅을 처음 알게 됐을 때의 충격이랄까? 새로운 와인을 만나면 언제나 호기심이 폭발하고 설레지만 그건 어디까지나 '와인'이라는 범주 안에 들어와 있을 때의 이야기이다. 포도도 알코올도 없는 와인이라니 너무하다. 물론 함께 나온 음식도 상식 파괴 그 자체다.

그간 소개한 음식 영화 「더 셰프」, 「보일링 포인트」, 「더 메뉴」에서 불과 피가 난무하는 지옥의 주방을 담아냈다면, 「쉐프」는 사랑스러움과 유쾌함으로 무장한 음식 영화다. 이 영화를 보는 동안은 영화의 맥락, 서사에 대한 분석은 잠시 접어두고 편안한 마음으로 즐기셨으면 한다. 분명 기분이 밝아질 것이다.

「라스트 홀리데이」와 비즈니스 식사 자리에 어울리는 와인

Last Holiday

Director	웨인 왕
Cast	퀸 라티파(조지아 버드)
	엘엘 쿨제이(숀 매튜스)
	티모시 허튼(매튜 크레이건)
	지안카를로 에스포지토(딜링스 의원)
	알리시아 위트(미즈 번스)
	제라르 드파르디외(셰프 디디에)
Wine	샤토 뒤크뤼 보카이유(프랑스 보르도)

    미국 뉴올리언스의 백화점에서 조리 기구 판매원으로 일하는 조지아. 그는 친절함과 진정성을 갖춘 유능한 사원이지만, 실적만이 덕목이라 생각하는 상사는 조지아를 탐탁지 않아 한다. 조지아의 유일한 낙은 퇴근 후 요리 프로그램을 보며 근사한 요리를 만드는 것인데, 정성껏 만든 요리는 옆집 아이를 위한 것일 뿐, 정작 자신은 냉동식품을 돌려 먹는다. 마치 '행복은 자신을 위한 것이 아니다'라는 생각이 깊숙이 박혀 있는 사람처럼 보인다.

    그런 조지아에게도 은밀한 취미가 있다. 그것은 자신의 희망 사항을 모아 만든 '가능성의 책'이다. 거기에는 지금껏 만들어온 요리 사진과 남몰래 마음에 둔 직장 동료 숀과의 상상 결혼 등 조지아가 원하는 것들이 빼곡히 적혀 있다.

    그러던 어느 날 조지아의 인생을 송두리째 바꾸는 사건이 일어난다.

업무 중 캐비닛에 머리를 부딪혀 실려 간 병원에서 자신이 램핑턴이라는 희귀병에 걸렸다는 사실을 알게 된 것이다. 의사는 치료받지 않으면 앞으로 남은 삶이 겨우 3~4주밖에 남지 않았다는 청천벽력과 같은 진단을 내린다. 수술비는 무려 34만 달러, 약 5억 원이 넘는 돈이다.

시한부 인생을 선고받은 조지아는 처음에는 자신의 기구한 운명을 한탄하며 눈물 흘리다가 자신이 이제껏 외면한 인생의 행복, 즉 가능성의 책에 써 왔던 꿈들을 실천해 보기로 한다. 그것도 아주 제대로! 먼저 꼴 보기 싫던 상사에게 시원하게 사표를 들이민 뒤 그동안 모아 둔 퇴직연금과 돌아가신 엄마가 남긴 채권을 모두 찾는다. 이제 인생의 마지막 휴가를 제대로 즐길 준비가 되었다.

조지아는 비행기 일등석에서 칠면조 요리와 돔 페리뇽을 즐기며, 늘 동경해온 셰프 디디에가 일하는 체코의 '그랜드호텔 품프'로 향한다. 이 호텔은 실제로 존재하는 곳으로, 무려 1701년 설립되어 약 330년 가까운 세월 동안 호텔이 위치한 카를로비 바리의 영광을 함께한 곳이다. 영화 「007 카지노 로얄」의 촬영지였으며, 수많은 셀러브리티가 사랑하는 호텔이기도 하다.

프라하에 도착한 조지아는 시간을 아끼기 위해 호텔까지 헬기로 이동하고, 1박에 4,000달러짜리 스위트 룸에서 머물며, 호텔 스파, 스노보드, 베이스 점프까지, 상상만 하던 모든 것을 마음껏 즐긴다.

그리고 조지아가 그랜드호텔 품프를 선택한 가장 큰 이유, 디디에 셰프의 요리를 만나기 위해 호텔 레스토랑에 들어선다. 주문을 받으러 온 종업원이 오늘의 특선 요리들을 읊는다. 카술레, 리소토 바롤로, 뵈르블랑 숭어, 메추라기구이, 양고기 사태찜까지. 조지아가 군침을 흘리며 내일도 같은 메뉴가 준비되는지 묻자 종업원은 "디디에 셰프는 같은 요리를 두 번 만들지 않습니다"라고 답한다. 그러자 조지아는 "그럼 오늘 다 먹어야겠네요. 다 주세요" 하고는 모든 접시를 남김없이 비워낸다.

이런 화끈한 모습 덕분에 디디에가 조지아를 만나러 주방에서 나오게 되고, 디디에와의 친분을 과시하고 싶었던 레스토랑의 고위급 손님들은 자연스럽게 조지아에게도 관심을 가진다. 그중에서도 특히 조지아의 정체를 궁금해하는 인물이 있었으니 바로 조지아가 다니던 백화점 사장인 매튜 크레이건이다. 매튜는 정계 인사들과의 식사 자리에 디디에 셰프가 등장해 힘을 실어주길 바랐는데, 디디에가 조지아하고만 시간을 보내니 신경이 날카로워진다. 호텔에 머물던 유명 인사들은 그녀의 정체에 대한 상상을 키워가고 어느새 조지아는 유명 인사들이 궁금해하는 호텔의 셀러브리티가 된다.

영화에는 자연스럽게 고급 와인들이 잔뜩 등장한다. 가진 돈 전부를 마지막 휴가에 모조리 쏟아붓는 조지아가 주문하는 와인들도 그러하고, 악연으로 이어진 매튜 크레이건이 비즈니스 자리를 위해 주문하는 와인 리스트 역시 무척 훌륭하다. 샤토 뒤크뤼 보카이유, 페트뤼스(230쪽 참고), 샤토 랭쉬 바쥬(279쪽 참고)에 각종 샴페인까지 끝없이 와인들이 등장해 무척 반가웠다. 여기서는 그동안 소개할 기회가 없었던 명품 와인 '샤토 뒤크뤼 보카이유Château Ducru-Beaucaillou'에 대해서 이야기를 나눠보고자 한다.

생줄리앙의 보석, 샤토 뒤크뤼 보카이유

보르도 안에서도 그랑 크뤼 클라세 샤토들이 다수 몰려 있는 생줄리앙 마을. 샤토 뒤크뤼 보카이유는 「연인」(91쪽 참고)에서 소개한 레오빌 삼형제와 더불어 생줄리앙을 대표하는 샤토로, 1855년 그랑 크뤼 클라세 2등급에 올랐다. 역사가 굉장히 오래됐는데, 샤토의 기록에 의하면 무려 1720년에 설립되어 무려 300년 이상의 역사를 이어가고 있다.

그 긴 시간 동안 샤토의 소유주는 여러 번 바뀌었다. 최초에는 보카이유라는 이름으로 불렸고, 1797년 베르트랑 뒤크뤼가 인수하면서 그의 이름을 따서 비로소 뒤크뤼 보카이유라고 부르게 된다. 이미 이 시기부터 뒤크뤼 보카이유는 정치가들이 즐기는 와인으로 명성을 누리고 있었다. 베르트랑의 사후 샤토를 물려받은 딸 루이즈 라베즈에 의해 와인의 품질이 크게 향상되었고, 당시 생줄리앙에서 가장 비싼 와인으로 거래되었다고 한다. 이처럼 품질, 명성, 가격까지 모두 갖춘 샤토 뒤르뤼 보카이유는 1855년 그랑 크뤼 클라세 2등급에 당당히 오를 수 있었다.

이후 뒤크뤼 보카이유는 당시 보르도 와인 산업의 큰손이었던 네고시앙 나다니엘 존스톤의 아내에게 매각되며 또 한 번 인지도를 높인다. 뒤크뤼 보카이유는 성공적으로 네고시앙 사업을 영위한 존스톤 가문에 의해 국제적인 인지도까지 얻게 되었으며, 당시 포도밭을 괴롭히던 곰팡이와 노균병의 치료책으로 보르도액을 개발하면서 와인 산업에 한 획을 긋게 된다. 황산구리와 석회를 섞어 제조한 보르도액은 지금까지도 식물의 곰팡이 방지제로 널리 사용되고 있는 획기적인 발명품이다.

존스톤은 1904년 메독 그랑 크뤼 클라세 연합의 초대 회장을 맡으며 그의 인생 최고의 전성기를 누리는가 싶었지만, 제1차 세계대전, 볼셰비키 혁명, 미국의 금주령에 직격탄을 맞아 사업이 내리막길을 걷게 되어 결국 1928년 데스바라트 가문에게 뒤크뤼 보카이유를 매각한다. 데스바라트 가문은 1941년까지 샤토를 애지중지 일궜지만 1930년대에 안 좋은 빈티지를 연이어 관통하고 엎친데 덮친 격으로 대공황을 겪고 샤토를 유지하기 힘들어지자, 포이약의 '샤토 오바타이Château Haut-Batailley'와 '샤토 그랑 퓌 라코스트Château Grand-Puy-Lacoste'(둘 다 그랑 크뤼 클라세 5등급)를 소유하고 있던 프랑수와 보리에게 다시 팔게 된다. 보리 가문은 열정적으로 샤토를 관리하면서 평론가들의 극찬을 받는 최고의 와인들을 세상에 내놓았고, 현재까지 뒤크뤼 보카이유를 성공적으로 운영하고 있다. 현 오너는 브루노 외젠느 보리다.

뒤크뤼 보카이유는 기대를 충족시키는 수준의 와인을 일정한 품질로 선보인다. 보카이유Beaucaillou는 아름다운 돌이라는 뜻인데, 실제로 샤토가 소유하고 있는 포도밭에는 커다란 자갈들이 무성하다. 이와 같은 자갈 토양은 포도밭의 배수를 돕고, 한낮의 열기를 모아두었다가 서늘한 밤에 내뿜어 포도나무의 성장에 도움을 준다. 약 50헥타르(약 15만 평)에 달하는 광대한 포도밭에서 카베르네 소비뇽과 메를로, 소량의 프티 베르도를 재배하고, 이 포도밭에서 총 세 가지 와인을 생산한다. 샤토 뒤크뤼 보카이유, 라 크루와 뒤크뤼 보카이유La Croix Ducru-Beaucaillou, 르 프티 뒤크뤼Le Petit Ducru다.

메인 와인인 샤토 뒤크뤼 보카이유는 가장 좋은 포도밭의 포도로 만들며, 와인의 숙성도 셋 중 18개월로 가장 길다. 새 오크통의 비율은 빈티지에 따라 조금씩 달라지는데, 대략 75~90% 정도다. 포도 품종의 구성은 2022년 빈티지의 경우 카베르네 소비뇽 82%, 메를로 18%로, 카베르네 소비뇽의 비율이 훨씬 높다. 세컨드 와인인 라 크루와 뒤크뤼 보카이유와 르 프티 뒤크뤼는 12개월 숙성하며, 포도 품종은 메를로를 메인으로 카베르네 소비뇽과 프티 베르도를 블렌딩한다. 가장 대중적인 르 프티 뒤크뤼는 메를로를 75% 정도 쓴다.

이 와인들에서는 최고의 보르도 와인에서 맛볼 수 있는 강렬한 풍미와 잘 익은 타닌, 유연한 질감, 과일의 순도를 조화롭게 느낄 수 있다. 보통 뒤크뤼 보카이유를 표현할 때 수트를 빼입은 신사의 이미지에 비유하곤 하는데, 「라스트 홀리데이」에서 비즈니스 식사 자리에 이 와인이 올라와 있는 것을 보면 소믈리에의 추천이었든, 매튜의 선택이었든 와인 고르는 안목은 인정해야 할 것 같다.

「누구나 아는 비밀」, 와인과 포도즙의 차이

Todos lo saben

Director	아스가르 파르하디
Cast	페넬로페 크루즈(라우라)
	하비에르 바르뎀(파코)
	리카르도 다린(알레한드로)
	에두아르도 페르난데즈(페르난도)
	바바라 레니(베아)
	인마 쿠에스타(아나)
	카를라 캄프라(이레네)
Wine	모나스테리오 데 라스 비냐스(스페인 카리녜나)

　「누구나 아는 비밀」은 주인공 라우라와 파코 역에 스페인을 대표하는 두 배우인 페넬로페 크루즈, 하비에르 바르뎀이 캐스팅되었다는 사실에 기대를 안고 본 작품이다. 실제 부부 사이인 둘은 연인 시절부터 지금까지 무려 일곱 편이나 되는 작품을 함께했다. 「누구나 아는 비밀」의 경우 둘의 환한 얼굴이 그려진 포스터를 보고 달달한 로맨틱 코미디를 기대했을 수 있다. 하지만 영화는 예상과 달리 중반부터 범죄, 미스터리, 스릴러 장르로 급격히 변모한다.

한 남자가 장갑을 낀 채 납치 사건을 다룬 신문 기사를 오리는 모습을 보여주며 영화가 시작된다. 장면이 전환되고, 카메라는 달리는 차 안에서 남편과 영상 통화를 하는 라우라와 그의 두 자녀를 비춘다. 아르헨티나에 살고 있는 라우라는 동생의 결혼식에 참석하기 위해 오랜만에 고향인 스페인을 찾았다. 라우라와 반갑게 재회하는 친인척들, 옛 친구인 파코가 차례차례 등장하고, 모두의 축복 속에 스페인 전통 결혼식이 치러진다.

자정이 지나도록 이어지는 피로연이 절정에 오를 무렵 갑자기 정전이 되고, 라우라의 첫째 딸 이레네가 감쪽같이 사라진다. 거기에 라우라가 거액의 돈을 요구하는 문자를 받으면서 딸이 납치되었음이 확실해진다. 라우라를 둘러싼 가족과 지인들은 경찰에 신고하면 이레네를 죽이겠다는 납치범의 협박에 누구에게도 알리지 못한 채, 이레네의 몸값을 마련하기 위해 필사의 노력을 다한다. 그리고 지옥과 같은 시간 속에 모두가 애써 숨겨왔던 비밀이 하나둘씩 드러난다.

「누구나 아는 비밀」은 71회 칸 영화제의 개막작이었다. 「씨민과 나데르의 별거」로 평단의 호평을 받았던 아스가르 파르하디 감독은 가까운 사이라고 믿었던 사람들의 불화와 의심을 또 한 번 영화에 담아냈다. 그리고 이 영화를 책에 소개해야만 했던 이유가 있다. 바로 극 중 파코의 직업이 포도 재배자이기 때문이다. 파코는 포도 수확이 한창인 포도밭에서 트랙터를 끌며 처음 등장하기도 하고, 이어지는 장면에서는 학생들에게 '와인이란 무엇인가'에 대해서 열정적으로 강의한다.

파코는 학생들 앞에서 포도의 즙을 짜서 작은 용기에 담아내고, 옆에 자신의 와인을 잔에 부은 다음 이 둘의 차이를 '시간'이라고 말한다. 그러면서 시간은 포도즙을 와인으로 만드는 것뿐만 아니라, 만들어진 와인에 성격과 개성을 부여한다고 설명한다. 너무 멋진 표현 아닌가. 그리고 파코의 포도로 빚은 와인이 영화 내내 등장하는데, 반갑게도 한국 시장에 꽤 알려진 와인이다. 바로 스페인의 거대 와인 그룹에서 만드는 '모나스테리오 데 라스 비냐스 *Monasterio des las Viñas*(이하 모나스테리오)'다.

카리녜냐? 카리냥?

모나스테리오는 스페인 중북부에 위치한 작은 와인 마을 카리녜냐 Cariñena에서 만들어진다. 우선 흥미로운 단어인 '카리녜냐'에 대해서 이야기를 나눌 필요가 있을 것 같다. 카리녜냐는 마을의 이름이면서 동시에 포도 품종 이름이다. 마을 이름 자체를 포도 품종 이름으로 쓰는 경우는 매우 드문데, 그만큼 카리녜냐 마을이 이 포도 품종에 대해 진심이라는 의미다.

카리녜냐의 다른 이름은 카리냥 Carignan이다. 아마 대부분의 와인 애호가들에게는 후자가 더 익숙할 것이다. 카리냥은 1960년대에서 2000년대까지 프랑스에서 가장 많이 재배된 적포도 품종이다. 카리녜냐는 스페인이 고향이지만, 지금도 여전히 프랑스에서 더 많이 재배하고 있고, 국제적인 인기도 프랑스의 카리냥이 더 높다.

카리냥이 과거 양적인 면에서 세계 최고의 적포도 품종인 메를로나 카베르네 소비뇽을 앞설 수 있었던 비결은 1956년과 1963년에 기록적인 한파가 프랑스를 덮쳤을 때 싹이 늦게 트는 카리냥의 장점이 재배자들의 관심을 끌었기 때문이다. 그러나 이 시기에는 프랑스 남부의 광활한 포도밭에서 질보다 양으로 재배되었고, 카리냥이라는 품종의 매력을 알리지 못했다.

이후 EU에서 유럽 와인의 품질을 전체적으로 높이기 위한 수단으로, 카리냥을 뽑아버리는 재배자에게 보조금을 지불하는 정책을 펼치면서 재배량이 급감했다. 지금도 카리냥은 소비자들에게 익숙한 메를로나 카베르네 소비뇽 같은 품종으로 점차 대체되고 있는 것이 현실이다.

카리냥은 만생종이라서 따뜻한 기후에서 이상적으로 자랄 수 있다. 또한 포도나무 질병에 취약한 편이기 때문에 아주 건조한 기후가 아닌 이상 자연 그대로 키우기에 어려움이 있다. 그리고 줄기가 매우 단단해서 기계 수확이 어렵다. 그럼에도 손에 꼽히는 장점은 생산량이 많다는 것이다. 기록에 따르면 헥타르당 약 200hl의 와인을 만들 수 있는데, 이는 카베르네 소비뇽의 네 배 이상이다. 그래서 질보다 양이 중요했던 농부들이 카리냥을 선택했던 것이다.

재배 비율이 점점 더 줄어드는 추세이기는 하지만, 역사가 오래된 만큼 꽤 오랜 수령의 카리냥 포도나무도 존재한다. 그리고 올드 바인 카리냥에서 얻은 소량의 포도로 수준 높은 와인이 만들어지기도 한다. 이런 와인에서는 말린 크랜베리, 라즈베리, 감초, 스파이스, 건조한 살라미 향을 느낄 수 있고, 입에서는 진하지만 부드러운 풍미를 자랑한다. 물론 누구나 이렇게 수준 높은 카리냥을 만들 수 있는 건 아니다. 일반적인 카리냥은 자연적으로 높은 산도, 높은 타닌을 지녔기에 기교와 우아함을 갖춘 와인을 만들기가 까다로운 편이다. 이와 같은 카리냥의 단점을 보완하기 위해 많은 와인메이커가 카리냥에 생소나 그르나슈, 시라를 블렌딩해서 와인을 양조하고 있다.

카리냥 산지로 가장 주목해야 할 곳은 남프랑스의 코르비에르 *Corbières*, 그리고 스페인의 카리녜나다. 이 중에서도 카리녜나는 유럽에서 가장 오래된 원산지 보호 지역이다. 이미 고대 로마 시대부터 포도 재배와 와인 생산으로 유명한 지역이었고, 중세에 들어와서는 여러 수도원의 보호 아래 와인 산업이 더욱더 번성했다. 기록에 따르면 16세기 사라고사(카리녜나가 속한 지방) 지방의 무려 50%가 포도밭으로 뒤덮여 있었다고 한다.

옛부터 카리녜나에서 포도 재배가 왕성했던 이유는 특별한 테루아 덕분이다. 카리녜나는 길고 더운 여름과 추운 겨울이 반복되는 뚜렷한 대륙성 기후를 보인다. 여름에는 한낮의 기온이 40℃에 육박하지만, 겨울이 오면 기온이 영하 10℃까지 떨어진다. 밤낮의 일교차도 큰 편이다. 이런 극단적인 기후 변화는 극복만 한다면 포도나무의 당과 산을 고루 유지할 수 있게 하는 이점으로 작용한다. 또한 연중 건조한 날씨라서 포도밭의 곰팡이와 해충의 피해를 자연적으로 방지한다. 즉, 친환경 농법을 유지하기에 이상적인 곳이다.

수도사 헌정 와인, 모나스테리오

국내에서도 꽤 인기 있는 스페인 와인인 모나스테리오는 카리녜나에서 활동하는 그란데스 비노스*Grandes Vinos*라는 일종의 협동조합에서 만드는 와인이다. 카리녜냐에서는 1950년부터 1967년 사이 여러 협동조합이 결성됐는데, 1997년에 모조리 연합해서 무려 700곳 이상의 포도 재배자가 뭉친 그란데스 비노스가 탄생했다. 전체 포도밭 면적만 따져도 4,500헥타르(약 1,700만 평) 이상이다. 워낙 건조한 데다 차가운 북풍이 연신 불어와 지속 가능한 친환경 포도 재배를 별 어려움 없이 유지할 수 있는 것도 매력적이다.

거대한 그룹인 그란데스 비노스는 여러 브랜드의 와인을 생산하고 있고, 그중 하나인 모나스테리오는 11세기에 이 지역에서 포도밭을 일구고 와인 산업의 질을 한껏 끌어올렸던 시토 수도사들에게 헌정하는 와인이다. 스페인어로 'Monasterio'가 '수도원'이라는 뜻이라는 점에서도 와인의 정체성을 확실히 알 수 있다.

모나스테리오는 대개 스페인 전통 품종으로, 스파클링 와인을 제외한 화이트, 로제, 레드 와인을 생산하며, 레드 와인의 경우 숙성 방법과 기간에 따라 호벤*Joven*, 크리안사*Crianza*, 레세르바*Reserva*, 그란 레세르바*Gran Reserva*로 나누어서 출시한다.

스페인 와인은 프랑스와 비슷하게 DOP(Denominación de Origen Protegida), IGP(Indicación Geográfica Protegida), VINO로 나뉘고, 그중 DOP가 엄격한 품질 기준을 통과한 고급 와인이다. 물론 어느 나라나 그렇듯이 낮은 등급의 와인 중에서도 DOP를 능가하는 품질을 지닌 것들도 존재한다. IGP는 DOP보다 약간 더 느슨한 규제를 통과한 와인이고, VINO는 대개 저렴한 테이블 와인들이다.

그리고 DOP는 몇 가지 세부 등급으로 나뉘는데, 그중 최고 등급이 DOCa(Denominacion de Origen Calificada)다. 현재 스페인에서 DOCa를 달 수 있는 지역은 스페인 최고의 와인 산지로 일컬어지는 리오하*Rioja*와 프리오랏*Priorat*, 두 곳뿐이다. 또한 스페인에는 비노 데 파고*Vino de Pago*(VP)라는 게 따로 있는데 이는 싱글 빈야드, 즉 정부에서 인증한 단일 포도밭에서 생산한 희귀한 와인을 말한다. 현재 라 만차와 나바라 지역을 중심으로 열다섯 군데의 비노 데 파고가 있다.

스페인 와인에는 호벤, 크리안사, 레세르바, 그란 레세르바라는 단어를 종종 찾아볼 수 있는데, 각 단어에 대한 규정이 명확히 세워져 있다.

우선 호벤은 배럴 숙성을 거의 혹은 전혀 거치지 않은 와인을 의미한다. 크리안사는 레드 와인의 경우 총 24개월을 숙성한 와인을 의미하는데, 이 중 6개월은 오크통에서 숙성해야 한다. 단, 리오하와 리베라 델 두에로 지역이라면 1년 이상의 오크통 숙성이 요구된다. 화이트와 로제 와인의 경우 총 18개월의 숙성 기간에서 최소 6개월 이상을 오크통에서 숙성했을 때 붙일 수 있다.

레세르바부터는 고급 와인의 범주에 들어간다. 레드 와인은 총 36개월 중 12개월을 오크통에서 숙성해야 하며, 화이트와 로제 와인은 24개월 중 적어도 6개월을 오크통에서 숙성해야 한다. 최고급 와인인 그란 레세르바는 레드 와인은 총 60개월 중 18개월(리오하와 리베라 델 두에로는 2년 이상)의 오크통 숙성이 요구되며, 화이트와 로제 와인은 총 48개월에 오크통 숙성 6개월 이상이다.

모나스테리오 와인을 한 단어로 말하자면 '밸류 와인'이라고 할 수 있다. 가성비가 좋기로 유명한 와인이고, 국내에서도 합리적인 가격으로 만나볼 수 있으니 아직 경험해보지 못한 독자분들이 계신다면 추천하고 싶다. 모나스테리오 와인의 정체성이라고 할 수 있는 카리녜냐 100% 와인과 함께 영화를 감상한다면 근사한 시간이 될 것이다.

「디스트릭트 9」과
남아공 와인의 부활

District 9

Director 닐 블롬캠프
Cast 샬토 코플리(비커스 반 데 메르베)
데이비드 제임스(쿠버스 벤터)

Wine 남아프리카공화국의 와인 산업

1982년, 남아프리카공화국(이하 남아공) 요하네스버그 상공에 거대한 UFO가 나타난다. 전 세계의 이목이 집중된 가운데 다국적 군수회사인 MNU가 조사에 나서고 UFO 안에서 병 들고 야윈 외계인 무리를 발견한다. 남아공 정부는 외계인을 '디스트릭트 9'이라고 불리는 격리구역에 몰아넣은 뒤 생활에 필요한 최소한의 물자를 지원해주면서 공생을 꿈꾸지만, 인간과 외계인 간 무력 충돌이 잦아지자 요하네스버그는 일대 혼란에 빠진다. 사람들은 외계인의 모습이 새우와 비슷하다는 이유로 그들을 프런*prawn*이라고 부르고, 얼마 지나지 않아 프런들은 디스트릭트 9에 갇힌 채 짐승만도 못한 존재로 전락한다. 영화 속 프런이라는 이름은 남아공에 실제 서식하는 곤충인 '파크타운 프런'에서 따온 것으로 추정되며 생김새 역시 비슷하다.

시간이 흘러 2010년 8월. 정부는 디스트릭트 9을 정화하겠다는 미명 아래, 요하네스버그에서 200km 떨어진 곳에 조성한 디스트릭트 10으로 180만 명에 달하는 프런들을 대규모 이주시킨다는 계획을 발표한다. MNU 용병과 직원들은 프런들을 강제 이주시키기 위해 디스트릭트 9에 투입되고, 주인공 비커스는 한 프런의 집을 수색하는 과정에서 외계 물질에 노출되는 사고를 겪는다. 비커스는 단순한 해프닝이라고 생각하지만, 몸 상태가 심상치 않다는 걸 감지한다. 그리고 자기 몸이 빠른 속도로 프런화되고 있다는 것을 깨닫는다. 프런들을 경멸하던 비커스는 이제 그가 경멸하던 존재가 되어 사람들에게 괴물 취급을 받으며 쫓기는 신세가 된다. 과연 비커스는 인간의 몸을 되찾을 수 있을까? 그리고 디스트릭트 9 강제 이주 작전은 성공할까? 감독이 영화를 통해 관객에게 보여주고자 한 건, 화려한 액션이나 볼거리가 아니라 '차별'에 대한 시각이다.

솔직히 이 영화와 와인을 엮는 건 무리수가 있다. 비커스가 본격적으로 프런화되기 전에 그의 집에서 열린 승진 축하파티에서 와인이 등장하기는 한다. 하지만 그저 소품에 불과할 뿐이다. 그런데도 이 영화에 관한 이야기를 해야 했던 이유가 있다. 바로 「디스트릭트 9」이 실제 남아공의 '디스트릭트 6'에서 있었던 사건을 모티브로 삼고 있기 때문이다.

「디스트릭트 9」은 외계인이 등장하는 액션 영화이지만, 실상은 과거 남아공에서 행해진 악법 아파르트헤이트를 비판하고 꼬집는 영화다. 아파르트헤이트Apartheid는 과거 남아공의 강제 인종차별 정책을 지칭하는 말로, 당시 남아공 정부는 백인우월주의를 공식 선언하고 흑인을 차별하는 인종차별주의적 정책을 70년 넘게 유지하며 흑인들을 억압했다고 한다. 디스트릭트 6를 연상케 하는 제목도 그렇고, 감독의 출생지가 남아공 요하네스버그라는 것, 그리고 주인공 역을 맡은 샬토 코플리, 악역으로 등장하는 데이비드 제임스가 남아공 배우라는 것도 영화의 주제에 힘을 실어준다.

디스트릭트 6는 남아공 사람들에게는 특별한 의미가 있는 역사적 장소다. 그 이름은 1867년 케이프타운의 도시 구획을 나누는 과정에서 6행정지구라는 번호를 붙인 데서 유래한다. 한때는 이곳에서 다양한 종교와 직업을 가진 인종들이 섞여서 모두가 평등한 삶을 영위했다고 한다. 하지만 인종 차별 정책이 강화되고 비극이 찾아왔다. 정부의 강제 철거가 1913년부터 시작되었고, 1950년 결정적으로 집단 지역법이 발효되면서 1964년부터 1969년에 걸쳐 유색 인종 1만 8천 명이 강제 추방됐다. 1966년 2월 11일에는 디스트릭트 6를 백인 지구라고 선포했고 1968년부터 대대적인 재개발에 들어갔다고 한다.

당연하지만, 철거 과정이 평화로울 리 없었다. 실제 철거민의 입장을 취재한 여러 기사를 참고하면 불도저가 집을 밀어버렸고, 많은 거주민이 화병으로 세상을 떠났다. 디스트릭트 6 강제 철거 사건은 아파르트헤이트가 저지른 가장 악랄한 사례라고 평가된다. 그리고 이 악법은 남아공의 와인 산업에도 큰 영향을 끼쳤다.

아파르트헤이트와 남아공 와인 산업

남아공은 약 1억 2천만 헥타르의 면적(대한민국의 약 10배)을 지닌, 세계에서 24번째로 넓은 국가다. 수도가 특이하게 세 곳으로 나뉘어져 있는데, 프리토리아는 행정 수도, 블룸폰테인은 사법 수도, 서쪽 끝 케이프 반도에 있는 케이프타운은 입법 수도다. 한국으로 치면 청와대, 대법원, 국회의사당이 서로 다른 도시에 있는 것이다. 그리고 남아공의 주요 와인 산지는 전부 케이프타운 근처에 몰려 있다. 즉, 남아공의 와인 여행은 대부분 케이프타운에서 시작해 케이프타운에서 끝난다.

남아공 와인의 역사는 무려 17세기까지 거슬러 올라간다. 이런 긴 역사 때문에 남아공이라는 와인 생산국은 구세계와 신세계 그 중간 어디쯤 애매한 입장을 보인다. 그럼에도 남아공 와인이 국제 무대에서 관심과 조명을 받기 시작한 건 그리 오래된 일이 아니다. 호주나 뉴질랜드, 아메리카 대륙의 와인 산지와 마찬가지로 유럽 열강들이 식민지화하는 과정에서 와인 산업이 발전했는데, 남아공은 아프리카 최남단이라는 독특한 지형적 위치, 그리고 아파르트헤이트라는 유색 인종에 대한 차별 정책과 같은 정치적 문제로 와인 산업이 발전하기 어려웠기 때문이다. 남아공 와인은 (사실 다른 국가도 마찬가지지만) 정치, 경제와 밀접하게 연관되어 있어서 남아공 와인을 제대로 이해하려면 남아공의 역사에 대해서 알아야 한다.

남아프리카 지역은 1488년 희망봉의 발견으로 포르투갈인들을 비롯한 유럽인들에게 처음 알려졌다. 기록에 따르면 처음에 유럽인들은 이 지역에 큰 관심을 보이지 않았다고 한다. 당시 유럽인들의 주된 관심사는 국가로 따지면 인도였고, 상품으로 따지면 차익을 크게 남길 수 있었던 향신료였다. 그 때문에 남아공은 인도까지 가기 위한 거점에 불과했다. 당시 해상 무역의 최강자였던 네덜란드인들은 이곳에 잠깐 정박해 배를 재정비하고, 원주민들에게 음식을 구매하는 일종의 기지로 사용했다.

케이프반도에 최초로 정착한 사람은 17세기 얀 반 리비크를 따라 정착한 네덜란드 동인도 회사 소속의 네덜란드인들이었다. 네덜란드는 인도로 향하는 뱃길의 보급항 차원에서 본격적으로 식민지를 개척하기로 마음먹었고, 명령을 하달받은 얀 반 리비크와 일행은 1652년 4월 6일 남아프리카 땅을 밟았다. 당시 원주민인 코이코이족은 네덜란드와의 교역에 대해서 처음에는 만족했으나, 점점 많아지는 네덜란드인 수에 비해 그들을 만족시킬 만한 곡식이나 가축을 공급할 기술력이 없었다. 식량과 물자 부족에 시달리게 되자 네덜란드인들은 코이코이족의 목장을 습격했고, 이 시점부터 본격적으로 양 세력 간의 불화가 싹트기 시작했다.

결국 얀 반 리비크는 식민지 개척을 위해 네덜란드에서 더욱 많은 농부들을 모집해왔고, 유럽인들의 농장들이 점점 더 많아지면서 식민지 영토는 계속해서 넓어졌다. 초반에는 케이프타운의 혹독한 기후와 좀처럼 늘지 않는 인구 때문에 식민지 경영에 어려움을 느꼈지만, 얀 반 리비크의 뒤를 이은 식민지 통치자들의 지속적인 노력과 프랑스에서 건너온 개신교 신자들의 합류로 식민지는 완벽한 형태를 갖추게 된다.

이때 남아공의 와인 산업도 물꼬를 트게 된다. 남아공 최초의 포도밭이 바로 얀 반 리비크가 1655년 조성한 것이며, 1659년 2월 2일 케이프반도에서 재배한 첫 포도로 남아공 최초의 와인이 탄생했다. 얀 반 리비크의 1658년 2월 2일 일기에는 다음과 같이 적혀 있었다고 한다.

"하느님 감사합니다. 오늘 처음 케이프에서 자란 포도를 압착했습니다. 방금 그 와인을 처음으로 맛보았습니다."

그의 뒤를 이은 시몽 반 데르 스텔은 얀 반 리비크보다 포도 재배와 와인 양조에 해박했던 인물이었기 때문에 남아공 와인 산업은 한 단계 더 업그레이드될 수 있었다. 시몽 반 데르 스텔은 1685년 케이프타운 근처에 무려 650헥타르(약 20만 평) 넓이의 포도밭을 소유한 콘스탄시아Constantia 와이너리를 설립해서 수준 높은 와인을 만들기 시작했다. 1709년, 콘스탄시아에는 약 7만 그루의 포도나무가 있었고, 연간 5,630ℓ에 달하는 와인을 생산했다. 특히 당시 와이너리의 간판 와인이었던 스위트 와인 '그랑 콩스탕스Grand Constance'는 나폴레옹 황제가 애정할 만큼 유럽에서 큰 인기를 끌었다고 전해진다. 콘스탄시아 와이너리는 오랜 역사를 대대로 잘 전승해 지금도 그루트 콘스탄시아라는 이름으로 운영되고 있다. 지금도 가장 오래되고, 가장 유명한 남아공 와인 중 하나다.

이후 프랑스에서 종교 박해로 피난을 온 개신교 신자들이 케이프반도에 정착하면서 남아공의 와인 산업은 그야말로 순풍에 날개 단 듯 고공행진했지만 보어 전쟁과 필록세라, 두 차례의 세계대전으로 다시 바닥을 쳤다. 이후 남아공 와인 산업은 영국이라는 매우 매력적인 시장에 진입할 수 있는 행운을 얻었지만 황금알 낳는 거위인 영국 시장을 남아공에 빼앗길 위기를 느낀 프랑스 정부는 1860년 영국과 콥덴 슈발리에 조약을 맺으면서 영국의 남아공 와인 수입을 제한하고 대신 프랑스 와인을 저렴하게 수출하는 정책을 펼친다. 영국 시장에 의지하던 남아공 와인 산업은 일시에 큰 타격을 받았다. 시장을 잃어버린 남아공의 와인 생산자들은 고급 포도 품종을 뽑아내고 생산량이 높은 포도 품종 재배에 집중하면서, 일반적인 와인보다 브랜디나 주정강화 와인을 만드는 데 집중하게 됐다.

그후 남아공 와인 산업은 재기의 발판을 마련하기 위해 1918년 KWV를 조직한다. KWV는 무지막지하게 긴 이름인 Ko-operatieve Wijnbouwers Vereniging van Zuid-Afrika Beperkt의 약자로, 해석하면 남아공 와인 재배자 협동조합이라는 뜻이다. KWV는 무려 한 세기 동안 남아공 와인 산업에 막강한 파워를 행사했는데, 이때는 KWV를 통하지 않으면 와인을 만들거나 팔 수도 없었다. KWV는 남아공 와인의 가격을 진정시키는 데 효과가 있었지만 폐해도 많았다. 다른 와인 생산국이 질적으로 빠르게 발전하는 동안 고인 물이었던 KWV 때문에 남아공 와인 산업은 별다른 진보 없이 21세기를 맞았다. 하지만 KWV의 폐해는 인종차별정책인 아파르트헤이트가 와인 산업에 끼친 악영향에 비하면 준수한 수준이다.

남아공의 새로운 주인이 된 영국은 노예제도를 폐지한 나라였으나 기존의 지배자였던 네덜란드는 그렇지 않았다. 그래서 남아공은 영국의 식민지가 된 뒤에도 현지의 강한 반발로 기존의 법을 존중해야 했다. 그리고 1910년 영국은 남아공의 식민지인 케이프, 나탈, 트란스발, 오렌지 자유주를 합쳐 내정에 대해 영국의 간섭을 받지 않는 자치령인 남아프리카 연방을 출범시켰다. 이때부터 유색 인종에 대한 탄압이 점차 심해지기 시작했고, 결국 1949년 아파르트헤이트의 실행으로 남아공 와인 산업은 이 법이 폐지되기 전까지 국제사회에서 외면받게 된다.

아파르트헤이트로 인한 세계적 비난과 고립화, 그리고 경제 제재 속에서 국민 경제는 파국으로 빠져들었고, 여러 국가에서 남아공 와인을 보이콧하면서 와인 산업도 계속 하향세를 걸었다. 1976년 6월에는 흑인 집단 거주지역인 소웨토에서 폭동이 발생하는 등 국민들의 저항이 점차 거세졌고, UN을 비롯한 국외에서도 압력이 잇따랐다. 결국 1990년대 초반 클레르크 대통령이 인종차별적인 법률들을 대부분 폐지했고, 아프리카민족회의(ANC)의 의장이었던 넬슨 만델라가 1994년 5월에 처음으로 실시된 자유 총선거에서 최초의 흑인 대통령으로 뽑히면서 아파르트헤이트도 철폐되었다.

아파르트헤이트의 철폐는 남아공 와인 산업 발전의 도화선에 불을 붙였다. 케이프반도의 뛰어난 자연은 포도 재배에 있어 유럽 대륙의 고급 와인 생산지와 비견되는 이상적인 환경이었고, 가능성을 점친 해외 자본이 유입됐다. 이에 더해 해외에서 선진화된 와인 양조 기술을 배워 온 와인 생산자들이 대거 활약하면서 남아공 와인 산업은 제2의 전성기를 맞게 된다.

과거에도 그랬지만 지금도 여전히 남아공 와인은 가성비가 높기로 유명하다. 여러 가지 이유가 있겠으나 가장 큰 이유는 남아공의 인건비가 싸기 때문이다. 남아공에서 아파르트헤이트가 철폐가 됐다고는 하지만, 여전히 백인과 흑인의 빈부 격차는 매우 크다. 슬프게도 이런 특징은 노동집약적인 산업인 포도 재배와 와인 생산에는 이점으로 작용해서 기존의 지배자였던 네덜란드는 결과적으로 높은 품질의 와인을 저렴하게 만들 수 있게 했다. 필자들이 케이프반도를 여행하면서 느낀 것은 유럽의 와인 생산국과 비교해서 와인의 품질이 좋으면서도 가격은 상대적으로 저렴하다는 것이었다.

영화를 보는 내내 여전히 극심한 빈부 격차에 시달리는 남아공에서의 시간이 머릿속을 떠나지 않았다. 악법이었던 아파르트헤이트는 철폐됐지만, 케이프타운만 여행해 봐도 진정한 화합은 아직 멀었다는 생각이 든다. 영화의 결말 또한 행복하지 않다. 마지막에는 다음과 같은 자막이 흐른다. "외계인 이주 작전이 끝난 뒤 9구역은 없어졌다. 지금 10구역에서는 250만의 외계인들이 살며 계속 증가하고 있다." 실제 디스트릭트 6도 국제사회의 맹비난을 받으며 한때 상당 지역이 공터로 버려졌었다. 이후 만델라 대통령의 노력으로 재건되었고, 철거민 일부가 디스트릭트 6로 귀환하면서 한을 풀기도 했다. 물론 모든 철거민이 다 보상받고 귀환한 것은 아니며, 남아공의 역사 바로잡기는 여전히 현재 진행 중이다.

「폭로」,
유혹의 샤르도네

Disclosure

Director	배리 레빈슨
Cast	마이클 더글라스(톰 샌더스)
	데미 무어(메레디스 존슨)
Wine	팔메이어 샤르도네(미국 나파 밸리)

　영화 업계에 관심이 많은 사람이라면 2017년 할리우드를 뒤흔들었던 하비 와인스타인 성범죄 파문을 익히 알 것이다. 2017년 10월 5일, 할리우드의 거물급 영화제작자인 와인스타인 컴퍼니의 하비 와인스타인이 수십 년에 걸쳐서 성추행을 저질렀다는 사실이 언론에 보도됐다. 보도에 따르면 그는 30여 년 전부터 배우는 물론, 영화사의 직원, 모델 등을 성희롱 및 성추행 했는데, 피해 여성의 숫자가 무려 100명이 넘는다. 영화계의 권위자였던 그의 악랄한 행위는 오랫동안 감춰져 있었지만 '미투 운동#MeToo movement'이 벌어진 덕분에 낱낱이 폭로되었고, 2020년 23년 구형, 2023년 2월 LA 법정에서 추가 16년 징역형을 선고받으면서 (아마도) 남은 생을 감옥에서 보내게 되었다.

　미투 운동은 2006년 여성 사회운동가인 타라나 버크가 미국에서 가장 약자라고 여겨지는 소수인종 여성과 아동들의 피해를 드러낼 수 있도록 독려하고 피해자들의 공감과 연대를 끌어낸 운동이다. 최초에는 익명으로 조심스레 시작되었지만, 하비 와인스타인 사건을 기점으로 공개 운동의 성격을 띠게 되었다. 당시 영화배우 알리사 밀라노는 자신의 트위터 계정에 같은 피해를 입은 사람들이 #MeToo를 태그하며 사태를 알림으로써 성폭력 피해의 규모를 알리는 일에 동참해 주기를 호소했다.

미투 운동과 성희롱, 성추행에 대해 길게 이야기한 것은 영화 「폭로」 또한 그에 대한 내용을 담고 있기 때문이다. 다만 영화에서는 가해자와 피해자의 성별이 바뀌었다. 마이클 더글라스가 연기한 톰 샌더스가 자신의 상사인 메레디스 존슨에게 직장 내 성추행을 당하면서 벌어지는 일련의 사건을 다룬 영화다.

톰 샌더스는 디지컴이라는 회사의 시애틀 지사, 컴퓨터 기술 개발팀의 생산부장이다. 매사에 의욕이 넘치고 자기 일에 대한 자부심이 강한 톰은 곧 있을 인수합병이 잘 이루어지면 부사장으로 승진할 거라고 확신한다. 그런데 막상 부사장으로 임명된 것은 본사에서 발령을 받은, 심지어 그의 결혼 전 여자친구였던 메레디스 존슨이다. 톰의 상사가 된 메레디스는 그날 저녁 톰을 자신의 사무실로 부른다. 표면상으로는 CD-ROM 생산 라인 문제에 대한 논의였지만, 실제로는 그를 유혹하는 것이 목적이다.

톰이 좋아하는 와인을 준비하고 분위기를 묘하게 만든 메레디스는 톰에게 강제로 스킨십을 시도한다. 적극적인 대시에 몹시 당황한 톰은 메레디스를 뿌리치고 급히 사무실을 벗어나는데, 다음날 회사에 출근했더니 메레디스가 도리어 톰이 자신을 성희롱했다고 주장하고 있는 게 아닌가? 아연실색한 톰은 당한 건 자기라며 강력히 항의하지만, 여성이 남성을 성희롱했다는 사실을 믿는 사람이 없다.(이 영화는 1994년 개봉작이다.) 결국 톰은 자신이 싸워야 할 대상이 메레디스뿐 아니라, 조직 전체, 나아가 사회 전체임을 깨닫는다. 과연 톰은 누명을 벗고 화목했던 가정과 일자리를 되찾을 수 있을까?

"성희롱은 성에 관한 것이 아닌, 권력에 관한 것이다. 그녀는 그걸 가졌고, 당신은 아니다(Sexual harassment is not about sex. It is about power. She has it, you don't)."

영화 속 이 대사는 성희롱의 본질을 꿰뚫는 명대사라고 생각한다. 30여 년이나 흐른 지금은 과연 사회가 얼마나 나아졌을까? 이를 곱씹으며 이 영화를 소개하게 된 이유인 와인 이야기를 꺼내본다. 메레디스가 톰을 유혹하기 위해 준비한 와인은 '팔메이어 샤르도네*Pahlmeyer Chardonnay* 1991'이다. 둘은 과거 연인이었을 당시 함께 와이너리 여행을 다닐 정도로 와인을 즐기던 애호가였다. 아직 메레디스의 속내를 알기 전 톰은 "91년산 팔메이어 샤르도네. 내가 이 와인 찾아 헤맨 걸 어떻게 알고 있었어?"라며 기쁜 표정으로 와인을 마신다. 어떤 와인이 길래 찾아 헤매기까지 했던 걸까?

유혹당하기에 충분한, 팔메이어 샤르도네 1991

팔메이어는 변호사였던 제이슨 팔메이어에 의해 1980년대에 설립된 와이너리다. 제이슨의 원래 목적은 와이너리 운영이 아닌 부동산 개발이었다. 하지만 이 시기에 캘리포니아 와인 산업이 극적으로 성장하면서, 그 또한 수지맞는 장사에 본격적으로 뛰어들기로 마음먹었다. 그의 목표는 샤토 무통 로칠드를 롤 모델 삼아 캘리포니아산 무통을 만드는 것이었다.

그의 소원대로 팔메이어는 프랑스 보르도에서 주로 재배하던 카베르네 소비뇽, 카베르네 프랑, 메를로 같은 적포도 품종 블렌딩으로 레드 와인을 만들었는데, 초반에는 대부분의 포도를 다른 와인 생산자에게 팔아 치웠기에 생산량이 매우 적은 편이었다. 첫 와인메이커는 랜디 던이었고, 이후 샤르도네로 뛰어난 화이트 와인을 만들기 위해 영입한 와인메이커가 바로 밥 레비*Bob Levy*다. 밥 레비는 후에 미국 컬트 와인을 대표하는 할란 에스테이트*Harlan Estate*의 와인메이커가 된다.(『와인이 있는 100가지 장면』 1편 45쪽 「내 아내의 모든 것」 참고.)

이후 와인메이커도 바뀌고, 대형 와인 그룹인 갤로에 2019년 매각되기는 했지만, 영화에 나온 팔메이어 샤르도네 1991년산은 그때 그 시절 밥 레비가 창조한 수준급의 샤르도네라는 사실이 포인트다. 1991년 빈티지의 샤르도네는 프렌치 오크 배럴에서 발효와 숙성을 진행했고, 100% 젖산발효를 거쳤다. 게다가 정제와 여과 없이 그대로 병입했다고 한다. 과거에는 이런 육중한 향과 맛을 가진 샤르도네 와인이 인기몰이를 했었다. 실제로 91년 빈티지는 「와인 스펙테이터」에서 94점, 로버트 파커 92점을 받았다. 로버트 파커의 테이스팅 노트를 살짝 엿보면 다음과 같다.

 "풍부하고 크리미한 질감의 샤르도네로, 견과류, 버터, 구운 사과의 풍미가 느껴진다. 또한 최소한의 터치로 탄생한 와인에서 발견되는 다층적인 뉘앙스, 뛰어난 순도, 부드럽고 풍부한 질감으로 마무리된다. 지금까지 마신 팔메이어 샤르도네 중 최고작이다. 앞으로 1~3년 안에 피크에 달할 것이다. 위험을 감수하면서까지 정제나 여과하지 않은 상태로 소비자들에게 샤르도네가 가진 고유의 풍미를 선사한 팔메이어에게 찬사를 보낸다."

 만든 과정 묘사만 보아도 폭발력 있는 퍼포먼스가 짐작되는 와인이다. 과연 톰이 와인을 보고 좋아할 만했다. 긴 시간이 흘렀고 이제 소비자들은 묵직한 화이트 와인보다 순수한 과실 향을 가진 섬세한 와인에 더 끌리기는 하지만, 이 와인이 훌륭한 와인이라는 데 이의를 제기할 사람은 없을 것이다. 최근 팔메이어 샤르도네는 고지대에서 재배된 포도를 사용하는 한편, 스테인리스 스틸 탱크에서 발효를 거쳐 뉴 프렌치 오크에서 12개월간 숙성해 출시한다. 여전히 정제와 여과는 하지 않고, 과거보다는 산도의 밸런스가 좋은 스타일이다.

 영화 속에서 팔메이어 샤르도네는 톰을 유혹하는 와인으로 쓰이기도 하지만, 톰의 무고를 입증하는 중요한 단서로도 활용된다. 「뉴욕타임즈」 기사에 따르면 「폭로」의 시나리오 작가도 이 와인을 구하려고 했으나 도저히 구할 수가 없어 마셔보지 못했다고 한다. 팔메이어 와이너리는 91년산 샤르도네를 겨우 400상자 만들었기 때문에 영화가 개봉한 뒤 와인을 구매하려는 사람들도 구할 수 없어 아쉽긴 매한가지였다. 「폭로」는 오래된 영화이지만 고전 영화의 추억이 가진 분들이라면 메레디스를 연기한 데미 무어의 젊은 시절을 볼 수 있어 반가울 것이다.

「눈먼 자들의 도시」와 어둠 속에서 탄생한 와인

Blindness

Director   페르난도 메이렐레스
Cast   줄리안 무어(의사 아내)
　　　　마크 러팔로(안과 의사)
　　　　가엘 가르시아 베르날(제3병동의 지배자)
　　　　대니 글로버(검은 안대를 한 노인)
　　　　이세야 유스케(일본인 남자)
　　　　돈 맥켈러(도둑)

Wine   블라인드 와인메이커

'모든 사람들이 눈이 먼 세상에서 나홀로 앞을 볼 수 있다면?' 노벨 문학상을 수상한 주제 사라마구의 『눈먼 자들의 도시』를 영화화한 작품 「눈먼 자들의 도시」는 소름 돋는 상상에서 시작한다. 복잡한 도로 위 차 안. 신호 대기 중이던 일본인 남자의 눈이 갑자기 멀어 버린다. 그를 시작으로 그와 접촉한 모든 이들, 그 접촉자들의 접촉자들까지 앞이 보이지 않게 되는 현상은 연쇄적으로 빠르게 퍼져나간다. 소설과 마찬가지로 영화에서도 인물들의 이름 대신 관계와 직업으로 지칭한다. 예를 들어 일본인 남자의 차를 빼앗기 위해 운전을 대신해주는 도둑, 일본인의 아내, 병원에서 일본인 남자를 진료하는 안과 의사 등이 등장한다.

장님이 된 일본인 남자를 진료한 뒤, 마땅한 처방 없이 돌려보내야 했던 의사는 집에 돌아와서도 그에 대한 생각을 떨칠 수가 없다. 그는 아내에게 일본인 남자에게 일어난 기묘한 일에 대해 들려준다. 그리고 다음 날 아침, 의사 역시 눈이 멀자 전염병임을 확신하고 아내와 거리를 두려 한다. 하지만 아내는 두려워하는 남편을 온몸으로 끌어안는다. 의사는 자신이 전염되었음을 자진해서 알리고 정부가 지정한 수용소로 실려가는데, 아내는 자신도 눈이 보이지 않는다며 거짓말을 하고 남편과 함께한다. 의사의 아내는 남편뿐 아니라 수용소의 사람들과도 접촉하지만 이상하게 혼자서만 눈이 멀지 않는다.

실명하는 사람은 기하급수적으로 늘어나고, 정부는 이러한 현상을 두고 실명 후 앞이 하얗게 보인다고 하여 일명 '백색 실명'이라고 부른다. 수용소에 사람들이 넘치자 이를 통제하는 군인들은 그들과 접촉하지 않으려 짐 검사도 제대로 하지 않고 사람들을 수용소로 몰아넣는다. 완전히 고립된 수용소 안은 혼돈의 무법지대다. 가지고 들어온 총 한 자루의 힘으로 모두의 위에서 군림하는 지배자가 생기고, 배급된 식량을 독점한다. 무력한 사람들은 식량을 얻기 위해 귀중품을 지배자에게 내놓고 지배자는 원래부터 맹인이었던 노인을 수하에 두고 금품을 검열한다.

사람들이 더 이상 내놓을 것이 없게 되자, 지배자는 수용소 내의 여자를 탐한다. 혐오스러운 수용소 안의 모든 상황을 홀로 지켜본 의사의 아내는 결국 지배자를 처단하고 몇몇 사람들과 함께 수용소를 탈출한다. 하지만 수용소 밖이라고 다를 건 없다. 군인들조차 백색 실명에 감염되어 떠났고, 버려진 도시는 실명된 사람들만 남아 굶주림을 해결하기 위해 정처없이 헤매고 있다. 더 넓은 아비규환의 세계로 나온 셈이다. 앞을 볼 수 있는 단 한 사람, 의사의 아내는 수용소에서 함께 동고동락한 무리에게 음식을 구해주고 그들의 길잡이가 된다. 그리고 모두를 자신이 살았던 집으로 데려와 함께 지낸다. 이때 인상적인 와인 장면이 나온다.

아내는 집에 도착한 사람들을 위해 음식을 차리고 와인 잔을 꺼내 기분을 내기로 한다. 그런데 잔에 채우는 건 와인이 아닌 물이다. 하지만 모두들 마치 와인인 것처럼 기쁘게 축배를 든다. 사실 영화 초반에도 와인을 마시는 장면이 나온다. 남편이 집에 돌아와 아내에게 원인 모를 실명에 관해 이야기할 때, 아내는 직접 만든 티라미수를 디저트로 내며 와인을 권한다. 식사가 끝난 뒤 설거지를 하면서도 남편을 방해하지 않으려 주방에서 혼자 와인 잔을 옆에 두고 홀짝인다. 이때 그가 마신 건 진짜 와인이지만 왠지 모르게 쓸쓸해 보인다. 그러나 눈이 보이지 않는 사람들과 함께 물이 든 와인 잔을 부딪히는 아내의 모습은 더없이 즐거워 보인다.

모두가 눈이 멀어 버리면 어떻게 와인을 만들까? 오늘은 장애를 극복하고 와인을 만드는 양조자에 대해 이야기해보려고 한다.

장애를 극복한 와인

뉴질랜드 남섬으로 한 달간 여행을 떠났을 때였다. 크라이스트처치에 도착하자마자 렌트한 차를 끌고 처음 방문한 와이너리는 와이파라 Waipara의 '몽 슈발Mon Cheval'이었다. 그레이엄과 드노라 피어슨 부부가 운영하는 소규모 가족 경영 와이너리로, 일부러 방문할 만한 가치가 있는 피노 누아와 리슬링, 그리고 게뷔르츠트라미너 와인을 선보이고 있다.

여행할 당시(2016년)에는 몰랐는데 나중에 기록을 위해 와이너리 정보를 찾다가 알게 된 사실은 바로 몽 슈발의 감각적인 와인을 탄생시키는 동양계 와인메이커 CP Lin이 시각 장애인이라는 것이었다. 오랜 시간 와인을 공부하면서도 시각 장애인이 만드는 와인은 처음이었기에 흥미로울 수밖에 없었다.

타이완에서 태어난 CP Lin은 두 살에 시력을 잃고, 13살에 가족들과 함께 뉴질랜드로 이주했다. 캔터버리 대학에서 수학을 전공했고, 이후 링컨 대학에서 와인 사이언스 디플로마를 수료했다. 그가 와인메이커로서 명성을 얻은 것은 와이파라의 '마운트포드 에스테이트 Mountford Estate'에서였고, 2008년 몽 슈발로 자리를 옮겨 피어슨 부부와 함께 첫 빈티지부터 영혼을 담아서 와인을 만들기 시작했다. 현재

거취는 불분명한데, 아마 영국에 거주하고 있는 듯하다.

   자료를 찾다 보니 CP Lin이 이런 말을 한 적이 있다.

   "눈이 멀어서 냄새를 잘 맡고 맛을 더 잘 느낀다면 시각 장애인 와인 메이커나 셰프가 더 많겠지요. 한 감각을 잃으면 나머지 감각을 더 많이 쓰는 것은 사실이지만, 그건 아마도 타고난 능력이고, 이 능력을 맞는 곳에 사용할 줄 아는 재능이 필요합니다."

   CP Lin이 링컨 대학의 양조학교에 입학했을 때, 교사가 그에게 왜 이곳에 왔는지 질문을 던졌다고 한다. 그때 CP Lin은 훌륭한 와인을 만들고 싶다고 대답했고 교실에 있던 학생들은 그를 비웃었다. 그러나 CP Lin은 그의 꿈을 향해 꾸준히 노력했고, 출중한 와인메이커로 거듭났다.

   미국 캘리포니아의 유명 와인 생산지 파소 로블스에도 CP Lin처럼 시력을 잃었지만, 자신의 이름을 딴 와이너리를 운영하고 있는 사람이 있다. 바로 데이비드 헌트*David Hunt*다. 와이너리의 이름은 '헌트 셀라스*Hunt Cellars*'. 헌트도 CP Lin처럼 태어날 때부터 시각 장애인이었던 것은 아니었다. 그는 7살에 자신의 시력에 문제가 있다는 걸 알았고, 차차 시력을 잃어가는 색소성 망막염을 앓고 있다는 청천벽력과 같은 소식을 듣게 됐다. 그리고 13살이 되었을 때, 의사로부터 "너는 의사나 변호사가 되지 못할 것이다. 너는 시각 장애인이 될 것이다"라는 절망적인 선고를 듣게 된다. 물론 그게 그를 절망의 구렁텅이로 몰아넣지는 못했다. 과정은 실로 고통스러웠겠지만 그는 장애를 극복했다. 그가 인터뷰에서 했던 말 중 기억에 남는 하나는 다음과 같다.

   "저는 불가능이라는 단어를 믿지 않았습니다. 우리는 인생에서 가지고 있지 않은 것을 열망하기보다 가지고 있는 것에 집중해야 합니다. 저는 시각 장애인이었고, 이를 받아들인 상태에서 꿈과 목표를 이루기로 결심했습니다."

   그의 결심은 아내가 소유하고 있던 파소 로블스의 땅에서 와이너리를 시작하는 것이었다. 마침내 1996년 약 700케이스의 와인을 세상에 처음 선보였고, 요즘에는 약 10배 이상의 생산량을 매해 뽑아내고 있다. 대다수의 와인이 100점 만점인 품질 평가에서 90점 이상의 점수를 받을 정도로 품질도 훌륭하다. 그의 와인이 명작의 자태를 지니게 된 건, 그의 뛰어난 테이스팅 감각에서도 이유를 찾을 수 있다.

"와인의 향을 맡으면 와인의 숙성 정도, 구조감, 색을 감지할 수 있습니다. 그리고 맛에서는 와인이 갖고 있는 질감과 색에서 느낄 수 있는 한 차원 깊은 프로파일을 상상할 수 있게 되죠."

실제로 데이비드는 종종 와이너리 테이스팅룸에서 손님들에게 와인을 서빙하곤 하는데, 그가 시각 장애인이라는 걸 알아채는 사람이 거의 없다고 한다. 그의 말에 따르면 와인 잔에 와인을 따르는 소리만 들어도 와인이 잔에 얼마만큼 채워지고 있는지 알 수 있다고 한다. 그는 "장애나 불편함이 있다고 꿈을 포기하지 마세요. 현장에서 배우세요. 그게 제가 지금 하고 있는 일입니다"라고 강조한다.

좋아하는 음악을 들으며 와인 한 잔 기울이는 걸 삶의 가장 큰 낙으로 꼽는 데이비드는 어쩌면 매번 사소한 것에 절망하고 하지 않아야 할 핑계를 찾는 필자들에게 어떻게 삶을 대하고 살아가야 하는지 알려주는 인생의 스승이라고도 할 수 있다.

「시작은 키스!」와
낮술로 즐긴 와인

La délicatesse

Director	다비드 포앙키노스/스테판 포앙키노스
Cast	오드리 토투(나탈리)
	프랑수아 다미앙(마커스)
	오드리 플뢰로(잉그리드)
	피오 마르마이(프랑수아)
Wine	샤토 라 미시옹 오브리옹(프랑스 보르도)

영화는 주인공 나탈리가 총총거리며 카페로 들어가는 모습을 비추며 시작한다. 카페에 앉아 커피를 마시던 프랑수아는 그를 보고 한눈에 반한다. 나탈리를 힐끔힐끔 쳐다보던 프랑수아는 속으로 귀여운 상상을 하기 시작한다. 만약 나탈리가 흔한 커피가 아닌 살구 주스를 고른다면 용기를 내서 말을 걸어보겠다는 것이다.

주문을 받으러 온 직원에게 나탈리가 커피를 달라고 말하자 프랑수아는 고개를 숙이고 실망한다. 그런데 조금 더 고민하던 나탈리는 다시 살구 주스를 주문한다. 웃음을 띠는 프랑수아. 바로 장면이 바뀌고, 나탈리와 프랑수아가 카페 앞 길거리에서 진한 키스를 나눈다.

그러나 만남부터 결혼까지 사랑으로 반짝이던 나탈리는 어느 날을 기점으로 아무것도 느끼지 못하게 된다. 조깅하러 나갔던 프랑수아가 교통사고로 죽고 만 것이다. 그는 이제 껍데기만 남은 사람처럼 텅 빈 눈으로 고통의 시간을 가까스로 견딘다. 그렇게 3년이 흐른다.

다시는 누구와도 사랑할 수 없을 거라고 생각하며 일에만 빠져 지낸 나탈리는 회사의 중요한 프로젝트를 맡게 되고, 팀원으로 스웨덴 출신의 마커스가 들어온다. 업무 보고를 위해 사무실을 방문한 마커스에게 나탈리는 홀린 듯 기습 키스를 한다. 「시작은 키스」라는 영화의 제목처럼 나탈리의 키스는 마커스로 하여금 사랑의 감정 속에 휘몰아치듯 빠지게 만든다. 다시는 사랑에 빠지지 못할 거라고 생각하는 여자와 한 번의 키스로 사랑에 빠진 남자. 둘은 어떤 결말을 맞이하게 될까?

프랑스 영화이다 보니 와인을 즐기는 장면이 자주 등장한다. 영화 초반부 나탈리와 프랑수아의 신혼집에 양가 부모님이 방문해 한낮의 와인 타임을 즐기는 장면이 특히 인상적이다. 테이블 위 두 가지 와인이 레이블까지 매우 정확히 나오는데 '샤토 라바뷔Château Labatut'와 '샤토 라 미시옹 오브리옹Château La Mission Haut-Brion'이다.

샤토 라바뷔는 르비외 비네롱Levieux Vinerons이 소유한 세 곳의 와이너리 중 한 곳이다. 보르도에서 가장 넓은 와인 산지인 엉트르되메르의 동쪽 끝에 샤토가 있다. 로제, 화이트, 그리고 두 가지 레드 와인을 생산하는데, 영화에 등장한 건 '퀴베 프레스티지Cuvée Prestige'다. 이 와인은 카베르네 프랑, 메를로, 카베르네 소비뇽의 블렌딩으로 만들어지며, 5~7일 동안 저온 침용하고 20~25일 동안 저온 발효, 12~14개월간 스테인리스 스틸 탱크에서 숙성한다. 아직 미수입 와인이라, 나중에 보르도에 갈 기회가 다시 생기면 마셔볼 계획이다. 이제 두 번째 와인인 샤토 라 미시옹 오브리옹(이하 라 미시옹)에 관해 더 자세히 알아보자.

오랜 역사만큼 깊어진 샤토 라 미시옹 오브리옹

결론부터 말하면 이 와인은 영화에서처럼 낮술로 가볍게 즐기기 좋은 와인은 아니다. 현재 라 미시옹의 위상은 전설적인 보르도 그랑 크뤼 클라세 와인들과 비견될 정도이기 때문이다.

라 미시옹의 역사는 16세기로 거슬러 올라간다. 현재 라 미시옹이 있는 땅을 처음으로 포도밭으로 일구고 와인을 만든 사람은 루이 드 루스탱이었다. 루스탱 가문은 이 지역에서 처음으로 성직자가 아닌 일반인이 만든 와인으로 라 미시옹이 자리한 그라브 지역 와인의 우수성을 널리 알렸다고 전해진다. 그는 1540년 아르노 드 레스토냑에게 땅을 팔았는데, 아르노의 부인은 그라브의 전설적인 와인 가문이자 샤토 오브리옹을 소유한 퐁탁 가문의 일원이었다. 그 또한 이 땅이 포도를 재배하고 와인을 만들기에 완벽하다는 사실을 알아차렸고 포도밭을 늘리기 시작했다. 그리고 이 과정에서 오브리옹의 신세를 많이 졌다. 과거 오브리옹의 일부였다고도 할 수 있는 라 미시옹은 지금도 길 하나를 두고 오브리옹과 마주하고 있다.

1572년 아르노에게는 좋은 일이 많았다. 보르도 시정관으로 임명되는가 하면, 딸 올리브가 태어났고, 라 미시옹을 상징하는 으리으리한 샤토를 건축했다. 아르노의 딸인 올리브는 평생 종교에 헌신했고 그의 유지에 따라 라 미시옹이 종교단체에 귀속되면서 1650년 지금의 이름인 라 미시옹 오브리옹으로 불리기 시작했다. 이때 건축된 성당은 여전히 샤토 안에 남아 있다.

종교 단체의 막강한 파워 덕분에 라 미시옹은 영향력 있던 여러 귀족들의 눈에 들면서 나날이 명성이 높아졌다. 보르도 대주교나 리슐리외 등 영향력 있는 귀족들의 식탁에 라 미시옹의 와인이 올랐던 것이다. 하지만 프랑스 대혁명을 거치며 경매에 부쳐진 라 미시옹은 1792년 마르샬 빅토르 벨랑에게 넘어갔다. 1821년에는 다시 미국 루이지애나 태생의 셀레스틴 시알펠라가 사들였는데, 그는 꽤 오랫동안 샤토를 유지하면서 건물도 증축하고, 미국으로의 수출길도 개척했다. 이때 런던에서 열린 와인 품평회에서 라 미시옹이 금메달을 획득하는 쾌거를 이룬다.

이후 라 미시옹은 여러 번 오너가 바뀌었고, 1919년 실질적으로 라 미시옹의 위대한 명성을 확고히 한 볼트너 가문의 손에 들어온다. 당시 라 미시옹의 명성은 하늘을 찌를 정도로 높았다. 1922년 라피트 로칠드나 마고 혹은 무통 로칠드가 8~9프랑에 거래될 때, 라 미시옹은 10프랑에 팔렸다고 한다. 이보다 높은 가격인 14프랑에 거래되던 와인은 오브리옹이다.

1983년에는 보르도의 거상 딜롱 가문이 라 미시옹을 인수했다. 딜롱은 당시 전설적인 양조가였던 장 델마에게 샤토를 위임해 품질을 더욱 끌어올렸으며, 1987년 대대적인 시설 보수를 하면서 보르도의 전설적인 샤토로 라 미시옹의 명성을 이어가고 있다. 딜롱은 현재 오브리옹, 라 미시옹 오브리옹을 모두 소유하고 있다.

운 좋게도 와이너리를 방문할 기회가 있었는데, 와이너리 곳곳을 둘러보고 2007년 빈티지의 라 미시옹 오브리옹과 세컨드 와인인 '라 샤펠 드 라 미시옹 오브리옹La Chapelle de La Mission Haut-Brion' 그리고 현지에서도 병당 700유로(약 105만 원)에 육박하는 화이트 와인 '라 미시옹 오브리옹 블랑La Mission Haut-Brion Blanc'을 마셔볼 수 있었다.

라 샤펠은 포도나무의 수령이 평균 10년 정도 되는 어린 포도나무의 열매로 만들거나, 메인 와인을 만들다가 원하는 품질 수준에 도달하지 못했을 경우 전환한다. 그럼에도 메인 와인과 비교해 밀리지 않을 정도의 강한 퍼포먼스를 보여준 기억이 있다. 또한 연간 생산량이 불과 400~500박스밖에 안 되는 화이트 와인의 경우 세미용 베이스에 소비뇽 블랑을 블렌딩한다. 풍성한 미네랄, 라임, 오렌지, 리치, 톡 쏘는 소비뇽 블랑의 뉘앙스가 완벽하게 어우러진 와인이었다. 물론 착하지 않은 가격 탓에 인생에서 마지막 라 미시옹 오브리옹 블랑일 거라고 생각하지만….

메인 와인인 샤토 라 미시옹 오브리옹은 빈티지에 따라 차이는 있지만 대개 카베르네 소비뇽과 메를로를 비슷한 비율로 블렌딩하고, 카베르네 프랑도 살짝 첨가한다. 숙성할 때 새 오크통의 비율은 (이 또한 빈티지에 따라 다르지만) 대략 70% 정도다. 오크, 다크 초콜릿, 커피, 시가 향이 올라오고, 삼나무와 민트 등의 복합적인 향이 코를 자극한다. 곱고 짜릿한 타닌의 후미에는 스파이시한 풍미가 입을 지배하고, 여운이 오래도록 지속된다. 특히 마지막 즈음 느껴지는 감초 향이 인상적이었다.

앞서 말한 것처럼 대낮에 가벼운 점심과 함께하기에는 너무 고가의 와인이기는 하다. 한국보다 저렴하게 구할 수 있는 프랑스 현지에서도 병당 300~400유로 정도이고 생산량도 적다. 물론 그럼에도 나탈리와 가족들의 낮술 타임은 샤토 라 미시옹 오브리옹의 등장과 인물들의 따뜻한 미소가 어우러져 보는 사람마저 행복해지는 와인 장면이었다.

「굿 보스」의 미식 생활

El buen patron

Director	페르난도 레온 데 아라노아
Cast	하비에르 바르뎀(블랑코)
	마놀로 솔로(미랄레스)
	알무데나 아모르(릴리아나)
	셀소 부갈로(푸르투나)
	오스케 델 라 푸엔테(호세)
	타릭 르밀리(칼리드)
	소니아 알마차(아델라)
Wine	하몽과 와인

"심사위원들이 들이닥치기 전에 모든 것이 완벽해야 한다."

스페인의 블랙 코미디 영화 「굿 보스」는 우수기업상 최종 후보에 오른 '블랑코 스케일즈'(저울을 만드는 회사)의 사장 블랑코가 우수기업상을 받기 위해 회사 직원들의 삶에 개입하면서 벌어지는 촌극을 다룬 영화다. "균형은 아주 중요한 거야. 우리는 저울을 만드는 사람들이니까"라는 블랑코의 극 중 대사처럼 그는 시종일관 균형을 강조한다. 가족이라 여기는 직원들의 고충을 들어주고, 회사 전체의 균형을 맞추기 위해 러닝 타임 내내 정말 한시도 쉬지 않고 고군분투한다. 다만 오해하면 안 될 것이 이 영화의 장르는 블랙 코미디이며, 영화는 '굿'이라는 단어와 '보스'라는 단어가 얼마나 어울리지 않는 단어인지 유쾌하고 신랄하게 보여준다.

「굿 보스」는 거의 모든 장면에 등장하는 블랑코가 영화 내내 지지고 볶는 '블랑코 원맨쇼'라고 해도 과언이 아니다. 블랑코로 분한 배우 하비에르 바르뎀은 이 작품을 보게 된 이유이기도 했는데, 우스꽝스럽고 저질스러우며 때로는 섬뜩하기까지 한 내면 연기를 기가 막히게 소화해냈다.

영화는 우수기업상 최종 심사를 대략 10일 앞둔 일요일부터 심사가 이루어지는 화요일까지의 시간을 다룬다. 모든 사장이 그렇겠지만, 블랑코 또한 심사를 코앞에 둔 회사가 저울처럼 균형을 잘 잡으며 평온하기를 바란다. 물론 그의 간절한 마음과는 달리 회사는 단 하루도 조용할 날이 없다. 오히려 약속이나 한 듯 온갖 시련이 한꺼번에 몰려온다.

과연 블랑코는 자신을 둘러싼 온갖 문제들을 해결하고, 그렇게 염원하던 우수기업상을 받을 수 있을까? 언제나 저울의 균형에 대해서 이야기하는 블랑코는 저울의 균형이 맞지 않는다면 저울을 조작해서라도 균형을 맞추는 인물이다.

부모님의 가업을 물려받아 성공한 삶을 사는 블랑코는 언제 어디서나 와인을 즐기는 애호가다. 영화 초반, 인턴들의 퇴사를 축하하는 자리에서 직원들과 어울려 와인을 마시기도 하고, 중후반에는 블랑코가 릴리아나를 팀장 자리에 앉히고는 이를 축하하기 위해 샤토 라피트(샤토 라피트 로칠드와는 다른 와인이다)라는 와인을 마시는 장면도 있다. 필자가 주목한 와인 장면은 블랑코가 미랄레스의 고민을 듣기 위해 데려간 레스토랑에서 하몽을 먹으며 와인을 주문하는 신이다. 맛깔스럽게 손으로 하몽을 집어 먹는 블랑코를 보고 있으면 절로 입맛을 다시게 된다.

하비에르 바르뎀이 하몽을 즐기는 모습을 본 순간, 그의 첫 주연작인 「하몽 하몽」도 불현듯 떠올랐다. 극 중 그가 맡은 라울이라는 인물의 직업이 하몽 배달원이어서 하몽이 자주 등장하는데, 하몽의 쓰임이 워낙 충격적이라 시청을 권하기는 조심스럽다. 이번에는 스페인 식문화의 필수품이자 와인의 좋은 친구인 하몽에 대해 알아보자.

하몽과 와인 페어링

여러 차례 유럽을 여행하면서 많은 종류의 샤퀴테리charcuterie(햄, 소시지 등의 돼지고기 가공식품)를 맛보았는데, 그 가운데서도 10년 전 스페인에서 맛봤던 하몽의 맛을 잊지 못한다. 스페인 살라망카의 유명 하몽 전문점에서 주인장이 맛보라며 얇게 썰어준 최상급 하몽이었다. 입안을 자극하는 적당한 짠맛, 혀를 코팅하는 기분 좋은 지방, 그리고 길게 이어지는 감칠맛에 끝없이 감탄했던 기억이 난다. 마치 최고급 와인을 맛보는 기분이랄까.

샤퀴테리의 역사는 인류가 사냥을 시작한 그 순간부터 시작됐다고 해도 과언이 아니다. 먼 과거에는 냉장고가 없었기 때문에 갓 도축한 동물의 고기를 어떻게 하면 오랜 시간 먹을 수 있을까 고민했고, 샤퀴테리는 그 고민의 시간만큼 발전했다. 와인이 그랬듯 유럽을 중심으로 발전하기 시작했고, 그중에서도 가장 유명한 건 프랑스, 이탈리아, 스페인으로 와인 생산국과도 겹친다.

영화의 무대가 된 스페인에서는 먼 과거부터 돼지를 잡아 다가올 혹독한 겨울을 대비했다. 돼지 살을 갈아 내장에 속을 채운 후 염장시켜 소시지 형태의 살치촌Salchichón과 초리조Chorizo를 만들었고, 돼지 피를 굳혀서 모르실라Morcilla라는 블러드 소시지를 만들었다. 그리고 스페인 미식의 근본이라고 할 수 있는 샤퀴테리가 바로 하몽이다. 돼지 뒷다리를 염장한 후 수개월간 건조해서 만드는데, 숙성한 돼지 지방의 고소함, 짭조름함이 환상적인 하모니를 이루어서 와인과 더할 나위 없이 어울린다.

'하몽'이라는 단어에 무언가 몽글몽글하고 이국적인 느낌을 받을 수 있겠지만, 하몽은 스페인어로 햄 혹은 돼지 뒷다리 고기를 뜻한다. 이론상으로는 돼지 뒷다리, 소금, 시간만 있으면 만들 수 있으나 그 속을 자세히 들여다보면 제조 공정이 매우 까다롭고 고되다.

우선 돼지 뒷다리를 7~10일 동안 바다 소금으로 덮어서 보관한다. 이후 염장실에서 염장을 하는데 0~3°C 온도와 85~95%의 습도를 유지해야 한다. 염장이 완료되면 뒷다리를 소금에서 빼내고 미지근한 물로 표면을 깔끔하게 세척한 뒤 숙성실로 옮긴다. 숙성실의 환경 또한 마찬가지로 철저한 관리가 필요하며, 3~6℃의 온도와 80~90%의 습도를 유지해야 한다. 1~2개월간 숙성을 통해 염장에 사용되었던 소금이 고기 내부의 조직으로 침투하게 되면 수분이 날아가 중량이 줄어들면서 하몽을 오랜 시간 보관할 수 있게 된다.

숙성 이후 하몽은 세카데로라고 부르는 건조실에서 자연 건조를 거친다. 이 기간 동안 하몽은 조금씩 수분을 잃고 중량이 줄어든다. 가장 대중적인 하몽 세라노Serrano는 6~12개월의 건조 기간을 거친다. 그리고 최상급인 하몽인 이베리코Iberico는 2년 이상의 건조 기간이 필수로 요구된다. 일부 최고급 하몽의 경우 4~5년의 숙성을 거치기도 한다.

하몽의 종류는 숙성 기간뿐 아니라, 돼지 품종에 의해서도 구분된다. 먼저 하몽 세라노의 경우 백돼지, 하몽 이베리코 이상은 세르도 이베리코라 불리는 흑돼지 혹은 교배종으로 만든다. 세르도Cerdo는 스페인어로 돼지라는 뜻이며, 이베리코는 스페인 이베리아반도의 돼지를 가리킨다. 이베리코 흑돼지는 몸통뿐만 아니라 발굽까지 검기 때문에 상점에 거꾸로 매달려 있는 모습만으로도 쉽게 구분할 수 있다. 하몽 이베리코는 높은 등급 순으로 블랙, 레드, 그린, 화이트 레이블로 나뉜다.

최고 등급인 하몽 이베리코 베요타Bellota는 블랙 레이블과 레드 레이블로 나뉜다. 여기서 베요타는 도토리를 뜻한다. 블랙과 레드의 재료가 되는 흑돼지는 반드시 17개월 이상 키워야 하는데, 포인트는 마지막 3~4개월을 데헤사Dehesa라고 부르는 참나무 목초지에서 방목시켜서 길러야 한다는 점이다. 흑돼지들은 자유를 만끽하며 참나무에서 떨어진 도토리를 먹고 자라 아름다운 마블링과 고소한 육질을 얻게 된다. 참고로 도토리 수확 시기가 10~1월로 정해져 있기 때문에 방목 시기를 잘 맞춰야 하며, 마리당 도토리나무의 개수마저 정해져 있을 만큼 엄격하게 관리한다.

이베리코 블랙과 레드의 차이는 이베리코 흑돼지의 순혈성이다. 블랙은 부모가 모두 흑돼지인 경우만 붙일 수 있으며, '검은 다리'라는 뜻의 '파타 네그라Pata Negra'라고 불린다. 레드는 블랙과 같은 방식으로 돼지를 키우되 교배종인 경우를 말한다. 교배종은 이베리아 흑돼지의 혈통이 어느 정도인지를 퍼센티지로 레이블에 기입해야 한다. 대개 75% 혹은 50%다. 다음 등급인 그린 레이블인 세보 드 캄포 Cebo de Campo는 방목해서 키운 교배종으로, 사료와 도토리를 모두 먹인 돼지다. 여기서 세보는 사료, 캄포는 초원을 뜻한다. 마지막으로 화이트 등급인 세보는 축사에서 사료만 먹여 키운 교배종 돼지다.

마치 와인 등급처럼 세분화된 하몽 등급을 보면 이렇게까지 해야 하나 싶은 생각이 들 수 있겠지만, 맛을 보면 고개를 끄덕일 수밖에 없다. 미식가들은 세계 3대 진미인 캐비어, 트러플, 푸아그라에 하몽 이베리코 베요타를 더해 세계 4대 진미라고 부르기도 한다.

이렇듯 하몽은 돼지를 사육하는 방식, 사료의 종류, 혈통, 숙성과 건조 기간에 따라 그 맛이 모두 다르다. 와인과는 환상의 짝꿍인데, 개인적으로 하몽은 거의 모든 레드 와인에 잘 어울린다고 생각한다. 특히 스페인의 대표 적포도 품종인 템프라니요로 만든 레드 와인은 최고의 선택이다. 만약 화이트 와인에 매칭하고 싶다면, 달콤한 멜론에 하몽을 감아서 '하몽 멜론'을 만들어 먹는 것을 추천한다. 여기에 비오니에 품종의 화이트 와인을 곁들인다면 와인의 복숭아, 살구 등의 풍미와 입안을 둥글게 감싸는 두툼한 질감이 달콤 짭조름한 하몽 멜론과 잘 어울릴 것이다.

2022년 스페인 아카데미 고야상에서 작품상, 감독상, 각본상, 음악상, 남우주연상, 편집상까지 모두 석권한 「굿 보스」는 N차 관람을 해도 좋을 만한 작품이라고 생각한다. 물론 하몽과 와인 한 병을 준비하는 것은 필수다. 혼자 보는 영화여도 좋다. 영화 속 와인 장면에 맞춰 홀짝이기만 해도 충분히 외롭지 않게 즐길 수 있다.

「더 기프트」, 환영받지 못한 와인 선물

The Gift

Director	조엘 에저턴
Cast	제이슨 베이트먼(사이먼 캘럼)
	조엘 에저턴(고든 고르도 모즐리)
	레베카 홀(로빈 캘럼)
Wine	상상력을 자극하는 와인

"기억 속에서 지워버렸던 고교 동창생이 십수 년 만에 찾아와 아내가 홀로 있는 집 앞에 선물을 놓고 갔다. 나는 그에게 집 주소를 알려 준 적이 없다. 그것은 끔찍한 선물의 시작이었다."

영화는 이직 때문에 시카고에서 고향 LA로 돌아온 사이먼과 그의 아내 로빈을 비추며 시작한다. 안정적인 직장에 다니며 훌륭한 저택에서 아름다운 아내와 함께 사는 사이먼의 인생은 남부러울 것이 없다. 그러던 어느 날, 아내와 함께 쇼핑을 하던 사이먼은 고교 동창 고든을 만난다. 사이먼은 고든을 알아보지 못하다가 이름을 듣고 난 뒤 그를 기억해낸다. 이때부터 사이먼의 표정은 어두워진다.

동창과의 꺼림칙한 조우 이후, 사이먼의 불안감은 현실이 되어 찾아온다. 고든은 사이먼의 집 현관문 앞에 선물만 덩그러니 놓고 가거나 집에 혼자 있는 아내를 불쑥 찾아오는 기행을 펼친다. 고든의 행동이 점차 선을 넘는다고 생각한 사이먼은 그를 자기 집과 아내에게서 뜯어내 버리고 싶은 충동을 느끼며 더 이상 다가오지 말라고 경고한다. 하지만 불쾌한 고향 친구는 그의 충고 따위는 무시한 채 계속해서 집과 아내 주위를 맴돈다. 선물이라는 의미의 「더 기프트」는 사이먼이 과거 학창시절 괴롭혔던 고교 동창으로부터 받는 복수를 의미한다.

"과거를 털어버려도, 과거는 널 따라다녀."

극 중 고든의 대사다. 사이먼은 고교 시절 약자인 고든을 괴롭히기 위해 악랄한 거짓 소문을 퍼뜨린 장본인이다. 고든은 사이먼의 거짓말로 학교에서 퇴학당하고, 소문을 믿은 아버지에게 학대를 받아 삶이 완전히 망가졌다. 고든은 여전히 사회에서 약자의 위치를 벗어나지 못했지만, 사이먼을 벌하기 위해 그를 유일하게 흔들어 놓을 수 있는 아내의 임신을 이용한다. 열린 결말이 머릿속을 뒤엉키게 만드는 마지막 부분은 꼭 영화에서 확인하기를 바란다.

고든을 연기한 조엘 에저턴은 놀랍게도 이 영화의 감독, 주연, 각본, 제작을 모두 맡았고, 심지어 감독으로서는 데뷔작이다. 이 영화에서 감탄한 것은 조엘 에저턴 감독이 스릴러 장르임에도 폭력을 휘두르는 장면 없이 잔인한 복수극을 완성했다는 점이다. 피 한 방울 나지 않는 잔인한 복수극. 그 어려운 일을 고든(감독)이 해냈다. 그는 이 작품으로 시체스 영화제 오피셜 판타스틱 남우주연상을 받기도 했다.

영화에서는 많은 순간 와인이 등장한다. 심지어 고든이 사이먼의 집 앞에 놓고 간 첫 번째 선물이 와인이다. 화면에 'Gasolio Estate Barbaresco 2012'라고 쓰인 와인 레이블이 선명하게 나오기에 가솔리오라는 와이너리에서 만든 이탈리아 피에몬테의 바르바레스코 와인이면 금방 정보를 찾겠다 싶었으나 어디에도 없는 와인이었다. 많은 영화 속 와인이 그렇듯 감독이 일부러 만든 와인이었던 것이다. 그런데 와인 레이블 디자인에 재밌는 이야기가 숨어 있는 듯 했다. 레이블에 그려진 복잡한 미로 안에는 붉은색의 직사각형 10개가 두 줄로 나란히 자리하고 있었다.

필자는 여기서 고든의 편지를 떠올렸다. 고든은 사이먼에게 선물을 남길 때마다 붉은색의 카드를 함께 넣어 뒀다. 감독의 머릿속에 들어가볼 수는 없지만, 미스터리한 와인 레이블 디자인을 맡은 디자이너가 '복잡한 미로 속에 피해자가 남긴 붉은 메시지 카드'를 떠올리며 작업한 것이 아닐까? 와인 레이블의 미로로 들어가 모든 카드를 열어보고 나면 빠져나갈 수 없는 미궁 속에 남게 되는 것이다. 이러한 해석이 맞는지 확인할 수는 없어도 관객의 상상력을 자극하는 와인을 등장시켰다는 것은 분명하다.

상상력을 자극하는 미스터리 와인

소믈리에들은 때로 와인에 관한 정보를 모른 채 블라인드 테이스팅을 해보면서 시음 감각 훈련을 하기도 한다. 이때 힌트는 와인을 잔에 따랐을 때 처음 마주하는 와인의 색부터 시작이다. 컬러를 살핀 뒤 향과 맛, 여운을 느끼며 와인의 품종과 지역, 빈티지 등을 맞춰 나가는 것이다. 블라인드 테이스팅의 주목적은 시음 훈련이지만, 최근에는 신개념의 블라인드 테이스팅, 일명 '미스터리 와인'이 등장했다. 그럼 어떤 와인을 미스터리 와인이라고 부르는 걸까? 그것은 온라인 와인 판매 시장에서 확인할 수 있다.

팬데믹이 불러일으킨 변화 중 음주 문화에서 주목할 만한 것은 혼술, 정확히는 집술 문화가 퍼진 것이다. 사람들은 모임이 자유롭지 못했던 수년간 집에서 와인을 즐기는 데 익숙해졌고, 이는 와인 시장에서 기업들이 온라인 판매를 통해 위기를 극복하려는 움직임을 불러왔다.

특히 호주의 온라인 와인 판매 시장은 매우 흥미롭다. 호주 아마존에서 온라인 주류 배송 서비스를 개시했다는 사실만 봐도 와인 온라인 판매가 얼마나 대중적으로 자리 잡았는지 알 수 있다. 아마존 이전부터 호주의 와인 온라인 시장을 키워온 대표적인 판매 사이트는 '와인 콜렉티브Wine Collective', '댄 머피Dan Murphy's', 'BWS', '리쿼랜드Liquorland' 등이다. 이중 와인 콜렉티브는 1945년 호주 와인 협회에서 시작해 오랜 역사를 가지고 있다. 이곳은 7,500가지에 달하는 와인과 함께 다양한 종류의 술을 판매하는 온라인 와인 구매 웹사이트를 운영하는데, 와인을 분류한 카테고리에서 미스터리 와인을 찾아볼 수 있다. 이름부터 와인 애호가들의 흥미를 잔뜩 불러일으키는 이 미스터리 와인 섹션은 호주 내 전역의 와인 산지의 생산자들과의 협업을 통해 기획된 와인이다.

매해 새로운 빈티지의 와인을 만들기 위해 기존 와인 재고를 비워내고 양조장의 공간을 확보해야 하는 와이너리에게는 좋은 와인을 양조하는 것만큼 와인을 회전시키는 것도 중요하다. 즉, 재고를 털어내고 신규 와인을 만들 수 있는 새 공간과 자금을 만들어야 한다. 그래서 와인 콜렉티브에서는 와이너리의 잔여 재고를 처분하는 방식으로 보다 좋은 가격에 와인을 공급받는다. 이렇게 확보한 와인들은 온라인에서 와인 레이블을 가린 채 판매된다.

그렇다면 고객들은 와인에 대한 정보를 전혀 알지 못한 채 구매를 감수해야 하는 것일까? 그건 아니다. 웹사이트에서 해당 와인이 생산된 지역, 품종, 빈티지, 전문가의 시음평을 확인할 수 있다. 회사는 고객들이 와인에 대한 호기심을 갖길 원했고, 보다 할인된 가격으로 와인을 구매할 수 있도록 돕는다. 레이블을 제거한 미스터리 와인의 할인율은 낮게는 25%에서 많게는 75%까지 된다고 한다. 또한 와이너리의 재고 부담을 더는 목적이 크기 때문에, 빈티지가 오래된 와인일수록 할인폭이 커진다는 점도 고객들에게는 매력적인 포인트이다.

다른 온라인 판매 사이트에서도 이와 비슷한 맥락에서 와인 구독 서비스를 제공한다. 6병 구성 또는 12병 구성으로 다양한 와인을 혼합해서 할인 금액으로 구독 세트를 만들어 제공한다. 이때 와인 레이블을 제거하지는 않지만, 고객들은 와인이 배송되기 이전까지 어떤 와인이 담겨있는지 알 수 없다. 고객은 가격 정보와 와인의 색 정도의 심플한 정보만 오픈한다. 매달 어떤 와인이 담겨 있는지 설레는 마음으로 기다릴 수 있다는 점에서 재미있다.

댄 머피에서도 레이블을 가리는 '언더랩 와인*Under Wraps Wine*'을 판매하고 있다. 만약 온라인상에서 와인을 해외에서 직구해본 경험이 있는 분들이라면 익숙할 와인닷컴*wine.com*에서도 'Picked 와인' 주문이

가능한데, 와인클럽에 가입한 후 자신의 와인 취향을 드러내는 질문에 응답하면 사이트의 와인 전문가가 엄선한 혼합 와인 팩을 보내준다. 가격은 병당 평균 25달러 수준이고 여섯 병 단위로 패키징되어 있다.

「더 기프트」를 통해 만난 시중에 존재하지 않는 와인 레이블 하나에 온갖 생각을 하며 며칠이 혼란스럽고 즐거웠듯, 여러분과도 그런 설렘과 기다림의 매력을 공유하고 싶다. 영화 속 고든이 사이먼에게 준 와인 선물은 환영받지 못했지만, 필자는 이렇게 상상력을 자극하는 와인이라면 언제나 환영이다.

「해피 투게더」, 열정적인 탱고의 선율을 닮은 아르헨티나 와인

Happy Together

Director 왕가위
Cast 장국영(보영)
양조위(아휘)
장첸(장)

Wine 아르헨티나 와인

여러분에게 「해피 투게더」는 어떤 작품으로 남아 있을까? 필자들에게 이 영화는 홍콩에서 지구 반대편 아르헨티나로 떠나온 두 남자를 통해 사랑이라는 감정의 민낯을 그대로 보여주는 명작으로 남아 있다. 왕가위 감독의 여섯 번째 작품으로, 감독의 페르소나인 장국영과 양조위가 주연을 맡아 열연했다.

그리운 배우 장국영이 연기한 보영은 자유롭게 떠다니듯 삶을 살아가는 인물로, 사랑 없이 살 수 없지만 상대에게 구속되고 싶지는 않아 한다. 양조위가 열연한 아휘는 보영을 깊이 사랑하지만, 언제나 그렇듯 쉽게 자신을 떠나는 보영에게 늘 상처받는다. 영화는 아휘의 독백으로 시작한다.

"우리 다시 시작하자. 보영은 항상 이렇게 말했다. 이 말은 내게 상처투성이다. 우린 잠시 함께하고 헤어지기를 반복했다. 그가 다시 시작하자고 하면 난 여지없이 그와 함께했다. 우린 다시 시작하기 위해 홍콩을 떠났다. 길을 나섰고 아르헨티나에 도착했다."

어느 날 보영이 이구아수 폭포의 그림이 그려진 조명을 사온다. 조명 속 그림이 마음에 들었던 둘은 이구아수 폭포를 본 뒤 홍콩으로 돌아가기로 하고 자동차 여행을 떠난다. 하지만 도로 위에서 길을 잃고, 화가 난 보영은 인연이 닿으면 다시 만나자며 또 한 번 아휘를 떠난다. 영화는 보영과 헤어지고 색채를 잃은 아휘를 흑백화면으로 담아낸다.

아휘는 고향으로 돌아갈 여비를 마련하기 위해 부에노스아이레스의 탱고 바에서 도어맨으로 일한다. 보영은 다른 남자를 전전하며 불안정한 삶을 산다. 그러다가 이내 또다시 아휘의 주변을 맴돌며 그의 마음을 뒤흔든다. 보영과의 지긋지긋한 관계를 끝맺고 싶은 아휘는 그런 보영을 무시하려 하지만, 마음속은 보영에 대한 사랑과 질투로 온통 들끓는다. 보영은 어느 날 두 손을 쓸 수 없는 지경에 이를 만큼 심하게 다쳐 아휘를 찾아간다. 아휘에게 안기며 보영이 말한다.

"우리 다시 시작하자."

아휘는 그렇게 또다시 보영을 받아들인다. 보영이 함께하는 아휘는 비로소 색채를 얻는다. 아픈 보영을 간호하면서 아휘는 생각한다.

"그의 손이 낫지 않기를 바랐다."

보영을 위해 돈을 벌고 침대를 내어주고 요리하며 온갖 허드렛일을 도맡아도 아휘는 온전히 보영을 곁에 둘 수 있음에 행복해한다. 보영은 언제나 그래왔듯 사랑을 갈구하는 것 이외에 아무것도 하지 않는다. 둘의 관계 주도권은 언제나 떠날 준비가 되어 있는 보영에게 쥐어진 것처럼 보이고, 그런 보영에 대한 희생적 사랑을 이어가는 아휘는 약자처럼 그려진다. 그러나 영화를 다 보고 나면 진정 보영이 우위에 있었던 것이 맞는가에 대한 의문이 든다. 손이 다 나은 보영이 자신에게 집착하는 아휘를 지겨워하며 떠나버린 뒤에도, 영화의 화면은 색채를 유지한다. 마치 아휘의 세상이 보영에 대한 사랑만이 중요하던 이전과는 다른 방향으로 접어든 것처럼 말이다.

영화의 원제 「춘광사설春光乍洩」은 '구름 사이로 잠깐 비치는 봄 햇살'을 의미한다. 구름 속에서 헤매듯 두 사람은 어디로 가야 하는지 모르지만, 서로를 향한 사랑은 잠깐의 봄 햇살처럼 아름답다. 왕가위 감독은 인터뷰에서 어떤 은밀하고 로맨틱한 사랑이 살며시 드러나는 것을 떠올렸다고 말했다. 그리고 「해피 투게더」를 "삶의 어떤 시기가 끝났음을 알리는 마침표"라고 표현했다.

주인공들은 무수히 많은 술을 입에 달고 살지만, 와인을 마시는 장면은 아쉽게도 등장하지 않는다. 그러나 아휘가 도어맨으로 일한 탱고 바 「바 수르」는 필자들의 기억 속에 와인의 향이 짙게 남아 있는 곳이다.

와인 세계여행의 마지막 대륙은 남아메리카였다. 아르헨티나에서 부에노스아이레스에 들렀다가 아르헨티나 와인의 수도인 멘도사 Mendoza로, 그리고 다시 칠레로 국경을 넘는 일정이었다. 와인 생산지를 따라 다니는 여행이면서도 아르헨티나에서 머문 3주 중 2주를 부에노스아이레스에 있었는데, 가장 큰 이유가 바로 「해피 투게더」였다.

아휘의 오래된 아파트가 있는 라보카 지구와 아휘가 일한 「바 수르」를 찾아가는 것은 오랜 시간 품어온 로망이었다. 그만큼 왕가위 감독의 팬이었고, 당시 이 영화를 온전히 이해하지 못하면서도 열렬히 좋아했다. 마침 기념일이 다가오고 있었고 「바 수르」의 탱고 공연은 모든 것을 기념하기에 아주 적절했다. 가게가 작다 보니 예약제로 입장할 수 있었는데, 영화 속에서 느꼈던 딱 그 정도의 인원과 소음 속에서 멋진 탱고를 직관할 수 있었다. 그때의 공연은 여전히 눈에 선하다.

그리고 이곳에서 남미식 만두 엠파나다와 함께 '카테나 자파타 Catena Zapata의 알라모스 말벡 Alamos Malbec'을 마셨다. 한국에서도 꽤 인기 있는 이 말벡 와인은 값도 저렴하고 품질이 좋아 현지에서도 여러 사람에게 추천을 받았었다. 전작 『와인이 있는 100가지 장면』 1편에서 「여인의 향기」를 통해 아르헨티나의 주요 청포도 품종을 소개했으니, 이번에는 아르헨티나 와인의 역사, 그리고 아르헨티나 와인 산업을 대표하는 적포도 품종 말벡 이야기를 해보려고 한다.

정열의 아르헨티나 와인

열정적인 탱고와 질 좋고 저렴한 소고기가 먼저 연상되는 아르헨티나는 와인에 진심인 나라다. 2023년 기준, 아르헨티나는 세계 9위의 와인 생산국이자 7위의 포도 재배 면적을 자랑한다. 아르헨티나가 와인 산업에서 지금까지 쌓아 올린 업적은 말벡이라는 적포도 품종 하나에 집중되는데, 아르헨티나 와인 생산량의 70%, 수출량의 90%를 차지하는 멘도사라는 생산지까지 알고 나면 아르헨티나 와인의 주요 키워드를 거의 정복했다고 해도 무방하다.

말벡은 현재 아르헨티나, 그중에서도 멘도사와 더 자주 연결 지어지는 포도 품종이지만, 본래 프랑스 보르도가 고향이다. 프랑스 보르도에서는 블렌딩에 쓰이며 조연 역할을 맡던 말벡은 아르헨티나로 이주해 단독 주연으로 화려하게 부활했다. 말벡을 재배하는 데 이상적인 기후와 고도, 토양 덕분에 고유의 특성을 잘 드러낼 수 있었기 때문이다. 잘 익은 과일 향에 단단한 구조감, 부드러운 감촉과 강렬한 터치라는 화려한 매력을 발산하며 아르헨티나의 대표 와인이 되었을 뿐 아니라 세계적으로 주목받으며 아르헨티나 와인의 부상을 알렸다. 아르헨티나에서는 말벡이 아르헨티나에 유입된 날인 4월 17일을 말벡 월드 데이로 지정하고 기념행사를 열고 있다.

1990년대 후반까지만 해도 대부분의 와인이 자국 내에서 소비됐기 때문에 아르헨티나 와인의 국제 무대 데뷔는 다소 늦은 감이 있다. 이는 아르헨티나의 정치, 역사와 깊은 관련이 있다.

스페인이 남미 대륙을 점령하고 곳곳을 식민지화시키는 시기에 아르헨티나도 그 대상 중 하나였고, 이때 포도 재배가 최초로 이루어졌다. 그리고 1556년 후안 세드론 신부가 칠레의 센트럴 밸리에서 재배되던 포도 묘목을 꺾어 안데스 산맥을 넘었고, 지금의 산 후안과 멘도사 지역에 아르헨티나 최초의 포도밭을 설립한 것이 소박한 시작이었다.

멘도사에 포도 재배가 확장된 것은 1560년대. 어째서 넓은 아르헨티나 땅에서도 척박하고 건조하기로 유명한 멘도사 일대에 포도 재배가 번성하게 됐을까? 이유는 세 가지다. 첫째, 건조하고 척박한 땅은 포도나무 질병이 창궐하기 어려워서 안정적인 포도 재배가 보장된다. 이런 건조한 환경은 포도밭을 친환경적으로 관리하기에 이상적이다. 둘째, 안데스 산맥의 깨끗한 물 덕분이다. 포도나무는 메마른 땅에서도 자랄 수 있는 강인한 식물이지만, 그래도 생명을 유지하려면 최소한의 물이 필요하다. 안데스 산맥의 눈이 녹아 만들어진 순수하고 깨끗한 물은 포도나무의 입장에서는 그야말로 신이 주신 축복이나 다름없다. 셋째는 높은 고도다. 설산이 조망되는 높은 고도의 포도밭은 뜨거운 낮과 서늘한 밤의 극단적인 일교차를 겪어내며, 자연스럽게 당과 산이 고루고루 분포된 밸런스 좋은 포도 열매를 맺는다.

후에 아르헨티나 17대 대통령이 되는 도밍고 파우스티노 사르미엔토는 주지사였던 당시 프랑스 농학자인 미구엘 애메 푸제로 하여금 프랑스에서 포도나무 묘목을 가져오도록 지시했다. 이때 물 건너온 품종이 바로 말벡이다. 푸제가 아르헨티나 땅에 최초로 말벡을 심으며 아르헨티나 와인도 꽃을 피울 수 있었다. 다만 드넓은 땅에서 인구가 모여 있는 지역은 서쪽이었기 때문에 멘도사에서 그곳까지 마차로 와인을 실어 날라서 판매하는 일은 너무나도 고되었다. 그래서 1885년 멘도사와 부에노스아이레스를 연결하는 철도가 완성되기 전까지 와인 산업의 성장은 지지부진할 수밖에 없었다.

철도의 부설은 사르미엔토 이후의 주지사이자 현재는 아르헨티나 와인 산업의 슈퍼스타인 트라피체 와이너리의 소유주 돈 티부르시오 베네가스가 주도했다. 와인 산업의 성장을 위해서는 적절한 시장이 필요하다고 확신했던 그는 적극적으로 부에노스아이레스까지 이어지는 철도 건설을 추진하고 자금을 조달했다. 지금도 이때 건설된 철도의 역사적인 현장을 트라피체*Trapiche* 와이너리에서 구경할 수 있다. 이에 더해 19세기에 필록세라의 재앙을 피해 아르헨티나로 이민을 온 유럽의 와인 전문가들은 그들의 포도 재배 및 양조 지식을 새로운 고향이 되어줄 땅에 유감없이 풀어놓으면서 아르헨티나 와인 산업은 잠시 호황을 누렸다.

철도의 건설과 이민자들로 장밋빛을 걸을 것 같았던 아르헨티나 와인 산업은 대공황을 겪으며 한 번 휘청였고, 대통령 후안 페론의 임기 동안 잠시 회복되는가 싶었지만, 1960년대부터 이어진 군사 독재 체제 아래서 아르헨티나 경제가 나락으로 떨어지면서 함께 곤두박질쳤다. 이 시기에 멘도사의 와인 산업은 값싼 와인을 공장에서 대량으로 만들어 내수 시장에 의존하는 아슬아슬한 형태였다. 하지만 1980년대 아르헨티나가 초인플레이션이라는 최악의 경제 상황에 놓이면서 내수 소비조차 급감하게 되자, 아르헨티나 와인 산업은 수익성이 좋은 해외로 눈을 돌리게 된다.

그 과정이 실로 고통스러웠을지라도 이 전략은 성공을 거두었고, 침체 위기였던 아르헨티나 와인 산업은 서서히 부상했다. 특히 천혜의 포도 재배지인 안데스 산맥의 가능성을 엿보고 날아온 유럽과 호주의 플라잉 와인메이커들은 그들의 노하우를 적극적으로 전파하면서 아르헨티나 와인의 현대화에 많은 기여를 했다. 세계적인 와인 전문가인 캐런 맥닐은 아르헨티나 와인 산업은 20세기 말에 깨어나기 시작한 잠자는 거인이라고 표현한 적이 있다. 이미 아르헨티나 와인이 보여준 성공적인 결과물이 많지만, 아직도 보여줄 게 많은 전도유망한 곳이다.

아르헨티나는 안데스 산맥 기슭을 중심으로 넓디넓은 포도밭에서 다채로운 품종을 재배하고 있다. 그중에서도 앞서 말한 재배량 1위인 말벡은 아르헨티나에서 재배하는 포도나무 다섯 그루 중 하나일 정도다. 먼 과거에는 프랑스에서도 널리 재배되었으나 전 세계 포도밭을 초토화시켰던 필록세라와 1956년 기록에 남을 혹독한 봄서리 이후 재배자들에게 철저히 외면당한 비운의 품종이다. 현재 프랑스에서는 보르도 남부의 카오르Cahors 정도만이 주목할 만한 말벡 재배지로 남아 있다.

프랑스 말벡 와인과 아르헨티나 말벡 와인은 같은 품종임에도 재배지의 기후와 토양, 고도의 차이 덕분에 현저히 다른 캐릭터의 와인으로 탄생한다. 프랑스의 카오르산 말벡 와인은 검은 자두, 블랙베리, 담배와 같은 다소 드라이하고 다크한 플레이버가 특징적이다. 입에서도 육중하다기보다 섬세하고 우아하며, 질감이 부드러운 편에 속한다. 아르헨티나 말벡은 더 강한 스타일로 잉크를 연상시키는 진한 색, 폭발적인 과실 향, 초원을 연상시키는 가죽 풍미, 입안을 꽉 채우는 타닌까지 강렬한 캐릭터를 보인다. 마치 열정적으로 탱고를 추는 댄서가 연상된다. 아마도 그런 인상 때문에 「바 수르」에서 탱고와 함께 마셨던 말벡 와인의 기억이 박제된 것처럼 지속되고 있는지도 모르겠다.

「캡틴 판타스틱」,
나도 와인 좀 줄래요?

Captain Fantastic

Director	맷 로스
Cast	비고 모텐슨(벤)
	조지 맥케이(보)
	사만다 아일러(키엘러)
	애너리즈 바쏘(베스퍼)
	니콜라스 해밀턴(렐리안)
	쉬리 크룩스(사자)
	찰리 쇼트웰(나이)
Wine	와인을 마시는 감각

영화는 숲에 살고 있는 벤의 가족을 비추며 시작한다. 벤의 여섯 자녀는 또래와는 완전히 다른 삶을 살고 있다. 숲속을 뛰어다니며 사슴을 사냥하는가 하면, 명상을 하고, 서로 대련한다. 암벽을 타는 것도 능숙하고 사냥한 동물을 무서워하기는커녕 익숙하게 가죽을 벗긴다. 직접 사냥한 고기로 요리를 해 먹는 이 기이한 가족의 역사는 아버지 벤이 10년 전 아내와 함께 숲속으로 들어와 자연에서 아이들을 키우면서 시작됐다. 벤과 아내는 플라톤의 이상 국가, 철학자가 통치하는 세계를 이 숲에서 이루려 했던 것이다.

벤의 가족은 마치 하나의 몸처럼 움직인다. 함께 사냥한 고기로 음식을 차려 먹고, 저녁에는 모닥불에 옹기종기 모여 앉아 독서한다. 그런데 책의 수준이 예사롭지 않다. 『카라마조프의 형제들』, 『우주의 구조』, 『총, 균, 쇠』 같은 것들이다. 심지어 막내의 고사리손에도 이런 책이 쥐어져 있다. 벤은 아이들의 독서 일정을 꼼꼼히 챙기고 시험을 보고 토론을 시킨다. 결국 벤은 아이들을 철학자 수준의 엘리트로 교육하는 것에 성공한다. 미국의 권리장전을 줄줄 읊고, 그것을 자기 생각으로 소화해서 의견을 말할 수 있는 아이들의 깊은 지식은 성인이 된다고 얻어질 수 있는 수준의 것이 아니다. 그런데 벤 가족이 숲으로 들어오게 된 진짜 이유는 무엇일까?

벤의 아내 레슬리는 첫째 보를 낳고 우울증에 걸렸다. 벤은 레슬리가 자연에서 치유되기를 바랐고, 그들의 터전이 되어줄 숲을 샀다. 여기서 예쁜 아이들이 계속 태어났지만, 레슬리의 조울증은 나아지지 못했다. 레슬리는 결국 병원으로 옮겨져 치료를 이어갔으나 안타깝게도 스스로 목숨을 끊는다. 벤은 아이들에게 이 소식을 숨기지 않는다.

"내가 죽을 경우 나 레슬리 애비게일 캐시는 불교식 화장을 하고 싶습니다. 장례는 생애주기 완성을 축하하는 춤과 노래로 채워주길 바랍니다. 그런 다음 유골을 뿌려주셔야 하는데, 별 특징 없는 번잡한 공공장소면 좋겠습니다. 그곳 화장실에 들어가 단칼에, 인정사정없이 변기에 넣고 물을 내려주세요."

벤과 아이들은 사랑하는 아내이자 엄마의 유언을 이뤄주기 위해 세상 밖으로 나온다. 장례식장으로 향하는 벤의 버스는 대형 캠핑차와 같다. 아이들은 이곳에서 먹고, 자고, 책을 읽는다. 그리고 이 여행을 계기로 벤의 양육 방식은 점차 시험에 든다. 아이들을 위해서라고 생각했던 유난한 양육법은 과연 옳은 것이었을까? 영화를 보다 보면 자연스럽게 이에 대한 해답을 얻을 수 있다.

영화에는 와인을 마시는 장면이 몇 차례에 걸쳐 등장한다. 숲에서 자연에 가까운 생활을 하는 가족이지만, 벤은 자신에게나 아이들에게나 한 잔의 와인은 허락한다. 여러 와인 장면 중 가장 인상적인 장면은 벤 가족이 벤의 여동생 하퍼의 집에 머물며 함께 저녁 식사를 하는 장면이다. 식사 중 하퍼의 남편이 벤에게 와인을 권한다. 이 모습을 지켜본 귀여운 다섯째 딸 사자는 자기도 와인을 달라고 당당히 말한다. 벤은 "그럴까?"라며 물 흐르듯 자연스럽게 와인을 따라주려 한다. 열 살도 안 된 어린 조카에게 와인을 권하는 모습을 두고 볼 수 없는 하퍼는 벤을 말리지만, 벤은 프랑스에서는 아이들도 조금씩 마신다며, 소화에 도움을 주기도 하고 크렉(마약의 일종)을 주는 것도 아닌데 어떠냐고 반박한다. 하퍼의 가족들은 고개를 저으며 자리를 뜨지만, 벤과 아이들은 기다렸다는 듯 잔에 와인을 채우고 건배를 한다.

와인을 언제부터 마셔도 될까?

영화에서처럼 열 살도 채 안 된 어린아이가 와인을 마시는 모습을 태연히 지켜보기란 어려운 일이다. 필자 역시 처음 와인을 마신 것은 20대 초반이었다. 물론 와인이 아닌 알코올을 맛본 건 고교 시절 수학여행에서였지만, 그때는 술의 맛을 느꼈다기보다는 일탈이란 표현이 더 적합하다. 그렇다면 술을 정당하게 마실 수 있는 나이는 몇 살부터일까?

잘 알다시피 대한민국은 청소년보호법 제28조에 따라 만 19세부터 술을 구입할 수 있다. 처음 그 나이가 되었을 때 설레는 마음으로 술집으로 향했던 기억을 누구나 떠올릴 수 있을 것이다. 그렇다면 보다 어린 나이에 주류를 구입할 수 있는 국가는 어디일까? 와인 생산국을 기준으로 한다면 독일이다. 독일은 와인을 포함한 발효주에 한해 보호자의 동의가 있다면 만 14세부터 주류 구입이 가능하다. 보호자의 동의 없이 주류를 구입할 수 있는 나이도 만 16세부터다. 유럽의 주요 와인 생산국 프랑스와 이탈리아, 스페인의 경우 만 18세부터 음주가 가능하다.

감각기관만 고려하면 10대부터는 와인을 시음하기 위한 조건이 갖춰진 상태다. 와인을 마시는 동안에는 미각, 후각, 시각이 작용한다. 촉각과 청각도 어느 정도 관여는 할 수 있겠으나 미각과 후각의 중요도를 생각하면 다른 감각들은 보조 역할을 하는 수준이다. 아기는 태어날 때부터 미각이 발달되어 있다. 출생 3개월부터는 혀 돌기의 맛을 감지하는 미뢰가 더욱 발달하기 시작하고, 출생 4개월부터는 짠맛에 대한 호감이 높아진다. 침의 분비가 왕성해지는 생후 5개월부터는 한층 더 미각이 발달하면서 생후 7개월부터 단맛과 쓴맛을 느낄 수 있다. 후각은 생후 7~8개월 차부터 점진적으로 발달한다. 필자가 와인 시음에 가장 중요하다고 생각하는 감각은 후각이다.

  청각과 미각의 신경은 약 10만 개의 세포로 구성되어 있지만, 후각신경은 약 1억 개의 세포로 구성된다. 또한 아주 복잡한 전달 구조로 되어 있다. 콧속 상피에 후각 수용체가 존재하는데 이를 후각기관이라고 부른다. 여기서 화학물질을 구분하는 역할을 한다. 그리고 콧속 신경세포는 뇌의 변연계에 신호를 보내주는데, 이때 꽤 매력적인 일이 생긴다. 뇌에서 기억 속에 잠재된 향에 대한 기억을 불러오는 것이다. 후각은 기억에 관여하는 해마 시스템과 연결되어 있다. 냄새를 맡으면 과거의 기억을 떠올리는 것이 바로 이런 연유다. 우연히 길을 걷다 맡은 향수 냄새에서 헤어진 연인을 연상하거나, 시골 냄새를 맡고 어린 시절 명절에 찾아뵙던 할머니 집을 떠올리게 되는 건 모두 후각이 선사하는 특별한 경험이자 선물이다.

  후각을 통해 화학물질을 구분하는 것이 1차적으로 일어나는 일이라면, 기억과 연결시키기 위해서는 그 이전에 실제로 경험이 존재해야 한다. 소믈리에들이 아로마 키트를 가지고 후각 훈련을 하고 다양한 음식과 사물의 향을 맡기 위해 노력하는 것은 기억으로 저장할 데이터를 늘려주기 위한 노력이다. 복숭아 향을 맡아본 적 없는 사람이 복숭아 향을 설명할 수 없는 것처럼, 후각은 경험을 동반한 훈련이 필요하다. 인간의 감각 중 노력을 통해 발달할 수 있는 솔직한 감각이기도 하다.

  어디까지나 상상이기는 하지만, 벤의 아이들은 자연 속에서 살았으니 와인의 향을 표현할 때도 그 범위가 분명 넓을 것이다. 다만 뛰어난 테이스팅 능력을 갖췄더라도 알코올 해독 능력이 현저히 떨어지는 어린아이에게 와인을 주는 것은 금물이다.

「돈 룩 업」,
모든 상황에 어울리는 와인
(그게 종말의 순간일지라도)

Don't Look Up

Director 아담 맥케이

Cast 레오나르도 디카프리오(랜들 민디)
제니퍼 로렌스(케이트 디비아스키)
메릴 스트립(올리언), 롭 모건(테디 오글소프)
티모시 샬라메(율), 케이트 블란쳇(브리)
마크 라이런스(피터), 멜라니 린스키(준 민디)

Wine A to Z(미국 오리건), 조쉬(미국 캘리포니아)

    진실을 보지 말라는 기이한 세상 속에서 제발 진실을 보라고 외치는 영화 「돈 룩 업」은 미시간 주립대 천문학과 대학원생 케이트가 새로운 행성을 발견하면서 시작한다. 그는 이 놀라운 발견을 기념하고자, 행성에 자신의 이름을 따서 '디비아스키'라 명명한다. 그러나 기쁨도 잠시, 지도 교수 민디와 함께 행성의 궤도를 계산하던 중 엄청난 사실을 마주한다. 바로 디비아스키 행성이 지구를 향해 날아오고 있고, 6개월 14일 뒤면 지구와 충돌할 예정이라는 것이다.

    두 사람은 NASA에 즉시 이 사실을 알렸고, 지구 방위 합동본부의 오글소프 박사는 백악관으로 두 사람을 긴급 호출한다. 그러나 군용기까지 타고 급히 날아왔건만, 대통령은 대법관 스캔들에만 정신이 팔려 있고, 두 사람은 꿔다 놓은 보릿자루마냥 복도에 방치된다. 몇 시간의 기다림 끝에 허락된 단 몇 분의 면담. 인류의 존망을 가르는 중요한 순간에 제이니 올린 대통령은 두 사람의 말을 가볍게 치부한다. 심지어 대통령 엄마 덕에 낙하산으로 비서실장 자리에 앉아 있는 제이슨은 두 사람의 학력을 운운하며 대놓고 무시한다.

할 수 없이 자신들이라도 발벗고 나서 언론에 알려야겠다고 생각한 민디와 케이트는 인기 토크쇼 「데일리 립」에 출연해 혜성 충돌의 위험을 강력히 경고한다. 그러나 토크쇼 진행자들도 대통령과 별반 다를 바 없다. 혜성 출동을 그저 시청률을 높이기 위한 가십거리로 이용할 뿐이다. 결국 케이트는 폭발해 방송 중 화를 내며 나가버리고, 사람들은 케이트가 분노하는 장면을 SNS에 퍼 나르며 그를 놀림거리로 만든다.

참담한 마음을 가눌 길이 없는 두 사람에게 갑자기 대통령의 호출이 온다. 대통령은 지지율 추락으로 선거에 패할 위기에 처하자 '지구를 구하는 대통령'이란 이미지로 지지율 상승을 노리고 있다. 대통령은 핵폭탄을 실은 위성을 발사해 혜성의 궤도를 바꾸겠다는 대국민 긴급 발표를 한다. 과정이야 어찌 되었든 인류를 구할 수 있다는 사실에 안도하는 민디와 케이트.

하지만 그 역시 얼마 가지 못한다. 대통령의 자금 후원을 줄인 IT기업의 CEO 배시가 혜성이 가진 희귀 광물의 가치를 대통령에게 어필한 것이다. 영향력 있는 기업가의 한마디에 갈대처럼 쉽게 흔들린 대통령은 대국민 발표까지 한 혜성 궤도 수정 계획을 무참히 취소한다. 이로써 무지한 정치인과 돈에 눈이 먼 기업가의 결정으로 인류는 생존할 기회를 날려버린다.

민디는 이제 사람들에게 고개를 들어 진실을 보라는 "룩 업(Look up)"을 외친다. 대통령은 하늘이 아닌 현실을 살아가라는 의미의 "돈 룩 업(Don't look up)"을 외치며 지지자들을 선동한다. 두 그룹 간의 대결은 대선만큼 치열하다. 하지만 사람들이 어떻든 혜성이 지구를 향해 오는 속도를 늦출 수는 없다. 이제 혜성은 사람들의 눈에 보일 만큼 지구와 가까워지고, 인류는 각자의 방식대로 종말을 맞이한다.

영화 속에서 와인은 혜성 충돌이 몇 시간 남지 않은 인류 최후의 날, 민디 박사 가족과 케이트 일행이 모여 함께 저녁 식사를 할 때 나온다.

이 장면에서 오글소프 박사가 늦었지만 빈손은 아니라며 와인 두 병을 들고 들어온다. 바로 'A to Z 피노 누아'다.

감독의 와인 센스, A to Z & 조쉬

미국 오리건주에 소재한 A to Z 와인은 4명의 와인 전문가가 합심해 2002년부터 와인을 생산해온 곳으로, 'A부터 Z까지 어떤 상황에도 맞는 와인'이란 모토를 가지고 있다. 물론 지구 종말의 순간까지 고려한 것은 아니었겠지만 '처음과 끝'을 뜻하는 A to Z 와인의 등장은 영화에 아주 적절했다.

길지 않은 역사지만 A to Z는 「와인 스펙테이터」 올해의 100대 와인에 2회 선정됐고, 2005년부터 미국 내에서 가장 많이 판매된 오리건 샤르도네이며, 뛰어난 '지속 가능한' 업체에 수여되는 World B Corp를 획득한 와이너리다. 2021년부터는 산업 탈탄소화를 위해 노력하고 있고, 기후 행동을 위한 국제 와이너리 협회(IWCA)에 가입한 최초의 오리건 와이너리이기도 하다. A to Z 와이너리가 내세우는 슬로건은 '상업과 양심의 결합'이다. 필자는 영화 속에 등장하는 작은 소품까지 감독의 의도가 들어가 있다고 생각하는데, 분명 A to Z는 감독이 추구하는 바와 뜻을 같이하는 곳이기에 선택되었을 것이다.

친환경과 지속 가능성에 대해 와인 업계에서도 꽤 오랜 시간 주목해 왔지만 최근만큼 크게 이슈를 끈 적도 없는 것 같다. 기업과 소비자 양쪽 모두 환경 보호에 크게 관심이 없던 먼 과거에도 묵묵히 친환경적으로 포도를 재배하고 와인을 만들어온 내추럴 와인 생산자들이 물론 있었다. 하지만 이제는 지구 환경 보존에 지대한 관심을 가진 소비자들이 기하급수적으로 늘어남에 따라 지속 가능한 와이너리로의 변화는 와이너리가 미래에 생존하기 위한 필수 조건이 되어가고 있다.

와이너리들은 이제 포도 재배에 있어서 화학 살충제와 비료의 사용을 최소화하고, 와인을 만드는 과정에서 사용되는 물, 나무, 전기, 가스 등의 천연자원을 최대한 보존하며, 마찬가지로 와인을 만든 과정에서 나오는 탄소나 오염 물질들을 최대한 감소시키는 방향으로 나아가고 있다. 특히 포도밭은 자연과 어우러지는 우주의 일부라는 걸 인지하고, 포도밭 내부의 생물다양성을 촉진해 자체로 건강한 토양을 가질 수 있도록 노력하는 중이다.

사실 와이너리가 친환경 와인을 만들도록 장려하려면 소비자들의 책임 있는 소비가 가장 중요하다. 아무리 와이너리에서 지속 가능한 와인 생산을 한다고 하더라도, 만든 와인이 팔리지 않으면 사업을 유지할 수 없기 때문이다. 다행히도 와인 업계를 포함한 많은 사람들의 노력으로 인식이 빠르게 변하고 있는 것이 느껴진다. 와인 소비자에 대한 연구와 통찰력을 제공하는 「와인 인텔리전스*Wine Intelligence*」의 2023년 보고서에 따르면 최대 와인 소비국인 미국, 영국, 호주, 캐나다, 중국의 와인 소비자 3명 중 2명이 지속 가능성이 중요하다고 밝혔다. 또한 영국과 미국에서는 2022년에 소비자 관심이 크게 증가했는데, 지속 가능한 방식으로 생산된 와인을 구매하려는 의도가 2021년 25%에서 2022년 34%로 증가했다고 보고한 바 있다. 이런 결과를 보여주는 리서치와 연구는 검색을 통해 쉽게 찾아볼 수 있다.

A to Z는 운영 직원의 50% 이상이 여성으로 구성된 점도 흥미롭다. 실제로 와이너리가 지키는 신념 중 하나가 'Women Managed'다. 혹시 이 글을 읽다가 이 와이너리에 대한 호기심이 생겼다면 홈페이지(atozwineworks.com)도 방문해 보기를 권한다. 홈페이지에서 느껴지는 생동감이나 지속 가능성에 관한 명확한 목적, 그리고 크루들의 역할 소개 부분은 앞으로 와이너리들이 나아갈 방향을 한발 앞서 보여주고 있는 듯하다.

와인 맛이 궁금하다면 한국에서도 어렵지 않게 구할 수 있다. 영화에 등장한 피노 누아는 자두, 크랜베리, 석류 등의 붉은 과일 향과 약간의 생강, 정향 등의 향신료 향, 민트, 라벤더의 허브 풍미와 말린 버섯 향이 어우러지는 와인이다.

영화 속에는 또 하나의 와인, '조쉬*Josh*'가 등장한다. 음식을 준비하며 케이티 일행이 홀짝이기도 하고, 저녁 만찬에서 A to Z 피노 누아와 함께 테이블을 풍성하게 만든다. 조쉬 와이너리는 2007년 캘리포니아에 설립된 와이너리로 창립자 조셉이 자신의 아버지 조쉬를 기리기 위해 조쉬 셀라라고 이름 지었다. 조쉬는 캘리포니아 노스 코스트와 파소 로블스에서 재배하는 11가지 품종과 리저브 와인 컬렉션까지 그 라인업이 다양하다는 매력이 있는 곳이다.

　와이너리가 강조하는 신념은 헌신과 인내다. 이는 조셉이 아버지를 통해 배워온 가치이기도 하다. 조쉬는 벌목꾼이었고 미군에서 복무 후 지역 소방관으로 봉사하는 삶을 살았다고 한다. 조셉도 아버지의 신념을 이어가고자 와이너리를 통해 여러 활동을 펼치고 있는데, 예를 들어 캘리포니아 소방 재단에 기부하는가 하면, '월드 센트럴 키친 World Central Kitchen'과 연계해 도움이 필요한 이들에게 영양이 있는 식사를 제공하고, 외상 후 스트레스로 고통받는 군인을 위한 안내견 훈련을 지원하고 있다. 이처럼 와인뿐 아니라 신념까지 아름다운 와이너리를 등장시킨 감독의 선택은 탁월했다.

「티켓 투 파라다이스」, 샴페인 한 잔, 아니 한 병 주세요

Ticket to Paradise

Director	올 파커
Cast	줄리아 로버츠(조지아)
	조지 클루니(데이비드)
	케이틀린 데버(릴리)
	막심 부티에(그데)
Wine	샴페인 파이퍼 하이직(프랑스 샹파뉴)

「티켓 투 파라다이스」는 '아메리칸 스윗하트'이자 '로맨틱 코미디의 여왕'으로 불렸던 줄리아 로버츠와 세계에서 가장 섹시한 남자라고 불렸던 조지 클루니가 만난 유쾌한 영화다. 두 배우는 한때 열렬히 사랑했지만, 악감정만 남기고 갈라선 이혼 19년 차의 조지아와 데이비드를 연기했다.

두 사람 사이에는 눈에 넣어도 아프지 않을 만큼 애지중지 키운 딸 릴리가 있다. 대학을 갓 졸업하고 시카고 최대의 로펌에 입사 예정인 릴리는 사회생활을 시작하기 전에 절친 렌과 함께 발리로 여행을 떠난다. 조지아와 데이비드는 딸이 발리에서 즐거운 휴가를 보내고 돌아와 장밋빛 미래를 걸어갈 거라고 생각하지만, 릴리는 시카고로 돌아가지 않겠다는 청천벽력 같은 소식을 전한다. 그 이유는 묻고 따지지도 못하게 만드는 사랑 때문이다.

릴리는 발리에서 만난 사려 깊고 순수한 남자 그데와 깊은 사랑에 빠졌다. 이혼한 뒤로 서로를 물어뜯기 바쁜 릴리의 부모와는 달리, 가족 대대로 해초 양식을 해오며 동고동락하는 그데의 대가족이 친딸처럼 아껴주자 릴리는 발리에 정착하기로 마음먹는다. 물론 조지아와 데이비드는 변호사로서 미래가 창창한 딸을 빼앗길 수 없다. 결국 둘은 딸을 되찾기 위해 19년 만에 합심해 발리로 향한다.

릴리의 졸업식에서 잠깐 붙어 있는 것도 참기 어려웠는데, 발리로 떠나는 비행기에서도 붙어 앉게 된 조지아와 데이비드는 기내에서부터 옥신각신 날이 서 있다. 거기에 조지아와 만나고 있는 연하의 남자친구가 발리행 비행기 기장으로 깜짝 등장하자 데이비드의 인내심은 폭발 직전이다. 술의 힘이 필요한 데이비드는 샴페인을 서빙하는 스튜어디스의 손에서 샴페인을 병째 뺏는다. 그것도 모자라 승무원 칸에서 샴페인을 직접 들고 와버리는데, 이렇게 데이비드를 안하무인으로 만든 샴페인은 바로 '파이퍼 하이직Piper Heidsieck'이다.

셀러브리티의 샴페인, 파이퍼 하이직

파이퍼 하이직은 오랜 시간 많은 귀족과 유명인의 사랑을 받아왔다. 그중 가장 유명한 일화가 마릴린 먼로의 인터뷰다.

"난 샤넬 No.5를 뿌리고 잠자리에 들고, 파이퍼 하이직 한 잔으로 아침을 시작해요."

마릴린 먼로의 전기 작가 조지 배리스에 의하면 먼로는 산소를 들이마시듯 샴페인을 즐겼다고 한다. 미모의 비결이 샴페인이라고 말하는가 하면, 파이퍼 하이직으로 목욕을 즐겼다는 이야기도 전해진다. 시간을 거슬러 올라가면 단두대의 이슬로 사라진 마리 앙투아네트도 파이퍼 하이직 애호가였다. 우선 파이퍼 하이직의 역사를 살펴보자.

샹파뉴 지역 출신 여성과 사랑에 빠진 젊은 독일 청년 플로렌스 루이 하이직Florens Louis Heidsieck이 고속 성장하는 샴페인 산업에 매료되어 1785년 자신의 이름을 따서 Heidsieck & Cie를 설립한 게 파이퍼 하이직의 시초다. 하이직은 샴페인을 잘 만들기도 했지만 뛰어난 사업

수완을 가지고 있었다. 그는 기라성 같은 여러 샴페인 속에서 자신의 브랜드를 노출하기 위해 지금으로 따지면 스타 마케팅을 하기로 마음먹었는데, 그 스타가 바로 프랑스 국왕 루이 16세의 왕비였던 마리 앙투아네트다.

마리 앙투아네트는 당대 최고의 패셔니스타이기도 했다. 개인 드레스 디자이너와 헤어 디자이너를 둘 정도였고, 입은 옷뿐 아니라 마시는 와인도 화제가 될 수밖에 없었다. 마리 앙투아네트가 즐긴다는 것 하나만으로도 이미 성공으로 가는 보증수표였기에, 플로렌스는 회사를 설립한 뒤 갓 만든 샴페인을 곧장 왕비에게 바쳤다. 결과는 대성공. 왕비는 파이퍼 하이직의 풍미에 완전히 매료되어 왕실의 각종 행사에 파이퍼 하이직을 사용했다고 알려져 있다. 마리 앙투아네트가 파이퍼 하이직의 첫 브랜드 앰버서더라고 해도 과언이 아니다.

마리 앙투아네트가 애정하는 샴페인이라는 사실은 왕가와 귀족 사이에 널리 퍼졌고, 한때 파이퍼 하이직은 합스부르크 왕자에서부터 중국의 황제에게 이르기까지 열네 곳의 왕실 및 황실에 샴페인을 납품했다. 이후 플로렌스의 조카인 크리스티안 하이직이 회사를 물려받았고, 이때 동업자로 앙리 기욤 파이퍼*Henri Guillaume Piper*가 합류하면서 샴페인 하우스는 국제적으로 명성을 알리게 된다. 파이퍼 하이직이라는 이름도 두 가문의 이름을 따서 지어졌다.

1885년 파이퍼 하이직은 설립 100주년 기념으로 러시아의 차르(군주)였던 알렉산더 3세를 위해 화려한 보석으로 디자인된 프로젝트 샴페인을 선보이는가 하면, 20세기에 들어서는 영화 산업에 파고들어 주요 영화나 광고에 파이퍼 하이직 샴페인이 등장하기 시작했다. 실제로 파이퍼 하이직은 1993년부터 칸 영화제의 공식 샴페인이기도 했으니, 험프리 보가트, 마릴린 먼로와 같은 배우들이 파이퍼 하이직과 사랑에 빠지게 된 것도 어찌 보면 자연스러운 귀결이다.

파이퍼 하이직은 가성비도 좋은 편이다. 영화에서 등장하는 가장 기본 라인인 '파이퍼 하이직 퀴베 브륏*Piper Heidsieck Cuvée Brut*'은 특히 더 그렇다. 퀴베 브륏은 피노 누아 50%, 피노 뫼니에 30%, 샤르도네 20%의 블렌딩으로 25%의 리저브 와인을 블렌딩했다. 견과류의 풍미와 생생한 산도가 잘 느껴지는 기본기가 탄탄한 샴페인이다.

　영화 속에서는 데이비드가 분을 참지 못하고 병째 마셨지만, 파이퍼 하이직 덕분에 기분은 나아지지 않았을까? 초반에 으르렁거리던 조지아와 데이비드는 후반으로 갈수록 명콤비의 진면목을 보여준다. 간간이 터지는 줄리아 로버츠의 호탕한 웃음소리와 조지 클루니의 세월 역주행 춤 솜씨는 영화를 보는 사람들로 하여금 미소를 짓게 만든다. 와인의 향이 기억 속 먼 추억까지 끄집어내는 힘이 있듯, 시대를 풍미했던 두 배우 역시 관객으로 하여금 향수를 불러일으키는 힘이 있다.

「그것만이 내 세상」,
찬장에서 꺼낸 와인

Keys to the Heart

Director 최성현

Cast 이병헌(김조하), 윤여정(주인숙)
  박정민(오진태), 문숙(복자)
  최리(변수정), 한지민(한가율)

Wine 와인의 수명을 연장시켜주는 도구들

 2017년에 개봉한 「그것만이 내 세상」은 흥행까지 성공한 가족 영화이자 음악 영화다. 영화는 복싱 체육관에서 운동하는 조하를 비추며 시작한다. 한때 WBC 웰터급 챔피언이었던 그는 실력은 있지만 욱하는 성격 탓에 복싱판에서 퇴출당한 한물간 복서다. 지금까지는 어찌어찌 체육관에 붙어 있었는데, 곧 경기에 나가야 할 체육관 동료를 스파링에서 때려눕히는 바람에 쫓겨나게 된다. 오갈 데가 없어진 조하는 우연히 식당에서 어린 시절 자신을 버리고 집을 나간 엄마(인숙)를 만나게 된다. 조하는 엄마에 대한 원망이 풀리지 않은 채 남아 있지만, 숙식을 해결하기 위해 못 이기는 척 엄마의 집에 들어가 살기로 한다.

 그런데 집에 가보니 듣도 보도 못한 동생 진태가 있다. 게다가 진태는 서번트 증후군을 앓고 있다. 서번트 증후군이란, 뇌에 장애가 있거나 손상을 입은 사람 중 극소수가 특정 분야에서 일반인보다 매우 뛰어난 능력을 보이는 증상이다. 진태의 경우는 천재적인 피아노 실력이다. 그렇게 조하는 자신을 버린 엄마, 언제 어떻게 튈지 모르는 진태와 함께 불편한 동거를 하게 된다. 과연 조금 특별한 모자간의 동거생활은 어떻게 결말이 나게 될까?

영화에서는 의미 있는 와인 장면이 나온다. 한 달간 집을 비워야 하는 인숙은 조하에게 진태를 부탁하는데, 내려가기 전 속에 있는 이야기를 꺼내고 싶었는지 부엌 찬장에서 마시다 남은 와인을 꺼내며 조하에게 묻는다.

"조하야. 니 와인 이거 묵을 줄 아나?"

그렇게 조하와 인숙은 식탁에 앉아 생애 처음으로 함께 와인 잔을 기울인다. 오래된 카세트에서는 들국화의 「축복합니다」가 흘러나오고, 인숙은 조하에게 그동안 미처 말하지 못했던 진심을 전한다. 부엌 찬장에 보관된 먹다 남은 와인이지만, 인숙은 음악도 있고 와인도 있으니 근사한 와인바에 온 것 같다며 소녀처럼 좋아한다.

영화에서 와인은 조하와 인숙 사이에 쌓여 있는 감정을 조금이나마 해소할 수 있게 만드는 가교 역할을 훌륭히 해냈다. 결국 와인이란 품질이나 가격이 아닌, 누구와 마시느냐가 가장 중요하다는 보편의 진리를 느끼게 해주는 장면이다.

와인의 수명을 연장시켜주는 도구들

영화 속 인숙이 찬장에서 와인을 꺼내는 모습을 보면서 첫 번째 든 생각. '저 와인은 도대체 언제부터 저 찬장 안에 있었을까?'

부엌 찬장에 와인을 보관하는 것은 추천하기 어렵다. 요리를 하는 주방은 온도 변화가 잦은 편이어서 와인의 향과 맛을 온전히 보존하기에 적합하지 않기 때문이다. 그리고 오픈된 와인은 바로 산화가 시작된다. 와인을 즐길 때는 공기와의 접촉을 통해 와인의 향을 발산시킬수 있어 도움이 되지만 남은 와인에게 산소는 지독한 적일 뿐이다.

영화 속 인숙이 꺼낸 와인처럼 이미 오픈한 경우에도 오픈하지 않은 와인과 보관 방법은 동일하다. 집에 와인 셀러가 없고 와인을 오래 보관할 게 아니라면, 레드 와인이든 화이트 와인이든 냉장고(혹은 김치냉장고)에 보관하는 게 가장 이상적이다. 그 이유는 「도굴」(306페이지)에서 자세히 설명했으니 참고하기를 바란다.

다만 한 가지 다른 점이 있는데, 오픈한 와인은 세워서 보관하는 게 더 좋다. 오픈하지 않은 와인을 보관할 때는 와인병을 눕혀서 코르크가 와인에 계속해서 젖을 수 있도록 하는 것이 좋지만, 오픈한 와인은 세워서 보관하는 것이 산소와의 접촉면을 줄일 수 있기 때문이다.

산소와의 접촉면을 줄이기 위해서 남은 와인을 작은 병에 옮겨 담는 방법도 있다. 괜찮은 방법이기는 하나 와인을 옮기는 과정에서 짧지만 과도한 공기 접촉이 생길 수 있다는 점과 와인을 즐기는 요소 중 하나인 레이블 감상의 즐거움을 포기해야 한다는 단점도 있다. 그래서 여기서는 와인 병 감상의 즐거움도 살리고, 와인의 산화까지 늦출 수 있는 와인 보관 도구들을 소개해본다.

와인 스토퍼 Stopper & 세이버 Saver

와인 스토퍼는 말 그대로 남은 와인을 산화의 위협에서 조금이나마 지켜낼 수 있도록 코르크 대신 와인병 입구를 막아주는 도구를 말한다. 사용법도 단순하다. 역삼각형으로 생긴 스토퍼를 그냥 와인병 입구에 코르크 대신 막아주면 끝이다. 와인 애호가라면 아마 집에 와인 스토퍼를 몇 가지 가지고 있을 것이다. 물론 이 스토퍼는 재사용하는 코르크와 비교해서 약간 더 기능이 좋을 뿐이지, 본질적으로 와인의 산화를 막아주기에는 역부족이다.

와인 세이버는 코르크를 대신해 와인 마개로 사용하는 형태다. 코르크 마개와 비슷하지만, 밀봉력이 더 좋다. 좀 더 발전한 형태는 와인병 안에 남아 있는 산소를 병 밖으로 빼내어 병 안을 진공 상태로 만들어주기도 한다. 또는 와인 스토퍼 자체에 산소 흡수제를 넣어 병 안의 산소를 흡수하는 형태도 있다.

질소·아르곤 주입

와인을 마시고 난 뒤 병 속에 있는 산소를 질소로 밀어내거나 산소보다 무거운 기체(아르곤)를 주입하는 방법이다. 둘 다 상품으로 판매되고 있다. 스프레이형 병에 긴 튜브가 달려 있어서 와인병 안쪽으로 가스를 쏠 수 있게 되어 있다. 회사마다 가이드라인이 다르지만, 보통 스파클링 와인은 1~2일, 화이트와 로제 와인은 3~5일, 레드 와인은 3~6일, 포티파이드 와인은 1~3주 더 보관이 가능하다. 와인병 내부에 질소의 비율을 늘려 산소의 비율을 줄이는 것이 원리다.

좀 더 안정적인 산화 방지 역할을 하는 것이 아르곤이다. 아르곤은 0.9%의 비율로 공기에 포함되어 있어 질소보다 양이 현저히 적다. 하지만 2원자 물질인 질소가 고온에 불안정해지는 반면 아르곤은 고온에서도 안정적이다. 또한 아르곤은 병 속에 주입되면 산소의 비율을 줄여주는 역할을 하는 것과 동시에, 산소보다 무겁기 때문에 와인의 표면에 깔려 산소를 막아주는 보호막 역할도 할 수 있다.

코라뱅 Coravin

코라뱅은 코르크를 빼지 않고 주사기 바늘처럼 얇은 바늘을 코르크에 찔러 넣어서 병 안의 와인을 뽑아내는 기구다. 와인을 뽑아낸 뒤 자동으로 와인병 내부에 아르곤 가스를 충전하는 기능까지 있어서 더욱더 완벽하게 와인의 변질을 방지할 수 있다. 단점이라면 가격이 비싸고, 가스 충전기 교체를 위한 유지비도 든다는 점이다. 이 기발한 발명품은 본래 의사였던 그렉 람브레히트가 1999년에 개발했다. 그와 그의 부인은 평소 함께 와인을 즐기는 열렬한 와인 애호가였는데, 부인이 임신해서 당분간 금주를 하게 되자 혼자 마시던 와인이 남곤 했던 것이다. 남은 와인이 변질되는 걸 안타까워했던 그렉이 소아 항암요법에 활용되는 가는 주사에서 아이디어를 떠올려 개발한 게 코라뱅이다.

와인 보관 도구에 관한 설명을 적었지만, 이미 오픈한 와인은 뱃속에 보관하는 게 가장 좋은 보관 방법이다. 이건 불변의 진리다.

「샤인」,
피아니스트의 와인

Shine

Director 스콧 힉스
Cast 제프리 러쉬(데이비드 헬프갓)
 노아 테일러(청년 데이비드 헬프갓)
 아민 뮬러스탈(피터)
 소니아 토드(실비아)
 린 레드그웨이브(질리언)

Wine 피아니스트가 만드는 와인

    호주 퍼스. 사람들로 북적이는 와인 바 '모비스' 안으로 악보를 한 움큼 품에 안고 엉거주춤 걸어들어온 중년의 남자가 있다. 비에 젖어 손질되지 않은 곱슬머리를 한 남자는 정신 빠진 사람처럼 불안해 보인다. 그의 시선은 바 안쪽 피아노를 향해 있다. 의아한 시선으로 남자를 바라보는 사람들을 가로질러 피아노 거치대에 거칠게 악보를 올려 보지만, 이내 바닥에 전부 떨어트린다. 그는 애초에 악보는 필요 없었다는 듯이 아랑곳하지 않고 건반 위에 손을 가져다 댄다.
    남자가 구면인 바의 주인은 조롱 섞인 비웃음을 보내고, 직원은 남자를 말리기 위해 다가간다. 그때 남자의 손끝이 「왕벌의 비행」을 연주하기 시작한다. 두꺼운 안경 앞으로 입에 물고 있는 담배 연기가 올라와 시야를 희뿌옇게 만들지만 피아노 건반 위 남자의 손은 마치 날아갈 듯 가볍다. 그의 현란한 연주에 장내는 순간 고요해지고, 연주가 끝나자 사람들 사이에서 박수와 함성이 터져 나온다.

남자의 이름은 데이비드 헬프갓. 그리고 관객의 마음을 사로잡은 이 신은 1996년 개봉해 이듬해까지 많은 사랑을 받으며 전 세계 영화제의 거의 모든 남우주연상을 휩쓴 영화 「샤인」의 명장면이다.

「샤인」은 지금까지도 가장 사랑받는 음악 영화 중 하나로, 정신 분열증을 앓는 동시에 천부적 재능을 가진 피아니스트 데이비드 헬프갓의 전기를 다뤘다. 감독 스콧 힉스는 1986년 호주의 한 신문에서 정신병을 앓고 있는 피아니스트가 작은 홀에서 연주회를 한다는 기사를 읽게 된다. 스콧 힉스는 이 흥미로운 인물을 파고들었고, 그것이 영화 「샤인」의 시작점이었다.

데이비드 헬프갓의 아버지는 나치의 학살에 가족을 잃은 폴란드계 유대인이다. 어려서부터 피아노에 재능을 보인 데이비드는 강압적인 아버지의 교육열에 보답하듯 콩쿠르에 나가 두각을 보였다. 하지만 1등을 놓치는 날에는 풀이 죽은 채 화가 난 아버지의 뒤꽁무니를 따라가는 어린 소년이었다.

그의 재능을 알아본 음악 선생 벤 로즌은 데이비드에게 미국 유학의 기회를 만들어주는데, 아들의 성공을 바라는 마음보다 가족이 분리되는 두려움이 더 컸던 아버지는 그를 가족의 울타리 안에 주저앉게 만든다. 좌절한 데이비드를 다시 일어서게 만든 것은 또 한 명의 조력자 캐서린이다. 작가로 활동하는 캐서린은 데이비드에게 영국 유학을 권유하고, 데이비드는 아버지 몰래 영국 왕립음악대학에 지원해 장학생으로 초청되는 일생의 기회를 얻는다. 아버지는 다시 한 번 데이비드를 강압적으로 굴복시키려 하지만, 데이비드는 도망치듯 가족의 품을 벗어나 영국으로 향한다.

아버지 피터는 성공을 강요하면서도 넓은 세상으로 나가려는 데이비드의 꿈을 좌절시키며 아들에게 말한다.

"이 세상에 나만큼 너를 사랑하는 사람은 없단다."

애정을 기반으로 한 강압은 데이비드의 정신을 갉아먹었고, 막상 가족에게서 떨어져 나오자 죄책감에 휩싸이고 만다. 그는 어린 시절부터 아버지가 항상 원했던 라흐마니노프를 연주해내기 위해 노력한다. 특

히 연주가들의 무덤이라 여겨지는 피아노 협주곡 3번을 완주하는 것만이 이 죄책감에서 해방되는 길이라고 여긴다. 지도교수마저 미치지 않고서야 해낼 수 없는 곡이라며 만류하지만, 데이비드는 교수를 향해 말한다.

"교수님, 저는 충분히 미쳤어요. 그렇지 않나요?"

그리고 마침내 데이비드가 라흐마니노프 피아노 협주곡 3번을 완벽히 연주했을 때, 쇠약해질 대로 쇠약해진 그의 정신은 유리 조각처럼 산산조각 나버리고 만다.

시간이 흘러 정신병원과 요양원을 오가며 중년의 나이가 된 데이비드. 그는 오래전에 잊혀진 천재일 뿐이었다. 그런 그가 다시 한 번 세상으로 뛰어 들어가 연주한 것이 「왕벌의 비행」이다.

「샤인」은 몇 번을 다시 봐도 몰입할 만큼 좋은 영화다. 영화 개봉 이후 전 세계적인 관심을 받은 데이비드 헬프갓은 1997년과 2018년 두 차례 한국을 방문해 연주회를 열기도 했다. 영화에서 데이비드가 와인바에서 첫 연주를 시작하는 만큼 와인은 자연스럽게 등장한다. 다만 여기서는 피아니스트인 주인공에 맞춰 음악과 함께하는 와인에 대한 이야기를 해드리려 한다. 그 주인공은 이탈리아 피아니스트 출신의 와인 메이커 주세페 루소*Giuseppe Russo*의 와인 '지롤라모 루소*Girolamo Russo*'이다.

피아니스트의 와인, 지롤라모 루소

와이너리의 주인 주세페 루소는 음악과 와인을 두고 이렇게 말한다.

"와인을 만드는 것은 음악을 만드는 것과 같습니다. 콘서트홀이든 포도밭이든 최종 결과를 염두에 두고 세부 사항에 주의를 기울이는 것이 중요합니다."

그는 처음부터 와인을 만드는 것에 뜻이 있던 인물이 아니었다. 2004년 주세페 루소는 피아니스트로 활동하며 루치노 비스콘티 감독의 1972년 영화 「루트비히」 속 바그너 음악에 관한 책을 쓰고 있었다. 음악과 책에 몰두하던 이때 아버지가 심장마비로 사망했다는 비보를 듣고 고향 시칠리아로 돌아오게 된다. 그리고 아버지의 유산인 에트나 화산 북동부의 포도밭을 두고 고민한다. 포도 재배자였던 아버지는 와인을 직접 양조하지 않았으나 정성을 다해 재배한 포도를 인근 와이너리에 판매해 왔다. 주세페 루소는 아버지의 포도밭을 지키고 더 나아가 자신이 아버지를 기리며 와인을 만들겠다고 결심한다.

와인 양조에 이렇다 할 지식이 없던 주세페 루소에게 지역의 양조자들은 조언을 아끼지 않았다. 이탈리아의 내추럴 와인메이커인 프랭크 코넬리센은 그에게 포도밭의 포도들이 성숙해질 때까지 기다리라는 조언을 해주었고, 지역 최고의 명성을 가진 테레 네레 와이너리의 오너 마크 드 그라치아는 단일 포도밭의 포도를 사용한 크뤼 와인을 양조하라는 말을 건넸다. 또한 토스카나의 유명 와이너리 테누타 디 트리노로의 와인메이커 안드레아 프란체티로부터는 아버지의 포도밭에서 재배하는 네렐로 품종이 진화하면 농축된 타닌을 가진 와인이 된다는 것을 배웠다. 그는 주변의 조언을 받아들이며 와인메이커이자 컨설턴트인 에밀리아노 펠시니와 함께 와인을 만들기 시작했다.

그렇게 주세페는 에트나 화산 북쪽 해발 650~780m 사이 경사면 15헥타르(약 4만 5천 평)의 포도밭에서 네렐로 마스칼레제와 네렐로 카푸쵸 품종으로 만든 섬세한 레드 와인과 카리칸테를 베이스로 토착 품종을 블렌딩한 화이트 와인을 세상에 내놓는다. 그리고 모든 와인 병에는 작고한 아버지의 이름이자 와이너리의 이름인 지롤라모 루소를 새겨 넣었다.

섬세한 피아니스트의 기질이 와인에 담겨서일까? 그의 와인들은 고유한 개성을 지닌 섬세한 와인으로 평론가들의 환영을 받았고, 세계적인 와인 평론가인 로버트 파커, 제임스 서클링에게 90점을 훌쩍 넘기는 좋은 평가를 받았다.

주세페 루소는 '페우도 아트 레지던시 *Feudo Art Residency*'라는 이름으로 예술가들과 함께 자신의 와이너리에서 매년 여름 3일간 진행되는 클래식 콘서트를 열고 있다. 2022년과 2023년에 진행된 콘서트는 베토벤, 슈베르트, 슈만의 연주곡들로 가득했고, 2024년에도 4명의 피아니스트와 1명의 바이올린 연주자가 초청되어 브람스를 비롯해 위대한 연주자들의 곡으로 8월의 열기를 더욱 뜨겁게 만들었다.

  필자는 시칠리아를 여행하면서 이 지역을 방문한 적이 있다. 바로 근거리에 주세페 루소가 있었고 방문 희망지로 지도에 표시까지 해뒀지만, 앞서 방문한 테레 네레에서 놀라웠던 네렐로 형제 품종의 와인들에 압도당해 한참을 테레 네레에 머무르느라 그날의 일정을 거기서 끝냈던 기억이 있다. 이 글을 쓰게 될 미래를 알 수 있었다면 기어코 방문했을 테지만, 그때는 영화 「샤인」을 파고들다 주세페 루소까지 흘러 들어갈 것이라고 짐작조차 하지 못했다. 하지만 시칠리아를 다시 방문할 기회가 있다면 꼭 여름에 찾아갈 것이다. 섬세한 와인과 함께 페우도 아트 레지던시에서 음악의 열기를 느껴보고 싶다.

「크리스마스는 포도밭에서」, 가라지스트

Holiday in the Vineyards

Director	알렉스 라나리벨로
Cast	조쉬 스위커드(카터 볼드윈)
	솔 로드리게스(발렌티나)
	아일린 데이비드슨(마고)
	오마 구딩(모)
	리 깁슨(신디)
Wine	가라지 와인

「크리스마스는 포도밭에서」는 캘리포니아에서 와인 회사를 운영하는 볼드윈 가문의 철없는 아들 카터로부터 시작한다. 죽은 남편을 대신해 회사를 경영하게 된 카터의 어머니 마고는 로스 산토스 지역 일대의 포도로 값싼 볼드윈 와인을 출시해 크게 성공했다. 하지만 사람의 욕심은 끝이 없는 법. 그는 로스 산토스 일대에서 유일하게 손에 넣지 못한 허커비 포도밭이 소유주의 사망 이후 매물로 나오자 경매에서 반드시 포도밭을 사들이겠다는 의지를 불태우는 중이다.

마고는 카터에게 50에이커(약 6만 평) 규모의 허커비 포도밭을 사들이려는 예비 입찰자의 매입 희망 가격을 은밀히 알아 오라고 지시한다. 상대 입찰자보다 한껏 높은 가격으로 입찰가를 부르면 허커비 포도밭은 볼드윈의 소유가 되기 때문이다. 철부지 아들 카터는 회사 직원을 보내라며 엄마의 계획을 단칼에 거절하지만, 지금 누리고 있는 풍족한 인생을 계속해서 누리고 싶다면 제 몫을 해내라는 엄마의 쓰디쓴 충고에 반항 한 번 못 하고 로스 산토스로 향한다. 영화 제목에 크리스마스가 등장한 이유는 경매일이 바로 크리스마스 이브이기 때문이다. 카터는 경매 하루 전 23일까지 경쟁 상대의 자금력을 캐내야만 한다.

그런데 카터가 막상 로스 산토스에 와보니 볼드윈 와인은 그야말로 공공의 적이다. 주민들은 볼드윈 와인을 포도밭의 가치 따위는 전혀 모른 채, 저가 와인만 찍어내 파는 악덕 기업이라고 생각한다. 사실 틀린 말은 아니다. 신분을 숨긴 카터는 부동산 중개업자인 발렌티나를 만난다. 카터의 행색을 보고 목수로 오해한 발렌티나는 그에게 자기 집 안뜰에 방치해둔 게스트 하우스 공사를 덜컥 부탁한다.

신분을 들키지 않으려면 어떻게든 공사를 진행해야 하는데, 한평생 부잣집 도련님으로 살아온 카터가 이를 잘해낼 리 없다. 카터는 발렌티나가 공사 물품을 주문해 놓은 철물점 주인 모를 찾아간다. 모는 한눈에 카터가 목수가 아니라는 것을 알아보지만, 발렌티나에게 잘 보이려 하는 어리숙한 청년이라고 오해하고 오히려 물심양면 카터를 돕기로 한다. 며칠간 목수 흉내를 내며 게스트 하우스에서 지내던 카터는 드디어 발렌티나를 통해 예비 입찰자의 정보를 알게 된다. 여기서 알게 된 놀라운 사실, 입찰자는 한 명이 아니라 포도밭을 지키려는 지역 주민들의 연합이었다. 허커비 포도밭과 함께 살아온 주민들이 돈을 모아 은행이 제시한 금액까지 자금을 모으는 데 성공한 것이다.

며칠간 로스 산토스 주민들의 삶에 스며든 카터는 허커비 포도밭이 지역 주민들의 삶에 얼마나 중요한지 그들의 진심을 깨닫는다. 동시에 두 아이를 씩씩하게 키워내는 발렌티나를 보며 사랑에 빠지게 된다. 이제 카터는 진실을 고백하고 발렌티나와 주민들에게 포도밭의 주인이 될 기회를 줄 것인지, 공정한 경쟁이 아니라는 걸 알지만 어머니 마고에게 정보를 줄 것인지, 갈림길에서 고민한다. 과연 카터는 어떤 선택을 하게 될까?

「크리스마스는 포도밭에서」는 작품성을 생각하기보다는 연말 기분을 내며 가볍게 보기 좋은 영화다. 그럼에도 이 영화를 소개하겠다고 마음먹은 이유는 내내 등장하는 '가라지스트Garagistes' 때문이다. 카터는 로스 산토스에 도착한 뒤 자신들을 가라지스트라고 소개하는 무수히 많은 사람들을 만난다. 심지어 철물점 주인 모도 가라지스트다.

공사를 위해 철물점을 드나들던 카터는 창고에서 와인을 발견하는데, 모는 자신 역시 가라지스트라고 소개하면서 카터에게 직접 만든 와인을 맛보여준다. 카터는 와인에서 지독한 말똥 냄새가 난다며 신랄하게 지적하지만, 오히려 모는 와인의 단점을 정확히 캐치한 카터를 신뢰하게 된다. 그러면서 가끔은 좋은 와인을 만들 때도 있다며, 자신이 공사를 도와주는 대신 다른 와인들도 시음하고 피드백을 해달라고 부탁한다. 뿐만 아니라 마을에서 열리는 와인 축제 이름도 '홀리데이 가라지스트 & 아티장 와인 축제'다. 그렇다면 가라지스트란 대체 어떤 와인을 말하는 걸까?

매력적인 소규모 와인을 만드는 사람들

가라지스트는 '가라지 와인'을 만드는 사람이고, 여기서 가라지 와인은 차고(garage)에서 만든 와인을 뜻한다. 물론 단순히 차고에서 만든 와인이라고 설명하기에는 가라지 와인에 대해 들려드릴 이야기가 꽤 길다.

가라지스트의 시작은 영화의 배경으로 나온 미국이 아닌 프랑스 보르도다. 더 정확히는 메독과 더불어 보르도 와인의 양대 산맥이라고 일컬어지는 생테밀리옹이다. 1990년대 후반 프랑스에는 와인을 만들 때 기존의 전통적인 양조 방식을 따르지 않고 여러 시도를 한 진보적인 와인메이커들이 있었다. 특히 이들 대부분이 집 창고 수준의 작은 공간을 셀러로 개조해서 극소량의 와인을 만들었기에 이들의 와인을 '뱅 드 가라주Vins de Garage'라고 불렀다. '뱅'은 프랑스어로 '와인'이라는 뜻이다. 이 용어는 프랑스의 작가인 니콜라스 베이비와 미셸 베탄느가 최초로 탄생시킨 것으로 알려져 있다.

최초의 가라주 와인은 자크 티엔퐁의 '샤토 르 팽Château Le Pin'이었다. 그리고 와인 업계의 이단아로 불리는 장 뤽 튀느뱅이 탄생시킨 '샤토 발랑드로*Château Valandraud*'가 뒤를 이었다. 생테밀리옹을 몇 차례 여행했지만 샤토 르 팽은 방문 희망 리스트에 넣지도 못했다. 600~700병이라는 극소량의 생산량과 한 병에 천만 원에 육박하는 와인 금액에 도전 의식조차 생기지 않았기 때문이다. 반면에 샤토 발랑드로는 방문 희망 1순위의 와이너리였다. 와인도 와인이지만 이단아라 불리는 독특한 오너 장 뤽 튀느뱅을 꼭 만나보고 싶었기 때문이다. 그리고 그 만남은 예상 외로 흔쾌히 성사되었다.

샤토 발랑드로는 현 오너인 장 뤽 튀느뱅과 그의 아내 뮈리엘르 앙드로가 불과 0.6헥타르(약 1800평)의 포도밭에서 작은 규모로 시작한 와이너리다. 흥미로운 사실은 장 뤽 튀느뱅의 전 직업이 은행원이었다는 것이다. 그리고 그와 이야기를 나누면서 알게 된 사실인데, 젊었을 때는 클럽 디제이로도 활동하기도 했단다. 와인 생산과는 이렇다 할 접점이 없던 그가 와인 세계에 입문하게 된 건 그의 아내 덕분이다. 그의 아내 뮈리엘르 여사의 앙드로 가문은 와인의 고장 생테밀리옹에서 무려 15세기부터 살아온 뿌리 깊은 가문이다. 은행 일을 그만둔 장은 아내의 고향으로 이사했고 제2의 인생을 살게 된다.

부부는 와이너리를 설립하기 전에는 생테밀리옹에서 와인 무역상으로 활동했고, 어느 정도 자금이 모이자 오랜 염원인 와인 만들기에 돌입했다. 그때가 1989년이었다. 둘은 최소한의 인력으로 포도밭을 가꾸고 차고처럼 작은 공간에서 아주 적은 수량의 와인을 만들어서 발랑드로라는 이름을 붙였다. 첫 빈티지에 생산한 와인은 겨우 1,500병, 가격은 13유로였다. 현재 발랑드로는 수백 유로를 호가하므로 투자 가치가 매우 높은 슈퍼 밸류 와인이었던 셈이다.

샤토 발랑드로는 기존의 관습을 벗어난 과감한 양조를 시도한 것이 특징이다. 효모 찌꺼기를 그대로 둔 채 오크통 숙성을 진행하기도 하고, 지역의 포도 품종에 국한하지 않는 블렌딩 와인을 만드는 등 보수적인 보르도 와인 세계에 맞서는 시도를 했다. 1991년 출시한 그의 샤토 발랑드로는 품질에서 이미 남다른 면모를 보여주는 와인이었다.

샤토 발랑드로의 성장에는 와인 평론가 로버트 파커의 평가가 큰 몫을 했다. 첫 빈티지를 내놓은 지 4년이 지난 1995년, 파커가 샤토 발랑드로 와인을 세계에서 가장 유명한 와인인 페트뤼스보다 높게 평가하면서 발랑드로는 하루 아침에 세계에서 가장 유명한 와인 중 하나가 된다. 파커의 호평은 와인 애호가들의 이목을 단숨에 집중시켰다. 파커는 차고에서 탄생한 발랑드로에 '가라지 와인'이라는 수식어를 붙여주었고, 전 세계에 가라지 와인이라는 용어를 대중화시켰다.

파커는 장 뤽 튀느뱅을 좋아했던 것 같다. 그를 고집스러운 괴짜이자 천재라고 부르기도 했고, 보르도의 전통에 반항하는 사고뭉치라며 '배드 보이'라고 부르기도 했다. 장 뤽 튀느뱅은 이걸 또 활용해서 자신이 만드는 보다 저렴한 보급형 와인에 배드 보이라는 이름을 떡하니 붙여서 출시한다. 그리고 이 와인 또한 엄청난 인기를 끌었다. 단숨에 스타로 등극한 샤토 발랑드로는 1995년에는 91유로, 2005년에는 165유로에 팔렸다. 그리고 2012년, 생테밀리옹 프르미에 그랑 크뤼 클라세 B로 승격되면서 몸값을 한 번 더 올렸고, 여전히 상승세는 진행 중이다.

생테밀리옹 와인은 등급에 따라 분류되며, 최상위 등급인 프르미에 그랑 크뤼 클라세와 일반 그랑 크뤼 클라세로 나뉜다. 그리고 프르미에 그랑 크뤼 클라세의 경우 슈퍼 프리미엄 와이너리인 A등급과 B등급으로 다시 분류된다. 생테밀리옹 와인 중에 레이블에 'GRAND CRU'라고 써 있는 건 'GRAND CRU CLASSE'와 관계가 없으니 헷갈려서는 안 된다.

실제로 만난 장 뤽 튀느뱅은 그 누구보다 창의적인 사람이었다. 자금이 모이면 조금씩 포도밭을 더 사들였던 그는 우리를 차에 태우고 자신이 소유한 포도밭들을 보여주었다. 황금알을 낳는 땅이라고 불리는 그 비싼 생테밀리옹의 포도밭에서 대중적인 적포도 대신 청포도 품종을 심어놓고 테스트 중이라며 신나 하는 모습이 잊히지 않는다.

시작은 프랑스였지만, 가라지 와인 시장을 본격화한 것은 미국이다. 미국 프리미엄 와인의 노른자위인 나파 밸리가 엄청난 자본과 완벽한 양조시설로 무장하고 고급 와인을 만들어내고 있을 때, 다소 소외된 지역에서는 매력적인 소규모 와인 생산자들이 생겨나기 시작했다. 특히 영화의 무대가 된 파소 로블스에서는 최초의 가라지 와인 축제가 열렸는데, 연간 1,000 케이스 이하의 와인을 생산하는 소규모 와이너리 127곳이 참여했다고 한다. 아마 영화도 이 지점을 파고들어서 배경을 이곳으로 정한 게 아닌가 싶다.

영화에는 무수히 많은 와인 장면이 등장하는데, 몇몇 장면은 상당히 재미있다. 영화 초반 레스토랑에서 카터와 브런치 약속을 잡고 아들을 기다리던 마고는 종업원을 부른다. 그러고는 "빈 잔보다 슬픈 건 없다"며 항상 마시던 와인을 가져오라고 재촉한다. 종업원은 그를 알아보고 볼드윈에서 생산한 화이트 와인을 가져오는데, 레이블도 보지 않고 와인을 입에 넣은 마고는 와인을 그대로 뿜어낸다. 그러고는 이걸 왜 가져왔냐며 화를 낸다. 이를 본 지배인이 다급하게 달려와 사과하며, 당장 '2016년산 루이 자도 몽라셰'를 가져오라고 종업원을 돌려보낸다. 프랑스 부르고뉴의 몽라셰는 세계 최고의 화이트 와인을 생산하는 지역이다. 값싼 와인을 대량 생산해 회사를 키웠으나 입맛은 프랑스 부르고뉴의 값비싼 화이트 와인이라니, 마고의 사업 마인드와 취향은 상당히 어긋나 있다.

그리고 또 한 장면. 영화에서 철물점 주인인 모는 와인을 마실 때 우리가 "건배"를 외치듯 "인 비노 베리타스 In Vino Veritas"를 연신 외치고는 한다. '와인 속에 진실이 있다'라는 의미다. 고대 그리스의 시인 알카에우스의 시에서 유래한 이 구절은 많은 와인 애호가들이 좋아하는 말이기도 하다. 원고를 쓰며 이 문장을 곱씹다 보니 자신의 와인을 마시고 입 밖으로 뿜어버리며 고급 와인을 찾던 마고의 모습, 창고에서 자신들이 만든 와인을 들고 나와 함께 마시고 즐기던 가라지스트들의 모습이 번갈아 떠오른다. 와인 애호가든 와인 초보자든 마음이 담긴 좋은 와인은 마셔보면 알게 마련이다. 와인 안에 진실이 있고, 어쩌면 인생도 있다.

「시네마 천국」,
필름이 모여 영화로,
영화는 추억으로,
추억은 인생으로

Cinema Paradiso

Director	주세페 토르나토레
Cast	자크 페렝(중년의 토토/살바토레)
	마코 레오다니(청년이 된 토토/살바토레)
	살바토레 카스치오(어린시절의 토토)
	필립 느와레(알프레도)
Wine	추억의 와인

    1980년대 이탈리아 로마. 늦은 밤 귀가한 유명 영화감독 살바토레는 동거 중인 여자 친구에게 고향의 어머니로부터 한 통의 전화가 왔었다는 이야기를 듣는다. 그것은 어린 시절 자신에게 아버지와 같았던 알프레도의 부고 소식이다. 알프레도의 이름을 들은 살바토레는 깊은 상념에 잠겨 쉬이 잠을 이루지 못하고, 영화는 살바토레의 기억을 따라 40년 전 이탈리아 시칠리아섬의 작은 마을 지안칼도로 거슬러 올라간다.

    제2차 세계대전이 한창이던 1940년대, 이탈리아 시칠리아의 작은 마을 지안칼도에 사는 토토(살바토레의 아명)는 마을에서 알아주는 개구쟁이다. 토토는 틈만 나면 마을에 하나 있는 영화관에서 시간을 보낸다. 그 영화관 이름은 바로 '시네마 파라디소Cinema Paradiso(시네마 천국)'. 암울한 시대를 살아가는 마을 사람들에게 유일한 즐거움이 되어주는 곳이다. 당시 상영되는 모든 영화는 마을 신부님의 사전 검열을 받아야 했기에 마을 사람들은 무려 20년간 그 흔한 키스 신 한 번 볼 수 없었다. 검열에 잘려 나간 장면을 볼 수 있는 건 오로지 신부님, 영사기사 알프레도, 그리고 영화관을 뻔질나게 드나드는 토토뿐이다. 토토는 좋아하는 영화를 실컷 볼 수 있는 영사 기사가 되기를 꿈꾸지만 알프레도는 단호하게 딱 잘라서 말한다.

"여긴 노예처럼 일해. 늘 혼자라서 외롭고. 같은 영화를 백 번도 더 보고, 그레타 가르보(배우 이름)랑 막 얘길 한다니까! 개보다 못한 신세야. 부활절, 성탄절, 다 놀 때도 일하고! 성금요일 딱 하루 쉬는구나. 예수님이 십자가에 매달리지 않았다면, 그나마 쉬지도 못했겠지."

알프레도의 진심어린 당부에도 영사기사가 되고 싶어하는 토토의 의지를 꺾을 수는 없다. 알프레도 역시 잔머리를 굴려 가며 찾아오는 토토를 막아내지 못하고, 결국 영사 일을 가르쳐준다.

어느 날 마을에 전쟁만큼 큰 불행이 찾아온다. 필름에 불이 붙어 화재가 일어나고 시네마 파라디소가 불타버린 것이다. 화염 속에서 토토는 영사실에 남아있던 알프레도를 구해내지만 이 사고로 알프레도는 시력을 잃는다. 마을 사람 모두가 실의에 빠진 것도 잠시, 마을에서 복권에 당첨되어 큰돈을 번 사업가 덕분에 시네마 파라디소는 재건된다. 그리고 새롭게 문을 연 시네마 파라디소에서 토토는 최연소 영사기사로 일한다. 이후 영화는 토토가 성인이 되기까지의 시간을 담아낸다. 토토의 첫사랑의 설렘과 시련, 좌절의 순간까지 관객은 관찰자가 되어 지켜본다. 그리고 누구보다도 토토를 아끼는 알프레도는 진심을 눌러 담아 사랑하는 토토에게 말한다.

"산다는 건 영화와 달라. 인생은 훨씬 힘들지, 여기를 떠나. 여기를 떠나 로마로 가. 난 멀리서 네 소문만 듣고 싶어."

알프레도는 마지막까지도 토토에게 절대 돌아오지 말라고 당부한다. 토토는 알프레도의 바람처럼 고향을 떠나 로마로 향한다. 그렇게 30년의 세월이 흘러 영화감독으로 큰 성공을 이룬 토토는 알프레도의 장례식을 위해 고향을 찾는다.

과거 알프레도는 어린 토토에게 검열로 잘려 나간 영화 필름들을 주겠다는 약속을 했다. 그리고 그 선물은 알프레도가 떠나고 토토에게 남긴 필름 한 통으로 전해진다. 여전히 영화를 사랑하는 사람들에게 회자되는 명장면으로, 20년간 잘려 나간 키스 신들을 이어 붙인 필름이었다. 알프레도의 선물은 토토가 어린 시절 사랑했던 영화에 대한 순수한 열망과도 같다.

영화에는 아주 잠깐이지만 와인이 등장한다. 30년 만에 고향에 돌아온 살바토레는 알프레도의 장례식을 치른 뒤 어머니의 집 식탁에 앉아 깊은 생각에 잠긴다. 그때 탁자 위에 와인이 한 병 놓여져 있다. 레이블은 보이지 않지만 분명 영화가 배경이 된 시칠리아 와인일 것이라고 추측해본다. 지중해 최대의 섬인 시칠리아에서는 이탈리아를 대표하는 와인들이 생산되고, 최근에는 다채로운 내추럴 와인들이 고개를 들면서 와인 애호가들의 이목이 집중되고 있다. 시칠리아의 대표 와인 산지에 대해서는 119쪽 「그랑 블루」에서 소개한 바 있다. 여기서는 토토의 추억여행에 함께하는 마음으로 필자들의 추억이 담긴 와인 이야기를 해보려고 한다.

추억의 와인

수차례 본 영화지만 「시네마 천국」의 엔딩 크레딧이 올라갈 때마다 잃어버린 것들에 대해서 추억하게 된다. 알프레도가 남긴 필름 한 통처럼 기억을 불러일으키는 매개체는 다양하다. 누군가에게는 강렬했던 향기, 누군가에게는 음악일 수 있다. 우리에게는 와인과 함께했던 시간이 그러하다. 희미해지는 기억을 조금이라도 더 붙잡고 싶은 마음에 빈 와인병에 손 글씨로 함께 마셨던 사람들의 이름을 기록하던 날들도 있다. 지금은 알프레도의 마지막 당부인 "멀리서 너를 소문으로만 듣고 싶다"의 말을 공감하는 나이가 되고, 동경하는 와인들을 잔뜩 소장하고 싶던 욕망도 거의 사라졌지만 와인을 사랑하는 마음, 그 열정은 온전히 우리의 기억 속에 고스란히 남아 있다.

2014년 4월 말, 필자들은 호주의 유명한 카베르네 소비뇽 와인 생산지인 쿠나와라*Coonawarra*에 있었다. 이곳은 테라 로사*Terra Rossa*라고 부르는 적색토로 유명한 지역으로, 양조용 포도나무를 재배하기에 이상적인 토양으로 알려져 있다. 이런 토양에 잘 적응한 여러 포도 품종 중에서도 특별히 카베르네 소비뇽의 품질이 매우 뛰어났기에 쿠나와라는 호주 최고의 카베르네 소비뇽 와인 생산지로 오랜 시간 명성을 쌓아왔다. 중심 도시인 페놀라는 30분이면 곳곳을 누빌 수 있을 정도이지만, 세계적인 명성을 자랑하는 와이너리들이 곳곳에 자리 잡고 있다는 점이 이 작은 마을을 특별하게 만든다.

우리가 쿠나와라에서 처음 방문한 와이너리는 '카트눅*Katnook*'이었다. 카트눅은 과거 와인매거진 기자 시절 인연이 있던 와이너리이기도 해서 와인여행을 준비하며 방문 문의 메일을 미리 보냈고, 카트눅의 수석 와인메이커였던 웨인 스테븐*Wayne Stehbens*으로부터 이틀간의 쿠나와라 여행 일정을 책임지겠다는 답장을 받았다. 심지어 숙박까지. 지금까지 500여 곳에 이르는 와이너리를 방문했고 그보다 더 많은 방문 문의 메일을 보냈지만, 카트눅 이전에도 이후에도 이렇게까지 환대를 해준 곳은 없었다.

카트눅에서는 웨인 스테븐과 함께 이틀 동안 와이너리 곳곳을 둘러보았다. 그와 함께 포도밭을 거닐며 포도알의 성숙도를 체크하는 방법을 배웠고, 그가 많은 시간을 보내는 실험실에서 와인을 분석하는 과정을 들여다보기도 했다. 카트눅의 오래된 셀러에서는 웨인 스테븐이 함께해온 양조 역사에 대해서 생생한 이야기를 들었다. 그가 이제 막 와인 여행자로 커리어를 쌓고 있던 우리에게 베푼 대가 없는 친절은 평생 잊히지 않는 추억이 되었다. 심지어 11년이 지난 지금도 회상을 하고 있을 만큼.

그가 세상을 떠났다는 소식을 들은 건 2017년 말이었다. 1979년부터 카트눅 최초의 와인메이커로 무려 40여 년을 카트눅과 호주 와인 산업에 헌신했던 그의 죽음은 호주 와인 업계의 큰 슬픔이었고, 아주 짧지만 그의 와인 인생의 일부분을 공유받았던 필자들에게도 그랬다. 영화관에 홀로 앉아 영화를 보며 알프레도와의 추억을 떠올리며 눈물짓던 살바토레처럼 우리는 책을 마무리하는 이 순간에, 그와의 추억을 되새기며 지난날을 회상한다.

「시네마 천국」은 『와인이 있는 100가지 장면』 2편의 마지막 영화로 기획 초기부터 점찍었던 작품이었다. 영화를 수집하는 고된 여정의 시작이었던 「다키스트 아워」에서 '느리겠지만 절대 포기하지 않겠다'는 다짐을 끝내 지킬 수 있게 되어 감사하다. 알프레도가 토토에게 수많은 필름 조각을 이어 붙인 선물을 준 것처럼, 우리는 독자 여러분께 와인이 등장하는 영화를 100편씩 모은 두 권의 책을 선물로 드리고 싶다. 필름이 모여 영화가 되고, 영화는 추억이 되고, 추억이 모여 인생이 되는 것처럼 이 책이 여러분들의 인생에 소중한 추억 중 하나가 되어 주기를 소망한다.

와인이 있는 100가지 장면 2

영화 속 와인 안내서

1판 1쇄 찍음 2025년 5월 7일
1판 1쇄 펴냄 2025년 5월 21일

글 | 엄정선·배두환
그림 | 김지희

기획·편집 | 주소은
디자인 | Relish
제작 | 세걸음

펴낸곳 | 보틀프레스
주소 | 서울시 마포구 새창로 52, 111동 7층
출판등록 | 2018.11.26. 제2018-000312호
문의 | hello.bottlepress@gmail.com

ⓒ엄정선, 배두환, 김지희. 2025

ISBN 979-11-979-11-91725-07-0

◆ 이 책은 저작권법에 따라 보호받는 저작물이므로 무단 전재와 무단 복제를 금하며 책 내용의 전부 또는 일부를 이용하려면 반드시 저작권자와 보틀프레스의 서면 동의를 받아야 합니다.
◆ 책값은 뒤표지에 있습니다.
◆ 잘못된 책은 구입처에서 바꿔 드립니다.